La vieja diosa.
De la Filología a la posmodernidad

Joaquín Rubio Tovar

CENTRO DE ESTUDIOS CERVANTINOS, 2004

JOAQUÍN RUBIO TOVAR

La vieja diosa.
De la Filología a la
posmodernidad
(Algunas notas sobre la evolución de
los estudios literarios)

CENTRO DE ESTUDIOS CERVANTINOS

ALCALÁ DE HENARES, 2004

Ediciones del Centro de Estudios Cervantinos
Casa de la Entrevista
C/ San Juan, s/n
28801 Alcalá de Henares (Madrid)
Tel.: 91 883 13 50. Fax: 91 883 12 16
http://www.centroestudioscervantinos.es

Impresión: Ulzama digital. Navarra (España)

I.S.B.N.: 84-88333-99-4
Depósito legal: NA-844/2005

Impreso en España/Printed in Spain

ÍNDICE

"De hecho, poco a poco han quedado eliminadas una por una, todas las razones, para la consideración preferente de la filología, y de no advertirlo los propios filólogos, fuera de sus círculos sí que se advierte con gran fuerza. La Historia o la ciencia histórica ha producido su efecto; después la lingüística ha provocado la mayor diversión, incluso deserción entre los propios filólogos. Aún disponen de la escuela, pero ¿por cuánto tiempo? La filología está desapareciendo en su forma tradicional: se le ha arrebatado su suelo. Es muy dudoso que subsista el puesto de los filólogos; en cualquier caso, es una especie en extinción."

Nietzsche

0.

PRELIMINAR

No he tenido la suerte de asistir a ninguna clase del profesor George Steiner, aunque me habría gustado escucharle explicar *Antígona* (cualquiera de las *Antígonas*), o alguna novela de Kafka o de Dostoievski. En una conversación con Jahanbegloo ha explicado cómo aborda el estudio de una obra:

> "Comienzo siempre con un ejercicio que se llama 'amor al logos', es decir, *logos filein* o filología. Se trata de descubrir, con la ayuda de todas las herramientas que nos ofrecen los eruditos, es decir, los distintos diccionarios, el sentido primario, ingenuo, casi inocente de cada palabra (...) Luego hay que pasar a la gramática, a la música del pensamiento (...) No conozco gran poeta alguno que no sea un maestro gramático o un virtuoso de la sintaxis, como no hay sintaxis que no contenga una visión del mundo (...) Decir que en ciertas lenguas el pretérito no existe, decir que en hebreo no existen verbos en futuro, es hablar de una visión global del universo, del hombre y de la identidad de cada uno de nosotros (...) Viene luego el contexto histórico. Rechazo por completo la idea de una ficción que rehúse la biografía, la historia y el contexto." (Steiner: 1992, 86-87)

Estas palabras del profesor Steiner, pronunciadas a finales del siglo XX, definen muy claramente en qué consiste el viejo saber humanista, y cómo trabaja un filólogo de la vieja escuela. Steiner ha sido beligerante (aunque su disensión es mucho más inteligente que la de Harold Bloom) con las nuevas escuelas de crítica y con los movimientos postestructuralistas en general. Aunque ha defendido el trabajo del crítico y del filólogo, ni su opinión sobre la incidencia de las humanidades en la marcha de la sociedad, ni sobre los estudios literarios invitan al optimismo. Steiner lamenta que la educación no haya hecho más humanos a los hombres y echa de menos otra clase de reflexiones sobre la literatura.

El trabajo del filólogo-investigador y el del filólogo-docente quedan bien reflejados en ese párrafo de Steiner. Aquella vieja sabiduría se ha perdido o ha sido arrinconada, y apenas ocupa hoy ya una línea en los modernos planes de estudio. Me he preguntado cómo y por qué han cambiado tanto las cosas. Soy profesor de la

Universidad de Alcalá, en la que aún existen dos departamentos de filología. Sospecho que, tal y como están constituidos, no les queda mucho tiempo de existencia y que acabarán dividiéndose y recibiendo otros nombres. La filología sigue significando algunas cosas en varios países de la antigua Romania (sobre todo en las universidades italianas, donde se sigue haciendo un trabajo filológico *sensu stricto*), pero sé que en otros países, los departamentos de estudios literarios han renovado (para bien, para regular y para mal) su *currículum* y los viejos saberes apenas son ya reconocibles.

Hoy es perfectamente posible que un estudiante de letras se forme en un departamento cuyos profesores le inicien en la lectura deconstructiva de textos, le muestren las deficiencias e imposiciones de un canon literario reducido, le expliquen solamente la literatura poscolonial y dirijan sus pasos predoctorales hacia los textos de Rorty, Lacan y Foucault. Así las cosas, de esa formación nacerá un *scholar* que seguirá la metodología de varias teorías contemporáneas y que, partiendo del neohistoricismo de Greenblatt y sus estudios sobre Shakespeare, las lecturas deconstruccionistas de Hélène Cixous y una interpretación de la literatura de Kipling a la luz de cualquier orientación de los *cultural studies* o de las novelas de Severo Sarduy a partir de Lacan, propondrá una nueva lectura, por ejemplo, de las novelas de Jane Austen o de alguna novelista marginada por el canon, o bien nos ofrecerá una nueva imagen de la representación del cuerpo en las *trobairitz*, planteará una lectura deconstruccionista de la lírica de Arnault Daniel, se detendrá en la marginalidad del discurso picaresco español, analizará las películas de Almodóvar a partir de cierta semiótica fílmica o estudiará la virtualidad de la literatura que se crea y se destruye en Internet. Estamos en la galaxia del pluralismo, llevado hasta las últimas consecuencias. Todas las alianzas entre tendencias son posibles y el campo de los estudios literarios es proteico (y, por sus dimensiones, casi virgen), de suerte que han llegado a borrarse las fronteras entre los antiguos géneros de la crítica.

Una de las consecuencias de todo esto ha sido el vórtice bibliográfico. Dado que todo trabajo puede publicarse en cualquiera de los soportes que están a disposición de los interesados, la masa de estudios que se ha creado produce algo más que vértigo. No es ya que haya mucha bibliografía sobre cualquier tema, es que la bibliografía, por su magnitud, ocupa un volumen, un espacio, una dimensión que condiciona y determina todo. La masa bibliográfica no admite ya calificativos. Es algo tan ingente, tan descomunal e impensable, que ha alcanzado una nueva esencia. La bibliografía *es*.

Este volumen recoge el contenido de un curso de doctorado que impartí entre 1998 y 2002 en la Universidad de Alcalá. La amplitud de la materia y el carácter polémico de algunas de las cuestiones permitía el debate y dio pie a que los estudiantes escogieran un tema en el que pudieran echar su cuarto a espadas y ofrecer su propia opinión, es decir, pensar. En su más íntima entraña, el libro nace de la perplejidad que me han producido los cambios en los estudios literarios, en todos sus aspectos, desde que dejé de ser estudiante universitario en 1978. El grueso del ensayo no se destina a la interpretación de obras literarias (parece que ahora debe decirse 'textos' literarios'), sino al devenir de la filología, la crítica, y algunas disciplinas anejas.

El libro sólo pretende presentar algunos de los cambios acaecidos desde la Segunda Guerra Mundial. Parto de la postergación que ha ido sufriendo poco a poco la filología, a la que llamo la *vieja diosa*. Este es el pie forzado de toda reflexión. La disolución de los saberes que constituían una profunda unidad, la progresiva independencia de muchas de las disciplinas que la fundamentaban (desde la primitiva lingüística, hasta la historia), la aparición de nuevos problemas y nuevos planteamientos que no estaban en el marco de los presupuestos filológicos, los cambios profundos que ha traído consigo la descolonización, las revueltas del 68 o el desarrollo espectacular de los medios informáticos (desde las bases de datos y los programas de tratamiento de textos hasta las ediciones en Internet), han influido en la vieja filología y han creado una nueva clase de estudios literarios. A pesar de los pocos años que separan a la generación de Lionel Trilling, Spitzer o Menéndez Pidal de las de Derrida, Homi Bhabha o Foucault, hay un verdadero abismo entre aquellos y estos. Aquellos consideraban que la historia humana era una sola, el conocimiento una empresa totalizadora, el progreso una realidad posible y la literatura una actividad de la imaginación con raíces en la historia y proyecciones en la moral. Hoy se han relativizado las nociones de verdad y de valor hasta el punto de convertirlas en ficciones, se ha proclamado que todas las culturas son equivalentes y algunas tendencias han disociado la literatura de la realidad, confinándola en un mundo autónomo de textos que remiten a otros textos sin relacionarse jamás con la experiencia humana.

He tratado de describir algunos de los cambios que se han producido, siguiendo para ello un hilo cronológico; no me atrevo a escribir histórico por varias razones: primero porque no es un libro de historia (a pesar de algunos pensadores posmodernos, siento un enorme respeto ante la obra de los historiadores y no me considero capacitado para escribir una historia de la filología ni de las tendencias de crítica); en segundo lugar, porque el tono es siempre ensayístico, lo que quiere decir que presento problemas y, a veces, doy mi opinión sobre aquello de lo que se habla. El ensayo es una opción que propone abordar un tema cuya envergadura y complejidad desborda siempre el asunto propuesto. Frente al tratado académico, que pretende presentar la verdad, el ensayo expone un punto de vista. Queda para un segundo libro la descripción de cómo la filología se ha ido disolviendo en los sucesivos planes de estudio y queda también una propuesta acerca de cuáles deberían ser (a estas alturas) las tareas y los fines de los estudios de humanidades, y de la filología en particular. Así pues, este primer volumen pretende ser sólo un punto de partida para otras reflexiones.

Además de describir algunos cambios, he resumido algunas tendencias de la crítica. Hablo, en definitiva, de lo que ha pasado y está pasando en los estudios literarios y, en algún caso, me atrevo a ofrecer mi opinión. Son muchas las disciplinas que se interesan por la literatura, y no faltan intereses políticos y sociales que condicionan los estudios literarios, de suerte que no es difícil sentirse perplejo ante tan extraordinaria heterogeneidad. Basta con abrir algún libro de actas de un congreso que verse sobre asuntos literarios, para comprobar cómo en un mismo volumen alternan ensayos sobre aspectos que hace cuarenta años serían impensables. En este libro describo, siempre desde mi limitado punto de vista, una parte del formidable pandemonio en que se han convertido los estudios literarios. La pluralidad ha sido beneficiosa, pero ha traído también su carga de veneno. No siempre estoy de acuerdo con algunas tendencias y planteamientos que presento, y a veces dejo constancia de mi desencuentro. Aunque la reacción contra una única (o contra dos o tres) manera de entender los estudios literarios ha sido positiva (y, además, inevitable), no siempre ha traído beneficios. Es verdad que cuando se leen algunos trabajos de los llamados críticos tradicionales, uno no puede sino disentir de los excesos del historicismo y de cierta pedantería erudita. No es fácil tampoco estar de acuerdo con las arbitrariedades de quienes reducen el espíritu de un autor a un adjetivo, de quienes convierten una frase en la clave para desentrañar la ideología de un escritor, de quienes creen que el estudio de una obra literaria es sólo el estudio de su tradición textual y, sobre todo, de quienes creen que su manera de entender la literatura es la única posible. De estos excesos y de cierto monismo crítico, hemos pasado a otra clase de arbitrariedades. Pluralismo, variedad interpretativa y libertad de opinión han venido de la mano de cierta frivolidad y han impuesto a veces su tiranía. Todo puede decirse porque no hay verdades absolutas y tales autores o tales literaturas pueden despreciarse. El relativismo que consiste en pensar que toda opinión es respetable porque todas tienen el mismo valor y porque en el fondo da igual decir una cosa u otra, ha desembocado en un elogio de la servidumbre. Finkielkraut ha denunciado este estado de cosas:

> "Hoy los libros de Flaubert coinciden, en la esfera pacificada del ocio, con las novelas, las series televisivas y las películas con que se embriagan las encarnaciones contemporáneas de Emma Bovary, y lo que es elitista (y por consiguiente, intolerable) no es negar la cultura del pueblo, sino negar la etiqueta cultural a cualquier tipo de distracción. Vivimos en la hora de los *feelings*: ya no existe verdad ni mentira, estereotipo ni invención, belleza ni fealdad, sino una paleta infinita de placeres, diferentes e iguales. La democracia que implicaba el acceso de todos a la cultura se define ahora por el derecho de cada cual a la cultura de su elección (o a denominar cultura a su pulsión del momento)." (Finkielkraut: 1987, 121)

Debo prevenir al lector antes de que se vea defraudado por la ausencia de las muchísimas cosas que no verá tratadas (ni siquiera mencionadas) en este libro. Que nadie busque aquí cómo se hace una edición crítica, las características del *new criticism*, un catálogo de figuras retóricas, una explicación de la noción de *intertexto*, la influencia de Feyerabend (añada aquí el lector los muchísimos nombres que ni siquiera se citan) o de los neoaristotélicos de Chicago en los estudios literarios, presentaciones exhaustivas del pensamiento de Siegfried Schmidt, Pierre Bourdieu, el *neolachmannismo*, las relaciones entre cine y literatura y un larguísimo etcétera. No soy un editor-compilador-director que ha reunido a un grupo de expertos para que cada uno escriba el capítulo que mejor cuadre a sus saberes. Creo que ni siquiera en este caso podría escribirse un *Grundriss* que recogiera todas las obras y las ideas que se han vertido sobre literatura desde 1945 (un libro sobre los estudios literarios no tiene límite y ni la constitución de varias series de hipertextos planetarios podría dar cuenta de lo que se escribe y se ha escrito sobre esta galaxia). No se busca la exhaustividad. Cuando escribo "algunos cambios", sé bien lo que me digo. Hablo de algunas tendencias que han hecho variar el mapa de los estudios literarios, pero no hablo de las últimas razones, de los motivos profundos de tanto vaivén. Por lo demás, tampoco es este libro el manual de una asignatura que se corresponda con el plan de estudios de algunas universidades. Me gustaría hacer constar, además, que soy profesor de filología románica, lo que me lleva a citar obras y autores que se refieren de manera particular a este campo. Desde que Friedrich Diez organizó los estudios de filología románica, existe una relación muy estrecha entre nuestra disciplina y el estudio general de la Edad Media. Advertido esto, espero encontrarme entre amigos y, a lo mejor, con algunos lectores benevolentes.

Este libro no habría podido escribirse sin la ayuda de unos cuantos buenos amigos, sin los cuales el trabajo intelectual sería una empresa verdaderamente extraña. Muchos de ellos me han prestado libros y artículos, con otros he conversado durante horas, otros han leído capítulos del libro y me han hecho sugerencias valiosísimas. Ninguno de ellos es responsable de lo que aquí se escribe.

Tengo la suerte de trabajar en la facultad de filosofía y letras de la Universidad de Alcalá, que cuenta con un departamento de acceso al documento y con un conjunto de bibliotecarios de una competencia extraordinaria. Sin Rosa Gallego y Jose Raído, sin Fernando Pérez Arranz, Ángel Domingo y María Ángeles Arteta, jamás habría conseguido muchos libros y artículos. Agradezco aquí una vez más a Mercedes Brea, Fernando Galván, Pedro Álvarez de Miranda, Luis Alberto Lázaro, Ángel Gabilondo, María Hernández, Pedro Sánchez-Prieto, Antonio Carreira, José Luis Moralejo, Santiago Laparra, Marisol Morales Ladrón, Rafael Rodríguez Marín, Julio Cañero Serrano, Ramón Santiago Lacuesta, Mariano Alonso, Sonia Garza, Juan Pereira y Manuel Chapa su amabilidad y su disposición.

Han leído el manuscrito (si no completo, sí al menos una parte sustancial) Pedro Álvarez de Miranda, Óscar Barrero, José Luis Moralejo, Fernando Galván, Mariano Alonso, Ana Lisa am Zehnhof y Berta Schrecker. No siempre han estado de acuerdo con lo que pienso, y su opinión (pensar es siempre pensar contra algo) me ha ayudado a rectificar o a mantener mis ideas con mejores argumentos. Agradezco profundamente su interés y su sentido crítico, que han mejorado este libro. Mis compañeros de departamento José Manuel Pedrosa, Carlos Alvar, Fernando Gómez

Redondo, Manuel Leonetti e Inmaculada Penadés, y colegas y amigos como José Andrés Landaluce, Liborio Porteros, Alberto Quintana y Edna Benítez me facilitaron libros y artículos en algún momento. Marie-José Lemarchand, Antoine Cassar, Santiago Fernández y Pilar de Soto me han ayudado a traducir algunas citas.

Me han acompañado en el camino, Robert Chilcott, Bruce Russell, Karl Kleiber, Simon Carrington, Stephen Conolly, A. Krauss, E. Garel, I. Ian, Alastair Hume, J. Bernstein, James Taylor y David Hurley, y su compañía ha sido profundamente convincente. Crea el lector que sin la ayuda constante de mis amigos de *SHAEF*, este libro nunca se habría escrito.

En El Romeral y Monte Cerrado.
Abril de 2002 - Abril de 2004.

1.

LA VIEJA DIOSA

1.1. Dos palabras sobre la historia de la filología

"Hoy que las humanidades están en crisis, ser profesor de historia de la literatura quiere decir que se pertenece a una de las ramas obsoletas, aburridas, y de hecho, prescindibles del saber. Un profesor de literatura no es propiamente ni un historiador, ni un crítico ni un lingüista. De hecho es las tres cosas, pero no está instalado cómodamente en ninguna. ¿Qué se ha hecho de la filología, que en otros tiempos habría podido definir? Parece que, a grandes rasgos, ha pasado de contraer nupcias con Mercurio a encabezar impresos de matrícula en nuestras universidades, reducida a un puro *flatus vocis* de aire administrativo y esotérico. La filología, tan apreciada por los humanistas, desde Petrarca a Erasmo, de reina de los saberes a cenicienta que sólo se salva si se informatiza; he aquí una historia de nuestros tiempos. Pues bien, en este clima de desencanto, no le pidáis, por favor, al sufrido profesional de la enseñanza de la historia, pasión filológica en el sentido humanístico del término. Dejadle desenredar la madeja con un cierto distanciamiento y una cierta prevención ante las magnificaciones demasiado aparatosas y, sobre todo, demasiado unívocas, de los conceptos claves de una historiografía cultural que, en el mundo donde le toca vivir, hace agua por todas las esquinas." (Lola Badia: 1988, 39)

Pertenezco a una generación de profesores que se formó en las tres grandes áreas de la filología: la historia (historia de la lengua, historia comparada de las lenguas, historia de la literatura), la morfosintaxis y sus disciplinas vecinas, y la edición de textos. Todas invitaban a interpretar las obras literarias de acuerdo con la época en la que nacieron, a conocer a fondo su lengua y a proponer una edición según los principios de la crítica textual. Esta última (o penúltima) organización de saberes apenas reflejaba ya el profundo debate intelectual que convirtió a la filología en la vanguardia de las humanidades.

La historia de la filología es la de unos intereses comunes, de un afán de conocimiento, comparación e interpretación de lenguas y literaturas, pero también la historia de un prolongado debate en el que han intervenido historiadores de la literatura, gramáticos y editores de textos, animados muchas veces por el activo de orientaciones ideológicas diversas. Piénsese en el profundo desacuerdo entre Menéndez Pidal y Bédier, la apasionada discusión entre los partidarios y los adversarios del *neolachmannismo*, las diatribas de Croce contra casi todos, la continua reflexión sobre el arte y la artesanía de editar textos –desde Pasquali y Barbi hasta Segre y Alberto Blecua– y un largo etcétera. H.R. Jauss no aborda la escritura de la historia con el mismo criterio que Lanson, y no por ello dejan ambos de ser historiadores. El tronco del que salieron tantos y tan variados estudios se formó con la ayuda de disciplinas como la historia, la paleografía, la morfosintaxis, la dialectología, la crítica textual y la retórica, necesarias para entender un texto, determinar su fecha y autor, el estado de la lengua que muestra y, en definitiva, ofrecer una interpretación de la obra literaria.

Hasta no hace mucho tiempo, los estudios literarios en Occidente se apoyaban en estos cimientos. Sus objetivos y su metodología estaban claros y perfectamente asentados en el terreno conceptual y en el sistema universitario. Miles y miles de alumnos, que serían después profesores, recibieron una formación inspirada en unos conceptos y en una visión del mundo y de la historia que, sin embargo, se ha ido poco a poco desgastando. Aunque resulte simplificador, creo que todavía es posible reconocer (por más que el modelo se considere obsoleto) un marco según el cual un autor, de nombre conocido o desconocido (la anonimia, los autores apócrifos o la tradición oral eran accidentes perfectamente asimilables a un origen llamado *autor*), nacido en una fecha segura o aproximada, había escrito unas obras que se inscribían en unos géneros literarios más o menos delimitados y cultivados de manera particular en la época en la que escribía. El autor y su obra formaban parte de un movimiento (tendencia, escuela, generación...) que acusaba claramente la influencia de los avatares políticos y sociales de determinado período histórico. Eruditos filólogos y comparatistas habían descubierto las fuentes extranjeras o nacionales en las que bebía el autor y habían explicado cómo y por qué había recibido esas influencias. Se caracterizó también su estilo literario, el predominio de algunas figuras que permitían identificar su manera de escribir y diferenciarlo o relacionarlo con otros autores y tendencias. En todo este proceso se consideraba capital contar con un texto depurado, libre de erratas, añadidos, supresiones, enmiendas o falsificaciones producidas en su transmisión, y que estuviera lo más cerca posible del escrito que había salido de la pluma del autor. Un terremoto parece haber sacudido los cimientos del edificio y ninguno de los elementos que lo componían parece haber quedado indemne. Algunas de estas nociones han sido retomadas y reformuladas por las más modernas tendencias de crítica y ya no significan lo mismo que querían decir antaño. Es evidente que, transformados o no, los antiguos conceptos siguen estando presentes en el pensamiento de críticos y teóricos, pero hoy deben usarse con precaución.

En el curso de mis lecturas he encontrado pasajes que recogían ideas parecidas a las expresadas por Lola Badia, pero en ninguno aparecen con tanta claridad. Se combina la añoranza de unos tiempos en los que la filología era una disciplina que ocupaba un lugar de privilegio en la enseñanza, instalada en el centro de los estudios literarios y con un peso importante en los lingüísticos, junto al desencanto en el que se hallan quienes explican hoy historia de la literatura en una universidad que cambia vertiginosamente (sin saber muchas veces hacia dónde) y que ha relegado los viejos saberes.

Muchos profesores suscribiríamos las palabras de Badia. ¿Qué ha pasado con la filología, la vieja diosa, y con las venerables disciplinas que acogía en su seno? ¿Qué clase de crisis es esa en la que están sumidas las humanidades y por qué no ocupan ya ni la filología ni la historia de la literatura un lugar central en la enseñanza universitaria (y secundaria)? *Ubi sunt*?

A lo largo del siglo XIX y hasta mediado el siglo XX, se escribieron miles de estudios inspirados en la Filología y la Lingüística románicas, que se mostraban como disciplinas capitales en el campo epistemológico y ocupaban un lugar central en los planes de estudio universitarios. Diez, Meyer-Lübke, Gröber o Menéndez Pidal y los filólogos de aquellas generaciones (la "época de oro de la filología románica", como dice Malkiel), construyeron sus trabajos a partir de una metodología de probada solidez, que estaba en la vanguardia de las disciplinas vecinas y se había convertido en juez a partir del cual se comparaban, rechazaban o modificaban hipótesis de trabajo de otros campos, como bien recuerda Germán de Granda (1977).

La filología románica había nacido estrechamente relacionada con el universo romántico y con el historicismo. En sus orígenes alemanes era una ciencia de la cultura, se apoyaba en variados y numerosos saberes (gramática, historia, hermenéutica, mitología, etc.) y aspiraba a llevar a cabo un vasto estudio y análisis de la cultura a través de los documentos escritos. Una visión tan amplia y apoyada en tantos saberes dio pie a que se desarrollaran investigaciones en direcciones muy distintas, y a que todavía hoy se llame o se consideren filológicos a estudios de orientación muy diferente (Cano Aguilar: 1991). La historia de la filología y la lingüística románicas ya ha sido escrita y está formada por un material heterogéneo y disperso, que ha sido rastreado y ordenado (la última vez, y de manera ejemplar, por Pascale Hummel (2000)). Puede decirse que desde 1750 comenzó a construirse una verdadera cadena bibliográfica en la que se repiten una y otra vez títulos de estudios encabezados por una serie de familias de términos: *Grundriss, Grundlegung, Grundlinien* o *Grundzüge,* alineada junto a *Bibliothek, Bibliographie* y *Encyclopädie* y junto a *Handbuch* o *Manuale,* para finalizar con la necesaria *Geschichte, Storia,* etc. A estas palabras fundamentales se les añaden precisiones de orden cronológico y geográfico de mayor o menor extensión: *der klassischen Alterthumskunde, der Philologie, of classical scholarship* y otras. La lista de títulos y obras que se construyeron al combinar estos sintagmas es muy extensa. Los completos panoramas y las documentadas historias de la filología me eximen de resumir su contenido y me permiten centrarme de manera especial en el objetivo de este libro.

Desde los trabajos de François Raynouard (1761-1836) hasta los estudios de Margherita Morreale o de Alberto Blecua, la filología ha recorrido un camino decisivo en los estudios literarios. A la cabeza de la filología y la lingüística románicas aparece Friedrich Diez (1794-1876), que adaptó el método histórico comparativo tal y como habían hecho Franz Bopp en el campo indoeuropeo o Jakob Grimm para la filología germánica. La *Grammatik der romanischen Sprachen* (*Gramática de las lenguas románicas,* publicada entre 1836 y 1843 y traducida al francés por Gaston Paris, A. Morel Fatio y A. Brachet) y el *Etymologysches Wörterbuch der romanischen Sprachen (Diccionario etimológico de las lenguas románicas)* del año 1854, son los fundamentos de la lingüística románica como disciplina histórica. La metodología y el impulso intelectual que movieron las obras de F. Diez, Meyer Lübke o Menéndez Pidal no son muy distintos, pues estuvieron dominados por consideraciones históricas relacionadas con problemas textuales, análisis lingüísticos y literarios. Historia y lengua progresaban juntas. Los trabajos sobre etimologías o las reglas de la gramática histórica descubrían una afinidad intelectual que se muestra desde las ediciones de Foerster de las obras de Chrétien de Troyes, los trabajos que permitieron a Gaston Paris construir el texto de la *Vie de Saint Alexis* o los estudios de Bartoli sobre el dálmata. Todos ellos fueron sabios de primera línea que construyeron una disciplina que ha sobrevivido más de cien años. Su longevidad se debe a la extraordinaria calidad y variedad de los trabajos que promovió, al extenso entramado de problemas abordados, y al hecho de haber sido el modo preponderante de estudiar cualquier texto durante mucho tiempo. Los saberes y la capacidad de relación de filólogos como los citados son irrepetibles, porque dominaban lenguas y literaturas, y eran capaces de combinar ambas en sus estudios. Los filólogos de aquel período fueron creando parcelas de saber (y de poder) que han servido de guía a miles de estudiosos posteriores: la edición de textos paleográficos y críticos, la clasificación de manuscritos, la etimología, la gramática histórica, la dialectología y la historia de las instituciones y las costumbres (un ejemplo de todo ello es la obra de Menéndez Pidal).

Aunque la práctica de la gran filología exigía un cúmulo de saberes, es sintomático, sin embargo, que ya desde la obra de estos maestros se perciba la inclinación hacia un saber especializado. La filología románica llevaba en su entraña al mismo tiempo la visión universal y abarcadora, pero también el fraccionamiento, la especialización. La dificultad de integrar ambas dimensiones ha sido siempre una de las dificultades con la que se han enfrentado los filólogos. Lo explicaba claramente Roncaglia:

"La necesidad de integrar la especialización en asuntos concretos con un cierto universalismo panrománico y europeo es el problema fundamental y está en la raíz de nuestra disciplina: la dualidad de perspectivas que provoca condiciona intrínsecamente cualquier aspecto y momento de nuestra actividad. Este mismo hecho explica la recurrente sensación de crisis que ha acompañado su desarrollo, desde los iniciales entusiasmos románticos, y domina la actual estructura en el cuadro general de las enseñanzas universitarias, haciéndola tan elástica y tan reacia a dejarse cristalizar en una acepción rígida y unívoca." (Roncaglia: 1956, 103)

No resulta extraño, pues, que aunque Gaston Paris dominara lengua y literatura, se decantase por la historia de la literatura al igual que Pio Rajna en Italia, y lo mismo puede decirse de Meyer Lübke, que se orientó hacia la historia de las lenguas. Es interesante recordar que la escuela de filología española, debido a la orientación que le imprimió Menéndez Pidal, mantuvo viva la idea de que el estudio de la lengua y el de la literatura no debía disociarse. De esta asociación nacieron, además de los estudios de don Ramón, los de Pedro Salinas, Dámaso Alonso, Rafael Lapesa, Manuel Alvar, etcétera.

1.2. Las definiciones debilitan lo definido

Las dificultades que plantea definir la filología son conocidas. La voz *filología* no ha significado lo mismo en todos los países, y las disciplinas que la constituían, así como sus numerosas competencias, han variado con el tiempo, de suerte que a veces parece que hay tantas filologías como maneras de entender el pasado y de entender los textos literarios. Las dificultades se multiplican en la actualidad si se tiene en cuenta que ya no es posible hablar de filología sin añadirle el apellido correspondiente. Hablamos de filología francesa, clásica, semítica o eslava, y es el apellido el que determina los contenidos, la metodología y el punto de vista con el que se aborda el estudio de la materia, de suerte que no es posible encontrar una definición válida para todas, porque "cada filología es hija de su tiempo y heredera de su tradición" (Guzmán y Tejada: 2000, 19).

La mera transcripción de las cientos de definiciones que se han propuesto para la filología llenaría las páginas de este libro. Abarcan desde aquellas que destacan el carácter universal que encierra los muchos saberes en los que comenzó apoyándose, hasta las que la reducen a una disciplina ancilar de la historia o a la crítica textual.[1] Dadas las múltiples acepciones y orientaciones posibles de la disciplina,

---

[1] Véase, por ejemplo, la que aparece en el *Diccionario de Autoridades* ("Ciencia compuesta y adornada de la Gramática, Rhetórica, Historia, Poesía, Antigüedades, Interpretación de Autores, y generalmente de la Crítica, con especulación general de todas las demás ciencias"), III, 1737, *s.v. Philología*. Pocos admiten hoy ya el carácter científico que se le dio antaño. "Y la filología, sin olvidar que no es una ciencia exacta y que debe tener presente lo anómalo, tiene que partir de unas generalizaciones basadas en la experiencia de la transmisión de los textos (...)" (Blecua, A., ed. (1992): *Libro de Buen Amor*, Madrid, Cátedra, p. LX). Hay quienes renuncian a definir el término: "Hoy, escribían Wellek y Warren, a causa de su etimología y de gran parte de la labor efectiva de los especialistas, a la filología se

no es de extrañar que en 1921 Hermann Kantorowicz afirmara que la filología acabaría transformándose en un mito. De entre todas las definiciones, me sigue pareciendo modélica la que propuso Erich Auerbach, en la primera página de su *Introduction à la philologie romane*:

> "La filología es el conjunto de actividades que se ocupan metodológicamente del lenguaje del hombre, y de las obras de arte compuestas en ese lenguaje. Como es una ciencia muy antigua, y como es posible ocuparse del lenguaje de maneras muy diferentes, la palabra filología tiene un significado muy amplio, y comprende actividades muy diferentes. Una de sus formas más antiguas, la forma clásica, por así decirlo, y que hasta el día de hoy es contemplada por muchos eruditos como la más noble y la más auténtica, es la edición crítica de textos." (1962, 9)

Lo que se esconde bajo esta concepción es que, cada vez que se habla de filología, deberíamos pensar en un conjunto de saberes que comprenden cuestiones históricas, lingüísticas y exegéticas, y que se aplican a interpretar y editar textos escritos en el pasado.[2] Según la actitud hermenéutica, los métodos de edición o el tipo de exégesis que se practique veremos que la filología adopta una tendencia u otra. No se lleva a cabo el mismo trabajo ni se parte de los mismos presupuestos al estudiar y editar el *Libro de Alexandre*, las inscripciones griegas de la antigüedad o unas obras de derecho romano. Filólogos han sido Gaston Paris, editor excepcional de la *Vie de Saint Alexis*, Mommsen, que se hizo cargo del *Corpus iuris civilis*, Menéndez Pidal, que ha marcado las pautas para cualquier investigación sobre el *Cantar de Mío Cid*, o Segre, cuya edición de la *Chanson de Roland* ha tenido una enorme trascendencia en el campo de la crítica textual. La multitud de saberes que atesoraron aquellos sabios (que oscilaban entre visiones generales sobre la evolución de las lenguas y las literaturas, y el conocimiento concreto de un dialecto, o las peculiaridades de un diccionario) ha sentado sus reales y siguen siendo indispensables para algunas investigaciones. Kurt Baldinger reclamaba un espacio para una serie de trabajos que exigen la precisión y el rigor a la hora de estudiar textos, su interpretación en el seno de la historia y la necesidad de acudir a disciplinas afines para entender más cabalmente su sentido profundo:

---

le suele dar el sentido de lingüística, sobre todo gramática histórica y estudio de formas pretéritas de lenguas. Como el término tiene tantos y tan distintos significados, lo mejor es abandonarlo" (1948, 48).

   [2] Lo expresaba claramente Renan: "De todas las ramas del conocimiento humano, la *filología* es aquella cuyo objetivo y unidad resultan más difíciles de precisar. La astronomía, la zoología, la botánica tienen un objeto determinado. Pero, ¿cuál es el de la filología? El gramático, el lingüista, el lexicógrafo, el crítico, el *littérateur*, en el sentido especial del término, tienen derecho al título de filólogos, y nosotros establecemos, en efecto, una relación suficiente entre estos estudios diversos para llamarlos con un nombre común." (Renan: 1925, 126-27). Páginas después considera que la unión entre filología, erudición y filosofía constituye la disciplina capital de la modernidad. De entre ellas, la hermana mayor es la filología (1925, 135).

"Detrás de una palabra o un pasaje enigmático se abren, después de una investigación espinosa, pero siguiendo siempre los principios de una filología seria, nuevos horizontes de conocimientos que rebasan sus propios límites filológicos, incluyendo la literatura, la historia, el folklore, la psicología popular e incluso toda la evolución del pensamiento y sentimiento humanos. Llegamos así a nuestro punto de partida: lo global y lo especial de la filología ni se excluyen ni se contradicen." (Baldinger: 1988, 44)

1.3. Distintas filologías de un mismo tronco

Quien se proponga presentar hoy un panorama de los estudios literarios no podrá limitarse a ofrecer uno para cada país. Hoy habría que descender a comunidades autónomas, regiones, y sospecho que también a departamentos universitarios. La filología fue una disciplina mucho más unitaria que los dispersos saberes actuales, pero hay que decir también que su impronta y desarrollo experimentaron diferencias en cada país. El perfil específico que tomó el saber (dependió a veces de personalidades concretas), el modo en que cristalizó en la organización académica, la diferente ideología de las instituciones que lo ampararon, son hechos relacionados con la historia y la tradición de cada comunidad. Razones políticas (a las que luego me referiré) y de tradición cultural determinaron el desarrollo de la filología alemana en Francia. Mientras que la filología se centró en la comprensión e interpretación de la lengua de los textos y de su significado a la luz de la historia, el vasto movimiento de la *grammaire générale* y la tradición retórica destacaron las reglas universales, ahistóricas, que ayudaban a explicar la composición de las obras literarias. Esta orientación no favoreció precisamente la introducción de una disciplina que sometía los textos a la "tiranía" del método histórico crítico (una tiranía no menor a la que han sufrido algunas obras una vez que las ha atravesado algún método moderno de crítica). La filología alemana había tropezado con la tradición retórica de *Les Belles Lettres*.[3] El estudio de la lengua y de la literatura no debía convertir a quienes lo practicaban en archiveros o conservadores de manuscritos. Tampoco se vio favorecida la filología alemana por el camino que había tomado la profesionalización de los estudios en Francia, en la que no tenía cabida la dimensión pedagógica de la filología. Los romanistas alemanes, por su parte, señalaron el carácter irreductible de la oposición entre la crítica literaria al modo francés y la filología histórica que ellos practicaban.[4] La tradición a que me acabo de referir, la

---

[3] F. Brunetière en 1879 denunciaba los efectos nefastos de la filología románica en el *goût* francés, entregado a la barbarie tudesca. Brunetière, F.: "L'érudition contemporaine et la littérature française au Moyen Age", *Revue des deux mondes*, III, 620-40 (1º de junio). Para Hollier, las primeras historias de la literatura francesa pretendieron defender la estabilidad del neoclasicismo frente al pensamiento romántico, lo que les dio una orientación claramente antihistórica (Hollier, ed.: 1989, xxiii).

[4] "Incluso Gustave Lanson (...) contempla la tarea del historiador más como una pura descripción de las personalidades de los escritores sin considerarlos como manifestaciones de su tiempo. Por el contra-

carga antifilológica del estructuralismo y las críticas al lansonismo y al positivismo han condicionado, desde luego, el desarrollo de la filología en Francia. La *nouvelle critique* no se interesó por los logros de los viejos filólogos y éstos, por su parte, mostraron su recelo hacia los nuevos enfoques.

La concepción y la práctica de la filología son distintas en España y están muy marcadas por Menéndez Pidal. Las lagunas y carencias que presentaba el conocimiento de la lengua y literatura españolas eran tan importantes, que le obligaron a volcarse en el estudio de temas españoles. Menéndez Pidal desarrolló la filología en sus dos ramas básicas, la literaria y la lingüística, y sentó las bases de campos diversos: la dialectología, la edición de textos, la etimología, la gramática histórica y el estudio de obras literarias. Este cúmulo de trabajos se desarrolló manteniendo el principio de unidad de los saberes filológicos, lo que permitió que se siguieran cultivando de manera conjunta la historia, la lingüística y el estudio de obras literarias.

El haber mantenido esta unidad es un hecho singular que caracteriza los estudios de la escuela de filología española frente a los de otros países. Lo ha explicado Diego Catalán:

> "La tendencia de la romanística española a permanecer recogida bajo el techo de la cultura patria hizo innecesario en España el creciente divorcio entre los estudios lingüísticos y los estudios humanísticos que se hace patente en otras partes de Europa desde finales del siglo XIX, y que separa, claramente, en Alemania y Francia, a las generaciones de Tobler y Paris de las de Meyer Lübke y Thomas. Menéndez Pidal se negó desde el principio de su carrera a aceptar la separación de filología y lingüística, que a finales del siglo XIX postulaban los positivistas." (Catalán: 1974, 40-41)

La concepción de la unidad de la lengua, la historia y la literatura sobrevivió al Centro de Estudios Históricos y se manifestó en la estructura y el contenido de numerosas revistas especializadas, en las series monográficas, en las colecciones editoriales y en los planes de estudio, como recordaba Catalán.[5] Sin embargo, la tendencia general ha sido la de separar, en los terrenos intelectual y administrativo, el estudio de la lengua y el de la literatura. Salvo algunas excepciones, hace mucho que los lingüistas y los gramáticos dejaron de consagrar sus esfuerzos al estudio de las obras literarias.

---

rio, Brunetière, en su *Manuel d'histoire de la littérature française* (1898) reduce la literatura francesa a las obras medievales y modernas que se vinculan como eslabones de una cadena" (Gröber: 1904, I, 180).

[5] En el último tercio del siglo XIX se fundaron: *Revue des Langues Romanes* (1870), auspiciada por la *Société pour l'étude des langues romanes*; *Romania* (1872), dirigida por Gaston Paris y Paul Meyer; *Rivista di Filologia romanza* (1872) fundada por Monaci, Stenzel y Manzoni; *Zeitschrift für Romanische Philologie* (1877), dirigida por Gröber; *Romanische Forschungen* (1881) dirigida por Volmöller, etc.

En Alemania, cuna de tantos estudios seminales de nuestra materia, los cambios experimentados en la *Literaturwissenschaft* han arrinconado el viejo saber filológico. No faltan en sus universidades seminarios que llevan el marbete de "filológicos", pero tengo la sensación de que estos seminarios son más restos de un pasado:

> "A diferencia de la noción de *Literaturwissenschaft*, que aspira, aparentemente, a una ambición teórica y general, la de 'filólogo' parece poner el acento sobre la comunidad práctica de quienes, mezcladas las disciplinas, se ocupan de literaturas y de lenguas antiguas y modernas. Esta acepción hace referencia directamente a la dimensión pedagógica de la filología, esencial para la formación de la disciplina en el siglo XIX." (Werner: 1990, 12-13)

Además de su dimensión pedagógica, encontraremos *Philologien*, en plural, que se refiere a una multiplicidad de disciplinas, pero también a las subdivisiones en el interior de la disciplina (y así hay *Dichte-Philologien, Goethe-Philologie*, etc.). El interés se dirige a un *corpus* de textos, delimitado por las obras de un autor o de un grupo de autores. Con este género de subdivisiones se designa a una serie de sub-disciplinas relativamente autónomas: todas estas variaciones, dice Werner, tienen un carácter impreciso, como si el carácter a la vez global y específico del concepto de filología impidiera puntos de anclaje precisos. Hay otro tipo de expresiones en las que el adjetivo *philologisch* o el adverbio correspondiente adquieren una relevancia especial. Se habla de la necesidad de "trabajar filológicamente", de "precisión filológica", "cotejo filológico de manuscritos", etc., lo que apela a un trabajo menudo y paciente, ajeno a la especulación teórica e interpretativa. Otras veces, el término se connota negativamente. Parece que quienes practican esta vieja disciplina se centran en pequeños problemas materiales de los textos, en buscar variantes y poco más: el filólogo no parece alentar, para algunos, trabajos de más alto vuelo. Esta consideración es válida para ciertos trabajos, pero de ninguna manera puede aplicarse sistemáticamente a todos los estudios que han nacido en el marco de la filología.

Es verdad que los filólogos trabajaron con un arsenal metodológico mucho más humilde que las formidables construcciones teóricas de hogaño. Pero es inexacto e injusto desterrar su trabajo al limbo de una erudición inútil. José-Carlos Mainer mostraba el inmenso caudal de saberes y de consideraciones sociológicas e históricas que nacen de los aparentemente humildes estudios de José Manuel Blecua. Aunque parece que sus trabajos se movieron de manera exclusiva en las urdimbres del tejido filológico y que no se ocupó de disquisiciones interpretativas, podrán encontrarse en sus estudios apreciaciones de muy alto calado. Es verdad que para Blecua, como para cualquier filólogo, el texto es su lugar natural (el texto lo dice y lo convoca casi todo). Sin embargo, dice Mainer, no hay un solo trabajo del filólogo aragonés que no suponga una lección de historia de la literatura y se convierta en un hallazgo que aporte luz a las preguntas fundamentales de nuestra historia.[6] El saber de Blecua se formó en horas de detenida lectura que le permitieron captar errores textuales, desviaciones sospechosas, tareas que no están al alcance de cualquiera: no se trata de aplicar de manera mecánica un programa de ordenador o la última teoría de la crítica, sino de un ejercicio de sabiduría literaria nacida de muchas lecturas anteriores que, en el fondo, supone una reconstrucción de la producción de la escritura (Mainer: 2003, 87). Pero las consideraciones, nacidas al calor de la más sólida de las filologías, le llevaron a vislumbrar otros problemas. En su "Estructura de la crítica literaria en la Edad de Oro" ofrecía un completo programa para indagar cómo prólogos, aprobaciones, poéticas, etc. (es decir, los paratextos y metatextos) ofrecían un sólido referente crítico para entender la creación literaria. En "Dos memoriales de libreros a Felipe IV" señala la necesidad de estudiar el papel que cumplieron copistas, libros y libreros de la Edad de Oro para trazar una historia sociológica de la literatura española que él veía en mantillas. Estoy muy lejos de considerar que don José Manuel Blecua fuera un sociólogo de la literatura, pero también sé que una sociología de la lectura, la escritura y el libro, jamás podrá hacerse sin conocer a fondo datos y más datos. José-Carlos Mainer lo recordaba con claridad:

> "Una sociología de la literatura no es asunto exclusivo de afirmaciones vagas sobre la clase social o el grupo al que pertenece el escritor, de especulaciones gratuitas sobre su público potencial o de asociaciones cogidas por los pelos entre lenguas literarias y visiones del mundo (…). Formular una síntesis exige previa y suficiente familiaridad con los datos; es como un regalo que, no siempre, la fortuna hace a los que lo han merecido." (Mainer: 2003, 94)

Vuelvo al principio. Los filólogos no se han interesado por consideraciones teóricas o por elucidar la hermenéutica filosófica seguida para explicar sus lecturas e interpretaciones. El precio que se ha pagado por ello es caro, pero la filología fue hija de un tiempo que no pedía esta clase de justificaciones porque venían dadas. Todo esto no significa que tras la obra de algunos filólogos no aparezcan consideraciones sociológicas e historiográficas de primer orden.

Cabe decir finalmente que la diversidad de definiciones que se proponen para la filología es enorme e induce muchas veces a confusión. Para J. Monfrin (1958), la disciplina se circunscribía a un campo relativamente pequeño y bien delimitado

---

[6] Mainer recordaba en este punto que las tareas de la nueva historia de la literatura deben responder a algunas preguntas capitales: "Determinar cómo se constituye y actúa una tradición intelectual, apreciar la permanente pugna entre la originalidad y la obediencia, analizar la relación de la literatura con la industria que la difunde y con sus parientes inevitables –la imprenta, las formas de lectura, pero también los planes de educación, las necesidades de la propaganda o las miserias de la censura– y, por último, atender a la relación de los autores y los lectores, entendida en su esencial reciprocidad" (Mainer: 2003, 89). Es un inteligente y cabal programa de trabajo.

(el estudio del lenguaje en cuanto aparece consignado en los textos). Yakov Malkiel (1972), en cambio, señalaba que la filología abrazaba dominios mucho más vastos (desde la interpretación de textos a la historia literaria). Para Stierle (1979), en cambio, la filología se preocupaba tanto de textos medievales como de textos modernos. Ursula Bähler ha mostrado los problemas que plantea esta vaguedad a la hora de definir el concepto:

> "Varios investigadores han relacionado la fluidez de la concepción de la filología románica con la inquietud que reina desde hace algunos decenios en los círculos universitarios que deberían ocuparse de la filología románica *ex officio*, dado que la denominación de sus cátedras contiene este término." (Bähler: 1995, 23-24)

La expresión de este malestar es un lugar común entre los investigadores, desde Curtius a Malkiel.[7]

1.4. La unidad perdida y el nacimiento de las filologías

Es evidente que el carácter unitario de la filología no fue algo circunstancial. La unidad del mundo románico y de los estudios consagrados a él nació de la conciencia y el sentimiento de una herencia cultural y lingüística comunes. El solar románico, latino, presentaba rasgos comunes incuestionables. Basta echar un vistazo a los orígenes de las lenguas y las literaturas. En el renacimiento carolingio colaboraron italolongobardos como Paulo Diácono, francos como Angilberto, hispanovisigodos como Teodulfo y anglosajones como Alcuino. La lírica trovadoresca que se difundió en Provenza marcó la pauta de la lírica de los *Minnesinger*, de los trovadores catalanes y de toda la lírica europea. Los *romans* franceses se reescribieron y tradujeron. Toda Europa celebró las gestas de Carlomagno y cantó al amor de manera muy parecida. La filología de los orígenes no podía concebir que lengua y literatura fueran áreas separadas. Un sabio filólogo de la vieja escuela, Aurelio Roncaglia, exigía que las investigaciones se apoyaran en estudios lingüísticos y literarios, y que se combinaran trabajos sobre hechos concretos con planteamientos generales, pues constituían para él una unidad inseparable en el carácter concreto de la filología (Roncaglia: 1956, 103).

La unidad científica y didáctica de la filología es un rasgo de su nacimiento, pero esta unidad se ha ido perdiendo en todos los campos en los que se asentaba

---

[7] La filología se enriqueció notablemente en Italia a través de la asimilación de los nuevos métodos de crítica, en particular la semiótica y el estructuralismo, tal y como señalaba Karl Uitti (1982, 24). Me referiré más extensamente al caso italiano al tratar la crítica textual. Es interesante recordar que en el libro colectivo *I metodi*, coordinado por Cesare Segre y Maria Corti (1970) colaboraron tanto semiólogos como filólogos (G. Folena, G. Contini o Umberto Eco).

como disciplina: en el epistemológico y en el institucional. Las fuerzas centrífugas que se movían vigorosamente en su interior amenazaban con desgarrarla y esta conciencia de desintegración, de crisis, aflora una y otra vez entre los grandes romanistas desde los años cincuenta. Uno de los hechos que condicionaron o favorecieron la fragmentación de la unidad de tantos saberes fue la creación de las filologías modernas, que nacieron para ocuparse de las lenguas vivas y de sus literaturas. La filología se interesó desde el principio por el estudio de textos escritos en lenguas que ya no existían. Los filólogos no abandonaron esta investigación, pero ya desde el primer tercio del siglo XIX algunos estudiosos comenzaron a dirigir sus preocupaciones hacia las lenguas modernas. Es evidente que esta orientación no se habría desarrollado sin la existencia de una sólida disciplina ya establecida que ofreciese una metodología y un modelo de análisis e interpretación. La filología clásica alemana ofrecía un claro objeto de estudio y un sólido método adecuado a los fines propuestos. Su prestigio era enorme. Hacia 1840, prácticamente todas las universidades alemanas contaban con un seminario dedicado a la disciplina. La probada solidez de las investigaciones, la variadísima producción de aquellos filólogos, expresada en revistas especializadas y firmemente establecidas en los niveles institucionales, y su importante papel en la enseñanza, dieron a esta disciplina una categoría que ayudó a las filologías modernas a constituirse a sí mismas como saberes organizados. Esta vinculación con la *vieja diosa* era recordada todavía a mediados del siglo XX por Curtius, que elogiaba a su maestro, Gustav Gröber, uno de los fundadores de la filología moderna: "Los fundadores de la filología moderna, es verdad, todavía aprendieron las lenguas antiguas; y ellos crearon una tradición de rigurosa investigación" (1948, 547).

Gröber había caracterizado la filología como una disciplina consagrada al estudio de la palabra y del texto que con el paso del tiempo se había vuelto incomprensible. Si las lenguas no cambiaran y la forma y el contenido de las palabras fueran siempre el mismo, la filología no sería necesaria.[8] Dentro de esta orientación general, la filología románica se concentró de manera específica en la Edad Media, porque era un período bien delimitado, que favorecía el estudio a partir de una concepción global de la cultura. No sucedía lo mismo con los períodos moderno y contemporáneo, para los que existían algunas disciplinas que reclamaban su derecho y orientación propias. Este hecho es uno de los que favorecieron la disgregación del primitivo proyecto. A diferencia de la filología románica o de la filología clásica, las filologías modernas no podían presentarse como ciencias globales, pues

---

[8] "Si una lengua o la lengua no cambiase, no haría ninguna falta hablar de filología. Pero justamente en este terreno es dónde se nos permite reconocer la antigua actividad del filólogo en un doble sentido: la lengua que no se comprende o que se ha vuelto incomprensible. El investigador del pasado de un lugar precisa la ayuda del filólogo allí donde aquellas lenguas subsistan. Sólo a su lado encontrará ayuda, pues sólo él posee la llave que abre el sentido de los signos mudos de la escritura, sólo él deja que los tiempos pasados nos hablen y comprender lenguas extrañas; la ciencia de las lenguas desconocidas es la filología." (Gröber: 1888 Tomo la cita de Swiggers: 1989, 238.)

al hacerse cargo de una sola lengua y al no tener que explicarla comparándola con otras, se exigía una mayor especialización. En muchas universidades se ha tendido a potenciar la enseñanza en las áreas particulares que forman parte del viejo solar latino y se ha dejado conscientemente al margen la filología románica, por considerarla obsoleta e imposible de practicar. Esto ha tenido consecuencias enormes en la enseñanza y la investigación tal y como ha denunciado Mercedes Brea (1989).

Pero no ha sido el estudio de las lenguas particulares el único que se ha desgajado del tronco común de la filología: los estudios literarios empezaron poco a poco a reclamar su campo propio. El proceso fue muy largo y todavía Spitzer señalaba que en su época de estudiante, para dedicarse a la literatura, "había que pasar por Meyer Lübke". Sin embargo, la tendencia fue imparable. Ya en 1842, Adelbert von Keller se distanciaba de las vastas competencias de los filólogos clásicos y proponía a los interesados en las literaturas modernas la tarea de la interpretación sin considerarlas testimonio de la evolución de una lengua o muestra de dialectalismo.[9] Puede decirse que la tendencia generalizadora (con numerosas excepciones: son muchos los filólogos que se han dedicado a la literatura moderna y contemporánea) era que la crítica estética fuera haciéndose cargo cada vez más de las literaturas modernas y que se confinara a los filólogos, tan necesitados y dependientes de conocimientos históricos, a épocas pretéritas. No se trataba por aquel entonces –y Curtius se encargó de demostrarlo– de un confinamiento, pues el estudio de los textos medievales era esencial para demostrar la existencia de una tradición cultural y de una "legitimidad nacional". En efecto, entre las razones que también provocaron la separación y relativa autonomía de las filologías modernas hay que tener en cuenta factores ideológicos, pues el proceso en cuestión está vinculado con la formación de culturas nacionales que buscaban legitimar sus tradiciones literarias respectivas.

Todas estas primeras muestras de independencia de saberes, de cierta disidencia, no se manifestaron en el plano institucional y tardaron en tomar cuerpo. Las cátedras universitarias se multiplicaban y en todas ellas la denominación de filología (en la que se comprendía el estudio literario) era omnipresente. Estamos en un momento de exposiciones sistemáticas de la disciplina, ante el *Grundriss* de Gröber y el espléndido florecimiento de las grandes revistas especializadas. Pero la línea que terminó por imponerse fue la que reivindicaba un estudio específico de la literatura al margen del enfoque global que proponía la vieja diosa. Las consecuencias de esta orientación tuvieron una enorme importancia, según explica Diego Catalán,

---

[9] En la historia de la filología reaparece una y otra vez la polémica entre aquellos que consideran que los textos literarios son monumentos a los que se empobrece cuando se los usa para estudiarlos como testimonio de fenómenos lingüísticos, y aquellos filólogos que consideran legítimo estudiar estas obras literarias para documentar humildes datos que sirven, por ejemplo, para fechar un texto, con más seguridad que las referencias literarias.

pues en vez de llevar a una *belle alliance* entre gramática y literatura, produjo una *belle victoire* de la literatura sobre la gramática (Catalán: 1974, 108-09).

A la hora de enfrentarse con las obras literarias, la filología se valió de la hermenéutica nacida de la crítica textual y la historia y este binomio no parecía atender a todos los frentes del estudio literario.[10] Los críticos de aquella hora señalaron que la filología era una especie de propedéutica, de preparación para el estudio de la literatura, que necesitaba de la sanción del juicio estético. En esta dirección tuvo alguna responsabilidad la crítica de Croce al positivismo filológico, que para él confundía el texto como medio y como fin. Se opuso también a los análisis técnicos de obras poéticas, que según él eran un remedo de las disertaciones alemanas de doctorado.[11] Desde otra perspectiva distinta, Bédier sostenía que la filología era una disciplina general de trabajo, un hábito intelectual, la voluntad de observar antes que de imaginar, observar antes que construir, de verificar todo cuanto se puede verificar, y consideraba que se reducía a "certaines recettes et certaines procédés de recherche" (Bédier: 1903, 45).

1.5. El conflicto entre disciplinas vecinas

Cualquier estudio sobre la relación entre filología y lingüística, sobre su desarrollo histórico y el conflicto entre sus competencias, debe partir de la idea que se ha tenido de una y otra a lo largo de su historia y, desde luego, de acuerdo con la tradición científica y cultural de cada país. Los términos se ofrecen muchas veces como sinónimos, e incluso se habla a veces de la filología en Alemania o en Esta-

---

[10] La percepción que tienen hoy algunos estudiosos de la historia de la literatura es diferente. En el fondo, bajo la actitud del historiador se esconde la del crítico, según la opinión de Perkins, aunque podría enhebrar citas de otros autores que van en la misma dirección: "La historia literaria es también crítica literaria. Sus objetivos no son simplemente reconstruir y entender el pasado, pues tiene un fin más amplio, que es esclarecer las obras literarias. Persigue explicar cómo y por qué una obra adquirió su forma y la materia de que trata y, por tanto, ayudar a los lectores a orientarse. Sirve para apreciar la literatura. La función de la historia literaria se apoya en parte en su impacto sobre la lectura. Escribimos historia literaria porque queremos explicar, comprender y disfrutar de las obras literarias" (Perkins: 1992, 178).

[11] Estos análisis "sólo consiguen rebajar la obra poética al grado de un producto de la industria, de un objeto armonizado, del que se desmontan las piezas, las ruedas, los muelles, para mostrar cómo está compuesto: la introducción, la disposición, las tramas, las digresiones, los procedimientos de ampliación o de reducción, el efecto final, y así los demás detalles. Con este procedimiento, se falsifica como trabajo de cálculo y artificio lo que es expresión poética". *Poesía e non poesia. Note sulla lettura europea del secolo decimonono*, 4ª ed., Bari, 1964, p. 332. Tomo la cita de D'Arco Silvio Avalle: 1974, 104. La influencia de Croce en Italia fue determinante durante muchos años y la reacción contra su pensamiento (a veces contra una forma estereotipada de su pensamiento) es un rasgo que define a numerosos filólogos italianos. No es raro que, al comenzar a leer algún estudio sobre una materia acerca de la que disertara Croce, encontremos una diatriba contra el maestro italiano.

dos Unidos como si significasen lo mismo. Ya en 1933 Bloomfield señalaba que era necesario diferenciar claramente lingüística de filología:

> "El uso del término *philology* en inglés británico o en el antiguo inglés americano se aplica no sólo al estudio de la cultura (especialmente a través de documentos literarios), sino también a la lingüística. Es importante distinguir entre *philology* (alemán, *Philologie*, francés *philologie*) y lingüística (alemán *Sprachwissenschaft*, francés *Linguistique*), puesto que ambos campos de estudio tienen poco en común." (*Apud* Koerner: 1997, 168)

Lo cierto es que en su período de apogeo en Europa, la concepción de la filología románica era muy amplia y comprendía también la lingüística, aunque no fueran exactamente la misma disciplina. La filología tenía por objeto el estudio comparado de las lenguas y literaturas, pero ninguna investigación en este terreno debía completarse sin sólidas bases lingüísticas. Las fronteras entre lingüística y filología no podían ser nítidas. A medida que se fueron desarrollando las investigaciones resultó cada vez más difícil establecer una separación tajante entre una y otra, porque no era posible (ni tampoco deseable) oponer en muchos casos los dos tipos de actividad, como por ejemplo en los trabajos de lexicología histórica, en los que resulta difícil determinar dónde empieza el filólogo y termina el lingüista o viceversa. Swiggers decía con gracia que los romanistas se muestran incómodos cuando se trata de definir la relación entre filología y lingüística, o más claramente, cuando se trata de definir su actitud en relación con esta relación (Swiggers: 1989, 231).

Los conflictos de competencias entre filología y lingüística comenzaron a manifestarse ya en el siglo XIX. En Occidente no es extraño contemplar cómo dos o más disciplinas mantienen relaciones incómodas. Es el caso de la teología y la filosofía en el otoño de la Edad Media, el de la filosofía y la ciencia en tantas etapas de la Edad Moderna. A veces una de las disciplinas se anula y en otros una absorbe a la otra, pero también es posible que durante un tiempo se intente mantenerlas separadas y que no existan interferencias, o que dos disciplinas se entrecrucen, como en el caso de la química o la biología. Las interdisciplinas resuelven temporalmente el problema de las líneas de demarcación, sobre todo en el campo de las ciencias, pero no suelen tener éxito en el de las humanidades (Ferrater Mora: 1981).

En el caso que nos ocupa, la relación fue cambiante, pero los desarrollos de la lingüística en los últimos cuarenta años la han convertido en una disciplina diferente de la filología, con un objeto de estudio y una metodología propias. La articulación cada vez más refinada de los dominios de la fonética y la fonología, la eclosión de precisas teorías en el campo gramatical y la aparición de nuevas disciplinas lingüísticas son ya difícilmente conciliables con las investigaciones de la filología. La tensión entre una y otra se percibe ya en el siglo XIX, y existen numerosos testimonios del conflicto de competencias.[12] Interesa recordar también que la ruptura entre ambas disciplinas no fue rápida y que no se trató de un proceso uniforme realizado al mismo tiempo y en todos los países. Karl Uitti ha destacado cómo los procedimientos mediante los que se logró encajar a la lingüística en el amplio marco de la filología románica variaron en gran medida de una época a otra, de una cultura a otra, e incluso, de unos temperamentos a otros (Uitti: 1982).

El asunto es que algunos estudiosos reclamaban para su trabajo una metodología que se fundamentara en principios distintos al *modus operandi* de los filólogos clásicos. La dedicación mayor de la filología era la lengua de Grecia y Roma, mientras que la lingüística dirigía la actividad de comparatistas y de estudios descriptivos. En 1844, August Fuchs llegó a reclamar la inclusión de la filología dentro de la lingüística (*Apud* Swiggers: 1986, 235). Es sintomático que en los estatutos de la Sociedad de Lingüística de París (creada en 1867) se expresase el deseo de no abordar el estudio de obras literarias, y desvincularse de una de las tareas de la filología. Sin embargo, y durante muchos años, siguieron señalándose vínculos entre ambas disciplinas. Para comprobarlo basta con echar un vistazo a los títulos de algunas revistas fundadas en torno a 1860: *Révue de Linguistique et de Philologie Comparée (Recueil de documents pour servir à la Science positive des langues, à l'étnologie, à la mythologie et à l'histoire)* fundada por Abel Hovelacque en 1868 y la *Révue des Langues Romanes*, fundada en 1870 y consagrada a la lengua y literaturas provenzales.

En cualquier caso, la tendencia a compartimentar o separar los estudios lingüísticos de los filológicos (a partir sobre todo de la interpretación que se hizo del *Cours* de Saussure) no se detuvo, sino que tomó carta de naturaleza y terminó por entrar en los manuales. Todavía en 1937, Iordan-Orr no oponían las dos disciplinas, que formaban parte de una amplia *Sprachwissenschaft*, pero la distinción está clara a partir de obras publicadas en 1955, como las de Vidos (1956), Iordan (1962), Bal (1966), o Gauger-Oesterreicher-Windisch, donde se lee:

> "Hace mucho que la asignatura 'Filología románica' no constituye una unidad y se divide en dos disciplinas independientes: por un lado la lingüística románica, por otro la ciencia de la literatura románica. Esto vale también para las filologías alemana e inglesa. Existen, naturalmente, puntos de contacto entre lingüística y ciencia de la literatura, por ejemplo, en la edición de textos, en particular, en lo que atañe a los textos antiguos, o en los (todavía difusos) esfuerzos para una así llamada lingüística del texto. Pero, en conjunto, se trata de dos disciplinas diferentes. Su diferencia reside sobre todo en los

---

[12] "La filología sólo encuentra material allá donde hay una literatura; la lengua es para ella el órgano del cual se sirve para acoger la vida espiritual del pueblo en cuestión; para el lingüista, en cambio, puede ser del máximo interés la lengua de un pueblo que no tiene idea alguna del arte de escribir, para él la literatura es solamente un medio agradable para estudiar mejor las relaciones lingüísticas." Schleicher, A. (1850): *Linguistische Untersuchungen*, II. Tomo la cita de A. Vàrvaro (1988, 85).

distintos contenidos: la materia de la lingüística románica son las *lenguas* que proceden del latín; el contenido de la ciencia de la literatura románica son las *literaturas* escritas en esas lenguas." (Gauger-Oesterreicher-Windisch: 1981, 3)

Los saberes del tronco de la filología se fueron independizando, especializando y, en algún caso, se arrinconaron algunas de sus antiguas competencias. Este proceso puede seguirse si se comparan las definiciones de filología que se han ofrecido desde el siglo XVIII. El documentado estudio de Gilles Roques (1989) muestra, a través de casi cincuenta ejemplos, cómo se han limitado no ya las competencias sino la función misma de la disciplina. En el siglo XVIII la filología era sinónimo de erudición, de vasto conocimiento de la antigüedad. Como dice Roques: "La filología, en efecto, no era una ciencia, era una actitud ante los textos, apoyada en una compleja erudición" (1989, 243). Pero también es cierto que en este siglo se despreció aquella erudición que se interpretaba como una ocupación sin interés.[13]

Aunque la concepción de que la filología es una rama del conocimiento de múltiples saberes se ha mantenido en los diccionarios hasta casi nuestros días, en el siglo XIX conviven con ella otras más restrictivas, que se centran en su interés eminentemente textual. Gilles Roques destacaba por su importancia aquella que unía el estudio de la gramática, la crítica textual y la historia literaria, la poderosa tríada que definía las ocupaciones fundamentales de la filología del primer tercio del siglo XX. En 1903, Lar señalaba que la filología era la "science d'une langue au point de vue de la grammaire empirique, de la critique textuelle et de l'histoire littéraire" (Roques: 1989, anexo B3). Esta definición marca un punto de inflexión importante porque preludia el tríptico antes mencionado, que define los objetivos de la filología triunfante del primer tercio del siglo XX. Esta concepción ha estado vigente hasta hace no mucho y englobaba, en efecto, toda una constelación de estudios de las lenguas y las literaturas: estudios lingüísticos, historia de la literatura y desde luego el trabajo de restaurar e interpretar textos.

1.6. La fuerza de los datos

1.6.1. *Contar, pesar, medir*

En las páginas que anteceden vengo refiriéndome a la transformación que ha sufrido el concepto de filología desde sus orígenes. Una de las ideas que a estas alturas debería estar desterrada es la que ha convertido a la filología (y a los maestros que la practicaron) en una especie de saber monolítico, en cuyo seno no ha habido evolución, tensiones de ninguna especie. La realidad es más bien la contra-

---

[13] "Se llama filólogo al hombre que abarcando toda clase de ciencias, no profundiza en ninguna." (1752) *Apud* Roques: 1986, 243.

ria. Sin embargo, el desacuerdo entre los maestros no amenazó en absoluto la continuidad de la disciplina. Bédier siguió a su modo la línea de Gaston Paris y Curtius la de Gröber. Américo Castro no abandonó el marco de Meyer-Lübke o de Menéndez Pidal. Interesa recordar la intensa vida interior que vivió la disciplina, muy lejos del supuesto carácter monolítico o incapaz de renovarse que le han achacado muchos de sus críticos.

Además de los cambios internos o teóricos, hay que tener en cuenta los factores extradisciplinarios, tal y como se ve, por ejemplo, en el caso español. La evolución de la obra de Menéndez Pidal desde el positivismo de las primeras obras hasta sus últimos estudios no debe explicarse solamente como una evolución interna, aislada del mundo. La filología, tal y como la entendían los miembros del Centro de Estudios Históricos, era una disciplina fundamentada en otra que le servía de guía (una 'disciplina piloto' según la terminología de Koerner). Los historiadores de la filología han hablado de la huella indiscutible de la historia del pensamiento –en el caso de Américo Castro– o la psicología –en el de Amado y Dámaso Alonso– o del positivismo –que es mucho más que una disciplina– en el caso de las primeras obras de don Ramón. Pero no solamente hubo ascendientes científicos en su labor. Como señala oportunamente Portolés: "El ambiente artístico, las lecturas filosóficas, la situación política, inspiran mutaciones en el desarrollo de sus ideas, favorecidas por una concepción de la filología demasiado difusa, proteica e inabarcable" (Portolés: 1986, 16).

He recordado el positivismo, aquella amplia e influyente teoría científica y filosófica que determinó la evolución de las ciencias y las humanidades. De ese vasto continente que ha nutrido tantas ramas de la ciencia, me interesa recordar ahora algunos principios que influyeron en la práctica y la concepción de la filología. La atención del investigador positivista se ha concentrado siempre en el hecho particular, cuyo estudio es tarea fundamental y precede a toda teoría, que sólo se construye cuando se conoce un elevado número de hechos (cuantos más, mejor). En una parte sustantiva de su historia, la filología no habría existido sin el positivismo, sin el afán por constatar, comprobar datos con absoluto rigor. En las investigaciones filológicas no suelen aparecer preocupaciones que entendemos hoy por teóricas; siempre han estudiado su materia prescindiendo (eso creían al menos algunos) de la teoría porque para trazarla siempre faltaban hechos. Éstos se consideran por lo que son, es decir, en cuanto sustancia, y no desde el punto de vista de su función. Acumularlos es necesario para levantar –como decían no sin cierta ironía Wellek y Warren–, la gran pirámide de la erudición. La erudición, en efecto, es sin duda uno de los pilares sobre los que se sustentó la filología románica. Gröber o Gaston Paris consideraban esencial acumular datos para poder investigar.

El positivismo sostenía que los sillares de una obra, "si se hallan bien tallados y se disponen hábilmente, deben formar, sin argamasa ninguna, el edificio perdurable y admirable" (Catalán: 1978, 245). Hoy nos parece inútil el afán por los datos si no responde a un proyecto superior a la mera acumulación, pero también es cierto que sin ellos no dispondríamos de la necesaria información para los estudios de crítica y de historia que se siguen escribiendo. Por otra parte, no cabe censurar a los creadores de la filología por su manera de entender su trabajo, pues sus planteamientos obedecieron a circunstancias históricas y a una epistemología determinada. Los filólogos exigían datos sobre el provenzal, el *moyen français*, el catalán y el castellano de los orígenes. Tampoco cabe olvidar a su vez que el positivismo, al margen ya de las connotaciones que adquirió en el siglo XIX, es una actitud que se descubre o se redescubre una y otra vez, y que a principios del siglo XXI hay quien considera esencial regresar al rigor de los datos y su verificación, frente a la teoría y la crítica.

1.6.2. *Del rigor*

Uno de los grandes legados de la filología, tal y como la han practicado los grandes maestros, es el interés por la exactitud y la precisión de los datos, interpretados en el seno de la historia. Además de fijar lo más exactamente posible los textos que escribió el autor, se trata de comprender e interpretar el mensaje que se confió a esas palabras, así como el significado que pudiera tener para los contemporáneos. Tagliavini justificaba todavía en 1949 los múltiples saberes que precisa un filólogo en su trabajo:

> "El filólogo, si bien ha de basarse siempre en el estudio de la lengua, necesita también otras disciplinas auxiliares, como la paleografía, la métrica, etc. El filólogo debe tener vastísima erudición: si, por ejemplo, se limita a fechar un texto literario fundándose en criterios lingüísticos o literarios, de no ser éstos absolutamente incontrovertibles, podrá equivocarse, y un historiador o un historiador del derecho objetarle que tales o cuales personajes o instituciones jurídicas mencionadas en el texto no pertenecen al siglo que le atribuyó el filólogo, o por ventura ser el paleógrafo quien insista en que el material (pergamino, papel, etc.) es sin duda posterior." (Tagliavini: 1981, 107)

El interés por ceñirse al texto, a aquello que quiere decir, es uno de los rasgos que mejor definen el trabajo del filólogo. Cabe decir que esta concepción ha sido también el blanco del ataque de numerosos métodos de crítica, y del pensamiento posmoderno, como habrá ocasión de ver, pero es una práctica irrenunciable de quien se diga filólogo. Frappier lo ha expresado como nadie. Para el gran maestro francés, la crítica debe imponerse una regla, un mínimo de disciplina filológica:

> "Un texto no es maleable a capricho: fija límites al juego de las imaginaciones, de las fantasías (...) A fin de cuentas, el intérprete debe estar a las órdenes del texto, y no el texto a las órdenes del intérprete y de sus teorías preconcebidas. Sólo el texto y todo el

texto. Es una cuestión de método, más aún: un delicado escrúpulo con el autor, una cortesía, una forma de honestidad, en todos los sentidos del vocablo." (1971, 439)

En términos muy parecidos se han expresado numerosos filólogos que, en un determinado momento de su carrera de investigadores, han sentido la necesidad de expresar sus convicciones. Es el caso de Vittore Branca. Para él la filología era una disciplina que comprendía fundamentalmente la ecdótica (esto es, la recuperación del texto exacto de una obra mediante procedimientos rigurosos, contrastables y cuya exactitud puede confrontarse) y la hermenéutica, que permitía, "una plena y rigurosa interpretación, y que condiciona las valoraciones ideológicas, sociales, estéticas" (Branca: 1977, 93).

El interés por comprobar la veracidad de los datos, por contrastarlos y verificar su exactitud a fin de que la interpretación sea lo más correcta posible es esencial, como ya he dicho, en el quehacer de la filología y ha inspirado toda una línea de estudios. La unión entre positivismo y filología está en los orígenes mismos de la disciplina. Morel-Fatio señalaba en 1878 que si se quería otorgar a las visiones de conjunto una base sólida, convenía comenzar por el detalle y lo infinitamente pequeño. Ningún trabajo que se hiciera partiendo de este método debería ser tomado en serio.[14]

Pero como explica Niño, bien entrado el siglo XX se llegó al convencimiento de que la lentitud del método y la inmensidad de los archivos harían inacabable la labor de acumular materiales para la construcción que nunca se acababa. Fue Marcel Bataillon quien señaló los méritos y las limitaciones del método de Morel-Fatio:

"No podemos entender esta obra realizada tan pacientemente fuera de la época de anormal tranquilidad –entre 1871 y 1914– donde se llevó casi entera a cabo. Parecía que la filología tuviera la eternidad ante sí, que las monografías sin errores pudieran preparar detenidamente las grandes síntesis. Ni tiempo ni papel faltaban para las publicaciones eruditas (…) Era un mundo en verdad demasiado fácil, en el que trabajadores menos cultivados que Morel-Fatio se arriesgaban a dejarse apresar por el automatismo del método bien aplicado, de olvidar que la filología está hecha para el hombre y no el hombre para la filología." (*Apud* Niño: 1988, 68)

La generación de Bataillon no renunciaba al carácter científico del maestro francés, pero valoraba de otra manera el tiempo. Se había forjado entre el cataclis-

---

[14] Este sistema de trabajo presidió la magna obra del sabio francés y la de sus discípulos, y acabó por marcar de forma indeleble el estudio de los textos literarios. Además de su rigor y de los innegables avances que supuso el positivismo, lo adornaban otras ventajas, pues servía de orientación clara para estudiantes y profesores, como señaló Starobinski: "El carácter impersonal y apremiante de los métodos positivos satisface a la vez la necesidad de autoridad del profesor y la que precisa el estudiante para adquirir enseguida una capacidad técnica que pueda utilizar enseguida" (Starobinski: 1970, 3).

mo y el caos de dos guerras mundiales y no podía detenerse tanto en los trabajos preparatorios; como dice el profesor Niño, "tenía prisa por abordar los grandes problemas humanos" (1988, 68).[15]

Diversas son las razones que impulsaron la reacción contra el positivismo en Europa. Por un lado los filósofos alemanes procedieron a distinguir claramente entre los métodos de la ciencia natural y los de la historia, tal y como preconizó Dilthey, que diferenció muy claramente un método del otro. Para Windelband, las ciencias históricas no debían imitar los métodos de las ciencias naturales y no debían obrar por acumulación. Contrario también a esta clase de investigación fue el grupo reunido en torno a Stefan George y, en una órbita distinta, la poderosa lingüística llamada idealista entre cuyos máximos representantes destacan Spitzer o Vossler y, desde luego, el cúmulo de trabajos que inspiró la *Geistesgeschichte*. En Italia, Benedetto Croce no dejó de criticar, desde que publicó su primer trabajo en 1894 hasta su muerte en 1952, las que él consideraba "prácticas mecánicas" de la investigación positivista. De carácter muy distinto, pero también hostil al positivismo tal y como lo hemos presentado más arriba, fue la propuesta de I. A. Richards en sus *Principles of Literary Criticism* (1924).

La necesidad de revisar los presupuestos de la investigación positivista era ampliamente compartida en los medios lingüísticos de principios de siglo y, como consecuencia de ello, comenzó a tomar forma en Europa toda una serie de metodologías que agitaron las aguas del romanismo. Me refiero a las tendencias derivadas de la fenomenología y, sobre todo, al idealismo de Croce y de Vossler. Las críticas de Croce al concepto de género aplicado al arte y las reacciones de Vossler contra el positivismo, convirtieron en tarea preferente la investigación sobre obras y estilos particulares. Para estos autores el lenguaje se entendía como *energeia*, como acto del espíritu que ayuda a expresar la interioridad del individuo, sus 'estados del alma', como decía Croce. Las expresiones poéticas surgen de una emoción que se reconoce en la palabra. La literatura es efusión lingüística de la interioridad

---

[15] Desde otras parcelas se insistía también en que el positivismo no podía dar respuesta a problemas mucho más urgentes del hombre. Husserl consideraba perniciosa la contemplación del mundo y de la ciencia a través del positivismo y lo declaraba superado: "La exclusividad con la que en la segunda mitad del siglo XIX se dejó determinar la visión entera del mundo del hombre moderno por las ciencias positivas y se dejó deslumbrar por la *prosperity* hecha posible por ellas, significó paralelamente un desvío indiferente respecto de las cuestiones realmente decisivas para una humanidad auténtica. Meras ciencias de hechos hacen meros hombres de hechos". "Históricamente considerado el concepto positivista de ciencia de nuestra época es, pues, un concepto residual. Ha dejado caer y abandonado todas las cuestiones incluidas en el concepto de metafísica, tanto en su concepción más estricta como en la más amplia, y, entre ellas, todas esas cuestiones tan oscuramente 'llamadas últimas y supremas'" (Husserl: 1991, 6 y 9). Las posibilidades de crecimiento del positivismo eran una vana quimera: "Un edificio único de verdades definitivas y teóricamente trabadas, creciendo hacia el infinito de generación en generación, tenía, pues, que dar respuesta a todos los problemas imaginables: problemas de hecho y problemas de razón, problemas de la temporalidad y problemas de la eternidad" (Husserl: 1991, 8).

del poeta. Comprender, aprehender una obra, supone revivir el alma del autor a partir de la configuración lingüística individual. Algunas formulaciones de la estilística llegan a señalar que el fin de la interpretación de un poema es que el lector reproduzca su génesis en el alma del poeta.

Leo Spitzer explicó en *Lingüística e Historia literaria* (1948) la trayectoria intelectual que le llevó a abandonar los planteamientos de sus maestros filólogos y a buscar su propia vía de análisis de los textos literarios. Su método está determinado por las obras concretas que deseaba estudiar y consiste en un recorrido que parte de una intuición inicial y de una confirmación final. Se trata de observar primero un detalle, después examinar el conjunto y volver de nuevo a estudiar el pequeño rasgo, partiendo de que en la obra literaria los detalles no son un simple aglomerado, sino elementos que forman parte de un organizado *microcosmos*. Este "círculo filológico" no responde a un método rígido. El diálogo acerca del poema, viene a decir Spitzer, se mueve en círculo: de la intuición global al sentido de una palabra y de esta otra vez al sentido total. Algunos historiadores de la crítica literaria hablan de él como de "ametodismo", porque la solución a la que se llega mediante este 'método circular' no puede someterse a una exposición rigurosamente razonada, pero este extremo no puede negar la validez de muchos de los análisis que realizó el maestro.

Lo que nos interesa, en cualquier caso, es que esta actitud supone un alejamiento del positivismo y el historicismo filológico, tal y como decía Amado Alonso en su *Carta a Alfonso Reyes sobre la Estilística*.[16] Los nuevos planteamientos estilísticos del estudio de la literatura reclamaban, en el fondo, la posibilidad y la necesidad de una *ciencia general de la literatura*, la creación de un instrumento que permitiera una interpretación más rigurosa de lo individual, y que ayudara a sentar las bases de una historia intrínseca del fenómeno poético.

1.7. La crítica textual

1.7.1. *Bajo el signo de la historia*

La filología nació bajo el signo de la historia y su objeto era el estudio de los textos. Una de las ideas centrales del método comparativo iniciado por F. Diez es que la esencia de las lenguas puede explicarse conociendo su historia. La principal

---

[16] La Estilística "atiende preferentemente a los valores poéticos, de gestación y formales (constructivos o estructurales, o constitutivos: la 'forma' como un hacer del espíritu creador), en vez de los 'valores históricos, filosóficos, ideológicos o sociales' atendidos por la crítica tradicional" (1955, 81). La obra de Spitzer ha sido cada vez más reconocida. Además de sus aportaciones a la teoría y sus análisis de obras concretas, sus consideraciones acerca del *clic*, de la necesidad de que se produzca una idea que nos ilumine ante un texto (se parta de la metodología de la que se parta) es una consideración llena de sentido común.

preocupación de los rigurosos y disciplinados comparatistas, templados en el estudio de las lenguas clásicas, fue la relación genética de las varias lenguas románicas, su desarrollo, sus cambios. Tampoco los filólogos dedicados a la crítica textual son ajenos a un enfoque condicionado por el tiempo. La circulación, la transmisión de una obra –manuscrita o impresa– trae consigo errores que pueden enturbiar, cuando no cambiar radicalmente, su contenido. La aparición de las variantes es una de las maneras de comprobar cómo actúa el paso del tiempo en los textos. Gröber caracterizó la filología como una disciplina consagrada a explicar aquellas palabras, aquellas obras que se entendían con dificultad. Si no existiera más que el movimiento uniforme, si los cuerpos se movieran siempre en una única dirección, la física no sería necesaria. Si las lenguas no cambiaran, si el significado de las palabras fuera siempre el mismo y los textos se entendieran siempre de la misma manera, la filología no tendría razón de ser. Los textos se transforman, se amplían, se resumen, se llenan de glosas, sus significantes cambian y, aun en el caso de que un texto hubiese llegado hasta nosotros tal y como salió de la pluma o de la boca de su autor, su significado se vuelve oscuro y debe desentrañarse. El paso del tiempo no respeta las obras del hombre. Ante un texto repetidas veces glosado, el filólogo investiga cómo y en qué períodos se ha ido insertando la sucesiva capa de glosas. La historia es una guía esencial de la filología. Todavía recordaba Malkiel haber vivido en un clima de opinión en el que no podía concebirse un trabajo de investigación lingüístico que no fuera estrictamente diacrónico (Malkiel: 1992).

El enorme condicionamiento del sentido histórico movió a los filólogos a proponerse como cuestión fundamental la de remontar hasta los *prototipos*, la de iluminar los períodos de orígenes. Uno de los primeros impulsos que mueven esta etapa de la filología es el de recuperar el legado histórico, reconstruir el pasado partiendo de esa perspectiva arqueológica. En el marco de esta orientación habría que entender también la serie de investigaciones sobre los orígenes de la épica, de la lírica o del *roman* y las apasionadas réplicas y polémicas a que dieron lugar. El enfoque histórico de la materia tratada informó desde un principio las investigaciones filológicas.

1.7.2. *Filología y crítica textual*

> "Había algo diabólico e insuperable en las erratas de imprenta, como si formasen parte del mal natural que impregnaba la existencia del hombre, como si tuviesen vida propia y estuviesen decididas a manifestarse como fuese, con la misma inexorabilidad con que las malas yerbas crecen en los más cuidados jardines."
>
> Patricia Highsmith

Como he señalado más arriba, la crítica textual ha sido una de las tareas más importantes de la filología y constituye una de sus líneas de fuerza, de suerte que ha llegado a identificarse con ella. La identidad no es exacta, porque la segunda es una disciplina mucho más amplia. No todo filólogo ha de ser editor de textos, pero cualquier editor de textos –de acuerdo con la orientación que estoy describiendo– debe ser filólogo.

Algunas teorías contemporáneas han reivindicado el activo papel del lector en el complejo acto literario. La literatura la hace él, pues es quien recibe, interpreta y construye el texto y, de hecho, quienes cultivan la crítica textual no pueden desdeñar su importancia, porque lo primero que han de ser es cuidadosos lectores. Ahora bien, el punto de vista del que parten es forzosamente distinto, pues la idea que subyace a su trabajo es que lo primero que necesita un lector es un texto. Si no se realiza una edición rigurosa que ofrezca el texto más cercano al original del autor, se corre el peligro de fundamentar interpretaciones sobre una obra falseada, y se corre el riesgo de atribuir al autor opiniones que jamás expresó, y de escribir comentarios disparatados sobre la estructura o el contenido de su obra, cuando un simple estudio filológico habría despejado muchas dudas sobre el origen y la manifestación auténtica de aquello que leemos. Este es un principio central de la filología.

La alteración del texto a través de sucesivos actos de copia hace necesaria la crítica textual. En la transmisión de obras medievales (muy en particular los que se escriben en lengua vulgar) los copistas no se conformaban con la corrección de algún pasaje de su modelo que creían dañado, sino que suprimían, añadían y modificaban sin sentir por ello que se estaba traicionando nada. Es así como se difunden muchos textos en el acto de la copia. Dentro de esta clase de variantes encontraremos una variedad notable que obedece a muchas causas; en primer lugar, la alteración por las preferencias (y errores) del copista, pero también la amplificación retórica puede modificar profundamente un original. Aparecerán también otras causas: la glosa explicativa, las aclaraciones etimológicas, la censura de pasajes o la adición de nuevos episodios que puede producirse por la consulta de otras fuentes o por contaminación o invención del copista-refundidor. No es impensable que a la hora de traducir una obra se incorporen comentarios de algún texto erudito y no es imposible encontrar alteraciones de acuerdo con los hábitos lingüísticos del copista. La filología ha ofrecido procedimientos solventes (no simplemente mecánicos) que incorporan el juicio del editor al proceso de examen y selección de variantes y permiten depurar las obras de los errores.

El trabajo de edición presentaba (y presenta) numerosos problemas y es uno de los territorios por excelencia del filólogo. Si un escritor publica una obra y al cabo de dos años la corrige y vuelve a editarla con numerosas enmiendas, y todavía vuelve sobre ella una tercera vez y añade y quita y pone (aunque en esta ocasión no vean estas enmiendas la luz), ¿qué texto debe editarse? Si no se conserva el autógrafo de un autor, pero existen manuscritos que presentan diferencias entre sí, además de variantes dialectales y algunos añadidos extraños a los deseos del autor, y si estos testimonios proceden de diferentes *scriptoria*, ¿qué texto debe editarse?

Nos han llegado autógrafos de los *Cantos* de Leopardi, en los que aparecen numerosas observaciones y se conservan además correcciones a las ediciones. ¿Cómo se debe utilizar este material extraordinario? ¿Debe despreciarse sin más? El mismo ejemplo vale para la obra de Valle Inclán o Faulkner, para las anotaciones de Joyce a *Finnegans Wake*, la lírica de Ungaretti o la obra de Galdós.[17] Los problemas se multiplican si nos referimos a los textos antiguos.

El respeto, la veneración por lo escrito, es una constante en algunas culturas de Occidente. Según una creencia cabalística y hasídica, recordaba Steiner, el mal se introdujo en nuestro mundo a través de la hendidura creada por el fino trazo de una sola letra equivocada, y el sufrimiento del hombre nació precisamente de la transcripción errónea de una sola letra. "Esta siniestra fantasía," dice Steiner, "refleja la clave de la erudición" (1977, 369). Pero la erudición se ha instalado también en el terreno profano. La idea de que los textos se deturpan al transmitirse y de que es necesario limpiarlos de errores para conocer la intención original del autor puede encontrarse ya en el humanismo renacentista. Los primeros humanistas demostraron que el latín en el que habían llegado escritas las obras de la Antigüedad estaba corrompido y era necesario restaurar los textos para apreciar su contenido. El trabajo de buscar manuscritos y cotejarlos hasta encontrar la lectura correcta de un pasaje no era una tarea banal, sino la primera piedra para recuperar el pensamiento y las instituciones de los hombres de la antigüedad. El trato con los códices mostró a los humanistas el camino de múltiples saberes:

---

[17] Los análisis de las fuentes textuales galdosianas para estudiar la obra del novelista son numerosos y forman ya una parte importante de la bibliografía sobre el escritor grancanario. Partiendo de los estudios iniciales de W. T. Pattison, J. Whiston y otros ilustres galdosianos, se han realizado investigaciones y escrito monografías muy importantes. Al frente de su edición de *Zumalacárregui*, Arencibia (Las Palmas de Gran Canaria, Eds. del Cabildo Insular de Las Palmas de Gran Canaria, 1987) señalaba la idea central de esta clase de trabajos: "Nuestra presente tarea va encaminada al estudio del proceso creador de Galdós a través del análisis de las variadísimas correcciones introducidas por el propio novelista en estas galeradas [de *Zumalacárregui*]. Así se plantea como camino general de la misma el tratar de hallar la pertinencia significativa y la motivación genética de cada una de las variantes, para, una vez ordenadas y analizadas de manera sistemática, poder alcanzar la meta de nuestro trabajo: establecer algunas conclusiones sobre el proceso creador de Galdós, sobre sus preocupaciones estilísticas y sobre sus usos lingüísticos" (1987, 29). "Las variantes correctoras del texto nos muestran un Galdós preocupado no sólo del *para* cono del *como* [sic] de su narración. [...] Casi un 80 % de la totalidad de las variantes de expresión se encuadran en las que hemos titulado *perfeccionadoras*. Ellas nos demuestran una cuidada dedicación del autor al acabado literario de su lenguaje" (1987, 164). En cuanto a Faulkner, cabe recordar que escribió *Santuario* en tres semanas del año de 1929. Cuando recibió las pruebas de imprenta, el escritor sometió el original a un purgatorio de correcciones, de suerte que la novela aparecida en 1931 difiere mucho de la primera redacción. Puede verse a este respecto el libro de Gerald Langford, *Faulkner's Revision of Sanctuary*, University of Texas Press, 1972. Sobre crítica genética, véase más adelante, pp. 389 y ss.

"Todo había empezado con el deslumbramiento estético de unos cuantos ante unos textos y unos restos cuya grandeza hacía más notorias las insuficiencias del presente y proponía como remedio una restauración de la cultura antigua. Pero una enmienda adecuada vuelve palpable cómo se ha deteriorado el pasaje en una edad que por eso mismo hay que calificar de bárbara y cómo la recuperación de la lectura auténtica nos devuelve un modelo más rico para el día de hoy. Incluso una menuda operación de crítica textual supone cobrar conciencia del fluir de la historia. (...) Al humanismo le seguimos debiendo haber descubierto que nuestra dimensión es la historia, que el hombre vive en la historia, o sea en la variación, en la diversidad de entornos y experiencias." (Rico: 1993, 43)

Mi objetivo no es, desde luego, resumir aquí la historia de la crítica textual, pero sí me interesa trazar algunas de las líneas maestras que recorren su poderoso empeño desde la obra de Lachmann hasta la alquimia del ordenador.

El interés por la edición de un texto pulcro que recoja las intenciones de la obra original es una de las principales dedicaciones de la filología. Desde la aparición en 1846 de los *Altromanische Sprachdenkmale* de Friedrich Diez, hasta las ediciones de Diego Catalán, Germán Orduna o Alberto Blecua, los filólogos no han dejado de reflexionar sobre qué es editar un texto y cómo debe llevarse a cabo tan ardua tarea. El método que permitía huir de impresiones subjetivas y ofrecer un texto riguroso lleva el nombre del filólogo alemán Karl Lachmann (1793-1851). Las importantes precisiones que ha recibido su práctica no han hecho olvidar el nombre de su creador. El *neolachmannismo* sigue guardando, con todas las reservas que se quiera, algunos principios sentados por el filólogo alemán, aunque los romanistas deban más a Gaston Paris.[18]

La exigencia de rigor a la hora de editar textos se mantuvo invariable a lo largo de muchos años. Los primeros filólogos dedicaron su trabajo a la edición e interpretación de los primeros documentos románicos y de los textos latinos cercanos al romance, con el fin de ilustrar las primeras tradiciones en lengua vulgar y de ir reconstruyendo desde los cimientos un panorama lingüístico e histórico del que se tenía un conocimiento muy imperfecto. Al igual que la lingüística histórico-comparativa nació en el campo indoeuropeo y pasó después al románico, así el método crítico-textual encontró su primera aplicación en el campo bíblico y la

---

[18] No es este el lugar para recordar los antecedentes del método de Lachmann, sus orígenes y desarrollo, porque el lector puede acudir al extraordinario libro de Timpanaro. Lachmann perfeccionó los métodos de algunos filólogos alemanes que investigaban el texto griego del Nuevo Testamento y sentó las bases de la edición moderna de textos. En cualquier caso, los romanistas deben más a Paris que a Lachmann, como señalaba Francisco Rico: "El recurso a modos ecdóticos minuciosos y constantes llegó a la filología románica a través del medievalismo (hasta el punto de que fueron hombres como Karl Bartsch o Gaston Paris, no Lachmann, quienes enseñaron a agrupar los testimonios en función de los errores comunes), y sólo a partir de ahí se difundió entre los especialistas en otros períodos" (2002, 1149).

filología clásica, y pasó después a la filología románica y, más concretamente, a la francesa.[19] En la obra de Lachmann se resumen muy bien los quehaceres del filólogo editor y se aclaran los fundamentos, la teoría en que se sustenta. El filólogo no especula sino que se fundamenta siempre que puede en textos, en datos: la filología es una actividad práctica, casi artesanal. Esta clase de trabajo, como es lógico, se inspira en una teoría y un concepto de texto y dispone de unos útiles conceptuales y un metalenguaje, por más que algunos filólogos hayan afirmado y que su trabajo consiste en enfrentarse a los textos sin *a priori* alguno.[20]

De entre los múltiples trabajos de Lachmann destacan la edición de la obra de Lucrecio y del Nuevo Testamento, además de sus observaciones sobre *La Ilíada*. En su edición de Lucrecio, Lachmann estableció los pasos fundamentales que habían de llevarse a cabo para editar un texto críticamente. En primer lugar era necesario *recensere,* es decir, recoger todos los testimonios conservados de la tradición de un texto (algunos podrían ser eliminados al carecer de autoridad: *eliminatio codicum descriptorum*), establecer las relaciones que existen entre ellos, mediante el sistema del error común que sirve para emparentar los textos, e indicar con la ayuda de un *stemma* o árbol las relaciones entre los manuscritos. El segundo paso recibe el nombre de *emendare*, que consiste en intentar reconstruir el texto primigenio, el arquetipo o texto fundador de toda la familia de manuscritos impresos o copias de cualquier clase más próximos al original perdido y del que derivarían los textos conocidos. El siguiente paso sería el *originem detegere*, que pretende llegar al autógrafo del autor, a la obra que salió de su pluma. La estricta aplicación de este método científico permitía reconstruir originales perdidos con un procedimiento riguroso, sin necesidad de acudir a vagos impresionismos y semejanzas entre un manuscrito y otro. Como dice Basile:

"Cuando Lachmann estableció, entre el estupor de los contemporáneos, el número de páginas y el de renglones por página del arquetipo perdido de su Lucrecio, puede decirse que la filología había encontrado su 'camino real'." (Basile: 1982, 28)

---

[19] Lo recordaba Stussi con muy justas palabras: "La crítica del texto como técnica reconstructiva nace en el mismo clima cultural que ve nacer hipótesis sobre la forma primordial de las obras literarias (como *Urniebelungenlied* en el que se basó también Lachmann) y la reconstrucción del indoeuropeo" (1985, 27). Vale recordar también las palabras de Dembowski: "El tipo de reconstrucción lingüística practicada por los neogramáticos, la dialectología positivista aplicada al francés antiguo, el método de Lachmann en la ciencia del texto, son todas expresiones de una fe confiada (si no triunfalista) en la habilidad para descubrir los orígenes de las cosas y, de manera más general, conocer *was eigentlich geschehen ist*. De lo que estoy seguro es de que un fenómeno no hubiera sucedido si no hubieran sucedido los otros" (Dembowski: 1993, 515).

[20] "Los filólogos recelan de los críticos por desconocer la realidad de los textos y los hechos, los críticos se apartan de una filología sin horizontes teóricos. Este divorcio potencial de dos acciones solidarias, pero que aparecen pronto como hermanos enfrentados, se convierte en un obstáculo para el avance de la investigación y merece una reflexión sobre el futuro de las disciplinas." (Hay: 2002, 59)

Razones culturales y políticas explican que el método de Lachmann se recibiera y aplicara con desigual fortuna en unos países y en otros. No todas las tradiciones de los estudios literarios se mostraron igual de receptivas o necesitadas de ese método de estudio, ni siempre se aceptó de igual modo que proviniera de la poderosa Alemania. El caso de Francia es paradigmático. Napoleón III encargó en 1855 a su ministro de instrucción pública que iniciara la publicación de *Les anciens poètes français*. En el marco de esta empresa apareció, entre otros trabajos, una de las obras maestras del filólogo francés Gaston Paris. Se trata de la *Vie de Saint Alexis* (1872), primera edición que llevó a cabo siguiendo el método de Lachmann. Se trata de un hecho trascendente en la historia de la filología. Paris, a quien tanto deben los filólogos consagrados al estudio de las lenguas y literaturas románicas, importó una metodología concebida, como dice Cerquiglini (1989), por el enemigo alemán, a quien él conocía bien, pues había estudiado con Friedrich Diez en Bonn (Gumbrecht: 1984). Algunos estudiosos de la filología (Cerquiglini y, en general, quienes enarbolan el estandarte de la *New Philology*) han señalado que quizá esté aquí uno de los desajustes fundamentales que afectan a la crítica textual, porque Paris importó una metodología concebida para unos textos, que no son los cambiantes textos medievales en lengua vulgar.

Junto a las exigencias filológicas de su empeño, no debe olvidarse la vertiente política de la empresa: se trataba de evitar que los filólogos alemanes se hicieran cargo de las venerables reliquias literarias francesas (Paris: 1864).[21] No era una cuestión baladí que los enemigos alemanes interpretaran y restauraran el tesoro cultural francés. Un crítico alemán, Gustav Gröber, se había interesado por la redacción occitánica de *Fierabrás* (Formisano: 1979), y aunque no había merecido todo el beneplácito de Paris, el maestro francés reconocía que la verdadera ciencia filológica venía de Alemania. La huella del método de Lachmann es visible en otras empresas, como en un trabajo de Paul Meyer sobre la *Chanson de Girart de Roussillon*.

---

[21] En la inauguración del curso del *Collège de France*, el maestro francés recordaba las penosas circunstancias por las que pasaba su país en una conferencia titulada "La *Chanson de Roland* et la nationalité française". El conflicto con los alemanes parecía haber hecho peligrar el espíritu francés: "No me imaginaba que iniciaría mi curso de 1870 en medio de este círculo de fuego con el que nos rodean los ejércitos alemanes. (...) En una circunstancia angustiosa Francia se ha preguntado si todavía existía" (1870: 88, 93). La unidad de su país y la conciencia nacional no eran asuntos menores para el maestro francés y él, como historiador y filólogo, se creía investido de una tarea. La historia de la literatura no era cualquier cosa. Paris llegó a escribir que la historia de la literatura de un pueblo era la historia de su vida moral y, en particular, de su conciencia nacional: "La conciencia nacional puede tener fuentes diversas y desarrollarse de varias maneras. Unas veces se apoya en la raza, otras en la cultura, otras en la religión, a menudo en una vida en común prolongada el tiempo suficiente como para convertirse en una segunda naturaleza. (...) La literatura nacional es el elemento más indestructible de la vida de un pueblo: coloca esta vida por encima de los azares de la historia, de los accidentes materiales" (Paris: 1870, 96).

Se trataba de reconstruir, mediante inequívocos procedimientos, la obra que salió de la pluma del autor. Ya he dicho que el texto mereció durante siglos un respeto reverencial, y las filologías bíblica y clásica se preocuparon siempre por sus cambios en el proceso de su transmisión. Los textos cambian, se deturpan, y su sentido original se olvida o se pierde, de ahí que sea necesaria una disciplina que los reconstruya, les devuelva su forma originaria y saque a la luz su antiguo significado. Este optimismo de los filólogos, que se creían capaces de llegar al original que salió de la mano del autor e incluso de reconstruir originales perdidos, recibió pronto serias críticas. Cuando se comprueba que ya los propios discípulos de Gaston Paris criticaron las teorías del maestro y propusieron nuevos métodos de edición, cuando observamos la variedad de ideas que se han desarrollado después sobre la edición de textos, cuando se conocen las reflexiones y la riqueza de proyectos e ideas de la filología en estos años, uno no puede sino dudar de la opinión de quienes consideran que estamos ante una disciplina monolítica, una especie de estudio mecánico de textos que no ha evolucionado desde sus orígenes. La realidad es más bien la contraria. Varias empresas de finales del siglo XIX ilustran perfectamente la variedad, la altura intelectual y el carácter experimental de la edición de textos. La filología no se ha caracterizado precisamente por una unidad sin fisuras, sino más bien por la diversidad y el debate. Los estudios literarios empezaban a desarrollarse por su cuenta, la geografía lingüística ofrecía nuevos panoramas y la lingüística reclamaba campo propio. Ciñéndonos al terreno de la crítica textual, mencionaré al menos dos casos. El primero es un célebre trabajo de Jules Gilliéron (1854-1926).

No me voy a referir a su excepcional obra de dialectología y geografía lingüística, sino a un trabajo más modesto en el que, sin embargo, muestra su sabiduría filológica. El breve estudio titulado "La claire fontaine" (*Romania*, 1883) aparece, lógicamente, firmado por él, pero dos filólogos más aportan su punto de vista. En el *Post scriptum*, el gran dialectólogo incluía el testimonio, no precisamente favorable, que le había hecho llegar M. Hanotaux tras leer el estudio en las pruebas de imprenta. Gaston Paris, por su parte, no dudaba en felicitar y reprender a su destacado discípulo. Por un lado, no podía estar de acuerdo con los resultados del trabajo de Gilliéron. Por otro, se veía obligado a reconocer que el problema detectado por su discípulo era real y estaba lejos de haberse resuelto. La anécdota refleja muy bien el debate y el continuo replanteamiento de problemas que caracterizaron antaño a la filología.

Gilliéron se enfrentaba con un poema popular francés conocido como "La claire fontaine", del que deseaba cotejar las numerosas versiones conservadas. Comenzaba su estudio resumiendo el contenido, pero reconociendo que su epítome estaba muy lejos de recoger el desacuerdo manifiesto entre las versiones estudiadas, sobre todo en la parte final de la *chanson*.[22] Y concluía:

> "El relato que está en la base de todas las versiones, relato muy rápido, muy conciso, jamás ha sido comprendido por ninguno de los cantores que conocemos, y todas las alteraciones importantes que ha sufrido la canción en sus peregrinaciones a través de todas las regiones francesas, se deben a esta circunstancia." (Gilliéron: 1883, 308)

En el *Post scriptum* reconocía que la falta de éxito de sus investigaciones debía quizá atribuirse a una causa de orden superior, de la que había sido consciente a medida que avanzaba en su trabajo. Se trataba nada menos que de la "impotencia de la crítica en general en materia de textos transmitidos oralmente, de textos que, verdaderos juguetes de la fantasía popular, son constantemente modificados y renovados, y que no permiten establecer ninguna base de operación crítica." (Gilliéron, *Íbidem*)

Gaston Paris no podía estar satisfecho ante un trabajo que, en el fondo, ponía en duda los postulados de Lachmann, pero elogiaba el atrevimiento del joven investigador por encarar el estudio comparativo de variantes de canciones populares. La alabanza y el disgusto se daban la mano en su nota final.[23]

En el hermoso trabajo de Gilliéron y en las críticas que se recogen en él se expresan claramente algunas de las tribulaciones sufridas por los estudiosos de la poesía tradicional: el parecido, al tiempo evidente y desconcertante, entre las versiones conservadas, la imposibilidad de hacerlas provenir de un original perdido y la enorme dificultad de dar cuenta de todas las variantes. Entre este estudio de Gilliéron (y podrían rastrearse otros anteriores en la misma línea) y los recientes trabajos de Diego Catalán (de los que me ocupo más adelante), los filólogos no han dejado de reflexionar sobre esta poesía irreductible a un *Urtext*, siempre viva en la memoria de los cantores, y una y otra vez modificada y recreada en la recitación. Lo que quiero decir es que ya en la época de oro de la filología y en momentos en los que existía una confianza en los métodos de edición de textos, se producía en el seno mismo de la disciplina una contestación evidente. Las conclusiones de Gillié-

---

[22] "He aquí de manera resumida los rasgos comunes a todas las versiones que he podido consultar, abstracción hecha de divergencias completamente insignificantes; añado entre paréntesis las divergencias importantes de las versiones más o menos aisladas, y elimino todo aquello que, al margen de este relato (al principio y al fin de la canción), *no se ha confirmado por el común acuerdo de todas las versiones*." (Gilliéron: 1883, 307)

[23] "Los ingeniosos esfuerzos del señor Gilliéron no llegarán, sin duda, a persuadir a los lectores, puesto que no bastan para convencerle a él mismo; pero su trabajo merecía ser presentado al público que se interesa por estos estudios, como el primero de esta clase que se haya emprendido o al menos publicado. Al mostrar los recovecos, quizá inextricables, del laberinto en el que se ha metido, estoy convencido de que el autor no hará sino alentar a otros y a sí mismo, a buscar un hilo seguro para entrar de nuevo." (Gaston Paris, *apud* Gilliéron, 331)

ron son extraordinarias, pues percibe las insuficiencias del método genético tradicional, el que había aprendido con su maestro Gaston Paris.

La otra obra que quiero mencionar es la de Joseph Bédier, alumno también de Gaston Paris. Acabo de recordar unas líneas más arriba el optimismo reconstructivo de algunos filólogos que se sentían capaces de llegar al texto primero a partir de la selección de las lecturas. Esta clase de trabajos han encallado a veces en el disparate y han acabado creando un texto que nunca existió... más que para el filólogo. Las reticencias hacia el método lachmanniano estaban ya en Bédier, que suscitó con su inteligente crítica la búsqueda de sistemas alternativos al estemático del maestro alemán.[24] En 1889 publicó una edición del *Lai de l'ombre*, siguiendo el método de Lachmann y debidamente auspiciado por Paris. Sin embargo, con el correr de los años y los trabajos, las dudas de Bédier sobre la verdad del método del alemán se fueron haciendo cada vez mayores.

La expresión más radical de su crítica apareció en un artículo que es una pieza maestra de la crítica textual europea. Bédier (1928) examinó numerosos *stemmata codicum* y observó que la mayoría de ellos se organizaba en dos ramas de idéntico valor para la reconstrucción del texto más cercano al original. Como la frecuentísima ausencia de la tercera rama imposibilitaba la reconstrucción mecánica del arquetipo, la edición del texto quedaba en manos del juicio del editor. El carácter mecánico –que no era tan mecánico como han señalado sus detractores, sino metódico– del procedimiento de Lachmann era "ilusorio" porque las elecciones dependían del filólogo, con lo que podía llegarse a crear en realidad un texto que no había existido nunca. Bédier observó, en efecto, que la inmensa mayoría de los *stemmata* construidos sólo tenían dos ramas y que un método basado en el error sólo podía construir árboles binarios, o lo que es lo mismo, el método sólo podía unir y separar los testimonios con errores comunes. Su argumentación concluía con una solución considerada conformista por muchos: el filólogo debía limitarse a transcribir el manuscrito que considerara óptimo. Se trataba de volver a un solo manuscrito que podría ser depurado en los casos de errores evidentes.

Al margen del alto valor metodológico que se desprende de los trabajos de Bédier y que todavía hoy son seguidos por algunos filólogos, es necesario reconocer

---

[24] Cuando mostró su desacuerdo con las tesis de G. Paris sobre el origen de los *fabliaux*, no pudo sino dejar muestras de un respeto que, en estos tiempos ingratos, merecen ser recordadas. Reclamaba Bédier su derecho a ser reconocido miembro de la escuela de G. Paris, y nos dejó escrito un ejemplo precioso de lo que su generación aprendió del maestro: "Todos han aprendido de él la investigación escrupulosa y paciente, pero independiente y valerosa, de la verdad: la sumisión del trabajador, no a un principio exterior de autoridad, sino a los hechos y a las consecuencias que se derivan; la desconfianza en sí mismo, la prudencia a la hora de concluir, pero también, cuando cree que los hechos han hablado, la honestidad con que se aplica a repetir lo que estos han dicho" (*Apud* Uitti: 1982, 15). Precisamente por pertenecer a la escuela de Gaston Paris y seguir el principio de que son los hechos los que dirigen la investigación, fue posible que Bédier evolucionara y se despegara de su maestro.

que sus críticas al método de Lachmann supusieron en su momento una reacción contra la inercia de procedimientos mecánicos seguidos ciegamente. El esfuerzo de Bédier estaba dentro del espíritu de su tiempo, no lejos de Poincaré o Bergson y de los planteamientos antideterminísticos de la ciencia (Raimondi: 1982, 42).

Las razonadas y agudas objeciones de Bédier tuvieron notables consecuencias. Por un lado ganaron muchas adhesiones al método del *bon manuscrit*. Al margen del acuerdo epistemológico o conceptual, sus propuestas contaron con cierto nacionalismo filológico antigermano tanto en Francia como en Bélgica. Maurice Wilmotte consideraba la tentativa de reconstruir el texto original por el método de Lachmann como un "sueño alemán" (Wilmotte: 1932). A partir de los años treinta aparecieron ediciones que siguieron un solo manuscrito, tal y como preconizaba Bédier. En los ámbitos francés y anglosajón hubo algunos intentos de frenar la conformista propuesta de Bédier a la hora de editar textos. Por un lado, los trabajos de Quentin, experto en filología del Antiguo Testamento, que elaboró un método de reconstrucción del arquetipo basándose en cálculos estadísticos aplicados a la distribución de variantes, con lo que pretendía eliminar criterios subjetivos a la hora de valorarlas. No muy lejos de las propuestas de Quentin deben situarse los estudios de W.W. Gregg, el gran experto en textos shakesperianos.[25] Pero ni estos trabajos ni los de Alexandre Micha, ni los de Eugène Vinaver ni los de otros filólogos consiguieron proponer una hipótesis sólida que se enfrentara a los criterios de Bédier.

1.7.3 Volver a la materialidad de los textos o el elogio de la variante

Aunque los debates que vengo mencionando sólo parecen suscitar hoy el interés de los filólogos y han sido apartados a un rincón de los estudios literarios, no pueden considerarse letra muerta. Si se desea sacar a la luz un documento debe poseerse, inevitablemente, un criterio, tanto si se pretende editar a un narrador chicano, unas coplas sefardíes sobre la caída de Constantinopla o publicar en Internet unos poemas de un colectivo *gay*. Decidir cómo van a transcribirse ciertas palabras o si se van a respetar o no los errores evidentes que se han deslizado en el original, entra de lleno en la tarea de edición. La reflexión sobre esta tarea está muy lejos de haberse acabado.[26]

---

[25] Es esencial su estudio "The rationale of Copy-Text" (*Studies in Bibliography* (1950-51), pp. 19-36). Sobre la importancia de su contribución a la ecdótica, es excelente el libro de Tanselle, G.T. *Textual Criticism since Gregg*, Charlottesville, Virginia, 1987.

[26] Es revelador que todavía a finales del siglo XX, dos filólogos de la antigua escuela como Miguel Ángel Pérez Priego o Pedro Sánchez-Prieto hayan publicado dos importantes libros sobre la edición de textos. Sánchez Prieto (1998) demuestra que los editores se han movido entre el conservadurismo de los usos gráficos y la modernización más absoluta, que altera a veces los usos lingüísticos y provoca desconcierto entre los lectores. Las decisiones sobre la forma que ha de adoptar el texto habrían de ser

En este trabajo, y en todos aquellos que le vienen aparejados, tienen mucho que decir los filólogos, y más adelante recordaré cómo ha participado la filología, junto a la semiótica o alguna rama de la lingüística, en la discusión sobre la naturaleza del texto. Es evidente que la *vieja diosa* no podía quedarse al margen de tan compleja tarea, porque su preocupación amplísima por los textos escritos (desde su transmisión, las dificultades de edición, estudio de todos los pormenores, historia de las palabras, representación gráfica, sintaxis, puntuación, significado, etc.) no podían aislarla aquel empeño. Recuérdese, por lo demás, que desde que se rompió la antigua unidad que relacionaba tantos saberes, parece que la filología se entiende sólo como una disciplina dedicada a tratar con textos antiguos, lo que no deja de ser una mutilación grave. Pero el grueso de las críticas ha ido contra la idea de texto y de edición de la filología. Algunas de estas ideas son tan simplificadoras como aquellas que pretenden combatir, otras me parecen más acertadas, pero en cualquier caso, han venido bien para agitar las aguas y suscitar un debate interesante.

Tal es la crítica visión de la historia de la filología y de su concepto de texto lanzada por Bernard Cerquiglini en su brillante *Éloge de la variante* (1989). Este ensayo ha tenido una repercusión extraordinaria en Europa y Estados Unidos, ha movido la pluma de algunos grandes filólogos como Germán Orduna o Alberto Vàrvaro, justamente molestos con las consideraciones del escritor francés, y ha servido a su vez de estímulo para el surgimiento de una corriente bautizada como *New Philology*, de la que hablaré después.

Cerquiglini comienza su estudio recordando un pasaje de la lección inaugural pronunciada por Lucien Febvre en el *Collège de France*. El gran historiador recordaba el papel central que había cumplido la explicación de textos en la formación de los estudiantes, desde el parvulario hasta la universidad.[27] Esta especie de gran liturgia académica, esta "religión de los textos", dice Cerquiglini, es una de las maneras de caracterizar el trabajo intelectual en el siglo XIX. El texto establecido, fiable y seguro, fechado con la mayor precisión y con las marcas de su autor (el texto siempre tiene un origen), es garantía de cualquier comentario crítico que se emprenda después, pues es el principio de la pedagogía. La idea de que es posible reconstruir un texto y alcanzar su forma primigenia, de que el texto es obra de tal autor ("le texte est génitif": 1989, 25) son dos nociones capitales del pensamiento decimonónico francés: "La notion de texte ainsi constitué s'épanouit au XIXe

---

coherentes con los objetivos que se propone el editor. La sostenida experiencia como editor permite a Pérez Priego (2001) resumir con enorme claridad y rigor los pasos para editar y anotar textos literarios. De pocas cosas estamos más necesitados que de estudios de esta clase, que invitan a repensar la práctica de tan difícil tarea.

[27] "En el campo de los estudios modernos, los jóvenes, formados intelectualmente en una cultura que se basaba sólo en textos, el estudio de los textos, la explicación de los textos, pasaban, sin romper con los hábitos, desde los institutos en los que únicamente sus aptitudes 'textuarias' les habían definido, a la Escuela Normal, a la Sorbona, a las Facultades, donde se les proponía el mismo trabajo de estudio de textos, de explicación de textos." [1953] (1986, 19)

siècle, régit les comportements intellectuels, et donne naissance à una science particulière et fondamentale, la philologie" (1989, 29).

Para Cerquiglini la filología es una disciplina decimonónica, hija de un tiempo cuya unidad epistemológica condiciona toda práctica intelectual.[28] Pero los métodos nacidos para textos bíblicos o clásicos de la Antigüedad no debieron aplicarse a la literatura en lengua vulgar, que no se entiende a partir de las nociones de texto original que ha de reconstruirse y adscribirse a un autor. La aplicación estricta del método de Lachmann y su idea de que para poder hablar de ciencia era imprescindible reducir la subjetividad del escritor, acabaron por falsear la naturaleza de los textos que se estudiaban. La idea de que los copistas habían deturpado los textos originales y de que eran los responsables de la *decadencia* de la literatura es una de las ideas centrales de la filología de estos años.[29]

Ante las variantes inagotables que ofrecen los manuscritos, dice Cerquiglini, la respuesta de la filología no fue proponer el sistema de esta heterogeneidad, sino la de resolverla o reducirla. La aplicación mecánica del método de Lachmann ha falseado, por ejemplo, la naturaleza de los textos medievales que se caracterizan, precisamente, por la variación o *variance* (Zumthor), es decir, por su movilidad textual. Las copias de una misma obra de un texto medieval reflejan una inestabilidad en los significantes y los significados que hablan bien de la dificultad de remontarse a un original primero del que todas las copias derivan. El filólogo, al eliminar variantes y forzar o imponer la unidad, ha actuado como el legendario Procusto, es decir, acomodando el cuerpo (el texto) a las dimensiones del lecho, lo que significa cortar o estirar allí donde parece necesario.[30] Como he recordado más arriba, Bédier, que conoció y aplicó el método de G. Paris, acabó rechazando esta manera de concebir el trabajo de edición. La lógica de los *stemmata* para clasificar y jerarquizar manuscritos quedaba en entredicho desde el momento en que el editor era libre para elegir la solución de los problemas textuales. La abundancia de *ste-*

---

[28] "Uno se sorprende ante la unidad epistemológica de estos años; mientras que los lingüistas abordaban de una manera precisa las lenguas indoeuropeas y se imponían como tarea la de reconstruir, al modo de los paleontólogos, la *Ursprache* primordial y perfecta, los filólogos adoptaban un método racional de clasificación de manuscritos, favoreciendo la reconstrucción del *Urtext* arquetípico. Reconstrucción iluminada y figuración arborescente, este medio siglo está lleno de ramajes (...)." (Cerquiglini: 1989, 75)

[29] "La filología es un modo de pensar burgués, paternalista e *higieniste* [sic] de la familia, que ama la filiación, persigue el adulterio, se espanta ante la contaminación." (1989, 76)

[30] Puestos a relacionar el mito de Procusto con los estudios literarios, debemos recordar que estos "crueles" filólogos a los que retrata Cerquiglini son hermanas de la caridad comparados con los editores modernos, que para facilitar a los lectores las voluminosas obras de los autores antiguos y hacerles ganar tiempo (?), han publicado ediciones resumidas de los autores *clásicos*: Cervantes, Tolstoi, Homero o Rabelais. "Hay *Quijotes* en tebeos y *Quijotes* en diez minutos. El santo modelo de estos editores podría ser Procusto, y su herramienta el famoso lecho." (Salinas: 1967, 126).

mmata de dos ramas induce a la desconfianza.[31] Pero la solución de no aniquilar la esencial *variance* de los textos medievales y de escoger el mejor manuscrito tampoco es una solución: "De la intrínseca variación que constituye a la literatura medieval, el bedierismo no ofrece ninguna imagen, sino sólo instantáneas, que son, en verdad, preferibles a la reconstrucción ilusoria (...)" (1989, 101).

¿Cómo expresar entonces la *variance*, este fluir de los textos medievales? Los aparatos de variantes, el afán por recoger todos los detalles, no conducen a buen puerto, pues sólo ofrecen 'fragmentos de texto', palabras aisladas. Según Cerquiglini habría que tener a la vista todos los textos a la vez, y esto no se consigue con multiplicar los libros y hacer ediciones independientes. La solución está en el ordenador, la gran máquina posmoderna, que permite la exhaustividad que está vedada a los libros y permite incluir toda la información necesaria. La capacidad de almacenamiento y de establecer vínculos entre la masa de información reunida permite incluir y conectar todos los manuscritos, las ediciones y las concordancias, junto a listas de frecuencias, tablas de rimas y descripciones codicológicas:

> "El ordenador, merced a su pantalla dialógica y multidimensional, simula la movilidad incesante y feliz de la escritura medieval, del mismo modo que restituye la prodigiosa facultad de memoria de su lector (...) En la pantalla del ordenador, aparecen las líneas esenciales de una filología post-textual." (1989, 114-15)

No puedo ocultar algunos desacuerdos con el brillante ensayo de Cerquiglini. Considero que es muy inexacto completar el título *Éloge de la variante* con *Histoire critique de la philologie*. No creo que su ensayo sea una historia crítica de la filología. Lo que nos ofrece el autor es una historia galocéntrica de la filología y, en particular, una historia que termina con Bédier. ¿No se ha reflexionado nada en Francia sobre crítica textual después de él? La referencia al movimiento *neolachmaniano* aparece en una nota que resulta profunda y gravemente incompleta:

> "Los editores medievalistas *neolachmanianos* (Maria Corti, D'Arco S. Avalle, C. Segre, etc.) son, por otro lado, maestros de la semiótica literaria italiana, conocidos por el gran público por sus trabajos dedicados a Pavese, Joyce, Pound. Se percibirá un vínculo entre su intervencionismo editorial (que toma el aire de un regreso al positivismo) y su fundada convicción de que el texto literario italiano responde a una teoría, así como de una metodología estricta de lectura y de análisis. Los editores franceses de textos medievales, por el contrario, apenas salen de su dominio, crean pocas ideas generales, y

---

[31] "Un árbol bífido no tiene nada de extraño, pero ¿un bosquecillo de árboles bífidos, un bosque, una selva? *Silva portentosa.*" (Cerquiglini: 1989, 96) El método neolachmanniano ha salido al encuentro de las dificultades que indicaba Bédier. Creo que Cerquiglini olvida con demasiada facilidad algunas de las propuestas elaboradas en Italia y en Alemania.

desconfían de las teorías literarias contemporáneas. En todas las cosas adoptan un 'con-servadurismo' extremo, que preconizaba Bédier, pero sin comillas." (1989, 123)

Es cierto que el trabajo del filólogo que edita un texto es más práctico que teórico.[32] También es verdad que los filólogos han despreciado las elucubraciones teóricas, como si la materialidad del texto impidiera (o no invitara a) cualquier reflexión que fuera más allá del análisis de variantes, los problemas de la puntuación, el léxico o las peculiaridades de la sintaxis. Es verdad que muchos filólogos han volado bajo a la hora de justificar y defender su trabajo ante el terremoto teórico que sacudió los cimientos de aquella manera de entender los estudios literarios y la edición de textos. Pero de ahí a presentar la historia de la filología como un asunto francés y convertir a los filólogos en castradores de textos, va un abismo. Dice muy justamente Ramón Santiago Lacuesta que "no puede cerrarse la historia de la crítica textual con la única idea de una polarización permanente y definitiva entre lachmannianos y bedieristas".[33] Permítaseme recordar en este punto la hora de Italia.

1.7.4. La Nuova Filologia

He recordado antes que no debe trazarse una evolución de la filología, ignorando que en cada país se ha desarrollado de una manera distinta. Consecuentemente, he dejado el caso de Italia para este punto, pues en pocos países ha tomado la filología un perfil tan sólido.

Las influencias de Lachmann se dejaron sentir pronto en Italia, pero sólo a principios del XX resurgió el método con vigor gracias al formidable manifiesto de Michele Barbi. El modelo más sólido de la crítica textual, aquel que ha permitido desarrollar trabajos más rigurosos, es el que nace de los trabajos que siguieron la senda abierta por este filólogo. Como dice Stussi:

"La actividad de Barbi se desarrolla en los umbrales de la Segunda Guerra Mundial, coincidiendo tanto con el triunfo del bedierismo, como con la hegemonía cultural de Croce que determinó en Italia un clima poco favorable a la filología, a la que se consideraba un útil ancilar y cuya presencia debía pasar casi inadvertida. De hecho, la colección *laterziana* de los 'Escritores de Italia', dirigida por Croce, publicaba ediciones que

---

[32] Me parece que se han puesto demasiadas trabas teóricas al trabajo de editar textos. Muchas de ellas se resuelven sin dificultad en la práctica de una manera sencilla. Lo que parece un mundo en el terreno de la elucubración, se resuelve sin mayores problemas en el taller del editor.

[33] Esta cita de Ramón Santiago proviene de un trabajo inédito que el autor me ha autorizado a reproducir. Por lo demás, como señala Francisco Rico, el conflicto entre bedieristas y lachmannianos no está resuelto claramente en una sola dirección: "al estudioso se le pide ser lachmanniano estricto a unos propósitos y estrictamente bedieriano a otros" (2002, 1150).

carecían en su mayor parte de las pertinentes notas que justificaran las lecturas y sin aparatos críticos, con lo que se garantizaba la impunidad, fueran cuales fueran las arbitrariedades cometidas." (Stussi: 1985, 24)

La filología a la que me estoy refiriendo surgía como reacción contra cierta crítica literaria no muy lejana a los presupuestos de Croce (más que contra Croce, iba dirigida contra sus malos imitadores) que habían saturado el discurso crítico con etéreas digresiones sobre lo poético y lo no poético, sazonadas a veces con pinceladas de espíritu nacional y cierto tono impresionista. Más de un estudioso consideraba esta clase de discurso una propuesta estéril para cualquier empresa que deseara interpretar los textos. Como decía Dionisotti:

"No estaba claro del todo como se podría salir en Italia de la crisis. Pero era evidente que no habríamos salido mediante las charlas académicas. En el campo de las letras, la filología, por su vinculación y subordinación a los hechos, por el valor mismo de su lenguaje descarnado y preciso, volvía a ponerse de moda." (Tomo la cita de Branca y Starobinski: 1977, 16)

Frente a lo que algunos consideraban fórmulas estériles y vacías, la objetividad que ofrecía el "nuevo trabajo filológico" se presentaba en Italia en los primeros años cuarenta como una tarea salvadora. En esta orientación resultó decisiva la propuesta de Michele Barbi en la *Nuova Filologia* (1938).

La construcción de sintagmas como "Nueva crítica", "Nueva historia", "Nueva filología" o "Nuevo medievalismo" (y sus hermanos compuestos con *Neo*, "Neogramático", "Neoindividualista", "Neobedierismo", etc.) es frecuente en los estudios de humanidades. El adjetivo *nuevo* parece expresar el impulso renovador que da una orientación más moderna a la disciplina de que se trate. Sucede a menudo que la novedad no es tal y que lo que se arropa con el adjetivo no es sino lo mismo de siempre; si acaso, una escasísima modificación para decir lo mismo con nuevos términos. Lo cierto es que en el caso de la propuesta de Michele Barbi (1867-1941), sí puede hablarse de una *Nueva Filología*, pues a él se debe la más importante revisión y revitalización de antiguos presupuestos. Su edición crítica de la *Vita Nuova* de Dante (Milano, Hoepli, 1907 y después Firenze, Bemporad, 1932) y *La nuova filologia e l'edizione dei nostri scrittori da Dante a Manzoni* (Firenze, Sansoni, 1938) dieron un impulso definitivo a la crítica textual. La obra de Barbi es la base sobre la que se han renovado después los instrumentos de análisis filológico y constituye un acontecimiento de enorme envergadura en la filología europea, porque supone un intento de salir del dogmatismo lachmanniano y del escepticismo de Bédier, pero también de unir el rigor que ofrecían los *stemmata* con el estudio de la tradición, la transmisión de las obras.[34]

Junto a esta propuesta, Barbi señalaba que era necesario individualizar los problemas textuales, y no aplicar rígidamente una falsilla a cada obra, como si los problemas de transmisión y difusión fueran siempre los mismos y estuvieran cortados por el mismo patrón. En este punto, Barbi seguía el camino abierto por otro filólogo, Giorgio Pasquali.[35] Pasquali iba a terciar en el gran debate de la filología y a discutir si es posible o no reconstruir un original perdido por el método de Lachmann o si debe editarse un solo manuscrito, aquel que el editor considere mejor, tal y como preconizaba Bédier. Las propuestas de Pasquali son muy importantes, porque incorporó el *iudicium*, el juicio del editor a la hora de valorar y calibrar las variantes, y porque destacó que el estudio de la transmisión de cada texto era esencial para conocer la verdadera dimensión de sus problemas. He aquí sus palabras, tantas veces reproducidas:

> "Quien en el presente libro buscase una receta universal para la edición crítica, se sentirá decepcionado: estoy convencido de que la edición, allí donde la tradición no sea puramente mecánica, o donde el amanuense (o, como este libro muestra a menudo, el editor antiguo o medieval) ha creído interpretar, no es posible. Me sentiría satisfecho si quien leyera este libro acabase convencido de que para reconstruir a partir de sus manuscritos el texto de un escritor antiguo, es necesario ejercitar de principio a fin el juicio, y que esta facultad no puede ser sustituida por ninguna regla mecánica." (Pasquali: 1952, XI)

Además de lo que suponía como propuesta para abandonar las vaguedades impresionistas de la crítica literaria (en Italia), y para volver a definir la oposición entre Lachmann y Bédier, el libro señalaba la importancia de la tradición textual, de la historia de los textos, y reafirmaba que el estudio filológico debía ayudar a la comprensión de los textos, a su correcta interpretación (nada menos).

Barbi no rechazó el método de Lachman pero lo consideró insuficiente e inaplicable en muchos casos. No podía renunciar a la racionalidad que proponía el filólogo alemán, pero tampoco podía dejar de lado las críticas de Bédier, la condición del carácter singular y único del texto literario. Cada obra es un universo en sí

---

[34] El escepticismo ante las ediciones críticas está a la orden del día, pero muchos filólogos reconocen el provecho de esta clase de trabajos. J. Josset escribía al frente de su edición del *Libro de Palacio*: "La reconstitución de una obra siempre me ha parecido un ejercicio artificial, heredado de las ilusiones positivistas del siglo pasado, basadas en prejuicios tales como el que nunca jamás un poeta se equivoca. Finalmente, una verdadera edición crítica pertenece más al editor que al autor... La advertencia no significa que no tengamos que esforzarnos por alcanzar un texto que refleje lo menos mal posible el pensamiento, el estilo, el genio de un escritor" (*Apud* Blecua: 1991, 82, nota 10).

[35] *Storia della tradizione e critica del testo*, Florencia, Le Lettere, 1938. Hay reimpresión de la 2ª edición en Florencia, Le Monnier, 1952. Cito siempre por esta segunda edición.

mismo, y el estudio d tradición textual no se puede mecanizar. Barbi reivindicaba para la filología función que iba más allá de la aplicación positiva de
conceptos determinante as leyes, que han sido tan discutidas). Los argumentos de
Bédier no invalidaban p él el método de Lachmann, pero también es cierto que
el maestro italiano no l onsideraba idóneo para resolver muchos problemas, como la contaminación entre manuscritos ni ofrecía tampoco la mejor solución a la
hora de reconstruir el hipotético texto original. Los casos que se presentan a un
filólogo que desee reconstruir un texto son suficientemente complejos y variados
como para reducirlos a un sistema mecánico:

> "No se tenía entonces idea de propiedad literaria, ni escrúpulo en restituir fielmente
> aquello que se transcribía cuando se hacía para uso propio y para contentar el propio
> gusto: se abreviaba, se añadía, se contaminaba, se adaptaba al uso lingüístico del tiempo
> o de la región en la que vivía el transcriptor; y, como es lógico, es necesario que el re-
> productor actual de estos textos se comporte según los casos." (Barbi: 1973, XX)

Barbi reorientó los postulados de Lachmann, y su obra supuso un sólido manifiesto que afirmaba el carácter individual de los problemas textuales y la necesidad
de que el filólogo acudiera al *iudicium* allí donde fuera necesario.[36] La idea de que
la edición de un texto se justifica a partir de una precisa interpretación pone en
duda el célebre aserto de Lachmann tantísimas veces citado: "recensere sine interpretatione et possumus et debemus". Barbi recordaba con razón los excesos del
historicismo a ultranza y reaccionaba contra quienes querían una edición crítica sin
crítica y una *emendatio sine interpretatione*.

Dos de las respuestas que se dieron al método de Lachmann, la de Bédier que
postulaba la edición del manuscrito único y la que pretendía incorporar el *iudicium*
del editor, sirvieron como acicate a Giorgio Contini. Este filólogo italiano ha señalado algunos de los errores a que llevaba la postura de Bédier. El mayor de todos
era que el maestro francés no llegó jamás a entender que una edición crítica es ante
todo una hipótesis de trabajo, un *desideratum*, la propuesta más satisfactoria después de valorar unos datos. Las ediciones críticas no son eternas ni infalibles, pero
el trabajo que nos lleva a acercarnos a un texto y a editarlo críticamente ayuda a
comprenderlo, a depurarlo de añadidos y deturpaciones de todo género. El filólogo
debe ofrecer un texto nacido de una hipótesis razonada y dispuesto a ser reformado
cuando los datos así lo exijan.[37]

---

[36] El trabajo del editor no se apoya en leyes mecánicas inamovibles; no es cosa de principios, sino
de razonar correctamente: "E non dobbiamo aver paura del soggetivo, che non è di necessità arbitrario"
(Barbi: 1973, XXIII).

[37] Contini, G.: "Ricordo di Joseph Bédier", *Letteratura*, (1939) III, pp. 145-52 y "Critica testuale
come studio di strutture" en *Breviario di ecdotica*, Torino, Einaudi, (1992) pp. 140-41.

La reflexión sobre las maneras más adecuadas y fiables de editar textos no ha terminado. La renovación no siempre ha partido de los viejos preceptos, sino que desde terrenos afines se han ido incorporando nociones y planteamientos novedosos. El filólogo y semiólogo Cesare Segre es el creador de la noción de *diasistema*, que ha aplicado a su edición de la *Chanson de Roland* (Segre: 1989, 14 y ss.). Para el maestro italiano hay dos sistemas: el del modelo que debía copiarse y el del copista; ambos forman un diasistema.[38] Se intentaba con ello hacer compatibles la teoría de los errores comunes, característica de la crítica textual desde tiempos de Lachmann, con la importancia del acto de copia y transmisión entendido como acto creador y no sólo deturpador. La formulación de hipótesis sobre la manera de editar los textos, el modo de relacionar los manuscritos, de valorar las variantes, está muy lejos de haberse acabado, porque sería muy poco filológico que así fuera. (Sobre nuevas orientaciones de la crítica textual, véase Lucía Megías: 2003).[39]

Por lo demás, el debate con Lachmann no se circunscribe a un país concreto, por eso me parece justa la crítica que ha considerado galocéntrica la historia de la crítica textual que esboza Cerquiglini. Además de ignorar las propuestas de los investigadores italianos, el ensayista francés no tiene en cuenta las aportaciones de los filólogos alemanes (ni, desde luego, el universo eslavo) ni la orientación de sus

---

[38] "Un texto es una estructura lingüística que realiza un sistema. Todo copista tiene un sistema lingüístico propio, que entra en contacto con el del texto en el curso de la transcripción. Si es muy escrupuloso, el copista intentará dejar intacto el sistema del texto; pero es imposible que el sistema del copista no se imponga en algún aspecto, ya que los sistemas en competencia son participaciones históricas: hacer callar el propio sistema es tan imposible como anular la propia historicidad. Como máximo, el respeto hacia textos de gran prestigio religioso, jurídico o literario aumentará el escrúpulo; mientras existen textos que parecen incitar, para el mantenimiento de su propia actualidad, a transfusiones de parte de los sistemas vigentes. La infidelidad de los copistas ha sido el precio de la supervivencia: para vivir, un texto tiene que ser deformado." (Segre: 1985, 383)

[39] Peter Dembowsky ha recordado la intertextualidad como activo que podría renovar la crítica textual y H. Boetius ha propuesto la gramática generativa como fundamento para acometer la edición de un texto. D'Arco Silvio Avalle (autor de *Concordanze della lingua poetica italiana delle Origini*, y de *La letteratura medievale in lingua d'oc nella sua tradizione manoscritta*, Torino, dos monumentos de la escuela filológica italiana) ha señalado la posibilidad de tomar conceptos de las ciencias puras, como el concepto de difracción, para impulsar a la constitución de una ecdótica moderna. Dicho en otros términos, las reflexiones metodológicas de la crítica textual han avanzado mucho y han superado los viejos conceptos de Lachmann y se han liberado de una metodología demasiado rígida. Como señalaba Basile: "En este proceso es, desde luego, difícil ignorar el modelo de la nueva lógica científica, que legitima la construcción de más lenguajes para describir los objetos según postulados diferentes (Basile: 1982, 42). Boethius, H. (1975): "Vorüberlegungen zu einer generativen Editionstheorie", *Zeitschrift für Literaturwissenschaft und Linguistik*, pp. 147-59. Dembowski, P. (1981): "Intertextualité et critique des textes", *Littérature*, 41, pp. 17-29. Mientras llegan estos nuevos saberes, los filólogos tienen aún mucho que reflexionar sobre la antigua práctica de su oficio, y las soluciones que se han venido proponiendo en el seno de su propio campo. Son ejemplares en este sentido los estudios del maestro Germán Orduna, que ha mostrado, entre otras muchas lecciones, las inmensas posibilidades que ofrecen las ideas de Segre.

críticas contra Lachmann. Además de los trabajos de Stackmann y de las propuestas en el volumen colecticio de Ganz y Schröder y de Hödl y Wuttke, habría sido de justicia que considerara las aportaciones de Beissner sobre cómo fijar el desarrollo de los textos y la interesante polémica con Zeller y los estudios posteriores del propio Zeller con Martens. La creación de institutos de trabajo especializados en crítica textual (posteriores ya al ensayo de Cerquiglini) como el *Berliner Arbeitskreis für Editionswesen* (1990) y la *Forschungsstelle für Mittlere Deutsche Literatur* en la Universidad de Berlín (1985) son fruto de una dedicación centenaria a la crítica textual que no debe en modo alguno ignorarse.[40]

1.8. El trabajo del filólogo: el texto y su transmisión

Los diccionarios y enciclopedias y algunos manuales de filología de finales del siglo XX reducen ya, sin la menor duda, la filología a la disciplina consagrada a fijar y editar textos. El estudio de la transmisión de una obra ayuda a aproximarnos a estados anteriores, a reflexionar sobre alteraciones debidas a la tradición manuscrita y a descubrir interpretaciones apresuradas y erróneas de algunos pasajes. El fundamento es que el texto es la única expresión legítima de la voluntad del autor, y el editor intentará, si está en su mano, acercarse al texto más cercano al original.

Una vez que el filólogo se hace cargo de un texto, debe ocuparse del estado en que le llega, cómo y en qué condiciones se ha transmitido, cómo se difundió primero, qué ambiente lo acogió, qué deformaciones de tipo ideológico y lingüístico sufrió, qué momento de la transmisión de la obra de que se trate representa y qué grado de autenticidad nos ofrece. Es muy posible que el texto haya sido alterado por los copistas o los cajistas.[41] El filólogo deberá identificar y calibrar las variantes y las diversas redacciones (si es que se conservan), así como fijar su sucesión cronológica y las razones por las que se elige una lectura u otra. El conocimiento de los problemas que condicionaron la transmisión, la circulación de las obras, ayuda a explicar el estado en que nos llegan las copias, las ediciones. En cualquier caso, no siempre aparecen los mismos problemas a la hora de editar un texto ni tienen la misma solución. El filólogo experto sabe que no deben aplicarse mecánicamente

---

[40] Beissner, Fr. (1964): "Editionsmethoden der neuren deutschen Philologie", *ZfdPh*, 83. Ganz, P.F. & Schröder, W., eds. (1968): *Probleme mittelalterlicher Überlieferung und Textkritik*, Berlin. Hödl, L. & Wuttke, D., eds. (1978): *Probleme der Edition mittel- und neulateinischer Texte*, Boppard. Martens, G. & Zeller, H., eds. (1971): *Texte und Varianten: Probleme ihrer Edition und Interpretation*, München. Stackmann, K. (1964): "Mittelalterliche Texte als Aufgabe", en *Festschrift für J. Trier zum 70. Geburtstag*, Köln y Graz, pp. 240-67. Resumo una parte de estas aportaciones en mi estudio de 2005.

[41] La transmisión de obras impresas es extraordinariamente compleja. Son excelentes los estudios publicados en *Imprenta y crítica textual en el siglo de oro* (2000) editados por Sonia Garza y Pablo Andrés bajo la dirección de Francisco Rico, Valladolid, Centro para la Edición de los Clásicos Españoles.

las reglas. Como dice Branca: "Ogni opera implica un diverso e tipico problema e ogni problema si risolve sulla base di ciò che esso stesso ci offre" (Branca: 1977, 34).

Uno de los ejemplos que muestra claramente el quehacer del filólogo es el conjunto de estudios que ha dedicado Vittore Branca a *El Decamerón*. El gran maestro italiano ha examinado los centenares de testimonios conservados y sus estudios han echado por tierra algunas de las interpretaciones (en la línea de la crítica idealista y crociana) que se tenían por canónicas. Branca ha estudiado las escrituras, las firmas, las apostillas, indicaciones de propiedad, etc., y su análisis ha demostrado cómo circularon las obras de Boccaccio a través de los agentes de la nueva y emergente sociedad financiera. No fueron profesionales quienes copiaron aquellos textos, sino una vasta legión de amanuenses, muchas veces simples co-merciantes, quienes lo trasladaron para su propio placer. Los comerciantes y pe-queños burgueses rivalizaban por aquel libro extraordinario, de manera que no es extraño que en los márgenes de esos códices aparezcan huellas de cuentas de al-quileres y préstamos e incluso, indica Branca, se encuentra noticia de que esos manuscritos fueron objeto de transacciones comerciales, de empeños y de disputas hereditarias.

El *Decamerón* no fue interpretado ni traducido como si fuera un texto fijo e intocable. Los lectores lo manejaban con tal confianza que se permitían supresiones e incluso inserciones de cuentos extraños a la colección. Es interesante destacar que algunos cuentos de materia más típicamente mercantil son los que presentan mayo-res variantes toponímicas y onomásticas. Esta clase de indagaciones filológicas son las que han permitido situar y entender el *Decamerón* en el centro de una cultura, de una sociedad característicamente tardo-medieval, y las que han llevado a una revisión crítica de la obra de Boccaccio.

Una investigación como la de Branca pone en primer plano los múltiples sabe-res que debe poseer un filólogo. ¿Cómo podrían distinguirse las diversas redaccio-nes de *El Decamerón* y fijar el *stemma* de los testimonios manuscritos sin conocer a fondo la sociedad nueva que los acogía y hacía suyos, los amanuenses, en general no profesionales, que copiaban la obra, los intereses extraliterarios y los entusias-mos que caracterizaron la primera circulación? En numerosas ocasiones es posible que el problema textual más complejo, la variante más difícil de calibrar no se resuelva únicamente a partir de los datos que ofrecen los testimonios manuscritos o impresos, considerados en sí mismos y por sí mismos, según ha explicado Branca en sus estudios (canónicos en el terreno filológico tal y como aquí se expone) sobre *El Decamerón*. Es necesario estudiar los *usi scrittori* y la acción de organismos particulares que hayan intervenido en la transmisión: elementos lingüísticos o esti-lísticos, inclinaciones de cultura y del gusto, tendencias espirituales e intelectuales. Sólo el conocimiento de los modos de difusión particulares de cada texto puede evitar los riesgos de construir *stemmata* de modo abstracto y según fórmulas fijas, y de valorar los códices con poco conocimiento (1977, 38).

La forma en que se copiaron los textos, el modo en que circularon los manuscritos e impresos, su recepción en diferentes ambientes y centros laicos o religiosos, las reacciones debidas a la sensibilidad lingüística, etc., determinaron las modificaciones en la transmisión. El filólogo, en definitiva, verifica la *letra* de los textos, la exactitud de la fecha (de composición, de transmisión) y sitúa las obras en un cuadro geográfico, lingüístico y literario.[42]

La naturaleza de los estudios literarios ha cambiado tanto en los últimos decenios que algunos colegas consideran que la reflexión sobre qué texto editar y cómo hacerlo es cosa del pasado. Los bedieristas sacralizaron un concepto de texto y los *neolachmanianos* otro, pero el debate entre unos y otros, con todas las desavenencias y desacuerdos que se quiera, continúa y es muy fértil. Quienes hemos practicado la crítica textual sabemos que no hay un método único, definitivo para la edición de todos los textos. El debate seguirá su curso mientras éstos varíen y los significantes y los significados cambien con el tiempo. En cualquier caso, habrá que seguir editando textos, lo que trae consigo la aclaración del criterio con el que se edita. La edición de textos me interesa de manera particular, porque soy profesor de literatura medieval y en este campo parece que los problemas se multiplican, pero no creo que los editores de obras modernas deban ignorar, ni mucho menos, estos asuntos. Cito a continuación la opinión de Alberto Blecua, uno de los mejores conocedores de los asuntos que he enunciado páginas atrás:

" (...) en un futuro muy próximo, los filólogos podrán acceder, por medio de los ordenadores, a todos los testimonios en estado original y en ediciones paleográficas o semipaleográficas y, naturalmente, a todas las variantes. Serán complejas ediciones sinópticas útiles para todo tipo de labores filológicas. Se dejará al libre arbitrio del filólogo la elección de una variante, y este filólogo se servirá de algún método, porque se supone que quien quiera escribir sobre un pasaje de una obra deberá plantearse la autenticidad o no de la lectura para no desbarrar, como ocurre con demasiada frecuencia, en las interpretaciones. Con veintitantos siglos de tradición filológica en los que la crítica textual, como arte, ha ido refinando cada vez sus instrumentos de análisis, parece un poco absurdo que con los medios técnicos tan excelentes no se aproveche un método como el

---

[42] He escogido como modelo a V. Branca, pero me gustaría recordar también la obra de Margherita Morreale. En la obra de pocos estudiosos alcanza la filología una concepción más plena que en sus trabajos. Ha propugnado desde siempre la necesidad de examinar íntegramente los textos, tanto en el plano de la lengua como en el del trasfondo cultural que se esconde detrás de las palabras. Son esclarecedores sus trabajos sobre las versiones bíblicas medievales, sobre Pedro Simón Abril, el *Libro de Buen Amor* o la poesía de Fray Luis de León. El conocimiento de los modelos que inspiraron las obras que estudia y su fino sentido de la lengua antigua y moderna le han permitido explicar en muchos textos de la literatura española.

neolachmanniano, que deberían reconocer y saber aplicar todos los filólogos." (Blecua: 1991, 88) [43]

1.9. La conciencia de crisis

"Los orígenes románicos se identifican, en concreto, con los orígenes históricos de la unidad cultural europea, que son el resultado (dinámico y abierto) de una cadena de iniciativas conscientes por parte de individuos y grupos cualificados. Identificar tales intervenciones, valorar sus aportaciones, seguir el entramado de su desarrollo (...): he aquí los cometidos específicos de la filología románica, insustituible llave de acceso para comprender orgánicamente el universo lingüístico-literario neolatino." (Roncaglia: 1992, 16)

En estas palabras de Aurelio Roncaglia se resume la conciencia que han tenido los filólogos del carácter central de su disciplina en el campo del conocimiento. El maestro italiano reconocía, sin embargo, que la filología románica había perdido su carácter central no sólo en el campo del saber sino también en el universitario (y administrativo), en el que había quedado completamente arrinconada y reducida a *disciplina sussidaria*, y estaba lejos de la *generosa tensione spirituale* que la hizo nacer.

La filología y la lingüística románicas, y al hilo las otras filologías, han sido desplazadas de su antiguo lugar de privilegio, y el método histórico parece haber sido preterido. La palabra que más veces se repite para referirse a esta situación es la de crisis. *Crisis* proviene del griego *krinein*, que significa separar, distinguir, y tiene su origen en la medicina, pues se refiere al momento en el que se decide el curso de una enfermedad.. Solamente en los siglos XVIII y XIX se produce un desplazamiento semántico y la palabra adquiere un significado social e histórico, tal y como ha explicado Pedro Álvarez de Miranda (1992, 532-33). A partir de la Revolución Francesa y la crisis del Antiguo Régimen, las generaciones europeas han vivido el período de crisis más agudo de la historia. De este modo, una noción tan delimitada se prolonga a toda una época histórica (Sotelo: 1981, 26). Así las cosas, no hay realidad social ni saber humano que no se haya relacionado con el concepto de crisis. Hay crisis de las instituciones, de la democracia, de la familia, de los valores e, incluso, de la universidad. La crisis es fruto de un proceso que nos

---

[43] El método *neolachmanniano*, escribía Tavani: "ha producido y perfeccionado instrumentos de investigación ecdótica cada vez más sofisticados, mediante los que es posible afrontar el problema de la edición crítica incluso en presencia de una tradición bífida. (...) [Ha producido] una metodología experta, científica, que no se deja deslumbrar por metas inalcanzables, sino que se resigna a obtener el mejor resultado posible sin hacerse ilusiones de que pueda coincidir alguna vez, salvo en casos particulares, con la realidad textual originaria." *Lezioni sul testo*, L'Aquila, s.a., p. 15.

lleva a un estado en el que ya no se puede continuar: crisis es aquel estado en el que sólo cabe la disyuntiva de perecer o cambiar. En el momento en el que en los siglos XVIII y XIX se van consolidando los saberes específicos aparecen valores distintos de este concepto. A la multiplicidad semántica del vocablo en el lenguaje cotidiano se une la elaboración particular de esta noción en las distintas ciencias sociales (Sotelo: 1981, 27). Por consiguiente, el concepto de crisis hay que entenderlo en plural. Las crisis surgen en distintos contextos, se deben a mecanismos muy diferentes y no pueden reducirse a una causa única. Tampoco los cambios experimentados en el seno de la filología pueden explicarse por un único motivo.

La palabra crisis aparece con cierta frecuencia en ponencias y comunicaciones dictadas en congresos de filólogos y en revistas especializadas de la disciplina. En 1965 se reunió en Madrid el XI Congreso Internacional de Lingüística y Filología románicas. El aspecto más notable del cónclave, resume Diego Catalán, fue "el relieve concedido a las evaluaciones pesimistas y a las admoniciones" (Catalán: 1974, 327). Iorgu Iordan señaló que la antigua disciplina que recibía el apelativo de tradicional se iba quedando arrinconada al tiempo que los estructuralistas "et d'autres courants modernistes" iban ganando terreno a la disciplina, y advertía la falla que se había abierto entre los representantes de una y otra tendencia: "Les traditionalistes ignorent pour ainsi dire par principe l'existence de leur adversaires".[44] Pero la admonición más grave era la que advertía que los romanistas no estaban ya al frente de las innovaciones de orden teórico y metodológico en la filología y la lingüística, tal y como habían estado hacía un siglo.[45]

Otro de los grandes maestros de la filología, Yakov Malkiel, señaló los errores cometidos por quienes se dedicaron a la lingüística histórica de una manera exclusiva, sin mirar para los lados, sin atender a nuevas perspectivas. El venerable método filológico presentaba puntos vulnerables, y se había mostrado incapaz de resolver problemas (se refiere, por ejemplo, a la clasificación diacrónica de las sibilantes del español). Ya no se necesitaba acumular más datos, sino examinarlos de

---

[44] Coseriu, entre otros, ha recordado cómo los filólogos formados en los cánones tradicionales han mostrado su reticencia hacia la lingüística moderna y destacaba: "La falta de proporción entre el instrumental teórico y los resultados prácticos. La lingüística tradicional, la llamada lingüística histórica, se dice, era más concreta y más unitaria; aunque se dieran en ella divergencias (...) existía allí un acuerdo sustancial, por lo menos en cuanto a los temas de estudio" (Coseriu: 1977, 16). La lingüística ha abierto de tal manera su abanico de intereses y métodos, que resultaba irreconocible para la vieja escuela.

[45] Puedo aducir muchos testimonios que apuntan en la misma dirección. Recordaré el de Badia i Margarit: "El legado de los viejos maestros que acuñaron el concepto de *romanische Philologie* se ha hecho añicos; sabemos mucho de las lenguas particulares, pero no podemos saberlo todo de todas, la bibliografía nos desborda, nos cuesta atar cabos y los trabajos de conjunto escasean; la lingüística diacrónica, antes dueña y señora, coexiste hoy con otros métodos que le son extraños y parece pasar a un segundo término..." "Parecía que la 'filologia románica', entendida a la manera de quienes la concibieron hace más de un siglo, perdía fuerzas y consistencia, o se acercaba a un fin ineluctable o ya no era sino una suma de las filologías particulares." (Badia i Margarit: 2000, 8 y 17)

una nueva manera. La debilidad del planteamiento tradicional era tan grande, dice Malkiel, que "de hecho, aun si no hubiese surgido ninguna corriente 'hostil', como en ciertos círculos se considera al estructuralismo, es prácticamente seguro que la escuela tradicional de lingüística española pasaría hoy por una fase de estancamiento. ¿Cómo se explica cambio tan marcado?" (1992, 120)

El antiguo prestigio de la filología y el magisterio que ejercía antes respecto de otros saberes, así como la fe absoluta en sus propios métodos se han ido perdiendo y ha acabado convirtiéndose en una disciplina casi residual. Para explicar esta transformación hay que apelar a varias razones. He señalado páginas atrás que el positivismo movió a la reunión de datos y la acumulación de documentos. La lingüística estructural se opuso al viejo atomismo de la investigación positivista que estudiaba el proceso de elementos aislados en el tiempo, sin comprender que esos elementos formaban parte de una estructura superior de la que dependían. En efecto, hoy es un hecho constatado que frente a las limitaciones del positivismo surgió la elaboración de sistemas interpretativos generales.[46] La exaltación de las visiones sincrónicas y la crisis de la historia acompañaron a las ciencias sociales y a las humanidades. La ciencia de las relaciones y de las funciones constituyó, como decía D'Arco Silvio Avalle, el "primer salto" en la historia de la cultura posromántica. Son muchos los testimonios de sociólogos y filósofos, pero también de lingüistas y teóricos de la literatura, que han señalado el enorme impacto de la ruptura epistemológica. Los jóvenes investigadores formados en la lingüística románica dejaron de sentirse atraídos por su campo de trabajo (Brea: 1989, 269). Por un lado, los problemas más atractivos planteados en su día por la filología románica o habían sido solucionados por los grandes maestros o eran irresolubles. Quedaban siempre cuestiones de detalle, de mínima relevancia y escasa trascendencia, y este hecho paralizaba a quienes deseaban un tema para sus investigaciones. Los intentos de síntesis de una larga serie de trabajos monográficos, tarea sentida como apremiante por los lingüistas de orientación histórica, coincidieron cronológicamente, según Catalán:

> "Con la irrupción en su campo de trabajo de los fonólogos diacronicistas, herederos del ideario y de las técnicas de la escuela de Praga, los diacronicistas, con sus explicaciones de la mutación de unos sistemas en otros como reestructuraciones paradigmáticas destinadas a conseguir un mejor rendimiento de los rasgos distintivos utilizados en las oposiciones, obligaron a los romanistas a repensar las bases teóricas y metodológicas de la lingüística histórica. (...) En un principio, la simplicidad y belleza de las formulaciones estructurales (recargadas, en cambio, de una densa terminología) y la complejidad de

---

[46] Estos movimientos no positivistas comenzaran a desarrollarse como disciplinas analíticas y descriptivas, que daban un valor propio a la descripción frente al estudio de la evolución, de los desarrollos. Estamos ya en los umbrales de la futura ciencia de la literatura (Coseriu: 1977, 66).

las investigaciones históricas a que estaban acostumbrados los lingüistas de formación humanística parecían excluir toda posibilidad de compromiso." (Catalán: 1974, 273)

Frente a ello, la lingüística moderna se ofrecía a roturar campos teóricos prácticamente vírgenes. Los prolongados trabajos de recogida y estudio de textos o de elementos dialectales no pudieron competir con las investigaciones relacionadas con análisis de estructuras. El clima de opinión, la nueva tendencia científica se formó en una dirección diferente a la lingüística histórica. Los distintos estructuralismos y las gramáticas que han surgido siguen una metodología abstracta, que exige un lenguaje formalizado y cuyo ámbito general de aplicación permite prescindir (al menos en algunos momentos en los que se está elaborando el estudio) de elementos empíricos, con lo que se logra, como decía Germán de Granda, una "excepcional elegancia argumentativa" (Granda: 1977, 13).[47]

Malkiel utiliza la palabra *crisis* para referirse a los conflictos que experimentó la filología en los años cincuenta, y relaciona esta crisis con el desarrollo del estructuralismo. El prestigio de "las otras ciencias sociales afines", que iba en aumento, y la "trágica pérdida de autoridad" de la lingüística diacrónica tras un siglo de dominio, contribuyeron a aislar las viejas disciplinas. El desinterés de los filólogos por los modelos surgidos en esas ciencias afines y el encastillamiento en los propios ha tenido graves consecuencias: "Entre los historiadores (no sólo los de orientación cronística) sigue teniendo mayor peso el hallazgo concreto de un caudal de hechos desconocidos o previamente mal encarados que la más elegante o elocuente de las teorías abstractas" (1992, 216).

A primera vista parecía que la llamada crisis era una simple consideración de los pesimistas de siempre. La tendencia a la especialización, la creación de nuevos departamentos universitarios y las favorables condiciones económicas entre 1950 y 1970 favorecieron la publicación de miles de artículos, monografías y libros en los más variados campos de la filología y de los estudios literarios que no hacían pensar en una época de declive. En Berkeley surgió la prestigiosa revista *Romance Philology* y en Méjico la *Nueva Revista de Filología Hispánica* y comenzaron a proliferar jornadas, congresos y libros de homenaje a ilustres colegas. Esta expansión de la actividad bibliográfica no siempre respondió a trabajos renovadores de amplio aliento, sino a detalles minúsculos. Para Uitti, la avalancha de publicaciones muestra las energías desperdigadas que han caracterizado el quehacer de muchos investigadores y han favorecido la dispersión y excesiva especialización. Puede apuntarse, además, que son muestra de la falta de un proyecto común entre los

---

[47] El estructuralismo ha sido muy eficaz en muchos terrenos como han reconocido incluso sus detractores: "Si fuera posible dejar las cosas ahí, el estructuralismo podría definirse como una higiene de la explicación – una buena manera de desenredar problemas filológicos e históricos mediante la reformulación de cuestiones que por mucho tiempo estuvieron enmarañadas en un pantano de errores historicistas" (Merquior: 1989, 139).

investigadores.[48] Durante los años sesenta, el magisterio de Jakobson y de Benveniste, los escritos deslumbrantes de Barthes y los sólidos trabajos de Lévi-Strauss (es decir: lingüística, teoría de la literatura y antropología) terminaron por desplazar los valores y técnicas tradicionales de la filología. La inclinación anti-filológica del estructuralismo literario, explica Uitti, sirvió de acicate para que algunas universidades norteamericanas, como la Johns Hopkins o las de Columbia o Yale, renovaran los estudios de la literatura francesa frente al *currículum* tradicional.

1.10. La *New Philology*

Todos los cambios que he mencionado páginas atrás, la aguda conciencia percibida por muchos de que los estudios literarios (y, en particular, los de literatura medieval) se habían quedado muy atrasados respecto de las modernas tendencias de la teoría y de la lingüística, motivaron las críticas de un grupo de medievalistas, alentados por Stephen G. Nichols, pertenecientes en su mayoría al área de los estudios de francés antiguo. Me interesa destacar que el desacuerdo con la vieja filología proviene de expertos en literatura medieval, el campo por excelencia de la vieja diosa. El descontento ante el carácter desfasado y antiguo con que se abordaban los textos medievales reunió a un grupo de *scholars* bajo el marbete de *New Philology* o también de *New Medievalism*. No estamos ante ninguna escuela de perfiles bien definidos, sino ante una serie de críticas a los métodos y planteamientos de la filología y ante propuestas para renovar los estudios de literatura medieval. Las propuestas han dado pie a la celebración de numerosas jornadas y a la publicación de varios libros y monográficos de revistas, y han suscitado debates de interés.

Stephen G. Nichols habló claramente de *New Philology* en 1988, en un número de *Romanic Review* titulado "The Legitimacy of the Middle Ages". Tres estudios de este volumen firmados por Alexander Leupin, R.H. Bloch y David Hult aparecían en una sección titulada "Text and Manuscript: The New Philology". En 1991 vio la luz *The New Medievalism* (The Johns Hopkins University Press) coordinado por tres compiladores, entre los que figuraba otra vez S. Nichols, junto a M. Brownlee y K. Brownlee, que reproducían alguno de los estudios ya publicados en el número de *Romanic Review*. Pero las aportaciones más claras en favor de una *New Philology* fueron las que aparecieron en un número de *Speculum* en el que participó también S. Nichols. Su presentación al volumen ("Philology in a Manuscript Culture"), el artículo de Suzanne Fleischman ("Philology, Linguistics, and the Discourse of the Medieval Text") y el de H. Bloch ("New Philology and Old

---

[48] "Para ser sincero, me parece que durante los años de posguerra la filología románica ha venido a delimitarse cada vez más –y tal vez erróneamente– en términos de lo *que no es*, hasta el punto de no haberse ofrecido ninguna definición adecuada." (Uitti: 1982, 22)

French") supusieron una verdadera provocación para los viejos filólogos y merecieron respuestas muy duras.[49]

S. Nichols recordaba que los medievalistas han sido criticados justamente por ignorar las modernas teorías de la literatura.[50] S. Fleischman comenzaba su artículo recordando que la filología era una práctica textual anticuada y dogmática, que a través de los métodos detallistas de la paleografía, la gramática histórica y la crítica textual inspirada en los métodos de *Monsieur Procuste*, había reducido los *monumentos* de la literatura medieval a simples *documentos*. Ya Paul Zumthor (1963) se refería a esta distinción para diferenciar los textos con valor artístico de los documentos con valor utilitario, instrumental, pero Fleischman connotaba peyorativamente la noción de *documento*. La autora recuerda su época de formación, en la que se estudiaba la *Chanson de Roland* como subtexto para estudiar las leyes fonéticas y reclamaba: "To make the old texts speak to us in ways more consonant with our modern, new modern *episteme*" (1990,19).

En el pensamiento de los nuevos filólogos subyace la idea de que el viejo positivismo y la crítica textual preconizada por la filología tradicional han sido superados por los planteamientos de la nueva *episteme,* y que los estudios literarios, en particular los de literatura medieval, han quedado obsoletos. Los medievalistas, viene a decir, no deberían continuar estudiando las obras medievales como si el pensamiento, la teoría literaria y el mundo no hubieran cambiado desde los años treinta.

La renovación de los estudios de literatura medieval a partir de los modernos métodos de crítica literaria es señal de vitalidad y de superación de los viejos modelos (la *vieja* diosa), según señalaba Alexandre Leupin. Los estudios de Zumthor a partir del estructuralismo, los de R.H. Bloch basadas en el psicoanálisis freudiano y la antropología de Foucault, los de Peter Haidu inspirados en la semiología de Greimas, la lectura que hace Jacqueline Cerquiglini de la poesía de Guillaume de Machaut como ejemplo de reflexión sobre el texto, la aplicación del psicoanálisis

---

[49] Ha habido otros foros en los que se habló de la *New Philology*, como una convención de la *MLA* (Chicago, diciembre de 1990), un coloquio sobre los problemas de la edición en la Universidad de Notre Dame (marzo de 1991), un encuentro de la *Society for Textual Scholarship* (Nueva York, abril 1991), una sesión de la prestigiosa *Medieval Studies Conference* (Kalamazoo, mayo de 1991) y el encuentro anual de la *Medieval Academy of America* (Columbus, Ohio, marzo de 1991).

[50] "Por un lado, la idea más extendida es que la filología medieval ha quedado postergada por las métodos contemporáneos de conocimiento, mientras que en el seno de la propia disciplina es todavía demasiado habitual una concepción muy limitada y claramente anacrónica. Esta versión, formulada bajo el impulso del nacionalismo político y el positivismo científico durante la segunda mitad del siglo XIX, continúa limitando la 'disciplina' de los estudios medievales" (S. Nichols, introducción a *The New Philology*. Tomo la cita de Paden: 1994, X). Me extiendo más adelante sobre el permanente diálogo que se mantiene en las humanidades con los viejos maestros. Es verdad que no trabajamos ya con los mismos conceptos que los filólogos de principios del siglo XX, pero eso no significa que se haya cerrado el debate con ellos. Para qué hablar de la presencia continua de las *auctoritates*, desde Aristóteles y San Agustín a Nietzsche y Schleiermacher.

lacaniano por Dragonetti, Méla o Huchet, etc. son muestra de que los estudios de literatura medieval han abandonado las maneras de la vieja filología. Leupin lo aseveraba claramente:

"Aunque llena de omisiones, esta enumeración es en sí misma suficiente como para mostrar la destacada vitalidad de los estudios medievales de hoy, en contraste, en primer lugar, con el empobrecimiento de la filología y, en segundo lugar, con la decadencia de las grandes corrientes teóricas de los años sesenta y setenta… Mediante una diversidad de enfoques y objetos, estos investigadores han contribuido a convertir la textualidad medieval en un campo preeminente de investigación con el resultado de que una tradición literaria muy rica está volviéndose a examinar. El complaciente positivismo de la vieja escuela filológica que contribuyó mucho en convertir la Edad Media en cadáver, parece finalmente derrotado." (Leupin: 1989, 2)

La *New Philology* alcanzó cierto predicamento en los EEUU y ya se han escrito páginas en las que se traza su historia. Sus orígenes se remontan, según Paden, a las revueltas de mayo del 68 y al "jacobinismo de Cerquiglini", a la necesidad de romper con planteamientos que se entendían como obsoletos y reaccionarios. Paden recordaba también las enormes sacudidas que había recibido Europa con la constitución de la UE, la caída del muro de Berlín, y el fin de la guerra fría, y consideraba que, aunque era pronto para saber cómo iban a influir estos hechos en la imagen que el continente tenía de su pasado, no era impensable que estos cambios acabaran afectando a la filología. Pero sí que consideraba seguro que, del mismo modo que el nuevo historicismo, el feminismo y los *cultural studies* estaban contribuyendo a formar filólogos del futuro, los cambios que mencionaba acabarían teniendo un impacto definitivo (1994, IX).[51]

La *New Philology* no ha dejado indiferentes a los filólogos de la vieja guardia, que han hecho constar que la filología sigue siendo la de siempre y que las novedades no son tales. Sin conocimientos de paleografía, de crítica textual y de morfosintaxis histórica no puede hablarse de filología, sino de otra cosa. Peter Dembowsky despreciaba el muy influyente ensayo de Cerquiglini, pero se tomaba más en serio los estudios que habían aparecido en el *Special issue* que coordinó S. Nichols en 1990.[52] En una reseña durísima (1996), Dembovski se hacía eco de las

---

[51] Para Paden la *New Philology* es la filología posmoderna (1997, 310). Véase más adelante, pp. 222 y ss.

[52] " (…) *Éloge* puede olvidarse como una más de las manifestaciones de las *querelles* francesas y de la afición a las *boutades* académicas" (Dembowski: 1966, 305). También era muy duro con los nuevos filólogos Philippe Ménard: "1) Los nuevos filólogos están insuficintemente preparados en las disciplinas fundamentales de la filología. 2) A pesar de lo cual, interpretan textos que son incapaces de leer. 3) Llevan a cabo con la misma falta de rigor investigaciones interdisciplinares, haciendo incursiones en campos donde los verdaderos especialistas no atreverían a aventurarse. 4) Piratean descaradamente a sus colegas sin citarlos. 5) Para dar peso a sus aserciones, se citan mutuamente en lugar de fundamentarse en

críticas de Barbara Sargent Bauer a los *nuevos filólogos* y proponía volver a destacar la importancia del texto, lo que dice y sólo lo que dice. Para él, como filólogo de vieja estirpe, el texto es siempre más importante que cualquier interpretación:

"Los defensores de la *New Philology* están insuficientemente formados en las disciplinas filológicas básicas. Interpretan textos que no saben leer. Son interdisciplinarios, pero a menudo diletantes en otras disciplinas. Tienden a apuntalar sus aseveraciones no con ejemplos tomados de textos antiguos sino citándose unos a otros. Abusan del lenguaje, utilizando a menudo una lengua enrevesada para decir cosas sencillas. Rechazan la filología 'positivista', al tiempo que adoptan un modelo darwiniano de pensamiento, según el cual lo nuevo está necesariamente más desarrollado, *ergo* superior a lo viejo (en términos de crítica textual: *recensiores sunt meliores*). Sus publicaciones, que destacan a menudo las mismas ideas, y que a menudo son autoelogiosas y deliberadamente controvertidas (en apariencia) no han sido examinadas por estudiosos fuera de los círculos de la *New Philology*. (...) Si hemos de continuar una disciplina llamada *filología*, *medievalismo*, o lo que fuere, si hemos de aprender unos de otros, si hemos de desplazarnos hacia una sintesis de lo viejo y lo nuevo, debemos asumir que no todas las variantes ni todas las interpretaciones son igualmente válidas y que no todas las excepciones anuncian una revolución, que la interpretación del texto es menos importante que el texto en sí, y que la verdad, por muy escurridiza que sea, sí existe y debe perseguirse (...)." (1996, 306)

En otro lugar, Dembowski (1994) rechazaba la oposición viejo / nuevo. La filología, viene a decir, siempre es nueva y es vieja, y no debe oponerse lo nuevo (es decir, lo posmoderno o actual) a lo viejo (es decir, lo positivista e historicista). La filología textual es siempre antigua porque trata de los mismos problemas a la hora de editar un texto a partir de uno o varios manuscritos, pero siempre es nueva porque busca soluciones nuevas a viejos problemas. Un filólogo experto sabe, por lo demás, que las soluciones son siempre provisionales. Ninguna edición crítica nace con el marchamo de definitiva e intocable. Es una sólida y razonada propuesta, apoyada en numerosos datos, pero hace años que la moderna crítica textual ha superado las nociones que han aireado los 'nuevos filólogos'.[53]

No creo que deba despreciarse sin más el pensamiento de la *New Philology*. Por un lado, me parece que refleja la necesidad, que ya denunciaron sabios filólogos de la vieja escuela, de renovación de la disciplina. Por otro, la *New Philology*

los textos del pasado. 6) Intentan volver difícil el estudio de textos medievales empleando neologismos y expresiones enredadísimas de jerga. Cuando se descifra su pensamiento, se descubre que está lejos de ser original, que afirman cosas conocidas desde hace mucho" (Ménard: 1997, 21).

[53] "La razón de ser de la crítica textual está menos en los resultados que en el esfuerzo por alcanzarlos, menos en el botín que en la batalla. No nos duela: la conciencia de que es así, la atención a las precariedades en que se asienta nuestra artesanía, hace menos daño a los textos que la ficción de una firmeza quimérica" (Rico: 2001, 554).

es síntoma de los nuevos tiempos que corren en los estudios literarios y resulta de interés para los historiadores del pensamiento. La propuesta de regresar a la materialidad de los textos y volver a pensar sobre el arte y la ciencia de editar siempre es estimulante. Pero no está de más recordar que algunos críticos se precipitan al considerar revolucionaria una investigación que acaban de emprender, cuando la realidad es que su empeño y su planteamiento no va más allá de los estudios ya añejos. Algunas páginas de los nuevos filólogos no son en verdad tan novedosas, y el conocimiento de los viejos maestros les llevaría a ser prudentes a la hora de presentar sus trabajos.[54] El *New Medievalism* no es tan renovador como nos quieren hacer creer.[55] No me resisto a terminar esta breve sección con la propuesta de Pickens, en la que se aprecia la necesidad de una síntesis entre lo nuevo y lo viejo, pero que no se sabe muy bien cómo será posible realizar:

"Para recuperar equilibrio y cordura en los estudios medievales franceses, necesitamos animar a nuestros estudiantes a consultar en primer lugar los manuscritos, precisamente porque la edición impresa es claramente una distorsión del texto medieval. Necesitamos saber qué aspecto tiene un manuscrito, cuál es su tacto, cómo huele, cómo se fabrica. Al fin y al cabo, el manuscrito es nuestro verdadero enlace con la realidad de la empresa literaria medieval. (...) con un buen conocimiento de la paleografía y codicología y disponiendo de *apparatus criticus* tal y como se ha descrito más arriba, debería ser posible evitar una flagrante distorsión de la realidad manuscrita del texto en cuestión. (Pickens: 1993, 83-84)

1.11. Barthes y las dos críticas

Un colega aficionado a las estadísticas ha señalado que Roland Barthes es uno de los tres estudiosos de la literatura más citados entre 1965 y 1995. Barthes es un eslabón de esa admirable cadena de individualidades críticas francesas que han hecho escuela con una velocidad asombrosa. Italo Calvino decía que en él cohabi-

---

[54] Algunos críticos consideran renovadores los estudios que han emprendido sobre el carácter fronterizo de algunas narrativas modernas, que participan de lenguas y sensibilidades diferentes. La coincidencia de estos ensayos con algunos planteamientos de Américo Castro es palpable. Dedico unas páginas a comentar la escasa modernidad de ciertos estudios que se quieren posmodernos (Rubio Tovar: "Filología…", en prensa).

[55] El *New Medievalism* y el *New Historicism* no constituyen una escuela definida de pensamiento. Debemos hablar más bien de estudiosos preocupados por interrogantes que provienen del proteico campo posmoderno y que están destinados a reflexionar sobre la cultura del presente y la relación entre prácticas culturales y procesos sociales. Hasta cierto punto, el *New Historicism* supone una reacción contra aquellos intelectuales que han eliminado la historia de su horizonte intelectual y una propuesta para replantear el papel que cumple la antigua disciplina (Veeser, A.H., ed. *The New Historicism*, Nueva York-Londres, Routledge, 1989). Me ocupo de esta cuestión en capítulos posteriores.

taban el demonio de la exactitud y el de la sensibilidad. Es un escritor brillante, indiscutible cuando se lee, al que uno critica cuando deja sus páginas y reflexiona. Barthes convence siempre, pero sus discípulos no tanto. La epidemia de *barthesianos* que no son Barthes ha sido funesta y ha traído consigo una especie de arbitrariedad mezclada con cientifismo que ha aportado tan poco como la crítica académica y universitaria que el maestro fustigó en sus páginas.

En un célebre ensayo de 1964, Barthes distinguía claramente entre dos críticas, la universitaria, que seguía la estela del positivismo heredado de Lanson y que proclamaba basarse en un método objetivo, y otra, que él llamaba ideológica, inspirada en diferentes métodos (psicoanálisis, fenomenología), y señalaba que la tensión entre ambas revelaba la competencia entre dos ideologías (para Barthes, el positivismo era también una ideología). En principio, las adquisiciones del positivismo eran irreversibles. Nadie podía discutir la utilidad de la erudición ni la importancia de las precisiones históricas. La crítica positivista descubría los hechos y dejaba campo libre a la otra crítica para, como dice Barthes, "hacerlos significar".[56]

La importancia concedida por la crítica positivista (que se practicaba, sobre todo, en medios universitarios) a las fuentes implica para Barthes toda una concepción de la literatura. Los positivistas han investigado las circunstancias de las obras sin preguntarse qué es lo literario y cuál es el ser de la literatura, lo que equivale a sostener, decía el crítico, que su ser es inmutable. Esto contradice la enseñanza central de la Historia sobre el cambio, el devenir de formas y funciones. Todavía es más grave la importancia dada por los positivistas al estudio de las fuentes. Las obras se relacionan siempre con *otra cosa*, con *algo distinto* de la literatura; este *algo distinto* puede ser otra obra (precedente), pero también una circunstancia biográfica, una alianza política, etc.:

> "El segundo término de la relación importa, además, mucho menos que su naturaleza, que es constante en toda crítica objetiva: esta relación es siempre *analógica*; implica la certeza de que escribir nunca es más que *reproducir, copiar, inspirarse en*, etc.; las diferencias que existen entre el modelo y la obra (y que sería difícil poner en tela de juicio) se atribuyen siempre al genio (...) la misteriosa alquimia de la creación." (Barthes: 1964, 248)

---

[56] La erudición a que me refiero hunde sus raíces en Alemania y es una de las claves que permite entender cómo trabajaron los filólogos. "Houve sempre erudição e eruditos: a curiosidade pelas cousas passadas é uma das funções da inteligência. Mas uma erudição que sente ao mesmo tempo que indaga (…) uma erudição que revolve montanhas de textos, datas, documentos, para descubrir, não factos secos e mortos (…), uma tal erudição (…) era cousa desusada e sem precedentes. Ela transformou a comprensão da história, fazendo circular uma vida nova a través dessas criptas dos sécalos sepultos, onde a candeia fumosa da velha erudição académica apenas espalhava uma claridade fantástica, quase tao morta como as cinzas que ali repousam." Antero de Quental, "Uma ediçao crítica de Sá de Miranda", en *A Provincia*, Porto, nº 145, 28 de junio de 1886. La edición que comenta Antero de Quental es *Poesías de Francisco de Sá de Miranda,* de Carolina Michaëlis de Vasconcelos.

Para Barthes, la crítica heredera del positivismo rechazaba el análisis inmanente. Todo se aceptaba con tal de que la obra pudiera ponerse en relación con *otra cosa* distinta de sí misma, es decir, con algo que no es la literatura.[57] Barthes destaca la sumisión del positivismo respecto de lo que él llama "ideología determinista", que exige que la obra sea el 'producto' de una 'causa' y que las causas exteriores son de mayor entidad que cualquier otra consideración. La crítica positiva no admite un trabajo que se centre en la obra y no plantee su relación con el mundo hasta después de haberla descrito desde el exterior. Lo que el positivismo rechaza es, pues, "la crítica fenomenológica (que *explicita* la obra en lugar de *explicarla*), la crítica *temática* (que reconstituye las metáforas interiores de la obra) y la crítica estructural (que concibe la obra como un sistema de funciones)." (Barthes: 1964, 251)

La influencia de Barthes a la hora de criticar la filología tradicional fue importante en su momento. Su vinculación al estructuralismo y la semiología, sus análisis, que preconizan ya el postestructuralismo, su polémica con Picard tantas veces repetida, lo sitúan en la mayoría de los debates sobre los cambios experimentados en los estudios literarios. Su presencia en las páginas que siguen será continua.

---

[57] Algo parecido expresaba Paul de Man: "Se admite generalmente que una historia positivista de la literatura, que se concibe como si fuera una colección de datos empíricos, sólo puede ser una historia de lo que no es la literatura" (1983, 162-63).

2.

EL ARTE DE CLIO

2.1. Las grandes construcciones

He señalado más arriba que el tríptico formado por gramática, crítica textual e historia literaria define los objetivos de la filología de la primera mitad del siglo XX. Esta concepción no perdió fuerza de manera súbita, sino poco a poco, y mantuvo vigencia en algunos círculos y en algunos países. Me interesa destacar de manera especial el vínculo entre filología e historia. El trabajo del filólogo no puede separarse de la historia, porque necesita que los textos tengan una fecha. Sin la unión entre historia y filología ni Auerbach, ni Curtius, ni Menéndez Pidal, ni Bataillon habrían escrito sus trabajos.[58]

Las circunstancias históricas que vivieron estos grandes maestros de la filología europea condicionaron, como no podía ser menos, el contenido de su investigación. De su obra, o, al menos, de una parte de ella, se desprende una respuesta a las necesidades del mundo que los rodeaba y también una propuesta para el futuro. La reflexión sobre cuál es el fundamento en el que se apoya el ser de un país o cuál es la relación que vincula a una colectividad con el pasado, son preocupaciones que aparecen una y otra vez en los estudios humanísticos de la primera mitad de siglo. Curtius, Menéndez Pidal o Américo Castro no escribieron sus obras con la misma intención y en las mismas circunstancias.

De algunos de los libros de estos autores se desprende una visión de la historia de Europa o de España, una poderosa construcción que pretende iluminar miles de textos literarios y darles un sentido en una dirección determinada. Algunos historiadores de la literatura y de la cultura llaman *teorías* o *interpretaciones* a estas construcciones tan elaboradas: la *teoría* de Menéndez Pidal sobre la épica, la *teoría* de Curtius sobre los *topoi*, o la *interpretación* de Castro sobre la historia de España. No es fácil encontrar una palabra que defina los trabajos de estos filólogos, que,

---

[58] "El filólogo es quien necesita para ser filólogo que, ante todo, exista un pasado", escribía Ortega en *La rebelión de las masas, O.C.*, t. IV, p. 267.

desde luego, no están cortados, como ya he dicho al principio, por el mismo patrón. La palabra *teoría* está connotada con muchos valores en el siglo XX. Siempre y cuando no se confunda con las modernas *teorías* de la literatura, que nada tienen que ver ni con las intenciones, ni con la metodología que siguieron los filólogos mencionados, creo que puede utilizarse para nombrar los trabajos de Curtius sobre los *topoi* o sobre los orígenes de la lírica de don Ramón. Por *teoría* entiendo en este caso aquellas visiones amplias que engloban una idea de la génesis y transmisión de las obras literarias, metodología de estudio de la literatura, idea de cómo han de editarse los textos y la manera en que estos evolucionan. *Teorías* serían el neotradicionalismo pidalino, que inspiró los fundamentos de la escuela que nació de su magisterio, el individualismo y neoindividualismo nacidos de la obra de Bédier y de Colin Smith, el oralismo de Parry, Lord, Rychner o De Chasca y ciertas combinaciones entre ellas. Nacida de la filología y de la historia y muy en contacto con otras ciencias humanas, es la controvertida concepción de Américo Castro para entender la génesis y desarrollo de una parte sustancial –por la cantidad y la importancia– de la literatura española. Diferente por su sentido y metodología es la concepción de E.R. Curtius. A ambas me referiré más adelante.

El control exhaustivo de las fuentes y los datos, y el trabajo continuado y sin prisa, llevaron a los viejos maestros a elaborar vastas concepciones a partir de la acumulación de una gran cantidad de información, y a organizarla y darle un sentido dentro de una concepción que abarcaba el origen, el desarrollo y la difusión de la literatura. Creo que no se insistirá bastante en subrayar que ninguna de ellas nace por la misma razón, ni son idénticas las circunstancias políticas, sociales o personales de los autores que las crearon, ni tampoco estuvieron dedicadas a explicar las mismas cosas. Pero dada la enorme cantidad de saberes en los que se apoyan y la gran cantidad de problemas que querían explicar, no es raro que colisionaran en algún punto y que del choque surgieran polémicas muy intensas. Veremos algunos casos por encima.

2.2. Cuando la filología era polémica

Menéndez Pidal fue fiel a los postulados positivistas en la primera etapa de sus estudios. El maestro reunió durante años muchos datos con el convencimiento de que su ordenación y yuxtaposición les permitiría hablar por sí mismos sin necesidad de mayores apoyos teóricos. Pero a partir de 1910, Menéndez Pidal evolucionó:

"La coordinación de los datos directamente observables sólo se consigue teniendo presente la existencia de miríadas de hechos indocumentables, y que, por tanto, es imprescindible formular teorías que expliquen conjuntamente los hechos documentados y los hechos indocumentados exigidos o presupuestos por los documentados." (Catalán: 1964, 27)

En el trabajo para situar a la filología española al nivel europeo, Menéndez Pidal se vio forzado a elaborar una base teórica cada vez más ambiciosa, tal y como señaló Dámaso Alonso.[59] Hoy no es frecuente que los filólogos defiendan una teoría con la convicción de los años cincuenta y que se afilien a ella con la vehemencia de aquel período. Los últimos años del siglo XX han puesto en tela de juicio la verdad de los grandes discursos con argumentos muy diferentes, aunque, como veremos después, las teorías sigan inspirando algunas investigaciones. Lo cierto es que todavía en 1960, Menéndez Pidal justificaba la necesidad de iniciar su libro sobre el *Cantar de Roldán* con un extenso capítulo en el que resumía y criticaba el estado actual de las investigaciones sobre los orígenes de los cantares de gesta. A su juicio, y tras muchos años de crítica, no se había abordado lo que él consideraba el problema fundamental del que dependían todos los demás. Para Menéndez Pidal había dos maneras opuestas de considerar los cantares de gesta: o tomarlos como obra de un poeta único (individualismo) o como el trabajo de poetas sucesivos (neotradicionalismo), y consecuencia, por tanto, de una perpetua recreación. Estas dos concepciones se evocaban para don Ramón en medio de una gran confusión de ideas. El capítulo inicial de su extraordinario libro aborda las diversas concepciones sobre el origen y la naturaleza del cantar de gesta. Se trata de un resumen de las respuestas ofrecidas al problema de los orígenes de la épica y supone una acabada muestra para entender cómo comprendía el maestro (y toda una generación de filólogos) la forma en la que avanzaba la investigación en el campo histórico-filológico, y la importancia de las teorías sobre la épica.

Los términos en los que se desarrolló la polémica entre las diferentes concepciones recordadas fueron intensos y quienes la han explicado y glosado acuden a veces a imágenes bélicas. Ian Michael hablaba todavía en 1992 de las batallas que habían librado las teorías neotradicionalista e individualista, y consideraba que

---

[59] "Cuando un trabajador emplea estos métodos a lo largo de los años, forzosamente el terreno se le va cuajando de tal modo que ha de llegar a la formulación de teorías generales que expliquen como sistema el vasto panorama descubierto" (*Apud* Catalán: 1982, 53). Como es sabido, una de las preocupaciones que atraviesan la obra de Menéndez Pidal es la relación entre el individuo y la colectividad. Esta relación se expresa de manera especial en tres de las áreas estudiadas por el filólogo español: el estudio de las lenguas naturales, el estudio de la poesía oral y la tradición manuscrita: "El examen sistemático del problema en estos tres campos ejemplares permitió a Menéndez Pidal levantar una articulada teoría –a la que llamó tradicionalista, pero que bien pudiera definirse como 'pluri-individualista'– acerca de la creación y el cambio en las más variadas esferas de la actividad colectiva" (Catalán: 1982, 50). José Antonio Maravall señaló en un artículo que ya en el primer período de Menéndez Pidal el acopio de datos y la teoría que los sustenta están presentes uno al lado del otro: "no hay manera de investigar datos si no se sabe previamente para qué son dados; no hay manera de construir si no se tienen materiales" (Maravall, J.A., *Menéndez Pidal en la historia del pensamiento*, Madrid, Arión, 1960, 90).

aunque la primera seguía en pie, "sus ruinas empiezan a humear" (1992, 71 y ss.).
Menéndez Pidal señalaba que a pesar de la poca credibilidad que suscitó el neotradicionalismo –cuyo máximo representante fue él–, algunos trabajos publicados en
los años cincuenta reconocían que la teoría que él defendía iba ganando terreno.[60]
Sin embargo, para Menéndez Pidal no se debían repetir sin más las ideas de los
románticos, ni las del tradicionalismo. Rajna y Gastón Paris –de este último decía
que había sido poco leído– permanecían, pero en su tiempo creía don Ramón que
había que plantear los problemas "d'une façon fort différente de celle qu'ils ont pu
concevoir" (1960, IX). Los estudios de Rita Lejeune, Paul Aebischer, Mario Roques, Dámaso Alonso y los del propio Menéndez Pidal, así como su extraordinario
esfuerzo para sintetizar todos los estudios y las nuevas orientaciones, le llevaron a
considerar la conveniencia de articular todos estos trabajos. Según sus palabras:

> "Todas estas razones exigen que planteemos de nuevo los principales problemas rolan-
> dianos y que los tratemos como parte de un conjunto o de un sistema de crítica; estamos
> abocados a plantear un tradicionalismo moderno, cuyas líneas directrices es necesario
> trazar y cuyas bases y principios debemos establecer (...)." (1960, X-XI).

Menéndez Pidal atacó la hipótesis de la obra de Bédier, *Les Légendes épiques*,
a la que se opuso prácticamente punto por punto. Contestó Bédier y volvió a argüir
el investigador español, y la polémica prendió en los discípulos y así sucesivamente. Hoy día no deja de ser sorprendente el vigor con que se abordó la controversia.
Se echa de menos una cierta pasión con la que se defendía aquello que algunos
consideraban que era *verdad*, frente a lo que no lo era. Las teorías no se referían a
diferentes maneras de ver los cantares, sino a la realidad de cómo habían sido las
cosas. Una teoría se consideraba más verdadera que otra. Pocos se atreverán a considerar hoy que una sola concepción (sea sobre los orígenes de la lírica o el realismo) representa de manera exclusiva a la verdad. Hay que reconocer, sin embargo,
que vivir instalados en un relativismo blando en el que todo puede y debe decirse
porque todo es defendible, es una postura poco convincente. Todas las personas son
respetables, pero no todas las opiniones valen lo mismo: las opiniones, si no se
defienden con argumentos sólidos, no deberían tenerse en cuenta. Entre la concepción exclusivista de la verdad y el relativismo triunfante hay un espacio muy amplio.
    Por lo demás, aunque casi todos consideran superada la polémica a la que me
refería líneas arriba, reaparece continuamente. Los problemas sobre el origen de la

---

[60] "Paul Aebischer (...) croit que *L'Histoire poétique de Charlemagne* de Gaston Paris est plus
proche de la vérité que les *Légendes épiques* de Bédier" (1960, IX). Todavía se percibe en esta clase de
afirmaciones una concepción de la verdad que hunde sus raíces en ideas platónicas. La noción de verdad
supone una cierta inmutabilidad, un carácter ideal que parece desligado de las variaciones y cambios en
el mundo.

épica, por ejemplo (en general el problema sobre los orígenes es profundamente filológico), no dejan de suscitar reflexiones. En humanidades es frecuente que nunca se acabe de considerar obsoleta una teoría y que nuevos planteamientos se añadan a los que todavía no se resolvieron. He tenido ocasión de comprobarlo cuando estudié un cantar de gesta francés, la *Chanson de Guillaume*, recogido en el manuscrito *Additional* 38663 de la biblioteca del Museo Británico. Desde que fue descubierto en 1903, los medievalistas no han dejado de investigar su extraña naturaleza, pues en ella se agavillan todos los problemas por los que se han preocupado los estudiosos de la épica desde el romanticismo: ¿Cómo llegó a formarse un cantar de gesta? ¿De dónde provienen las noticias que se relatan y transforman en él? ¿De dónde proviene la forma –métrica, tiradas, fórmulas, etc.– que lo sustenta? ¿Cómo se compuso y difundió? Y más en concreto, ¿cómo se explica la naturaleza, en tantas ocasiones desconcertante, del poema? Ninguna de las ambiciosas concepciones sobre el origen, formación y transmisión de los cantares de gesta –llámense tradicionalismo, oralidad, individualismo, etc., y las sucesivas revisiones llevadas a cabo– son capaces de explicar un texto tan complejo como el *Cantar de Guillermo*. Estas construcciones surgieron y se desarrollaron cuando debieron hacerlo y poco puede decirse ya sobre su oportunidad e importancia. Como acabo de decir, ya no están vigentes para la mayoría de los estudiosos de la literatura y si se acude a ellas es, en la mayoría de los casos, para estudiar su vertiente ideológica y su significado en el momento de la ciencia en que nacieron. Pero es de justicia reconocer que a partir de ellas se analizaron textos, se interpretaron documentos decisivos para el conocimiento de la épica y se señalaron algunos de los problemas que se han considerado fundamentales durante mucho tiempo. A mediados de siglo era posible todavía trazar una línea más o menos nítida entre las distintas teorías que, sin embargo, terminaron por destruirse unas a otras. Poco a poco vino a imponerse cierta vulgata ecléctica, la necesidad de unir y aprovechar esfuerzos y descubrimientos para un objetivo común, y la conciencia de que una sola teoría no podía explicar el origen y particularidad de todos los cantares de gesta, de la lírica trovadoresca o de todos los *romans*. El origen y el desarrollo de estos y otros géneros no se dejan someter a ninguna teoría, por elaborada que sea.

El problema que aqueja a estas grandes construcciones que pretenden explicar tantas cosas es que llega un momento en el que la relación entre el hecho y la teoría se vuelve cada vez más compleja, los datos y las hipótesis se enredan y los textos terminan por tener que soportar interpretaciones contradictorias, como bien señaló Roncaglia.[61] En el terreno de la épica, por ejemplo, la deuda con los trabajos de los grandes maestros sigue vigente, pero las investigaciones de estos últimos años han puesto de relieve que no debe manejarse una única hipótesis que sirva para explicar

---

[61] Roncaglia, A. (1986): "Come si presenta oggi il problema delle canzoni di gesta" en Limentani, A. & Infurna, M., eds., *L'epica*, Bologna, Il Mulino. El texto proviene de *Atti del convegno 'La poesia epica e la sua formazione'*, Roma, 1970, pp. 277-93.

el origen y desarrollo de todos los cantares, pues éstos no se crearon a partir de un proceso uniforme. Hoy sabemos que aunque los planteamientos generales y abarcadores no ayudan a explicar todos los problemas que nos plantea la épica, en cuestiones de detalle siguen siendo extraordinariamente valiosos. Los grandes trabajos de Bédier, de Menéndez Pidal, de Siciliano, etc. ofrecen un cúmulo de informaciones y de interpretaciones que algunos consideran que todavía no deben dejarse al margen. El diálogo con ellos continúa.[62]

2.3. Judíos, moros y cristianos

Américo Castro (1885-1972) inició su andadura como filólogo en el Centro de Estudios Históricos dirigido por Ramón Menéndez Pidal, pero no siempre siguió (sobre todo en la segunda etapa de su producción) las orientaciones de la noble institución. Dice de él Márquez Villanueva (1988, 129) que le correspondió ser el *enfant terrible* o *maverick* del Centro. El estudio de la lengua y la literatura españolas está en la base de sus trabajos de este primer período, en el que publicó monografías tan excepcionales como *El pensamiento de Cervantes* (1925) y *Glosarios hispano-latinos* o la importante traducción de *Introducción a la filología románica* de Meyer Lübke. Castro es además uno de los pocos filólogos del Centro que dejó constancia de su idea acerca de lo que significaba editar un texto.[63] Rafael Lapesa

---

[62] La presentación de las construcciones a que me he referido parece un jalón obligado en la mayoría de los géneros didácticos que se han ocupado de la épica. Raro será el capítulo de una historia de la literatura, de una antología de textos épicos o de la edición de una obra concreta que, más tarde o más temprano, no presente detalladamente o aluda a las teorías construidas por los grandes romanistas. Hablo de todo ello en mi edición del *Cantar de Guillermo*, Madrid, Gredos, 1998.

[63] "Editar un texto –escribió Américo Castro– significa comprenderlo e interpretarlo; por eso no basta saber paleografía ni copiar atentamente, sino que hay que ir viendo a cada paso, si es posible, la lección del manuscrito o del impreso. Esta labor aumenta en dificultades a medida que el texto es más antiguo o la lengua más singular. Concebida así, la tarea del editor científico es resultado de una larga elaboración técnica, y la publicación de un texto viene a ser el coronamiento de la labor filológica (...) La filología es una ciencia esencialmente histórica; su problema consiste en prestar el mayor sentido que sea dable a los monumentos escritos, reconstruyendo los estados de civilización que yacen inertes en las páginas de los textos. Para el filólogo, aquellos son una base sobre la cual ha de reconstruir sistemática, es decir, científicamente, en primer lugar, la lengua, considerada en lo que tiene de realidad física, o sea, los sonidos; luego la forma y estructura de ese lenguaje, todo ello considerado como un momento en la evolución del idioma adscrito a cierto territorio. Mas no se detiene ahí el filólogo, pues aunque el estudio gramatical tenga plena substantividad, cada vez se tiende más a considerar el lenguaje en su indisoluble unión con el mundo psíquico que le da vida (...) Dos son, esencialmente, los momentos de la investigación: primero, retrotraer los textos desde la forma en que se nos aparezcan hasta aquella que tuvieran al salir de manos del autor; después, proyectar sobre dicho texto la mayor luminosidad cultural para que su realidad se aproxime cuanto sea posible a la que tuvo en la mente del autor y en las de los más comprensivos de sus contemporáneos" (1924). Este artículo de don Américo fue publicado en 1916 y luego, en forma de libro y acompañando a otros ensayos, en 1924, y ha sido numerosas veces reprodu-

señaló que junto al trabajo objetivo de filólogo, adherido al pormenor y exigente a la hora de contrastar la buena o mala ley de los materiales, manifestó siempre un profundo interés por los grandes problemas ideológicos y espirituales del pasado y que siempre consideró la técnica filológica como un saber indispensable que debía servir a preocupaciones más altas.[64] Lo cierto es que Castro reorientó sus actividades y transformó su saber filológico, como dice Diego Catalán, "en plataforma de lanzamiento para una nueva modalidad de ensayo histórico-filosófico" (1974, 113).

Con *España en su historia. Cristianos, moros y judíos*, publicada en Buenos Aires en 1948, Castro inicia una serie de escritos que suponen una clara ruptura con su pasado investigador, tanto en el campo de las ideas como en el de la metodología. Una honda vivencia intelectual y personal parece encontrarse en la base de este cambio. En *España en su historia* comenta cómo hasta 1940 consideraba que la España cristiana era un mundo fijo sobre el cual caían palabras, literatura o instituciones musulmanas. Es muy sintomático que uno de sus libros, publicado póstumamente en Méjico en 1971, se titule *De la España que aún no conocía*. El título expresa el carácter de conversión, de alumbramiento de unas ideas, experiencia de la que deja constancia también en otras obras:

"Ya en 1936 comencé a darme cuenta de nuestra ignorancia acerca de nosotros mismos; ni sabíamos quienes éramos, ni por qué nos matábamos unos a otros. Hablo en primera persona por haber oído en la radio de San Sebastián, en julio de 1936, la noticia de mi fusilamiento (...) Años más tarde emprendí la tarea –para tantos irritante– de averiguar el motivo de nuestro crónico cainismo; (...) habría renunciado a ella si no me animara a proseguirla el temor de que se añadan nuevos actos a esta ya larga tragedia, y si no estuviera convencido de ser correcto mi modo de plantear la cuestión." (1973, 46)

Castro rechazó la teoría de que España era un país desgajado del tronco de Roma, al que debía su lengua y su derecho, configurado por el cristianismo. La historia de España no era sustantivamente distinta a la de los pueblos románicos mediterráneos, pero la invasión árabe interrumpió la continuidad con Roma y rom-

---

cido. La lectura del trabajo completo nos revela a un investigador que estaba al corriente de los progresos de la fonética experimental, de las ideas de los neogramáticos –criticadas por Hugo Schuchardt, cuyo método 'palabras y cosas' ya conocía Castro–, pero que conocía también las ideas de Wundt, las de Vossler, y que estaba al tanto, como no podía ser menos, de los estudios de Menéndez Pidal sobre los dialectos románicos peninsulares. Todo esto revela una amplitud de intereses muy característica de la filología española de aquellos años.

[64] A la hora de exponer la obra de Castro, casi todos sus estudiosos proponen un doble período. Asensio contrapone "el exasperado positivismo micrográfico" de sus primeros trabajos filológicos y lo contrapone a su segundo período, reemplazado por visiones amplias y abarcadoras de vastos períodos históricos (Asensio: 1976, 7). Para referirse a los análisis filológicos, Carolina Michaëlis de Vasconcelos confesaba (7 de diciembre de 1905) que padecía de "de micr-opia" (Carta a Alfredo Pimenta, 7 de diciembre de 1905). Las citas de este tenor podrían multiplicarse.

pió también la conexión con el pasado de los visigodos. La nueva situación creó una estructura social y vivencial nueva, en la que los cristianos convivían con los musulmanes, de quienes se recibió un legado excepcional, y con los judíos, odiados pero necesarios para la administración de los reinos. Así se creó la morada vital que sólo se perdería en 1492. Sin embargo, en 1492 los españoles eran ya diferentes de los europeos. La invasión musulmana ocasionó una ruptura radical con el pasado.

Entre otras cosas, *España en su historia* pretende ser una reconstrucción fidedigna del pasado, la cual no puede ser una simple relación de hechos que hablen por sí mismos, sino que debe apoyarse en una manera de concebir la historia. El replanteamiento histórico de don Américo tiene múltiples encuentros con la filosofía y las ciencias humanas del siglo XX. Castro apuntaló su edificio con unas categorías –vividura, morada vital, etc.– y trazó, como decía don Eugenio Asensio, una especie de visión genealógica del pueblo español, o del personaje España. Morada vital es una de las metáforas centrales de su libro y parece surgir como un modo de superar la oposición dialéctica que estableció Unamuno entre historia e intrahistoria, es decir, entre la historia que aparece en los libros, la historia de los hechos que consideramos relevantes, y la vida oscura y cotidiana de los seres anónimos. Tampoco puede olvidarse la huella profunda de Ortega (sobre todo en la primera redacción de la obra), tanto en el estilo como en algún concepto: Ortega hablaba en *Meditaciones del Quijote* de la "morada íntima de los españoles". Otro de los conceptos centrales, "vivir desviviéndose", fue elaborado, antes de asomar a *La realidad histórica de España*, por García Morente en *Ideas para una filosofía de la historia de España*. Pero hay otras huellas mayores. Mucho de lo tratado en la obra de Castro se opone de raíz al pensamiento de Menéndez Pelayo ("no solía tener razón este señor", decía de él Ortega), a quien admira, pero de quien disiente profundamente, como decía Asensio, a la hora de precisar sus fuentes. Para Asensio lo que singulariza el pensamiento de Castro es la ausencia del marxismo y doctrinas económicas emparentadas, y tres presencias: la de Dilthey, la de Spengler y la de Toynbee.

La adhesión a Dilthey se repite en varias ocasiones, pero no es la única gran influencia.[65] Para Castro, la unidad más duradera de un pueblo, aquella que la caracteriza más profundamente, es la permanencia de su morada vital y para formularla halla un apoyo en Spengler. Este filósofo de la historia sostuvo siempre la multiplicidad de culturas (que pasaban por infancia, madurez y senectud) frente a la unidad de la historia humana tal y como la concebían el cristianismo y después el romanticismo. Las culturas no se influyen sino que remodelan y llenan de contenido nuevo las formas de otras culturas. Para explicar este movimiento, Spengler inventó el

---

[65] Para Portolés, el triunfo de las ideas de Dilthey en Alemania es uno de los pilares que llevaron a Castro a plantear el estudio de la literatura española en el marco de la historia del espíritu. Ya en sus publicaciones anteriores a la guerra civil buscaba Castro relacionar las diversas ideas que vertebraban el pensamiento de un autor con el espíritu de la época. Para explicar *Don Quijote*, escribía en 1931, era necesario situarlo "dans un climat idéal et sensible du sein duquel il surgit" (*Apud* Portolés: 1986, 97).

término de seudomorfosis o proceso mediante el cual las formas de una cultura se llenan de contenido distinto, fenómeno que Castro encontró en la convivencia hispano-semita y utilizó con enorme provecho en su obra. Junto a seudomorfosis, se alinea el concepto de centaurismo (o proceso por el cual el hispano cristiano adoptaba hasta en su intimidad hábitos musulmanes). Ejemplo de combinación centáurica aparece en el *Libro de Buen Amor,* pues el Arcipreste daba sentido cristiano a formas literarias de ascetas musulmanes.

Otro de los conceptos esenciales es el de *casta,* y ello nos llevará a recordar el enfrentamiento de Castro con el marxismo, del que abominó. El conflicto humano que creó a los españoles es analizado por don Américo centrándose en la lucha entre castas, que no de clases. La disposición artística del teatro de Lope o de *La Celestina* no dependen de motivos económicos, sino de la forma de ser y de estar en común la sociedad, y esto no se mide con parámetros económicos. Para don Américo no se podía basar la historia española a partir de estructuras económicas, porque la historia siempre se ha basado en la "condición castiza de las personas" (1976, XXXII). En los siglos XVI y XVII los españoles vivieron 'conflictivamente' y sus modos de vida se manifestaron no sólo ni primordialmente en su economía, sino en su arte, su religión y desde luego en su literatura. Para Castro, en el marxismo los hechos se encajaban "en un molde previsto e inmutable, y no en las fluencias de vida que los hicieron posibles" (1976, XVI). Don Américo no podía aceptar ni la metodología ni la ideología de obras como las de Braudel o Vilar, a quienes atacó en diferentes lugares, pues no podía tolerar que se confiara a elementos naturales y estadísticas de población el papel de actores en la historia humana.[66]

Una de las claves para su reconstrucción del pasado se fundamenta en analogías, pero sobre todo en citas literarias asumidas como símbolo. No en vano Castro veía la existencia de España como la novela de un personaje histórico, vacilante e inseguro de sí mismo, tal y como señalaba Asensio:

"En *La realidad histórica de España* la exposición de hechos alterna con el comentario de textos literarios. Los textos destapan o dejan traslucir la contextura de la vida nacional, sus conflictos latentes, mientras la glosa del autor va refiriendo los trozos a la morada vital. (...) El proceso de Castro para 'orientalizar' nuestra literatura suele seguir esta pauta. Se cotejan dos textos, uno hispano, otro árabe, entre los que se vislumbran

---

[66] Pueden reproducirse muchos pasajes en los que don Américo reaccionó contra las doctrinas economicistas: "Las páginas que siguen intentan poner bien en claro la falacia de quienes han decidido que la historiografía española se funde en economía y lucha de clases. Porque estamos pasando del mito de Numancia al de los dogmas del materialismo histórico" (1976, XVI). Pero en el fondo, lo que late bajo sus críticas tiene más que ver con una explicación idealista, humanista de la historia, que ha sido tan duramente criticada después, como veremos: "Los pueblos," decía don Américo, "además de economía, tienen *alma*, es decir, modos axiológicos de reaccionar respecto de sí mismos y de su entorno humano" (1976, XLVI).

ciertas analogías, ya de contenido, ya de técnica, ya sobre todo de actitudes poéticas, reflejo de las vitales. De la mano del hábil comentador nos sentimos dulcemente empujados a conjeturar, si no un enlace histórico, una íntima afinidad."(Asensio: 1976, 43 y 46) [67]

Aunque la polémica que encendió *Judíos, moros y cristianos* de Américo Castro parece haberse apagado, todavía quedan rescoldos que de vez en cuando despiden algunas llamaradas. Periódicamente don Américo recibe encendidas alabanzas, críticas a su manera de entender la función de la historia o se le sitúa ya en cierto limbo intelectual. Para Juan Goytisolo, entre otros, los críticos de don Américo (Sánchez Albornoz, Otis Green o Asensio) eran ardientes defensores ideológicos del canon latino-eclesiástico de la cultura, y se aferraban a conceptos abstractos y carentes de contenido para suponer la occidentalidad romano-visigoda de España y de los 'legisladores literarios' sin considerar la enjundia de la sociedad y cultura castellanas. Los investigadores y los ensayistas siguen teniendo presente la obra de don Américo, y consideran que no está de más recordar sus interpretaciones, aunque sea para decir que hoy ya no están vigentes (lo que no deja de ser una manera de decir que siguen lozanas) o que no pueden sostenerse de ninguna manera. [68]

2.4. Filología, Historia de la literatura e Ideología: el caso de *Literatura Europea y Edad Media Latina* de E. R. Curtius

Cuando Curtius publicó su magna *Literatura Europea y Edad Media Latina* en 1948, las críticas a la llamada historia tradicional de la literatura surgida en el siglo XIX habían aflorado en diferentes países y a partir de presupuestos teóricos distintos. Ni que decir tiene que su poderoso modelo ha seguido dando frutos, pero las deficiencias denunciadas eran ya un clamor. Al margen de las propuestas ofrecidas por los formalistas rusos, de la ya entonces inevitable separación entre críticos e historiadores, surgió en los años cuarenta el proyecto de Curtius, que causó una profunda impresión entre filólogos e historiadores.

Para ilustrar el trasfondo ideológico que subyace a las teorías que vengo comentando he escogido *Literatura Europea y Edad Media Latina* (en adelante *LEEML*), uno de los libros más importantes e influyentes que se han escrito en el

---

[67] El uso de fuentes literarias le ocasionó muchas críticas entre los historiadores, que consideraron a don Américo un intruso. Según Sánchez Albornoz, Castro apenas extendió sus lecturas fuera del campo de las fuentes literarias y ello le llevó una y otra vez a caer en la tentación de aplicar a la historia unos métodos subjetivos de interpretación, completamente ajenos al rigor de la metodología histórica. Pueden leerse críticas de este tenor en Sánchez Albornoz, "Las cañas se han tornado lanzas", en *Españoles ante la historia*.

[68] Barrero Pérez, Ó. (2002): "Contra el mito de la influencia musulmana en la cultura española", *Liceus*, 4, pp. 24-31.

campo de que me ocupo.[69] Además de los innegables méritos intrínsecos, una de las razones que favorecieron el éxito de esta obra fue el "clima general apocalíptico y, por eso mismo, muy propicio a cualquier tentativa de síntesis de la civilización occidental tan gravemente amenazada en sus raíces" (Lida de Malkiel: 1975). El libro de Curtius no apunta solamente a fines críticos e históricos, sino que también testimonia una preocupación para mantener la civilización occidental y reconoce la unidad espiritual de Europa en la herencia de la transmisión continua de la literatura.

Como la mayoría de los libros que renuevan una disciplina, *LEEML* no es fácil de situar en el terreno de la crítica. La amplitud de su campo, su esfuerzo para salvar las barreras del especialismo y el tema de la obra impiden incluirlo en una única materia. No se refiere de manera particular a la historia, ni a la filología, ni a la filosofía ni a la crítica, pero interesa a todas estas disciplinas. Hoy día comprobamos que la construcción de Curtius se levanta sobre un conjunto de campos del saber que tienden a considerarse parcelas autónomas (ya lo he recordado más arriba) pero en su momento, y más para una mentalidad como la de Curtius, el filólogo y el historiador no podían separarse.

Sin embargo, no muchos filólogos compartirán hoy los presupuestos ideológicos que movieron a Curtius a escribir *LEEML* y pocos serán quienes acepten sin algún reparo los fundamentos filológicos y la concepción de la historia que subyacen a su investigación. La teoría general que sustenta esta obra ha sido puesta en entredicho; se han señalado carencias y ausencias notables, se ha discutido su metodología, se ha señalado falta de claridad a la hora de definir la noción capital de *topos*, y se ha señalado el carácter mecánico de muchas investigaciones que surgieron de su libro (de las que, desde luego, no fue culpable el romanista alemán).

Curtius ha recobrado su puesto en su generación. Pero su vinculación a una determinada época histórica, a una filosofía y a una práctica filológica concreta no disminuye el valor de su estudio como construcción y como modelo. La obra de Curtius, como la de Américo Castro o la de Menéndez Pidal, representa una forma característica de entender la investigación propia de un momento histórico, pero conserva todavía su validez en muchos aspectos y sigue aportando información imprescindible para nuestro conocimiento de la literatura medieval. *LEEML* sigue siendo historia presente, pues aparece incorporada o subyace en buen número de manuales y estudios de nuestros días. La ingente cantidad de material que exhumó y ordenó Curtius sirve de guía a muchos estudios que, sin embargo, parten de presupuestos políticos y filológicos muy distintos de los que animaron al romanista a escribir esta obra.

Conviene, pues, recordar algunos aspectos ideológicos que llevaron a Curtius a emprender su trabajo, así como las críticas que recibió su libro, y ello nos obliga a tomar las cosas aguas arriba. Su tesis doctoral, una edición de *Quatre livre des Reis*

---

[69] Tomo algunas de las páginas que siguen de mi estudio sobre Curtius (1998).

(1911), fue concebida de acuerdo con las directrices que le había marcado Gustav Gröber (uno de los maestros del positivismo de finales de siglo, inspirador del *Grundriss der romanischen Philologie* y de quien decía Spitzer que era: "the most rigorously positivistic spirit of an age that has gone"). Gröber le inculcó la obligación de atender a los datos y de no intentar síntesis apresuradas sin un sólido trabajo previo (tal y como se lee en una de las citas que sirven de pórtico a *LEEML*) y le hizo ver la importancia de la literatura latina y su influencia en el desarrollo de las literaturas vernáculas. Conviene no olvidar estos inicios porque servirán para entender la metodología en la que se apoya *LEEML*.

Después de la muerte de Gröber, Curtius se alejó de los presupuestos críticos que había aprendido con su maestro. El investigador alemán se consagró al estudio de escritores europeos contemporáneos, en especial franceses, como Gide, Proust o Valéry, y no mostró interés por publicar en revistas técnicas de filología sino en otras de alta divulgación como *Neuer Merkur*. Sus estudios sobre Proust, Joyce o Eliot pasan por ser trabajos críticos de referencia con apreciaciones muy lúcidas, pero muy poco ortodoxas si las medimos con la vara de Gröber. Curtius tradujo a Eliot y a Valéry y publicó un magnífico ensayo sobre Joyce. En las páginas sobre Cocteau se advierte un planteamiento romántico de la crítica, al igual que se aprecia en el ensayo sobre Eliot una aproximación a lo literario alejada de la *Literaturwissenschaft*.

Varias razones movieron a Curtius a dar, en los años treinta, un giro a sus estudios, a postergar su interés por la literatura contemporánea y consagrar su esfuerzo en una nueva dirección. El maestro alemán fue reemplazando poco a poco París por Roma, y este cambio no refleja solamente que variaran sus intereses literarios, sino que tiene un trasfondo político muy claro. Para explicarlo es necesario remontarse al tenso ambiente social y político de los años treinta y al debate ideológico entre grandes pensadores. Me refiero a la controversia entre algunos intelectuales como Max Weber, Gyorgy Lukács, Walter Benjamin, Thomas Mann y sobre todo Karl Mannheim y el propio Ernst Robert Curtius, que fueron colegas (estos dos últimos) durante algunos años en Heidelberg. Estos y otros profesores y pensadores que coincidieron en esa universidad –no se olvide a Jaspers, a Troeltsch, a Vossler– y en otros foros percibieron la crisis que se avecinaba, la analizaron y propusieron soluciones distintas.

Más allá de las antipatías personales, el enfrentamiento intelectual entre Curtius y Mannheim permite explicar alguna de las razones que llevaron al romanista a escribir *LEEML*. Curtius consideraba que el sociologismo (término por el que entendía la pretensión de la sociología de convertirse en una ciencia absoluta) traería consigo un empobrecimiento gravísimo de las disciplinas humanísticas. La sociología le parecía consecuencia de la politización de una sociedad que iba a quedar en adelante huérfana del espíritu. Curtius expresó su desacuerdo en distintos momentos, como en el tribunal que había de juzgar un trabajo del sociólogo (concretamente, un estudio sobre el pensamiento conservador) en la universidad de Heidelberg. Mannheim sostenía que el pensamiento conservador se había fundamentado en la idea de continuidad como reacción a la amenaza de cambios sociales y proponía estudiar la dependencia de las ideas con el momento histórico en que surgían.

Estos plantemientos –así como la crítica situación por la que atravesaba Alemania– provocaron la reacción de Curtius, tal y como se lee en el panfleto *El espíritu alemán en peligro* (*Deutscher Geist in Gefahr*, 1932), que apareció, al igual que *Ideología y utopía* de Mannheim, en una atmósfera de gran tensión intelectual. (En estos años se publicó una abundante literatura, que aludía una y otra vez a ruina, crisis, decadencia o muerte de la cultura occidental). El de Curtius no es un texto de gran penetración ni un análisis de gran altura interpretativa, pero sirve para comprender parte de su producción futura. Critica en sus páginas el nacionalismo de miras cortas de algún círculo político (el *Tatkreis*) y su aceptación de los valores idiosincrásicos alemanes al margen de la corriente cultural de Occidente. Tampoco oculta Curtius su profunda antipatía por los movimientos de masas, tanto de izquierdas como de derechas.

Si *Espíritu alemán...* es una crítica a Mannheim (digamos, la versión negativa), la respuesta positiva es *LEEML*. Curtius propuso la idea de la continuidad de Europa más allá de las crisis y los períodos de decadencia y se lanzó en busca de los fundamentos de un presente que parecía desmoronarse. Mannheim y Curtius representaban posturas irreconciliables. Curtius pensaba en un intelectual conocedor –y parte– de una profunda y honda tradición; Mannheim, en un intelectual *freischwebend* (Hoeges, 1994; Jacquemard, 1995). Frente a este intelectual hijo de su tiempo, el romanista alemán apostó por aquellos estudiosos empeñados en encontrar una tradición cultural común a toda Europa (a la que Alemania también había pertenecido hasta Goethe) en la que podría encontrarse la solución a los problemas de Occidente. La decadencia de la aventura cultural compartida durante siglos era signo de una enfermedad del espíritu y solamente podía curarla un humanismo entendido en sentido amplio, el testimonio de una memoria colectiva, recogida en la tradición literaria, mediante la cual el pensamiento europeo preservaba su identidad a través de milenios. Este manifiesto fue todo un programa de investigación para el propio Curtius, que empezó a trabajar de acuerdo con sus ideas sobre lo que los intelectuales debían hacer: ahondar en el terreno donde debían encontrarse las raíces. Curtius invocó la necesidad de un humanismo entendido como una constante en la cultura europea.

No era difícil trazar el parecido entre un mundo como el de los años treinta y los siglos oscuros. De la misma manera que los años que le tocaron vivir a Curtius fueron bárbaros, no debía volverse la mirada a épocas refinadas sino a períodos más "modestos", a la vasta tradición de los fundadores de Europa (desde San Agustín y Casiodro a Dante), que podía ofrecer la luz que se necesitaba en ese momento oscuro (Curtius: 1932, 126). El Humanismo no era un problema académico, sino una postura intelectual y política de resistencia a la barbarie nazi.[70]

Cuando Curtius inició su investigación sistemática de la literatura medieval, buscaba sentar las bases para un estudio de Europa vista como conjunto, como un 'intelligible field of study', en palabras de Toynbee, con el deseo de descubrir una pauta, un modelo que pudiera ser testimonio de un humanismo permanente:

> "La literatura europea es tan vieja como la cultura europea (...) Sólo se la puede contemplar como conjunto después de adquirir carta de ciudadanía en todas y cada una de sus épocas, desde Homero hasta Goethe. Esto no se consigue en ningún libro de enseñanza, aun suponiendo que hubiese uno de tan vasto contenido. La carta de ciudadanía en el imperio de la literatura se obtiene únicamente después de haber vivido muchos años en cada una de sus provincias y de haber pasado de la una a la otra repetidas veces. Somos europeos cuando nos hemos convertido en *cives romani*." (*LEEML*: 1948, 30)

Para acceder a la clase de conocimiento al que Curtius aspiraba se requería una sólida metodología, que él diseñó mediante procedimientos filológicos cercanos a la orientación de Gröber. Trabajó en esta dirección entre 1933 y 1948, año en el que publicó *LEEML*, síntesis y culminación de una serie de artículos que aparecieron en ese período. Curtius dedicó toda su energía a escribir miles de páginas inspiradas por un método filológico que presupone un conocimiento vastísimo y de primera mano de las fuentes.

El libro está dedicado a la memoria de Gustav Gröber y de Aby Warburg, a quien Curtius conoció durante una estancia en Roma en el invierno de 1929. Warburg aparece citado pocas veces en *LEEML* pero no es difícil suponer lo que aportó a Curtius: la vasta y profunda comprensión de los lazos que unían la Antigüedad y el Renacimiento, la evidencia de que había un campo muy vasto que abarcaba Grecia y Roma y la Europa occidental durante más de dos milenios, que incluía la historia de la filosofía y de la ciencia, el mito y la religión, así como la literatura y las bellas artes. Y junto a todo ello, la convicción de que el esfuerzo para una comprensión universal debía hacerse mediante un meticuloso estudio de los problemas específicos –la supervivencia y transformación de constantes en la tradición, tanto

---

[70] Laín Entralgo ha recordado en *Descargo de conciencia* el testimonio en el que Curtius abominó del régimen hitleriano con muy duras palabras: "Curtius, en cuya cátedra pronuncié una conferencia, fue invitado a la comida que me dio el Rector de la Universidad (...) El vino del Rhin le alegró las pajarillas al gran romanista, y hablando conmigo en castellano, puso como un trapo a Hitler y al régimen nazi. Por fortuna, nadie le entendía una palabra, porque a Hitler le llamaba 'nuestro Caudillo'; de otro modo, aquella noche no hubiera dormido en su casa." Laín Entralgo, P., *Descargo de conciencia,* Barcelona, Barral, 1976, p. 312. Debo esta referencia al doctor José Luis Moralejo.

en el terreno de la palabra como en el iconográfico– y de que este estudio no debía hacerse a partir de abstracciones o generalizaciones grandiosas.[71]

La tesis central del libro es que la literatura europea es una unidad de sentido que va de Homero a Göethe y para cuyo conocimiento resultan esenciales las letras latinas medievales, que enlazaron el mundo mediterráneo antiguo y el mundo occidental moderno. Su estudio pretende hacernos entender cabalmente las literaturas nacionales. Para él, la literatura europea no se ha separado de la literatura grecorromana, salvo por algunos cortes esporádicos. Desde Homero y Virgilio hasta Dante, Calderón e incluso Hofmannsthal y Joyce, se prolonga una tradición literaria de manera ininterrumpida. De acuerdo con esto, la unidad cultural de Occidente transciende los cuadros nacionales, lingüísticos y religiosos.[72]

Uno de los pilares en los que se fundamenta la gran construcción de Curtius es su idea de la historia, que nace en buena medida como rechazo a otras maneras de concebirla. Curtius se opuso frontalmente a la *Geistesgeschichte* alemana, porque para él convertía la historia en una perpetua especulación, en la que primaba una borrosa unidad entre el espíritu y el tiempo, un vagoroso paralelismo entre todas las artes que repugnaba al romanista, porque permitía una clase de juego crítico muy alejado del rigor. La literatura, la palabra, tenían para Curtius una posición única entre las artes y este afán por lo escrito (que implica cierto desdén hacia la oralidad) acabaría convirtiéndose en uno de los puntos más atacados de su obra.

Frente a la *Geistesgechichte*, Curtius quiso desarrollar un método histórico que preservara el material de la literatura, desenredándolo y saneándolo de las adherencias que lo habían transformado. El punto de partida de tal procedimiento histórico debía ser descubierto empíricamente. Ciertas convenciones retóricas (como la falsa modestia), ciertos temas (como las Musas), ciertas actitudes estilísticas (como lo que Curtius llama el manierismo) se erigen como fenómenos concretos y no se dejan atrapar por los vagos conceptos de la *Geistesgeschichte*. Cuando aislamos y

---

[71] Curtius tenía muy claro en 1948 cómo debía abordarse el estudio literario: "De acuerdo con la materia, el análisis puede servirse de diferentes métodos. Si su objeto es la literatura, se llama filología; sólo ella puede penetrar en el interior de esa materia. No hay otro procedimiento para comprender la literatura. Las disputas de las últimas décadas sobre cuestiones de método y la batalla contra el llamado 'positivismo' –batalla contra molinos de viento– quedan resueltas de ese modo; lo único que demuestran es que hay un afán de hurtar el cuerpo de la filología, por razones que no hemos de discutir. Los filólogos, como los músicos, pueden clasificarse en buenos y malos; pero hasta de los malos podemos aprender, las más de las veces, alguna cosa útil" (Curtius: 1948, 548).

[72] Esta concepción de Curtius ha merecido severas críticas. Uno de los que más han atacado sus fundamentos ha sido H. R. Jauss: "Desde la primera guerra mundial ninguna cabeza pensante pudo creer más en serio que la unidad substancial de una literatura nacional desde la Edad Media hasta la actualidad fuera más que una ideología del siglo XIX, y que una relación literario-histórica entre Santa Eulalia y entre el no santo Paul Valéry se basara en otra cosa que en la síntesis de un encuadernador" (Jauss: 1987,63).

nombramos un fenómeno literario, dice Curtius, hemos establecido un hecho. En este punto hemos entrado en la estructura concreta de la materia de la literatura.

Frente a tanta vaguedad, Curtius ofrecía los *topoi,* que representan datos verificables que revelan por sí mismos, a través de su supervivencia en períodos sucesivos, ciertas constantes de todas las formas literarias. Dos características son esenciales para él: su naturaleza concreta y su función; ambas son signos de perdurabilidad. La topología presentaba un rigor que era inalcanzable hasta este momento en la ciencia de la literatura y le permitía además establecer alguna diferencia entre la literatura y otros fenómenos estéticos:

> "Quien quiera dedicarse a investigar la literatura europea (...) aprenderá que es una 'unidad de sentido' que se escapa a la mirada si la fraccionamos. Reconocerá que tiene una estructura autónoma, radicalmente distinta de la estructura de las artes plásticas. (...) La literatura tiene formas de movimiento, de crecimiento, de continuidad que no son las de las artes plásticas. Posee una libertad que a ellas les está negada. Para la literatura, todo pasado es presente o puede hacerse presente. (...) Puedo ponerme a leer a Homero y a Platón a cualquier hora, y puedo 'tenerlo', tenerlo plenamente. (...) El libro es mucho más real que el cuadro. Hay aquí una relación de esencia, la participación real en un existir espiritual." (Curtius: 1948, 33)

Curtius quería demostrar la continuidad desde la Antigüedad, a través de la Edad Media, hasta los tiempos modernos. La continuidad, uno de los valores fundamentales del pensamiento conservador, podía ser probada con datos concretos y no mediante la formulación de vagas teorías.[73] Esto es lo que Curtius hizo con la topología: poner la continuidad bajo nuestros ojos. Para ello tuvo que hacer hincapié en aquellos lugares de la tradición en los que la continuidad era menos evidente. Así, el *topos* menos importante puede ser en alguna ocasión el más valioso para demostrarla.[74] Weinrich critica a aquellos que se han extrañado de que un hombre

---

[73] *LEEML* era para Spitzer un libro básicamente conservador. Uno de los rasgos que sustentan esta afirmación es su interés por los datos concretos. Tocqueville decía que no había nada más improductivo para el espíritu humano que una idea abstracta: "Me apresuro en correr hacia los hechos." Correr hacia los hechos es lo que hace Curtius.

[74] Me ocupo en otro trabajo de la relación (o mejor, la no relación) entre Curtius y Auerbach. Curtius no solamente rechazó el concepto y la aplicación de la noción de mímesis a la literatura occidental; tampoco aceptó el concepto de 'figura'. Esta última noción podría haber sido muy provechosa para los propios estudios de Curtius, pero este se negó a aceptar la distinción de Auerbach entre la dimensión histórico-profética de la alegoría característica de la tradición cristiano-hebrea frente a un modelo de origen clásico y pagano. No es extraño, explicaba Gelley, que el punto de vista dialéctico histórico resultara antipático o no aceptable para Curtius con su orientación transhistórica, unificadora, de orientación platónica. Curtius atacó la noción de 'figura' en "Gustav Gröber und die romanische Philologie", *ZRPh*, p. 276, nota 2. Una crítica de un aspecto de *Mímesis* puede encontrarse en "Die Lehre von den drei Stilen im Altertum und Mittelalter", *RF*, LXIV (1952), pp. 57-70. Auerbach respondió en "Epilegomena zu *Mimesis*", *RF*, LXV (1954) pp. 1-18, especialmente pp. 10-13.

de la finura crítica de Curtius diera igual valor a mínimos desarrollos de *topoi* frente a grandes construcciones literarias y de pensamiento, y les achaca no haber entendido lo que Curtius en verdad deseaba y quería indicar.[75] De su altura crítica hay ejemplos sobrados en *LEEML* y en sus *Ensayos*. La intención de mostrar la continuidad justificaría el desinterés por destacar diferencias dentro de la tradición occidental.

Por lo demás, ya en *Deutscher Geist in Gefahr* se había apartado Curtius del historicismo académico, al que consideraba una "anémica abstracción moderna". Curtius retuvo el valor de la noción de historia, pero habló a veces de fenomenología y de morfología de la literatura. No debe ignorarse la huella de Spengler en su concepción, ni olvidarse la huella de los historiadores y filósofos a los que eligió como mentores. El más destacado es Toynbee, de quien tomó la concepción de Europa como un vasto organismo cultural con un ritmo propio. No se olvide, por lo demás, el enorme interés de Curtius por la obra de Jung, a la que se refiere en varios de sus trabajos (también en *LEEML*).

Curtius no consideraba la historia como secuencia y concatenación de acciones o sucesos: "Si la literatura europea sólo se puede ver como un todo, su investigación no puede proceder sino de manera histórica. Pero ciertamente no en forma de historia literaria. Una historia que relata y enumera nunca puede ofrecer sino un conocimiento de hechos catalogados; deja la materia intacta, con la forma casual que antes tenía. La consideración histórica, en cambio, debe esclarecer esa materia, debe penetrarla; debe también crear métodos analíticos" (1948, 34).

La filología románica, verdadera patria intelectual de Curtius, ha sido desde sus orígenes románticos una disciplina esencialmente histórica, y ha dirigido sus intereses a la Edad Media. Gaston Paris llegó a decir que lo que buscaban los filólogos en la Edad Media era la historia. La Romania fue para la mayoría de los grandes romanistas un concepto temporal y espacial (Gilliéron y Rohlfs añadieron una dimensión geográfica). Y junto a la noción de espacio, es esencial la de continuidad, que nos ha permitido, según Curtius, ver lejos y comprobar cómo se mantienen elementos (temas, formas) esenciales para el historiador. Es evidente que ciertas estructuras están dotadas de tan larga vida que se convierten en elementos estables de una infinidad de generaciones. Piénsese en la dificultad de romper ciertos marcos geográficos, ciertas realidades biológicas, movimientos espirituales, etc. Estas largas permanencias o supervivencias se dan también en la historia de la literatura, tal y como destacaba Braudel al referirse al libro de Curtius que para él:

---

[75] Es el caso del artículo "Jorge Manrique und der Kaisergedanke", en el que el poeta es considerado como un eslabón de una tradición centenaria cuyo origen puede buscarse en los ejercicios retóricos de la tardía latinidad. Curtius no estaba particularmente interesado en el conjunto del poema, sino en el topos "catalogue of pious Roman emperors". Varios críticos le recordaron a Curtius que la lista de emperadores era la parte menos poética del poema, a lo que respondió Curtius que esos escrúpulos estéticos eran irrelevantes, y que lo importante, lo que él deseaba destacar, era la posición de ese topos en la tradición.

"constituye el estudio de un sistema cultural que prolonga, deformándola, la civilización latina del Bajo Imperio, (...) la civilización de las élites intelectuales que ha vivido hasta los siglos XIII y XIV, hasta el nacimiento de las literaturas nacionales, nutriéndose de los mismos temas, las mismas comparaciones y los mismos lugares comunes." (Braudel: 1968, 71)

2.5. Críticas a *LEEML*

Pero la idea de continuidad y el concepto de historia que subyace pueden llevarnos a algunos desajustes. Hay en la obra de Curtius, según Lida de Malkiel, una exagerada estima del pasado que acaba por no ver en el presente nada que no sea destello pretérito: "Apenas si se aclara un hecho literario por una circunstancia histórica coetánea: la norma es retrotraerlo a un hecho análogo anterior – constituyendo, al parecer, la anterioridad la explicación suficiente" (Lida de Malkiel: 1975, 323). A todo ello hay que añadir el problema nada desdeñable de la cronología de los *topoi*, tal y como señalaba la misma autora: "Lo precario de nuestro mapa de la literatura antigua y medieval, siempre sujeto al azar de lo ignorado y lo perdido, hace difícil determinar con seguridad la historia de un tópico. (...) ¿Cómo saber cuánto tiempo corrió la imagen como tópico del lenguaje trivial hasta hallar circunstancias propicias a su acogida en la alta literatura?" (1975, 324-25).

Por lo demás, a pesar de su preocupación por la historia, el concepto de literatura que se desprende de su estudio parece ahistórico. Curtius entendía los *topoi* como elementos concretos en un doble sentido: primero como auténticos vestigios de un momento histórico, y al tiempo como constantes de la literatura. No le preocupó la discrepancia entre estos dos niveles, y resulta difícil encontrar los modos de relación entre ambos. Su idea de la historia presenta además otros riesgos, pues muestra mayor estima por la continuidad que por la creación original, por los elementos transmitidos que por su revitalización en la obra de arte concreta. Ni las innovaciones ni los experimentos parecían documentar la continuidad. Curtius destacaba el hecho de que el latín perdurara, por ejemplo, en Dante y Boccaccio, pero no destacó lo suficiente la diferencia de valor entre las obras latinas y las escritas en lengua vulgar; y si se exaltaba el Renacimiento carolingio era por su importancia en la preservación de la cultura antigua, sin recordar que su producción intelectual no alcanzó cotas muy elevadas. Esta teoría implica, para Lida de Malkiel, considerar parejos a los grandes creadores y a los simples transmisores, a aquellos que ejercieron influjo por su categoría y los que no lo hicieron.

Otra de las concepciones de Curtius que menos satisface a las actuales ideas sobre la historia literaria es su afán por demostrar la continuidad del universo poético en la recurrencia de ideas y de motivos, dejando al margen la noción de cambio como si fuera un factor menor. Según H. R. Jauss, otro de los grandes críticos de Curtius, descubrir la permanencia en el cambio dispensa de hacer un esfuerzo de comprensión histórica. En *LEEML*, la continuidad de la herencia antigua se erige en principio supremo. Para Jauss es inaceptable sostener que por encima de la historia –que se convierte en una *terra incognita*– se eleve una especie de clasicismo intemporal que trascienda la 'indestructible cadena de la tradición'. Curtius no resuelve el hiato entre la aproximación histórica y la aproximación estética a la literatura.

Como es bien conocido, uno de los proyectos de Jauss es desarrollar una historia que integre las actividades de producción, comunicación y recepción de la literatura y, obviamente, la filología que se inspira en una metafísica de la tradición y en una interpretación ahistórica no es la herramienta más adecuada para estos fines. Como ejemplo de esta tendencia cita Jauss, entre otros, a Curtius y en concreto una de las tesis sobre las que se sustenta su libro: la actualidad intemporal de la literatura que conlleva una influencia contínua del pasado en el presente.[76] Al entender la evolución de la literatura como una perpetua y continua herencia de la Antigüedad, se pregunta Jauss si no permanecerá también nuestra propia conciencia de la modernidad prisionera de la misma marcha cíclica.

En otra dirección apuntaron las críticas vertidas por Dámaso Alonso. En un breve comentario sobre unos versos de Berceo, Alonso dejó escrito: "Siempre nos lo imaginamos escribiendo, apresurado, ante el terror medieval de la noche vecina". Curtius comentó esta afirmación del estudioso español en términos críticos, pues consideraba que no había que pensar en el clérigo que deseaba terminar su trabajo antes de que llegara la noche.[77] El temor ante la noche en la Edad Media no deja de ser un tópico retórico que nace en la literatura clásica y no hay que pensar en una imagen real, decía Curtius. Dámaso Alonso criticó estos comentarios y arremetió contra las tesis de Curtius a la luz de su teoría de la expresión literaria:

"Sin negar el enorme peso de tradición e imitación en la literatura medieval, ¿cómo desconocer su actividad creativa? Pues de los escritores de la Edad Media, ¿quién podrá

---

[76] No abordo aquí la relación entre la obra de Curtius y la de T. S. Eliot, que es enormemente interesante y ha sido muy bien estudiada. T. S. Eliot planteó la simultaneidad de toda la literatura europea desde Homero. En su seno, la literatura tiene una existencia simultánea y constituye un orden simultáneo. Eliot llamaba a este sentido de la intemporalidad de la literatura 'el sentido histórico'. Ningún poeta tiene por sí mismo plenitud de significado, y para apreciarlo justamente hay que situarlo en su relación con los poetas de ayer. Las obras literarias forman un orden ideal que se modifica cuando se les une una obra de arte realmente novedosa. Este orden se altera cuando se introduce una novedad y se reorganizan las relaciones, las proporciones y los valores de cada texto dentro del conjunto. "El 'pasado intemporal', rasgo constitutivo de la literatura," escribe Curtius, "implica que la literatura del pasado puede actuar siempre en la literatura de cualquier presente" (1948, 34).

[77] Apareció por primera vez en *Ensayos sobre poesía española* (cuya primera edición se publicó en Madrid, 1944). Los trabajos de Curtius aparecieron en "Antike Rhetorik und vergleichende Literaturwissenschaft, 1. Die Angst vor der Nacht im Mittellalter", *Comparative Literature*, I (1949), pp. 24-26. Dámaso Alonso contestó en "Berceo y los topoi" (1971).

negar en algunos la incontrastable fuerza de su genio, en muchos otros su idiosincrasia netamente diferenciadora?" (Alonso: 1971, 84)

Según Dámaso Alonso, Curtius olvidó que el uso de los tópicos tradicionales convive sin problemas con la expresión individual del escritor, y que toda obra literaria es un compromiso entre tradición y creación personal.[78] El punto de vista de Spitzer no era muy distinto al de Alonso. Spitzer consideraba la topología una muy rica fuente de información histórica que encontraba su lugar dentro de una edad de oro de la investigación de fuentes, pero para Spitzer su suma total no explicaba la forma interior de una obra de arte concreta. Las palabras de otro se convierten en nuevas palabras para el poeta.

También Peter Dronke ha puesto reparos al planteamiento global de Curtius. Sus estudios sobre unos textos latinos en el panorama de la poesía europea de los siglos XI y XII, reacios a dejarse explicar a partir de las ideas de Curtius, lo llevaron a plantear algunas objeciones de peso. Dronke pretendía complementar el gran estudio del romanista alemán, pero "aguzando el foco sobre la espontaneidad e independencia de la creación poética que existió a lo largo, así como en el interior, de las tradiciones establecidas" (Rico: 1981, 23). Hay aspectos no menores de la literatura medieval que no se abordan ni se comprenden a lo largo de las páginas de Curtius. El papel que se otorga en *LEEML* a la literatura escrita es de tal importancia, que se ignora casi la dimensión oral de la creación y la transmisión, lo que supone olvidar una de sus características más destacadas. El concepto de tradición, tal y como lo entiende Curtius, es, además, de muy corto alcance. Dronke considera que una tradición poética es un concepto más amplio y se extiende más allá de los primeros documentos escritos.

También es discutible, para este autor, que la composición vernácula surgiera en época tardía y bajo el estímulo exclusivo de la influencia culta, y señala que es difícil establecer una distinción entre lo popular y lo culto cuando se estudian *topoi*: "¿En qué medida pueden coincidir el *topos* de un poeta culto y la 'fórmula oral' de un indocto? ¿No puede una tradición oral en su más alto nivel ser el producto de una gran 'cultura' por parte de los poetas orales como muestra el cultivo germánico y celta de la sabiduría y conocimiento de los poetas?" (Dronke: 1981, 44)

---

[78] "Hay toda una serie de investigadores, atentos, ya a ver, como Curtius, la continuidad diacrónica de temas o fórmulas (que es la transmutación estilística del antiguo 'fuentismo'), ya a buscar la continuidad más o menos sincrónica de elementos comunes, a través de la literatura europea. Esfuerzos que en verdad me parecen utilísimos, cuando no son meros pretextos para devolver al mundo el lastre de la erudición allegadiza." Y concluye: "Estudiemos lo común, los 'topoi'. Con tal de que sea precisamente para mirar lo que no es 'topos': al prodigio creativo, a la unicidad, intacta y esquiva, de la criatura de arte" (Alonso: 1971, 85).

Pero la crítica más sólida proviene de la revisión del concepto de *topos* y su aplicación a la historia de la literatura.[79] Lida de Malkiel señalaba que al exaltar la tópica o catálogo histórico del lugar común y convertirlo en clave de la unidad de la cultura europea, el experimento individual quedaba minimizado. El inventario de los tópicos señalaría más bien el rastro de la inercia espiritual de Europa, no de su unidad creadora. Pero lo más grave es que la investigación de la tópica, tema central del libro, procede en las formas más imprevisibles: "unas veces por motivos no clasificados formalmente, luego clasificándolos por figuras retóricas y especializándose en algunas, ya por su origen prosaico o poético (...)" (Lida de Malkiel: 1975, 327).

Y es que uno de los aspectos que reclaman una revisión es la manera de estudiar los *topoi*. Es esencial el estudio del contexto en el que aparecen y la necesidad de reconocer su carácter individual en el uso artístico. La validez del método, dice Dronke, depende de la habilidad en ver semejanzas de estructura o expresión en contextos diferentes y la habilidad en dar una respuesta total a cada contexto.

Añádase a todo ello la imagen incompleta de Europa que se ofrecía en *LEEML*. No puede sostenerse, y son palabras de María Rosa Lida, que "todo lo que no sea grecorromano y germánico no cuenta en la cultura europea", pues Europa no es solamente la tradición clásica. Curtius no prestó interés suficiente a la influencia del pensamiento árabe en la filosofía medieval, ni recordó la influencia de la escatología musulmana en la *Divina Commedia* (tal y como demostró Asín Palacios), y tampoco la huella musulmana en la lírica romance (y son sólo tres ejemplos). No se trata solamente de un pecado de omisión, pues para Lida de Malkiel el olvido engendró otros errores. Por predominante que fuera la tradición greco-latina, no basta para explicar el conjunto de las literaturas medievales. La Edad Media supuso mucho más que la unión entre la Antigüedad y las modernas literaturas de Europa.

Curtius demostró la estrecha relación de las literaturas europeas y la Antigüedad latina y la existencia de una continuidad de formas y motivos a lo largo de la Edad Media. Reivindicó esta tradición y quiso mostrar a sus contemporáneos que solamente dentro de ella había una respuesta para resolver la profunda crisis que vivía Europa en los años cuarenta. Hoy se contempla la iniciativa de Curtius con cierto distanciamiento. Numerosos pensadores –entre los que destacan Freud y Benjamin– han insistido en que no todo son valores positivos en el desarrollo e implantación de la cultura y que no siempre bastan los cauces de la tradición para hacer el presente e inventar el futuro. Curtius analizó la crisis de la cultura y de la

---

[79] "El término ha sido criticado justamente por su vaguedad y falta de precisión: incluso en Curtius oscila de manera desconcertante desde un motivo sencillo o incluso de una metáfora, a amplios temas e ideas como la edad de oro o el paisaje ideal, y se ilustra, con sorprendente inconsistencia, bien como supervivencia de figuras retóricas antiguas y modelos, bien como creaciones de grandes autores, o incluso como muestra de un renovado interés por los 'arquetipos' del inconsciente colectivo." (Wellek: 1978, 25)

sociedad con las armas que le ofrecía la tradición en la que vivía y en la que pensaba. Para un filólogo de su mentalidad, si la tradición estaba en peligro, debía hacerse un esfuerzo por mantenerla, no por discutirla y, en ningún caso, superarla (Antonelli: 1992). Walter Benjamin explicó de otra manera la crisis profunda de la cultura y la tradición y percibió agudamente las contradicciones y los límites de una
sociedad en la que la cultura estaba destinada a cumplir un papel muy distinto del
que imaginaba Curtius. A pesar de la honda huella que dejó su obra en la investigación, la reflexión sobre la filología y la historia de la literatura tomaron otro rumbo.

2.6. Texto, historia y sociedad: la obra de Lanson

2.6.1. El proyecto de Gustave Lanson: el texto en la historia

En pocas obras como en la de Gustave Lanson (o más concretamente, la simplificación, cuando no deformación, de sus ideas llevada a cabo por alguno de sus
discípulos) se expresa un modelo más influyente de hacer y entender el estudio de
la literatura en el siglo XX. No creo que tenga mucho sentido, a estas alturas, salir
en defensa de las obras y del gran proyecto de Lanson. Pero sigo pensando que
pocas veces aparecen unidas tantas ideas brillantes y tanto rigor como en la obra
del maestro francés. En ella hallamos una ferviente defensa de la lectura, una sólida
propuesta para entender el hecho literario con la ayuda de la historia y otras ciencias humanas (como la sociología), modernas consideraciones acerca de la necesidad de contar con el público como activo indispensable de los estudios literarios,
críticas muy duras contra el mal uso de la retórica (aquella retórica que algunos
convirtieron en una retahíla de figuras literarias) en la enseñanza secundaria y una
defensa de la erudición necesaria.[80] Algunos de sus críticos sostienen que en el
fondo de sus propuestas late una desconfianza hacia el texto y la lectura, porque
todo su esfuerzo estuvo abocado a asfixiarlo con una pesada erudición. Puede que,
en efecto, la orientación del autor francés escondiera alguna contradicción, lo cual
sucede a todos los grandes críticos, incluso a Barthes. En cualquier caso, creo que
conviene recordar su obra, no sólo porque su orientación determinó durante años
las investigaciones literarias, sino también porque ha sido blanco de los ataques de
la *Nouvelle critique*, que tanto influyó después.

La producción de Lanson es amplia y se reparte en el campo de la bibliografía,
la erudición, la historia de la literatura y lo que hoy denominaríamos reflexión
metodológica. En 1894 publicó *Histoire littéraire de la littérature française*, traducida al ruso en 1897 y que mereció una reseña de G. Plekhanov. En 1895 apareció

---

[80] "La erudición no es nuestro objetivo, es un medio. Las papeletas [fichas] son instrumentos para la
extensión del conocimiento, seguros contra la inexactitud de la memoria: su objetivo está más allá de sí
mismas. (…) También queremos las ideas, pero las queremos verdaderas." [1910] (1965, 53)

una recopilación de artículos, *Hommes et livres*, en uno de los cuales mostraba sus diferencias con maestros anteriores como Sainte Beuve o Taine. De 1906 es su estudio sobre Voltaire y de 1909 su monumental *Manuel bibliographique de la littérature française moderne (1500-1900)*, que cuenta con 25000 referencias. Poco después ve la luz su edición crítica de las *Lettres philosophiques* de Voltaire. En 1910 publicó "La méthode de l'histoire littéraire" (*Revue du mois*, 10 de septiembre), un ensayo excepcional, lleno de sugerencias, mil veces interpretado, glosado y criticado. El principal mérito de Lanson fue el de haber definido la tarea del historiador literario con una extraordinaria amplitud de ideas. Es verdad que, al cabo de un siglo, sus soluciones no son las nuestras, pero algunos de los problemas planteados y las tareas propuestas siguen siendo actuales, y una parte de su proyecto ha sido reformulado después por métodos modernos. Lanson consolidó, además, el método filológico en los estudios de literatura francesa, fundó la historia de la literatura como disciplina universitaria y otorgó una dimensión central a la explicación de textos.[81] Uno de los aspectos más interesantes y novedosos de su trabajo fue proponer para la historia literaria un método deducido de la particularidad de su objeto y no imponer modelos de otra disciplina:

> "Sabemos ahora que al igual que las ciencias han iniciado su desarrollo una vez que se desligaron de la metafísica, es necesario que nosotros, con parecida independencia incluso respecto de las ciencias, organicemos nuestra investigación y construyamos nuestro conocimiento, teniendo sólo en cuenta la naturaleza particular del objeto que nos pertenece y los datos reales que están a nuestra disposición para conseguirlo. Como ninguna ciencia está condenada a reproducir el plan externo ni a utilizar las fórmulas de otra ciencia, no busquemos copiar la estructura ni apropiarnos de la lengua de la química ni de la historia natural." [82]

Junto a la dimensión histórica y el estudio del género al que pertenece la obra, Lanson consideró siempre esencial la explicación detenida del texto, lo que exige partir siempre de un texto depurado, que responda a lo que el autor escribió, y que se base siempre en un estudio del significado literal.[83]

---

[81] Lanson no sale, sin embargo, bien parado en el *Grundriss* de Gröber:"También G. Lanson (nacido en 1857; *Hist. De la litt. franç.* 1893) [...] reconoce que la historia de la literatura contemporánea no puede dejar de lado trabajos eruditos, y contempla la tarea de escribir la historia de la literatura como la descripción de los escritores individuales, sin entenderlos como manifestación de su época" (Gröber: 1906, I, 180).

[82] "L'esprit scientifique et la méthode de l'histoire littéraire", *Révue de l'Université de Bruxelles* (1909-1910), 22.

[83] "La base de toda explicación francesa es el estudio gramatical del texto. No hay error más grande ni más peligroso que eliminar o hacer negligentemente el trabajo del gramático bajo el vanidoso pretexto de que se trabaja sobre literatura. La exacta comprensión del vocabulario y de la sintaxis del autor en la página que se ha escogido, no es sólo necesaria para fijar el *sentido literal*, sino que prepara el delicado

2.6.2. El historiador y el historiador de la literatura

Como señalan Delfau y Roche, tres cuartos de siglo de lansonismo, asimilado por la crítica universitaria, y veinte años de formalismo han oscurecido, cuando no tergiversado, algunas de las propuestas de Lanson. Para estos autores, la gran aportación de Lanson a la crítica de su tiempo consistió en definir su objeto, en inventar la noción de *texto* (1977, 144).

La idea estaba en el aire. Se aceptaba que la filología clásica y la crítica de documentos, dependiente de la historia positivista, habían permitido la constitución de una serie de reglas científicas para abordar los escritos del pasado. El mérito de Lanson consistió en adaptarlas a la complejidad de la obra literaria:

> "Gracias al *Manuel bibliographique de la littératura française moderne (1500-1900)*, surge la noción de *corpus literario* de un escritor: es decir, el conjunto de sus escritos, pero, esta vez, identificados, clasificados en un repertorio, establecidos escrupulosamente, situados de nuevo en su contexto histórico y literario (...) Además, para cada uno de los 'textos' de este *corpus*, se repite la misma operación, que afirma la *singularidad* del escrito en cuestión: la búsqueda de borradores, de variantes, de la génesis, de las fuentes y de la difusión da a este documento de la historia una especificidad que le diferencia de otras producciones artísticas tanto de los archivos como de los monumentos dejados por el pasado" (Delfau y Roche: 1977, 144).

En "La méthode de l'histoire littéraire" Lanson recuerda aquellas preguntas que debía formularse un filólogo ante un texto: ¿Realmente esta obra pertenece a tal autor y está completa? ¿Cuál es su fecha de composición y publicación? ¿Cómo se ha ido modificando a través de las correcciones del autor? Una tarea elemental era establecer su sentido literal a través del estudio de la historia de la lengua, alusiones históricas, etc., y conocer la biografía del escritor y de la relación con la obra de que se trate. En la base de todo este trabajo hay un paso previo, el establecimiento de una edición crítica, trabajo del que Lanson dio una buena muestra en su monumental *Lettres philosophiques* de Voltaire.[84]

En la sesión inaugural del curso de 1901 en la Sorbona, Lanson señaló que el método que debía seguir el historiador de la literatura se lo proporcionaba su objeto. Y el objeto, la literatura, formaba parte para Lanson del vasto continente de la historia, aunque la historia y la literatura no podían investigar siguiendo el mismo

---

conocimiento de los matices de la idea o de la forma." ("Quelques mots sur l'explication des textes" en *Études françaises, Premier Cahier*, 1925, p. 46).

[84] Las principales ayudas provienen del "empleo de las ciencias auxiliares, del conocimiento de manuscritos, la bibliografía, la cronología, la biografía, la crítica de textos y el empleo de todas las otras ciencias, cada una por separado según la ocasión, como ciencias auxiliares, principalmente la historia de la lengua, la gramática, la historia de la filosofía, la historia de las ciencias, la historia de las costumbres" [1910] (1965, 43).

método, porque su objeto de estudio era diferente. En ambos casos el objeto es el pasado, pero en el caso de la literatura es un pasado que permanece. "La literatura es a la vez pasado y presente" (1965, 33), escribía en 1910, con lo que abordaba el delicado problema del texto literario, que cobra vida por la lectura tanto en el plano individual como en el social. El primero es la experiencia personal, irrenunciable. El segundo tendrá en cuenta los diferentes públicos, los diferentes receptores que contribuyen a la supervivencia de las obras.[85] Nada reemplaza la lectura personal. Para el maestro francés no puede evitarse una impresión subjetiva, personal, en el acto de la lectura y esa actitud permanece viva en la memoria de cualquier estudioso. Sin embargo, el historiador de la literatura no debe actuar movido por sus primeras impresiones de lector: una de sus tareas será la de mejorar, depurar su primera experiencia. Este proceso de depuración, de delimitación entre el lector y el historiador no aparece siempre diferenciado en la obra del maestro.

Por su parte, la dimensión social del escritor, la relación del individuo con la sociedad, está presente una y otra vez en la obra del historiador francés. Esta preocupación es heredera del siglo XIX, pues se trata de una de las directrices de la filología decimonónica. Los procesos literarios se habían vinculado a las historias nacionales, las ideas evolucionistas habían influido en las ciencias del lenguaje y el positivismo sociológico había formulado algunos principios mecánicos para asociar las formas creativas y los medios sociales. Pero, como señalaba atinadamente José Carlos Mainer (1984, 44), el filólogo francés planteó el problema en términos menos trillados y pretendió resolverlo por derroteros menos mecánicos. Lanson entendía que era necesario construir la historia de la literatura partiendo de la idea de que la literatura era un hecho social. Esta consideración la compartían otros muchos pensadores, con quienes Lanson no tiene muchas afinidades. Nada tiene que ver con el marxismo de Plekhanov y no es posible incluirlo sin más en el positivismo de Comte. Lanson es un intelectual diferente que buscaba sentar las bases de la historia de la literatura con la ayuda de las nuevas metodologías de las ciencias humanas, en particular de la sociología, pero sin renunciar nunca a la filología.

Antes de entrar en la dimensión social de lo literario, es de justicia reconocer su deuda con Wilhelm Scherer (1841-1886), cuya historia de la literatura alemana (1883) dejó honda huella en él. La senda de las ediciones críticas, las investigaciones bibliográficas, los estudios sobre la génesis y las influencias en las obras literarias está en la obra del historiador alemán, pero Scherer estaba muy cerca todavía de Taine. Las obras, dice, son producto de tres elementos: la herencia cultural, la experiencia personal y la visión artística particular del autor. Lanson supo liberarse de esta tutela y destacar la importancia de abordar los textos por sí mismos. Para su

---

[85] "La literatura puede definirse en relación con el público. La obra literaria es aquella que no está destinada a un lector especializado, para una instrucción o una utilidad especiales, o que, teniendo primero este destino, lo supera, sobrevive a él y se deja leer por personas que no buscan más que la diversión o la cultura intelectual." (1965, 34)

estudio, el maestro ofreció tres pilares básicos: la edición crítica, la bibliografía y los estudios monográficos. Sobre ellos se sustenta una parte esencial del modelo de investigación que, en parte, todavía pervive.

2.6.3. El lector y la sociedad

Para Lanson la experiencia personal de lectura estaba en el principio de cualquier trabajo del historiador. En distintos pasajes insiste en que se debe empezar por ella, y es significativo que se opusiera a la enseñanza de la historia literaria en el bachillerato, pues consideraba que con la historia se obligaba a los estudiantes a hablar de obras literarias sin haberlas leído. La literatura, escribía al frente de su manual, significa deleite, placer y no es objeto de ninguna ciencia: "On ne le sait pas, on ne l'apprend pas: on la pratique, on la cultive, on l'aime".

Sin embargo, una cosa es el gusto que nos proporciona la lectura, una cosa es *sentir* y otra distinta *saber* o *conocer*. Lanson reconocía que siempre existiría en los estudios literarios una parte legítima de impresionismo. Pero su objetivo era reducir las desviaciones subjetivas investigando las intenciones del autor en la obra y examinando las impresiones del mayor número posible de lectores, según decía en 1910.[86] De esta actividad que requiere el conocimiento personal (esto es, el gusto, el disfrute o el *plaisir* del texto) y la necesidad de limitar lo subjetivo cuando el historiador se pone a la tarea, surge, para Delfau y Roche, una cierta contradicción, una duplicidad inherente a todo acto de crítica, pero de este conflicto nace, precisamente, la originalidad de su historia de la literatura, que surge abierta a todos los debates intelectuales de su época. Y es en este marco donde conviene situar su proyecto para entenderlo cabalmente. Hay dos elementos, dos rasgos que definen el nacimiento, el signo de la historia de la literatura tal y como la concibió. Uno es la importancia que otorga al contexto sociopolítico (ya lo señalaba Plekhanov) para explicar la evolución de la disciplina. Otro rasgo es la apertura intelectual de su empresa, que se enmarca en su relación con otras ciencias humanas, en particular la sociología, en el amplio debate suscitado a principios de siglo.[87]

---

[86] "La crítica impresionista es inatacable y legítima cuando se mantiene en los límites de su definición. El problema es que nunca se mantiene. El hombre que describe lo que sucede en su interior cuando lee un libro, sin afirmar nada más que sus reacciones interiores, suministra a la historia literaria un testimonio precioso de los que nunca tendremos suficientes. Pero pocas veces se abstiene un crítico de deslizar entre sus impresiones juicios históricos". "El efecto natural y normal de las obras literarias es producir intensos cambios subjetivos en el lector. Nuestro método debe, pues, estar preparado de manera que rectifique el conocimiento y lo depure de elementos subjetivos." En "La méthode...", *Essais*, 1965, p. 31-32 [1910].

[87] "Lanson se situó enseguida entre aquellos que buscaban la síntesis mediante la superación de posiciones antagonistas entre una historia paralizada en su triunfalismo positivista y una joven sociología que tendía a negar la diacronía." (Delfau y Roche: 1977, 128).

A principios del siglo XX la sociología no había elaborado sólidos principios y fue Durkheim quien ayudó de manera decisiva a construir sus fundamentos. En 1898 fundó *L'Année Sociologique*. En 1900 Henri Berr comenzó a editar la *Révue de synthèse historique*, en cuyo primer número publicó Lanson su programa de historia literaria. Lanson participó de manera activa en las discusiones que acompañaron el nacimiento de nuevas disciplinas humanísticas, y es en este contexto donde deben entenderse sus reflexiones sobre la aplicación de métodos científicos para su proyecto historiográfico. Uno de los modelos de historia de la literatura, quizá el que más difusión ha tenido, nace en el seno de intensas disputas intelectuales en las que colaboraron historiadores y sociólogos. La sociología de Durkheim le ayudó a formular hipótesis para estudiar la relación entre literatura y sociedad. Lanson pronunció una conferencia sobre la historia literaria y la sociología en la Escuela de Altos Estudios Sociales de la Sorbona (enero de 1904) por invitación del propio Durkheim, y fue en ese foro donde se decantó a favor de la colaboración con la incipiente sociología. Lanson entendía que la obra literaria era un acto individual con una clara dimensión social, pues en aquel cristalizaban las tendencias colectivas, lo que abría la puerta al estudio de la relación entre el autor y la sociedad. Introdujo además al público como un factor social de primer orden, pues para él no era solamente el lado pasivo de la historia de la literatura. En su *Programme d'études* de la historia literaria de Francia aconsejaba realizar estudios sobre la difusión de los libros, incluyendo también los menos importantes pero representativos de una época. Lanson escribió páginas extraordinarias sobre la difusión y recepción de los libros que hablan de un estudioso que va mucho más allá del simple buscador de fuentes (siendo esta una tarea siempre necesaria). Ante el público de sociólogos que escuchaba su conferencia ("L'histoire et la sociologie"), Lanson llegó a decir que tendía a ver en el escritor "un produit social et une expression social".

Se planteaba entonces aclarar de qué clase eran los vínculos establecidos entre el grupo social y el escritor. Lanson señaló ya en su momento que la obra literaria no era un simple intermediario entre el autor y el público, porque la obra contenía en sí misma al público. Apoyándose en las conquistas de la sociología, dio un contenido dinámico a la relación entre el escritor y el medio social y lamentó que se dedicaran monografías únicamente a los autores eminentes –los pocos que nos puede ofrecer un siglo–, pues esta clase de trabajos se ocupaba de un dominio muy limitado, ya que no tenía en cuenta a los lectores:

"Para conocer la literatura creemos que se hace bastante con estudiar a los autores que escriben; pero existen también los que leen. Los libros existen para los lectores. Se conoce bastante bien la corte, las callejuelas o los salones, esas dos o tres mil personas que, según Voltaire, formaban en París la sociedad distinguida de su tiempo. Pero estos dos o tres mil entendidos no son 'la Francia entera' (…) ¿Quién leía? ¿Qué leían? Son dos preguntas esenciales. Por las respuestas que se nos dé, situaremos de nuevo la literatura en la vida." [1903] (1965, 83)

Mientras que el autor era un solo individuo, el lector, el público, era un ser colectivo que estaba, además, presente en la representación mental que se hace el escritor de sus futuros lectores. Como muy bien señala Fayole (1990), no estamos lejos de la noción de horizonte de expectativas que hoy resulta familiar gracias a la estética de la recepción.

Su proyecto se apoyaba, en definitiva, sobre dos pilares: insertar las obras en el medio histórico en el que habían nacido y examinar cómo habían sido interpretadas por públicos de sociedades y épocas diferentes. El proyecto era de una ambición extraordinaria, pues, como dice Jöckel, la relación entre autores, obras, público y sociedad de épocas diferentes recibía un nuevo sesgo al referirse a la idea de las representaciones colectivas inspirada en Durkheim. Con ello, Lanson superaba la simple referencia a la presencia de hechos históricos que se citaban en las obras literarias.

Toda esta vasta actividad que nace del estudio minucioso del texto y termina en el público iba a permitir escribir finalmente una verdadera historia del hecho literario y proponer unas leyes o hechos generales.[88] Estas leyes, que cubren un conjunto de proposiciones programáticas muy amplias y diversas, debían dar una idea de la naturaleza de las generalizaciones que podrían intentarse en el campo de la historia de la literatura. Para Mainer (1988), si eliminamos la carga, tan positivista, del término "ley", estaremos ante un excelente punto de partida para abordar la maraña de problemas con que ha de abordarse la dualidad "literatura-sociedad". Fayole, por su parte, recordaba que Lanson no llegó a desarrollar la aplicación sistemática de sus 'leyes' y se lamentaba de que no hubieran sido debatidas a fondo. Por lo demás, tiene razón Mainer al recordar que buena parte de las hipótesis formuladas por Lanson las encontraremos en los intentos más recientes de reconstruir la historia de la literatura tras las impugnaciones de que ha sido objeto. Frente a la mera serie de monografías de autores, a la yuxtaposición de nombres y títulos que no dan cuenta de las muchas relaciones que establece una obra con el pasado, el presente y el futuro, Lanson proponía:

"Escribir al lado de esa 'Historia de la literatura francesa', es decir, de la producción literaria, de la que tenemos numerosos ejemplos, una 'Historia literaria de Francia', que

---

[88] "Estas leyes no son para mí más que conjeturas apoyadas en una observación limitada (...) Pueden servir para considerar los hechos, facilitar puntos de vista para interrogarlos desde más cerca (...), pueden también dar una idea de la naturaleza de las generalizaciones que es útil intentar en el campo de la historia literaria. Toda metafísica, toda explicación universal (...) deben dejarse de lado: las leyes inscritas en los hechos son las únicas que se debe intentar constituir." (1965, 80) ("L'Histoire littéraire et la sociologie" en *Révue de Métaphysique et de Morale* (1904), XII)

nos falta y que es casi imposible intentarla hoy: entiendo por ella no un catálogo descriptivo o una recopilación de monografías (…) sino el cuadro de la vida literaria en el país, la historia de la cultura y de la actividad de la masa oscura que leía, tanto como de los individuos ilustres que escribían." (Lanson: 1965, 86/87) [1903]

2.6.4. Balance de Lanson (a pesar de y gracias a sus críticos)

Tras la muerte de un estudioso de la talla de Lanson, de Croce o Menéndez Pidal, la fortuna de su obra es parecida: a las necrológicas de circunstancias les siguen a los pocos años –cuando una nueva generación propone otros problemas y otra forma de entender los antiguos– críticas más o menos virulentas, y a veces, el estudioso en cuestión pasa a convertirse en el responsable de los males que asolan los planes de estudio y la investigación. Se suele despertar alguna polémica entre los defensores de la vieja manera de entender las cosas y los partidarios de nuevos planteamientos. Cuando pasa la tormenta, se asienta el legado del maestro y se le convierte en fruto de la historia. El argumento viene a ser: "Situemos la obra de Z en el momento histórico en que vivió y veamos las soluciones que propuso en su momento". No falta algún nostálgico que propone "redescubrir" o "volver a leer a Z", pues entre sus planteamientos hay algunos de interés, pero la nueva generación se encarga de que esa vuelta no sea posible.

En cualquier caso, y puesto ya en su lugar, debemos reconocer que para lo bueno y para lo malo, la influencia de Lanson en la investigación y organización de los estudios literarios ha sido enorme, y ha llegado a oscurecer en Francia otras orientaciones, como la de Pierre Audiat en su *Biographie de l'oeuvre littéraire* (1924). Lanson llenó una época. Fayole señala que es uno de los pocos casos de nombre propio que ha creado derivados (lansonismo), y en el *Robert* se recoge *lansonien* como: "attesté au milieu du XX siècle et formé du nom du critique Lanson". Cabe decir, sin embargo, que no han sido solamente las ricas ideas del maestro francés las que han dirigido los estudios literarios, sino también la exposición, cuando no la simplificación de su pensamiento perpetrada por algunos discípulos poco avezados. En el momento en el que la investigación sobre las influencias se valora más que la aproximación global, que caracteriza las mejores páginas de su libro sobre Voltaire, y cuando se relajan los vínculos con la dimensión histórica y sociológica (por más problemas que tenga su armonización), y la erudición se convierte en el camino exclusivo hacia la obra, se llega a la deformación de su pensamiento y se alcanzan cotas tan bajas como los estudios de algunos de sus alumnos. Gustave Ruder expuso en *Techniques de la critique et de l'histoire littéraire* (Oxford, 1923) aquellos elementos que debían primarse en la investigación: la bibliografía, la búsqueda y comprobación de hechos contrastables, la atribución segura de obras, el estudio de fuentes... con lo que reducía el proyecto a unas cuantas normas, casi a una caricatura.

Hay, quizá, algunas contradicciones que impidieron al gran maestro escribir la sociología histórica de los hechos literarios tal y como deseaba. Una idea decimonónica de la historia (Lanson recomendaba a los estudiantes la *Introduction aux Études historiques* de Langlois y Seignobos) que no disponía de herramientas conceptuales afinadas, no podía ayudar a entender de una manera dinámica los cambios literarios. Por otro lado, en la obra del maestro no acaba de perfilarse la relación entre el irrenunciable gusto personal, comienzo de cualquier ponderación de la literatura, con el estudio erudito de los textos. ¿Cómo armonizar ambos? Es posible que en estos dos aspectos estén en germen algunas dificultades que impidieron a Lanson culminar su proyecto (Jöckel: 1986, 256).[89]

Sea por las contradicciones internas de la vasta tarea que diseñó, sea por la grave simplificación a la que lo sometieron algunos discípulos, el proyecto de Lanson no se llevó a cabo. Es sintomático que, partiendo precisamente de Durkheim y de Berr, los jóvenes historiadores Bloch y Febvre pretendieran renovar la historia con un nuevo proyecto del que es muestra la revista *Annales d'histoire économique et sociale*. Los dos maestros lamentaban el aislamiento de la historia de la literatura y constataban la regresión que había sufrido la disciplina desde Lanson a Daniel Mornet. Este último, discípulo de Lanson, había escrito una historia de la literatura (*Histoire de la littérature classique: 1600 - 1700. Ses caractères véritables et ses aspects inconnus*), de la que rindió cuentas Febvre en un durísimo artículo en el que mostraba cómo la historia de la literatura se había empobrecido como disciplina y no había llegado a desarrollar el modelo de Lanson.[90]

Como toda obra humana, la propuesta de Lanson tiene luces y sombras. Propuso algunos proyectos de enorme ambición, desarrolló alguno y fracasó en otros. No me parece correcta la apreciación de Percy Mansell Jones, que consideraba a Lanson responsable directo de una serie interminable de "eunucos literarios" (citado por Fayole: 1972), como tampoco me parece que Curtius sea el responsable de que una legión de estudiosos dedicara su vida a la búsqueda de *topoi*, ni que Dámaso

---

[89] Para Eva Kushner, Lanson hizo depender en exceso la historia literaria de los hechos observables y controlables: "Estos tendrían que haber servido de apoyo a la descripción, al análisis y a la interpretación literaria sin sustituirlos; el deslizamiento hacia esa sustitución es lo que dio lugar al lansonismo" (Kushner: 1993, 132).

[90] "Una historia histórica de la literatura, quiere o querría decir, la historia de una literatura en una época determinada y sus relaciones con la vida social de esa época (…) Para escribirla haría falta reconstruir el medio, preguntarse quién escribía y por qué razón; quién leía y por qué; haría falta saber qué formación académica o en otra parte habían recibido los escritores e igualmente, que formación habrían recibido sus lectores (…) Sería necesario saber qué éxito obtuvieron éstos y aquéllos, y cuán extenso y profundo fue; habría que relacionar los cambios de costumbre, de gusto y del interés de los escritores por las vicisitudes de la política, junto con las transformaciones de la mentalidad religiosa, con la evolución de la vida social, junto con los cambios de la moda artística, etc." (Febvre, L. (1941): "Littérature et vie sociale. De Lanson à Daniel Mornet: un renoncement?", *Annales d'Histoire sociale*, III. Reproducido en *Combats pour l'Histoire,* pp. 263-68).

Alonso deba responder de esa masa de trabajos cuyos autores explican a los poetas según el estado de ánimo con que amanecen. Más culpable de que no se desarrollase el proyecto me parece una actitud académica, universitaria por más señas, que tiende al estereotipo y a la falta de pensamiento crítico. Delfau y Roche lo señalaban como causantes del empobrecimiento: "Los azares de la historia y las carencias de la universidad francesa lo han reducido a su caricatura", y se preguntaban, "¿Cómo es posible que medio siglo de crítica universitaria lo haya empobrecido hasta ese punto?" (1977, 138 y 155).

2.7. La historia tradicional de la literatura

Si hay una disciplina de los estudios literarios que ha sido asociada al concepto de crisis, esa es sin duda la historia de la literatura. Los fundamentos que la sustentaban han sido criticados desde todos los puntos de vista, y cada una de las parcelas que sostenían su discurso –los conceptos de autor, de período literario, las taxonomías y jerarquizaciones, etc.– o ha desaparecido o se ha desarrollado al margen de la antigua síntesis, y si han vuelto a unirse, ha sido bajo un signo distinto. Algunos pensadores –tiempo habrá de recordarlo– han situado el venerable y antaño indiscutido valor objetivo de la historia en el mismo nivel de la ficción. El asunto trasciende la mera crítica, porque la historia de la literatura es una disciplina que ha canalizado durante décadas la investigación y la enseñanza, y ocupado su espacio completo, por lo que no es extraño que el cuestionamiento de los viejos saberes se haya concentrado de manera especial en ella.

Estamos ante una disciplina que ha sido capital en la formación de miles de estudiantes, profesores e investigadores y son incontables los trabajos de investigación que se han escrito pensando en su incorporación posterior al río de la historia. La enseñanza de la literatura se ha entendido durante décadas en términos de la historia de la literatura, pero la influencia ha ido más allá, porque la orientación historiográfica afecta a los contornos del *corpus* analizado por ella. Cada historiador parte de "su propia antología de 'fragmentos escogidos' (y emblemáticos) que alimentan su discurso" (Kushner: 1993, 138-39).

En efecto, la historia de la literatura ha sido un marco de referencia que ha repercutido en la mayor parte de las orientaciones de nuestros estudios. Muchas nociones parten del campo de la historia y repercuten en otras áreas. El concepto de clasicismo, por ejemplo, ha sido considerado como una culminación suprema de todo lo que le precedió y se ha convertido en fuente de modelos para lo que vino después:

"La norma clásica no se propone únicamente al historiador de las letras en el sentido estricto, sino también al lingüista y al estilista; separa del canon literario una masa de escritos que más tarde se convertirán en campo de historiadores y sociólogos con la rúbrica de literatura de divulgación o literatura popular; sanciona la regla en nombre de un absoluto inmanente a la época que se estudia." (Kushner: 1993, 127)

La pérdida del sentido de la historia como principio organizador del saber literario ha sido continua. Como es bien sabido, desde principios de siglo el hecho literario comienza a "liberarse" de la historia. Han continuado publicándose historias de acuerdo con antiguos principios, pero en la mayoría de los casos, no todos, se debe a intereses académico-editoriales (o directamente comerciales), más que a proyectos que respondan a sólidos y renovados conceptos. De esto hablaremos más adelante.

2.7.1. La nación, la tradición y el autor

Hoy se sigue afirmando que la historia de la literatura, tal y como se ha venido componiendo, nace en el siglo XIX condicionada por unos intereses históricos muy concretos. Hay que remontarse a las concepciones de Herder, de Schlegel, de Winckelmann (*Geschichte der Kunst im Altertum*, 1765), a la noción capital de la dialéctica hegeliana, que sustituyó el principio de continuidad y que ofrecía argumentos para entender los períodos históricos como momentos que presentaban un desarrollo peculiar y, desde luego, a la obra inmensa de Taine, que entendía la literatura como un devenir que dependía de la sociedad en la que surgía. Sin embargo, deberíamos investigar más a fondo la obra y el pensamiento de los ilustrados, muy en particular en el caso de la literatura española. Hay muchos datos que demuestran el interés de importantes intelectuales del siglo XVIII por conocer y restaurar, por ejemplo, el legado literario medieval. La recuperación y edición de obras medievales por parte de Mayans, Velázquez, Sarmiento, Sánchez o la periodización que fijó Luzán en su *Poética*, están en los orígenes de muchas investigaciones contemporáneas.

Mientras se asientan nuevos saberes, muchos siguen considerando que la historia de la literatura es hija de las ideas del romanticismo y del vasto movimiento político y social que supone el nacionalismo. Es fácil demostrar que, desde sus orígenes, la historia de la literatura se ha convertido en correlato de la historia política de una comunidad nacional.[91] Las literaturas nacionales se inventaron (según países y orientaciones) en el curso de los siglos XVIII y XIX, y su intención primera fue interpretar los discursos que entonces se consideraban literarios, y articularlos a la luz de las nociones que surgen con el Estado moderno. La literatura tal y

---

[91] Siempre ha estado muy vinculada a la enseñanza. Barthes ha llegado a escribir que la historia de la literatura es un objeto escolar que existe porque se enseña: "Los franceses hemos estado siempre acostumbrados a asimilar la literatura a la historia de la literatura. La historia de la literatura es un objeto esencialmente escolar, que no existe más que porque se enseña" (Barthes: 1971, 170).

como hoy la entendemos, como un *corpus* que puede ser historiado, se concebía de otra manera.

La institucionalización de su historia como disciplina académica no buscó solamente abordar el estudio de un patrimonio cultural sino cooperar a la constitución de una determinada forma de estructura política y social. Para Jenaro Taléns, la historia de la literatura no se instituyó para recuperar un pasado sino para ayudar a constituir y justificar un presente (Taléns: 1989). El despertar de las nacionalidades en la era moderna ha ido acompañado en Occidente de la composición de historias de la literatura y su *corpus* está vinculado al fortalecimiento de una conciencia nacional, de una unidad lingüística o bien para apuntalar alguna doctrina. La nación se convierte en una unidad superior que anula diferencias y busca homogeneidad y coherencia aunque a veces no la haya. Aun cuando las situaciones en las que una literatura coincida con una lengua y un área política sean menos frecuentes de lo que parece (en el caso europeo desde luego), la construcción del discurso histórico nacional se ha impuesto en todas las áreas. No es extraño que la moderna literatura comparada haya intentado el reagrupamiento de las literaturas de acuerdo con otros criterios.

En las primeras obras de historia de la literatura escritas a partir de estos presupuestos, predominaba la concepción de que la literatura era expresión de la sociedad que debe estudiarse, tal y como quería Madame de Staël, en relación con las instituciones sociales. Se buscaba, además, una historia educativa y cívica, "moraliste et nationaliste", como dice Rohou (1996, 8), y esta concepción estuvo vigente hasta la Segunda Guerra Mundial, cuando se arruinó todo lo que se entendía por moral y por patria. No debe olvidarse, sin embargo, que durante todos esos años de formación, la historia de la literatura tuvo mucho de empresa en favor de lo que sus autores consideraban tolerancia y unión nacional. Todavía en 1910 escribía Lanson que su ideal era presentar, construir un Bossuet o un Voltaire que ni un católico ni un anticlerical pudieran impugnar. Por lo demás, la historia de la literatura se construyó sobre todo a partir de dos principios. Uno es la importancia de la tradición, que se instituyó como modelo, y tendió a crear y consagrar grandes hitos (el clasicismo en Francia o el Siglo de Oro en la literatura española) que servían para articular y organizar los diferentes períodos. Otro principio es el de la jerarquía del autor, el propietario del sentido de los textos, el sujeto por excelencia.

En las primeras décadas del siglo XIX la historia de la literatura comenzó a articularse en ambiciosos proyectos que se alimentaron de un triunfante espíritu científico. Una de las formulaciones más notables de estos intereses es una obra de Renan, cuyo título, *L´avenir de la science* (1848-49), expresa bien a las claras el nuevo credo científico y social. Tampoco Taine se quedó corto al escribir nada menos que una *Histoire naturelle des esprits*. Entre finales del siglo XIX y principios del XX el número de historias de la literatura aumentó notablemente. Aparecieron obras importantísimas como las de Menéndez Pelayo (que ha servido de guía a muchos historiadores de la literatura, por más que él no escribiera exactamente una historia de la literatura, aunque algunos de sus textos pueden asimilarse a esta disciplina), Brunetière, Lanson, De Sanctis, que han servido de inspiración, cuando no de manuales, hasta bien entrado el siglo XX. En 1894 apareció la *Revue d'histoire littéraire de la France* (de cuyos primeros doscientos suscriptores formó parte Lanson), fruto del nacionalismo (frente a Alemania y su todopoderosa ciencia), del positivismo y del espíritu científico, y fruto también del desarrollo de las enseñanzas universitaria y secundaria.

En estos años se produjeron profundas reformas en el sistema educativo. Frente a una educación inspirada en el arte de la retórica, que no era ya una disciplina que enseñara a pensar, sino como decía Lanson con gracia, un arte de hablar bien sin pensar, se impuso una orientación que proponía la adquisición de conocimientos verificables, apoyados en datos. Como ya he dicho, aunque Lanson no era partidario de exigir la historia de la literatura en los estudios de secundaria (pues siempre consideró la necesidad inexcusable de conocer y disfrutar de los textos como primera providencia), sí que impulsó de manera definitiva la construcción de un sólido método para la historia en el campo de la investigación, y fue el responsable de un modelo que, si bien tergiversado y no desarrollado tal y como él lo concibió, ha servido de guía a la investigación durante décadas.

2.7.2. Algunas críticas a la historia de la literatura

La historia del debate sobre la historia de la literatura, sobre los problemas que plantea su construcción y el sentido político de su creación e institucionalización académica es compleja, pues se desarrolla en muchos países y se ha convertido en una constante en el campo de la historiografía. Wellek ha afirmado que podría escribirse un libro dedicado a cada uno de los países europeos para explicar la peculiaridad de su historia nacional. He recordado el de Lanson porque es uno de los modelos de historia literaria más representativos e influyentes, pero podría haber escrito sobre la obra de De Sanctis (a decir de Wellek, la más bella historia de la literatura jamás escrita) o la monumental e inclasificable obra de Menéndez Pelayo, que no es una historia de la literatura pero sin la que no se hubiese podido escribir ninguna de las historias de la literatura española.[92]

Cierta interpretación de la filosofía romántica, las exigencias ideológicas de los nacionalismos y la confianza en los logros del positivismo impulsaron la creación de un discurso al que se llama por pura inercia "Historia tradicional de la literatu-

---

[92] Todavía sigo leyendo elogios a la historia de de Sanctis a la que se le "perdona" que sea narrativa: "es asombroso cuán amena, pero al mismo tiempo bien documentada e inteligente, puede ser a veces la historia literaria narrativa. Uno de sus grandes ejemplos decimonónicos lo fue especialmente: la *Historia de la literatura italiana* de Francesco de Sanctis" (Perkins: 1992, 29).

ra". Su modelo se ha construido a partir de nociones (muchas provienen de la retórica) y de un metalenguaje que no siempre ha sido capaz de dar cuenta de las razones del cambio literario y de sus mecanismos, así como de la diferente valoración y recepción de las obras. El trabajo del llamado historiador tradicional de la literatura comprende varias tareas. Ante todo, debe ser un buen lector que sepa identificar y autentificar las obras que la historia le ofrece (esta obra pertenece a tal autor o no, la atribución es discutible o es un texto decididamente anónimo, etc.); debe juzgar si reflexiona sobre una obra debidamente depurada por la crítica textual, es decir, sin añadidos ni enmiendas que dañen el mensaje primordial; debe determinar las fuentes y señalar en qué medida influyeron al autor, fechar con la mayor exactitud posible las obras de que se ocupa, situarlas en el marco de un género y de un movimiento, tendencia o escuela, compararlas con la producción contemporánea o anterior para valorar su originalidad, y relacionar el contenido de los textos con los accidentes de la biografía. Todo este trabajo le permite situar la obra en la historia.

La cohesión, la fuerza gravitacional –*id est* la historia y la filología que daban coherencia a todos estos elementos– se han perdido y cada una de las categorías que he citado, o ha desaparecido y se ha transformado de modo que no es reconocible o no puede formar parte de una empresa como aquella. Se ha discutido la noción de literatura y se ha agrandado, hasta límites insospechados, el concepto de texto. Hoy no entendemos las fuentes como una simple referencia o motivo de inspiración. El autor ha muerto y resucitado varias veces y, si es algo, ya no es un simple ente biográfico. La teoría del género literario se ha ampliado y debatido profundamente y el concepto mismo de historia permanece bajo sospecha. En todos los terrenos de las humanidades, desde la creación literaria hasta la filosofía (sin olvidar movimientos políticos y sociales como el marxismo), pasando por la teoría de la literatura, se ha criticado el modelo de la historia al que me he venido refiriendo y se han ido haciendo propuestas en favor de otro nuevo. Hay que reconocer, sin embargo, que el rechazo a la historia de la literatura ha venido aparejado siempre por el reconocimiento de que más tarde o más temprano, y debidamente reformulada, es necesaria.[93]

Delfau y Roche (1977) han estudiado cómo las relaciones entre historia y literatura se han ido estrechando o distanciando. El siglo XX ha nacido bajo el signo de Clío y las teorías que más radicalmente han rechazado la historia han reconocido la necesidad de acercarse a cierta diacronía, porque incluso el análisis inmanente de las formas exige hablar de cambio. La preocupación por precisar la relación entre historia y literatura, por explicar las transformaciones en el sistema literario, siempre acaba presentándose. Pero es una verdad palmaria que la vieja historia de la

---

[93] "La historia literaria, incluso considerándola a la máxima distancia de los lugares comunes del historicismo positivista, es todavía la historia de un entendimiento cuya posibilidad no se cuestiona." (Man, P. de: 1986, 7)

literatura ha perdido su lugar en los estudios literarios y que ni la metodología ni los objetivos que se trazaba pueden hoy ser mantenidos fácilmente.

Cuando Wellek y Warren (1948) recogieron las dificultades que planteaba la composición de la historia de la literatura, estaban reconociendo las ideas de estudiosos que manifestaban, desde hacía mucho, sus críticas a una manera de componer la historia. Frente a las antiguas disquisiciones acerca de las condiciones históricas o sociales que producen una obra literaria, en otros ámbitos había comenzado a reflexionarse acerca de qué es lo que convierte un texto en literario o, en otras palabras, qué procedimientos textuales convierten una obra en literatura.

En la mayoría de las tendencias de crítica literaria de principios de siglo se aprecia un marcado rechazo a la biografía del escritor como guía para explicar las obras, así como la insatisfacción ante la continua apelación a la historia o la filosofía –es decir, a los referentes externos de las obras literarias– para explicarlas. Los formalistas rusos renegaron de las escuelas simbolistas de su país, propusieron liberar a la palabra poética de las tendencias filosóficas y religiosas preponderantes y no aceptaron la obra de los historiadores tradicionales que operaban con estos presupuestos. En "De l'évolution littéraire" (1927), Tinianov denunció la falta de autonomía de la historia de la literatura, que para él era un territorio colonizado por otras disciplinas y dominado en Occidente por un psicologismo individualista que sustituía los problemas literarios por vaguedades sobre la psicología del autor o su biografía. Jakobson describió la historia literaria tradicional como "un conglomerado inconexo de disciplinas domésticas" y comparó sus métodos a los del policía que "al ordenar el arresto de una persona, se llevase también, para mayor seguridad, a todos y todo lo que encontrara en el piso del inculpado, así como a los transeúntes con los que tropezara en la calle" (Erlich: 1974, 100). Frente a todas estas carencias y excesos, proponía que, a fin de que el estudio de la literatura se convirtiera en una ciencia, definiese ante todo su objeto, la *literariedad*.

Como es bien sabido, los estudios literarios se habían regido durante siglos por las viejas *artes* de carácter normativo que permitían crear nuevas obras y juzgar las ya existentes. Estas directrices se sustituyeron por teorías lingüísticas descriptivas, muy precisas y apartadas de cualquier impresionismo o intuición:

> "Se trata de una ruptura radical con los procedimientos de los estudios literarios tradicionales. Las nuevas teorías no quieren ejercer más una función crítica o programática, sino fundar una ciencia de la literatura, una ciencia teórica y empírica que obedece a las leyes de la epistemología lógico-analítica." (Göttner: 1981, 25)

Sin embargo, ya en 1928 Jakobson y Tinianov invocaron la necesidad de establecer las necesarias relaciones entre 'series' analíticas (centradas en el descubrimiento de la 'literariedad') y las series de la diacronía cultural. Se trataba de destacar la relación dinámica de los fenómenos literarios, con lo que se dejaba la puerta abierta a indagar anomalías y mutaciones, es decir, cambios de los sistemas expresivos. Sklovski llegó a escribir que la forma nueva no aparece para expresar un contenido nuevo, sino para reemplazar a la forma anterior que ha perdido su carácter estético. Tanto los formalistas rusos como los estructuralistas franceses hubieron de encontrarse fatalmente con la historia, pero a través de nuevos conceptos. Los elementos que componen la obra literaria constituyen, para algunos formalistas, un sistema. A partir de esta noción creyeron posible construir una ciencia literaria que ordenara de una nueva manera la diacronía y permitiera acceder a otras series y abordar así la historia general de la literatura y del arte. Tinianov hablaba de dos funciones dentro del sistema, una que permite la relación con otros elementos del mismo sistema, y otra que hace posible la correlación con elementos de otras series.

Junto a las ideas de los formalistas, deben recordarse las expresadas por algunos críticos e historiadores en el Congreso sobre "Los métodos de la historia literaria", que se desarrolló en Budapest en 1931 y que, como dice Óscar Tacca, se convirtió en un proceso a la historia de la literatura. En este foro se planteó la necesidad de que creara su propia área de competencia y que no dependiese de la Historia general. El conflicto entre ambas había llamado ya la atención de Croce, para quien la disgregación de las distintas historias, la falta de definición de sus límites y la imprecisa relación con la historia general, las había llevado si no a competir con ella, al menos a sustituirla en parte.[94]

Se planteó igualmente el conflicto entre las competencias de la historia literaria y de la crítica. La crítica pretendía estudiar la obra en sí y destacar su carácter estético, al margen de su creador y del momento en que nacía, y esta ambición no era contemplada por los científicos procedimientos universitarios. La separación entre la investigación histórica (llamada 'tradicional' o 'universitaria') y la crítica literaria ('libre' o 'interpretativa', como quería Barthes) se hizo insalvable. Los argumentos de uno y otro campo se fueron radicalizando y los planteamientos se separaron cada vez más. Como dice Calvo Sanz:

> "En el tránsito de los cincuenta a los sesenta (...), la escisión entre investigación histórica, que hemos venido calificando de 'tradicional' o 'universitaria' y el análisis que considera el hecho literario en sí mismo, al margen (o por encima) de la historia, es decir, lo que hemos venido denominando 'crítica literaria', puede considerarse como un hecho consumado." (Calvo Sanz: 1993, 31)

Esta separación entre disciplinas abrió de manera insospechada los enfoques y análisis de las obras literarias, pero a la larga, si la antigua indefinición de fronteras entre crítica e historia no era saludable, la separación radical entre la historia y la

---

[94] En su *Teoria e storia* ("Analogía y anomalía de las historias especiales") de 1917.

crítica no respondió a todas las preguntas ni resolvió los problemas.[95] La separación y proclamación de incompatibilidad entre los dos grandes enfoques y el consecuente empobrecimiento de ambos no ha sido la única consecuencia. La historia tradicional siguió cediendo terreno en todos los campos del saber y en todas las instituciones, desde la metodología a los planes de estudio, desde los departamentos universitarios a la enseñanza secundaria.

2.7.3. La invención de la trama: los hechos y su relación

Antes de centrarme en las críticas que ha sufrido la todopoderosa Historia (Historia con mayúscula), el vasto tejido en el que cada figura recibe su espacio, recordaré brevemente algunas cuestiones que afectan a la construcción de las obras de carácter histórico.

A lo largo de estas páginas he mencionado el término *hechos*, la unidad más pequeña, en la que se apoyan teorías y concepciones. Es evidente que no todos ellos pueden recordarse y que el historiador debe escoger entre ellos. Los hechos no se ofrecen ni son dados de manera espontánea. Su selección e incorporación al tejido de la historia no es inocente. La única historia de la literatura completa sería la totalidad del pasado, pero el pasado no es una historia, porque no tiene el carácter interpretativo ni explicativo, que es esencial en un discurso de sus características. Las historias de la literatura son, como no podía ser menos, selecciones de hechos, representaciones hipotéticas, estados provisionales de un diálogo con el pasado. Como dice Perkins, son construcciones heurísticas que nos ayudan a ver claras algunas cosas a la vez que oscurecen otras (1992, 14).

Popper indicó que un saber observacional, puro, sin teoría, si es que fuera posible, sería estéril y sin interés, y Piaget ha recalcado que no hay conocimiento que resulte de un simple registro de datos, sin una estructuración que provenga de la actividad del sujeto. El sistema de valores o la teoría que preside la elección de hechos reposa en la tradición cultural, en un consenso casi general de críticos, profesores y del público. Este acuerdo se expresa en varios espacios: desde los planes de estudio de las universidades, hasta los manuales de secundaria. La constelación de autores, géneros, reyes, lectores, revoluciones, etc., permite la construcción de un relato que las colectividades y sus dirigentes entienden como relevante para explicar las características de una región, un país, un continente o una cultura, y se convierte en expresión de unos valores nacionales.

Permítaseme recordar, simplemente, y al hilo de lo que vengo señalando, que cuando el sistema de valores cambia, los hechos seleccionados pueden sufrir modi-

---

[95] Lo ha recordado Claudio Guillén: "No podemos vaciar la crítica literaria de todo contenido histórico, separando la noción de 'literatura' de la noción de 'Historia' y suspirar luego por la rectificación de tan grave divorcio" (Guillén: 1985, 363).

ficaciones: se suprimen algunos nombres y se añaden otros. Después del surrealismo y de Bréton, se lee más a Sade y a Lautréamont y no se valora igual a Rimbaud, y son sorprendentes, por ejemplo, las valoraciones de *Fuenteovejuna* que se hicieron a partir del año 1917.[96]

Cabe, pues, plantearse qué es un hecho, qué es lo que constituye un suceso para ser incluido en el tejido de una narración. Si la historia significa conocimiento cierto de unos hechos, ¿cuáles seleccionamos y con qué objetivo? ¿qué fundamenta la selección, qué idea subyace bajo el relato? Las respuestas son variadas: la historia ayuda a comprender el presente, ayuda a recordar hechos que han sido esenciales para ser lo que somos ahora, la historia es enseñanza, tesoro del saber, etc. La selección y posterior organización de unos hechos permite la construcción de un relato comprensible y creíble, y afecta de manera capital a la explicación de aquello que busque el historiador.

Los manuales no presentan simples inventarios de hechos, sino que aparecen vinculados mediante valores estéticos e ideológicos, que los ordenan clasificándolos en el interior de conjuntos históricos (el Siglo de las Luces, el renacimiento del siglo XII, la literatura entre las dos guerras) y atribuyéndoles ciertas propiedades (ser precursor, ser culminación de algo). Kibédi Varga ha propuesto clasificarlos en tres categorías según su nivel de abstracción semántica. Uno es el *concepto herramienta* (generación, corriente, escuela, *pre-*, *post-*, precursor, discípulo, posteridad, etc.), el *concepto período* (renacimiento, barroco, ilustración, romanticismo, etc.) y *conceptos ideas*, que no son principios históricos ni literarios, sino ideas que sirven para relacionar, como aquellas que se aplican al siglo XIX ("mal de siglo", "satanismo"), al siglo XVIII ("libre pensamiento") o al XVII ("jansenismo"). Para Kibédi Varga, "estas tres categorías han permitido constituir las operaciones temporales de la historia literaria tradicional" (1981, 235).

Algunas de las categorías que he mencionado antes han sido puestas en entredicho, como, por ejemplo, la de período. Es indudable que el trabajo del llamado historiador tradicional no consiste en restituir el río, la corriente de la historia, sino en reconstruirla en algo inteligible.[97] La periodización permite reducir el flujo de la

---

[96] Los manuales no siempre seleccionan los mismos hechos. Unos escogen como fechas emblemáticas la publicación de obras importantes (1499: *La Celestina*, 1605: *El Quijote*, 1922: *Ulysses*, etc.); otros eligen fechas cargadas de significado político y social (1868: *Revolución liberal en España*, 1939-1945: Segunda Guerra Mundial, etc.). Unos historian el fenómeno de la subliteratura y eligen fechas diferentes a las historias de la *literatura mayor*, etc.

[97] E. H. Carr ha destacado que el historiador trabaja siempre a partir de hipótesis: "La división de la historia en períodos no es un hecho, sino una necesaria hipótesis o herramienta mental, válida en la medida en que nos ilumina, y que depende, en lo que hace a su validez misma, de la interpretación. Los historiadores que discrepan acerca de cuándo terminó la Edad Media, discrepan en la interpretación de ciertos acontecimientos. (...) La división de la historia atendiendo a sectores geográficos tampoco es un hecho sino una hipótesis: hablar de historia europea puede ser una hipótesis correcta y fructífera en ciertos contextos, e inducir a error y confusión en otros. La mayoría de los historiadores parten de la

diacronía a algunas unidades y no pasa de ser (o no debería pasar de ser) una hipótesis de trabajo. Se trata de entender una serie de años durante los cuales la configuración del campo literario, su relación con el conjunto del sistema social, la concepción de los diversos géneros y niveles literarios, los temas, los estilos, las condiciones de producción y recepción permanecen relativamente idénticos (Rohou: 1996, 41). Pero en ningún caso debería ser una unidad cerrada, estanca y homogénea, mediante la que el historiador anula diferencias. Determinar un período exige definir y delimitar, hacernos comprender semejanzas y discrepancias entre autores contemporáneos a los que a veces se separa por razones ideológicas o por pura conveniencia expositiva. Los críticos a esta manera de hacer historia han señalado que en algunos manuales se nos muestran concepciones completamente ajenas a lo literario. Se periodiza por siglos, por épocas de historia de la cultura, por movimientos literarios, por tensiones y revoluciones político-sociales, y, en alguna ocasión, por presiones editoriales. Muchas veces es la historia política la que ha llevado la voz cantante en este territorio, y es frecuente encontrar marbetes como: "El drama en tiempos de tal monarca", "La novela de la guerra civil", etc. No se trata de negar que existen lazos entre acontecimientos políticos o instituciones de una época y la literatura, sino de impugnar, como señalaba Eva Kushner, "que haya entre sus articulaciones cronológicas una coincidencia absoluta y que la primera serie tenga un valor heurístico sobre la segunda" (Kushner: 1993, 133).

Otra forma de sometimiento de lo literario a lo histórico está vinculada a la historia de las ideas, que ha ocupado toda la escena de los estudios literarios. Es el caso de la idea de "Siglo de las Luces", que se ha convertido en principio organizador de la historia de toda la literatura europea, silenciando muchas manifestaciones y haciendo caso omiso de muchos desfases cronológicos entre las diferentes literaturas. Debería, igualmente, evitarse establecer períodos imponiendo un modelo de determinada etapa a los países del entorno.

Se ha señalado que los criterios para designar períodos resultan a veces desconcertantes, pues se combinan distintas series en una misma historia. Esto podría significar que se ha de recurrir a conceptos diferentes para explicar la variedad inagotable de la evolución literaria, pero desgraciadamente no suele ser así y lo que refleja la mayoría de las veces es falta de rigor y planificación de la historia. Me refiero al desconcierto que les produce a algunos críticos comprobar cómo se compartimentan las etapas de la evolución literaria de suerte que se combinan con alegría problemas de orígenes ("La literatura tradicional y los orígenes de la literatura") con criterios políticos ("La literatura y el feudalismo") o de teoría literaria ("La teoría de la ficción en tal época") para acabar con capítulos en los que se resalta al autor ("Chrétien de Troyes") o el género ("El cuento y el relato breve"). Es evidente que no periodiza igual el historiador que se sirve de hechos históricos para

---

base de que Rusia forma parte de Europa; otros lo niegan con pasión. La tendencia propia del historiador puede juzgarse partiendo de las hipótesis que adopta" (Carr: 1978, 88).

organizar la serie ("La revolución francesa y la literatura", "La literatura durante el franquismo") que quien privilegia hechos literarios (la fecha de las primeras prosificaciones de *romans* arturianos o la novela picaresca como género). Estas críticas son atinadas, pues a veces se han mezclado, con poco criterio, nociones que provienen de intereses muy dispares. Pero tampoco conviene olvidar que el carácter proteico de la literatura no se deja encerrar en una única dimensión y que el historiador se ve obligado a acudir a hechos de variada naturaleza para explicar la eclosión de tal género o el silencio de la obra de cierto autor en algunos períodos. La literatura es una actividad que depende de demasiados factores como para que una única dimensión explique su compleja existencia.

Algunos estructuralistas franceses nunca creyeron en la posibilidad de una historia de la literatura y la consideraron como un discurso escolar, un género más dentro de la didáctica. Se trataba para ellos de una simple combinación de categorías, de conceptos, de suerte que sería posible trazar una gramática de la historia de la literatura a partir de las categorías que he recordado más arriba. Es posible, por ejemplo, relacionar "declinar" con "corriente" y crear, por ejemplo, "El declinar de la lírica de cancioneros". No todas las combinaciones entre las categorías son posibles ni todas son de la misma naturaleza, y se trataría de investigar qué reglas permiten unas e impiden otras. En la articulación de los períodos habría que determinar, por ejemplo, cómo se han ido configurando las antinomias como barroquismo frente a sencillez. Esta clase de operaciones semánticas funcionan en el interior de los siglos para dividirlos en períodos más pequeños. La primera mitad de siglo se opone a veces a la segunda. Por lo demás, es inevitable que algunos términos expresen juicios de valor (optimismo del Renacimiento frente a pesimismo del Barroco, orden frente a desorden, etc.). A veces los grandes autores de estas reconstrucciones historiográficas aparecen por parejas o tríos, o bien se enfrenta una generación a otra. Interesa, además, el estudio de los presupuestos ideológicos implícitos, y habría que preguntarse cuáles son los criterios de los que se sirve tal manual para subdividir –prehumanismo, período de entreguerras– los períodos. ¿En qué orden se disponen los objetos literarios en el interior de un subperíodo, de un intervalo pequeño de tiempo? Se impone también un estudio minucioso del lenguaje: ¿Cuáles son las metáforas preferidas de los manuales? ¿Cuál es la ideología oculta en expresiones como "los recurrentes temas nacionales que aparecen en nuestra literatura muestran bien la solidez de nuestras tradiciones o la emoción religiosa expresada espontáneamente, la riqueza de tales imágenes, la variedad de ritmos..."?

Las subdivisiones del concepto de tiempo han sido blanco de numerosas críticas. No resulta sencillo entender este concepto en la historia de la literatura, porque no hablamos del tiempo en la evolución biológica ni del desplazamiento de sólidos por una superficie. Sin embargo, el tiempo "ha sido tratado como si se tratara de un tiempo matemático, homogéneo, divisible en 'casillas' como los períodos. Estos periodos figuran como recipientes en los que se introduce un cierto número de fenómenos. Esto significa partir del supuesto de que los acontecimientos literarios se desarrollan a un ritmo regular o, por lo menos, fácilmente calculable." (Kushner: 1993, 129)

Durante muchos años, la historiografía se ha interesado por períodos de corta y media duración y ha reducido al mínimo los cortes temporales. Para Santiáñez-Tió, este planteamiento se basa en una concepción homogénea y lineal del tiempo histórico, "como en un engarce bastante mecanicista entre los distintos períodos de corta duración" (1997, 269). Al compartimentar y separar tanto las distintas corrientes y movimientos literarios, se acaba creando una narración histórica lineal de movimientos, escuelas y autores, y este planteamiento impide ver las continuidades y discontinuidades, la aparición y el ocaso de fenómenos literarios con la profundidad y la perspectiva que da una visión temporal amplia. La elección de un tiempo corto, medio o largo a la hora de abordar una historia de la literatura, la ordenación de los sucesos en su sucesión cronológica, el optar por un concepto y una articulación del tiempo son esenciales para un historiador:

"Los trabajos de historia general o literaria ordenan los acontecimientos en su sucesión cronológica, como si esta simple disposición bastara para explicar las múltiples dimensiones del tiempo, de la causalidad y del cambio histórico. Esta articulación de la historia en la historiografía tradicional tiene en la observación superficial uno de sus pilares: ciertamente, el tiempo cósmico avanza en sentido lineal, por lo cual podría parecer lógico alinear los eventos según su aparición en el tiempo cronológico del calendario. Pero sobre todo cuenta con una enorme ventaja: su poder homogeneizador, su considerable capacidad para hacer pedagógicamente comprensibles unos procesos en verdad arrítmicos y heterogéneos. Por arte de la representación de la historia en su sucesión cronológica, el caótico acontecer de los hechos (o de los textos) y la convivencia simultánea de elementos disímiles y con orígenes y desarrollos históricos distintos entre sí adquiere una tranquilizadora apariencia." (Santiáñez-Tió: 1997, 270)

La interpretación de los hechos históricos exige algo más que una simple yuxtaposición. Es sintomático que varios estudiosos de los años cuarenta y cincuenta arremetieran contra el concepto de tiempo implícito en la historiografía tradicional. Entre todos ellos destaca Fernand Braudel. Tanto Braudel, como Kracauer o Kubler han propuesto la construcción de un modelo temporal complejo, en el que tengan cabida las duraciones corta, media y larga, para dar cuenta de la particular evolución de la historia de la literatura, que no se deja someter a linealidades de ninguna especie.

En una misma época conviven obras escritas en etapas distintas, y no es posible trazar una historia literaria de un período si no se tiene en cuenta la coincidencia de diferentes curvas temporales, que se expresan en las traducciones, las reescrituras de obras antiguas, su vigencia y presencia continuas –piénsese en Ovidio en la literatura europea del siglo XII–. Es inevitable que algunas obras literarias sigan vigentes más allá del tiempo histórico en que surgen. Esta característica llevó a T.S. Eliot a pensar en la simultaneidad de toda la literatura europea desde Homero, y a llamar 'sentido histórico' a esta suerte de intemporalidad.[98] Ningún escritor tiene por sí mismo un significado propio, exclusivo, y no cabe juzgarlo aislado. El sentido de su literatura debe determinarse en relación con los poetas de ayer. Al crearse una nueva obra, todas las anteriores se ven afectadas, porque los textos existentes forman entre sí un orden ideal que se modifica. Este orden está completo antes de que se introduzca la novedad, y cuando aparece, el orden existente se altera, por pequeña que sea la variación. De esta manera se reorganizan las relaciones, las proporciones, los valores de cada obra en el conjunto.[99] Las formulaciones de Eliot han hecho considerar a algunos que se puede prescindir de la historia literaria, pues los materiales en los que se basa la literatura están siempre presentes, son eternos y no poseen historia propia. De acuerdo con esto, los períodos serían modelos abstractos y no tramos temporales en un proceso histórico.[100]

De todas las dimensiones de la literatura, la historia tradicional ha privilegiado el autor y la génesis de los textos y, a veces, da la impresión de que esta génesis, por sí sola, constituye la historia. Los críticos de esta concepción han señalado, en

---

[98] Curtius y Eliot comparten una misma concepción: "El encuentro de Dante con la *bella scuola* autoriza la incorporación de la épica latina dentro del poema universal de la cristiandad. Éste abarca un espacio ideal, dentro del cual se ha dejado un nicho libre para Homero y que también sirve de lugar de reunión para todas las grandes figuras de Occidente: los emperadores (Augusto, Trajano, Justiniano), los Padres de la Iglesia, los maestros de las siete artes liberales, las lumbreras de la filosofía, los fundadores de órdenes, los místicos. Pero este reino de fundadores órdenes religiosas, de maestros y de santos sólo existe en uno de los complejos históricos de la civilización europea: en la Edad Media latina; en ella hunde sus raíces la *Divina Comedia*. La Edad Media latina es la calzada romana, desgastada por el tiempo, que conduce del mundo antiguo al mundo moderno" (Curtius: 1948, 38).

[99] "No hay poeta, no hay artista de ninguna de las artes, que por sí solo tenga plenitud de significado. El significado, la apreciación que le corresponde, supone apreciar su relación con los poetas muertos y los artistas. No cabe juzgarlo aislado: hay que situarlo, para cotejo y parangón, entre los muertos. Considero que se trata de un principio de crítica estética, y no simplemente de crítica histórica. La necesidad de ajuste, de concordancia, no es unilateral. Cuando se crea una nueva obra de arte se crea algo que afecta simultáneamente a todas las obras de arte que la precedieron. Los monumentos existentes forman entre sí un orden ideal, que se modifica al unírseles una obra de arte nueva (nueva de verdad). El orden existente está completo antes de que se introduzca la obra nueva. Para que éste se mantenga después de la irrupción de la novedad, todo el orden existente debe quedar un poco alterado, con lo que se reajustarán las relaciones, las proporciones, los valores de cada obra de arte en el conjunto. En esto consiste la conformidad entre lo antiguo y lo nuevo." Eliot, T.S.: "Tradition and the Individual Talent" en *Selected Essays*, London, Faber and Faber, 1972 p. 15.

[100] En este proceso de revisión de la historia de la literatura, se ha puesto también en entredicho el modo en que se ha establecido una relación de causa a efecto entre elementos contextuales y textuales, entre biografía y escritura o la noción de influencia cuando se ha manejado sin rigor alguno, según señalaba Eva Kushner: "Aun cuando se suponga que A determina a B con seguridad, la noción de influencia deja en la vaguedad más total el modo de encadenamiento de las causas y los efectos" (Kushner: 1989, 128).

primer lugar, que el resultado de este trabajo se ofrece de modo natural, como si hubiese surgido de forma espontánea. Estamos ante un asunto capital en los estudios literarios: la invención de las literaturas nacionales como soporte para la idea de nación. Lo señalaba claramente José Carlos Mainer:

> "Cuando decimos 'literatura española' (o 'literatura francesa' o 'literatura italiana') no enunciamos un hecho natural, espontáneo o inmutable, sino un complejo hecho de cultura en el que cada uno de los dos elementos del sintagma –el sustantivo y el adjetivo gentilicio– han ido modificando y conformando su actual contenido." (Mainer: 2000, 153)

En un clarificador estudio, Antonio Ramos-Gascón (1989) recuerda que la historia de la literatura no es un conjunto de obras producidas en un marco histórico nacional determinado, sino la invención de ese conjunto como tal, es decir, como corpus canónico e historiable. En el caso de la historia de la literatura española, uno de los equívocos ha sido considerar que desde las jarchas (antes del año 1000), el *Cantar del Cid* (s. XII), *La Celestina* (al filo del 1500), *El Quijote* (1605 y 1615), *El sí de las niñas* (1805) y *Fortunata y Jacinta* (1887) o *Tiempo de silencio* (1962), siempre existió nuestra literatura. Este es el primer malentendido que, según él, convendría empezar a desterrar. La historia de la literatura no ha sido siempre la misma ni se ha escrito a partir de los mismos conceptos. Según Ramos-Gascón no hay historias de la literatura española antes de 1791 porque aún no se había inventado el concepto de literatura tal y como hoy lo entendemos. Esta invención se fue fraguando a lo largo del primer tercio del siglo XIX y no fue ajena al proceso de institucionalización del estado moderno, esto es, del estado liberal. Es interesante recordar que cuando Menéndez Pelayo se presentó a la cátedra de Historia Crítica de la Literatura Española en 1878, señalaba en su programa que debía empezar clarificando, dada la imprecisión del término literatura, cuál iba a ser el objeto de su investigación. Según Ramos-Gascón:

> "la proto-historia de la historiografía literaria española empieza a desarrollarse –y no es fortuita coincidencia– con la emergencia del proyecto de unidad nacional y de su ordenamiento social y político. Crestomatías, nobiliarios, catálogos, bibliotecas fueron apareciendo desde 1492 y constituyeron valiosos antecedentes de recopilación e información bibliográfica que, de maneras diversas, facilitaron la tarea de nuestros historiadores literarios propiamente dichos en el siglo XIX." (Ramos-Gascón: 1989, 212-13)

Así las cosas, la noción de literatura, y en particular la de literatura nacional, debe ser estudiada históricamente, como la categoría histórica que es y cuyos orígenes pueden ser extraliterarios. El mito de la literatura nacional sigue teniendo hoy funciones políticas e ideológicas de toda clase. Es bien sabido que en los proyectos políticos de los siglos XIX y XX, el estudio del canon de nuestros grandes autores

y su incorporación obligatoria en los planes de enseñanza ha sido uno de los efica-
ces instrumentos para formar en el joven ciudadano la imagen oficial de la comunidad nacional.[101]

---

[101] Para Ian Michael, el neotradicionalismo de Menéndez Pidal nace de una reelaboración de las
ideas románticas del siglo XIX, a las que se añadieron las ideas positivistas de fin de siglo y no puede
entenderse solamente como una teoría que aclara un problema histórico y literario: "Estas ideas fueron
coloridas con ese deseo nacional –procedente de los desastres militares del 98– por demostrar que
España había poseído en el campo literario una tradición épica medieval no menos sobresaliente que las
de Francia, Inglaterra y Alemania" (1992, 72).

3.

LA CRISIS DEL LENGUAJE Y EL ESTUDIO DE LA OBRA EN SÍ: EL TESTIMONIO DE LOS CREADORES

Una de las fuentes que nos permite entender el interés por estudiar la obra en sí y dejar de lado la historia o la biografía, brota en los escritores del siglo XIX y continúa con los del XX. Flaubert percibía ya agudamente que el arte no debía estar en manos de historiadores: "En tiempos de La Harpe –escribía Flaubert a George Sand– éramos gramáticos; en tiempos de Sainte Beuve y Taine, somos históricos. ¿Cuándo seremos artistas, nada más que artistas, pero artistas en serio? ¿Dónde encontráis una crítica que se ocupe de la obra en sí de un modo apasionado? Se analiza con todo detalle el ambiente donde se ha producido y las causas que han provocado su aparición; pero, ¿y la poética *insciente*? ¿De dónde procede? ¿Y su composición y su estilo? (...) Una crítica que se interese por la obra en sí tiene esta ventaja: permite, por lo menos, juicios valorativos sobre la obra de arte que sea objeto de examen; juicios inexistentes para los 'historiadores'".[102]

La crítica ha mostrado un notable retraso, respecto de los creadores, a la hora de analizar las obras partiendo de sus características propias y han sido muchas las voces de artistas que han denunciado esta lentitud. Incluso el formalismo ruso o el *New criticism*, que fueron movimientos novedosos en muchos sentidos y en cuyo seno colaboraron artistas, parecen ir a remolque de los creadores. Y no debería olvidarse, sin embargo, que una de las razones que permiten explicar los avances de la crítica es que se ha visto obligada a seguir los rumbos de la literatura de creación. Dicho en otras palabras y aplicado a nuestro interés: no es posible explicar el enorme desarrollo de la crítica en el siglo XX sin relacionarla con los cambios experimentados en el seno de la creación. Si, por un lado, los viejos filólogos escuchaban los vientos de la renovación y percibían el nacimiento de nuevas disciplinas y el desgajarse de otras que habían crecido en su tronco, por otro se sentían incapa-

---

[102] La cita procede de las *Cartas* de Flaubert, sixième série, 1869-72, Paris 1930, carta 1013, del 2 de febrero de 1869.

ces de abordar con sus armas y bagajes las nuevas y provocativas creaciones literarias. No quiere esto decir que los filólogos continuaran con su tarea y se desenten-
dieran de la literatura contemporánea. Curtius (y podrían mencionarse otros nombres) dedicó unos trabajos magistrales a la emergente literatura (por ejemplo a
Ulysses de Joyce), pero es cierto que los planteamientos tradicionales no habían
nacido para analizar la nueva literatura. Con todos los retrasos y todos los matices
que se quiera, los movimientos de crítica literaria estuvieron más atentos a la nueva
creación. Sklovski concibió el método formal como una revolución en la teoría de
la literatura aliada con la vanguardia futurista. Su manifiesto de 1917 ("El arte
como artificio") iba dirigido contra las trascendencias simbolistas y, en concreto,
contra Alexander Potebnya (1835-91). T.S. Eliot señaló ya en *The Use of Poetry
and the Use of Criticism* que el desarrollo de la crítica era un síntoma de los cambios experimentados en la poesía y muestra de cambios sociales.[103] La crítica adquirió una importancia decisiva cuando las artes necesitaron ser explicadas y me-
ditadas, más que recibidas directamente por el público.

Sucede, además, que los artistas de vanguardia mostraron con sus obras y denunciaron en sus manifiestos la incapacidad de la crítica tradicional para acceder a
sus contenidos.[104] El positivismo asediaba el objeto 'literatura' como algo ya dado,
y con un método que no necesitaba de intuiciones individuales. Positivismo significaba contar, pesar y medir. Esta clase de investigación estaba muy lejos de la actividad literaria, de la creación. Anatole France, que estaba en los antípodas de esa
clase de estudios, señaló una y otra vez que era imposible alcanzar un conocimiento
objetivo del arte, y lo mismo opinaban Proust, Oscar Wilde y después Paul Valéry
y tantos otros. La reacción contra un planteamiento filológico y erudito de la literatura no conoce edad, y se ha manifestado una y otra vez desde puntos de vista
muy diferentes.

La crítica debía acercarse a la nueva literatura con presupuestos muy diferentes
a los positivistas. Era el momento del 'crítico-artista', pero también de una crítica
más rigurosa, como la que proponía José Ortega y Gasset. Para el maestro español,
la misión de la crítica no era tasar las obras literarias, distribuyéndolas en buenas o
malas:

---

[103] "Podemos aprender mucho sobre crítica y poesía si contemplamos la historia de la crítica como
algo más que un simple catálogo de sucesivas nociones sobre la poesía: como un proceso de reajuste
entre la poesía y el mundo en el cual y para el cual se produce. Podemos aprender algo sobre poesía
mediante la mera consideración de lo que sobre ella han pensado las distintas épocas, sin llegar a la
entontecedora conclusión de que no hay más que decir sino que las opiniones cambian. Acaso el estudio
de la crítica como un proceso de readaptación, y no como una serie de azarosas conjeturas, nos ayude a
extraer alguna conclusión acerca de lo que es permanente en poesía y lo que es expresión del espíritu de
una época." (1955, 41)

[104] Sigo aquí a Andrés Soria Olmedo: 1988, 24 y ss.

"Veo en la crítica un fervoroso esfuerzo para potenciar la obra elegida. Todo lo contrario, pues, de lo que hace Sainte-Beuve cuando nos lleva de la obra al autor y luego pulveriza a éste en una llovizna de anécdotas. La crítica no es biografía ni se justifica como labor independiente, si no se propone completar la obra. Esto quiere decir, por lo pronto, que el crítico ha de introducir en su trabajo todos aquellos utensilios sentimentales e ideológicos merced a los cuales puede el lector medio recibir la impresión más intensa y clara de la obra que sea posible. Procede orientar la crítica en un sentido afirmativo y dirigirla, más que a corregir al autor, a dotar al lector de un órgano visual más perfecto. La obra se completa completando su lectura." (Ortega y Gasset: *O.C.*, I, 1983, 325)

Pero junto a las reflexiones de Valéry, de Baudelaire o Mallarmé, es inevitable recordar los manifiestos vanguardistas, que constituyen, en palabras de Andrés Soria, "gozne del doble registro de la creación y la reflexión teórica" (Soria: 1988, 26). Las mentes más lúcidas y sensibles del siglo percibieron enseguida la radical novedad de las nuevas técnicas expresivas, y en algún caso, como en el del pensador español, la fertilidad de los *ismos*. Ortega acogió en las páginas de la *Revista de Occidente* a los nuevos creadores y críticos (por ejemplo a Jung) y destacó enseguida la importancia del pensamiento de Freud.

Hoy tenemos muchos más datos que aquellos maestros para entender el alcance de la profunda revolución lingüística que tiene sus orígenes en la Europa central (Viena y Praga) entre los años 1900 y 1925. Como suele suceder en las grandes convulsiones culturales, los cambios experimentados tienen su antecedente en una aguda crisis sobre las capacidades del lenguaje, expresada tanto en literatura de creación como de pensamiento. Son muchas las obras que pueden mencionarse, desde la *Carta de Lord Chandos* (1902) de Hofmannsthal hasta los *Beiträge zu einer Kritik der Sprache* (1923) de Fritz Mauthner y, naturalmente, el *Tractatus* de Wittgenstein y el psicoanálisis freudiano. En los últimos tiempos de la Viena de los Habsburgo, los grandes creadores mantenían un contacto intenso: Mahler llevaba sus problemas psicológicos a Freud, Bruckner daba clases de piano al físico Engelbert Broda, mientras Schönberg visitaba a Karl Kraus. La mayor parte de estos autores, representantes de la creación y del pensamiento, tuvieron una relación problemática con la cultura en la que se habían formado y sus obras dan cuenta de una ruptura muy profunda con los planteamientos decimonónicos. Una de las notas definitorias de esta crisis se refiere a los límites del lenguaje, tal y como se revela en la obra de Freud. Como explica Silvia Tubert, todos estos maestros se enfrentaron con el saber clásico, fundado en la concepción del lenguaje como representación del mundo, del ser de las cosas. La crisis de este saber, que arranca, como todo en este siglo, de la obra de Nietzsche, suscitó en algunos casos fascinación por las diversas formas de irracionalismo (Tubert: 2000, 18).

No se trata de que una sola disciplina o una de las bellas artes recorriese un camino de manera particular o que un solo artista rompiera violentamente con la tradición. Los límites del lenguaje interesaron lo mismo a Wittgenstein que a

Hofmannstahl, a Freud que a las nuevas orientaciones de la música (Schönberg y Webern principalmente). Nada de todo esto es ajeno a las nuevas concepciones filosóficas ni, como ha señalado George Steiner, al desmoronamiento de los valores humanísticos clásicos que tiene lugar después de 1914:

> "Las investigaciones del silencio, de los límites del lenguaje ante las necesidades extremas del hombre que caracterizan a las obras de Wittgenstein, de Kafka, de Rilke y del movimiento dadaísta, y que han persistido hasta nuestros días en la música casi muda de Webern y en los vacíos silenciosos de Beckett, todas estas cosas forman parte de lo mismo. Habiendo dudado acerca de los poderes y valores humanos del lenguaje, los lógicos, los escritores y los artistas regresaron al lenguaje con la conciencia alerta." (Steiner: 1972, 168)

Difícilmente entenderemos los cambios experimentados por los estudios literarios en el siglo XX si no tenemos muy en cuenta lo que los propios creadores y pensadores percibieron. El psicoanálisis de Freud, la filosofía de Wittgenstein o la música dodecafónica descubren un universo. A partir de estos años, la crítica del lenguaje se convierte en una parte esencial de la crítica de la cultura, porque la situación cultural se puede explicar y descifrar en el plano del lenguaje. Este cambio en el pensamiento cristaliza en múltiples iniciativas, desde el desarrollo del psicoanálisis y su huella en la hermenéutica, hasta el florecimiento del superrealismo. Consecuencia de este giro en el pensamiento es, entre otras muchas, la fundación del "Círculo Lingüístico de Moscú" en 1915 y en la "Sociedad para el estudio del lenguaje poético" un año después en San Petersburgo. En estas empresas colaboraron poetas, lingüistas, historiadores de la lengua y la literatura rusas. Se ha recordado a menudo que cuando Jakobson leyó su estudio sobre el lenguaje poético de Khlebnikov estaba presente Mayakovski.

Como es sabido, el centro de los trabajos sobre poética lingüística hubo de desplazarse por razones políticas a Praga, donde se constituyó el Círculo Lingüístico dirigido por Mathesius, que celebró su primera reunión en 1926, aunque sus antecedentes se remonten a unos años antes. El Círculo se convirtió en un centro de enorme importancia para el estudio de la literatura a la luz de la lingüística. De su seno nacieron los conceptos básicos que inspiraron el estructuralismo y la semiología. En el manifiesto de Praga leemos enunciados tan sorprendentes como que una lengua es un todo coherente cuyas partes actúan unas sobre otras o que todo lo que existe en una obra de arte y en sus relaciones con el mundo exterior puede ser estudiado como parte de la moderna ciencia de los signos. Nada menos.

Los antecedentes culturales y filosóficos de esta poderosa ciencia de las relaciones y las funciones se remontan a la cultura de vanguardia de los primeros años del siglo XX, tanto en el terreno filosófico como en el propiamente artístico y literario. Roman Jakobson ha recordado que la lingüística de tipo estructural nació en el seno de las corrientes postsimbolistas de principios del siglo XX. Existen nexos de homología estructural entre la nueva ciencia y el cubismo o el movimiento constructivista de la Bauhaus y Le Corbussier:

> "Los experimentos de Picasso y las primeras y atrevidas tentativas del arte abstracto constituyen un sugestivo homólogo semiótico de la concepción estructuralista del signo verbal; al mismo tiempo, la importante y aún no superada obra de un hábil explorador de la creación poética como Velimir Khlebnikov ha contribuido en gran manera a la apertura de nuevas perspectivas en el campo de los problemas de lenguaje." (Jakobson: 1962, 631)

El desarrollo de la crítica en este siglo está relacionado con la agitación literaria de principios de la centuria, con el clima de incertidumbre y pluralidad estética y también con el tipo del medio analítico en el que se creó. Por los años veinte, señala Malcolm Bradbury, la nueva estética se convirtió en materia de investigación intelectual. Además del formalismo ruso, debe recordarse una eminente generación de críticos cuyas obras suscitaron una nueva atención hacia las creaciones literarias. Me refiero a I. A. Richards y sus *Principles of Literary Criticism* (1924), *Seven Types of Ambiguity* de William Empson (1930), *New Bearings in English Poetry* de F. R. Leavis y, desde luego, *Understanding Poetry* (1938) de Cleanth Brooks y Robert Penn Warren. Estos y otros autores fueron responsables de la creación de unos supuestos críticos sobre la naturaleza del lenguaje literario que proceden del amplio movimiento modernista de la literatura de comienzos de siglo.

El acceso ontológico o intrínseco de la literatura, que nace del *New Criticism*, hizo posible "ir más allá de ciertas formas de apreciación generalizadas y ayudó a transformar el antiguo punto de vista de que el estudio literario sólo podía tomar la forma de la erudición histórica o filológica" (Bradbury: 1974, 20), y orientó los esfuerzos hacia la comprensión del impulso interno de una obra literaria. Como suele suceder en la historia de la crítica literaria, los primeros tiempos en el mundo académico fueron combativos, "porque implicaban un asalto a la opinión erudita sobre la naturaleza del estudio literario" (Bradbury: 1974, 24).

La distancia de los años nos permite ver que, a pesar de las diferencias que separan a los formalistas de los Nuevos críticos o de quienes practicaran la Estilística, se perciben algunos puntos de encuentro fundamentales. Los críticos anglosajones estaban en desacuerdo con la separación entre 'forma' y 'contenido' a la hora de estudiar los poemas y demandaban objetividad frente al vago impresionismo, carente de un método sólido. El *New Criticism* fue novedoso en tanto que pretendía ofrecer una aproximación intrínseca al objeto literario, con lo que se distanciaba de los planteamientos historicistas o biográficos que abundaban en aquellos años. Esta nueva orientación de los estudios literarios estaba solamente empezando.[105]

---

[105] "Una mirada a la literatura del siglo XX nos permite afirmar cómo de Proust a Joyce, de Musil a Broch, o desde Rilke a T. S. Eliot, la literatura se ha constituido en una experiencia del límite entre lo pensable y lo decible, entre la serie infinita de los acontecimientos y la narración que los sustenta. Blanchot se sitúa en la ya amplia y fecunda reflexión que, partiendo de la crítica de Nietzsche al lenguaje, se desplaza hacia problemáticas nuevas y que en su conjunto definen un pensamiento de la escritura. De Mallarmé a Paul Celan, o desde Blanchot a Foucault, Deleuze o Derrida discurre una de las experiencias intelectuales más rigurosas que sitúa el problema de la escritura en el centro mismo de toda reflexión desde la que volver a pensar la relación entre filosofía y literatura." (Jarauta: 1999, 60)

4.

EL PSICOANÁLISIS DE FREUD:
UNA NUEVA IMAGEN DEL HOMBRE

4.1. Los nuevos poderes de la literatura

Pensar en el contenido de la palabra literatura a principios del siglo XXI supone recordar una constelación de significados. Literatura no es sólo aquel viejo arte que expresaba la belleza, los sentimientos íntimos del hombre o las gestas de una colectividad mediante un lenguaje expresivo y cuidado. Si alguien compone hoy un diccionario de términos del análisis literario difícilmente incluirá belleza, intensidad o intuición. Dice Graciela Reyes que el rasgo más notable de la teoría literaria actual es la incorporación a su discurso de reflexiones y perspectivas diferentes, como el psicoanálisis, el feminismo, la teoría del género (*gender criticism*) o la deconstrucción. Esta expansión, dice Reyes,

> "Se produce mediante intercambios en las dos direcciones: por un lado, estudiosos procedentes de otras disciplinas reflexionan sobre la literatura; por otro, críticos formados en los estudios literarios acuden a teorías procedentes de la filosofía o la psicología u otra disciplina en boga. El resultado de estas elucubraciones son estudios que presentan dos rasgos característicos: en primer lugar, ofrecen nuevos análisis de la cultura, del lenguaje, del discurso o de la historia, análisis interdisciplinarios que siempre giran en torno a los modos de operar del lenguaje. En segundo lugar, estos escritos se muestran conscientes de su carácter de construcciones verbales, o incluso alardean de serlo, lo que los asemeja a textos literarios tanto por su espesor autorreflexivo como por su desinterés en servir sobre todo para transmitir conocimientos." (1989, 10-11)

Que las disciplinas llamadas humanísticas se interesen por la literatura no es, desde luego, nada nuevo, ni lo es que los estudiosos de la literatura se sirvan de la historia o de la filosofía para sus estudios. Lo verdaderamente novedoso es que se haya descubierto en la literatura una serie de lógicas de expresión y de convenciones discursivas que se consideran claves para comprender una serie de fenómenos culturales que no pertenecen al dominio de lo literario:

> "En lugar de buscar en lo literario lo no literario (en el poema el conflicto psicológico del autor, digamos, o en una novela histórica los hechos históricos), ahora se busca lo literario en lo que no es literario, o que, por lo menos, no es institucionalmente literario: los textos históricos, la actividad lingüística del paciente que se psicoanaliza, e incluso construcciones significativas no puramente lingüísticas, como sistemas de relaciones sociales, estructuras míticas, etc." (Reyes: 1989, 11)

Para entender estos cambios sustanciales en la evolución de los estudios literarios me parece esencial recordar las transformaciones de antiguas disciplinas que variaron nuestra idea del ser humano y de la sociedad. No es extraño que si hoy se busca lo literario en lo que no lo es, empecemos recordando disciplinas que no comenzaron siendo estudios literarios pero que acabaron ocupándose de la literatura.

4.2. Aplicar, aplicación, aplicabilidad

El verbo *aplicar*, conjugado en todos sus tiempos y modos, y los sustantivos *aplicación* y *aplicabilidad*, son algunas de las palabras más empleadas en estudios de teoría y crítica literarias. Si existe un método de crítica literaria, parece evidente que sus postulados han de poderse aplicar (corroborar, contrastar, proyectar) a determinados objetos que, en nuestro caso, son los textos literarios. Toda construcción metodológica se aplica: la estadística, la lingüística del texto, el *new criticism* o el análisis computacional. La conveniencia o necesidad de que una teoría o un método sean aplicables a un texto parece una consecuencia lógica –aunque haya teorías que no se puedan contrastar–, por más que algunos de estos ejercicios de aplicación no pasen de colocar una falsilla encima de un poema o una novela, de suerte que los resultados se presuman antes del análisis del objeto. Más que ir en busca de nuevos conocimientos, la aplicación mecánica es un medio para confirmar una teoría. La aplicación, la exigencia de resultados, son fruto también de una época que ha exaltado el rigor y el modelo de la ciencia (o mejor, de cierta idea de ciencia que trae aparejada la necesidad de resultados). Finalmente, la aplicación es consecuencia también de ciertos valores mercantilistas, según señalaban los profesores Guzmán y Tejada: "El utilitarismo, la inmediatez y el mercado actúan como móviles de cualquier actividad, incluidos el saber y la investigación. (...) La aplicabilidad se erige en concepto clave también para la filología contemporánea" (2000, 39).

Desde mi punto de vista, la necesidad de comprobar cómo se aplican las teorías y de exigir resultados ha cortado de raíz el vuelo de muchas reflexiones y ha rebajado el alcance de algunas concepciones o ideas generales, hasta convertirlas en simples métodos. Cabe decir igualmente que el ansia por aplicar métodos a las obras literarias ha provocado la escritura de una verdadera masa de estudios que no siempre han aportado luces o ideas nuevas sobre los textos que pretendían analizar. La aplicación mecánica del psicoanálisis y, por extensión, de la psicología, no ha aportado grandes conocimientos cuando se ha reducido a un enteco método de crítica literaria.

4.3. Una nueva imagen del hombre

Hay pocas disciplinas creadas por un solo hombre que nos permitan tener toda su historia ante la vista, de suerte que siempre sepamos el momento en que se inicia y el modo en que sus doctrinas se desarrollan y se critican una y otra vez. Un ejemplo de todo ello es el psicoanálisis, nacido gracias al talento y el trabajo de Sigmund Freud en el mundo magmático de la Viena de Wittgenstein, de Hofmannstahl, de Schönberg y de Karl Kraus. En esta fase final del imperio austrohúngaro, el pensamiento y la vida artística no estaban compartimentadas por áreas, sino que formaban un conjunto de escritores y pensadores que solían encontrarse y debatir a menudo sobre problemas que les afectaban. No es de extrañar que, de acuerdo con el *Zeitgeist*, Freud encarara el problema de los límites del lenguaje y que pusiera en tela de juicio convenciones sobre los medios de expresión o sobre la idea de hombre que estaban muy extendidas.

Conviene recordar que el psicoanálisis no fue solamente un nuevo método terapéutico ni una teoría psicológica, y reducirlo a un método de crítica literaria alineado junto a la estilística, el *New criticism* o la estética de la recepción resulta todavía más empobrecedor. El psicoanálisis supuso un cambio en la concepción occidental del hombre y afectó de manera definitiva a todas las disciplinas que se ocuparon de él: la filosofía, las ciencias de la educación, la antropología o la teoría de la literatura. Aunque sus ideas fueron contestadas al principio, calaron poco a poco entre los artistas y los pensadores, y fueron numerosos los escritores que visitaron a Freud o que mantuvieron correspondencia con él. Uno de los primeros y más conspicuos intérpretes de la trascendencia de su pensamiento fue Thomas Mann, quien se preguntaba en 1929 si el médico vienés representaba a la corriente irracional que combatía las viejas aspiraciones de la Ilustración, o si representaba el movimiento contrario y su intención era precisamente la de combatir el irracionalismo. Su impacto, en cualquier caso, había sido definitivo:

"El conocimiento psicoanalítico es transformador del mundo; con él se instaló en el mundo una serena desconfianza, una sospecha desenmascaradora con respecto de los encubrimientos y apariencias engañosas del espíritu que una vez suscitada ya no puede desaparecer. Esa sospecha infiltra la vida, socava su cruda ingenuidad, le quita el *pathos* de la ignorancia, la despoja de su grandilocuencia (...)" (Thomas Mann, *Freud und die Zukunft, apud* Tubert: 1999, 14)

Los dos conceptos que impulsaron la nueva imagen del hombre (hablo del hombre occidental) fueron la de inconsciente y la del papel esencial de la sexualidad para comprender la evolución y la formación de la personalidad del ser humano. El primer concepto trastocó la noción de sujeto que había estado vigente hasta entonces en la filosofía, pues rompió con la idea de un ser autoconsciente, dueño de sus actos y su voluntad. La descripción del poderoso conjunto de imágenes y deseos a los que no tiene acceso la conciencia, así como el modo en que condicionan nuestra vida, influyó de manera capital en artistas e intelectuales. A partir de la obra de Freud se empezó a desarrollar un discurso que, frente a la certeza y el aparente dominio con que la ciencia parecía que todo lo explicaba y ceñía, hablaba de la contradictoria complejidad del ser humano, de la dificultad de entender su comportamiento y su vida psíquica de manera unívoca y definitiva. Esta consideración tuvo un alcance muy importante en todos los terrenos, porque cuestionaba el sujeto, la razón y la cultura. Pero no solamente se desacralizaba el significado establecido por el código social. Las consecuencias fueron también importantes en el campo estético.

4.4. Literatura y psicoanálisis

Freud publicó en 1907 *El delirio y los sueños en la 'Gradiva' de Jensen*. Es destacable que cuando el psicoanálisis estaba todavía elaborando los elementos principales de su teoría comenzara a interesarse por la literatura. La preocupación por el lenguaje está siempre presente en la obra del médico vienés, pero la huella que dejó en su pensamiento la literatura tiene un interés particular. Debe recordarse, sin embargo, que Freud no pretendía convertir el psicoanálisis en un método de crítica literaria. Mediante el estudio sobre la *Gradiva* (en el que los delirios y los sueños del protagonista son analizados de acuerdo con las normas trazadas en su estudio sobre la interpretación de los sueños), el psicoanálisis confirmó su valor 'operativo' en un ámbito alejado de la clínica. A partir de este momento, la relación entre creación literaria, crítica y psicoanálisis fue continua y enriqueció a varias disciplinas.[106]

Ya he señalado que el psicoanálisis no debe reducirse ni entenderse solamente como un método de análisis de obras literarias, sino que afecta a una constelación

---

[106] "En el momento en que el psicoanálisis comienza a buscar más allá de su ámbito (la histeria, la neurosis), no se satisface con proponer explicaciones o sugerir interpretaciones, sino que detrae materiales para su propia construcción, y se enriquece e instruye a sí mismo al menos tanto como ilumina el objeto ajeno." (Starobinski: 1974, 204)

de cosas: el significado del lenguaje, los límites de la expresión verbal, la relación entre locura y literatura, la razón y lo irracional, etc. El análisis freudiano impregna la cultura europea del siglo XX y ha influido en todos sus ámbitos y manifestaciones. En el campo que nos ocupa, el psicoanálisis ha contribuido a modificar la relación entre crítico y autor. Esta última noción, ha sufrido profundos embates y ha perdido poco a poco su estatus privilegiado, es decir, el autor como dueño de su obra y recurso fundamental para conocer su sentido, la *intentio auctoris*. Una de las consecuencias que se desprenden del estudio sobre la *Gradiva* de Jensen es la diferencia entre el autor y el analista. A ambos los une el objeto de su trabajo, pues ambos trabajan sobre la misma materia, pero el método difiere. Es bien conocida la opinión de Freud de que los escritores habían descubierto antes que él el inconsciente, aunque él hubiera descubierto el método para analizarlo. El artista y el creador estaban al mismo nivel y empezaba a alejarse la admiración por el escritor, el artista dueño y señor de la creación y conocedor de los últimos secretos de su obra. En algún punto, el crítico llega a ponerse por encima del conocimiento del autor, porque dispone de un método científico, y tras observar y analizar miles de casos, es capaz de señalar las leyes de la psique del creador, mientras que aquél es un ser aislado, que crea a partir de sí mismo, no puede competir con las teorías del crítico, del científico, cuyas teorías tienen validez por el gran número de resultados que las avalan.[107]

Pero el problema no consiste en debatir si el crítico está por encima del artista o viceversa. El descubrimiento de Freud fue mucho más allá, porque la noción de inconsciente rompía con la idea de un sujeto autoconsciente, dueño de sus actos y de su voluntad. En el sueño, en los *lapsus* analizados, el sujeto dice algo que no quería decir y emerge a través de esa formación del inconsciente, algo ajeno y no reconocido por nuestro *yo oficial*, que no coincide tampoco con aquello que los demás esperan de nosotros. Algo procedente de *otra escena* irrumpe en la palabra enunciada. La consciencia perdía su papel de centro del sujeto y de las relaciones de significación (Tubert: 2000, 283).

A partir de 1910, señala Castilla del Pino (1983, 265), Freud perdió el estatuto de solitario y comenzó a contar con algunos discípulos. Algunos de ellos, como Ferenczi, Groddeck, Abrahan o el admirable Theodor Reik, orientaron sus estudios para confirmar las tesis del psicoanálisis en la obra de los grandes creadores. Unos se sirvieron de ellas para el estudio de la biografía del escritor y otros se centraron

---

[107] Paul de Man señala la autosuficiencia de los críticos cuando juzgan algunos "errores o extravíos" de los autores, y ejemplificaba con los textos de Rousseau: "Se asiste a una revigorización de la confianza del crítico que realiza este juicio, como si el conocimiento de la debilidad de Rousseau repercutiera de alguna manera en la fuerza de su propia posición. Él sabe exactamente qué le duele a Rousseau, y puede, desde ese momento observarlo, juzgarlo y ayudarlo de la misma manera en que un antropólogo etnocentrista observa a un indígena, o como un médico pasa consulta a un enfermo. La actitud crítica es un diagnóstico y trata a Rousseau como si fuera éste el que necesita ayuda y no el que ofrece el remedio" (De Man: 1990, 182-83).

en la investigación de los textos literarios. Los resultados de estos estudios fueron desiguales. Muchos no han pasado de ser torpes aplicaciones de los supuestos psicoanalíticos a la literatura o a la búsqueda de la confirmación de las tesis psicoanalíticas sin reflexión metodológica previa. También es necesario recordar que algunos que dicen aplicar las teorías psicoanalíticas a los textos literarios no conocen a fondo las ideas del maestro vienés y este extremo –es obvio– debería ser imprescindible antes de opinar sobre la biografía profunda de tal escritor o la aparición de tal símbolo en unos textos.

Muchas de las críticas que se han hecho a la aplicación del psicoanálisis recuerdan que las teorías freudianas no se refieren originalmente a la literatura, no fueron creadas *ad hoc*, y que fueron los discípulos de Freud y los escritores los que extendieron el campo de aplicación y crearon escuelas y corrientes muy distintas entre sí. Este extremo es cierto, pero no debe pedirse a los escritos de Freud una descripción sistemática del fenómeno literario, porque no lo pretendió, y es lógico que no se preocupara por el problema de la forma literaria o la evolución de los géneros. Por lo demás, resulta inevitable que una obra tan original y compleja como la de Freud esté sujeta a controversias muy profundas que recorren el pensamiento del siglo XX. Lucien Goldmann acusaba al psicoanálisis de no ofrecer respuestas a los fenómenos sociales y de centrarse en el individuo, y no ha faltado quien lo acuse de ser una doctrina ahistórica.[108] Tiempo habrá, por lo demás, de recordar cómo algunas teóricas del feminismo han atacado la concepción de la mujer que se desprende de las páginas de Freud o cómo la relectura de Lacan a partir de las teorías estructuralistas y postestructuralistas ha modificado algunas nociones freudianas.

4.5. El lenguaje como sospecha

La lectura de obras literarias a partir de la teoría de Freud supone, sin duda, una aportación muy notable a los estudios literarios, a pesar de los errores o desa-

---

[108] Para un marxista como Goldmann, la libido jamás podría explicar de manera satisfactoria el significado de una creación cultural, porque no es posible reducir a un simple anhelo individual la significación de una obra de arte, de un pensamiento filosófico o de una creación colectiva. Pesa sobre el psicoanálisis la acusación de ahistoricismo, con la que no están de acuerdo todos los exégetas, que no consideran fundado interpretar así el planteamiento de Freud: "Tampoco podemos atribuirle una validez ahistórica: si es capaz de explicarnos la constitución del sujeto y la organización de la diferencia sexual en el seno de la cultura, está limitado, al mismo tiempo, por la historicidad del universo simbólico en el que se inscribe. Sólo en la medida en que reconozca la historicidad de su objeto de estudio y *su* propia historicidad, el psicoanálisis puede conjurar el peligro de servir como fundamento teórico, en el plano de la subjetividad, del *statu quo*, ya sea voluntaria o involuntariamente. Si postulamos un orden simbólico universal, ajeno a toda contingencia histórica, corremos el riesgo de trasponer lo *imaginario* a lo *simbólico* y confundirlo con un orden social dado" (Tubert: 2000, 279).

justes que se hayan podido cometer en su nombre. Creo, sin embargo, que la influencia más honda del pensamiento freudiano es aquella que ha ayudado a formar una idea del ser humano y la complejidad de su psiquismo. En el campo que nos ocupa es capital su contribución para un nuevo concepto de texto, que desborda la idea de un objeto fijo y estable con un sentido único, y el haber convertido el lenguaje en un instrumento que ayuda a descifrar el complejo psiquismo del hombre.

La aportación más importante de las ideas de Freud a los estudios literarios no pasa por la aplicación más o menos acertada de sus ideas. Es verdad que algunas de estas aplicaciones nos muestran aspectos de la literatura que, de otro modo, habrían permanecido en la sombra. Sin embargo, creo que no es en esa clase de estudios donde se ve más honda la huella de Freud. El acto del psicoanálisis supone la búsqueda de significados encubiertos en un relato –significados que nunca llegan a alcanzarse del todo–, lo que quiere decir que hasta cierto punto es una hermenéutica, pues abrió un camino para investigar cómo se crean y descubren significados. Freud y muchos de los psicoanalistas que han seguido su estela señalan que la vida psíquica de las personas se nos muestra como una serie de voces no necesariamente unificadas ni unificables en la que toman forma fantasmas del pasado o personajes de la infancia que aún viven y hablan. Los conocemos sobre todo por la palabra y ésta, la palabra, fue una de las grandes preocupaciones que aparece patente en la obra del maestro vienés. Su interés por los matices de la narración en los sueños (una perífrasis, el uso de unos tiempos verbales, etc.) se percibe una y otra vez (es destacable el caso de *La interpretación de los sueños*). Los fallos, los equívocos, permiten al psicoanalista escuchar lo que el sujeto no quiere decir, quizá porque no lo sabe. Pero la búsqueda de lo oculto en el relato de los sueños o de los recuerdos no se orienta hacia un referente o hacia un significado concreto, sino que sucede en la cadena del discurso, tal y como explica Silvia Tubert:

> "Los sueños no tienen un significado dado; los efectos de significación emergen de la interpretación misma; no hay una búsqueda en las *profundidades*: es en la superficie de las cadenas asociativas donde se *crean* relaciones de sentido." (Tubert: 2000, 308)

La larga experiencia clínica de Freud le mostró que la relación entre el signo y aquello a lo que remite no es unívoca, que el significante no remite al significado, sino a una cadena de asociaciones. El relato que analiza el psicoanalista está construido con palabras, es decir, que el sueño se traduce verbalmente, para poder tomar cuerpo en la conciencia, aunque no debe afirmarse que el relato equivale al inconsciente. No se debe equiparar el lenguaje con el inconsciente, sino que se debe operar con otra fórmula: "operaciones inconscientes de condensación y desplazamiento = procedimientos metafóricos y metonímicos actualizados en el discurso del sujeto" (Tubert: 2000, 227).

Sin embargo, y reconociendo las ambigüedades y errores que están en la base del lenguaje, hablamos de texto del sueño. El relato que se elabora en la consciencia no es una transcripción de un texto que estaba en otra parte, oculto bajo la forma del inconsciente. La verdad, el sentido último del texto no está en ninguna parte y el significado es algo que se construye *a posteriori*. No hay un texto del sueño antes de ser interpretado, ni es posible fotografiarlo o tener alguna clase de conocimiento empírico. El original del relato del sueño no existe, de ahí que sea esencial la actitud de escucha del psicoanalista, su perspectiva, ese *futuro anterior*, como decía Lacan, que le permitirá ponerse en el camino de la interpretación, de la traducción. Es sintomático, explica Tubert, que Freud articulara en un mismo párrafo las referencias al límite de la interpretación y a la emergencia del sentido:

> "Hasta en los sueños mejor interpretados debemos dejar una parte en la oscuridad, porque en la interpretación observamos que allí comienza un ovillo de pensamientos (latentes) que no se puede desenredar pero que tampoco ha hecho otras contribuciones al contenido (manifiesto) del sueño. Éste es el ombligo del sueño, el lugar en el que se superpone a lo desconocido. Los pensamientos (latentes) del sueño, que se alcanzan con la interpretación, quedan en general sin concluir y fluyen en todas las direcciones por el tejido reticular del mundo de nuestros pensamientos. En el punto más denso de esta malla se eleva entonces el deseo del sueño como el hongo brota de su micelio." (Freud, *O.C.* I, 543)

No puede trazarse un límite a las secuencias asociativas, no hay un "hasta aquí" o un sentido definitivo al que podamos llegar. La interpretación tiene un límite que está más acá del límite de los pensamientos o de las palabras. No hay un significado más allá de esa frontera, podríamos decir con el primer Wittgenstein. Fuera de los confines del lenguaje se encuentra lo incognoscible.[109]

---

[109] "El psicoanálisis, como método de interpretación, (...) excluye la *restauración* del sentido. A lo que remite el análisis es a la historia del sujeto, en tanto esa historia no se confunde con el pasado sino que es una reconstrucción, una construcción, un trabajo de *creación de sentido*. No hay iluminación, revelación, emergencia de un sujeto *verdadero*; nos vemos enfrentados permanentemente con la división, la fragmentación, la multiplicidad." (Tubert: 2000, 308)

5.

LITERATURA Y SOCIEDAD

5.1. Literatura y sociedad

Harald Weinrich ha recordado que cuando leyó en 1948 *Literatura Europea y Edad Media latina* lo hacía como un joven alemán que veía en la continuidad entre la literatura occidental y la Edad Media latina una oportunidad única para reintegrar a Alemania en la antigua familia del pensamiento civilizado (Weinrich: 1978). Sin embargo, críticos de izquierdas consideraron poco tiempo después que Curtius era una de las figuras destacadas del movimiento iniciado por Adenauer, que había reinventado el humanismo europeo como una estrategia ideológica con el propósito de ayudar a la aparición del capitalismo en Occidente. Para ellos, Curtius era una especie de humanista de la guerra fría. En los años sesenta la sociología alcanzó una enorme fuerza y el humanista al estilo de Curtius perdió mucho terreno del que había conquistado cuando apareció su libro. Marx lo reemplazó en la orientación de una parte de los estudios literarios.[110]

La atracción que sintió una generación de estudiosos hacia el marxismo es anterior a los años que siguieron a la Segunda Guerra Mundial. El primer marxismo transmitió la convicción de que estudiando la historia a la luz del materialismo histórico era posible comprender las leyes del devenir humano y contribuyó, además, al avance del proceso de secularización y a venerar los descubrimientos científicos. La inocencia de la "ilustración marxista" acabó con la primera guerra mundial, pero el marxismo se transformó y adquirió nuevos desarrollos. Es incuestionable la pujanza de la llamada *Gran Jena cosmopolita* de entreguerras, formada por autores de enorme peso en la tradición cultural europea: Brecht, Lukács, Bloch,

---

[110] Las reacciones no ya contra Curtius y la clase de saber filológico que representaba, sino contra el estructuralismo y contra movimientos que no fueran de inspiración marxista son muy numerosas. A mediados de los años sesenta Henri Lefèvre decía en *L'Homme et la société* que el estructuralismo era un "un racionalismo ahistórico", un nuevo eleatismo, una fobia antihistórica propuesta por un cientifismo afín a la tecnocracia de la época de De Gaulle.

Adorno, Gramsci, etc., bajo cuyo escrutinio, "la unidad ingenua de la certeza científica, la política pragmática, la solidaridad de grupo, etc. se rompió en pedazos" (Heller-Féher: 1986, 119).[111] Tras la Segunda Guerra Mundial, los supervivientes de esta amplia tendencia alcanzaron un renombre mayor. La política de izquierdas se imbricó con las prácticas culturales y el discurso de numerosas disciplinas. Las teorías marxistas se difundieron con extraordinaria fuerza y este hecho desborda el campo de los estudios literarios. Como es sabido, en el marxismo hay al menos dos componentes: uno es el estudio científico de la sociedad y el otro, trazar una estrategia política que conduzca hacia el socialismo. En teoría, el sistema de representaciones fundamentado en el estudio de la realidad debería conducir al éxito de la estrategia. Las concepciones teóricas contrastan su validez en la praxis. Nadie se hace marxista por razones culturales o literarias, sino por motivos ideológicos. La relación entre marxismo y arte es compleja y se refiere a varios campos: la teoría y la crítica literaria, la creación y la acción política. Frente a la concepción de que el arte es la expresión de la belleza o de la psique del autor, la literatura y la crítica se convierten para los marxistas en una fuerza que lucha en favor de la transformación de la vida de los hombres.

Algunos historiadores han señalado que los hechos que determinan lo esencial del siglo XX empiezan con la Primera Guerra Mundial y terminan con la caída del muro de Berlín, y en este período de tiempo el marxismo ha sido uno de los grandes vectores de fuerza de la historia occidental. Pero hay que reconocer que los cambios históricos de los años ochenta y noventa, la aparición de atractivos y (aparentemente) novedosos métodos de análisis para relacionar literatura y sociedad han propiciado no ya el descrédito del marxismo –en muchos casos bien merecido por su opacidad, su dogmatismo y su simplificada visión de la realidad– sino el olvido absoluto de lo que ha supuesto en los estudios literarios.

En algún lugar dice Octavio Paz que uno de los rasgos que definen la época moderna es la exaltación del cambio, que ha llegado a convertirse en uno de sus fundamentos: "Diferencia, separación, heterogeneidad, pluralidad, novedad, evolución, desarrollo, revolución, historia: todos esos nombres se condensan en uno: futuro" (1987, 36-37). Es cierto que nunca se había envejecido tanto y tan pronto como ahora. Nuestros libros de crítica, nuestras historias de la literatura, nuestras antologías y nuestras bibliotecas están llenas de libros que sentimos envejecidos. Pero la rapidez con la que parece que todo cambia no debería impedirnos echar la vista atrás de vez en cuando y frenar este vértigo. Con todos los errores que se quiera, los estudios literarios de inspiración marxista han intentado incorporar,

---

[111] "No fue sino después de la primera guerra mundial cuando las corrientes intelectuales influyentes cuajaron en torno a la *cultura de los intelectuales*. (...) Entre 1917 y 1933, la mayoría de los intelectuales europeo-occidentales pasaron por una fase más o menos suave o fuerte de 'infección' radical. Pocos siguieron en el seno de la cultura marxista, pero en la mayoría de ellos pueden discernirse huellas de esa 'infección juvenil' hasta mucho más tarde." (Heller-Féher: 1986, 121).

mediante categorías y conceptos que hoy nos parecen superados, la trascendencia de lo económico y lo político en la interpretación del fenómeno literario. Tanto psicoanálisis como marxismo son dos teorías totalizadoras que pretenden dar cuenta de la *verdadera* realidad del hombre, aquella que parece oculta en lo inmediato, en la simple representación del mundo.[112] Estamos, en ambos casos, ante una manera de entender y analizar la realidad que no nació destinada al análisis literario, pero que se ocupó de la literatura.

Los partidos marxistas, los intelectuales que militaban en la ortodoxia y los que se apartaron de ella crearon una constelación de documentos de muy desigual interés sobre la relación entre arte y literatura. No debemos comparar a Lúkacs, Goldmann, Bloch y los pensadores de origen marxista como Adorno y Walter Benjamin, con los temibles y grotescos funcionarios comunistas –protectores que vigilaron la ortodoxia marxista y su ciencia oficial– y la aplicación vulgar de unos cuantos principios. Es incuestionable que en su momento el análisis marxista de la realidad presentó a los teóricos de la literatura una serie de premisas que supusieron un planteamiento novedoso, una particular manera de encaminar la crítica, por más que algunos la consideren hoy un resto momificado sin el menor interés.

Las primeras teorías marxistas de la literatura han permitido el desarrollo de una clase de explicación que supone optar por algo más que por un método entre otros, pues se parte de una concepción del mundo según la cual los hechos humanos están determinados por unos condicionantes económicos y sociales –es decir, históricos–, y que las obras literarias son consecuencia de ellos. En el fondo, mencionar unidos "Literatura y sociedad" supone que uno confía en que ambos mundos deben relacionarse y no estudiarse por separado.

Hablar de literatura y sociedad exige remontarse (en los márgenes temporales en los que se mueve este libro) al desarrollo del positivismo, es decir, cuando comienza a pensarse la realidad como algo objetivo que puede abordarse mediante un conocimiento científico. Pero la necesidad de integrar los hechos literarios en la historia de las sociedades humanas es un descubrimiento casi contemporáneo de los inicios de la ciencia histórica tal y como se entendía a finales del siglo XVIII, es decir, requiere tener en cuenta la obra de Vico, Schlegel, Schiller, Madame de Staël y desde luego Hegel. La obra de Madame de Staël, *De la littérature considérée dans ses rapports avec les institutions sociales* (1800) es una referencia obligada para todos aquellos que desean trazar una historia de las relaciones entre literatura y sociedad. El profesor Leenhardt decía con gracia que esta escritora había inaugurado una tradición sociológica que nunca definirá con precisión las relaciones entre la

---

[112] No debe ignorarse, por lo demás, la analogía que aproximaba, en sus métodos, a Freud y Marx: "Ambos, resueltos a crear una obra de sabio, se aplican a descubrir en el hombre y en la sociedad un fondo *latente*, algo disimulado, disfrazado, pero esencial: la sustancia elemental, la materia prima, los lazos materiales por los que los hombres entran en relación con el mundo y con sus semejantes" (Starobinski: 1974, 207).

sociedad y la obra, o entre la sociedad y el escritor, pero que no dejará de afirmar la existencia de tales relaciones. El estudio de esta relación parece que siempre está necesitado de precisiones. Se ha partido a menudo de generalidades muy vagas e imprecisas, que satisfacen a todos ("la obra literaria está estrechamente vinculada a la sociedad"), pero que no siempre han ofrecido herramientas conceptuales suficientes que permitan dilucidar cómo se articula la relación entre el mundo y la literatura.

Como tendremos ocasión de comprobar, la preocupación mayor de los investigadores en el campo literario ha sido el estudio lingüístico de los textos, el estudio de los rasgos que permiten determinar por qué es literaria una obra. El interés por aclarar cómo se relacionan los textos y la sociedad no ha tenido un desarrollo de la misma magnitud. No voy a recordar ahora los avances de la semiótica y la pragmática, sino aquellos que han nacido de planteamientos que, si bien no todos son de origen marxista, han nacido al calor de reflexiones inspiradas en un pensamiento que considera la literatura como una institución social. Me refiero al interés por la procedencia y condición social de los autores (aristócratas, burgueses y proletarios en la historia de la literatura), así como por sus ideas políticas y sociales como ciudadanos y su grado de integración en el proceso social (desde el escritor "siervo" al *poète maudit*). Me refiero al interés de aquellos estudios que han investigado el grado de dependencia de los escritores respecto de la clase dominadora o las fuentes económicas que le permitían subsistir, y la necesidad de trazar una historia del autor en la sociedad: desde el aedo de la Grecia clásica y el narrador de leyendas del Oriente, hasta los juglares y trovadores, los humanistas del Renacimiento y los mecenas, la imprenta y los editores.

El estudio de la base económica de la literatura y de la condición social del escritor aparece unido al conocimiento del público al que se dirige y del cual depende económicamente. No escasean los estudios sobre el papel desempeñado por instituciones sociales y asociaciones como el salón, el café, la academia y la universidad. Capítulo aparte merece el papel del Estado y su intervención en el apoyo o en la prohibición de la lectura, su control mediante la censura o la quema de libros. Los estudios que relacionan las obras literarias y sus creadores, la sociedad y el momento histórico en que nacen, la orientación política que las inspira y la metodología necesaria para abordar su estudio constituyen hoy un campo enorme de trabajo. Muchos guardan todavía reticencias ante este planteamiento, pero el esfuerzo por explicar mediante categorías, más o menos acertadas, la relación entre la literatura y la sociedad es una constante en los estudios literarios desde hace ya varias décadas. Son muchos los campos de estudio que convergen en un hecho indiscutible: la literatura es, entre otras muchas cosas, una realidad social. Lo señalaba con su brillantez habitual José-Carlos Mainer:

"La literatura (...) es una institución social que requiere sus sacerdotes, sus administradores o mercachifles y sus clientes; que exige a todos un grado de cualificación e iniciación (la alfabetización en el caso de la literatura escrita, el dominio de unas convenciones mínimas en todos los casos); que segrega socialmente con la misma eficacia que el *status* económico (compárense, sin ir más lejos, el 'donoso escrutinio' de la biblioteca quijotesca, donde los buenos libros de caballerías conviven con los poemas épicos, y el 'pequeño escrutinio' de la biblioteca caballeresca del ventero, donde algún libro barato de aventuras comparte el anaquel con historias de pliegos de cordel); que sirve, muy a menudo, a los poderes constituidos, ya sea por la vía de las censuras oficiales u oficiosas, ya por la que Althusser definiera como A.I.E. (Aparatos ideológicos del estado). Y aún se podría añadir más, porque si el más conocido objeto de la literatura es el libro, a su órbita pertenece también la revista literaria, el periódico, el índice inquisitorial, el variado concepto –privado o público– de biblioteca, el *scriptorium* antiguo y la imprenta moderna, el lugar de venta de libros, y, en el caso tan fronterizo de la literatura dramática, una espesa trama de realidades intermedias que se interponen entre el texto y su plasmación escénica." (Mainer: 1988, 103)

5.2. Una nota sobre el marxismo y los estudios literarios

Los enfoques sociológicos de las obras literarias, sean marxistas o no, han alimentado el amplísimo territorio del pensamiento sobre la relación entre literatura y sociedad. Asomarse a este intrincado espacio, que pocas veces se contempla desde la neutralidad, causa vértigo. En teoría, la obra de quien se siente marxista no es subjetiva ni obedece a estimaciones personales. El rigor de la crítica que cultiva se debe a la supuesta solidez de la filosofía que la sostiene. Las teorías marxistas de la literatura no son simplemente sociológicas y no deberían reducirse a un método más.

Las obras literarias, por más alejadas que parezcan del mundo en que surgen, guardan una relación inevitable y necesaria con él. En el fondo de esta aseveración late la idea fundamental de que no es la conciencia de los hombres la que determina su ser, sino al revés: es su ser social el que determina su conciencia.[113] La crítica literaria marxista, deudora de toda una concepción filosófica, se consagró a explicar la influencia de razones económicas en la literatura y a señalar cómo ésta debía ayudar en el camino hacia el socialismo. A la hora de mencionar las aportaciones del marxismo a los estudios literarios, es imprescindible recordar las figuras de Gramsci, Lukács, Goldmann, Adorno, Althusser, Williams, Macherey y Galvano della Volpe. Existen notables diferencias entre ellos, pero hay rasgos que justifican el agrupamiento. Todos se preocuparon de los problemas generales de una teoría

---

[113] "Lo que nos interesa conservar de los trabajos de los críticos freudianos y marxistas, o de la crítica sartriana (deudora de Freud y de Marx simultáneamente), es que no existe imaginación *pura*, no hay imaginación que no sea un comportamiento, animado por un vector afectivo o ético, y orientado positiva o negativamente en relación a un dato social." (Starobinski: 1974, 153)

del arte (y con mayor o menor énfasis de una teoría del arte literario) y algunos propusieron directrices para juzgar los logros específicamente artísticos de los textos considerados. Para ellos, el juicio estético debe relacionarse con el mundo social e histórico, que proporciona la matriz de las significaciones. El valor estético no puede ser aprehendido sino en relación con la dimensión social del texto.

Cuando un crítico marxista analiza la literatura, parte de la convicción de que no se dedica a materias de opinión, sino a una realidad que es fruto de condicionantes políticos y sociales objetivos. Lo esencial de la práctica lukácsiana (no siempre la de los críticos o historiadores de la literatura que se llaman marxistas) es el estudio detenido de un texto literario a la luz de cuestiones sociales de largo alcance. El punto de arranque es el escritor, una obra concreta, y a partir de aquí, la argumentación del gran maestro húngaro se desplaza a niveles muy superiores mediante divagaciones muy complejas.[114] La categoría esencial en el pensamiento de Lukács es la de *totalidad*, que resulta también esencial en Goldmann. En *Historia y conciencia de clase*, Lukács llegó a sostener que lo que distinguía de manera decisiva el marxismo de la ciencia burguesa no era tanto el predominio de los motivos económicos a la hora de explicar la historia, sino la noción de totalidad. En la sociedad burguesa, la posibilidad de abarcar el mundo como un todo ya no es inmediata. La división del trabajo impuesta por el capitalismo, la explotación del hombre, la lucha y antagonismo de clases y las contradicciones sociales inherentes a la sociedad burguesa desintegran la conciencia de totalidad. La aprehensión del todo ya no puede ser espontánea. La alienación nos hace percibir el mundo como una serie de fenómenos inconexos y es necesario estructurar lo real para ver bajo las apariencias, las leyes y relaciones entre los datos que nos llegan a la conciencia. Muchas veces los datos no nos permiten reconstruir la organización objetiva de la realidad, por lo que la visión del mundo es confusa, los datos se interpretan mal y se seleccionan sesgadamente, con lo que se producen obras literarias parciales que sólo dan cuenta de un aspecto y no de toda la realidad. Se produce entonces una hipertrofia, un error del escritor, que es incapaz de expresar la realidad y que está en flagrante contradicción con ella; de ahí expresiones como: arte decadente, burgués, parcial, deformador, escapista, cuando no fascista o reaccionario. Sin embargo, el novelista no debería renunciar a la totalidad como perspectiva. La obra artística supone no ya un reflejo del mundo sino su descubrimiento y su conocimiento. En este sentido, la verdadera literatura refleja la realidad, es decir, las objetivas circunstancias históricas y sociales anteriores a su representación artística, pero alcanzar este saber requiere una sólida búsqueda por parte del escritor. Cualquier obra literaria *verdadera* salta por encima de estilos o temas para presentar al lector una visión totalizadora de la realidad. En virtud de su concepción de esta imagen

---

[114] "El espíritu normativo que preside los estudios histórico literarios de Lukács y sus ensayos sobre escritores individuales remite a esa voluntad de construir una estética general que proporcione criterios para el juicio sobre las obras particulares." (Altamirano y Sarlo: 1983, 136).

del mundo y del sentido de la historia, Lukács condenó el arte de Flaubert y no consideró la obra de Dostoievski y menos la de Nietzsche. El gran pensador marxista explicó cómo detrás del arte novelístico de Balzac (que para él fue capaz de descubrir la estructura de la realidad y el motor del cambio histórico, aunque sus simpatías estuvieran del lado de la aristocracia) y el de Flaubert, se habían producido transformaciones sociales debidas al capitalismo, lo que permite explicar la escritura alerta y sensible hacia la realidad del primero y la escritura preciosista del segundo.[115] Para Lukács y para una parte del pensamiento marxista, el realismo determina el valor de las obras artísticas. El artista debe tender a la creación de obras que reflejen la realidad tal y como las concebía la *ciencia* del socialismo. Siguiendo esta estela se han simplificado a veces las ideas del pensador húngaro y se ha llegado a reducciones muy desafortunadas. Una versión de vuelo corto movió a considerar que el contenido era el criterio dominante a la hora de valorar las obras artísticas y llevó, como dice Domingo Ynduráin (1979), a la ingenua aplicación del paralelismo entre el análisis marxista de la realidad y el de la obra artística.

Para Lukács, la forma que toma la obra debe ser aquella que con mayor inmediatez permita acceder al contenido, no debe funcionar como obstáculo, no debe servir de distracción de la realidad que cuente el autor. El escritor debe aspirar a la máxima transparencia y no deformar los objetos que represente. Desde este punto de vista, el ideal sería que no existiera forma, lo que supondría identificar o superponer ambos planos: el mundo y la literatura. El ejemplo más hondo de este realismo lo ofrecen autores como Balzac o Thomas Mann. Musil o Joyce representaban para él la prolongación de las tendencias antirrealistas que había empezado a descubrir en Flaubert. El subjetivismo, la pérdida de una perspectiva global de la realidad y la visión angustiada del hombre en un mundo sin historia son rasgos que ayudan a definir la vanguardia, la experimentación. Lukács explicó con extraordinaria penetración el realismo francés, el desarrollo de la novela y mostró los caminos de territorios inexplorados como la novela histórica. Sus estudios sentaron las bases para un análisis de la literatura que hizo posible el pensamiento de críticos como Lucien Goldmann.[116]

---

[115] Vargas Llosa ha señalado el error que supone llamar sediciosa a una literatura que no desarrolla en los lectores una conciencia alerta respecto de las imperfecciones del mundo real. *El Gatopardo* de Lampedusa fue rechazada por numerosos editores hasta ver la luz en 1957. Eran los años de la literatura comprometida y se consideraba que un escritor, por grande que fuese, debía tomar en cualquiera de sus obras una posición moral y políticamente correcta a favor de la justicia y del progreso. Así las cosas, *El Gatopardo* no podía ser gran literatura por su nulo compromiso, pero como nos recuerda Vargas Llosa, la obra maestra de Lampedusa, "vino a recordar que el genio era más complicado y arbitrario y que, en su caso, objetar la noción misma de progreso, descreer de la posibilidad de la justicia y asumir de manera resuelta una visión retrógrada –y aún cínica– de la Historia, no era obstáculo para escribir una imperecedera obra artística" (Vargas Llosa: 2002, 296).

[116] Cierta cáfila de funcionarios comunistas se encargó de mostrar que los temas y autores que había elegido Lukács (Goethe, Walter Scott, Flaubert o Heine) eran propios del rancio conservadurismo

5.3. Individuo y sociedad

La compleja relación que une y separa al individuo con la sociedad es uno de los grandes temas de la investigación de origen marxista, y resulta particularmente importante para nuestro campo. Entre quienes mejor teorizaron sobre los vínculos que unen las ideas políticas y sociales con la literatura, debe recordarse a Lucien Goldmann y su propuesta de un *sujeto colectivo*. Es lamentable el temprano fallecimiento de este gran crítico, porque su vasto conocimiento y su finura intelectual nos habrían dejado trabajos todavía más importantes que los que escribió.

Goldmann estudia los textos para comprobar en qué medida recogen la visión del mundo, de la clase o grupo social a que pertenece su autor. Cuanto más se acerque un texto a la articulación más completa de esa *visión*, más clara será su validez artística.[117] Las obras literarias no deben verse sólo como creaciones de individuos sino de un *sujeto colectivo*, de unas *estructuras mentales trans-individuales*, es decir, de las ideas y valores que comparte un grupo. De acuerdo con estos principios, la interpretación de una obra literaria no consiste en señalar sus rasgos lingüísticos inmanentes. Para entenderla en su más amplio significado debe recurrirse a las estructuras sociales, que dan cuenta de su génesis en una situación concreta. Goldmann llamó e*structuralismo genético* a este modo de abordar el estudio de la literatura. *Estructuralismo* quiere decir que se interesa por la estructura de las categorías que configuran determinada visión del mundo, lo que ayuda a explicar que dos autores que nos parecen muy distintos pertenezcan a la misma estructura colectiva mental, al mismo sujeto colectivo. *Genético* quiere decir que el crítico ha de ocuparse del modo en que esas estructuras mentales se producen históricamente. El *estructuralismo genético* se ocupa, en definitiva, de las relaciones entre una visión del mundo y las condiciones históricas que la hacen posible. La estructura significativa que yace en el fondo de una obra no se explica poniéndola en relación con la psique del autor o con una totalidad abstracta. Se trata de insertar la estructura significativa de la obra en los grupos y clases de una sociedad dada:

---

europeo y que el estilo de sus libros era inaccesible para el lector proletario. Por su parte, algunos críticos posmodernos han denunciado la dependencia de Lukács del marxismo como relato único, un metarrelato (era imposible que un marxista pensara *de otra manera*). Comprendo que, a estas alturas, salir en defensa del teórico húngaro (cuya visión de la realidad y de la literatura no comparto) es un anacronismo. Considero, sin embargo, que leer a este autor (y, sobre todo, llegar a poseer una formación filosófica, un caudal de lecturas tan amplio y una penetración intelectual como la suya) es bastante más complejo que despachar su pensamiento con cuatro simplezas de manual, tal y como se ha hecho desde las dos perspectivas recordadas.

[117] "El escritor importante es precisamente el individuo excepcional que consigue crear en cierto campo, el de la obra literaria o pictórica, o conceptual, o musical, etc., un universo imaginario, coherente o casi rigurosamente coherente, cuya estructura corresponde a aquella hacia la que tiende el conjunto del grupo; en cuanto a la obra, resulta más mediocre o más importante a medida que se aleja o se aproxima a la coherencia rigurosa." (Goldmann: 1975, 227)

"Las relaciones entre la obra verdaderamente importante y el grupo social que –por mediación de su creador– resulta *ser, en última instancia, el verdadero sujeto de la creación*, son el mismo orden que las relaciones entre los elementos de la obra y su conjunto. Tanto en un caso como en otro, nos encontramos ante relaciones entre los elementos de una estructura comprensiva y la totalidad de ésta, relaciones que son, a la vez de tipo comprensivo y explicativo." (1975, 224)

La vida de un solo individuo es tan breve que no puede crear una estructura mental ni influir en la realidad. Así las cosas, la hipótesis fundamental del estructuralismo genético es que el carácter colectivo de la creación literaria proviene del hecho de que las *estructuras* del universo de las obras son homólogas a las *estructuras* mentales de ciertos grupos sociales. El *estructuralismo genético* permite concebir desde el principio de manera unitaria el conjunto de los hechos humanos y, además:

"ser a la vez *comprehensivo* y *explicativo*, ya que la puesta en claro de una estructura significativa constituye un proceso de *comprehensión*, mientras que su inserción en una estructura más vasta es, respecto de ella, un proceso de *explicación*. (1975, 230).

Racine, el jansenismo y Port Royal son realidades literarias, ideológicas y políticas que aparecen para él claramente relacionadas. En efecto, en *Le dieu caché* (*Étude sur la vision tragique dans les* Pensées *de Pascal et dans le théâtre de Racine*) demostró la existencia de una homología entre el teatro de Racine y el jansenismo de Port Royal. En la obra de este dramaturgo hay una estructura constante de categorías –Dios, Mundo, hombre– que, con todas las variaciones y matices que se quiera, ofrecen una visión del mundo común a toda su literatura. Esa visión procede del jansenismo, movimiento religioso que inspira a su vez a la *noblesse de robe*. Con ello Goldmann probaba la existencia de unas relaciones estructurales entre los textos literarios, la visión del mundo y la historia. En definitiva, lo que se demostraba es que la existencia social precede a la conciencia, pues es infinitamente más amplia.

5.4. El reflejo como teoría

El precepto del realismo socialista según el cual la literatura debería reflejar la realidad y mostrar ciertas actitudes políticas, está profundamente arraigado en la crítica marxista. Marx no llegó a teorizar sobre cómo debía reflejar la literatura el mundo que le rodeaba, y no utilizó la metáfora del reflejo, pero esta teoría es uno de los argumentos con los que la crítica marxista hizo frente a las teorías formalistas.[118]

La idea de que el arte es reflejo de la estructura social aparece en numerosos textos marxistas y recibió su mejor formulación en las obras de Lúckacs. La discusión sobre la pertinencia o no de esta teoría estuvo vigente mucho tiempo y ha estado sujeta a una controversia enorme. El propio teórico húngaro llegó a sostener que los escritores no podían limitarse a reflejar el vacío o la indolencia de las clases burguesas y que debían avanzar más allá de esa decadencia. Pero el papel de la literatura en la sociedad y el papel de la crítica no eran fáciles de determinar, salvo, como dice Erlich, para los sabihondos marxistas lenininistas que dirigían el partido comunista. A pesar de las enormes dificultades para fundamentar la idea del reflejo, todavía en 1979 Rodríguez Puértolas, Blanco Aguinaga y Zavala consideraban, con algunos matices, que la teoría del reflejo era una manera fructífera de aproximarse a la literatura:

> "Es fundamental *ante todo* acercarse a la obra literaria desde la voluntad de reconocimiento científico de las condiciones materiales de vida, de las relaciones de producción existentes en el momento histórico del cual, de alguna manera, la obra es reflejo ideológico. Todo lo cual nos lleva a una de esas teorías básicas de la crítica literaria marxista, la del *reflejo*, inseparable, por lo demás, de la idea del arte como forma de *conocimiento* y –por lo tanto– de *praxis*. (...) En buena medida, el término *reflejo* es desafortunado, ya que nos remite tradicionalmente a la imagen del espejo que reproduce 'fotográficamente' lo que frente a él aparece, sin que entre dicho espejo y la realidad medie la visión subjetiva de quien *trabaja* directamente la realidad (reflejo cotidiano), de quien la conceptualiza de manera abstracta (reflejo científico) o quien la transforma *estéticamente* (reflejo artístico)."[119]

Paul Macherey (1967) proponía estudiar la relación entre las obras literarias y la historia sin hacer primar sólo su contenido, y superar la explicación mecánica que no deja ningún espacio a las complejas relaciones que se producen entre infraestructura y superestructura. La obra es, en efecto, un reflejo que transforma y que, además, es necesariamente fragmentario. Por otro lado, las obras literarias no

---

[118] Erlich recuerda que la oposición marxista al movimiento formalista no era sólo cuestión de una lucha por el poder en la ciencia literaria rusa, sino que suponía un serio desafío a la primacía del materialismo histórico, proclamado por los críticos soviéticos como único enfoque legítimo de la literatura y la sola doctrina digna de la era revolucionaria: "Las tesis del joven Jakobson y de Sklovskij, que negaban la importancia de las consideraciones ideológicas, eran anatema para los teóricos que consideraban la literatura como un arma en la lucha de clases, como un medio poderoso de 'organización de la psique nacional. (...) Durante los primeros años de la Revolución, la mayoría de los sabihondos marxistas-leninistas decidieron ignorar o minimizar la 'amenaza formalista'. (...) Pero luego se vio con claridad que el desafío formalista exigía una refutación más consistente" (Erlich: 1974, 141-42).

[119] *Historia social de la literatura en lengua castellana*, Madrid, Castalia, I, pp. 1978, 23-24.

son objetos macizos en los que toda palabra pueda explicarse mediante su correspondencia con la realidad, y será necesario distinguir entre reflejo, digamos, objetivo, y deformación subjetiva, es decir, una serie de elementos que a menudo se contestan unos a los otros... Los silencios de aquellos aspectos de la realidad que deberían aparecer en el texto son una expresión sin representación. El espejo es expresivo tanto por lo que no refleja como por lo que refleja.[120]

Las relaciones entre la obra literaria y la sociedad ha sido uno de los permanentes temas de reflexión entre teóricos marxistas. Ya he señalado en el prólogo que el objetivo de este libro no es presentar las aportaciones completas de ninguna tendencia. No obstante, permítaseme recordar algunas reflexiones de origen marxista que han arrojado luz sobre los estudios literarios. Terry Eagleton ha propuesto estudiar las obras literarias a partir de unos niveles que se relacionan y articulan en un proceso continuo, con la intención de capturar o definir el inasible espacio en el que se mueve lo literario. Ninguna categoría es suficiente para determinar por sí sola qué es la literatura, cómo y por qué surge. Para ello, propone conocer, en primer lugar, el *Modo general de producción* (el feudalismo, el capitalismo) que es dominante en la sociedad que produce unos textos; en segundo lugar se refiere al *Modo literario de producción*, que se define como una unidad de ciertas fuerzas y relaciones sociales de la producción literaria en una determinada formación social (por ejemplo, en los estudios sobre la imprenta). En tercer lugar destaca Eagleton la *Ideología general*, constituida por los discursos acerca de creencias y valores que están relacionados con las estructuras de la producción material, y que reflejan las relaciones entre las experiencias vividas de sujetos individuales con las condiciones sociales en que se producen. Esta *Ideología general* no siempre estará de acuerdo con el *Modo literario de producción* y el *Modo general de producción*. La clase social, el sexo, la nacionalidad, las creencias, etc., componen la *ideología del autor*, que se insertará o no de manera armoniosa en la *Ideología general*, pues entre ambas puede haber homología efectiva o una profunda contradicción (como puede haberla entre la ideología del autor y la expresada en la obra literaria). La *Ideología estética* es, sin duda, el estrato más complejo, que interesa desde el papel de la estética o de la cultura dentro de una determinada formación social, el carácter más o menos avanzado de algunas realizaciones literarias, etc. Y finalmente, el texto, que es el producto que nace de la convergencia de los elementos mencionados antes.

---

[120] "La consecuencia más perjudicial de cualquier teoría del arte considerado como reflejo es que, a través de su persuasiva metáfora física (en la que hay un reflejo cuando, según las propiedades físicas de la luz, un objeto o movimiento entra en contacto con una superficie reflejante: el espejo, y, luego, la mente), tiene éxito en su propósito de suprimir el verdadero trabajo sobre lo material –en un sentido definitivo, sobre el proceso social material– que constituye la producción de cualquier trabajo artístico. Proyectando y alienando este trabajo material a un *reflejo*, fue suprimido el carácter material y social de la actividad artística, del trabajo artístico que es a la vez 'material' e 'imaginativo'." (Williams: 1980, 118)

5.5. Sociologías de la literatura

Sólo con mencionar el sintagma "sociología de la literatura" se abre la caja de los distingos y clasificaciones sin cuento. Sociología de la literatura no significa lo mismo para un estudioso marxista que para un sociólogo de otra tendencia, ni significaba lo mismo en la década de los años sesenta que a finales de los noventa. Una orientación de la sociología de la literatura tomará en consideración elementos supuestamente exteriores al texto literario: la posición del autor en la sociedad, el mercado del libro, el público de una época o a través de las épocas, etc., y otra adoptará una perspectiva distinta y se enfrentará a las obras literarias considerando que están mediatizadas por estructuras sociales y económicas (lo que significa analizar la sociedad y sus transformaciones históricas en el texto). Otro planteamiento sociológico tiene como objeto de estudio la sociedad como lugar del consumo literario y otra se refiere a la sociedad como sujeto de la creación literaria.

Es verdad, como recordaba Heinrich Böll, que sabemos la cantidad de libros que se venden, pero ignoramos la calidad de lectura. Sin embargo, tambien es cierto que la intención de la lectura asoma a veces en las cifras de venta de libros o de número de espectadores, de suerte que no es imposible relacionar el consumo con aspectos ideológicos. El éxito que tuvieron algunas obras literarias que reclamaban la reconciliación en la larga posguerra española, como *El tragaluz* de Buero Vallejo, *Cinco horas con Mario* de Miguel Delibes o *San Camilo 1936* de Camilo José Cela, no puede reducirse a un simple éxito comercial, como bien ha indicado Mainer: "La evolución de las mentalidades se alió con la oportunidad de unos testimonios de elevada calidad media y con las expectativas de un mercado librero en acusada evolución" (Mainer: 1983, 106). Los ejemplos podrían multiplicarse.

Pero muchas veces el éxito es flor de un día. Sorprende y a veces resulta ilustrativo comprobar qué obras literarias eran alabadas en los siglos XVII y XVIII, qué óperas eran celebradas por los críticos de la época, para comprobar cómo ha seleccionado la posteridad. Sin una masa de literatura mala y efímera, no sería posible *El sí de las niñas*; sin los repetitivos libros de caballerías no habría sido posible *El Quijote*. Lo que pudo considerarse en su día una obra maestra no es más que carne de olvido. Conviene recordar que la idea de literatura es una convención social y también estética. *Literatura* no ha significado siempre lo mismo ni ha abarcado las realidades que contempla hoy. Esta tarea, consagrada a cada época, permitiría deshacer muchos equívocos y ponderar las actitudes del escritor respecto de su obra y la del público, así como establecer, por ejemplo, la frontera entre la *literatura* y lo que se ha llamado *subliteratura*. La delimitación es compleja, como señalaba el historiador español, porque en el primero de los casos señalados, es la concepción –mejor que el contenido– lo que distingue una de otra, porque el público de ambas es idéntico en principio; en el segundo caso, sin embargo, sucede a la inversa. El propio Mainer, sin embargo, prevenía sobre la dificultad de formular categorizaciones tajantes y recordaba unas consideraciones de Francisco Yndiuráin sobre los límites de la sociología literaria:

> "La verdad es que la historia de la literatura se ha venido haciendo, desde que existe, con criterios de muy reducido alcance: más o menos, era literatura lo que leían o consumían círculos selectos o sedicentes; y la inclusión o exclusión, resultados de unos gustos y principios, digamos, de escuela. La separación por motivos de calidad –y de calidad según criterios de grupo– ha tenido curiosas rectificaciones con el tiempo. El *Decamerón* fue considerado como subliteratura aunque no se emplease el término; y *El Quijote* no parece que tuviera muchas facilidades de acceso al Parnaso, en su tiempo. En el siglo XV el marqués de Santillana se refiere a los romances como obras con las que se contentan gentes de baja o servil condición." (*Apud* Mainer: 1983, 114) [121]

El *canon* de obras literarias no es fijo ni estable, por más que se hayan dado listas y nóminas cuya esencia consiste, precisamente, en ser discutidas. Muchas obras son consideradas en su época como *subliteratura* por la intolerancia del canon vigente hacia algunos géneros y formas. Esto no impide que hayan existido obras que siempre han querido permanecer en los márgenes de la subliteratura y nunca han pretendido salir de esa situación, aunque su modelo último haya sido la llamada gran literatura. Hay letras de canciones de la llamada copla española que utilizan estereotipos formales de la poesía de Lorca.

La relación entre la sociedad y la literatura siempre andará necesitada de teorías y conceptos que ayuden a perfilarla, y siempre aparecerán estudios que pongan en duda los vínculos establecidos para relacionar un mundo y otro. Pero la relación seguirá buscándose siempre. Si se cierran las puertas a la realidad, la realidad entra por las ventanas. Por lo demás, no han sido sólo los estudios nacidos del marxismo los que se han ocupado de tan decisivo asunto. Pragmática, semiótica y estudios culturales tienen en cuenta, por caminos muy diferentes, al público que lee o escucha, pero estas tendencias merecen otro capítulo. Desde Lanson a Escarpit, desde Lukács y Goldmann a Salomon y Köhler se ha recorrido un camino que es necesario conocer para comprender uno de los trayectos más frecuentados en los estudios literarios.[122]

---

[121] Tomo la cita del libro de Mainer. El trabajo de Francisco Yndiuráin proviene de "Sociología y literatura", en *De lector a lector*, Madrid, 1973, pp. 281-82.

[122] Köhler ha establecido de manera muy convincente la relación entre los elementos maravillosos que aparecen en los *romans* medievales franceses y cierta clase social. La literatura cortesana estaba ligada a los intereses sociológicos y culturales de la mediana nobleza y la caballería. El hecho de que esta literatura recurriese tan a menudo a estos elementos fantásticos se debe al deseo de esa capa social de oponer a la cultura eclesiástica (vinculada a la aristocracia), otra cultura que podía manejar a su antojo. No es casual que lo maravilloso esté tan integrado en la búsqueda de la identidad individual y colectiva del caballero individualizado (*La aventura caballeresca. Ideal y realidad en la narrativa cortés*, Barcelona, Sirmio, 1990 [1956]).

Permítaseme añadir, finalmente, una breve nota sobre la obra de Pierre Bourdieu (1930-2002) y su teoría del campo literario. Sus planteamientos no deben encajarse sin más en el de la sociología de la literatura, pero sus reflexiones han aportado mucha luz al modo en que puede abordarse la relación entre el escritor y la sociedad. No resulta, en efecto, fácil caracterizar a este intelectual en una corriente definida del pensamiento. Sus renovadores trabajos afectan a varias disciplinas y se discute en ámbitos diversos. Decir que es un sociólogo de la cultura no es falso, pero es una consideración insuficiente, porque se interesó por la filosofía (Heidegger) los intelectuales, la moda, los medios de comunicación, la teoría literaria o Flaubert, al tiempo que, ha sido un decidido activista contra "la mundialización de la economía". Sin embargo, al igual que sucede con Foucault o Derrida, es necesario traerlo a estas páginas para dejar constancia de sus intentos por clarificar la relación entre el escritor y el medio en el que realiza su tarea.

En los estudios literarios es muy frecuente que cuando un intelectual propone una teoría para una nueva comprensión de hechos culturales, ajuste primero cuentas con tendencias anteriores. Lo han hecho Jauss, Lotman o Bajtín, y Bourdieu no es una excepción. Bourdieu considera que es necesario superar la antinomia entre lo que él llama explicaciones internas y explicaciones externas del hecho literario. La primera concibe la literatura como un mensaje intemporal que excluye de su estudio referencias a factores sociales. En el origen de este planteamiento tiene una responsabilidad esencial la hermenéutica estructuralista (de la que después diré una palabra) que entiende que las obras culturales carecen de "sujeto estructurante" y pueden ser descifradas sin referencia a condiciones económicas y sociales de producción. Tampoco los análisis externos realizados por algunos de los autores que he recordado antes (Lukács, Goldmann, Borkenau o Antal) han explicado de manera conveniente la relación entre autor y sociedad. La conclusión que se extrae de algunos planteamientos marxistas, dice Bourdieu, es que el artista actuaría como una especie de 'medium'. Aunque se logren determinar las funciones sociales de la obra, es decir, los grupos o intereses a los que contesta o sirve, habremos avanzado poco en la comprensión del texto literario. El problema radica para él en que tanto marxismo como los análisis formales han ignorado la cuestión de la lógica interna de los objetos culturales y los grupos que los producen (juristas, intelectuales, artistas). Las sociedades modernas, dice Bourdieu, se organizan en campos, en espacios sociales de creación cultural, científica, jurídica, etc., que no responden a una lógica única, ni a una jerarquía que los unifique. Desde el punto de vista metodológico, ya no es posible acceder al estudio de la sociedad a partir de las nociones de estructura y superestructura, porque lo objetivo y lo subjetivo, lo simbólico y lo material son elementos indisolubles. Para hacer frente a las carencias de los análisis internos y externos, Bourdieu ha desarrollado la teoría mencionada. Los campos median entre estructura y superestructura, pero permiten una autonomía de estudio, pues presentan una lógica y organización peculiares.

Para Bourdieu es esencial atender al microcosmos en el que se producen obras culturales y estudiar las relaciones que sostiene cada agente o institución con los demás.[123] El campo vendría a ser el espacio en el que se enmarcan estas relaciones y en este ámbito se engendran las estrategias de los productores, la forma de arte que preconizan, las alianzas que sellan, las escuelas que fundan. Los determinantes externos invocados por los críticos marxistas sólo pueden ejercerse por mediación de las transformaciones de la estructura del campo, que ejerce un efecto de "refracción" parecido al de un prisma. Sólo si se conocen las leyes mediante las que funciona (su coeficiente de refracción, su grado de autonomía), podrán comprenderse los cambios en las relaciones entre escritores, entre los partidarios de los diferentes géneros, concepciones artísticas que suceden cuando se produce un cambio de régimen político o un reajuste económico.

El proceso del análisis de las obras culturales consiste en la correspondencia entre dos estructuras homólogas, la estructura de las obras (géneros, formas, estilos, temas) y la estructura del campo literario. La razón por la que se producen cambios en la cultura, por ejemplo los estudios literarios, reside, dice Bourdieu, en los conflictos que surgen de los campos de producción correspondientes. Estas luchas pretenden conservar o transformar la relación de fuerzas instituida. Las estrategias de los agentes y de las instituciones inscritos en estas pugnas, es decir, sus *tomas de posición* (específicas, es decir, estilísticas por ejemplo, o no específicas, políticas, éticas, etc.) dependen de la *posición* que ocupen en la estructura del campo, en la distribución de lo que Bourdieu llama "capital simbólico específico" y que, por mediación de las disposiciones constitutivas de su *habitus*, les impulsa ya sea a conservar ya sea a transformar la estructura de esta distribución (1997, 63-64).[124]

En el estudio realizado sobre la literatura francesa de la segunda mitad del siglo XIX, Bourdieu muestra cómo la imbricación del campo literario y el campo político movilizan una poderosa red de relaciones que une a escritores, periodistas, altos funcionarios, personajes de la alta burguesía fieles al Imperio y miembros de la corte. Sin embargo, el campo es un mundo relativamente autónomo con sus reglas y su lógica, porque impone los agentes y los objetos que pueden entrar en él. Se trata de un espacio de conflictos en el que los contendientes luchan por monopolizar el capital común. Los agentes que forman el campo (clases, grupos, instituciones) pugnan dentro de él para mantenerlo o cambiarlo. Su funcionamiento no puede reducirse a una única lógica. Por lo demás, los campos tal y como los define el pensador francés, no son entidades intemporales, sino que cambian, se desarti-

---

[123] "En el horizonte particular de estas relaciones de fuerza específicas, y de las luchas que pretenden conservarlas o transformarlas, se engendran las estrategias de los productores, la forma de arte que preconizan las alianzas que sellan, las escuelas que fundan, y ello a través de los intereses específicos que en él se determinan." (Bourdieu: 1997, 60)

[124] El *habitus* aparece como la mediación entre las condiciones objetivas y los comportamientos individuales. 'Hablar de *habitus*,' dice Bourdieu, 'es colocar lo personal como colectivo'. Es 'una subjetividad socializada'.

culan y vuelven a articularse de otra manera, es decir, se transforman. Para analizarlos es necesaria una investigación empírica que permita establecer las posiciones que ocupan los agentes o las instituciones que pugnan dentro de él y su posición en relación con otros campos.

5.6. Literatura y compromiso

En algunos momentos de la historia, la literatura quiere convertirse en un instrumento que ayude a cambiar el mundo, de la misma manera que lo hacen la política o la milicia. Los escritores adquieren una responsabilidad que va más allá de la calidad de sus creaciones y se empeñan en una tarea que trasciende su trabajo de fabuladores. El compromiso de la persona-escritor es incuestionable, pero se da un paso más: es el contenido de sus obras el que debe ayudar a transformar la realidad. No se trata sólo de que una novela o un poemario modifiquen alguna parcela del mundo, puesto que su mera aparición implica ya algún género de cambio; se trata de la influencia que ejercen sus versos o sus comedias entre los contemporáneos para que tomen conciencia de ciertos problemas. Esta idea puede resultarles a algunos profundamente ingenua, pero se ha creído en ella en determinados períodos de la historia. A mí no me cabe la menor duda de que la experiencia de leer influye en la vida de las personas y que los seres humanos no son los mismos antes y después de leer determinadas obras, pero de lo que se habla ahora no es de cambios en individuos aislados, sino de la transformación de la sociedad a través del arte y en este punto es esencial recordar el impacto enorme que sufrió toda una generación tras la lectura de *¿Qué es la literatura?* [1948] de Jean Paul Sartre. Se trata de uno de los ensayos más brillantes del pensador francés, que le llevaron a polemizar con autores de izquierda y de derecha, y que movió después a valorar la literatura en función de las respuestas que daba a las inquietudes de la época en que surgía. A raíz del ensayo no fueron infrecuentes trabajos de crítica dedicados a explicar cómo los autores y sus textos habían estado comprometidos con un poder o con otro.[125]

El ensayo de Sartre apareció poco después de acabar la Segunda Guerra Mundial. Tras una catástrofe de esas proporciones, no era de extrañar que un escritor

---

[125] Sartre atacó principalmente a Benda, autor a quien se ha situado dentro del conservadurismo, pero no escatimó críticas a la izquierda, en particular al partido comunista: "Si se me pregunta ahora si el escritor debe, para llegar hasta las masas, ofrecer sus servicios al partido comunista, contestaré que no; la política del comunismo staliniano es incompatible con el ejercicio honrado del oficio literario (...)" (1976, 223). "Pero puesto que somos todavía libres, no nos incorporaremos a los perros guardianes de P.C.; no depende de nosotros tener talento, pero, como hemos elegido el oficio de escribir, cada uno de nosotros es responsable de la literatura (...) Nosotros hemos tomado partido aunque nos replican que nuestra elección es ineficaz y abstracta, que es un juego de intelectuales si no va acompañada por la adhesión a un partido revolucionario. No lo niego, pero no es culpa nuestra si el P.C. no es ya un partido revolucionario" (1976, 229).

preocupado por el sentido de su tarea, se afanara en aclarar a sus contemporáneos el significado de su trabajo y las razones por las que continuaba con él. Podrá estarse o no de acuerdo con las propuestas del autor francés, pero era inevitable que alguien reflexionara en voz alta sobre el sentido que tenía seguir escribiendo literatura y qué historias debían contarse en las novelas. Tras una experiencia como la segunda gran guerra, resultaba inconcebible que escritores y pensadores tomaran la pluma y continuaran escribiendo poemas y comedias como si nada hubiera pasado. Sartre dirigió su ensayo a los contemporáneos, pero su objetivo concreto fue rebatir las opiniones vertidas por Julien Benda (1867-1956) en un conjunto de estudios sobre literatura titulado *La France byzantine* (1945) y un ensayo aparecido en 1927 y titulado *La trahison des clercs* (traducido como *La traición de los clérigos* o *La traición de los intelectuales*), que volvió a aparecer en 1947.

Ya durante la Primera Guerra Mundial Benedetto Croce había despreciado a los intelectuales que ignoraron su compromiso con la verdad al avalar las mentiras de la propaganda de la guerra, y en 1925 condenó el manifiesto de los intelectuales fascistas. Sus consideraciones no pasaron desapercibidas, pero fue Julien Benda quien más brillantemente reflexionó en aquellos años sobre el papel que debía cumplir el intelectual en la sociedad. Benda abominaba de aquellos autores que no abordaban las grandes cuestiones que afectaban desde siempre al ser humano y se consagraban a las menudencias políticas de cada día, despreocupándose de los problemas mayores e infectando sus propios escritos con lo cotidiano. Benda fue siempre un escritor polémico y sus ensayos parece que nacieron del desacuerdo que le producía la lectura y la actitud de los escritores de su época. A veces da la sensación de que no defendía tesis propias, sino que escribía para combatir las de otro y que necesitaba un adversario para esta tarea: Bergson, Barrès, Maurras o Sartre.

La trahison... denuncia que jamás como en aquellos años, en los que predominaron las pasiones políticas (los posteriores a las grandes guerras), habían abdicado los intelectuales de su misión, asimilando sus tareas a las mismas que realizaban los hombres de partido. Los intelectuales se habían caracterizado siempre por mirar hacia lo universal, pero en aquellos momentos consideraban este interés como señal de indiferencia ante los problemas del hombre, y se elogiaba su participación en asuntos particulares, cotidianos. En el otro ensayo, *France byzantine,* Benda se proponía hablar de la literatura de su tiempo del mismo modo que lo haría un historiador de las letras francesas en el siglo XXX o como podría hacerlo él de los escritores de la edad de San Luis. Sartre consideraba intolerable esta actitud, y baldío el esfuerzo de ver la literatura desde las alturas, porque por más alto que nos situemos para emitir un juicio, el crítico futuro nos juzgará siempre con mayor perspectiva:

"Cuando el escritor cree poseer ventanas a lo eterno, está sin iguales, disfruta de luces que no puede comunicar a la turba infame que hormiguea a sus pies, pero, si ha llegado a la conclusión de que no hay en parte alguna conciencias privilegiadas y de que las be-

llas letras no son títulos de nobleza: si ha comprendido que el modo mejor de ser enga-
ñado por su época es darle la espalda o pretender elevarse por encima de ella y que no
cabe trascenderla huyéndola sino asumiéndola para cambiarla, es decir, pasándola hacia
el porvenir más inmediato, entonces escribe para todos y con todos, porque es de todos
el problema que trata de resolver con sus propios medios." (1978, 204)

Por otro lado, la misión del escritor es arrimar el hombro en el momento que le
ha tocado vivir, y escribir para los contemporáneos en vez de mirar el mundo con
ojos futuros. El escritor no es sinónimo de creador, sino casi de soldado o de com-
batiente. Frente a los calificativos de obra hermosa o emocionante, el existencialismo de Sartre valora las obras en función de su *importancia*, de la eficacia para la
causa a la que se adhiere. No son sus valores estéticos los que cuentan sino la influencia que su mensaje puede ejercer en los contemporáneos. Lo primordial de la
literatura es servir a la comunidad, y eso es lo que planteó Sartre en ¿*Qué es la
literatura?*, donde propuso tres preguntas apasionantes: ¿Qué es escribir?, ¿Por qué
escribir? y ¿Para quién se escribe?

Sartre libera de compromiso a la poesía, porque según él, no utiliza *palabras-
signos* sino *palabras-cosas*, del mismo modo que la música usa sonidos o la pintura
colores. Para el prosista las palabras son significados, son las armas de las que se
vale; para el poeta, las palabras son las cosas mismas. El escritor vive en una *situación* (palabra clave en Sartre), de suerte que el silencio es tan responsable, tan culpable, como la acción. Todo escrito posee un sentido, aunque diste de aquel que el
escritor quiso dar a sus páginas, pero inevitablemente, el escritor está comprometido hasta su retiro más íntimo, tanto si opina mediante su obra como si calla.[126] La
perfección de la prosa, las metáforas afortunadas, la sólida construcción, en definitiva, la belleza literaria de la que tanto se preocupan los escritores y tanto se afanan
en descubrir y analizar los críticos, no es más que "una fuerza dulce e impercepti-
ble". El placer estético es puro cuando llega por añadidura, pero primero ha de
reflexionarse sobre la intención de lo que se escribe y sólo después considerar el
estilo o la construcción literaria.

Sartre no fue el primero en plantear los interrogantes que dan nombre a los capítulos de su libro y, de hecho, han sido respondidos por muchos autores a lo largo
de la historia. Montaigne, Bossuet, Artaud o Unamuno no respondieron de la misma manera. Algunos han apelado a la necesidad de evasión, otros a la de expresar-

---

[126] El escritor no tiene modo de evadirse: "Aunque nos mantuviéramos mudos y quietos como una
piedra, nuestra misma pasividad sería una acción. Quien consagra su vida a hacer novelas sobre los
hititas tomaría una posición por esta abstracción misma". Como el escritor no puede escaparse, "queremos que se abrace estrechamente con su época; es su única oportunidad; su época está hecha para él y él
está hecha para ella" (1976, 10). A lo largo de su ensayo insiste una y otra vez en que tanto la palabra
como el silencio del escritor influyen: "Considero a Flaubert y a Goncourt responsables de la represión
que siguió a la comuna porque no escribieron una sola palabra para impedirla" (1976, 10). Callarse no es
quedarse mudo, sino negarse a hablar, es decir, hablar en cualquier caso.

se, otros al juego, al deseo de éxito, etcétera. Para Sartre se escribe para revelar la relación del hombre con el mundo, lo que implica que se escribe para el público (el lector es otro 'revelador'), pero no para el público del futuro, sino para los contemporáneos. El autor que toma el compromiso de revelar el mundo debe saber para quién escribe y esta es una cuestión esencial para el escritor francés. Sólo hablamos para los que viven a nuestro lado. Frente a los exquisitos que dicen escribir para la inmensa minoría o para la eternidad, o frente a los que consideran que se escribe sólo para uno mismo, Sartre sostiene que se escribe siempre para incitar a quienes nos rodean a tomar postura ante lo que tienen delante. No hay comunicación al margen del tiempo. Las obras del espíritu se producen para ser consumidas en el mismo lugar y momento en que se producen.[127]

Estamos ante un asunto capital que no planteó Sartre, sino que ha estado siempre presente. El dilema es si el escritor debe tomar posición frente a los problemas contemporáneos o atender a su mundo interior. Esta pregunta arranca de Platón, pero ha tomado un cariz especial a raíz de las guerras mundiales, los genocidios o la salvaje degradación de las relaciones humanas y de la naturaleza. Sartre responde a los argumentos que planteó Julien Benda en *La traición de los clérigos*, donde sostenía que los intelectuales –él escribe *clercs*, clérigos– habían traicionado la obligación de defender los valores eternos y desinteresados al tomar partido por cuestiones cotidianas y militar a las órdenes de una ideología. A principios de 1947, Benda lanzó una segunda edición al frente de la que escribió un prefacio donde abordó el problema de la situación del intelectual durante la segunda guerra mundial. Para Benda los intelectuales traicionaron su función al dar valor solamente a aquel pensamiento que implicaba un compromiso político del escritor. De acuerdo con esta vara de medir, una obra admirable en el campo del derecho romano o la psicología experimental merecería escasa consideración al no comprometer a su autor en el tráfago del mundo; sin embargo, otra que carezca de todo arte pero que demuestre su partidismo, será tratada como una creación de mayor interés. Benda criticó la ironía o el desdén con que los escritores comprometidos despreciaron las obras que parecían situarse por encima de su época.

La polémica entre Sartre y Benda es apasionante y bajo ella late una pregunta sobre la pertinencia y oportunidad de las humanidades en nuestra sociedad y la discusión sobre muchos de los asuntos que se plantean en este libro. ¿Hay un saber que trasciende a todas las épocas, que es universal y afecta a todos los hombres? O quizá ¿es cada cultura la que elige y valora las obras que le acompañan? ¿Es posi-

---

[127] Sartre escribió páginas muy inteligentes sobre el público y su función en relación con la obra literaria: "El público es activo: se le *someten* auténticamente las obras del espíritu; las juzga en nombre de un cuadro de valores que él mismo contribuye a mantener. Una revolución análoga al romanticismo no es concebible en una época así, porque hace falta el concurso de una masa indecisa a la que se sorprende, turba y anima de modo repentino, revelándole ideas y sentimientos ignorados por ella, y que, carente de convicciones firmes, reclama (...)" (1976, 105).

ble una síntesis entre ambos planteamientos? Para Benda, la cuestión estaba clara y criticó la exhortación de los *clercs* modernos que pensaban que había que considerar las creaciones del hombre en tanto que respondían a inquietudes de su tiempo: "me refiero sobre todo a su afirmación según la cual esta visión de las cosas desde el punto de vista histórico es la única seria, la única filosófica, mientras que la necesidad de percibirlas bajo el modo de lo eterno es comparable a la afición del niño por los fantasmas y merece una mueca." (2000, 194-95)

Este afán por lo eterno, lo intemporal, era para Sartre una coartada miserable, porque no es posible afrontar los problemas del mundo cuando se mira desde tan lejos. La inmortalidad roba la vida de los escritores. Frente a esta preocupación Sartre indicaba que los escritores debían tener otros intereses:

"Y si se nos dice que nos damos demasiada importancia y que somos pueriles al pensar que vamos a cambiar el curso del mundo, responderemos que no nos hacemos ilusiones, pero que conviene, sin embargo, que se digan ciertas cosas, aunque sólo sea para salvar la cara ante nuestros hijos y, desde luego, que no tenemos la loca ambición de influir en el Departamento de Estado, sino la –algo menos loca– de actuar sobre la opinión de nuestros ciudadanos." (1976, 245) [128]

El ensayo de Sartre apareció en 1948, el mismo año en el que vieron la luz *LEEML* de Curtius o las obras de teoría literaria que mencioné páginas atrás. En 1953 apareció *Le degré zero de l'écriture* de Roland Barthes, obra que se ofrece una concepción muy distinta de *escribir*. Para Barthes lo esencial no es *escribir*, sino la *escritura* y tampoco se referirá a la *obra*, sino al *texto*..., pero a esta transformación habrá que dedicarle algunas páginas.

---

[128] Muchos escritores han expresado lo mismo. Como muestra, recuérdense estas palabras de Benedetti: "Si bien el arte por sí solo no derriba tiranías ni cambia estructuras, ha sido sin embargo a través de la historia un elemento nada despreciable en cuanto a su capacidad de convertir en imágenes, en color, en certero pensamiento ciertos principios de la comunidad. Cuando las más oscuras fuerzas llegan a ese convencimiento en determinada etapa de una transformación posible, entonces no vacilan en pagar un evidente precio político en su arremetida contra los creadores y las formas del arte". Benedetti, M., *Subdesarrollo y letras de osadía*, Madrid, Alianza, 1987, 151.

6.

LA OTRA VOZ: LA CRÍTICA

6.1. 1948, 1958, 1968...

La filología ha convivido, y convive, con nuevas orientaciones de los estudios literarios. No es predominante en este terreno desde hace mucho tiempo, como ninguna orientación lo es hoy, y bastaría remontarse al *annus mirabilis* de 1948 para documentar esta convivencia (aunque en muchos casos haya que hablar de hostilidad entre unas orientaciones y otras) a la que me refiero. Alan Deyermond ha recordado que en este año se publicaron nada menos que *Literatura Europea y Edad Media Latina* de E. R. Curtius, *España en su historia: judíos, moros y cristianos* de Américo Castro, sin olvidar que también Samuel Stern dio a conocer la existencia de las jarchas y Leo Spitzer criticó las teorías de Menéndez Pidal sobre la historicidad de la epopeya (debemos añadir que en este año aparecieron *Teoría literaria* de Wellek y Warren e *Interpretación y análisis de la obra literaria* de W. Kayser).[129] Todas las obras citadas son canónicas dentro de la orientación que representan y hablan de diferentes maneras de abordar el estudio de la literatura. Piénsese también que diez años después se celebró el congreso de Bloomington, en Indiana, en el que se formularon principios fundamentales para el estudio lingüístico y poético de los textos literarios. (Conviene recordar que en 1957 apareció *Anatomy of criticism* de Northop Frye). También en 1958 se publicó *Traité de l'argumentation. La nouvelle Rhétorique* de Perelmann y Olbrechts-Tyteca, un libro que ha influido de manera decisiva para recuperar los antiguos poderes de la retórica y mostrar algunos nuevos.

Por lo demás, puestos a seguir sumando décadas, es innegable que las revueltas y crisis de 1968 son expresión de importantes cambios sociales que han dejado su huella en los estudios literarios. 1968 es el año en el que se fecha el comienzo de la crisis del estructuralismo. El grupo *Tel Quel* propuso en un célebre manifiesto la

---

[129] Deyermond, Alan: *La Edad Media*, en *Historia y crítica de la literatura española* al cuidado de F. Rico, Barcelona, Crítica, 1980.

ruptura con la orientación lingüístico-formalista, que había encerrado los textos en una única dimensión. El auge extraordinario de la teoría literaria y su politización, y el crecimiento espectacular de los estudios literarios son hechos de envergadura, como tendremos ocasión de ver. La orientación filológica persiste, y algunos representantes de tendencias muy distintas –y quizá opuestas a la vieja diosa– siguen considerándola necesaria. En el campo de las humanidades surgen problemas nuevos, pero no desaparecen los antiguos.

6.2. La otra voz: la crítica

> "Il tempo muta qualche procedimento di approccio, ma lascia invariato il senso della concretezza drammatica del testo."
>
> (Bruno Basile)

Ya he recordado que si los textos no cambiaran al transmitirse, si su significado no se alterara o se perdiera, la filología no tendría razón de existir. La filología intenta explicar los cambios que se han producido en los textos, el estado de la lengua en que nos llegan, lo que querían decir cuando se escribieron y, en su caso, plantea recuperar las formas primitivas –si no las más antiguas– de la obra o el pasaje de que se trate, si aparece muy deturpado.

En el proceso de transmisión de las obras literarias late cierta paradoja. Al confiarse al papel o a la memoria, los textos se exponen a los cambios que el tiempo introduce en ellos. Es imposible que significado y significante permanezcan inalterados, porque los textos, por la propia naturaleza de su lectura, su recitado o su copia, varían siempre. El tiempo se manifiesta en forma de errores de transmisión, de correcciones ideológicas, de censuras. Ahora bien, si los textos no cambiaran, si no se glosaran y comentaran (en algún caso, si no se actualizaran), correrían también el riego de envejecer, pues tras algunas generaciones no se entendería el significado de las palabras, de las ideas expuestas, y tampoco se entendería el sentido de la obra. Y es aquí donde el trabajo de interpretación, el de la crítica, quiero decir, el de acompañar el saber con otras palabras diferentes a las del texto que se lee o escucha, resulta imprescindible. La memoria creadora de los cantores, el trabajo de los copistas, la censura, el tiempo, producen cambios sustanciales en las obras e impiden que signifiquen siempre una cosa y la misma.[130] Junto al trabajo de re-

---

[130] Contini ha escrito páginas magistrales sobre las dificultades de algunas disciplinas que necesitan de la historia: "La filología, como disciplina histórica, se revela siempre intensamente comprometida no diremos en la aporía, sino en la contradicción constitutiva de toda disciplina histórica. Por un lado es reconstrucción o construcción de un pasado e introduce, incluso, una distancia entre el observador y el objeto. Por otro lado, de acuerdo con la sentencia crociana de que toda historia es historia contemporá-

construcción de un texto, a veces es necesaria la glosa. Starobinski lo ha expresado magistralmente:

"El alejamiento en el tiempo crea las condiciones para el desarrollo de otro tipo de trabajo, cuya herencia ha recogido el concepto moderno de crítica. Esta clase de actividad consiste en examinar el detalle de las palabras, la relación de las partes, siempre con la duda de qué se hace con un texto corrompido que es preciso (*l'emendatio*, *l'anorthose*) ora reconstruir, ora rechazar (probando que sea *spurius*, interpolado o totalmente apócrifo), ora de esclarecer (con la glosa, la 'aclaración' que justifica un término 'oscuro' o mal entendido (...) Puesto que el tiempo se interpone entre el texto y el lector, y la distancia separa la conciencia del autor de aquella del crítico, es preciso desarrollar la glosa y la explicación para reestablecer una comunicación más segura." (Starobinski: 1977, 131-33).

Es más que posible que, a pesar del esfuerzo de la crítica textual, la obra siga apareciendo como algo lejano y el lector necesite otra clase de ayuda para acercarse al sentido. El fenómeno que describo es consustancial al estudio de obras literarias. Desde la Antigüedad, el trabajo de explicación y comentario resulta central para la pedagogía. En la Edad Media, la transmisión nos permite ver cómo las enmiendas de los textos y su interpretación pueden ir a la par. Para el autor medieval, su creación era tan sólo la versión personal de una obra colectiva que consideraba inacabada y podía ser completada por otros. El derecho a 'enmendar' un texto se inspira en la conciencia de que el plano figurativo de una obra encierra y representa otros niveles de verdad. En todo prototipo caben olvidos, errores respecto del arquetipo ideal, que el buen enmedador puede subsanar para dar a entender mejor las 'razones encubiertas' (Catalán: 1978).

Junto a esta apertura del significante existe la apertura del significado, que con tanta claridad se expresa en la copla 70 del *Libro de Buen Amor* o en el prólogo al *Caballero Zifar*. El lector y el que escucha son los que escogen la 'sentencia', el 'significado', la verdad que quiera descubrir bajo el *dezir encubierto*. Esta doble apertura de significante y significado acompaña a las obras medievales en el curso de su transmisión y condiciona de manera definitiva el modo en que se reproducirá el modelo. La imprenta cambió poco a poco el sistema de comunicación entre emisores y receptores de los mensajes literarios, de suerte que hoy nos resulta difícil entender el modo de transmisión que se hacía de boca en boca y de copia en copia. La imprenta redujo la 'apertura' de los significados a un grado menor:

---

nea, la filología vuelve a proponer la 'presencia' del objeto". La filología moderna está inmersa, según Contini, en esta cuestión esencial (Contini (1990): "Filologia" en *Breviario di ecdotica*, Torino, Einaudi, p. 5).

"En adelante, explica Catalán, la obra quedará 'abierta' al nivel del significado; pero esa misma apertura, cultivada o no por el autor, tendrá como único resultado la prolife- ración de la crítica, de la 'literatura' ancilar de carácter interpretativo. La obra, en sí, quedará fija, sin que su difusión en el tiempo o en el espacio conlleven una adaptación del modelo a los diversos contextos sociales e históricos en que se realiza su reproduc- ción -si dejamos de lado la inevitable 'traición' de las traducciones" (1978, 248-49).

6.3. El texto y el comentario

Pero la relación entre el texto y la interpretación no es sencilla. El primero ha gozado hasta no hace mucho de una posición privilegiada. En numerosos dicciona- rios leemos que presenta un carácter principal, frente a la condición dependiente del comentario.[131] Sin embargo, este establece una especie de complementariedad con el texto y contribuye a definirlo, aunque no sea más que por las diferencias que mantiene con el primero: la glosa no existiría sin el texto. Sucede además que la relación entre texto y glosa no es estable ni va en una única dirección. Lo ha expli- cado muy bien Starobinski:

"El comentario secundario, en lugar de proyectarse hacia el texto, cede a una fuerza centrífuga en la cual el testimonio externo, necesario en un primer momento para la aclaración del texto, reclama, por asociación, otros testimonios externos sin que la ca- dena así iniciada pueda jamás interrumpirse. De este modo se desarrolla, mediante ne- xos siempre ocasionales, un saber erudito cuya justificación viene a ser pronto olvidada. (…) La propia lectura se aplaza indefinidamente, porque uno jamás ha terminado de afianzar el comentario con nuevos cotejos, con otros hechos y otros textos." (1977, 134)

---

[131] La noción de texto, decía Starobinski, nace sólo en el momento en el que en sus márgenes se le añade o se le opone un "no-texto" (Starobinski: 1977, 117). En el diccionario de la Academia francesa de 1786, texto se definía como: "les propres paroles d'un auteur, considerées par rapport aux notes, aux commentaires, aux glose" y ofrecía como ejemplo las Sagradas Escrituras. De esta definición se hicieron eco el diccionario de Adelung en Alemania (1786) y en Gran Bretaña el diccionario de Richardson (1837). Con escasas diferencias, esta definición se ha repetido en cientos de diccionarios y manuales. El texto son las palabras del autor, frente a las glosas, comentarios, interpretaciones o traducciones. La concepción de texto comenzó a cambiar en la década de los sesenta con la eclosión de la lingüística y la aparición de libros muy influyentes (*Sémantique structurale* de A. J. Greimas, los *Trois essais* de Geor- ges Poulet, *Figures I* de Genette…). El cambio de orientación que propiciaron estas obras es de sobra conocido, como señalaba Barthes: "Es en el apogeo de la lingüística estructural (en torno a 1960) cuan- do nuevos investigadores, que provenían de la propia lingüística, han comenzado a enunciar una crítica del signo y una nueva teoría del texto" (Barthes, R. (1973): "Théorie du texte", *Encyclophaedia Univer- salis*, t. XV, p. 1014).

La búsqueda del significado no depende sólo de cotejar manuscritos o de la reconstrucción de un original. Es preciso que intervenga "una variación de la relación establecida entre la crítica y la obra y gracias a esta variación la obra despliega aspectos distintos" (Starobinski: 1967, 13). La voz de la crítica no está en la encrucijada entre lo arbitrario y la lectura filológica, en la que sólo se busca aquello que salió de la pluma o de la voz del autor. Cuando el crítico crea un texto que aclara el sentido de una obra parece que nos acerca a su contenido, a las leyes que la gobiernan; sin embargo, esta tarea exige a menudo un alejamiento. El trayecto del crítico no corre paralelo a la intención del fragmento, pues sigue su propio recorrido. La obra crítica, dice Starobinski, presupone el recuerdo de la docilidad primera, pero lejos de adoptar la dirección de la obra analizada, toma su camino.

Este proceso puede ilustrarse en Occidente desde la antigüedad. La insuficiencia del sentido primero o literal incita a un lector a buscar una lección oculta, un sentido más profundo. La poesía homérica dio lugar a otro discurso, aquel que, fundado en una lectura alegórica, invitó al comentario filosófico y moral. Homero se convirtió en un maestro que escondía su lección en los nombres y las peripecias de dioses y héroes. Esta clase de lectura se ha aplicado a textos religiosos y paganos con el fin de revelar su significado oculto. En el prólogo a los *Lais* de María de Francia, la escritora entiende el comentario como enriquecimiento del sentido original por el trabajo de la exégesis. La serie de comentarios produce un *surplus de sen*. Así, la obra en el momento de nacer no es más que el origen de un devenir textual que poco a poco aumenta su potencial de significado. Stierle (1990) ha recordado una miniatura de Simone Martini en el *Virgilio* de Petrarca en la que se ve a Servio quitando un velo, ante el propio Virgilio, tras el cual le muestra el verdadero significado de la *Eneida*. La función de la crítica consiste en retirar el velo de la creación y mostrar algunas de sus claves.

Estamos ante una actividad que actualiza un saber para compensar las lagunas de la comprensión inmediata e impedir que una obra literaria se aleje y se vuelva ininteligible. La crítica debería actuar de modo que siempre pudiera hablar a nuevos destinatarios y ayudar a responder a las preguntas de los nuevos lectores. Una actividad de estas características no acaba con la tarea del filólogo, tal y como la describí en capítulos anteriores.[132] La crítica o segundo texto reivindica para sí el núcleo principal de los significados. Mientras que la crítica gramatical se preocu-

---

[132] Insisto en que la principal tarea del filólogo consiste en hacer accesibles y comprensibles los textos al igual que el restaurador de un cuadro presenta una tela limpia. Se trata de anotar la obra sin agobiarla, de suerte que ayude a entender aquellos pasajes que presenten dificultades. Esta es su tarea esencial. Debe ser un trabajo sólido, que aclare el significado de unas palabras, que sea capaz de puntuar una prosa y hacerla legible o de restaurar una métrica destruida por la transmisión. La filología nos ha enseñado que editar un texto no significa duplicar de manera mecánica, sin discriminación de ninguna clase, cualquier impreso: hay que estudiar los testimonios de que se dispone, someterlos a examen y si resulta necesaria una corrección que evite disparates, pues debe acometerse. El filólogo es un experto capaz de juzgar cuándo y por qué ha de enmendar y aclarar un texto.

paba principalmente del alejamiento creado por los errores o contradicciones de las diferentes lecciones transmitidas, la crítica parte de otro género de insatisfacción y se esfuerza de manera activa para encontrar una llave de traducción que sea capaz de elevar el texto antiguo a un nuevo plano de significación. Era inevitable que la crítica acabase rebasando el simple papel de compañera del texto de creación. La obra de arte –y Lotman ha insistido en este aspecto– no se agota en el texto que le sirve de soporte, igual que una sonata no se agota en la partitura (a la que siempre le faltarán las ejecuciones) ni un cuadro en el lienzo. El texto no es simple depósito de sentidos, es creador de sentidos.[133] La crítica, tome la forme que tome, es siempre el doble necesario, porque los textos nunca dicen toda su verdad y están, por esencia, incompletos. Otra cosa es que crítica y texto hayan alcanzado un equilibrio estable. El discurso crítico es esencialmente distinto de las obras de las que se ocupa y no debería ser su sustituto, pero tampoco debería encerrarse en su propia escritura.[134]

La voz de la crítica ha acompañado siempre a la literatura, pero esta compañía se ha convertido, en los últimos años, en un discurso autosuficiente que ha desplazado a los textos a los que debía servir. Una de las características del discurso crítico contemporáneo es que debate sus fundamentos al margen de la obra literaria. La reflexión sobre la naturaleza de la crítica es uno de los rasgos de su modernidad y ha supuesto un cambio muy importante en los estudios literarios, pero no solo en ellos. Los lectores perciben desde hace años su carácter especializado. Durante siglos se consideró que la literatura era universal y que una de sus funciones era expresar grandes gestas, profundos sentimientos o historias cotidianas. Para leer un estudio sobre una obra, el lector no necesitaba ningún conocimiento especial. Los críticos hablaban de la vida del autor, del trasfondo histórico y social que se reflejaba en la obra, de la belleza, de los valores humanos que encerraba, etc. Las nociones de 'sentimiento', 'genio', 'profundidad' o 'realismo', que provienen de la teorización de las generaciones anteriores, pasaron a formar parte del consenso llamado "sentido común".[135] Todo esto empezó a cambiar en Occidente a mediados

---

[133] "El juego de sentido que surge entonces en el texto, el deslizamiento entre los ordenamientos estructurales de diverso género, le confiere al texto *posibilidades de sentido mayores* que aquellas que dispone cualquier otro lenguaje tomado por separado. Por ende, en su segunda función el texto no es un recipiente pasivo, el portavoz de un contenido depositado en él desde afuera, sino un generador." (Lotman: 1996, 97)

[134] Starobinski lo ha expresado claramente: "Excesivamente sometido a la obra, comparte su soledad; excesivamente independiente de aquella, recorre un camino singular y solitario, en el que la referencia crítica no es ya sino un pretexto accidental que, en rigor, debería ser eliminado; idolatrando el rigor científico, se encierra a solas con los 'hechos' correlativos al método adoptado, resbala sobre ellos (...). Cada uno de estos peligros se puede definir como una pérdida de la relación, y como una pérdida de la diferencia" (Starobinski: 1974, 22).

[135] Está muy extendida la opinión de que los conceptos teóricos merman la espontaneidad de la respuesta ante las obras literarias. Susan Sontag lo ha expresado meridianamente en *Contra la interpreta-*

de siglo. Como dice Selden: "La crítica discurría sobre literatura sin modificar nuestra visión del mundo ni la que teníamos de nosotros mismos en tanto lectores" (Selden: 1987, 7).

Eran otros tiempos.

---

ción. Raman Selden no aceptaba esta descalificación y recordaba que "ese 'discurso espontáneo' proviene de modo inconsciente de la teorización de las generaciones anteriores" y que el discurso sobre 'sentimiento', 'imaginación', 'genio', 'sinceridad' y 'realidad' estaba "lleno de teoría muerta santificada por el paso del tiempo" y que se ha convertido en parte del lenguaje del sentido común (Selden: 1987, 9).

7.

AL AMPARO DE LA CIENCIA

7.1. El prestigio de la ciencia

El tipo de investigación que nace tras la crisis del positivismo no parte ya de una fe ciega en los hechos, sino de un modelo que tiene en cuenta hipótesis o principios inscritos en el marco de una *teoría*. Esta actitud ha afectado de lleno a los estudios literarios y ha suscitado en su seno debates muy importantes, entre los que destacan si constituyen o no una ciencia, si disponen de un metalenguaje adaptado a su objeto de análisis. Ya los formalistas rusos plantearon el debate sobre la construcción de un objeto de estudio a partir de criterios que no fueran extrínsecos a lo que se encontraba en los textos. Eikenbaum recordaba en 1925 este extremo, así como el interés de los formalistas en encontrar un método que estudiara la literatura en sí misma:

> "Estamos rodeados de eclécticos y de epígonos que transforman el método formal en un sistema inmóvil de 'formalismo' que les sirve para la elaboración de términos, esquemas y clasificaciones. Fácilmente se puede criticar este sistema que de ninguna manera es característico del método formal. Nosotros no teníamos y no tenemos aún ninguna doctrina o sistema acabado. En nuestro sistema científico, apreciamos la teoría sólo como hipótesis de trabajo con cuya ayuda se indican y comprenden los hechos: se descubre el carácter sistemático de los mismos gracias al cual llegan a ser materia de estudio. (...) El llamado 'método formal' no resulta de la constitución de un sistema 'metodológico' particular, sino de los esfuerzos por la creación de una ciencia autónoma y concreta. En general, la noción de 'método' ha adquirido proporciones desmesuradas: significa actualmente demasiadas cosas. Para los formalistas lo esencial no es el problema del método en los estudios literarios, sino el de la literatura considerada como objeto de estudio." (1970, 21)

Frente a los estudiosos de la generación anterior, los formalistas proponían construir el objeto de estudio de una manera distinta, y hablaban claramente de evitar los planteamientos antiguos (que provenían de la filosofía y la psicología) y de crear una ciencia.[136] Para ello, se apartaron de los procedimientos e incluso de las obras que se estudiaban en medios académicos.

Interesa recordar en este punto las razones que ha esgrimido Walter Ong (1993) para explicar los motivos por los que la nueva crítica se centró en el estudio de los textos por sí mismos y abandonó el de sus fuentes o de su historia externa. Priva en ellos una mentalidad dominada por el poder de lo escrito frente a lo oral. Lo escrito, dice Ong, es un 'discurso autónomo' en contraste con la expresión oral, que se apoya en la melodía de la entonación o los gestos (el cantor de romances o el juglar). Los nuevos críticos han asimilado la obra de arte verbal al mundo del objeto visual de los textos antes que al mundo oral-auditivo de los sucesos. Los poemas, las novelas pasan a convertirse en *iconos verbales*. No es extraño que apareciera a principios de siglo un nuevo planteamiento de los estudios literarios. La crítica anterior nació, dice Ong, de una tradición retórica que había conservado rasgos de la oralidad, y que era inexperta en el trato del discurso autónomo, propiamente textual: "El cambio de la crítica anterior al formalismo y la Nueva Crítica surge, por lo tanto, como un cambio de una mentalidad (retórica, contextual), que conserva rasgos orales, a una mentalidad textual (no contextual)" (Ong: 1993, 157).

El texto se ha convertido en una especie de fetiche, en tema de reflexión de críticos de todas las tendencias y orientaciones, y este fenómeno se debe, entre otras razones, al enorme valor que se ha dado a lo escrito frente a lo oral.

7.2. El debate sobre la ciencia

El afán por los estudios inmanentes, la necesidad de construir un preciso metalenguaje que permitiera acercarse a los fenómenos que pretendían analizarse, la exigencia de rigor frente a las vaguedades de los estudios anteriores, la admiración hacia las herramientas de trabajo (tanto descriptivas como analíticas) que provenían de disciplinas vecinas de los estudios literarios, son algunas de las razones que pueden esgrimirse para justificar la necesidad de convertir los estudios literarios en una ciencia. Me he referido antes a las críticas vertidas contra las enormes carencias epistemológicas de las aproximaciones impresionistas o contra la vetusta erudición que amontonaba datos sin mayores consideraciones metodológicas y con la pretensión de que ellos solos acabarían construyendo el edificio. El prestigio de la cien-

---

[136] "Lo que nos caracteriza no es el 'formalismo' como teoría estética, ni una metodología que representa un sistema científico definido, sino el deseo de crear una ciencia literaria autónoma a partir de las cualidades intrínsecas de los materiales literarios. (...) Liberar la palabra poética de las tendencias filosóficas y religiosas cada vez más preponderantes en los simbolistas, fue la consigna que consagró al primer grupo de formalistas. (...) El arte exigía ser examinado de cerca: la ciencia quería ser concreta." (Eihenbaum: 1970, 22 y 24)

cia, del discurso fundado en hipótesis contrastables y en resultados que muestran un progreso real, es un modo de pensar que define muy bien a Occidente. La rapidez de las conquistas científicas y la certeza de que se avanza y se alcanzan saberes cada vez más sofisticados y sólidos, llena nuestra época. Los valores científicos, dice Steiner:

"Tienen su influencia y su fascinación más allá de las fronteras científicas en el sentido clásico. La historia y la economía sostienen que, en cierto modo, son ciencias; lo mismo hacen la lógica y la sociología. El historiador del arte refina instrumentos y técnicas que considera científicas. (...) Esa ubicuidad de la ciencia conlleva nuevas humildades y nuevas ambiciones. Desconfiando del mero impulso, la ciencia exige una sintaxis de rigor y de demostraciones. En un espléndido intercambio ofrece el espejismo de la certidumbre, del conocimiento seguro, de la posesión intelectual respaldada ante cualquier duda." (Steiner: 1984, 75)

Ciencia es un término mayor, cargado de un aura y un prestigio inatacables. Durante muchos años, profesores y estudiosos de las humanidades se han sentido atraídos por la posibilidad de otorgar a sus disciplinas el mismo estatus epistemológico del que gozaban la química o las matemáticas, y hacerlas avanzar así de la misma manera. El desarrollo material de esta aspiración ha llenado miles de páginas en las últimas décadas. El asunto ha interesado mucho más a historiadores o críticos literarios que a los científicos, que han permanecido ajenos, con alguna excepción, a este debate.

Hasta hace pocos lustros, los intentos para convertir los estudios literarios en una ciencia han sido frustrantes. ¿Cuántas hipótesis se han formulado con un deseo de universalidad o de validez general? ¿Revelan las humanidades unos conocimientos uniformes, falsables, que pueden expresarse en forma de leyes? La tentativa ha chocado con la peculiaridad de la literatura, con su carácter cambiante, y con su diferente entidad y consideración en cada siglo. Ha tenido que enfrentarse, además, con un modo de expresión que aborda temas sobre los que la ciencia tiene poco que decir (la belleza y el paso del tiempo, el amor y la muerte, la trascendencia, el problema del mal, etc.), y con toda una institución académica y política, que no admite que su disciplina se convierta en una disciplina científica más.[137]

---

[137] Esta actitud ha chocado frontalmente con la opinión de quienes consideran que la expresión artística es tan humana y tan digna de estudio científico como cualquier otra. Pierre Bourdieu, entre otros, ha tronado recientemente contra el empeño de otorgar a la literatura ese estatuto de excepción y por la tozudez con la que se airean argumentos en contra de un análisis científico: "¿Por qué tanto ensañamiento contra quienes tratan de hacer progresar el conocimiento de la obra de arte y de la experiencia estética, si no es porque el propósito mismo de elaborar un análisis científico de ese *individuum inefabile* y del *individuum inefabile* que lo ha elaborado?" (1995, 11) Vargas Llosa decía que convertir el estudio de la literatura en una ciencia es una tarea que tiene algo de inútil, porque "la ficción no existe para investigar en un área determinada de la experiencia, sino para enriquecer imaginariamente la vida, la de

En cualquier caso, la propuesta para constituir una ciencia de la literatura ha sido reivindicada a menudo y no creo que deba desdeñarse sin más. El interés en superar el atomismo monográfico, la ordenación histórica esencialmente extrínseca, la inconexión entre las investigaciones realizadas, el carácter meramente acumulativo e inorgánico de los saberes y la propuesta de compartir unos principios comunes, aceptados por una parte amplia de la comunidad de profesores e investigadores, no es ni mucho menos despreciable. Los conocimientos sobre literatura no han cesado de aumentar, pero esta amplia colección no constituye una ciencia por sí misma. Con muy buena voluntad, el profesor Fowler proponía

> "Una ontología fundada en una serie de conceptos cuidadosamente controlados, derivados de ciencias apropiadas y que creen un amplio rango de términos descriptivos, válidos para los críticos de intereses muy diferentes en el estudio de muy diversas clases de textos. Una ontología tan estable, tan fácilmente admitida, que pudiera estar implícita en la crítica, sin estar necesitada de una incesante defensa abierta; una teoría invisible que tácitamente informara, no restringiera, los varios 'géneros' compatibles de crítica que puedan derivarse de ella. Esta ontología ha de ser una especie que sirva a todas las críticas; que libere a los críticos de la necesidad de redefinir conceptos fundamentales a cada nuevo libro o artículo, que establezca conceptos que no sean redefinibles en un modo *ad hoc*." (Fowler: 1974, 212)

Esta ciencia no debería estudiar de manera aislada un fenómeno tras otro, sino que debería buscar regularidades y extraer sus principios de la literatura en vez de contentarse con el papel de protectorado o colonia, y arrastrarse, como decía Northrop Frye, en un sillón de ruedas marxista o freudiano. La posible aparición de la ciencia en el campo de las humanidades haría surgir el orden y el sistema allí donde no había sino datos e intuición, y protegería al mismo tiempo el carácter específico de ese campo frente a las invasiones externas.

Algunas propuestas para crear una ciencia de la literatura se han centrado en la elaboración de un modelo que ayude a fundamentar la deficiente relación que ha existido entre la actividad crítica sobre obras concretas y los presupuestos de que dependen. Se trata de crear reglas de correspondencia entre una teoría general y su aplicación a la tarea crítica. En otras palabras: una investigación que se quiera científica debería fundamentarse en una teoría acerca de la naturaleza de la literatura, y pasar después a una fase de conceptualización que permita crear enunciados verificables y considerados verdaderos o falsos.[138] Este es el primer criterio del

---

todos, aquella vida que no puede ser desmembrada, desarticulada, reducida a esquemas o fórmulas, sin desaparecer" (Vargas Llosa: 2002, 387).

[138] Se ha seguido en este punto el concepto de teoría de Carnap (1956), que dividía el lenguaje científico en una parte empírica y una parte teórica. La parte empírica recoge predicados comprensibles en sí mismos, que responden a observaciones elementales. La parte teórica comprende todos los predicados

camino científico: exigir que los enunciados se formulen de modo que puedan ser refutados. Popper lo ha llamado la "falsabilidad" de los resultados científicos, la posibilidad de determinar si las conclusiones de la investigación son verdaderas o no. Pero toda proposición que se considere verdadera es provisional y puede ser enmendada; de ahí que el término *verdad* haya estado al margen de las discusiones científicas y haya sido citado a menudo entre comillas.

Para Karl Popper, uno de los problemas centrales de la epistemología ha sido el desarrollo histórico del conocimiento, el modo en que se produce el progreso científico. Para este empeño es esencial el principio de contrastación deductiva de las teorías, en el que desempeñan un papel fundamental los conceptos de falsación y de corroboración. La falsabilidad de las teorías es la piedra angular de la metodología popperiana. Por lo demás, Popper cree que en la ciencia hay una idea de progreso y que podemos determinar qué teoría es preferible, cuál es más sólida desde un punto de vista lógico, posee mayor poder explicativo y puede ser contrastada más severamente.[139]

A partir de los años setenta comenzaron a menudear en algunas revistas especializadas trabajos inspirados en argumentos de grandes epistemólogos e historiadores de la ciencia (Popper, Lakatos, Kuhn, etc.) para fundamentar una ciencia de la literatura. La pregunta acerca de si los estudios literarios deben o no articularse con los mismos aparatos epistemológicos que las ciencias exactas escandalizó a algunos humanistas y filólogos de la vieja escuela y fue saludada con enorme interés por otros estudiosos. En su momento, supuso un revulsivo que invitaba a modernizar y a superar ideas decimonónicas. Fokkema señaló que la falta de un estatuto científico para los estudios literarios presentaba inconvenientes desde antaño:

"Si queremos mantener discusiones por encima de las fronteras nacionales y culturales, necesitamos normas comunes que nos permitan separar lo justo de lo falso, el enunciado válido del enunciado inválido. La pregunta es la siguiente: ¿cuáles son nuestros criterios de validez científica? Hemos de resolver este problema epistemológico si quere-

---

que el lenguaje de observación, demasiado restringido, es incapaz de articular, como los conceptos relacionados con medidas (recurrencias sintácticas y semánticas en nuestro caso) o con objetos inobservables (átomos, moléculas, etc.). Es evidente que los enunciados del lenguaje teórico deberían relacionarse con los enunciados del lenguaje de observación, a través de unas reglas de correspondencia. Carnap, R.: "El carácter metodológico de los conceptos teóricos" en Feigl, H., & Scriven, M., eds. *Los fundamentos de la ciencia y los conceptos de la psicología y el psicoanálisis*, Santiago de Chile, Universidad 1967.

[139] "La ciencia no es un sistema de enunciados seguros y bien asentados, ni uno que avanzase firmemente hacia un estado final. Nuestra ciencia no es conocimiento (*episteme*): nunca puede pretender que ha alcanzado la verdad, ni siquiera el sustituto de esta, que es la probabilidad. Pero la ciencia tiene un valor que excede al de la mera supervivencia biológica; no es solamente un instrumento útil: aunque no puede alcanzar ni la verdad ni la probabilidad, el esforzarse por el conocimiento y la búsqueda de la verdad siguen constituyendo los motivos más fuertes de la investigación científica." Popper, K.R. *La lógica de la investigación científica*, Madrid, Tecnos, 1973, 259. [*The logic of Scientific Discovery*, London, Hutchinson. Versión alemana: *Logik der Forschung*, 1934].

mos ser tomados en serio por nuestros colegas tanto dentro de las humanidades como fuera de ellas. Si no logramos encontrar una solución a este problema, corremos el riesgo de quedar a merced de cada nueva moda." (Fokkema: 1989, 382)

Desde el momento en que comenzó a reivindicarse un estatuto científico para los estudios humanísticos, algunos representantes de la nueva propuesta comenzaron a exigir que las investigaciones emprendidas cumplieran ciertas normas básicas: que la metodología seguida se correspondiese con el objeto, un lenguaje preciso para hablar de aquello que se describiese o analizase, la verificabilidad de las conclusiones alcanzadas, etcétera.

7.3. Sujeto frente a objeto. La construcción del metalenguaje.

La pregunta acerca de si es posible una completa separación entre el objeto estudiado y el sujeto que investiga también ha sido planteada. Los defensores de que cualquier construcción teórica ha de edificarse tras un conocimiento de los hechos sostienen que la separación total entre objeto y sujeto es imposible y también indeseable. René Wellek afirmaba que no es posible llegar a organizar una teoría literaria desde el vacío, desde la ausencia de un criterio, cualquiera que sea este. Cada crítico ha desarrollado su modo de entender la literatura en contacto con unos textos que necesariamente habrá seleccionado en función de unas afinidades o un rechazo. Él selecciona, interpreta, analiza y, finalmente, enjuicia. Las clasificaciones y los juicios se desarrollan y confirman en virtud de sus teorías, y las teorías se derivan y sustentan, en virtud de las obras estudiadas.

Pero a la hora de convertir los estudios literarios en una ciencia debe impedirse la intromisión de valoraciones personales, pues las obras deben ser consideradas como fenómenos u objetos. Jakobson insistió en la necesidad de eliminar estos criterios en el estudio de obras literarias y alertó sobre la necesidad de no confundir el análisis de los mecanismos internos de una obra literaria con un veredicto censor. El estudio científico obliga a diferenciarlo de la valoración: la poética actual debería decirnos cómo son las obras, no cómo deben ser. En la base de esta discusión encontraremos la distinción entre el investigador del fenómeno 'literatura', y quien tiene sólo una experiencia personal de lector. Una cosa es la ciencia, y otra muy diferente la crítica en la prensa. Fokkema y García Berrio, entre otros muchos, han insistido en lo mismo: un trabajo de Poética lingüística no es intercambiable en modo alguno con un ejercicio de crítica literaria, aunque ambos coincidan en el objeto.[140] Y si hablamos de ciencia, de enunciados contrastables, de lenguaje que

---

[140] "La poética lingüística hace recurso a una *metalengua formalizada* (...); por su parte la crítica literaria utiliza una *metalengua no formalizada* o *metalengua natural* que establece con su objeto una relación de correspondencia directa o paráfrasis (...) El receptor del discurso poético-lingüístico es,

permita acercarse sin dobles sentidos a una realidad, hablamos, entre otras cosas, de metalenguaje.[141] Para los modernos teóricos de la literatura, pocas investigaciones podrán llevarse a cabo sin esta herramienta definitiva:

> "Un metalenguaje puede servir de piedra de toque en los estudios literarios. Si la posibilidad de construir un metalenguaje se acepta, de ello se deduce que también se suscribe la separación del sujeto y del objeto y las nociones de falsabilidad y crítica científica. Si se rechaza la posibilidad de un metalenguaje, (...) la oposición del sujeto y del objeto, así como la noción de crítica científica llegan a ser simultáneamente imposibles. El autor de este capítulo cree que la construcción de un metalenguaje no sólo es útil, sino inevitable." (Fokkema: 1989, 401)

Los proyectos más ambiciosos (desde los estructuralismos hasta la semiótica y la Teoría Empírica del Texto) han elaborado una densa red metodológica y terminológica con el fin de construir modelos que expliquen la obra literaria. Subyace a estas orientaciones la idea de que una ciencia es un lenguaje preciso, transparente, y la convicción de que los estudios literarios deben buscar esa precisión y renunciar a que sus instrumentos de análisis provengan del lenguaje coloquial, de vagas nociones que sirven lo mismo para una reseña en un suplemento semanal que para un libro de investigación. La moderna teoría literaria ha sostenido una y otra vez que positivismo e historicismo disponían de un arsenal inadecuado para analizar obras, sobre todo ante a la emergente y científica lingüística. Ante estas carencias, algunos teóricos de la literatura (y lingüistas y comparatistas) de distinta formación e intereses se han esforzado en crear unas categorías y unos conceptos que permitieran articular un metalenguaje que evitase la entrada del subjetivismo:

---

como en el caso de todo discurso lingüístico, el *receptor lingüista*, a quien viene confiada la tarea de *interpretación* de la metalengua codificada en términos convencionalmente formales, en virtud de ciertos conocimientos lingüísticos especializados" (García Berrio: 1981, 13-14). "No hay ninguna obligación de hacer automáticamente de un investigador literario un crítico. El análisis y la crítica pueden estar separados tanto en la teoría como en la práctica. En general, algunas personas se inclinarán más por el análisis que obedece las reglas de la cientificidad, mientras que otros preferirán la interpretación, la evaluación y la crítica. En los estudios literarios norteamericanos e ingleses, la falta de distinción entre la teoría y la crítica, que da lugar al término híbrido de 'teoría crítica', constituye un grave obstáculo. No se puede negar que muchas veces, en la práctica, hay división del trabajo entre el estudio universitario de la literatura, de larga duración por naturaleza, y la crítica de obras contemporáneas en las revistas literarias y en la prensa. (...) La investigación descarta la subjetividad y la crítica invita a su intervención" (Fokkema: 1989, 378).

[141] Barthes no concebía la crítica sin apelar al metalenguaje: "El mundo existe y el escritor habla: he aquí la literatura. El objeto de la crítica es muy diferente; no se trata de 'El mundo', sino de un discurso, el discurso de otro: la crítica es discurso acerca de un discurso; es un lenguaje *segundo* o *metalenguaje* (como dirían los lógicos), que se ejerce sobre un primer lenguaje (o *lenguaje objeto*). Resulta de ello que la actividad crítica debe contar con dos clases de relaciones: la relación del lenguaje crítico con el lenguaje del autor estudiado y la relación de este lenguaje-objeto con el mundo" (Barthes: 1964, 255).

"El metalenguaje riguroso, y en la medida de lo posible y de lo conveniente, formalizado, supone una importante economía y exactitud en la comunicación que el estudioso de
la obra literaria realiza teniendo como destinatario válido a otra persona integrada en los
estudios lingüísticos y literarios y no al lector común." (Albaladejo y Chico Rico: 1994,
183-84)

7.4. La lingüística

Una mirada al desarrollo del conocimiento en Occidente nos hará descubrir enseguida que una disciplina puede mantener relaciones muy incómodas con otras. Es
el caso de la teología y la filosofía en el otoño de la Edad Media o de la filosofía y
la ciencia en tantas etapas de la Edad Moderna. Las relaciones pueden hacer saltar
chispas y provocar descalificaciones entre representantes de una y otra disciplina.
A no ser que se eche por la borda a una de ellas o que una absorba a otra, deberán
hacerse esfuerzos (conceptuales, y en la universidad actual, también administrativos) para mantenerlas separadas, es decir, para que no existan interferencias.

En algunas ocasiones, es posible que dos disciplinas o parte de algunas disciplinas se entrecrucen o solapen, como ocurre en el caso de la química y la biología,
pero no siempre es posible. Cuando una disciplina proporciona una explicación
más satisfactoria que otra, la primera pasará a hacerse cargo de la labor que se
reservaba a la segunda. Normalmente, la 'reducción' de una disciplina –o de una
parte de ésta– a otra es posible cuando la ciencia absorbente ha alcanzado un esta-
dio muy elevado de complejidad y refinamiento. En algunos casos es posible que se
produzcan campos interdisciplinarios, como la bioquímica. Las interdisciplinas
resuelven temporalmente la cuestión concerniente a líneas de demarcación, sobre
todo en el campo de las ciencias aplicadas, pero no funciona con éxito en el campo
de las humanidades. Ferrater Mora se mostraba escéptico en este terreno:

"Lo que parece ser una actividad interdisciplinaria en éstas últimas [se refería a las hu-
manidades] es, a menudo, simplemente un intento más o menos loable de cooperación
entre especialistas. Es dudoso, por ejemplo, que los 'estudios medievales' y hasta la
llamada 'literatura comparada' sean temas adecuadamente tratados por ninguna 'interdisciplina' claramente circunscrita. Estoy dispuesto a reconocer que la literatura comparada puede no ser únicamente la conjunción del estudio de varias literaturas y de sus
historias respectivas, pero sigue siendo probable que no sea una disciplina –o siquiera
interdisciplina– de cuerpo entero, comparable a la bioquímica o la neurofisiología."
(1981, 45)

El problema del campo compartido por la filología y la lingüística dejó de ser
un problema desde mediados de siglo. La lingüística creó potentes instrumentos de
análisis y abrió campos de trabajo tan novedosos, que la filología no tuvo ya acceso

a ellos. La lingüística se desembarazó del dominio absoluto de la diacronía y se hizo con una terminología y unos útiles cuya *aplicación* (he aquí la palabra clave) a los textos literarios permitía resultados sólidos y contrastables. Se convirtió en modelo de distintas disciplinas y contribuyó de manera eficaz a la construcción de la teoría literaria.[142] Entre otras muchas aportaciones, la lingüística ayudó a establecer un modelo estructural destinado a describir componentes de un relato, desde los mitos al relato breve, desde el *roman* al soneto. Lévi-Strauss, Jakobson, Greimas, Todorov, Samuel R. Levin entre algunos de los estudiosos más sólidos, se inspiraron en la lingüística, que se convirtió en guía científica esencial. Con estas expectativas se escribieron cientos de libros, se prepararon antologías de estudios y se confeccionaron números monográficos de revistas. Todas las escuelas lingüísticas han propuesto su modelo crítico: el estructuralismo checo, la lingüística del texto, la glosemática de Hjelmslev, el estructuralismo francés o el generativismo.

El estudio lingüístico de las obras literarias es una de las renovaciones metodológicas más importantes del siglo XX. Esta tendencia rompió con los planteamientos positivista e historicista de la investigación, y abrió el camino por el que empezaron a transitar la teoría y la crítica del siglo XX. La entrada de la lingüística en las competencias de la filología, en la interpretación mal llamada impresionista (en la que podemos englobar los estudios de interpretación sin un método definido) ha tenido consecuencias extraordinarias.[143] Durante años, el lenguaje de naturaleza estética fue un campo de trabajo en el que habían sentado sus reales críticos muy poco rigurosos, que opinaban sobre las obras, pero cuyas conclusiones no resistían ningún control medianamente objetivo. Los formalistas se opusieron a las doctrinas simbolistas, tocadas de un aura pseudo mística, pues consideraban que la misión de la crítica no era indagar en el misterio de la creatividad y otras honduras. Una cosa era el estudio del artificio en el que se apoya la expresión, y otra cosa (que para ellos nunca se demostraba), era la relación con la interioridad atormentada de un

---

[142] Ya en 1966 la lingüística era considerada ciencia piloto de todas las ciencias humanas, a las que impuso sus modelos, sus conceptos y sus teorías del signo. Véase lo que escribía Ducrot: "¿Puede la lingüística proponer sus métodos como modelo a las otras ciencias humanas? Hoy resulta cada vez más banal dar a esta pregunta una respuesta positiva. La sociología, le etnografía o el psicoanálisis están acostumbrados a considerar una institución, un mito o un sueño dentro de conjuntos cuya significación es necesario establecer antes de nada; la lingüística, estudio de lenguas naturales, es decir, de puros sistemas de significación, puede, pues, sin paradoja alguna, ser el paradigma de la ciencia humana" (Ducrot: 1966, 121). Desde Levi Strauss a Lacan y de Barthes a Dumézil, y durante más de una década, nada ni nadie escapó al carácter heurístico y fundacional de la lingüística en el campo de las ciencias humanas.

[143] "A pesar de la sofisticación de la retórica clásica, nuestro siglo trajo también consigo nuevos y significativos desarrollos en el estudio de la literatura y el discurso. Una influencia decisiva fue la moderna descendencia de la tercera disciplina clásica, hermana de la *grammatica*, a saber, la lingüística. Las principales formas del análisis estructural que se han desarrollado en los últimos cincuenta años, difícilmente pueden entenderse del todo sin el ejemplo teórico y metodológico de la moderna gramática." (Van Dijk: 1985, 2)

poeta. La palabrería subjetiva fue duramente criticada por estos nuevos estudiosos, pues para ellos la literatura debía estudiarse como una construcción cuyos mecanismos podían ser clasificados y analizados como los objetos de cualquier ciencia. La literatura no era para ellos una religión, una derivación psicológica o un testimonio sociológico, sino una forma muy particular de usar el lenguaje. Las obras literarias tenían leyes propias que debían estudiarse en sí mismas; no eran ni vehículo ideológico ni reflejo de verdades trascendentales o de realidades sociales. La literatura era un hecho material cuyo funcionamiento podía estudiarse como se podía estudia el funcionamiento de otros fenómenos.

El estudio de los mecanismos internos de los textos está estrechamente conectado con la aspiración de construir una ciencia de la literatura. Se trata de un *desideratum* que apareció formulado ya en los años de las actividades de Praga y de Moscú. Merece la pena recordar el balance que hacía Eikenbaum de la actividad de los formalistas entre 1916 y 1925:

> "Mi principal tarea es la de mostrar cómo al evolucionar y extender el dominio de su estudio, el método formal ha sobrepasado los límites de lo que se llama generalmente metodología, y se ha transformado en una ciencia autónoma que tiene por objeto la literatura considerada como una serie específica de hechos. Diversos métodos pueden ocupar un lugar en el marco de esta ciencia, a condición de que la atención se mantenga concentrada en el carácter intrínseco de la materia estudiada." (*Apud* Todorov, ed.: 1970, 22)

Dos puntos merecen especial relieve: el deseo, ya expresado, de fundar una ciencia particular de la literatura, y la conciencia de que en su ámbito sería posible el desarrollo de los métodos más variados. Este extremo es muy importante en los estudios literarios del siglo XX, que si se caracterizan por algo es por su variedad y por una tendencia hacia lo ecléctico, pues comparten los mismos campos de estudio.

En cuanto al formalismo, no cabe duda de que gracias a su aportación se obtuvieron resultados importantes en el análisis de la lengua poética, uno de los problemas por los que siempre se ha interesado la teoría literaria. El campo para enfocar los estudios literarios a partir de una nueva perspectiva estaba abierto y esto les hizo entrar en una etapa diferente. Gracias a la lingüística el estudio del lenguaje literario conquistó su derecho a ser autónomo y contar con una descripción independiente de intuiciones críticas previas. La técnica para estudiar los textos concretos se ha enriquecido, además, con el rigor técnico de la lingüística, y el conocimiento del lenguaje poético, en su sentido estricto, ha experimentado un gran avance (Lázaro Carreter: 1976, 36-37).

Entre los rasgos que definen la evolución de la lingüística en el siglo XX habría que destacar que su objeto de estudio ha ido ampliándose y haciéndose cada vez más complejo. La moderna lingüística que nació con la obra de Saussure y la nueva crítica literaria antipositivista y antihistoricista que procedía de los formalistas rusos confluyeron en este siglo y abrieron las puertas a un desarrollo excepcional de los estudios literarios. La colaboración entre disciplinas, el compartir un campo de trabajo proteico, como es la literatura, ha hecho crecer la complejidad, la profundidad y la relación entre teoría y estudios literarios hasta unos niveles que eran insospechados a mediados del siglo XX. La complejidad y riqueza proviene no sólo del crecimiento de las disciplinas en sí mismas, sino de la fecunda colaboración entre ellas. La teoría y la crítica literarias se han visto influidas por principios inmanentistas de origen lingüístico. A su vez, las aplicaciones de esos principios en el campo de la teoría han revertido en la lingüística. Jakobson decía que tanto el lingüista sordo a la función poética como el estudioso de la literatura que desconociese los métodos lingüísticos eran dos anacronismos, y proponía eliminar la separación entre los estudios literarios y los lingüísticos.

El trabajo de los hombres y los caprichos del azar permiten a veces que la coincidencia de fechas y su organización en décadas o lustros ayuden a compartimentar el transcurrir del tiempo y a proclamar cierta coherencia en la evolución del conocimiento. Si 1948 fue, por razones ya indicadas, un *annus mirabilis* en los estudios literarios, 1958 lo fue también, pues en él se celebró el congreso de Bloomington, en el que Jakobson dictó su conferencia "Lingüística y Poética". A partir de este congreso se multiplicaron los trabajos para discutir la colaboración entre la lingüística y los estudios literarios. "Lingüística y Poética" se convirtió en el texto oficial de la nueva crítica.[144]

La simple enumeración de las consecuencias que ha tenido el estudio lingüístico de la literatura nos llevaría a confeccionar una bibliografía. Me limitaré a destacar que gracias a ese enfoque nuestro concepto de la literatura se ha vuelto más rico, pero también más provisional. La complejidad nos ha enriquecido, pero nos ha señalado una vastísima tarea por delante. Hoy hablamos de modo mucho más prudente acerca de la naturaleza de la poesía o de la verdad poética de como pudieran hacerlo Menéndez Pelayo o Matthew Arnold. La crítica literaria ha avanzado extraordinariamente y nos ha hecho comprender muchos de los secretos de la construcción de las obras literarias. Nuestra comprensión de los medios de dislocación sintáctica en el verso o de las repeticiones de secuencias fonéticas y fonológicas son mucho más precisas que las observaciones sueltas en las viejas historias de la literatura. Hemos aprendido mucho de la naturaleza de la prosodia, del desajuste

---

[144] "La obsesión por las estructuras paralelísticas que hallamos en una gran parte de la crítica actual puede considerarse como el punto de vista más significativo para medir el grado de influencia que ejerce Jakobson sobre la crítica más abierta a las sugerencias del estructuralismo." (D'Arco Silvio Avalle: 1974, 102)

rítmico de algunos versos, lo que ha producido importantes resultados en el estudio de la poesía de todos los períodos.[145]

Es de justicia reconocer que los estudios de inspiración lingüística suponen una actividad disciplinada y sólida que nos ha permitido entender y apreciar las riquezas del lenguaje con mayor penetración que la vieja crítica. Pero el carácter de ciencia piloto que ostentó la lingüística sólo duró los años en los que la realidad volvió a llamar a la puerta de los estudios literarios y urgió a los investigadores a reflexionar de nuevo sobre la relación entre los textos y el mundo. El contexto en el que se produce la comunicación y la aparición de marcas textuales que sólo se entienden en el proceso comunicativo volvieron a poner el énfasis en una relación olvidada. La semiótica y la pragmática destacaron que el olvido del contexto, y la idea de que solamente las estructuras literarias definen lo literario provocaba desajustes muy notables en las investigaciones. Merece la pena recordar las palabras de Graciela Reyes:

> "La relación entre lingüística y literatura podría presentarse como un buen ejemplo de la relación amo-esclavo: mientras la lingüística científica de nuestro siglo sigue rápidamente su camino, sacudiéndose de la chaqueta las últimas briznas de filología, y considerando que los estudios literarios pertenecen al dominio de lo acientífico, por más que se empeñen en formalizar sus análisis y en adoptar jergas, los estudios literarios, en papel de esclavos, van detrás, pidiendo categorías, pidiendo métodos, para luego aplicarlos (con mayor o menor fortuna) a ese material lingüístico que a la lingüística no le interesa, la literatura." (Reyes: 1989, 15)

7.5. Paradigma, paradigmático

La reflexión sobre si los estudios literarios tienen o no el estatuto de ciencia fue saludable en su momento, porque permitió la reflexión sobre los conceptos en los que se habían asentado e invitó a la propuesta de otros nuevos y a que se plantearan problemas impensables hasta entonces. Permitió también que se estudiara cómo avanza el conocimiento de las obras literarias y en qué dirección o direcciones. En las últimas décadas, una de las preguntas a la que parecía que debía contestarse es si la ciencia evoluciona de forma revolucionaria o de manera acumulativa. Si una disciplina no puede resolver unos problemas, el modelo en el que se

---

[145] Como dice Steiner: "Un análisis estadístico para mostrar que los efectos de sonidos segmentales en Pope por lo general corresponden a los significados léxicos, mientras que en Donne, y de modo probablemente intencional, los efectos de sonidos rara vez coinciden con las unidades semánticas y sintácticas, es algo más que una ingeniosidad: presupone conocimientos fundamentales con respecto de las diferencias en el uso de los sentimientos y de los medios expresivos entre la poética de los poetas metafísicos y los neoclásicos" (Steiner: 1972, 175).

apoya será sustituido por otro más eficaz que haga frente a viejas cuestiones, y planteará, además, problemas de acuerdo con el nuevo marco teórico. Pero según otros enfoques, es posible que sea la acumulación de saberes y su depósito en unos estratos ideales los que hagan avanzar la ciencia. Para este modelo no hay grandes revoluciones o cambios violentos, sino soluciones que se van imponiendo gracias a un saber que se acumula. Estas dos teorías, tan sencillamente esbozadas, han tomado proporciones gigantescas entre epistemólogos e historiadores de la ciencia y se han instalado también en algunas ciencias humanas. Un ejemplo sería explicar cómo y por qué se pasa del modelo filológico-histórico-comparatista al semiótico-estructuralista. Al hilo de esto, se trataría de estudiar cómo y cuánto tiempo conviven y cómo se producen las distintas síntesis como la del estructuralismo con cierta orientación marxista o psicoanalítica; es decir, cómo trazar una historia de los estudios literarios, qué metodología seguir. Algunos historiadores se han planteado si es posible articular su historia con los mismos criterios que permiten componer una historia de la astronomía, de la química o de las conquistas científicas en el terreno de las ciencias naturales.

Considero que los estudios literarios no constituyen un discurso regido por los mismos principios que la bioquímica o la física. Por otro lado, creo que la huella que dejan las circunstancias históricas y políticas condiciona en mucha mayor medida las humanidades que las disciplinas puramente científicas. Por eso creo que investigar el modo y las razones por las que cambian de orientación los estudios literarios y reflexionar sobre la posibilidad de crear un marco estable y universal en nuestras tareas no está de sobra. Fokkema se quejaba no hace mucho de la inestabilidad de nuestro campo:

> "Es molesto constatar que a intervalos de diez o veinte años, nuestra disciplina parece que pasa a un paradigma totalmente nuevo; después del positivismo, hemos presenciado el ascenso de la nueva crítica y del estructuralismo, a los que han sucedido el postestructuralismo y la desconstrucción, especialmente en Francia y en Estados Unidos, y en éstos parece que a su vez se está cediendo el lugar a un nuevo historicismo. La falta de continuidad en los estudios literarios, fuera de la acumulación de pequeños hechos en las biografías y en las enciclopedias, constituye un grave defecto. Cada nueva generación siente la necesidad de producir nuevos conceptos de la literatura. La crítica de los resultados de las investigaciones hechas en el pasado es necesaria, evidentemente, pero ¿hay que empezar cada vez de cero?" (Fokkema: 1989, 382)

Sea como fuere, preguntas como las que he recordado más arriba despertaron inquietudes entre los teóricos de la literatura, que acudieron a la epistemología y la historia de la ciencia en busca de nociones y de criterios inatacables. En torno a los años sesenta comenzaron a menudear estudios que pretendían alcanzar una objetividad científica en sus investigaciones y que aspiraban a presentar los resultados de modo formalizado, con el fin de que esta abstracción permitiera alcanzar sólidos modelos de aplicación. Algunos de estos estudios se alzan en el terreno de la especulación y la teoría. Otros acuden a los textos para *aplicar* su alta ciencia. No son raros los ensayos de teóricos de la literatura y de lingüistas en los que se mezclan conceptos y autores de ambas disciplinas. Un estudio sobre las ideas literarias y lingüísticas en el siglo XIX puede empezar definiendo un amplio paradigma científico, inspirándose en metodólogos e historiadores de la ciencia, continuar con la exposición de la teoría de los neogramáticos (un capítulo sobre el manifiesto de Brugmann y Osthoff) seguir con Hermann Paul, tratar después el concepto de ley en las ciencias naturales (y aquí aparecerá Darwin), y recordar algunas obras literarias inspiradas en el naturalismo de Bernard (con abundante documentación sobre Zola y Emilia Pardo Bazán), para concluir que nos hallamos ante un paradigma que afectó a una manera de entender la ciencia y el arte. Todas las combinaciones de conceptos, autores y doctrinas han sido posibles, de suerte que Fray Luis de León, Popper y Bataillon pueden ser compañeros bibliográficos en un mismo ensayo publicado en una revista de filología y lingüística. No me parece que los resultados de esta mezcla hayan sido siempre esclarecedores, pero es evidente que estos trabajos fueron muy característicos de la forma de hacer entre los nuevos cultivadores de las disciplinas humanísticas, y que intentaron modernizar los estudios literarios y arrancarlos de los viejos moldes de la historia de la literatura y de vagos conceptos de psicología y sociología en los que estaban cómodamente instalados.

Uno de los términos más usados en el terreno que nos ocupa es el de *paradigma*. A raíz de la publicación del libro de T.S. Kuhn, *La estructura de las revoluciones científicas* (1962), el término paradigma ha entrado en el discurso de numerosos campos de estudio.[146] La amplitud del término ha permitido que se use con excesiva ligereza, cuando no con imprecisión. En principio, parece que se refería a orientación (método, tendencia) que plantea y resuelve una serie de problemas y que cambia cuando otro modelo resuelve las dificultades que él no lograba solucionar. Pero por paradigma se han entendido cosas tan diversas que apenas es ya un concepto operativo: paradigma es el *Volkgeist*, las leyes biológicas de Darwin, las ideas de Jakobson sobre la función poética, el estructuralismo francés, el *neolachmannismo*, los *studia humanitatis*, la crítica textual, el individualismo de Bédier, la obra de Bajtín y un largo etcétera.

---

[146] *The structure of scientific revolutions.* La esforzada traducción del FCE necesita una revisión, porque muchas páginas resultan prácticamente ilegibles. El libro de Kuhn ocupa un lugar destacado en la metodología de la historia de la ciencia por méritos propios y por el debate que ha suscitado en numerosas disciplinas. Pero el libro, pensado para la física y las ciencias se aplicó a las humanidades porque la indefinición de algunas propuestas permiten una variedad de interpretaciones (Koerner: 1996, 48). En otras palabras, llegó a ser *paradigmático*, debido en parte a la enorme apertura de significados que guardaba.

7.6. La estructura de las revoluciones científicas

Las propuestas de Kuhn –historiador y filósofo de la ciencia– comenzaron a ejercer su influencia desde finales de los años sesenta. Kuhn se interesó por la profunda disparidad que existía entre la historia real del pensamiento científico y la reconstrucción que de esta historia se ofrecía a los estudiantes. Este desajuste le llevó a plantearse cómo fundamentar una filosofía y una historia de la ciencia que dieran cuenta de la actividad real de los científicos y permitieran comprender la evolución histórica de su quehacer. El punto de partida de Kuhn es que el progreso de la ciencia no se explica por la actitud crítica del científico, sino por su adhesión a un conjunto de modelos que le han sido inculcados sistemáticamente durante su formación. El científico adquiere ese compromiso en sus años de estudiante, pues su formación induce más a la rigidez profesional que la educación en otros campos (1975, 255 y ss.).

Pero he mencionado la palabra paradigma y conviene precisar el significado que adopta esta palabra en la filosofía de la ciencia de Kuhn. Un paradigma es:

> "un logro o realización científica fundamental que incluye a la par una teoría y algunas aplicaciones ejemplares a los resultados del experimento y la observación. Y lo que es más importante, es una realización cuyo término queda abierto, que deja aún por hacer toda suerte de investigaciones. Y, finalmente, es una realización aceptada en el sentido de ser recibida por un grupo cuyos miembros no intentan ya rivalizar con ella ni crearle alternativas." [147]

Dicho en otras palabras, los paradigmas son propuestas científicas universalmente reconocidas que durante cierto tiempo proporcionan modelos de problemas y soluciones a una comunidad científica. Las grandes obras de la ciencia, como los *Principia* de Newton o la teoría de la relatividad de Einstein, pueden considerarse paradigmas porque durante mucho tiempo indicaron dónde estaban los problemas que debían resolverse y cuáles eran los métodos legítimos para abordarlos. Un paradigma supone un conjunto de creencias y expectativas compartidas por toda la comunidad científica o, con otras palabras, una comunidad científica es un grupo caracterizado por compartir un paradigma.[148] Su aparición hace posible la *ciencia normal*, porque es aceptado por la comunidad científica y se convierte en punto de partida de la investigación. El científico da por válido un amplio marco teórico, lo que le libera del trabajo de construirlo desde los cimientos, tarea que absorbe las

---

[147] Kuhn, T.S. (1979): "La función del dogma en la investigación científica", Valencia, Teorema, 21.

[148] "Un paradigma es lo que los miembros de una comunidad científica comparten, y recíprocamente, una comunidad científica consiste en hombres que comparten un paradigma." (Kuhn: 1971, 271 - posdata de 1969)

energías de los investigadores que trabajan antes de que se estableciera el paradigma. La exposición de la teoría en su totalidad es la tarea del manual. Las nuevas indagaciones comienzan con el estudio de los problemas nuevos o que no acaban de resolverse. La comunicación breve o el artículo en las revistas profesionales van más allá del tratado, que tan importante papel ha desempeñado en etapas anteriores de la ciencia. Los manuales cumplen una función formativa, mientras el artículo especializado debería convertirse en el medio que informa sobre los avances de la investigación.

En los períodos de *ciencia normal* el investigador no necesita comenzar su trabajo desde el principio. El paradigma actúa como un foco que señala dónde están los problemas, fija los límites del campo de atención e invita a buscar un determinado tipo de soluciones por analogía con otros casos. Los fenómenos que no encajan dentro de los límites mencionados no se contemplan. Esta restricción obliga al investigador a trabajar sobre alguna parte de la naturaleza de una manera tan detallada y profunda que sería inimaginable en otras condiciones. Por lo demás, el fracaso en una investigación no es decisivo, porque un esfuerzo continuado conseguirá resolver el problema dentro del marco del paradigma establecido.

El paradigma señala también las anomalías que resultan inasimilables por la teoría y que acaban haciendo necesaria su superación. Los cambios de paradigma constituyen las revoluciones científicas y definen períodos de *ciencia extraordinaria*:

> "la anomalía sólo resalta contra el fondo proporcionado por el paradigma. Cuanto más preciso sea un paradigma y mayor sea su alcance, tanto más sensible será como indicador de la anomalía y, por consiguiente, de una ocasión para el cambio de paradigma. (...) Las anomalías que conducen al cambio del paradigma penetrarán hasta el fondo de los conocimientos existentes." (Kuhn: 1971, 111)

La transición de un paradigma a otro constituye una revolución científica y viene precedida por una etapa de proliferación teórica que permite delimitar la diferencia entre la *ciencia normal* y la *extraordinaria*. La proliferación de teorías sólo se produce antes de que una disciplina llegue a su madurez y en los momentos que preceden a una revolución. La comunidad científica no abandona una teoría si no cuenta de antemano con una alternativa:

> "Una vez que ha alcanzado el *status* de paradigma, una teoría científica se declara inválida sólo cuando se dispone de un candidato alternativo para que ocupe su lugar. Ningún proceso descubierto hasta ahora por el estudio histórico del desarrollo científico se parece en nada al estereotipo metodológico de la demostración de falsedad, por medio de la comparación directa con la naturaleza. (...) El acto de juicio que conduce a los científicos a rechazar una teoría aceptada previamente, se basa siempre en algo más que una comparación de dicha teoría con el mundo. La decisión de rechazar un paradigma

es siempre, simultáneamente, la decisión de aceptar otro, y el juicio que conduce a esa decisión involucra la comparación de ambos paradigmas con la naturaleza y la comparación entre ellos." (1971, 128-29) [149]

¿Hasta qué punto la morfología de las revoluciones científicas puede proporcionar una guía útil al historiador de los cambios en los estudios literarios? A primera vista, parecía que el modelo de Kuhn podía trasladarse sin dificultad a otros campos. Partiendo de este esquema (que sólo es sencillo en apariencia) se ha explicado el triunfo del neotradicionalismo en España, el nacimiento y desarrollo del estructuralismo, la gramática generativa o la estética de la recepción. El problema es que se ha convertido en paradigma cosas tan dispares, que el concepto ha perdido su capacidad de explicar. Una teoría literaria, un manifiesto estético o un conjunto de artículos se convierten de pronto en paradigma. No es extraño que hayan surgido voces llamando a la cautela.[150] Koerner ha propuesto otras nociones como la de clima de opinión para poder trazar la historia de la lingüística:

"Todavía considero que es útil la distinción entre lo que he denominado, siguiendo a Kuhn, 'paradigma', o quizá de manera más apropiada, 'matriz disciplinar' y, por otro lado, 'clima de opinión', *Zeitgeist* o atmósfera intelectual de un período particular que está siendo investigado. (…) El primer término denota organización intradisciplinaria y práctica investigadora, la segunda noción se refiere a factores extralingüísticos, sean psicológicos, socio-económicos o de otro tipo, que han producido un impacto (a veces considerable) en quienes cultivan una disciplina particular." (Koerner: 1982, 133)

A pesar de todas las advertencias, el término *paradigma* ha hecho fortuna en los estudios literarios y se ha instalado cómodamente. Una formulación de su valor

---

[149] Popper admite la posibilidad de que mantengamos nuestra adhesión a una teoría *falsada* si ésta es la que posee la mayor verosimilitud entre las que entran en competencia, es decir, mientras no existan alternativas reales. Véase *Conjeturas y refutaciones. El desarrollo del conocimiento científico*, Barcelona, Paidós, 1981 [*The structure of science*, Harcourt, Brace & World Inc., Nueva York, 1961].

[150] "El historiador de la lingüística no debería contar con un sistema ya hecho, procedente de una filosofía de la ciencia" (Koerner: 1996, 54). Pero además de la peculiaridad de la historia de la lingüística, conviene señalar en este punto que han sido los propios epistemólogos los que han advertido algunas deficiencias en el planteamiento de Kuhn, tal y como ha señalado I. Lakatos: "La historia de la ciencia ha sido y debe ser una historia de programas de investigación que compiten (o si se prefiere de 'paradigmas'), pero no ha sido ni debe convertirse en una sucesión de periodos de ciencia normal. (...) El 'pluralismo teórico' es mejor que el 'monismo teórico'; sobre este tema, Popper y Feyerabend tienen razón y Kuhn está equivocado" (Lakatos, I): *La metodología de los programas de investigación científica*, Madrid, Alianza, 1983, 92). Los historiadores de la lingüística o de los estudios literarios han operado de manera muy poco crítica con las propuestas de Kuhn, y las han aplicado sin contar a veces con el enorme debate que creó su libro, con las nuevas respuestas de Kuhn y con las siempre renovadas críticas a su pensamiento (Lákatos, I., & Musgrave, A., comps.: *La crítica y el desarrollo del conocimiento*, Barcelona, Península, 1975).

explicativo se expresa en términos parecidos a éstos: una vez que el paradigma positivista y el análisis de los textos en su historia muestran su debilidad frente a otros modelos y no permiten hacer frente a las nuevas tendencias de la creación, una vez que nuevas disciplinas encuentran en la literatura un fértil campo de trabajo, empieza a sucederse una serie plural de aproximaciones al hecho literario. El antiguo paradigma se agota y surgen nuevas propuestas teóricas que acabarán cuajando en uno nuevo.

Personalmente, no creo que el suceder de corrientes o métodos (el estructuralismo y la semiótica, las teorías sociológicas, etc.) sea comparable a la superación de los modelos que nacen de la obra de Newton o de Einstein, porque no creo que aquellos se hayan consolidado en algo parecido a los paradigmas científicos. Una vez agotado el modelo de la investigación positivista, ninguna opción, sea el marxismo, las lingüísticas del texto o los *cultural studies* son predominantes. Es posible que con el tiempo esta bulla teórica pase a formar parte de un paradigma al que los historiadores bauticen con un nombre afortunado, pero, por ahora, creo que no debemos hablar, con tanta ligereza, de paradigmas (en plural).[151] En cualquier caso, el esfuerzo que se ha realizado para explicar cómo y por qué cambian los estudios literarios ha sido beneficioso. Entre quienes se han servido de la noción de paradigma es de justicia recordar a H. R. Jauss. El gran romanista alemán siguió la propuesta de Kuhn para caracterizar el cambio de los métodos de la ciencia literaria. Desde su punto de vista la autosuficiencia de algunas disciplinas humanísticas había impedido recordar que los métodos de estudio no caen de las nubes, sino que tienen su tiempo y su lugar. La noción de paradigma ofrece durante cierto tiempo soluciones a una comunidad científica y garantiza la aclaración de observaciones y análisis. Ninguna tendencia de análisis es eterna.

El primer paradigma de la ciencia literaria surgió para Jauss con el humanismo renacentista, es decir, mediante la instauración de la Antigüedad como modelo y sistema de normas. Este paradigma fue anulado por el historicismo, porque invitaba a reconocer que también la Antigüedad fue una época, diferente a las posteriores, a la que no deberíamos otorgarle el privilegio de convertirse en modelo que trasciende el tiempo. Sin embargo, en las humanidades es posible que un paradigma que se considera agotado se renueve:

"Con esto pienso en Ernst Robert Curtius y en la llamada investigación de la tradición o de los tópicos. En el intento de demostrar la duración y la persistencia de la antigua

---

[151] Jauss señala en varios lugares que el estructuralismo no es el gran *paradigma* que acababa con la crisis de los estudios literarios y menos aún la *Nouvelle critique*, "cuyo espectro va desde las meditaciones de Georges Poulet –cartesianas, que siguen la experiencia poética de tiempo y espacio– pasando por la semasiología de Roland Barthes hasta el pansimbolismo de Gaston Bachelard y hasta el hombre estructural de Claude Lévi-Strauss. Éste y otros métodos de tan diversa procedencia y finalidad tienen su denominador común sólo en el hecho de que todos ellos han ocupado la posición contraria a la metodología convencionalmente filológico-histórica" (Jauss: 1987, 68).

sustancia cultural, resucitó el paradigma más antiguo, clasicista, de la ciencia literaria, lo que sólo se podría conseguir negando la historicidad y retrocediendo a arquetipos atemporales, en el sentido de C. J. Jung. Esta concretización singular de la tradición se puede aclarar de una manera científico-histórica como reacción a una determinada situación política: por medio de la retirada de la filología a las catacumbas del pasado durante la época de Hitler. Este origen de la obra principal de Curtius condiciona, todavía hoy, la dimensión histórica y social que falta en el método de sus epígonos." (Jauss: 1987, 61)

Otra manera de entender la literatura y su estudio se corresponde con la revolución literaria del Romanticismo y con el *descubrimiento* de la historicidad de las épocas, los autores, las obras literarias. El nuevo paradigma, dice Jauss, fue el método de la explicación histórica y las consecuencias de esta nueva orientación supusieron un auge excepcional de la historia de la literatura, porque sirvieron de expresión a la individualidad de las naciones.[152] La literatura se convirtió en un medio esencial para expresar sus orígenes, desde los primeros balbuceos y linajes míticos hasta sus mayores manifestaciones. Muy vinculados a los planteamientos de este paradigma, deben recordase las investigaciones que se interesan por los orígenes de la literatura, sea la épica, la lírica culta o el *roman* arturiano. El descontento ante las indagaciones historicistas y positivistas y el descrédito que provocaban las apreciaciones puramente impresionistas son algunas razones que ayudan a explicar el desarrollo de un nuevo paradigma. Alejados del positivismo y del subjetivismo comenzaron a desarrollarse el formalismo ruso y la nueva crítica norteamericana. Jauss dio mucha importancia al hecho de que, prácticamente de manera simultánea y sin contacto entre ellas, surgieran estas nuevas maneras de acercarse al estudio de la literatura:

"El hecho de que estas escuelas hayan realizado, más o menos al mismo tiempo e independientes entre sí, un cambio metódico en la misma dirección, hace patente el significado y el efecto histórico del nuevo paradigma. Su efecto en las siguientes décadas es evidente: aquí se creó un arsenal de técnicas de interpretación que fueron las primeras en elevar la obra literaria al nivel de un objeto independiente de la investigación. Lo que antes se dejaba a la crítica intuitiva y aforística, se convirtió en un método factible de enseñar: la descripción de medios lingüísticos, de métodos literarios, de formas de construcción y de efectos constitutivos." (1987, 64)

---

[152] "En la obra literaria se considera explicable lo que pudo ser determinado de acuerdo a las coordenadas históricas de tiempo, lugar y ambiente. La conexión de todas las manifestaciones literarias debería transmitir la idea de la individualidad nacional" (1987, 61). "Al agotamiento del segundo paradigma histórico le agradecemos la gran historia literaria: Gervinus, Scherer, de Sanctis, Lanson; a su mecanización le debemos los grandes manuales. Generaciones de investigadores se confiaron, en la fase normal de este paradigma, completamente a la garantía del método histórico - crítico y más tarde del método positivista" (Jauss: 1983, 62).

La confianza en las inagotables interpretaciones de las grandes obras y la renuncia a ocuparse de las condiciones sociales y las consecuencias históricas del arte
son dos de las razones que anuncian la crisis de este tercer paradigma. Esta crisis
afectó de manera distinta a las diferentes ramas de los estudios literarios y repercu-
tió también de manera particular en cada país. Para Jauss, el paradigma clásico-
humanista, el histórico-positivista o el estético-formalista se han agotado al no ser
capaces de actualizar el arte pasado y de la transformación progresiva del canon de
las obras "que son traducibles todavía o de nuevo al presente". Con el agotamiento
de sus métodos de interpretación, el paradigma perdió también la posibilidad de
fundamentar un juicio crítico frente al arte contemporáneo. El gran romanista cali-
ficó el nacimiento de la estética de la recepción como de nuevo paradigma en los
estudios literarios, pues modificaba de manera sustancial el biográfico-historicista
del siglo XIX y el formalista-estructuralista.

Pero no ha sido Jauss el único autor que ha presentado los cambios de orientación partiendo de la teoría de los paradigmas, ni aquellos que él nos presenta son
los únicos que se han considerado. En la década de los setenta comenzaron a desarrollarse tendencias de orientación pragmática que presentaron la literatura como
medio de comunicación e institución social. Entre estas aproximaciones destaca la
Teoría Empírica de la Literatura (*Empirische Literaturwissenschaft*) de Siegfried J.
Schmidt. Esta y otras *teorías sistémicas* no ofrecen nuevas interpretaciones de
ninguna obra literaria concreta, sino que se consagran a las condiciones de producción, consumo o institucionalización de los fenómenos literarios. Los representantes de la Teoría Empírica hablan de un paradigma empírico frente al paradigma
hermenéutico predominante. No proponen ningún método interpretativo de obras
literarias, porque para ellos la literatura no es un fenómeno aislado, sino que se
inserta en otros sistemas más complejos, y para abordar su estudio defienden la
naturaleza científica de sus investigaciones, a las que dan un carácter interdisciplinar. Desde las primeras hasta las últimas obras de Schmidt, su teoría de aproximación científica a la literatura o, mejor, a la comunicación, ha ido variando. Partió de
la idea de que el conocimiento es una construcción del individuo según su condición biológica y social (apoyándose en las explicaciones neurofisiológicas de la
percepción de Roth): percibir es un acto de *construcción* y de *interpretación*. Las
reglas mediante las que llegamos a un significado se aprenden en un proceso de
socialización de los individuos. Así las cosas, los textos dejan de tener un significado que ha sido depositado en él. Ya no estamos ante el objeto lingüístico texto, sino
ante el complejo proceso mediante el que la actividad intelectual –habría que escribir cerebral– y los procesos sociales hacen que a determinada secuencia se le atri-
buya un significado. Para el nuevo paradigma son los participantes en el sistema
literario los que crean sentidos. Estamos en los antípodas –esto debe quedar muy
claro– de cualquier consideración que tenga que ver con la libre interpretación de
textos. Schmidt ha elaborado un modelo extraordinariamente complejo, apoyado en
una metateoría, en una ciencia que se apoya en la neurofisiología y la interacción

social. Los límites del presente ensayo me impiden resumir (ni siquiera esbozar) el contenido de una disciplina tan compleja. Pero me interesa recordar que sin la preocupación por convertir los estudios literarios en una ciencia y dotarlos de un marco metateórico, un metalenguaje, un medio para contrastar la verdad de los resultados de la investigación, jamás podría haber surgido. La Teoría Empírica también se ha considerado un nuevo paradigma.[153]

En mi opinión, creo que se ha abusado del término paradigma, y más aún de la expresión "cambio de paradigma". Parece que cada libro que goza de cierta difusión, o que cada conjunto de artículos en los que se propone una nueva terminología es una *transformación metodológica*, un cambio de paradigma, y que estos cambios se producen continuamente. La palabra en cuestión se aplica a cada nuevo giro que da la teoría, a cada orientación que sale de la propuesta de cualquier departamento de *estudios culturales*. Pozuelo Yvancos pedía prudencia ante este abuso, y recordaba que muchas de las tendencias (corrientes, métodos) que tan ordenadamente aparecen en los libros de introducción a las teorías literarias estaban, en realidad, contenidas en la vieja fenomenología:

> "A medida que se ha ido conociendo, en parte por la difusión de Ingarden, la poderosa influencia en la teoría de la filosofía fenomenológica de Husserl, que se situaba en la base tanto de las propuestas formalistas como de las de la estética de la recepción, se ha podido ver que la oscilación en la dominancia de la obra o del lector, lo eran en el seno de un mismo paradigma, que podríamos llamar "semiótico", que establecía el conocimiento de la obra literaria según diferentes *estratos* en la terminología con que Ingarden (1931) los recorrió." (2000, 20)

Por lo demás, no todos los historiadores de la crítica y de las tendencias de los estudios literarios son partidarios de entender los cambios habidos a partir de la teoría de los paradigmas. René Wellek afirmaba que no hay evolución en la historia del pensamiento crítico, sino más bien una sucesión de debates acerca de conceptos recurrentes, de 'conceptos esencialmente en conflicto', de problemas permanentes que nos acompañan hoy todavía (1973, 260). La naturaleza y la clase de conocimiento que se extraen de los estudios literarios y la manera de trabajar de quienes se ocupan de ellos, son distintos de la investigación de un bioquímico que analiza los aminoácidos o un físico que investiga sobre partículas atómicas. La clase de trabajo es diferente y así se ha señalado desde ángulos diversos.

---

[153] Repgen, K., "Kann man von einem Paradigmawechsel in den Geschichtswissenschaften sprechen?" en Kocka, J. et al.: *Theoriedebatte und Geschichtsunterricht*, Paderborn, Ferrdinand Schöningh, 1982, 29-77. Hay varios ejemplos para presentar la evolución de los paradigmas en los estudios literarios, como los de Fernand Hallyn, *Paradigmes dans les études littéraires*, Gent, 1979, la que ofrece Renzi (1982) en una parte de su libro y la de Prado Coelho, E., *Os universos da crítica. Paradigmas nos estudos literários*, Lisboa, Ediçoes 70, Signos 1982.

El distintivo de las humanidades es su naturaleza dialógica, el debate que se da siempre en varios niveles, entre pasado y presente, entre concepciones teóricas, entre criterios de evaluación (Iser: 1994). A ese diálogo se refería también Uitti al quejarse de la acusación de subjetividad que han sufrido tantas veces los estudios literarios, como si esto fuera un baldón. La objetividad de la filología es de signo distinto al de las ciencias exactas:

> "Nuestra objetividad es de otro tipo: la honestidad y respeto de Bédier hacia su maestro Gaston Paris; el sincero desacuerdo M. Pidal con el bedierismo; la reformulación de la noción de España que llevó a cabo Américo Castro; el compasivo esfuerzo de Gaston Paris para entender a Gilliéron." (Uitti: 1982, 41)

Volveré más adelante sobre la peculiaridad del discurso humanístico.

8.

MÉTODOS, TENDENCIAS, CORRIENTES, TEORÍAS

8.1. Lecturas diversas

Arthur Koestler cuenta en sus memorias el viaje que realizó en 1931 a bordo del dirigible *Graf Zeppelin*. La aparición del monstruo en los cielos europeos provocó estupefacción y suscitó toda clase de interpretaciones:

> "Los freudianos explicaban la locura de los alemanes por el Zeppelin, que perduró sin menguar durante varios años, declarando que la nave era un símbolo fálico; los discípulos de Adler veían en esa manía una compensación excesiva del complejo de inferioridad nacional; desde el punto de vista marxista, era la realización en el cielo de un fácil deseo escapista, una astuta digresión de la lucha de clases."[154]

Se trata de una anécdota insignificante, pero sirve de ejemplo para ilustrar la pluralidad de interpretaciones, un rasgo esencial de los estudios humanísticos en el último tercio del siglo XX. Un objeto, desde el *Titanic* a la torre Eiffel, desde *Conte dou Graal* de Chrétien de Troyes a *Le Sacre du printemps* de Strawinsky, puede interpretarse desde varios puntos de vista y significar casi cualquier cosa.

La vieja disputa sobre si existe una naturaleza o verdad única del objeto, si sólo es necesario un saber para abordar su estudio o si el ser de un objeto se sitúa en varios planos y su significado puede solicitar lecturas diversas, parece haberse resuelto, en nuestro tiempo, en esta segunda dirección. El significado exige indagaciones distintas según las corrientes. No buscan en la misma dirección la semiótica de Lotman, el psicoanálisis de Mauron, o la poética de Jakobson. El significado no cesa de ocultarse en su misma multiplicación, de donde surge la inevitable pluralidad de interpretaciones. Cada disciplina tiene algo que decir por su cuenta, porque la naturaleza del significado justifica y exige varias aproximaciones. Así las cosas,

---

[154] Koestler, A.: *El camino hacia Marx*, Madrid, Alianza, 1974, 175.

y a la luz de las últimas tendencias del pensamiento, parece que no debemos hablar de la esencia única de un objeto (cuyo estudio sólo podría reivindicar una ciencia, mientras que de sus accidentes se encargarían disciplinas colaterales) sino de una irreductible pluralidad de aproximaciones. Esta dirección del pensamiento ha llegado a negar la posibilidad de alcanzar un significado verdadero que pueda imponerse o exigirse. En este proceso suele mencionarse la influencia del *Tratado teológico-político* de Spinoza, que establece una frontera importante para entender las diferencias entre la noción de comentario dirigido por la idea de verdad, que llegaría hasta el siglo XVIII, y los planteamientos posteriores. Después de Spinoza, el comentario ya no tendrá que preguntarse: "¿Hablará este texto con exactitud?", sino sólo: "¿Qué dice exactamente?" (Todorov: 1991, 14). La argumentación del *Tratado*, supone un cambio importante, pues implica una renuncia a buscar la verdad de los textos, para no preocuparse más que de su sentido.[155] Para Todorov puede sostenerse que hasta cierto punto la filología del siglo XIX hizo suyo este postulado de Spinoza. La variedad de métodos practicados vendría a plantear la dificultad para lograr una perspectiva única y científica.

He encabezado este capítulo con las palabras *métodos, tendencias, corrientes*, teorías, términos muy usados para referirse a la articulación de una serie de principios o conceptos (en ningún caso observaciones sueltas) que, tomados a veces de disciplinas vecinas (sociología, lingüística, psicología, etc.) y aplicados sistemáticamente, pretendían aportar un carácter científico y novedoso a los estudios literarios. Como es sabido, a partir de los años sesenta la teoría se ocupó del fenómeno literario y se emprendieron, en numerosos países y a partir de tradiciones culturales diferentes, tentativas para acercar los estudios literarios a la prestigiosa ciencia y conseguir elaborar así unos modelos dotados de una terminología precisa y moderna (el metalenguaje de la filología se consideraba desfasado y obsoleto). El rigor científico indicaba el camino que debían seguir los estudios literarios, "cada vez más corroídos por dudas interiores por su propia validez en nuestro mundo conformado por la ciencia" (Merquior: 1989, 316).

---

[155] "La crítica de Spinoza es una crítica de estructura y no de contenido: no se trata de reemplazar una verdad por otra, sino de cambiar la verdad de lugar en el trabajo de la interpretación: lejos de poder servir como principio conductor a este último, el sentido nuevo debe ser el resultado de éste; y no se puede buscar una cosa con la ayuda de la misma cosa. (...) Si el comentario se preocupara por la verdad, se situaría en el mismo nivel que la obra comentada y los dos tratarían del mismo objeto (un lenguaje-objeto), incorporando el comentario a la categoría del metalenguaje" (Todorov: 1991, 13-14). Boeckh dice en su *Encyclopädie und Methodologie der philogischen Methodologie*: "Es totalmente ahistórico prescribir, en la interpretación de las Santas Escrituras, que todo se debe explicar según la *analogia fidei et doctrinae*; aquí la medida que debe guiar la interpretación ni siquiera está firmemente establecida, ya que la doctrina religiosa, nacida de la explicación de las Escrituras, ha asumido formas muy diversas. La interpretación histórica debe establecer únicamente lo que quieren decir las obras de lenguaje, sin importarle que sea verdadero o falso" (*Apud* Todorov: 1991, 13-14). Gadamer (1996, 233 y ss.) dedica en *Verdad y método I* unas páginas excepcionales al *Tratado*.

Los países de Occidente abandonaron, más tarde o más temprano y cada uno en su propia dirección, los viejos planteamientos. En Italia, recuerda Segre, los largos años de predominio de la crítica crociana sometieron los estudios literarios a una serie de tomas con un tipo de filtro: "un filtro de notable eficacia, cuando se emplea bien, pero siempre el mismo" (Segre: 1974, 15). El cansancio intelectual e institucional que supone la aplicación única de una sola clase de análisis ayuda a explicar la necesaria renovación de los estudios literarios. Estas nuevas orientaciones pasaron por una fase muy receptiva, dedicada a absorber una terminología y unos métodos surgidos fuera de los ámbitos de la vieja filología. El auge de los discursos críticos fue imparable y define la variedad y la radicalidad de los estudios literarios de los últimos cincuenta años.[156] El saber llamado "Teoría y Crítica" sentó sus reales en las universidades europeas y norteamericanas, y alentó el desarrollo de los métodos a los que me vengo refiriendo. En un pasado no lejano, la crítica se ejercía en un medio que no tenía que ser necesariamente académico. Muchos de los grandes críticos fueron creadores, grandes lectores e intérpretes que trabajaban sin una metodología preconcebida.[157] La apropiación de la crítica por parte del mundo académico señala un cambio en su localización y también en su función. Los nexos entre las nuevas direcciones y su enorme desarrollo, y la reorganización de las universidades europeas y norteamericanas desde los años sesenta son hechos indiscutibles. La crítica se ha convertido en una disciplina como la sociología o la química, y sus variados saberes y ramificaciones se transmiten y prevalecen sobre la filología y la historia de la literatura. Los métodos críticos son un rasgo de la profesionalización, del carácter especializado (y establecido) de la disciplina, y justifican la masa de publicaciones, la dotación de cátedras y la celebración de congresos y reuniones especializadas. El estudio, el análisis de las obras literarias, la lectura incluso, pasaron a convertirse en una elevada actividad profesional y científica, y no en tarea de "aficionados". Los teóricos de la literatura y los críticos universitarios no están entregados a una actividad secundaria, sino a un trabajo que consideran riguroso y científico. La crítica ya no es como la antigua retórica, una disciplina humanística que servía de guía en la creación y que hoy sirve de instrumento de análisis.[158] La crítica es una disciplina que ha llegado a

---

[156] "Lo que salta a la vista en la actualidad es la ingente cantidad de ensayos, artículos y libros que, sin proponer teorías coherentes y suficientes, sin iluminar el conjunto de principios básicos y de criterios fundamentales sin los cuales no hay tal poética, son, en grado considerable, de índole teórica. Y ello precisamente porque no proponen, de modo satisfactorio, teoría alguna. Se trata de una actividad reactiva. La inquietud de hoy arranca de una profunda insatisfacción. Los marcos conceptuales de que disponían la historia y la crítica de la literatura resultan, en opinión de muchos, precarios, deficientes, trasnochados – o sea, menesterosos de la más vigorosa renovación." (Guillén: 1985, 91)

[157] Pienso en una respetable veta de críticos que felizmente reverdece y que también se ha manifestado en el siglo XX: Eliot, Pound, James, y en el ámbito hispano Octavio Paz, Vargas Llosa, Borges, etc.

[158] Como es sabido, antes de intentar convertir los estudios literarios en una verdadera ciencia de pretensiones teóricas, se disponía de *artes poéticas*, conjunto de reglas destinadas a la creación y al juicio

desplazar a la vieja historia de la literatura y que compite en igualdad de condiciones con otras que figuran en el plan académico de enseñanza. Uno de sus perpetuos temas de estudio, que muestra a las claras su carácter plenamente moderno, es que ella misma se ha convertido en tema de reflexión.

Los métodos a que me vengo refiriendo se han englobado durante mucho tiempo bajo el marbete de 'Nuevos enfoques' en oposición a la crítica tradicional, a los planteamientos historicistas, que tan a menudo se asocian a la filología. Hay algunos rasgos comunes a estos movimientos, aunque es necesario destacar que están lejos de coincidir en la metodología y en el resultado de las pesquisas. En el caso de muchos de ellos se trataba de desechar las abstracciones tradicionales y de entregarse al fenómeno inmediato, una especie de retorno a las cosas mismas, al poema, a la novela. Los *métodos* o *tendencias* o *corrientes* están formados por un complejo universo de elementos empíricos, presupuestos filosóficos, hipótesis de trabajo, que se han convertido a veces en formulaciones dogmáticas al arrogarse el carácter exclusivo y único de explicar la literatura.[159] En principio, un método debería ser siempre un modo de interrogar. La pregunta formulada depende de la naturaleza de la empresa crítica en que nos apoyemos, porque es ella la que señala un problema. En teoría, una vez que se elige un método, éste debería actuar de manera neutral y precisarse durante el desarrollo de la investigación. Pero no siempre ha sido así.

8.2. Vigencia de los manuales

Uno de los géneros didácticos más cultivados a partir de los años sesenta es aquel que pretende exponer en el capítulo de un libro o en un volumen (normalmente colectivo) las teorías o tendencias críticas más relevantes del siglo XX. Los títulos de estos trabajos panorámicos son muy parecidos: "Tendencias de la teoría literaria en el siglo XX", "Corrientes contemporáneas de la crítica", etc. No hay una única palabra para designar estos movimientos. Se habla de tendencias, corrientes, escuelas, métodos, puntos de vista, teorías, etc. La falta de unidad terminológica (a veces uno se pregunta de qué se está hablando realmente) llamativa. En cualquier caso, esta clase de libros a los que me refiero son muy necesarios como

---

de las ya existentes. Lessing formuló una crítica penetrante a la hegemonía de estas artes poéticas en Europa y Herder y los hermanos Schlegel ayudaron a la creación de una poética según la cual las obras literarias no podían crearse a partir de una serie de reglas exteriores, sino que debían nacer de la expresión directa del alma del pueblo o de la experiencia íntima de los individuos.

[159] "Lo que la investigación literaria ha recibido de las ciencias humanas no era un verdadero método, ni un procedimiento de trabajo científico, sino el producto acabado de una 'interpretación conjetural' aplicada a los mecanismos de la sociedad, a las leyes de la historia o a las del psiquismo humano. Estas interpretaciones se han impuesto cuando han sido objeto, durante un cierto período, de un amplio consenso y han reclamado la autoridad del saber." (Starobinski: 1977, 161)

guía (entre ellos los hay excelentes), se escriben normalmente por profesores universitarios y, en general, son siempre provisionales, porque siempre hay una tendencia (método, corriente, etc.) que es necesario incluir en la próxima edición. Cuando Paul de Man recibió el encargo de la *Modern Language Association* para escribir el apartado de teoría literaria en un volumen titulado *Introduction to Scholarship in Modern Languages and Literatures*, describió acertadamente esta clase de libros:

> "Se espera que ensayos así sigan un programa claramente determinado: se supone que deben ofrecer al lector una lista selecta y abarcadora de las principales tendencias y publicaciones del área, sintetizar y clasificar las principales zonas problemáticas y presentar una proyección crítica y programática de las soluciones que cabe esperar en un futuro previsible. Todo esto con una clara conciencia de que diez años después se le pedirá a alguien que repita el mismo ejercicio." (Paul de Man: 1990, 11)

Sería ilustrativo estudiar cómo aparecen agrupados los movimientos críticos en estas introducciones, si se acude a epígrafes amplios que incluyen tendencias generales como "Interpretaciones intrínsecas o extrínsecas de la literatura", "Visiones sociales del hecho literario", "Nuevas tendencias" o se recurre a la socorrida lista: fenomenología, estilística, new criticism, marxismo, formalismo, estructuralismo, semiótica, estética de la recepción, postestructuralismo, deconstrucción, psicologismo, etc. En cualquier caso, hay algo que siempre se pone de relieve en estas introducciones: la coexistencia de una diversidad de terminologías críticas, una pluralidad de puntos de vista que están lejos de la antigua unidad que dominó la investigación y la enseñanza de la literatura. Por lo demás, no es raro que la filología no aparezca entre las tendencias, aunque alguna de ellas esconda en su entraña un modo de trabajar que no sea ajena al modo de hacer de los filólogos.

8.3. Algunas notas sobre el formalismo y el estructuralismo

Ya he dicho en la presentación de este libro que el lector no debía buscar en él un resumen de las principales tendencias de análisis literario. Pero esto no me impide recordar algunas líneas generales en las que apoyar mis argumentos. Se me permitirá ilustrar cuanto llevo dicho mediante alguna consideración sobre el formalismo y el estructuralismo.

Es posible que el movimiento que mejor caracterice las tendencias que iba a seguir el estudio de obras literarias en el siglo XX sea el formalismo ruso. Los formalistas no fueron filósofos ni creadores de un férreo sistema de análisis. Escribieron sobre aspectos del verso, sobre la organización del discurso narrativo o la manera en la que tal obra había sido compuesta. La idea (de origen romántico, por otra parte) de que la obra de arte debe percibirse en sí misma, no es tanto una razón de tipo fundacional, sino la afirmación que denota un *modus operandi* que condujo a los formalistas a describir el ritmo del verso y otras estructuras prosódicas, a diferenciar las nociones de fábula (la acción tal y como aparece en su desarrollo cronológico y sus relaciones causales) de la trama (la estructura narrativa tal y como aparece organizada en el texto). Su manera de enfocar el estudio de la literatura fue novedosa respecto de las inoperantes categorías vigentes. Una tentación corriente de los manuales consiste en presentar los conceptos básicos de los métodos de manera tan esquemática, que parece que surgieron en muy poco tiempo y de manera perfectamente trabada desde el primer momento. Esta forzada coherencia no suele reflejar la realidad.

Es indiscutible que los formalistas comenzaron a elaborar un metalenguaje riguroso (con la creación de nociones como función, dominante, serie o las mencionadas de fábula y de trama), mediante el que proponían categorías reconocibles, y se apartaban, al tiempo, de las vaguedades terminológicas. El desarrollo de las nociones apuntadas y de su modo de aproximarse a la gramática interior de las obras está en la base de numerosos estudios de literatura y de algunos estructuralismos que surgirían años después. A los formalistas debemos también el germen que permitió reanudar el proyecto aristotélico de la *Poética*. Todorov definía el formalismo como "un encuentro de la tradición aristotélica con la ideología romántica" (1984, 30).

El reconocimiento de los valores, de la profunda innovación que supuso el formalismo ruso, tardó algunas décadas en llegar a Occidente. Aunque algunos estudiosos privilegiados (en el caso español destaca don Eugenio Asensio) pudieron leerlos en su lengua original, la difusión de sus trabajos e ideas se debió sobre todo al libro de Erlich [1969] y a la antología de Todorov [1965]. Los estudios formalistas representan, desde su misma concepción a principios de siglo, una manera muy característica de entender el análisis literario en el siglo XX. No es extraño que por los mismos años surgiera en los Estados Unidos el *New Criticism*, un movimiento que propuso una aproximación intrínseca al objeto literario y el alejamiento de la historia, la biografía o la sociología. El deseo de descubrir todos los estratos de la obra literaria (a través de una lectura minuciosa: *close reading*) y de alejarse de las "falacias de aproximación" que habían estado tan en boga, son dos de los grandes objetivos de aquella escuela que dominó los estudios literarios en Norteamérica entre 1940 y 1950.

8.4. El estructuralismo

8.4.1 La llegada del estructuralismo

Observadores muy distintos y desde ámbitos diferentes percibieron en la década de los años veinte y treinta un cambio de orientación en las ciencias sociales y en las humanidades. En 1933 (y podrían encontrarse testimonios anteriores), Trubetzkoy lo formuló claramente:

"La época en que vivimos se caracteriza por la tendencia que presentan todas las disciplinas científicas a sustituir el atomismo por el estructuralismo y el individualismo por el universalismo (bien entendido, en sentido filosófico). Podemos observar esta tendencia en física, química, biología, filosofía, en ciencias económicas, etc. Así pues, la fonología actual no se encuentra aislada. Forma parte de un movimiento científico más amplio." (1933, 246)

La tendencia que señalaba Trubetzkoy ha sido imparable. El método fonológico, decía el gran maestro, demostraba el carácter sistemático de muchísimos datos que antes parecían alineados sin mayor orden, y hacía posible distinguir la estructura permanente de las lenguas formadas por un número limitado de elementos y una serie finita de combinaciones. La fonología podía, además, encontrar leyes generales que fueran válidas para sistemas de esta clase. Frente a esta tendencia, las viejas investigaciones positivistas tenían poco que oponer. La acumulación de datos hacia una síntesis inalcanzable, la repetición mecánica de muchas investigaciones o los problemas que no podían resolverse, parecían estímulos más que suficientes para el desarrollo de una nueva epistemología. La síntesis entre la manera de entender la investigación positivista e historicista y el modelo estructural que ya empezaba a manifestarse no fue posible ni deseable. El estructuralismo no sólo resolvía viejos problemas sino que planteaba nuevos que no podían resolverse antes. La simplicidad de las formulaciones estructurales (por más que estuviesen recargadas de una densa terminología) y la complejidad de las investigaciones históricas que practicaban los lingüistas de la vieja escuela "parecían excluir toda posibilidad de compromiso", como recordaba Diego Catalán (1974, 273).

La huella que ha dejado el estructuralismo en los estudios lingüísticos, y después en los literarios, ha sido muy honda, hasta el punto de convertirse en uno de los ejes fundamentales del análisis contemporáneo de la literatura. El estructuralismo obligó a recapacitar a los romanistas, a repensar las bases teóricas y metodológicas de la lingüística histórica. Los fonólogos que partían de la escuela de Praga explicaban con rigor y simplicidad, las mutaciones de unos sistemas a otros. Esto trajo consigo consecuencias de mucho calado, porque invitó a los lingüistas a interesarse por nuevas disciplinas y a rehuir, como explicaba Malkiel, "todo contacto con historiadores y arqueólogos", a sentirse atraídos, por los estudiosos de la lógica simbólica, la estadística o la teoría de la comunicación y a desdeñar a los eruditos de la antigua orientación. La lingüística estructural chocó con los filólogos, que dejaron de parecer un grupo vivo y dinámico y empezaron a dar la sensación de ser indiferentes, cuando no hostiles a experimentos fuera de la óptica de su trabajo. Malkiel lo expresaba con cierta desazón:

"Los estructuralistas más destacados, apoyándose en una preparación muy distinta de la nuestra (p.ej., en estudios antropológicos, orientalistas o indoeuropeos), afectan una actitud de inmerecido desprecio hacia las investigaciones románicas en su totalidad, se niegan a sacar provecho de nuestros hallazgos o de tomar en serio nuestros tanteos." (1964, 124)

La extraordinaria recepción del estructuralismo lingüístico, que nutrió a la antropología, la psicología y a otras ciencias sociales, es un hecho incontestable. Las razones de su éxito hay que buscarlas en diferentes motivos. Además de su propuesta, que en los años sesenta se veía como novedosa y científica, hay otras razones que no deben olvidarse cuando se consideran cambios en las disciplinas humanísticas. Lo recordaba (una vez más) Yacov Malkiel:

"Otro motivo del agotamiento de lo tradicional era un oscuro deseo que parece relacionarse con la famosa consigna política: 'Ha llegado el momento de cambiar (...)'. No me cabe duda de que el enorme éxito del estructuralismo en algunas ciencias sociales, mejor dicho, el éxito de ciertos aspectos de tal movimiento, no siempre los intrínsecamente más valiosos o más significativos, se debe no sólo a sus verdaderos méritos, sino al irrefrenable deseo de reemplazar el método histórico, cada vez más pesado, por algo nuevo, ameno e inmediatamente sugestivo." (1964, 121-22)

El punto de vista estructural aportó en su momento a los estudios literarios una metodología y un rigor que parecían novedosos. En el terreno de la lingüística determinó la necesidad de considerar el lenguaje como una serie de sistemas interrelacionados, que desterraba el estudio de elementos aislados y exigía conocer las relaciones establecidas entre ellos. Pero esto no dio lugar a una tendencia única, porque la lingüística estructural ofreció modelos distintos que se han desarrollado por derroteros impensables en los años sesenta. En el terreno de los estudios literarios, el estructuralismo nos ha permitido entender muchas obras con una perspectiva nueva que, a veces, ha sido enriquecedora. Como método científico ha tenido éxito cuando ha investigado objetos definidos, concretos y estables, donde la totalidad de los elementos mantienen entre sí relaciones funcionales de idéntica naturaleza.

Hablar de estructura y de estructuralismo era una tarea sencilla hace treinta años porque representaban conceptos relativamente claros y de contornos definidos, pero hoy invitan a la precaución, pues ambos términos se entienden de manera mucho más compleja. Estructura se utiliza, con diferentes significados, en economía, filosofía, psicología, lingüística, teoría literaria, antropología o matemáticas, y en cuanto a estructuralismo, conviene más hablar de estructuralismos en plural que en singular. A estas alturas, estructura y estructuralismos se han convertido en bibliografías.

Las primeras formulaciones estructuralistas se desarrollan en Francia. La filosofía francesa había estado dominada hasta esa década por las llamadas tres H: Hegel, Husserl y Heidegger. Su última manifestación fue la *Crítica de la razón dialéctica* de Sartre (1960). En el contexto francés, y desde un punto de vista cronológico, el estructuralismo sucedió al existencialismo. Lévi-Strauss explica en *Tristes tropiques* (1955) la desilusión que le produjo la filosofía moderna, sobre todo su expresión fenomenológico-existencialista, y achacaba a Sartre que hubiese convertido la filosofía en un terreno acotado, herméticamente cerrado a la ciencia.[160] Las páginas finales de *El pensamiento salvaje* (1962) muestran el abismo que separa a ambos pensadores.

Pero insisto en que no se debe hablar de estructuralismo sino de estructuralismos, pues no presenta un carácter unitario ni en cuanto a los objetos que estudia, ni en cuanto a la metodología. Puede pensarse en algún supuesto común para la lingüística, la antropología o la teoría literaria, y siempre durante unos pocos años, pero el estructuralismo nunca fue un movimiento uniforme de pensamiento que se aplicara mecánicamente a diferentes disciplinas. Baste mencionar la variedad de intereses de los estudios de Lévi-Strauss, Barthes, Foucault o Althusser para comprender que no deben cortarse por el mismo patrón. Una gama tan amplia de áreas intelectuales explica por qué razón el estructuralismo, pese al aire de familia que existe entre las teorías de sus fundadores, no llega a ser un movimiento unificado y mucho menos una escuela. Como señalaba Merquior (1989, 16), es más bien un estilo de pensamiento en la parte humanista del conocimiento.

El estructuralismo que surgió en los años sesenta se fundamentó en la lingüística, que se convirtió en modelo metodológico que unificó proyectos. Los recursos analíticos tomados de Saussure, Jakobson o Trubetzkoy se adaptaron al estudio del sistema social, de los mitos, la moda o los códigos de comunicación. Los modelos tan acabados y transparentes (y universales) de los sistemas fonológicos elaborados por la lingüística estructural, el descubrimiento de que ningún elemento del lenguaje puede ser valorado si no se le considera en relación con otros, se convirtió en guía de investigaciones en otros terrenos. Lévi-Strauss tomó dos grandes principios de la lingüística: la primacía de la estructura y la idea de que su centro lo compone un número finito de componentes mínimos y su combinación. El maestro francés señala en alguno de sus trabajos que, al igual que los fonemas, los términos de parentesco son elementos de significación y, como ellos, no reciben esa significación si no es a condición de participar en un sistema. En un orden distinto de reali-

---

[160] "La fenomenología me chocaba en la medida en que postula una continuidad entre lo vivido y lo real (...) Pero había aprendido de mis tres maestros que el paso entre los dos órdenes es discontinuo; que para alcanzar lo real es necesario primeramente repudiar lo vivido, aunque para reintegrarlo después en una síntesis objetiva, despojada de todo sentimentalismo. En cuanto a la corriente de pensamiento que iba a expandirse con el existencialismo, me parecía lo contrario de una reflexión válida por la complacencia que manifiesta para las ilusiones de la subjetividad." (1970, 46)

dades, los fenómenos de parentesco son del mismo tipo que los lingüísticos. De acuerdo con ello, no sirven las explicaciones globalizadoras de tipo histórico, sino el estudio de la relación entre los elementos. Si la sociedad es una totalidad, lo es porque es un sistema de relaciones y no una suma de objetos.

Frente al atomismo y la simple recopilación de datos, frente a la concepción de la realidad como un compuesto de elementos aislados, el estructuralismo se yergue como una ciencia de relaciones y funciones. Una totalidad no está constituida por la suma pasiva de sus partes. Las obras literarias, los mitos o la moda no son simples colecciones accidentales de elementos. Un mismo elemento puede recibir diferentes significados según el haz de relaciones en las que se inserte.[161] El análisis estructural de los mitos amerindios que llevó a cabo Lévi-Strauss revela que los mitemas no tienen significado por sí mismos sino que significan en virtud de una oposición. Estas oposiciones pueden pertenecer a varios dominios: las relaciones sociales, costumbres culinarias o sexuales. Un elemento de una obra literaria (desde el arco que lleva Carlomagno en la *Chanson de Roland* o el de Tristán en el relato del bosque de Morrois, la presencia de tal personaje en una serie de cuentos, etc.) recibe su significación en el interior de la obra, y después en un sistema de obras, donde entra en una compleja red de relaciones.[162] El descubrimiento de las relaciones es trabajo del crítico, como bien señaló Starobinski:

> "Las estructuras no son cosas inertes ni objetos estables. Surgen a partir de una relación que se establece entre el observador y el objeto; se suscitan como respuesta a una pregunta preliminar, y es en función de esta pregunta formulada a las obras, como se establecerá el orden de preferencia de sus elementos descifrados. Al contacto con mi pregunta es cuando las estructuras se manifiestan y se hacen sensibles en un texto fijado

---

[161] La literatura, decía Barthes, no es más que un *lenguaje*, es decir, un sistema de signos: su ser no está en su mensaje, sino en su 'sistema', de ahí que la crítica no tenga que reconstruir el mensaje de la obra, sino solamente su sistema, al igual que el lingüista no tiene que descifrar el sentido de una frase, sino establecer la estructura formal que permite a ese sentido transmitirse: "Puede decirse que la tarea crítica (es la única garantía de su universalidad) es puramente formal: no se trata de descubrir en la obra o el autor observados ninguna cosa 'escondida', 'profunda', 'secreta' que hubiese pasado desapercibida hasta entonces (¿por qué milagro? ¿somos más perspicaces que nuestros predecesores?), sino solamente de *ajustar* como un buen carpintero, que junta tanteando de manera inteligente dos piezas de un mueble complicado (…)" (Barthes: 1964, 256).

[162] "El enfoque estructural de la obra literaria presupone que tal o cual 'procedimiento' no se considera como un dato material aislado, sino como una función con dos o, más frecuentemente, varias generatrices. El efecto artístico del 'procedimiento' es siempre una relación (por ejemplo, la relación del texto respecto a la expectativa del lector, a las normas estéticas de la época, a los habituales clichés argumentales u otros, a las regularidades de los géneros). Fuera de estas relaciones el efecto artístico simplemente no existe." (Lotman: 1970, 124)

hace mucho tiempo en la página del libro. Los distintos tipos de lectura eligen y extraen estructuras 'preferenciales'." [163]

8.4.2. La noción de estructura

Estamos ante uno de los términos que definen la actividad de todo un período, y, sin embargo, no será fácil ponernos de acuerdo en su significado. La novedad del concepto de estructura frente al atomismo y el positivismo se hace patente al postularse modelos teóricos que no se asientan en la evidencia. Las estructuras no son realidades que se perciban a simple vista, sino principios explicativos. La investigación estructuralista no se deja guiar por el significado 'obvio' del relato, sino que aísla estructuras que no salen a la superficie. La estructura no es una copia de la realidad, sino un modelo de inteligibilidad que no se identifica con un objeto. Starobinski decía que el estructuralismo implica la fe en la presencia inmanente de una razón que organiza cierto material.[164] Para estos primeros estructuralistas, comprender consistía en reducir un tipo de realidad a otro porque la verdadera realidad nunca es la más obvia de ellas.

Ahora bien, ninguno de los grandes maestros, aquellos que sentaron las bases de esta manera de comprender el arte –pienso en Lévi-Strauss, Jakobson, Greimas y en algunos semiólogos como Lotman– admitiría muchas de las aplicaciones mecánicas del estructuralismo. Las estructuras no aparecen como ondas acústicas en una pantalla ni son una construcción del crítico para poner orden en la masa huidiza de sus observaciones. Como dice Segre:

"Las estructuras de la obra de arte son las líneas de contacto entre un tipo particular de aproximación y una particular obra de arte. Cuanto más refinada es la capacidad de lectura del crítico, tanto más comprensivas y reveladoras son las estructuras individualizadas." (Segre: 1970, 23)

Frente a la simple recopilación y amontonamiento de datos observables que provenían de los más diversos campos, la preocupación metodológica del estructuralismo fue ante todo delimitar su área de trabajo. Esto suponía fragmentar la totalidad heredada de las ciencias humanas en disciplinas paralelas, con lo que la noción de saber unitario construido no era ya ni un principio básico ni un fin perse-

---

[163] *Il Saggiatore. Catalogo generale 1958-1965*, preceduto da un'inchiesta, Milano, 1965, pp. XIX-XX.

[164] Lévi-Strauss ha explicado en *Tristes Trópicos* las lecciones que aprendió del estudio del marxismo, el psicoanálisis y la geología: "Demuestran que comprender consiste en reducir un tipo de realidad a otro: que la realidad verdadera no es nunca la más manifiesta, y que la naturaleza de lo verdadero ya se trasluce en el cuidado que pone en sustraerse. En todos los casos se plantea el mismo problema: el de la relación entre lo sensible y lo racional" (1970, 46).

guido. Con ello se limitaban ámbitos de trabajo, se encontraban elementos homogéneos que podían medirse, hechos analizables del mismo nivel, relacionados y separados por oposiciones. Por lo demás, una vez que se delimitaba el campo, el estructuralismo permitía construir modelos que pudieran confrontarse con los hechos recogidos y con otros modelos de campos diferentes. En teoría, la analogía u oposición debería conseguir que los problemas convergieran, con lo que se podrían saltar las barreras de las disciplinas y mostrar un modelo aplicable a varias. Así las cosas, el estructuralismo se convirtió en un principio de conocimiento esencial:

> "El estructuralismo no es ni una *Weltanschaung*, que se anticiparía y trascendería los datos empíricos, ni un nuevo método, sino un conjunto de técnicas de investigación aplicables a un solo campo de indagación; es un principio noético que hoy se afirma en varias disciplinas – en psicología, lingüística, ciencia literaria, teoría e historia del arte, sociología, biología, etc." (Mukarovski: 1941. Tomo la cita de Erlich: 1974, 230).

Se trataba de establecer las bases y organizar las categorías a partir de las cuales pudiera describirse un objeto.

8.4.3. Del Autor y del Sujeto

Las primeras formulaciones del estructuralismo fueron muy críticas con el historicismo y con cierta versión del humanismo que estaban vigentes en Francia. Me refiero a la primacía del sujeto a la hora de interpretar la realidad. Para Lévi-Strauss, la teoría de la conciencia tal y como la concebían los existencialistas dificultaba la búsqueda de estructuras que estaban fuera del alcance de aquella. El análisis estructural no sólo exigía prescindir de causas externas a aquello que examinaba, sino que abandonó la idea de que el sujeto fuera causa explicativa. El yo había sido uno de los principios de la inteligibilidad y de la unidad, pues el significado pleno de un texto radicaba en la conciencia del sujeto, fuente y origen de todo significado. El mundo es lo que él aceptaba como hecho. Este yo creador incontestable, dueño de los secretos de la realidad –y en lo que a nosotros nos atañe, dueño de una obra literaria–, el autor como referencia absoluta, era una constante de los estudios literarios tradicionales. Pero el yo no podía servir de fuente de conocimiento. La unidad del autor, señalaba Foucault, no está dada *a priori*, sino que se construye y resulta profundamente distorsionador. La desaparición del sujeto supone recobrar un espacio de pensamiento:

> "El fin del hombre es el retorno del comienzo de la filosofía. Actualmente sólo se puede pensar en el vacío del hombre desaparecido, pues este vacío no profundiza una carencia; no prescribe una laguna que haya que llenar. No es nada más, ni nada menos, que el

despliegue de un espacio en el que, por fin, es posible pensar de nuevo." (Foucault: 1968, 332-33)

Para Lévi-Strauss, el sujeto había de excluirse de la investigación por razones de orden metodológico, pues traería consigo encontrar causas externas y ajenas al objeto estudiado y su propósito era dar primacía al estudio de las estructuras, los sistemas, los códigos, lo que significa que el sujeto deja de representar un punto de referencia esencial.[165] Contra el papel central del sujeto pueden encontrarse páginas en dirección parecida en los escritos de Lacan, para quien el yo desaparece en un inconsciente articulado en forma de lenguaje, pues éste funciona según procesos que no están en la mano del sujeto consciente. El sujeto es un elemento que, necesariamente, debe descentrarse.

También cargó contra el autor, "esa deidad algo decrépita de la vieja crítica", el siempre brillante Roland Barthes en un artículo que ha sido reproducido infinidad de veces y cuyo título, "La muerte del autor", es ya de por sí suficientemente ilustrativo (Barthes: 1984). Para Barthes, atar un autor a un texto es imponer unos límites que constriñen la libertad esencial de la lectura.[166] El nacimiento del lector, dice Barthes, tiene lugar tras la muerte del autor. Frente al antiguo enfoque positivista, el autor no pasa de ser un producto secundario de la escritura. La insistencia del estructuralismo en el carácter 'construido' del significado humano supuso un cambio drástico frente a quienes creían que todo significado provenía del sujeto individual. El significado no es producto del individuo, ni es tampoco algo decidido para siempre, ni es un asunto que se resuelve apelando al Dios-Autor... De la muerte del autor y del nacimiento del lector me ocupo más adelante.

8.4.4. Contra la Historia

El estructuralismo supuso reducir el papel de la Historia –cuando no prescindir de él– como discurso que determinaba de manera exclusiva el significado de las

---

[165] Este es un punto de desencuentro definitivo entre Lévi-Strauss y el pensamiento de Goldmann. Goldmann consideraba insuficiente un estructuralismo no genético como el de Lévi-Strauss, que eliminó la noción de sujeto y, por tanto, la relación de este con estructuras colectivas que están por encima de él.

[166] Barthes desarrolla la idea de que el autor no es la instancia que escribe. La lengua conoce un 'sujeto', no una 'persona', y ese sujeto está fuera de la enunciación que lo define (Barthes: 1984). "Una vez alejado el Autor, la pretensión de 'descifrar' un texto se convierte en una tarea completamente inútil. Dar un Autor a un texto, es imponer a ese texto un seguro de arma de fuego, es proveerlo de un significado definitivo, es cerrar la escritura. Esta concepción conviene mucho a la crítica, que se impone como tares importante la de descubrir al Autor (o sus hipóstasis : la sociedad, la historia, la psique, la libertad) bajo la obra: encontrado el Autor, el texto se 'ha explicado', el crítico ha vencido; no hay, pues, nada de sorprendente en que, históricamente, el reino del Autor haya sido también el del Crítico, pero también en que la crítica (la nueva) esté hoy tan agitada como el Autor" (Barthes: 1984, 65-66).

obras literarias. La Historia había sido referente absoluto, desde el momento en que el sentido de los textos sólo se entendía en función del período en el que se habían producido. El estructuralismo no fue, desde luego, el primer movimiento que provocó un viraje hacia una actitud crítica. Ni a Husserl ni a Heidegger les interesó el historicismo (otra cosa es la temporalidad), ni tampoco a Wittgenstein. El período anterior a la llegada del estructuralismo tampoco era favorable a la mentalidad historicista. Influyentes pensadores contemporáneos como Popper, Löwith, Eliade o Isaiah Berlin tampoco tampoco pusieron la historia en el centro de sus intereses.

El estructuralismo francés no contó con la historia por razones metodológicas, que derivaron después al terreno de la ideología. Si la lengua (o los mitos amerindios o las tragedias de Racine) era un sistema, esto significaba, frente al historicismo comparatista, que debía estudiarse y comprenderse en el estado que mostraba, con lo que se daba prioridad al plano sincrónico. El estructuralismo presentó la materia de la cultura y de la literatura como formada por signos y códigos, y ello trajo consigo la tendencia a considerar la estructura, al menos en un primer momento, como ajena a todo referente externo. La red de correlaciones estructurales se despliega en la simultaneidad. En una estructura constituida todo es contemporáneo, de ahí que no sea necesaria la historia, porque el pasado es una sucesión de estados separados por cortes. La historia carece del poder explicativo que le otorgaron los filólogos. Poco hay de histórico en la fonología diacrónica de la escuela de Praga, a menos que se acepte que los sistemas lingüísticos existen en un 'llegar a ser' abstracto.[167]

Para los estructuralistas de la primera hora, la historia no era un saber privilegiado ni suponía un acceso exclusivo a la verdad. La noción capital de cambio podía ser conocida y transmitida por medios distintos a la narración lineal de hechos o a las grandes concepciones filosóficas. A estas atractivas novedades metodológicas debía añadirse el cansancio a que habían llevado los excesos de las investigaciones que solamente entendían las obras en tanto que fruto de un momento histórico, como señalaba Malkiel. Lotman recordaba la incurable "aporía" contra la que se ha estrellado el investigador de literatura que, convertido en histórico *par excellence*, no tenía la posibilidad de observar la naturaleza específica de la fuente estudiada. En uno de los capítulos de *El pensamiento salvaje* ("Historia y dialéctica"), Lévi-Strauss atacaba la "mística de la historia", porque postulaba una equivalencia entre la noción de historia y la de humanidad.[168] La historia fundamentaba un

---

[167] "Los cambios profundos tienen lugar y los 'maneja' el sistema, que los ajusta 'inmediatamente' en conformidad. La historia se convierte en una metáfora sin vida. Se ha aceptado, como un hecho, que los fenómenos 'históricos' se describen totalmente en términos de categorías analíticas, no dependientes de un punto de vista genuinamente histórico, sino más bien de actitudes propias de la disciplina misma." (Uitti: 1977, 213)

[168] "Sartre no es, indudablemente, el único que valora la historia a expensas de las demás ciencias humanas, y que se forma de ella una concepción casi mística. El etnólgo respeta la historia, pero no le concede un valor privilegiado. La concibe como una búsqueda complementaria de la suya: la una des-

tipo de inteligibilidad que para él no era superior al orden sincrónico. La imposición de la historia como clave del saber era para él uno de los últimos refugios del "humanismo trascendental". Para abordar el estudio de la sintaxis de la mitología americana, Lévi-Strauss rechazó el método de la reconstrucción histórica. No es que los elementos históricos desaparezcan, sino que se integran en un nuevo universo que abarca desde los sistemas de parentesco y las instituciones políticas hasta la mitología, la literatura y las prácticas rituales.

La exploración de Lévi-Strauss reposaba también en otra evidencia: los pueblos que elaboraron los mitos utilizaron unos procedimientos que escondían oposiciones dentro de una común concepción del mundo. Lévi-Strauss se opuso a las limitaciones de cierta clase de relato histórico que se reducía al antes y al después, y que se contentaba con la simple retahíla de hechos singulares. Frente a este atomismo de la sucesión temporal, el maestro francés proponía la existencia de vastos conjuntos o códigos universales, es decir, de estructuras. Pero las relaciones de coherencia que se hallan en un mito de determinada sociedad o en una serie de obras literarias sólo serán estructuras si, tras la comparación con los elementos de otras entidades comparables, se muestran como transformaciones de un repertorio de significaciones que no necesitan de ningún relato histórico para mostrarse. Los llamados hechos históricos se convirtieron en meras convenciones conceptuales creadas por el hombre desde el presente. El tiempo recordado es tiempo recobrado en interés del presente, tal como reza el proustiano título de uno de los capítulos de *El pensamiento salvaje*: "El tiempo recuperado". Por otro lado hay discontinuidades históricas que impiden un conocimiento histórico integrado: la historia nunca es un proceso unificado que podamos percibir. En las páginas finales de *La pensée sauvage*, el antropólogo subrayaba la convencionalidad de los esquemas cronológicos en que se apoyaban muchos estudios históricos.[169]

---

pliega el abanico de las sociedades humanas en el tiempo, la otra en el espacio (...) Esta relación de simetría entre la historia y la etnología parece ser rechazada por filósofos que no creen, ni implícita ni explícitamente, que el despliegue en el espacio y la sucesión en el tiempo ofrezcan perspectivas equivalentes. Se diría que, a su juicio, la dimensión temporal disfruta de un prestigio especial, como si la diacronía fundase un tipo de inteligibilidad, no sólo superior a la que aporta la sincronía, sino sobre todo de orden más específicamente humano." (1982, 371)

[169] "Aún una historia que pretende ser universal no es sino una yuxtaposición de algunas historias locales, en el seno de las cuales (y entre las cuales) los huecos son más numerosos que las partes llenas. Sería vano creer que multiplicando los colaboradores e intensificando las investigaciones, se obtendría un mejor resultado: por cuanto la historia aspira a la significación, se condena a elegir regiones, épocas, grupos de hombres e individuos en estos grupos, a hacerlos resaltar, como figuras discontinuas, sobre un continuo que apenas si sirve para tela de fondo. Una historia verdaderamente total se neutralizaría a sí misma: su producto sería igual a cero. Lo que hace posible a la historia, es que un subconjunto de acontecimientos, para un período dado, tiene, aproximadamente la misma significación para un contingente de individuos que no han vivido necesariamente esos acontecimientos, que pueden, inclusive, considerarlos a varios siglos de distancia." (1982, 373)

Tampoco pretende Foucault una explicación de los hechos, tal y como se había venido haciendo. En *Las palabras y las cosas* (1965) sostiene que las discontinuidades entre las estructuras conceptuales que inspiran el conocimiento de una época –él las llama *epistemes*– son indescifrables, y en *Vigilar y castigar* (1975) muestra interés por el cambio después de que ha ocurrido; le interesan los resultados del cambio, no sus mecanismos, pero no propone explicación alguna, pues, de acuerdo con su planteamiento arqueológico, hay una sucesión de órdenes estáticos dentro de las discontinuidades, nada que se parezca a una idea que camina hacia el progreso. No hay *continuum*, ni sujeto fundador en la civilización ni en el pensamiento, según Foucault. El lenguaje de la Europa del siglo XVI traduce su visión del mundo e intenta representar la realidad. La ambición del lenguaje del siglo XVII era clasificar las cosas y conseguir una gramática general. En el siglo de las Luces la historia natural se convierte en guía de las preocupaciones lingüísticas. El siglo XIX es el siglo de la sociología y la psicología científicas. Foucault no ve continuidad. Cada época estructura su visión del mundo por medio de ciertas formas gramaticales y no hay lazo de unión entre las épocas del pensamiento humano. No vivimos en una civilización cuya continuidad asegura la historia sino en una civilización discontinua. La humanidad está hecha de lenguajes diferentes y cada uno tiene su propia estructura. La obra de Foucault supone, entre otras cosas, poner en tela de juicio la unidad de la tradición occidental y algunos de sus valores centrales, así como investigar de qué modo se han convertido en forma de poder los principios intelectuales.

8.4.5. De la utopía científica a la cárcel del lenguaje

Los estructuralismos no alcanzaron la altura de su propia utopía epistemológica, ni se convirtieron en un método universal, pero es indiscutible que establecieron un modo nuevo y fecundo de observar los fenómenos culturales y despertaron a algunos investigadores confiados en el poder que habían otorgado a la Historia. Por otro lado creo que, frente a los que han esgrimido el carácter científico de esta manera de entender la investigación, el estructuralismo no es una ciencia. Salvo algunas excepciones, los diferentes estructuralismos no se han regido por la línea de hipótesis, descubrimiento de hechos, confirmación, falsación, etcétera, sino que pretendieron, como señalaba el profesor Bolívar (1985), volver a leer desde nuevos supuestos los mitos (Lévi-Strauss), la obra de Marx (Althusser), el pensamiento de Freud (Lacan), la historia del saber (Foucault), la filosofía de Nietzsche (Deleuze) o la filosofía occidental (Derrida). Barthes señaló ya en 1963 que el estructuralismo no era una escuela ni un movimiento

"Pero como el estructuralismo no es ni una escuela ni un movimiento, no hay motivos para reducirlo *a priori*, ni siquiera de un modo problemático, al pensamiento científico

(...) Puede decirse, pues, que en relación con *todos* sus usuarios, el estructuralismo es esencialmente una *actividad*, es decir, la sucesión regulada de un cierto número de operaciones mentales. (...) El objetivo de toda actividad estructuralista, tanto si es reflexiva como poética, es reconstruir un objeto, de modo que en esa reconstrucción se manifiesten las reglas de funcionamiento (las 'funciones') de este objeto." (Barthes: 1964, 214)

El estructuralismo ha supuesto un modo más orgánico de describir y analizar las obras literarias. Frente a las observaciones impresionistas y el amontonamiento erudito, frente al historicismo que establecía de manera poco rigurosa la relación de las obras literarias con la historia, el nuevo método pasó a investigar contrastes internos en los textos al tiempo que permitía relacionar diferentes obras entre sí con mayor solidez que los simples parecidos o la vaguedad de los temas. Ofrecía, además, un lenguaje crítico eficaz, una terminología precisa. Es indudable que algunos estudios estructuralistas nos han revelado aspectos nuevos de la literatura, al tiempo que ha desplazado otras tendencias de la crítica y ha mediatizado durante años el pensamiento de investigadores americanos y europeos. El desarrollo de los distintos estructuralismos y movimientos posteriores ha favorecido la creación de un discurso crítico en el que las diferencias entre literatura y otros tipos de discurso no se contemplan (porque carecen de sentido), al menos desde un punto de vista teórico. Los estudios de Propp sobre el cuento tradicional y los de Lévi-Strauss sobre mitos han movido al estudio de distintas formas 'populares' o no "canónicas" del discurso. Un ejemplo de esta tendencia son los estudios estructurales que realizó Umberto Eco sobre las novelas de James Bond y los que han venido después sobre Superman, Tintín o las tiras de Mafalda. Igualmente, se ha producido un creciente interés sobre las "more 'mundane' forms of language and discourse, such as those of the mass media" (Van Dijk: 1985, 3). En esta línea son esenciales los trabajos de Barthes sobre la publicidad y las crónicas de sucesos.

Otro asunto que ha merecido libros y artículos es la relación entre la estructura y la historia. Ya he dicho que la propuesta de estudiar la articulación de las obras y arrebatar su significado último al historicismo, que sólo veía el significado de las obras literarias en el tiempo, fue saludable, pues permitió descubrir claves y aspectos nuevos de la composición de los textos literarios, de los modos de relación de los textos entre sí. Pero filólogos de la vieja escuela como Roncaglia o Contini, y estudiosos de nuevo cuño han prevenido sobre los excesos que supone reducir la explicación de los textos literarios a simples estructuras o sistemas. No toda realidad es formalizable ni puede reducirse a un sistema.[170] Roncaglia consideraba que no había comprensión fuera de la historia:

---

[170] En palabras de D'Arco Silvio Avalle se trata de: "Poner barreras a los abusos de los operadores que tienden a transformar el análisis de las estructuras formales en un dispositivo complicadísimo de fórmulas matemáticas (o consideradas como tales); o bien, en algunos casos, en eliminar o reducir a la

"No veo cómo una metodología meramente estructuralista puede sustituir a las categorías estéticas y éticas del juicio, de las que un serio empeño crítico no puede prescindir. Con tales categorías, más allá del aspecto condicionante (pero no determinante) de las estructuras, se llega al momento decisivo de la intuición y de la libertad creadora; se pasa, en definitiva, del estructuralismo al historicismo." (Tomo la cita de Segre: 1970, 25)

Uno de los intereses mayores de los estudios literarios ha consistido en explicar cómo se relacionan los textos y la historia, los textos y el mundo, la estructura de las obras literarias y la realidad. El problema no se resolverá con ninguna fórmula mágica porque el diálogo entre textos e historia, entre interpretaciones del pasado y de presente está, por su propia naturaleza, siempre abierto. Ahora bien, que este asunto no se resuelva de manera inmediata no significa que deba despreciarse ni dejarse de lado; prueba de ello es que se replantea una y otra vez. No es entonces extraño que el estructuralismo, como el psicoanálisis o la teoría del imaginario, hayan salido al encuentro con la historia.

El estructuralismo nos ha permitido entender la organización del material literario, pero los escritores no escriben solamente para dar forma a unas ideas y unos sentimientos. La consideración de que no ha de estudiarse la literatura como si sólo fuera un arte del lenguaje, la idea de que los grandes temas de la literatura (el paso del tiempo, la muerte, el amor) son asuntos exteriores al texto, fruto de la creación del lector y, por tanto, incontrolables, ha provocado más desconcierto que otra cosa. Si los estudios tradicionales habían cargado las tintas en el estudio del contenido, el vaivén que llevó a negar su importancia ha tenido consecuencias funestas. La obsesión por el texto alejó a la crítica de cualquier consideración que valorase la base social, humana, de la literatura. Si entender que los textos sólo deben estudiarse en su dimensión histórica fue un exceso, considerarlos como estructuras autónomas del mundo que sólo miran a su interior, tampoco ha sido acertado.[171]

Por lo demás, es de justicia reconocer que el estructuralismo no se propuso solucionar todos los problemas y convertirse en la panacea de los estudios humanísticos. Sin embargo, se han cometido abusos al emplear su terminología y aplicarla a cuanto se pusiera delante. Lévi-Strauss puso las cosas en su sitio:

---

categoría de accidente los elementos que, de un modo u otro, no se ajusten a la medida del modelo elegido." (Silvio Avalle: 1974, 100)

[171] Se ha denunciado a menudo el peligro de transformar lo accesorio en sustancial en una crítica de tipo estructuralista. Algo de ello señalaba Contini en *I ferri vechi e quelli nuovi*: "Yo le decía un día a Jakobson: 'Entre los datos que usted encuentra, ¿cuáles pueden considerarse significativos, pertinentes, en el sentido técnico de la palabra, y cuáles accidentales? Éstos, como es obvio, no son reales, no son hechos. Así pues, es preciso distinguir qué cosa, a propósito de la realidad, es real.' Creo que éste es en la actualidad el núcleo problemático de la crítica estructural: discernir qué cosa, de estas categorías *a posteriori*, de estos datos que se descubren, es pertinente y qué cosa es no pertinente. Pero, entendámonos bien, la pertinencia no va unida necesariamente a la reiteración, a la repetición. Un dato aislado también puede ser perfectamente pertinente" (*Apud* Silvio Avalle: 1974, 101).

"(...) El estructuralismo no es responsable de los abusos que se cometen en su nombre. Bien seamos lingüistas, o bien historiadores, etnólogos, etc, trabajamos todos en campos perfectamente delimitados. El estructuralismo practicado de un modo correcto no trae mensajes, no tiene la llave que abra todas las puertas, ni tiene la pretensión de formular una nueva concepción del mundo ni del hombre; se guarda muy bien de tener la pretensión de fundar una terapéutica o una filosofía." [172]

Es innegable que la obra literaria es un mundo regido por su propia legalidad. Podemos renunciar a buscar su ley fuera de ella, pero es difícil ignorar aquello que en la obra, explícita o implícitamente, positiva o negativamente, se relaciona con el universo exterior, que la obra literaria es un mundo dentro de un mundo más amplio, y que no sólo está al costado de otras obras literarias, sino también al lado de otras realidades y de otras instituciones, algunas de las cuales son también de esencia literaria. Decía Todorov con razón que querer estudiar una obra como una combinación de materiales no tiene en sí nada de criticable. Pero una cosa es que las relaciones estructurales sean pertinentes y otra que sean las únicas en serlo, pues "se excluiría toda relación con el contexto sincrónico y más allá, toda relación con los valores humanos universales" (Todorov: 1991, 133).

8.4.6. Al encuentro con la historia

Los estructuralistas no otorgaron a la historia la relevancia ni la capacidad de desentrañar el sentido de los textos que le había otorgado la época anterior, pero esto no significa que le dieran siempre y de manera definitiva la espalda.[173] Si tomamos las cosas aguas arriba, debemos recordar la propuesta de Jakobson y Tinianov en 1928, que no está muy lejos de lo que se ha llamado "Estructuralismo diacrónico":

> "Tanto para la lingüística como para la historia literaria, la neta contraposición entre el aspecto sincrónico (estático) y el diacrónico, fue una hipótesis de trabajo fecunda puesto que mostraba el carácter sistemático de la lengua (o de la literatura) en cada período particular de la vida. Las adquisiciones de la concepción sincrónica nos obligan a

---

[172] Lévi-Strauss (1968): "Hommage aux sciences de l'homme", en *Social Science Information sur les Sciences Sociales*, VII, 2, 10.

[173] "Es, pues, en el terreno de las relaciones entre Historia y etnología en sentido estricto, donde deseo plantear el debate. Nos proponemos mostrar cómo la diferencia fundamental entre las dos no es ni de objeto ni de intención, ni de método; teniendo, sin embargo, un mismo objeto, que es la vida social, un mismo interés, que es una mejor comprensión del hombre y un método en el que varía solamente la dosificación de los procedimientos de la investigación, se distinguen en particular por la elección de perspectivas complementarias: la Historia organiza sus datos en relación con las expresiones conscientes, la etnología en relación con las condiciones inconscientes de la vida social" (Lévi-Strauss: 1958, 24-25).

reexaminar hoy los principios de la diacronía. A su vez, la ciencia sincrónica ha reelaborado la noción de aglomeración mecánica de los fenómenos que la ciencia sincrónica remplazó por la noción de sistema, de estructura. La historia del sistema es a su vez un sistema. El sincronismo puro se presenta ahora como una ilusión: cada sistema sincrónico contiene su pasado y su porvenir como elementos estructurales inseparables del sistema. (Por un lado el arcaísmo como hecho de estilo: el conjunto lingüístico y literario se siente como una lengua muerta, pasada de moda. Por otro, las nuevas tendencias en la lengua y en la literatura, que aparecen como innovaciones del sistema). La oposición de sincronía y diacronía había contrapuesto la noción de sistema a la de evolución. Esta oposición pierde su importancia de base puesto que ahora reconocemos que cada sistema se nos presenta necesariamente como una evolución y que, por otra parte, la evolución tiene inevitablemente carácter sistemático." (Tinianov-Jakobson: 1970, 104) [1928]

El esfuerzo por considerar unidas diacronía y sincronía invitaba a replantear cómo es la relación entre el mundo y la obra artística, despertaba nuevas posibilidades de análisis para los estudios literarios y replanteaba la necesidad de contar con la diacronía y sincronía. Uno de los rasgos que mejor definen las actuales investigaciones en el campo de los estudios literarios es precisamente la colaboración entre ambas dimensiones. Veremos ahora algunos ejemplos.

8.4.7. Lévi-Strauss visita Brocelandia

Chrétien de Troyes fue un escritor excepcional. El lector que se adentra por primera vez en sus *romans* se traslada a un universo inagotable de la mano de un narrador que le impedirá abandonar la lectura. La experiencia es particularmente gozosa en *Yvain, El caballero del león*, donde leemos las aventuras de Calogrenante, la historia del caballero que vigila la fuente de la dama, los prodigios del anillo que vuelve invisible a quien lo lleva, el cadáver que sangra ante su asesino, el extraordinario episodio de la locura en el bosque, las digresiones de tema amoroso, tamizado todo ello por la fina ironía del escritor de Champagne.

Tuve la suerte de leer los *romans* de Chrétien de Troyes cuando era estudiante y he tenido la fortuna de explicarlos cuando he sido profesor. En el interminable proceso de preparar clases cayó en mis manos un estudio de Jacques Le Goff y Pierre Vidal-Naquet titulado "Lévi-Strauss en Brocéliande. Esquisse pour una analyse d'un roman courtois". Inspirándose en una investigación de Leach, "Lévi-Strauss in the Garden of Eden: an Examination of some Recent Developments in the Analysis of Myth", Le Goff y Vidal-Naquet han leído el *roman* de Chrétien a la luz de los estudios del antropólogo francés y han demostrado en qué medida su obra explica aspectos de la trama y puede relacionarse con los hechos históricos.

Los autores del estudio se centran de manera particular en el episodio de la locura de Yvain.

Como es sabido, tras no cumplir el plazo que su esposa le impuso para regresar a su lado, la implacable *domina* le envía a una dama de su mesnada, montada en un simbólico palafrén negro, para que anuncie a su esposo el fin de su matrimonio. Yvain enloquece ante el desamor y la ruptura, y se retira a un bosque. Atraviesa zonas de campos cultivados, más allá de los territorios donde pudieran buscarlo, "loing des tantes et des pavillons", y llega al bosque, el espacio en el que se rompen las mallas de la jerarquía feudal. Allí pierde los viejos hábitos de la civilización, pierde la memoria y se queda desnudo, como un animal. Antes de entrar en el bosque se construye un arco ("Un arc et cinq saietes barbelées qui molt erent tranchanz et lées"), el arma por excelencia del cazador, no la de un caballero. La oposición entre el arquero cazador y el caballero revestido con armas nobles es antigua. Le Goff y Vidal-Naquet recogen algunos testimonios que arrancan del universo indoeuropeo, tal como demostró Dumézil, y llegan a la antigua Grecia (desde Homero a Eurípides) en la que el arco podía representar a los bastardos, los traidores, los guerreros no distinguidos. Pero sucede también a la inversa: el arco es el arma de grandes héroes, de Hércules y de Ulises, que muestra su soberanía cuando lo monta al regresar a Ítaca: "L'arc es un signe dont la valeur n'est donée que par la position qu'il occupe dans le système, leçon que tout l'oeuvre de Lévi-Strauss pourrait nous inviter à commenter" (1975, 275).

El arco cobra un relieve particular en el *Tristan* de Béroul. Antes de entrar en el bosque, Tristán se procura uno y poco después construye uno él mismo. Pero enseguida leemos que el rey Marco posee un arco de citiso, un arma emblemática, pues Marco no la usa, de la misma manera que tampoco se sirve de ella el rey Carlomagno (*Chanson de Roland*, 767 y ss.). "L'arc est ainsi ambigu, signe de chute, signe de remontée", dicen Le Goff y Vidal-Naquet (1975, 277). Pero regresemos a Yvain, un hombre salvaje que ha perdido la memoria, que se integra en el medio salvaje y come alimentos no elaborados, *mangeur du cru*. En el bosque conoce a un ermitaño con el que intercambiará mercancías. Él deposita ante la puerta de la cabaña animales cazados y el religioso le dará a cambio un pan áspero y carne cocida sin sal ni pimienta, pues estamos en los antípodas de una comida refinada, sin especias ni vino: "Ainsi communiquent, au plus bas degré, monde de la chasse et monde des terres cultivées, cru et cuit" (1975, 282). Se cruzan aquí varias oposiciones: Yvain frente al ermitaño, el enclave *civilizado* frente al mundo salvaje, Yvain frente a su antiguo mundo, más allá del bosque. El bosque supone elegir cierta vestimenta (desde los harapos hasta la desnudez), un código alimentario (pan áspero, alimentos apenas cocidos), un mundo mental (la memoria humana es reemplazada por la conducta instintiva de los animales). El mundo que ha dejado Yvain está marcado por un sistema social organizado, un sistema económico (de producción rural: campos, terrenos roturados y cultivados), un sistema de edificaciones (tiendas, pabellones, casas), una comida elaborada, etcétera. Cualquier lector de esta literatura sabe que la dialéctica Naturaleza / cultura, salvaje / cortés, pertenece claramente a los esquemas mentales y literarios de la época. No es infrecuente encontrarse con el loco, el hombre salvaje, el ermitaño y una serie larga de parejas que representan creencias opuestas: el caballero y la pastora, el caballero y la mujer salvaje, la mujer y la corte de leprosos y, naturalmente, el hombre salvaje frente al civilizado. El propósito de Le Goff y Vidal-Naquet es, en definitiva, mostrar cómo los resultados del análisis estructural de un texto pueden después integrarse perfectamente en una investigación histórica.

La locura de Yvain marca la ruptura del héroe tanto con la corte como con la civilización. Una parte del *roman* está consagrado a definir las etapas del regreso de Yvain a la cordura, lo que significa volver a disfrutar de su esposa y sus heredades. El bosque se relaciona con el mundo no civilizado, pero en un análisis estructural conviene no otorgarle más realidad que la que tiene. En el interior de la obra el bosque existe sólo en su relación con lo que no lo es. Todas las oposiciones a las que finalmente sea posible reducir el *roman,* y el papel que cumplen elementos como el arco, el ermitaño, el hombre salvaje, el león, la serpiente, Dios o el diablo, podrían descodificarse sin necesidad de contar con el mundo exterior, concluyen los historiadores, pero el análisis estructural no hace sino confirmar hechos históricos que están documentados. No sería difícil trazar un estudio sistemático de las estructuras de parentesco en el *roman courtois.* Vidal-Naquet y Le Goff traen a colación algunos trabajos de Georges Duby, que vienen a confirmar y a enriquecer las razones por las que aparecen estas oposiciones en el texto de Chrétien y en otros muchos contemporáneos:

> "El itinerario de Yvain, tal y como lo hemos reconstruido con la ayuda del análisis estructural, confirma y aclara varios esquemas históricos. El espacio esencial de las tierras roturadas corresponde con el fenómeno económico capital de los grandes desbrozamientos del siglo XII. La aventura de Yvain va por los mismos los caminos del grupo de 'jóvenes' identificado por G. Duby y analizado, en sus relaciones contradictorias con la sociedad en la que vive, por Erich Köhler." (1975, 318)

He traído a colación el estudio, por tantas razones admirable, de estos dos investigadores franceses como muestra de la *aplicación* de un método moderno, a una obra literaria. Recuerdo haber leído y escuchado opiniones contrarias de algunas colegas respecto del uso de metodologías contemporáneas para explicar textos antiguos. ¿Por qué leer los tristanes medievales a la luz de las teorías de Jung? ¿Por qué leer el teatro de Shakespeare a partir del materialismo histórico? Para muchos se pasan por alto los saberes de la época que hicieron posibles las obras, y se sustituyen por métodos que no se han concebido para textos del pasado. El arsenal metodológico y las preguntas que formulan estos métodos nacen del presente y nunca responderán a las preguntas que planteaba el texto a sus contemporáneos, sino a las nuestras. Si el sistema poético y retórico de cada época nos sirve para comprender la construcción y el sentido de las obras literarias, no deberíamos buscar explicaciones partiendo de métodos modernos. La información que nos ofrecen las *artes* sobre métrica o sobre figuras literarias sirve para ilustrar y dar un conocimiento más cabal que la aplicación impasible de tendencias contemporáneas.

Esta opinión que acabo de resumir está muy extendida y es razonable. No me parece, sin embargo, que en la tarea de la crítica deban desestimarse las preguntas de las corrientes modernas. Tanto el investigador que sigue los tratados neoclásicos para explicar la literatura de la época, como quien pregunta desde una perspectiva rigurosamente moderna, realizan una operación crítica y creo que conviene decir algo sobre la supuesta mayor objetividad de los estudios que investigan siguiendo los documentos de época frente a los métodos contemporáneos. Reflexiono más adelante (véase el capítulo dedicado a la hermenéutica) sobre este asunto, pero debe recordarse ahora que siempre que preguntamos al pasado lo hacemos desde el presente, aunque nos sirvamos de documentos del siglo XIII para aclarar dudas que nos plantean *romans* del siglo XIII. Las indagaciones realizadas con la ayuda de las *artes* no nos garantizan la objetividad, porque nunca entenderemos aquellos documentos como los entendían quienes los concibieron. Partimos siempre, y en cualquier caso, de nuestro presente. Nunca seremos hombres del siglo XIII, ni comprenderemos de manera precisa aquella cultura. Las *artes poéticas* nos dan algunas claves, nos acercan a las convenciones de la época, pero tampoco nos dan la objetividad absoluta.

En un contexto distinto al estructuralismo, el profesor Tony Hunt ha explicado las oposiciones y aparentes contradicciones de *Yvain* partiendo de la dialéctica medieval, del *Sic et non* de Pedro Abelardo, de los géneros literarios profundamente medievales como la *tensó* o el *partimen*, de los textos científicos sobre *Amor*, los debates con otros textos contemporáneos (*Tristan*) y antiguos (la obra amorosa de Ovidio). Chrétien fue un *trouvère*, un profundo conocedor de la dialéctica, de la *disputatio* y el *jeu parti*, y organizó su novela partiendo de los conocimientos (y del talento como narrador, cuestión esta que no se deja explicar fácilmente) que le brindaba la tradición. Ni en los *romans* de Chrétien ni en los de sus contemporáneos faltan las contradicciones, las paradojas, las oposiciones. Tony Hunt lo ha explicado magistralmente en su estudio. En el caso de nuestro *roman*, las oposiciones y las paradojas alcanzan un alto grado de sofisticación. Cuando Yvain se queda encerrado en el castillo se crea una extraña escena. Mientras el mágico anillo de Lunette le hace invisible, otro hecho mágico, el flujo de sangre del cadáver en presencia del asesino, revela que Yvain está en la sala. El caballero no se atreve a aparecer por miedo a morir en manos de los servidores de Laudine, y perder junto con la vida el amor. Yvain no aparece y su conducta muestra que no es un caballero y esto le produce una gran desazón. Por otro lado, la reputación de hombre noble de que goza le llevaría a ser aceptado por Laudine. Sin embargo, no puede olvidarse que es responsable de la muerte de su esposo, por lo que la viuda le odia. No es precisamente Yvain un modelo de hombre cortés... No sería difícil ir definiendo las oposiciones que se van presentando: el caballero está pero no está, la apariencia frente a la realidad, el amor frente al odio.

Las oposiciones binarias desempeñan un papel crucial en el desarrollo narrativo. Las ironías y paradojas se nos presentan de tal modo que el significado de sucesos y motivos se capta precisamente a través de ellas y a través de ellas se expresan los temas de discusión de la obra. Chrétien es un formidable conocedor de la técnica y la sabiduría que ofrecía la dialéctica. *El Caballero del león* avanza con la ayuda de oposiciones que le permiten incidir en los temas fundamentales. El prólogo con las referencias a un mundo ideal contrasta con la poca idílica y cortés siesta del rey entretenido con su esposa en sus menesteres, el encuentro de Calogrenante con el amable hostalero y el desagradable pastor, el eficiente trabajo del vaquero frente al fracaso de Calogrenante, que sólo tiene apariencia de caballero pero no lo es. Podría sostenerse que el significado de los motivos y los sucesos en este *roman* de Chrétien procede del sistema interno de la obra que podría describirse de acuerdo con oposiciones distintivas al modo fonológico, tal y como las estableció Trubetzkoy, pero esto introduciría, como dice Tony Hunt, una compleja nomenclatura que distraería la intención artística que las ha motivado.

Lo que me interesa es destacar cómo conviven hoy estudios que abordan el análisis de las mismas obras partiendo de metodologías distintas y que ofrecen explicaciones diferentes para los mismos hechos. Los estudios de Le Goff y Naquet y el de Hunt parten de dos metodologías distintas que tienen un objetivo común. Estoy seguro de que habrá un tercer estudio que invite a una síntesis entre el estructuralismo y la dialéctica medieval: no en vano vivimos en tiempos de eclecticismo. Sería quizá el momento de recordar al lector las interpretaciones de nuestro *roman* del maestro Jean Frappier, un viejo filólogo y un lector extraordinariamente inteligente, que va aclarando al hilo de la lectura el modo de hacer de Chrétien de Troyes. Pero no voy a privar a nadie de tan recomendable experiencia.

En fin, la propuesta de Lévi-Strauss sobre las estructuras de parentesco, la función organizadora de las oposiciones en el relato y el sentido de lo crudo y lo cocido desbordan el marco de las oposiciones fonológicas y toman otra dirección. El estructuralismo nos ha permitido relacionar literaturas, cultos y mentalidades más allá de culturas, de tiempos y de espacios. Otra cosa es que no todos los estructuralistas y semiólogos se llamaron Lévi-Strauss, Greimas, Genette, Segre o Roland Barthes; pero tampoco todos los filólogos han estado siempre a la altura de los maestros.

8.5. Excesos de los métodos

8.5.1. ¿Excesos del lenguaje crítico?

Al principio de estas páginas he recordado la incuestionable necesidad de la crítica. El proceso por el que este discurso se ha convertido en poderosa disciplina, en academia y escuela, y el proceso por el que surge la reflexión sobre el ser de lo literario desde la antigüedad hasta nuestros días, ha sido ya descrito en muchísimos trabajos. Ha quedado dicho que el prestigio de las ciencias del siglo XX, el rigor de su lenguaje y la solidez de sus planteamientos ejercieron un enorme atractivo y fueron un estímulo para los estudios literarios, que habían llegado a un cierto agotamiento. No era extraño que se acudiera al psicoanálisis, la sociología o la ciencia de los signos para fundamentar las nuevas orientaciones. Esta apertura a nuevos enfoques es una conquista del siglo XX y nos ha descubierto un universo de significados en las obras literarias y en la relación de la literatura con el mundo y con la mente de los autores, pero no debe ocultarse la otra cara de estos métodos: las aplicaciones mecánicas de sus principios, el carácter críptico que han tomado muchas veces debido a la complejidad (a menudo gratuita) de sus metalenguajes, y su carácter autosuficiente, que permite a la crítica bastarse a sí misma y prescindir de los textos literarios o convertirlos en simple pretexto. Los métodos se han convertido en un discurso autónomo, que se alimenta a sí mismo. Así las cosas, la literatura se acaba reduciendo a una materia inerte disponible para la recreación del crítico, que en cierto modo sustituye al denostadísimo autor. Lo ha expresado Segre con mucha claridad:

> "Privada de su peculiar estatuto, la literatura se convierte en una de tantas voces de este discurso continuo, anónimo, arcano. Así, Barthes podía llegar a un análisis de las 'mitologías' contemporáneas o de la moda, y encontrar por ejemplo en el sistema de oposiciones entre las diferentes piezas de vestuario o sus diversas formas, ciertas estructuras afines a las que había indicado en las relaciones entre los personajes de las tragedias de Racine." (Segre: 1974, 69)

En muchos estudios se comprueba que los críticos proyectan sobre el texto la metodología de la penúltima tendencia crítica sin conceder a la lectura el detenimiento y la concentración que requiere, y aquí está la fuente de alguna aplicación irresponsable de estas corrientes, porque se lee en los textos aquello que se quiere encontrar. Muchos estudios que supuestamente aplican métodos, no pasan de superponer a la obra una falsilla con la que siempre se llega a un resultado. Sucede que se alcanzan a veces conclusiones a las que ya habían llegado investigadores decimonónicos, sólo que las modernas indagaciones se visten con una jerga que las hace parecer modernas. En algunos casos, y bajo la pretendida idea de que los estudios literarios son tan científicos como la bioquímica, se llega tan lejos que los trabajos se vuelven abstrusos y, si no se conoce bien la terminología empleada, resultan no ya ineficaces, sino además plúmbeos. Algún colega me ha señalado que resulta inconsistente acusar de aburrido un estudio. Si los estudios de bioquímica o de física atómica se catalogan por su condición científica, los literarios deberían juzgarse por el mismo rasero y no necesariamente deberían entretener. No sé si aquel *scholar* que me reconvino tenía razón, pero hay algún motivo que me hace preferir el tipo de análisis y de escritura de Edward Said antes que los de Siegfried Schmidt, los estudios de Spitzer o de Paul de Man antes que los de Derrida, las ya viejas páginas de Dámaso Alonso sobre cualquier tema a muchos tratados de lacanianos metidos a críticos o algo parecido.

Si José Cemí ironizaba en *Paradiso* sobre las cláusulas trimembres y la brocha gorda de Menéndez Pelayo, no habría sido mucho más benevolente si hubiesen caído en sus manos algunos de los miles de artículos de ciertos estudios de crítica literaria. Algunos investigadores, amparándose en la idea de que su trabajo es una actividad científica, como pudiera serlo la física, bien pertrechados de un metalenguaje (a veces la lengua se siente como algo demasiado vago y ambiguo y se acude al gráfico o a la fórmula como sustitutos), y convencidos de que un estudio literario científico no tiene por qué ser accesible al gran público, como tampoco lo es un estudio sobre proteínas, han escrito trabajos con la voluntad de renovar los estudios literarios y escribir una crítica rigurosa. Este metalenguaje, que ha sido considerado signo de modernidad, se toma prestado a veces de diferentes disciplinas, e incluso se mezclan las jergas para crear una terminología más precisa y abarcadora. Aparte del afán científico de la empresa, late la desconfianza hacia la vaguedad e imprecisión del lenguaje cotidiano.

Desde mi punto de vista, se ha producido en los estudios literarios una generosa entrega a las jergas, que no siempre ha sido beneficiosa. Esta clase de excesos ha existido siempre en los estudios de humanidades y no han faltado quienes lo denunciaran, desde Montaigne a Juan de Timoneda, desde Antonio Alatorre a Alan Sokal. Es indudable que también los filólogos, los cultivadores de la estilística y los historiadores de la literatura han incurrido en excesos terminológicos que han conducido a un callejón sin salida. El sabio Antonio Alatorre –que tanto ha fustigado la verborrea crítica de lo que él llama "La Nueva Academia"– recordaba los peligros contra los que tronó Juan Maldonado en su *Paraenesis ad politiores litteras adversus grammaticorum vulgum* ('Exhortación a las buenas letras contra la turba de los gramáticos').

Estos excesos se han convertido en rasgo distintivo de una parte de los estudios literarios, y me gustaría centrarme en algunos de sus extremos. No querría cargar las tintas contra cierta terminología sin reconocer que gracias a este refinamiento del metalenguaje se han abierto vías de análisis muy novedosas. Gracias a los símbolos algebraicos han podido reducirse vastos conjuntos de textos a unas pocas ecuaciones y avanzar hacia gramáticas universales del relato. Pero una cosa es la jerga de Aristóteles, de Bajtín o de Greimas, y otra cosa el lenguaje robotizado que nace de la irresponsable aceptación de modas y corrientes. Sucede que la aplicación impasible de alguna terminología, sin haber tenido en cuenta el trabajo de quienes nos anteceden, no supone más que revestir con terminología moderna evidencias o descubrimientos que fueron formulados hace años.

No hace mucho, el profesor Weisberger publicó un estudio titulado: "¿Deben ser legibles los estudios literarios?" (1984). La pregunta no es ninguna *boutade* ni ninguna clase de provocación. El problema radica para él en que hay muchísimos estudios escritos en una jerga exclusiva para iniciados y en una prosa incomprensible. No sólo se requiere un conocimiento previo de la terminología del método empleado, sino también qué uso hace el ensayista de turno de esos conceptos y qué sentido les da. A menudo –y parece que las cosas deben ser así–, los conceptos de las tendencias críticas no son traducibles unos a otros, de manera que si uno pretende estar al tanto de la bibliografía de algún asunto, deberá estar iniciado en los misterios de diferentes terminologías.

Otro asunto que no debe olvidarse es que no todas las realidades son formalizables (entre ellas la literatura) y que muchas veces, los críticos se han excedido a la hora de aplicar su lenguaje críptico.[174] En su afán de superar el paradigma anterior y mostrar las verdades del penúltimo método, se han escrito páginas muy discutibles, que reducen la complejidad de los textos. En este terreno se han producido simplificaciones mayúsculas, y algunas de ellas rozan el esperpento. Algún lector-crítico apresurado ha pretendido demostrar que el núcleo de *Cien años de soledad* se encuentra en el entrecruzamiento de las preposiciones construidas con la ayuda de *a*, *de* y *en*, porque todo en la novela depende de quiénes van *a* Macondo, quiénes salen *de* Macondo y quiénes se quedan *en* Macondo. Algún otro ha convertido las *Elegías del Duino* en un circuito imposible de flechas, círculos y números. Weisberger protestaba contra los excesos de los gráficos y las fórmulas aplicadas a los textos literarios, porque es imposible reconocer en ellos nada que tenga que ver con el poema o la novela:

> "Los hechos literarios no siempre son fáciles de verificar, ni son tan predecibles como los efectos de la gravedad, y la mayoría de ellos no se presta a experimentos. Como consecuencia, el estudio de la literatura tiene poco en común con las ciencias exactas, una ambigüedad que debería ser reconocida como una ventaja, y que, sin embargo, se convierte en un obstáculo. Irónicamente, los más resueltos adversarios de la jerga son

---

[174] Raymond Williams comentaba con ironía la desbandada que se ha producido entre algunos lectores y críticos ante los excesos cientifistas: "Existe una tendencia teórica más moderna (la variante marxista del estructuralismo) en que las relaciones vívidas y recíprocas de lo individual y lo social han sido suprimidas en interés de un esquema abstracto para determinar las estructuras sociales y sus 'agentes'. Afrontando tanto la práctica como esta versión de la teoría no resulta sorprendente el hecho de que gran número de personas regresen vertiginosa y temerariamente a las instituciones, formas y conceptos individualistas-burgueses, que consideran como su única protección" (1980, 223).

los positivistas y los racionalistas, esto es, gente que ha sido defensora tradicional de la ciencia." (Weisberger: 1984, 300) [175]

No quisiera recordar sólo los excesos de los métodos y las terminologías modernas, porque también los excesos de erudición y el historicismo han provocado hastío. Pero creo que nos ha amanecido una crítica plúmbea, profundamente aburrida, que eriza con notas y más notas los sufridos textos (una especie de nueva erudición nacida de la facilidad de los ordenadores), escrita sin gusto alguno y que, amparándose en su carácter científico, perpetra páginas y páginas insípidas en las que se amasan datos, se apilan notas y se cita una y otra vez bibliografía que el sufrido lector debería consultar para conocer aquello que el autor del estudio no puede revelar en el momento en que escribe.[176] Comprendo que no todos los críticos y filólogos pueden tener la brillantez de Pedro Salinas, Roland Barthes, George Steiner, Edward Said o Paul de Man, que los críticos menores somos imprescindibles para dar cuenta y glosar las alturas de los grandes maestros, pero me parece que debería regresarse a cierta modestia y reconocer que mucho de lo que se publica resulta poco interesante, que el adagio *publish or perish* responde a una perversidad del sistema universitario, y a una degradada concepción de la productividad en el terreno del pensamiento. El tiempo y la producción de quienes se dedican al estudio no deberían medirse con el mismo

---

[175] Podría multiplicar las citas de críticos que abominan de los excesos de este metalenguaje. Antonio Alatorre escribía: "La fascinación del tecnicismo se extiende, incontenible, a toda clase de cartelitos y signos taxonómicos: en los análisis del crítico neo-académico pululan las clases y subclases, los niveles y subniveles, los ejes, las instancias, los núcleos, las polarizaciones, los gráficos, las fórmulas, las mayúsculas con exponentes, los signos cuasi-lógico-matemáticos" (Alatorre: 1993, 72). Desde un punto de vista distinto, Weisberger reproduce los gráficos a los que quedan reducidos *The Golden Bowl* y *To the Lighthouse* y se preguntaba qué clase de crítica es esa que no permite reconocer aquellos objetos por los que ha pasado (Weisberger: 1984). Tampoco era muy partidario H. Weinrich de la aplicación mecánica de ningún método: "El primer paso del método consiste siempre en dividir el mito en mitemas y el texto literario en no sé qué *–emas* para abandonar lo más rápido posible la secuencia narrativa. El estilo narrativo en cuanto tal no interesa apenas a los autores a quienes parece que sólo el orden paradigmático puede traducirse al lenguaje argumentativo de la ciencia" (Uitti: 1982, 29). En su momento, los críticos que rechazaron la nueva terminología fueron tildados de reaccionarios, frente a los neo-académicos, que propugnaban una nueva manera de abordar los textos.

[176] No es que esta crítica plúmbea sea menos estimulante que los textos estudiados, sino que resulta profundamente disuasoria y provoca que algunos lectores renieguen de las obras que intenta explicar. Terry Eagleton es mucho más contundente que yo: "La razón por la cual la gran mayoría de la gente lee poemas, novelas y obras de teatro es porque le producen placer. Se trata de algo tan obvio que rara vez se menciona en las universidades. Bien sabemos que es difícil seguir teniendo gusto por la literatura después de haber pasado varios años estudiándola en las universidades (en todo caso en la mayoría de ellas). Muchos cursos universitarios de literatura parecen concebidos para evitar que se alcance ese gusto, ese placer. Quienes después de padecer esos cursos aún pueden gozar con una obra literaria deben considerarse héroes o maniáticos (...) Mientras tanto, fuera de los recintos universitarios la gente sigue devorando novelas románticas, históricas o espeluznantes, sin tener la menor idea de las ansiedades académicas" (Eagleton: 1988, 226).

parámetro con que se mide a quienes dirigen una fábrica. El dilema delata una visión obscena del trabajo del investigador.

8.5.2. Sacralizar los métodos

Si se me permite recordar la comparación de Segre entre métodos de crítica y filtros fotográficos, podría decirse que cada filtro destaca unos elementos, pero atenúa otros. La consecuencia ha sido que en nombre de la coherencia y en virtud de la sacralización del supuesto carácter científico del metalenguaje que se ha creado para el objeto que se trate, se ha empobrecido muchas veces la obra literaria. Lo decía Aguiar e Silva:

> "El error comienza cuando una lectura o un método crítico se arrogan derechos totalitarios sobre una obra, imponiendo arbitrariamente su óptica, sus propios criterios y sus propios juicios, y no admitiendo ninguna especie de validez para otras lecturas posibles. El auténtico facciosismo en crítica se identifica, *tout court*, con este imperialismo de la lectura." *(*Aguiar e Silva: 1986, 365)

En numerosos estudios, los métodos se aplican con gran autosuficiencia y a veces con demasiado desparpajo, sin tener en cuenta las peculiaridades de períodos o autores, sin considerar cómo se han transmitido las obras, si son de origen oral o escrito, si responden a condicionamientos ideológicos. El carácter universal de esta clase de trabajos que valen lo mismo para la narrativa de Saul Bellow, el teatro de Calderón de la Barca o los *Mabinogi* no siempre han sido muy afortunados. El método debería ayudar a responder a preguntas formuladas a partir del texto, pero a menudo es su aplicación la que se convierte en el verdadero objetivo. Ni autores, ni libros, ni culturas, ni lenguas parecen guardar secretos.

Seguir una única tendencia y ver todo a través de un solo libro, de un único discurso, ha tenido conclusiones muy negativas para la enseñanza de la literatura. George Steiner (1972) ha discrepado de la idea jakobsoniana de que la lingüística debía dirigir las investigaciones de las artes verbales en todo su diámetro y extensión. No debe implantarse una orientación única, porque la literatura es un fenómeno demasiado complejo y multiforme como para que una sola perspectiva (aunque sea la científica lingüística) pueda abarcar semejante universo. Por lo demás, debe recordarse que la aplicación mecánica y poco cuidadosa de los métodos no siempre ha dado los resultados apetecidos. Es perogrullesco afirmar que ninguna investigación debería anticipar el resultado antes de realizarse, pero a veces éste parece ya predeterminado y no pasa de ser una prolongación del método que se emplea. Cuando se convierte en una falsilla y se adopta una especie de tabla de correspondencias, los resultados (si es que existen) son un fraude y distorsionan la actividad investigadora (Starobinski: 1974, 158).

La interpretación de los textos se convierte en una actividad sencilla, porque se leen a partir de un punto de vista preliminar en el que se tiene ciega confianza. En estas condiciones, el resultado es previsible antes del inicio mismo del trabajo. La generalidad del sistema interpretativo omnisciente deja poco espacio a la diversidad de las conclusiones.

La investigación positivista y erudita ha pecado a menudo de dispersa por faltarle un principio que unificase la recolección de hechos, pero los métodos se resienten, a veces, por el extremo opuesto. La ambición totalizadora es grave, porque ninguna obra se deja aprehender desde un único punto de vista. El fervor metodológico no debe impedirnos admitir que cualquier tendencia es incompleta, como lo demuestran tantos estudios parciales que leen la obra de manera unidimensional. Ya Northorp Frye rechazó como ilusoria la pluralidad de métodos que caracterizan a la crítica contemporánea. La única diferencia entre ellos reside en la parte del objeto a la cual uno se dedica. Si opto por practicar un análisis sociológico o psicoanalítico, viene a decir, no dispongo de ningún método particular, sino que me intereso sólo por una parte del objeto y me limito a adaptar hipótesis que conciernen a esa parte. Hoy, decía Bénichou, se abusa de la palabra método porque sugiere la idea de un proyecto científico, cuando en más de una ocasión debería hablarse de sistemas preconcebidos de interpretación (*Apud* Todorov: 1991, 130).

Ningún instrumental nos permite abarcar todo el objeto literario. García Berrio, que tanto ha reflexionado sobre la aplicación de la lingüística a los textos literarios, era mucho más rotundo:

> "Todo *ismo* crítico simboliza claramente la historia de una tentativa frustrada; porque, lo diré cuanto antes, el objeto de reflexión de la actividad crítica literaria, la obra de arte verbal, desborda las posibilidades de iluminación concreta de cualquiera de las parcialidades metodológicas de acceso a ella." (García Berrio: 1983, 185)

Durante décadas la enseñanza de la literatura y lo que algunos consideran investigación se han basado en lo que Merquior llamaba "el uso masivo de métodos *ready-made*" (Merquior: 1989, 269). El espectacular crecimiento de la teoría literaria en los planes de estudio de las universidades ha hecho disminuir el contacto con los textos literarios. Se ha formado a docentes con conocimientos teóricos, pero poco familiarizados con las obras.

Decía Tom Stoppard que el autor de una obra literaria es como el viajero a quien los guardias de la aduana abren la maleta y encuentran una mercancía que no había puesto. A veces parece que los críticos ven sólo lo que desean ver e ignoran lo demás. Es una tarea que peca por exceso y por defecto, y uno se pregunta a veces si no le hemos pedido demasiadas cosas a los estudios literarios, si no les hemos hecho abarcar demasiado e ir muy lejos a la hora de interpretar, y si no estaría de más recobrar cierta humildad y, sobre todo, cierto placer en la lectura.

Susan Sontag (*Against Interpretation*) lamentaba no poder recuperar ya la inocencia anterior a toda teoría, cuando no era necesario preguntar qué es lo que decía una obra de arte, porque su mera presencia lo revelaba, y consideraba muy perjudicial la perenne pregunta por el contenido de la obra, pues había condicionado su percepción hasta extremos intolerables. La reducción de la literatura a su contenido alimenta un proyecto nunca consumado, en el que la interpretación se lleva la mayor parte. Y, a la inversa, el hábito de acercarse a la obra de arte con la intención de interpretarla apoya la suposición de que, por encima de todo, existe algo asimilable a la idea de contenido en una obra. La labor de interpretación, dice Sontag, es similar a la de traducción y se fundamenta en una faena que ella resumía con estas palabras: "¿No ves que X es en realidad o significa verdaderamente esto otro, que Y en realidad es B?"

Sontag recordaba que cuando los antiguos textos se volvieron incomprensibles, la interpretación se convirtió en una estrategia para conservarlos y reconciliarlos con las 'modernas' exigencias, pero que el hecho de interpretar indica siempre una discrepancia entre el significado evidente del texto y las exigencias de (posteriores) lectores. El intérprete lo hace inteligible y nos muestra un sentido que estaba oculto. Esta operación resulta casi un juego comparado con la interpretación en nuestros tiempos. No es la piedad o el interés lo que suscita el celo contemporáneo por la interpretación, sino una agresividad abierta. El antiguo estilo era insistente, pero respetuoso; sobre el significado literal se erigía otro significado, pero la práctica contemporánea excava y, en la medida en que excava, destruye, porque escarba hasta 'más allá del texto' y descubre un *subtexto* que resulta ser el verdadero. Para Sontag, que escribía en 1966, las doctrinas más celebradas e influyentes eran las de Marx y Freud, que se habían convertido en "agresivas e impías teorías de la interpretación". Los acontecimientos sociales o los hechos de las vidas individuales se tratan como pretexto para la interpretación. Según estos maestros de la sospecha, los acontecimientos sólo son inteligibles en apariencia. De hecho, sin interpretación, carecen de significado.

Para Sontag, la interpretación no es un valor absoluto dentro de un dominio intemporal, sino que debe evaluarse dentro de una concepción histórica de la conciencia humana. Al reducir la obra de arte a su contenido para luego interpretarlo, domesticamos la obra de arte. La interpretación hace manejable y maleable al arte. Los críticos, dice Sontag, creen que su tarea es transformar los elementos de la obra literaria en otra cosa. La interpretación es para ella *la* manera moderna de entender algo.

Para Sontag son incontables los autores que se han visto rodeados por gruesas capas de interpretación. La obra de Kafka ha sido secuestrada por tres ejércitos de intérpretes: los que lo leen como una alegoría social, los que lo ven como alegoría psicoanalítica o los que lo leen como alegoría religiosa. Pero el secuestro ha afectado también a la poesía y el teatro. Para dirigir *Un tranvía llamado deseo*, Elia Kazan tuvo que interpretar que Stanley Kowalski representaba la barbarie exterminadora de nuestra cultura, mientras que Blanche du Bois significaba la civilización occidental: "El vigoroso melodrama psicológico de Tennesee Williams se nos vuelve inteligible; se trataba de *algo*: de la decadencia de la civilización occidental", ironiza Sontag. Al parecer de haber seguido siendo un drama sobre un ser primario llamado Stanley Kowalski y una mustia Blanche du Bois, no le habría sido posible dirigir la pieza (1996, 32).

Frente a estos excesos, Sontag proponía recuperar una espontaneidad que nos liberaría por entero de la ansiedad por interpretar, y recordaba cómo el cine había sido menos atropellado por los críticos porque durante años las películas fueron solamente películas, es decir, cultura para las masas, no cultura superior:

> "Nuestra misión no consiste en percibir en una obra de arte la mayor cantidad posible de contenido, y menos aún en exprimir de la obra de arte un contenido mayor que el ya existente. Nuestra misión consiste en reducir el contenido de modo que podamos ver en detalle el objeto. (…) En lugar de una hermenéutica, necesitamos una erótica del arte."
> (1996, 39)

8.5.3. Los Neoismos

Los métodos a los que me vengo refiriendo se han englobado durante mucho tiempo bajo el marbete de "Nueva Crítica", en oposición a la crítica tradicional. Hay algunos rasgos comunes a estos movimientos, aunque es necesario reconocer que están lejos de coincidir en la metodología y en los resultados de la investigación. A primera vista, esta pluralidad de métodos parece razonable, estimulante y atractiva. Si los objetos literarios ofrecen una riqueza que no permite un método único, si hay varios tipos de literatura, diferentes clases de lectores, incontables razones para leer, públicos muy diferentes, un poderoso mercado (y mercadeo) editorial y diferentes colectividades de estudiosos, parece inevitable que, dadas estas circunstancias, existan diferentes métodos. Ahora bien, este pluralismo no ha significado siempre tolerancia y colaboración, reconocimiento de la pluralidad de la literatura, de las limitaciones de cada uno y de la conveniencia de un proyecto compartido, sino más bien lo contrario: ignorancia mutua y falta de colaboración. Uno de los beneficios de este pluralismo pudo ser el intercambio de puntos de vista o, como dice Fowler, "inteligente asentimiento para diferir"; pero esto no ha sido así en la crítica contemporánea.[177]

---

[177] "Sería un gran error considerar las 'escuelas' simplemente como poseedoras de terminologías descriptivas alternables que, en último extremo, podrían ser traducidas unas a otras. El discurso crítico, saturado de un vocabulario distintivo, altamente desarrollado y funcional, no sólo está en condiciones de usar ciertos términos especiales, sino que se halla condicionado por los términos que usa." (Fowler: 1974, 210)

Este supuesto pluralismo no ha permitido una visión total o una comunidad de objetivos, posiblemente porque esto no se ha buscado nunca. La incompatibilidad ideológica y epistemológica entre el marxismo, los estudios tradicionales, los postestructuralismos y un largo etcétera, son palpables. La pluralidad de métodos, por más que se hayan buscado estructuralismos marxistas o diacronías estructurales, esconde doctrinas exclusivas sobre la naturaleza de la literatura. La coexistencia de varias ideologías, de varios puntos de vista, le parecía a Barthes una razón suficiente para que la crítica renunciara siempre a hablar en nombre de principios verdaderos. La labor de la crítica consistía en explicar el sistema de la obra literaria, los principios formales que la regían, pero no en buscar un criterio definitivo de verdad. Las consecuencias que tuvo esta formidable eclosión de métodos, metalenguajes y nuevas exploraciones en los estudios literarios ha sido enorme y referirse a ella requiere mucho más espacio.

9.

LA POSMODERNIDAD

"En ese respiro, Cemí se aprovechó para colocar una banderilla. La crítica ha sido muy burda en nuestro idioma. Al espíritu especioso de Menéndez y Pelayo, brocha gorda que desconoció siempre el barroco, que es lo que interesa de España y de España en América, es para él un tema ordalía, una prueba de arsénico y de frecuente desbarro. De ahí hemos pasado a la influencia del seminario alemán de filología. Cogen desprevenido a uno de nuestros clásicos y estudian en él las cláusulas trimembres acentuadas en la segunda sílaba. Pero penetrar a un escritor en el centro de su contrapunto, como hace un Thibaudet con Mallarmé, en su estudio donde se va con gran precisión de la palabra al ámbito de la Orplid, eso lo desconocen beatíficamente." (Lezama Lima, *Paradiso*)

"La vida ya no habita más en la totalidad, en un Todo orgánico y concluso." (Nietzsche, *El caso Wagner*)

9.1. Bouvard y Pécuchet: el libro del mundo.

Los cambios de orientación de los estudios literarios no pueden explicarse apelando sólo a cuestiones internas. Es indiscutible que numerosos investigadores percibieron el carácter repetitivo y anticuado de los enfoques tradicionales, que no podían competir con los planteamientos más modernos y tocados, además, con un aura científica. Los nuevos estudiosos no se sentían herederos de la vieja filología ni consideraban que sus puntos de vista fueran el fruto de una evolución natural de antiguos conceptos. Pero a la ruptura epistemológica debe añadirse la enorme influencia de los cambios políticos y sociales, que afectan a las humanidades de una manera más profunda que a la ciencia. Quiero insistir en este extremo porque debo dejar la exposición de ideas relacionadas con la crítica y la filología y reorientar el rumbo del libro.

La transformación que ha experimentado el pensamiento en los últimos lustros ha incidido de manera decisiva en el contenido y la orientación de los estudios literarios. Los antiguos departamentos de literatura (hoy reciben otros nombres) se ocupan de cuestiones que habrían sido impensables hace muy pocos años, y en ello han tenido mucho que ver los cambios en la sociedad y en el pensamiento. Puesto que vamos a hablar de la quiebra de algunos valores que parecieron sólidos durante años, y puesto que estamos hablando de estudios literarios, me gustaría empezar recordando el testimonio de dos criaturas de ficción que expresan el fracaso, la esterilidad del saber a finales del siglo XIX. El viejo *speculum*, el gran libro en el que se expresaba la ciencia, aparece hecho pedazos en las páginas de *Bouvard et Pécuchet*.

Suelo encontrarme de manera periódica, y en libros que tratan sobre asuntos muy diferentes, con referencias a *Bouvard et Pécuchet* (1881), la novela inacabada de Flaubert. No me refiero a estudios dedicados a la literatura francesa o a la novela del siglo XIX, sino a ensayos que versan sobre asuntos muy generales. Su aparición en trabajos variados por su orientación y contenido demuestra que la fábula de los dos escribientes ha calado, como las grandes novelas, en el gusto de toda clase de lectores.

Bouvard es escribiente en una casa comercial y Pécuchet en el Ministerio de Marina. Ambos congenian en el bulevar Bourdon, comienzan a conversar y muestran los mismos intereses y afinidades. Los dos son aficionados a la lectura, están cansados de vivir en la gran ciudad y desean dedicarse al estudio ("¡Cuántas cosas por conocer, cuántas investigaciones si tuvieran tiempo!"). Un día Bouvard recibe la noticia de que ha heredado y, junto con Pécuchet, se retira al campo, a una propiedad en Chevignolles, entre Caen y Falaise, en la región normanda de Calvados. Su felicidad es completa, porque al fin encuentran todas las horas del día para dedicarse al estudio.

Durante siglos, el saber podía resumirse en unos libros. Era posible concebir y realizar una obra que incluyera todo el conocimiento de naturaleza histórica, del mundo natural o de las andanzas del rey Arturo en unos cuantos volúmenes. Aquellos libros, concebidos como un *speculum* en el que se reflejaba todo el saber conocido, estallaron en mil pedazos cuando el conocimiento perdió su carácter unitario, pero la nostalgia de un saber completo pervivió. Bouvard y Pécuchet se ponen a la tarea y se proponen hacer un inventario de todo el conocimiento humano. Poco a poco se van deslizando por la masa del saber y fracasando una y otra vez: agricultura, horticultura, anatomía, fisiología, astronomía, arqueología, economía, espiritismo y, naturalmente, la historia, disciplina que cada generación descubre en mil formas variadas:

"Para juzgarla con imparcialidad, habría que leer todas las historias, todas las memorias, todos los periódicos y todos los documentos manuscritos, pues la menor omisión puede engendrar un error que se multiplicase hasta el infinito (...)" (142) [178]

Los historiadores, seguimos leyendo,

"Lo hacen motivados por una causa especial, una religión, un partido, un soberano (...) Los demás, que sólo pretenden narrar, no son mejores; pues no se puede decir todo, hay que seleccionar. Pero en la selección de los documentos dominará una cierta mentalidad y, como ésta varía según las condiciones del escritor, la Historia nunca será definitiva.
'Es triste', pensaban.
Sin embargo, se podría elegir un tema, agotar las fuentes, analizarlas bien, después condensarlo en una narración, que sería como un resumen de las cosas, reflejando la verdad total. Una obra semejante le parecería factible a Pécuchet.
- ¿Quieres que intentemos escribir una historia?
- ¡No deseo otra cosa! ¿Pero cuál?
- Efectivamente, ¿cuál?" (145)

Flaubert no acabó la novela, pero dejó unas notas en las que anunciaba el desenlace:

"Todo les ha estallado entre las manos.
Ya no tienen ningún interés en la vida.
Feliz idea alimentada en secreto por cada uno de ellos (...) Volver a su trabajo de copistas.
Confección del escritorio de doble pupitre (...), compra de registros y utensilios, sandáraca, raspadores, etc.
Se ponen manos a la obra."

Bouvard y Pécuchet vuelven a su antiguo oficio de amanuenses.
La crítica ha destacado las corrosivas intenciones de Flaubert al escribir esta novela. En una carta a Louise Colet (16 de enero de 1852) le confesaba que "ce que je voudrais faire c'est un livre sur rien". Esa nada que ya le atraía en 1852 fue esta novela inacabada, un compendio de todas las tonterías y el cretinismo que, a juicio del escritor, inundaban Francia. No es extraño, según esta línea de interpretación, que alguien haya llamado a esta novela,"una epopeya de la necedad".
Leída a principios del siglo XXI es mucho más que una crítica de los tópicos, las opiniones corrientes y los lugares comunes que pululaban por la sociedad fran-

---

[178] Todas las citas provienen de la traducción española de Germán Palacios, Madrid, Cátedra, 1999.

cesa. Para Edward Said, lo que se ponía en tela de juicio era la todopoderosa ciencia europea del siglo. La novela expresa la desilusión del siglo XIX:

> "La ciencia de la que se burlaba Flaubert no era cualquiera: era la ciencia europea exultante y llena de un entusiasmo a veces mesiánico, cuyas victorias incluían revoluciones fallidas, guerras, opresión y un apetito incorregible de poner en práctica, de manera inmediata y quijotesca, las grandes ideas librescas." (Said: 1990, 148)

Para Said, el pesimismo proviene del fracaso que experimentan Bouvard y Pécuchet al intentar dar un sentido al conocimiento y ver que su tarea fracasa una y otra vez y termina reduciéndose a copiar la ciencia, a trasladarla de un papel a otro, sin el menor atisbo de crítica. El saber se repite, se imita y se vuelve a imitar sin ser criticado. La experiencia de los copistas es la propia desilusión del siglo XIX. El enciclopédico recorrido por el saber universal es una sucesión de naufragios, una escéptica reflexión sobre la degeneración del conocimiento, una amarga renuncia a comprender el mundo y una resignación que les lleva a la tarea de copia.

9.2. El debate de la Posmodernidad

Hay una serie de fenómenos que han sido reconocidos como síntomas de nuestro tiempo, desde poner en duda los viejos principios ilustrados y el optimismo que deriva de ellos, a la quiebra de las jerarquías del conocimiento, desde la importancia de la información, a la invasión del mercado en todos los ámbitos de la vida cotidiana. Hemos asistido, si no al ocaso de la Modernidad, al menos, a una parte de su discurso, lo que ha obligado a repensar el gran proyecto y a retomar sensibilidades que estaban en ella pero que quedaron silenciadas. La discusión hay que situarla en el reto que ha tenido que afrontar el desarrollo de la razón en Occidente a partir de la Ilustración. Es muy posible que el término posmodernidad no sea el más apropiado para referirnos al conjunto de cambios que han experimentado las sociedades occidentales contemporáneas en los últimos cuarenta años, pero es un término que supone alguna clase de acuerdo. El ámbito del acuerdo, pero también del debate, es interdisciplinar, porque ha implicado a las ciencias sociales y a las artes, a la arquitectura y la filosofía, y ha tenido eco en ámbitos no académicos. Las orientaciones que ha tomado la discusión son plurales y fragmentarias: no forman un discurso uniforme. Tanto si admitimos el uso del término para referirnos a los síntomas de nuestro tiempo o no, lo que resulta evidente es que el mapa del universo cultural tradicional se ha desintegrado y que los viejos modelos de análisis de la cultura y de la literatura parecen incompletos, cuando no defectuosos. La posmodernidad no es una nueva etapa de la historia. Modernidad y posmodernidad coexisten en nuestros días. Lo ha expresado con mucha claridad Elena Hernández Sandoica:

"Modernidad y posmodernidad (...) pelean entre sí continuamente por los territorios conquistados o perdidos, de manera que nada está resuelto aún, nada definitivamente liquidado. Y si es un rasgo típico de la modernidad el buscar su criterio de legitimación en una visión *unitaria* del sentido, en una sola *idea* de la Historia, habrá que convenir sensatamente, desde luego, en que esa tensión básica en busca de lo globalizador y unitario, esa persecución también de lo explicativo, ese afán por descubrir constantes o regularidades, por dar interpretación razonada de la experiencia colectiva, no ha desaparecido del horizonte intelectual, en general, ni muchísimo menos." (Hernández Sandoica: 1995, 39) [179]

Distintos hechos y de diferente naturaleza han socavado la fe en la razón y el avance científico. Las dos guerras mundiales y los conflictos posteriores, los millones de muertos, la pobreza del tercer mundo con todas las miserias imaginables, la degradación imparable del medio ambiente, el uso de la ciencia y la tecnología para fines militares no conducen precisamente al optimismo. No era extraño que una pléyade de pensadores denunciara que los viejos sueños de felicidad que esbozaron la pujante ciencia y el pensamiento ilustrado habían pasado a mejor vida. Ante esta crisis de la Modernidad se habló enseguida de la necesidad de un cambio de rumbo. La derrota del racionalismo iluminista, que unificaba el proyecto moderno, y la necesidad de alertar sobre los cambios en la sociedad, ha dado cierto aire de familia a los discursos de quienes consideran acabado el proyecto de la modernidad.

La posmodernidad no es un período histórico ni una tendencia con características bien definidas, no es un movimiento homogéneo ni un estilo único. La posmodernidad significa que hemos abandonado las formas dominantes de la modernidad, las que nos ayudaban a entender e identificar nuestra situación cultural e histórica a partir de conceptos unitarios, al tiempo que se ha producido una clara conciencia de crisis de la idea de progreso. Al hablar de posmodernidad nos referimos a un proceso que "describe el paso lento y complejo a un nuevo tipo de sociedad, de cultura y de individuo" (Lipovetsky: 1986, 80). Vivimos, decía Habermas, en una situación de nueva ininteligibilidad, dominada por la provisionalidad y heterogeneidad, frente al criterio de unidad y acuerdo entre saberes. No todos los estudiosos de esta nueva sociedad emergente han utilizado los mismos términos para definir esta sensibilidad. Algunos hablan de edad tecnológica, otros de sociedad de la información, de sociedad postindustrial, nueva etapa del capitalismo... y no faltan quienes seña-

---

[179] Sokal y Bricmont (1999) son terriblemente críticos con la posmodernidad, a la que culpan de varios efectos negativos: "(...) Una pérdida lastimosa de tiempo en las ciencias humanas, una confusión cultural que favorece el oscurantismo y un debilitamiento de la izquierda política (...) Lo que es más grave, a nuestro entender es el efecto nefasto que tiene el abandono del pensamiento claro sobre la enseñanza y la cultura. Los estudiantes aprenden a repetir y adornar discursos de los que casi no entienden nada. (...) Los discursos deliberadamente oscuros del posmodernismo y la falta de honradez intelectual que generan envenenan una parte de la vida intelectual y fortalecen el antiintelectualismo fácil, demasiado extendido ya entre el público" (Sokal-Bricmont: 1999, 223-24).

lan que el discurso de la modernidad no está agotado y que se trata de volver a dejar que hablen los viejos discursos y no reducirlos a una dimensión única. Habermas se ha declarado *moderno* y con ello intenta recuperar el proyecto ilustrado, y acusa al pensamiento posmoderno de neoconservador e irracional.

No se me ocultan los problemas que plantea el uso de posmodernidad. Se le han otorgado demasiados significados y se utiliza en demasiados ámbitos, de suerte que se ha convertido en un cajón de sastre que se aplica no ya con escaso rigor, sino con frivolidad, y apenas es capaz de definir nada. Los posmodernos, decía el profesor Fernández Reñada, forman un conjunto heterogéneo entre los que contamos los defensores del pensamiento débil, de la inseguridad ética y del relativismo, que desconfían de la razón como guía para orientarnos. Se ha llegado incluso a la expresión "guerra de las ciencias", que enfrentaría a las ciencias sociales con las de la naturaleza:

> "El eje de la discusión está en el valor que se debe dar al conocimiento científico, especialmente respecto a la objetividad de la ciencia y las concepciones del mundo. No es cosa menor, es una polémica con un enorme calado, pues se refiere nada menos que a si es posible o no hacer afirmaciones de validez o aceptación universales." (2000, 16)

Se corren muchos riesgos con este planteamiento porque, como dice el autor citado, se pueden arrumbar en el mismo viaje unas adquisiciones culturales conseguidas gracias al ejercicio de la razón, como los derechos humanos, con la libertad de expresión y de crítica. El filólogo Ángel Rosenblat lo expresaba muy claramente: "La investigación ha destruido muchas leyendas históricas. ¿No hay peligro de que pueda destruir también algunas verdades?" [180]

Para fundamentar sus disquisiciones, algunos filósofos han buscado argumentos en *La estructura de las revoluciones científicas*, el extraordinario libro de T. S. Kuhn tantas veces citado. Para poner entre interrogantes la racionalidad científica se ha acudido a una interpretación de la 'inconmensurabilidad de los paradigmas', concepto mediante el que Kuhn señalaba las diferencias, las incompatibilidades entre los métodos y conceptos de dos paradigmas sucesivos, lo que vendría a significar, y aquí entra en juego la interpretación posmoderna, que no hay una ciencia universal, pues una y otra vez se refuta. No existe un verdadero progreso científico. La ciencia no pasa de ser un convenio, un acuerdo que depende de grupos sociales y culturas. Todo es interpretación y depende del punto de vista del grupo de investigación que presenta su avance o descubrimiento. Kuhn jamás respaldó esta clase de aseveraciones, que son de muy escasa entidad, porque el hecho de que la ciencia sea un producto cultural, social (¿cómo no iba a serlo?), no significa que no sea objetiva. Los nuevos paradigmas no desaprovechan ni eliminan completamente

---

[180] Rosenblat, A. (1982): *Buenas y malas palabras en el castellano de Venezuela*, Madrid, Editorial Mediterráneo, t. IV, 239.

herramientas ni conceptos anteriores. En cualquier caso, el escepticismo acerca de la naturaleza del conocimiento científico es uno de los síntomas que permite identificar la sensibilidad posmoderna. Sokal y Bricmont (1999) han criticado, con extraordinaria sorna, el movimiento en su conjunto, al que definen como:

> "Una corriente intelectual caracterizada por el rechazo más o menos explícito de la tradición racionalista de la Ilustración, por elaboraciones teóricas desconectadas de cualquier prueba empírica, y por un relativismo cognitivo y cultural que considera que la ciencia no es nada más que una 'narración', un 'mito' o una construcción social." (1999, 19)

Pero los interrogantes que plantea el pensamiento posmoderno no afectan sólo a la ciencia, sino también a los estudios literarios y a la fundamental pregunta por el Ser, una de las constantes de la filosofía occidental. La indagación no ha sido, lógicamente, la misma, ni las respuestas tampoco. El pensar que surge de este planteamiento ha sido caracterizado de esencialista y logocéntrico, empeñado en la verdad de las cosas, mediante conceptos tales como 'origen', 'causa primera', 'primeros principios', etc. Todo aquello que en la realidad se nos muestra como algo múltiple, es manifestación que deriva de algo más profundo, que representa la esencia de las cosas. Este planteamiento ya no resulta válido para la posmodernidad. En algún pasaje censuraba Derrida a Heidegger por hablar el lenguaje de la metafísica y considerar que el sentido 'está ahí' y que podemos ponernos en su búsqueda. La crisis de la idea de fundamento (y las de sujeto e historia) se ha expresado de diferentes maneras y sus formulaciones son variadas: diseminación (Derrida), crisis de los grandes relatos (Lyotard), crisis de la evidencia fenomenológica (Apel), pensamiento débil (Vattimo). Los estudios literarios no han sido inmunes a esta manera de pensar.

Hasta no hace mucho, los críticos e historiadores de la literatura buscaban la unidad dentro de las diferencias. Las variaciones temáticas y estilísticas, la heterogeneidad esencial que aparece en una época o en una serie de autores, podía ordenarse en una unidad, aunque para ello hubiera que silenciar elementos que no cupieran en el marco trazado por el historiador. El discurso posmoderno nos invita a ofrecer imágenes más dispares, menos rígidas de los períodos literarios, que ya no se conciben como férreas construcciones e imágenes cerradas de obras y autores. La literatura se escapa del discurso homogéneo y lo que la caracteriza es su carácter transgresor. Maurice Blanchot decía que entre la cultura que tiende a la unificación y la universalización de un discurso racional, y la literatura, que es pregonera de la negación y de la incompatibilidad, la crítica solía coger habitualmente, y culpablemente, el partido de la cultura. Así, decía Blanchot, son traicionadas las grandes obras rebeldes, exorcizadas por el comentario y convertidas en aceptables para incorporarlas al patrimonio común. Los estudios llamados *tradicionales*, claman quienes se llaman posmodernos, no han dado cuenta de sensibilidades y temas que han quedado sepultados, como más adelante recordaremos.

El sujeto entendido como conciencia poderosa que dominaba las imágenes del mundo desaparece en la posmodernidad (algunos estructuralistas lo habían avanzado ya). Esta filosofía considera una simplificación flagrante reducir el hombre a la razón y la razón a lógica de dominio, y ha hecho que aparezcan temas que estaban marginados y ocultos. Me refiero, por ejemplo al descubrimiento o redescubrimiento del cuerpo, al reconocimiento de lo *otro*, a la valoración, en pie de igualdad, de toda la cultura marginada por la historia oficial, la *verdadera*. El sujeto y la razón se transforman y se adecuan a una situación alejada del paradigma unitario. Las consecuencias de esta transformación son variadas: agotamiento de la utopía, incredulidad respecto de los grandes relatos, auge de lo fragmentario y no unitario, etc. Todo ello supone dudar de las claves exclusivas del valor, la verdad, la validez. Hay que liberar el discurso filosófico de la epistemología que lo ha encerrado y que irrumpa en lo que Rorty ha llamado el ámbito de la 'conversación con la humanidad'. La filosofía, como la crítica o la novela, dice Rorty, poseen una verdad que debe compartirse. Ninguna disciplina puede aportar un sentido único y definitivo. La Historia ha dejado de ser aquel relato exclusivo que soportaba la verdad de las interpretaciones. Tras esta crisis, la modernidad tan sólo es:

> "un relato literario (un género narrativo), un relato ideológico (historia contada por el poder y a su servicio), un relato etnocéntrico (historia universal como historia occidental), un relato historiográfico (método específico de selección de datos y periodización), un relato parcial y selectivo (historia de determinadas ideas y hechos, y olvido de la historia de las costumbres, de la corporalidad, de lo marginal, etc.)." (Bermejo: 1999, 43)

La contingencia y la pluralidad han desbordado el universo del pensamiento ontológico e historicista al que me referí al principio y han desbordado la filosofía inspirada en el sujeto. Lyotard llamó *filosofía sin alteridad* a aquella que convirtió al sujeto en el eje de toda su andadura y no fue capaz de crear un pensamiento que *pensara lo otro*. Esta filosofía, que se centró en la búsqueda del fundamento, no se planteó el paso de la unidad a la de la pluralidad. El giro epistémico se produjo con la crisis del pensamiento metafísico. La reflexión sobre las diferencias entre lo uno y lo múltiple, lo absoluto frente a lo relativo, o la esencia frente a la apariencia, pasaron a considerarse una simplificación y un empobrecimiento de la realidad. La desintegración del modelo unitario y sistemático ha tenido graves consecuencias. El *speculum*, el libro en cuyas páginas se recoge la realidad, se ha hecho añicos.[181]

---

[181] Es verdad que el espejo se ha roto y que no es concebible la imagen del científico que pone el espejo frente a la realidad. Pero la fascinación que ejerce la metáfora del espejo ha reaparecido entre los posmodernos. La palabra encabeza obras de Derrida o de Rorty, y la utiliza también Lecercle (en *Philo-*

9.3. Giro lingüístico

R. M. Albérès (1969) fue un extraordinario lector e historiador de las literaturas europeas del siglo XX. Su finura le permitió intuir y explicar las tendencias que con el tiempo iban a ser mayoritarias, como la importancia que ha tomado el lenguaje como lugar de conocimiento, de encuentro del hombre con la realidad externa y con su interior. El lenguaje permite al escritor acceder a un espacio intermedio entre la realidad íntima y la exterior:

> "Poeta o prosista, el escritor de 1960 es el hombre para quien ya no existe, de una parte, un espíritu que conoce, ni, de otra, una cosa conocida; sino, en su lugar, una especie de diálogo indeterminado, de mezcla confusa, el lenguaje: ni hombre, ni cosa. Sin embargo, ese lenguaje es el único terreno de encuentro, la única realidad que podremos conocer jamás." (1970, 374)

Albérès veía esta tendencia en la literatura europea y corroboraba sus afirmaciones con textos teóricos de la revista *Tel Quel*, con pasajes de Genette o Barthes. Desde mi punto de vista, lo interesante es que un historiador y brillante lector intuyera ya en poetas y prosistas una tendencia del pensamiento de la segunda mitad del siglo: el papel determinante que han tomado los estudios sobre el lenguaje. Permítaseme empezar este apartado con el testimonio de un historiador para presentar el llamado giro lingüístico, poderosa tendencia que afecta a varias disciplinas.

El desarrollo de la lingüística y la filosofía del lenguaje ha tenido consecuencias de extraordinaria importancia en el pensamiento. El lenguaje se ha convertido en la clave de numerosas cuestiones filosóficas y ha desplazado la vieja creencia de que la realidad es la única verdad con la que debemos contrastar nuestras hipótesis, o la idea de que el mundo se conoce a través de nuestra conciencia. Los juicios sobre la realidad son proposiciones y éstas son frases de una gramática. La vieja y todopoderosa verdad ha pasado a convertirse en una función. El lenguaje ya no es el instrumento que servía para mediar entre el conocimiento y el mundo. La realidad es siempre realidad descrita o interpretada y las estructuras racionales son estructuras lingüísticas. En definitiva, hablar del mundo es hablar y comprender mejor el lenguaje en el que hablamos sobre el mundo.

La posmodernidad ha vuelto a plantear la discusión sobre nuestra *representación lingüística* de la realidad. La preocupación por las formas del lenguaje humano como instrumentos capaces de describir el mundo tiene que ver con el "giro lin-

---

sophy through the Looking Glass. Language, Nonsense, Desire, Hutchinson, 1985) para hablar del juego de espejos entre lenguaje, mente y pensamiento a partir del postestructuralismo francés. Merece seguir la pista a esta metáfora que tiene ya hondas connotaciones antiguas y medievales desde el mito de Narciso al *Roman de la Rose*.

güístico", es decir, con la consideración de que los problemas filosóficos se reducen a problemas de lenguaje. Se ha llegado a escribir que si las cuestiones filosóficas tradicionales (el ser, la conciencia, el conocimiento, los universales) se mantienen es porque su planteamiento (siempre hablamos en el terreno del lenguaje) ha sido impreciso. Lo mismo se ha expresado en relación con las antiguas categorías de los estudios literarios. El objetivo de la filosofía lingüística ha sido el de constituirse en un saber riguroso, ya sea mediante el concurso de la lógica formal, la 'lingüística empírica' o la 'gramática'. Rorty lo explicaba claramente:

> "El objetivo del presente volumen, [se refiere a *El giro lingüístico*] es el de proporcionar materiales de reflexión sobre la revolución filosófica más reciente, la de la filosofía lingüística. Entenderé por 'filosofía lingüística' el punto de vista de que los problemas filosóficos pueden ser resueltos (o disueltos) reformando el lenguaje o comprendiendo mejor el que usamos en el presente." (Rorty: 1990, 50)

En los *postscripta* al libro (diez y veinte años después), Rorty no se cansa de afirmar que el intento de reducir los problemas filosóficos a problemas del lenguaje ha fracasado, y proponía volver a discutir qué entendemos, para empezar, por lenguaje y por problemas de lenguaje, pero en cualquier caso, Rorty expresó muy bien en su momento una tendencia general del pensamiento que afectó a múltiples áreas de las humanidades. La idea de que el lenguaje condiciona nuestra explicación de la realidad ha trascendido el discurso filosófico y ha influido en disciplinas que nos interesan: la teoría de la literatura o la historiografía. El análisis del lenguaje conduce al análisis del discurso y de la escritura de la historia. Aróstegui explicaba las consecuencias que ha tenido para la historiografía:

> "Lo que el discurso, texto, escritura, son con relación al lenguaje nos transfiere al problema de lo que tales cosas significan en la intelección del pasado. ¿Existe algo que podamos llamar 'pasado' fuera del discurso, fuera del documento lingüístico en que tal cosa se nos presenta?..." (Aróstegui: 1995, 137)

El giro lingüístico, las teorías del relato que se derivan de los trabajos de H. White y de otros teóricos posmodernos han dejado su huella en la concepción y la escritura de textos historiográficos. Si no se admiten centros ni discursos fuertes, y si el pasado y el todopoderoso contexto que tanto decidía interpretaciones de palabras, versos o novelas son solamente lenguaje, no hay propiamente *historia real* de nada.[182] Los textos de los historiadores no son más que una de las formas posibles de la representación del pasado, pero desde luego, no son las únicas. Los relatos en

---

[182] La negación de la historia ha llevado a algún teórico a escribir que el pasado, tal y como lo conocemos, es una construcción verbal, que la historia no tiene existencia material fuera del lenguaje, fuera de nuestra fe razonada en registros esencialmente lingüísticos. El silencio no conoce historia.

los que se mezclan documentos y ficción, o la pura ficción, son otras muestras del saber tan válidas o tan poco válidas.

9.4. La crisis de los grandes relatos

Uno de los rasgos que caracterizan la condición posmoderna es el abandono de los grandes sistemas de sentido, la crisis de las 'narrativas maestras', los 'grandes relatos', las concepciones que todo lo abarcan y explican. Las sociedades modernas se apoyaban en sus relatos de legitimación, pero la confianza en ellos ha declinado, y en la posmodernidad no existen historias magistrales que inviten a una comprensión total. La posmodernidad supone un cierto desinterés en relación con el pensar crítico y con la posibilidad de apelar a referencias utópicas. Un sistema universal, cerrado y definitivo de enunciados tendría que estar formulado en un lenguaje que se interpretase a sí mismo, que no exigiese ni permitiese ningún comentario más. Su expresión no requeriría interpretación y ni sería concebible desarrollar una teoría que pueda tener la última palabra.[183]

Los principios de los grandes relatos que han servido para fundamentar la hegemonía en los terrenos de las ciencias humanas han sido puestos en entredicho en el curso de los últimos cuarenta años y esto supone, para Lyotard, una de las claves de la posmodernidad. Al carecer de un relato único, nos faltan las verdades que hasta no hace mucho legitimaban las teorías sustentadas. No es extraño entonces que en los discursos que se refieren a las nuevas formas de pensamiento se aluda a palabras como *incertidumbre*, *diseminación*, d*iscontinuidad*, *pluralidad*, *fragmento...* La diversidad cultural es amplísima y está presidida por una tendencia a la desjerarquización de valores y de conceptos que fundamentaban antes los distintos saberes. Todo ello nos lleva a diversificar las posibilidades de elección, a anular puntos de referencia, a debilitar los sentidos únicos y los valores supremos de la modernidad. Según Lyotard, se puede llamar modernas a las sociedades que anclan los discursos de verdad y de justicia en los grandes relatos científicos o históricos, mientras que la posmodernidad no considera esta legitimación.

Las grandes construcciones históricas (e ideológicas) de la modernidad han perdido crédito. En su momento, dice Owens (1985), fueron narraciones de dominio que legitimaron al hombre occidental para transformar el mundo a su propia imagen. Pero una vez perdida la confianza en la unidad sustancial, quedaron sólo

---

[183] La crisis a que me vengo refiriendo ha afectado también a los movimientos culturales de izquierda. El compromiso con esa vieja tradición está lleno hoy de desconfianza e incertidumbre: "El relativismo cultural se ha generalizado; la creencia en la verdad científica absoluta se ha quebrantado; hasta para quienes mantienen vivas las promesas de la ilustración, el evolucionismo unilineal ha perdido sus credenciales. Además, el capitalismo ya no es el único enemigo. El feminismo, que logró su impulso como movimiento crucial en los sesenta, ha cuestionado las formas de dominación masculina; de modo similar, los movimientos ecologistas han cuestionado la tecnología moderna" (Féher-Héller: 1986, 123).

los juncos del tejido, pero ya no formaron un tapiz que lo cubriera todo. La posmodernidad supone, precisamente, la crítica a un pensamiento excesivamente seguro de su verdad. Me parece que es en esta dirección como hay que entender el llamado *pensiero debole*. El concepto proviene de un volumen coordinado por Vattimo y Rovatti que apareció en Italia en 1983. Para Vattimo, no es posible ya una "razón fuerte" que pueda fundar de manera definitiva la ciencia, la organización social o la propia existencia del hombre. Se trata de un pensamiento que proclama el relativismo como limitación esencial del saber humano. La posmodernidad renuncia a una fundamentación metodológica inatacable y frente a este *pensar fuerte* basado en una axiomática de la historia y del progreso, el pensamiento posmoderno se declara *pensiero debole*, capaz de producirse sin fundamentarse en teorías previas. Esta tendencia del pensamiento, se manifiesta en la afirmación de que la historia no es más que una reconstrucción y que no se diferencia respecto de la novela. Estamos ante un "relativismo temporal, que se expresa en una disolución del pasado y el futuro y en una exaltación no debidamente fundamentada del presente" (Fernaud: 1988, 120).

El pensamiento débil supone que toda afirmación de autoridad epistemológica debe desplazarse. Frente a las poderosas pero viejas certezas, frente a la Gran Historia, la posmodernidad supone que podemos reconciliarnos con la historia sin más:

> "Termina la 'historia de los vencedores ', del 'hombre europeo', para dar paso a 'todas las individualidades limitadas, efímeras y contingentes'. La realidad sería entonces el resultado de 'entrecruzarse', 'contaminarse', las múltiples imágenes, interpretaciones y reconstrucciones que compiten entre sí en un mundo dominado por la comunicación. No falta tampoco la llamada de una nueva ética: ser débiles, pensar 'débilmente', puede ser quizás la única forma hoy posible de enfrentarse a las omnipotentes estructuras de poder." (Morales Moya: 1993, 152)

Con todos mis respetos, considero que es incongruente afirmar que los grandes discursos legitimadores deben desaparecer, porque un planteamiento de esta clase es digno del pensamiento fuerte. No existe discurso más poderoso que aquel que intenta rechazar todo tipo de fundamento. Al sostener que los hombres pueden vivir y sobrevivir sin ningún relato que los ampare se explicita el más ambicioso de los relatos jamás proyectados. Desarrollo este argumento en otro ensayo (2005).

9.5. De La Historia a las historias

9.5.1. Imágenes del pasado

Una de las consecuencias de la deslegitimación de los grandes relatos ha sido la crítica de la historia, que ha dejado de ser el único discurso capaz de explicar de forma convincente, y sin fisuras, el pasado. Esta crítica a la historia aparece vinculada a la crítica de las instituciones occidentales. Si Europa exportó su modelo de mundo, no es extraño que el relato de la historia se ordenara como la concatenación de vicisitudes protagonizadas por sus pueblos de Occidente, que representan el lugar de la civilización. Las repercusiones de este planteamiento han sido enormes en el campo de las humanidades. Las ciencias humanas comenzaron a desprenderse de la tendencia que hace de la cultura propia el criterio fundamental para interpretar el modo de vida de otros grupos o sociedades. Finkielkraut describía una de las consecuencias:

"A fin de purgar el presente de cualquier imperialismo cultural, los historiadores ya no desarrollan el hilo del tiempo, lo rompen y nos enseñan a *no* descubrir en nuestros antepasados la imagen o el esbozo de nosotros mismos. Enfrentándose a su vocación tradicional que consistía en devolvernos la memoria de nuestro pasado, lo ocultan de nuestro dominio, señalan el corte que nos separa de él, lo muestran en su alteridad radical, decepcionando de ese modo nuestras pretensiones globalizadoras." (Finkielkraut: 1986, 62)

Para los teóricos posmodernos no hay una entidad que podamos llamar *la historia*, sino que deberíamos hablar de imágenes del pasado creadas por medio del discurso narrativo. El concepto posmoderno de historia niega radicalmente la idea de que haya algo parecido a un proceso histórico único y unitario de la humanidad. La modernidad acaba, dice Vattimo, cuando deja de ser posible hablar de la historia como de algo unitario (1990, 75). Ya no es posible considerarla de manera unilineal, no es un camino que viene desde algún lugar del pasado, sino sólo una serie de puntos. Frente a la argumentación racional y las reglas de investigación empírica, se subraya ahora la poética y la retórica de la narración. Frente a la forma académica de la historia apoyada en documentos y estadísticas, se potencia la narración, frente al análisis abstracto, se yergue la descripción. La racionalidad no es ya la única puerta para entrar en la realidad del pasado y de sus fuerzas motrices.

La crisis de la idea de historia ha arrastrado a la de progreso. Lévi-Strauss dice en algún lugar que la etnografía es la expresión de los remordimientos de Occidente ante el coste que ha supuesto llevar a cabo su plan, y Octavio Paz matizaba la expresión y señalaba que la crítica del progreso se llamaba etnología y señalaba cómo los estudios etnográficos nacidos en el momento de la expansión de Occidente habían asumido la defensa de la humanidad de los indígenas. La crisis de la historia, de la idea de progreso o de la modernidad, no se ha expresado solamente en el terreno intelectual. Los pueblos que estaban en la periferia y que habían sido colonizados en nombre de la superior civilización occidental, se han rebelado y han relativizado, cuando no anulado, el ideal europeo de humanidad y de cultura. Me refiero a la trascendencia política y social que ha tenido la rebelión contra las instituciones occidentales.

9.5.2 El significado del discurso

Ya he recordado la desconfianza de escritores y pensadores hacia el lenguaje. Este fenómeno aparece acompañado por el interés en reflexionar, incluso en los propios textos de creación, acerca de sus códigos de expresión, y convertirlos en materia literaria. El fenómeno no es nuevo, pero toma una dimensión excepcional en la literatura del siglo XX. El lenguaje no transparenta el mundo y no puede aspirar a ser una representación neutra de la realidad. La metaliteratura (y, en general, los conceptos que acompañan al prefijo *meta*) se ha convertido en una forma de reflexión de la literatura moderna y ha afectado también a otras áreas del pensamiento.

Si la historia o la ideología ya no son discursos fuertes, no es extraño que los moldes de los antiguos géneros académicos se hayan hecho añicos y hayan nacido otros nuevos. Hay un tipo de discurso crítico que se relaciona con otros, "dentro de un dominio aún no bautizado pero que, a menudo, por comodidad, llamamos 'teoría'" (Culler: 1984, 14). No estamos en el terreno de la especulación sobre la literatura, ni tampoco ante la filosofía *sensu stricto*. Culler proponía hablar de "teoría textual", puesto que se ocupa de todo aquello que se articula con el lenguaje. Hay, en efecto, una clase de discurso crítico que no se justifica con la propuesta de mejorar viejas interpretaciones, ni de valorar los méritos artísticos, ni se consagra tampoco a la historia intelectual, ni a la epistemología, sino, como decía Rorty, a todas estos objetivos entremezclados. Estamos ante un género heterogéneo, cuyas obras más representativas están vinculadas a otras actividades y otros discursos: la filosofía, la lingüística y el psicoanálisis, pero no basta con apelar a una disciplina para explicar su textura. Culler lo explica con estas palabras:

"La 'teoría' constituye un género por el modo en que se desarrollan sus obras. Los profesionales de disciplinas particulares se quejan de que las obras atribuidas al género son estudiadas fuera de la matriz disciplinaria adecuada: los estudiantes de teoría leen a Freud sin preguntarse si la investigación psicológica posterior puede haber rebatido sus argumentos; leen a Derrida sin haber dominado la tradición filosófica; leen a Marx sin estudiar descripciones alternativas de situaciones políticas y económicas. Como ejemplos del género 'teoría' estas obras superan el marco disciplinario dentro del cual serían normalmente estudiadas y que ayudaría a identificar sus sólidas contribuciones al conocimiento. Dicho de otra manera: lo que distingue a las obras que integran este género es su capacidad para funcionar no como demostraciones dentro de los parámetros de una disciplina sino como nuevas definiciones que desafían los límites disciplinarios (...)." (Culler: 1984, 14)

No hay límites prefijados a los temas que puedan tratar estas 'obras teóricas' y esta actitud ha provocado que se levanten las barreras entre géneros del discurso, lo que supone para algunos la superación de los moldes del saber académico, mientras que para otros significa un perturbador intrusismo profesional, que ha alimentado la publicación de miles de páginas inútiles. En el caso de la historia, se ha producido un cruce entre distintos discursos que ha provocado entre los filólogos de la vieja escuela, tan necesitados de fechas y de datos, una irritación notable.

Entre el sesudo estudio histórico y la minuciosa reconstrucción novelística, leemos en numerosas obras de 'teoría', hay menos diferencias de las establecidas, porque ambos discursos utilizan la misma estrategia expositiva. La comunidad de procedimientos narrativos ha invitado a considerar esos discursos, que antes se entendían distintos, como uno y el mismo. Las estrategias discursivas utilizadas en las investigaciones históricas y en la ficción son comunes, con lo que la Historia parece perder su viejo estatus de disciplina que decidía significados y se nos muestra con la misma entidad que los discursos de ficción.

Es evidente que quienes practicaban la venerable *historia de la literatura* no se interesaron por los significados que expresaba la forma narrativa mediante la que se articulaba y comunicaba el resultado de sus investigaciones. El estudio de los *meta-significados* que se esconden en la exposición de las viejas historias es una reflexión claramente posmoderna. Según Haydn White, uno de los pensadores más influyentes de la posmodernidad, el historiador *tradicional* presupone que la forma narrativa del discurso histórico no era más que un medio del mensaje:

"Para aquellos teóricos que subrayan la función comunicativa del discurso histórico narrativo, la correspondencia de la 'historia' con los acontecimientos que relata se establece en el nivel del contenido conceptual del 'mensaje'. (...) Según esta concepción, la forma narrativa del discurso no es más que un medio del mensaje, sin más valor de verdad o contenido informativo que cualquier otra estructura formal, como un silogismo lógico (...) La narrativa, considerada como un código, es un vehículo de forma similar a como el código Morse sirve de vehículo para la transmisión de mensajes (...) Eso significa que el código narrativo no añade nada en cuanto información o conocimiento que no pueda transmitirse por otro sistema de codificación discursiva." (White: 1992, 59)

La narrativa de un historiador, vendrían a sostener los llamados *historiadores tradicionales,* podrá ser más o menos elegante, pero eso es cuestión de estilo individual y no del contenido. Los datos reunidos y el entramado que se desprende de su exposición están apoyados en lo documental, lo objetivo, y de ahí nace su valor, su carácter incontrovertible. Para Haydn White, esta postura no tiene en cuenta que no existe ningún discurso narrativo que se componga de un único código, sino de un conjunto. La historia no es una excepción y no debe interpretarse en un único sentido; según White estamos ante un instrumento para la producción de significado y no sólo ante un instrumento que transmita información. La forma de exponer no es neutra. Las estructuras mediante las que organizamos nuestras ideas y las enunciamos poseen un carácter representativo y añaden significado a cuanto expresamos. El contenido del discurso consiste tanto en su forma como en la información que pueda extraerse de su lectura. Se quiera o no, argumenta White, los historiadores de la literatura no pueden nunca ser neutros, objetivos, porque imponen un significado al material que ordenan en su relato. El sentido de los hechos que organizan y explican sólo recibe su sentido último en la narrativa, no fuera de ella. Los hechos históricos se narran, son tejido lingüístico, al igual que el contexto, que también es un universo de palabras:

> "No basta que el relato histórico represente los acontecimientos en su orden discursivo de acuerdo con la secuencia cronológica en que originalmente se produjeron. Los acontecimientos no sólo han de registrarse dentro del marco cronológico en el que se sucedieron originalmente sino que han de narrarse, es decir, revelarse como sucesos dotados de una estructura, como un orden de significación que no poseen como mera secuencia." (1992, 21)

La forma no es despreciable en ningún caso, porque también es el contenido. Los relatos, aunque no cambiemos la información que transmitimos, no significan lo mismo si se ordenan de una manera o de otra. White ha dedicado una parte muy importante de su trabajo a explicar el nivel metadiscursivo que fundamenta los relatos históricos. Para él no sólo es importante determinar la intencionalidad del historiador o valorar la información que suministra, sino también, y sobre todo, tener en cuenta los procedimientos narrativos que emplea, el modo en que organiza un texto.[184] Esta manera de abordar los textos historiográficos ha sido muy influyente en los estudios literarios. El pensador norteamericano diferencia cuatro tropos (metáfora, metonimia, sinécdoque e ironía), que se relacionan a su vez con otros géneros (novela, tragedia, comedia y sátira) gracias a los cuales el historiador orga-

---

[184] "Me ocupo de lo que resulta más evidente en la obra histórica: una estructura verbal con la forma de discurso narrativo en prosa. Las historias combinan una cantidad de 'datos', conceptos teóricos para 'explicar' esos datos y una estructura narrativa para su presentación como un conjunto de sucesos que se supone que sucedieron en tiempos pasados. Mantengo, además, que contienen un contenido estructural profundo que es generalmente poético y cuya naturaleza es específicamente lingüística, y que sirve como paradigma, aceptado sin crítica alguna, de lo que distintivamente debe ser una explicación histórica. Este paradigma funciona como un elemento 'metahistórico' en todas las obras históricas." (White: 1975, IX)

niza la masa de datos con la que trabaja. La imposición de un género, de una clase de relato hace que los datos signifiquen:

> "Cuando el lector reconoce la historia que se cuenta en una narrativa histórica como un tipo específico de relato -por ejemplo como un relato épico, una novela, una tragedia, una comedia o una farsa- puede decirse que ha comprendido el significado producido por el discurso. Esta comprensión no era otra cosa que el reconocimiento de la forma de la narrativa." (1992, 61)

Partiendo de los estudios de La Capra y Kaplan, White ha revisado las cuestiones básicas de la historiografía y ha reexaminado los conceptos y estrategias dominantes de la interpretación. Sus trabajos han invitado también a replantear la noción de contexto, esa perpetua referencia, tantísimas veces mentada –a veces con excesiva comodidad y en ocasiones como un verdadero *deus ex machina*– para justificar una interpretación. No se trata de reducir el contexto a un universo de palabras, pero sí de volver a pensar la relación entre el texto y el mundo extralingüístico en que nace. Permítaseme reproducir una vez más sus palabras y disculpe el lector la larga cita:

> "¿Qué es en realidad un texto – una entidad que antes se había supuesto poseedora de una solidez y concreción garantizadas, en realidad un tipo de identidad que le permitía actuar de modelo de todo lo comprensible tanto en la naturaleza como en la cultura? ¿Qué sucedió a ese texto que solía situarse ante el erudito en una confortable materialidad y poseía una autoridad que nunca pudo haber tenido el 'contexto' en el que había surgido ni la existencia de aquello a lo que se refería? ¿Dónde está este contexto que los historiadores de la literatura solían invocar como algo obvio para 'explicar' las características distintivas del texto poético y anclarlo en un ambiente más sólido que las palabras? ¿Cuáles son las dimensiones y niveles de este contexto? ¿Dónde empieza y dónde termina? ¿Y cuál es su estatus como componente de lo históricamente real que el historiador tiene por objeto identificar, si no explicar? La relación texto-contexto, que antes constituyó un presupuesto no examinado de la investigación histórica, se ha problematizado, no en el sentido de resultar simplemente difícil de demostrar por las antes presumidas 'reglas de evidencia', sino más bien en el sentido de volverse 'indecidible', elusiva, poco creíble -del mismo modo que las denominadas reglas de la evidencia." (1992, 195)

Para White, se ha apelado al contexto como punto de referencia para resolver ambigüedades o equívocos, hasta convertirlo en un instrumento de control de la interpretación, pero, según este autor, el contexto obedece también a reglas parecidas a las que permiten la escritura de un texto. He recordado antes que la idea de que la historia, la realidad, la filosofía, se interpretan como si fueran un universo de palabras... Esta concepción ha traído consigo algunos excesos que comentaré más adelante.[185]

9.5.3. Los hechos y su relato

Una de las críticas más acerbas (a veces poco fundada) sobre el valor que se ha atribuido a la historia y el rigor que se atribuye a los historiadores ha sido la de Paul Veyne (1984). Para este autor, la historia no pasa de ser un relato tan verosímil como una novela, escrita mediante procedimientos no muy diferentes. El texto que surge de la pluma del historiador nunca será lo que vivieron los protagonistas; es sólo una narración. Tanto el relato histórico como la novela organizan y resumen los avatares de un siglo en una página. Los historiadores tienen la libertad de dividir cada período según sus intereses y escoger un tema a su gusto (político, literario, económico, etc.). Poco a poco los historiadores se han ido anexionando los reinos de la demografía, la economía, la sociedad, la mentalidad de los pueblos, con la vaga aspiración de convertirse en una totalidad. Desde la Escuela de los *Annales*, el género ha tendido a extenderse cada vez más, y para Veyne, se ha dedicado a roturar nuevas zonas:

> "Según estos pioneros la historiografía tradicional se ceñía demasiado al estudio exclusivo de los acontecimientos que siempre se han considerado importantes; se ocupaba de la historia - tratados - batallas, pero quedaba por roturar una inmensa extensión de 'no-acontecimientos' de la que ni siquiera distinguimos los límites. En ese campo están los acontecimientos que todavía no han sido reconocidos como tales: la historia de las comarcas, de las mentalidades, de la locura, o de la búsqueda de la seguridad a través de los siglos. La historicidad de los no - acontecimientos será por tanto aquella de la que no tenemos conciencia (...)." (Veyne: 1984, 24)

El historiador es quien decide qué es un acontecimiento y cuál es su importancia, quien monta el decorado y determina la trabazón entre los hechos y los jerarquiza. Para Veyne, los hechos solamente tienen sentido dentro de una serie y sólo

---

[185] Ricoeur ha dedicado amplia atención al intercambio mutuo de historia y ficción y a la función de esa interacción en el conocimiento histórico. Jauss, por su parte, escribía: "Conociendo el papel de las *res fictae* en la constitución del sentido de toda experiencia histórica, el historiador sabe que está forzado a poner en marcha los medios de la ficción, incluso si un prejuicio vivaz ha hecho subestimar durante tiempo su papel en el conocimiento y la descripción" (Jauss: 1987b, 117). Pero no han sido sólo filósofos o teóricos recientes los que han señalado este hecho. La idea de que la historia es una reconstrucción y de que es relato es un asunto del que ya se ocuparon historiadores llamados tradicionales, como luego recordaré.

existen en tanto que se expresan en los términos de un discurso. Estas series son incontables y no convergen en ningún plano o prisma que recoja todas las perspectivas. Por otra parte, los historiadores llegan de manera aleatoria y a veces circunstancial a construir un discurso histórico. Veyne considera que el interés del historiador puede depender de sus gustos personales o del encargo de un editor:

> "Sin embargo, si el sentido de la pregunta es por qué debe interesarse el historiador, entonces la respuesta es imposible. ¿Por qué habría que reservar el nombre de historia para un incidente diplomático y negárselo a la historia de los juegos y deportes? Es imposible fijar una escala de importancia sin caer en el subjetivismo." (Veyne: 1984, 31)

Los hechos no existen aisladamente porque su sentido depende siempre de una trama. Los acontecimientos están imbricados en una estrategia narrativa que remite, a su vez, a un número infinito de estrategias, en las que primará lo social, lo religioso, o lo que el autor de la trama elija. Veyne sostiene que la elección del tema u objeto que se va a historiar es libre y sirven todos los temas. La historia no transcurre por un camino ya hecho, y el historiador elige el itinerario que va a seguir para describir el campo de acontecimientos. Todas las organizaciones de las tramas son legítimas. Los historiadores cuentan relatos que son los itinerarios escogidos para moverse en el campo de los acontecimientos. Ninguno de los trayectos elegidos puede recorrerse en su totalidad, ninguno es *la Historia*. Un acontecimiento puede ser causa profunda de un itinerario determinado, pero en otro caso será un episodio accidental. Pero para él, cualquier asunto puede convertirse en trabajo del historiador, que necesita inventar un proceso inteligible para dar sentido o coherencia a los datos. En el fondo, dice Veyne, la historia es una obra de ficción construida a partir de referencias que están en los archivos y que necesitan convertirse en un relato (una trama en el tiempo) para constituirse: "La historia no pasa de ser una organización inteligente de los datos relacionados con una temporalidad" (Veyne: 1984, 56).

A menudo los historiadores se limitan a decir que hubo un tercer milenio en tal imperio o que tal escritor escribió una obra de la que no sabemos nada. La historia, sostiene Veyne, no supera nunca este nivel de explicación elemental; sigue siendo fundamentalmente un relato y lo que denominamos explicación no es más que la forma en que éste se organiza en una trama comprensible. Explicar significa mostrar el desarrollo de una trama y hacerla convincente (Veyne: 1984, 68). La explicación histórica no es más que la claridad que emana de un relato. Surge espontáneamente a lo largo de la narración y no es una operación distinta de ésta, como tampoco lo es para un novelista.

Los historiadores pueden igualmente entrelazar varias tramas de contenido distinto: historia social, literaria o política. Y es que la historia no tiene grandes líneas ni está gobernada por causas profundas ya sean la burguesía en ascenso, la misión del proletariado o las series literarias: sería demasiado fácil encontrar una clave que permitiera articular el resto. En la historia no hay profundidades. Sabemos que su realidad no es racional. No hay desenlaces que podríamos considerar normales o previsibles, que confieran el tranquilizador aspecto de una trama perfectamente articulada en la que ocurre lo que tenía que ocurrir.

En definitiva, parece que la tarea que emprenden los teóricos posmodernos contra la escritura de la historia ha tomado dos rumbos. Por un lado denunciar las servidumbres de una historia tradicional que les parece autoritaria, pues se rige por las ideas impuestas de verdad y de realidad. Por otro, criticar su metodología. La historia narrativa se fundamenta en convenciones arbitrarias como la cronología, causalidad o colectividad y toma la forma de una lógica del discurso que pretende corresponder, al menos en alguna medida, a la realidad del pasado.[186] Pero presentarlo tal y como fue, según quería Ranke, es una empresa imposible. Los teóricos posmodernos consideran que la historia es una creación literaria. Aquello que el historiador tradicional ve como un suceso que ocurrió en el pasado, el posmoderno lo entiende como un texto que existe solamente en el presente y que puede ser analizado e interpretado como lo hace un crítico literario con un poema. Al igual que el texto literario, el texto histórico es metafórico, paradójico e irónico. Personalmente, considero que el afán por borrar las fronteras entre la ficción y la historia es profundamente perturbador e inútil. La historia y la literatura no son lo mismo y no pretenden lo mismo. La libertad del creador y su necesidad de contar y contarse a sí mismo no coinciden con los objetivos del historiador. Coincido plenamente con estas palabras de Perkins:

> "Narrative history differs fundamentaly from fiction because, in constructing a novel, the 'plot' takes precedence over the 'story'. The novelist will imagine events at the 'story' level if they are required by the 'plot'. In writing narrative literary history, one cannot do this. That we can make many different narratives out of the same events does not mean that the structure of events in our narrative is not true of the past. Any historical narrative will preserve the succession of events as they happened in the past; in other words, events will be said to have occurred in the chronological order that they actually did, so far as this can be determined, and a historical narrative may also preserve relations of cause and effect, antecedent and consequence, that pertained among events in the past, for our inferences about these relationships may be correct." (Perkins: 1992, 34)

---

[186] Siguiendo las severas censuras de Derrida contra lo que él llama "chronophonism", La Capra pretende deconstruir la cronología histórica, argumentando que la datación de un hecho histórico es una convención, un simple acuerdo. En el fondo, lo que denuncia es que se acuda a un punto de referencia y que se le otorgue una trascendencia, se le considere un hecho delimitador. Tiene razón La Capra: no valoramos igual la novela antes y después de *Don Quijote*, ni es igual el teatro antes o después de Shakespeare. Ni siquiera es igual nuestra opinión sobre la cronología antes que después de los artículos de La Capra. Podemos deconstruir los puntos de referencia, pero quedarnos sin ellos también es un punto de referencia.

No creo que críticas como las mencionadas hayan sido tan demoledoras. El historicismo fue uno de los grandes principios subversivos de la modernidad –si no el mayor- pues convertía la historia en árbitro de la verdad (de la misma manera que antes lo fueron la naturaleza o la filosofía) y condicionaba el significado de las ideas y los sucesos. El posmodernismo nos presenta una forma más radical de relativismo, de suerte que es "antithetical to both history and truth" (Himmelfarb: 1994, 131).[187] Las nociones de verdad, de historia o de realidad han sido deconstruidas, de suerte que ya no hace falta lidiar con la mayor o menor veracidad o autenticidad de un manuscrito o del desembarco de Normandía, sino contemplar cómo aparecen en alguna trama histórica y ver el tratamiento literario que les da el historiador. Esta actitud ha producido una verdadera cascada de producciones teóricas, especulativas, y el abandono de un trabajo que consideraba las fechas, los datos y la relación de las obras literarias con las ideas y la moral de la sociedad en que surgen como un bastión esencial. En vez de centrarse en documentos de archivo y en el significado que pudieran tener cuando se escribieron, la actitud posmoderna se centra más bien en los procesos de esa clase de investigaciones.

En el fondo, las críticas esgrimidas por los teóricos posmodernos contra las historias tradicionales no van mucho más allá de la descripción que hicieron los viejos maestros de su propio trabajo. Los historiadores tradicionales se sirvieron de ciertas categorías (cronología, periodización, intento por precisar y acercarse lo más posible al significado de palabras y los hechos) para construir sus *narrativas*. Uno no puede sino asentir, porque Bataillon, José Antonio Maravall o Roncaglia y toda una legión de filólogos e historiadores han trabajado guiados por esos principios. Fueron ellos quienes señalaron muchas de sus limitaciones, aunque nunca dudaron del valor de la historia y de su capacidad para explicar. Ninguno dejaría de reconocer que el conocimiento del pasado siempre es incompleto, que la escritura de la historia implica selección e interpretación y que toda obra es necesariamente imperfecta. Por lo demás, hace muchos años que los historiadores de la vieja escuela reconocieron que toda historia es historia presente. Himmelfarb recuerda varios testimonios: el de Carl Becker, el de Charles Beard o William Sloane. Permítaseme recordar lo que escribió sobre este asunto el sabio historiador Díez del Corral:

"La historiografía (...) exactamente como la ficción histórica, es un ejercicio de la imaginación creadora, aunque en este caso el ejercicio se encuentre constreñido por los lí-

---

[187] Himmelfarb ha descrito las diferencias entre ambos movimientos: "Allí donde el modernismo permanece atento a los obstáculos que se ponen en el camino de la objetividad, los contempla como un reto, y realiza un tenaz esfuerzo para alcanzar cuanta más objetividad y verdad imparcial posible, el posmodernismo rechaza la verdad absoluta como una liberación de toda verdad y toda obligación de mantener cualquier grado de objetividad" (Himmelfarb: 1994, 137).

mites de nuestro conocimiento. La historia no es un catálogo de sucesos puestos en orden a la manera de los horarios de una guía de trenes; antes bien, consiste en un itinerario complicado que combina muchos cambios de estación, recorridos muy diferentes, con velocidades varias, paradas o adelantamientos, y, cuando se mira hacia atrás, preciso es recomponerlo imaginativa, aunque no arbitrariamente, porque el viajero –en nuestro ejemplo– ha de desplazarse en tren y atenerse a las conexiones que conocemos por nuestra guía de horarios. Las estadísticas limitan y orientan la imaginación del historiador (...) pero es preciso interpretar los datos, por objetivos que éstos sean." (Díez del Corral: 1997, 15)

9.6. Nuevas orientaciones

9.6.1. En el nombre del cuerpo

La consideración de que existe una metodología crítica que puede y debe aplicarse a textos de cualquier altura literaria y época, lo mismo los tebeos de Batman que el teatro de Corneille, ha invitado a considerar que todo puede y debe estudiarse, porque todo es digno de estudio y merece la misma consideración. Los teóricos posmodernos, por su parte, han ofrecido razones para liberar los estudios literarios de viejos temas y ataduras. Así las cosas, las nuevas orientaciones de la historiografía moderna nos presentan visiones fraccionadas de la realidad o escogen temas de estudio que se habían ignorado o tratado de una manera parcial. Desde hace años no es extraño encontrar monografías sobre la compasión, la cocina, la vida cotidiana, la enfermedad o el cuerpo y se redescubre, como en todas las épocas, la importancia de la biografía.

La pregunta del hombre por su identidad y la conciencia de experimentarse a sí mismo como cuerpo es muy antigua. La concepción que divide al ser humano en cuerpo y alma, y que prima la segunda frente al primero, ha condenado la corporeidad a una especie de abismo y ha tenido consecuencias funestas en todos los ámbitos de la cultura y la teología. Sin embargo, por poco profunda que sea, la dicotomía ha dejado un rastro enorme en la literatura. El cuerpo se convirtió en la cárcel del alma, don Carnal combatió contra doña Cuaresma y pasó a convertirse en sinónimo de maldad, pero también es verdad que se ha convertido en el centro de una poderosa literatura, tan bien explicada por Bajtín, que llega desde *Pantagruel* y *El Decamerón* hasta alguna novela de García Márquez. La corporeidad esencial del hombre es una constante en la literatura de todas las épocas.

Antonio Blanch recordaba en un extraordinario libro (1996) la mediación que el cuerpo ha significado para el amor. Muchas de las imágenes y metáforas empleadas en las descripciones del ser humano son lugares comunes a los que siempre se acude. Bastaría recordar la lírica de Neruda, de Pedro Salinas o Vicente Aleixandre para encontrar una constelación de ejemplos en los que el cuerpo es expresión del amor.[188] Alineado junto al amor, junto a la corporeidad desmesurada de algunos héroes épicos (pienso en Raynouard de la *Chanson de Guillaume*), junto a lo escatológico (en el teatro menor de los siglos de oro españoles, en Quevedo, los *fabliaux*, Sade, etc.), la materia humana se ve como algo denigrante (Beckett) y como sustancia en la que habitan el dolor y la enfermedad, tal y como se nos muestra en la incomparable *Montaña mágica* de Thomas Mann.

El interés por el texto como una prolongación del cuerpo, la comprensión del cuerpo como tejido de signos, el paso de la biografía a la bio-grafía, el lugar en el que la escritura se hace carne en el cuerpo no es un hallazgo moderno ni posmoderno. El descubrimiento de la corporeidad esencial de la escritura, del texto como voz y como cuerpo, es, para algún teórico, un hallazgo de la nueva crítica, pero es un asunto tan antiguo como el hombre. La conciencia de cuerpo en los textos de poesía erótica y mística es una constante desde la antigüedad. Tocar el texto es tocar el cuerpo porque son una misma cosa. No es mi intención ofrecer aquí una lista de poemas y relatos en los que el texto se hace carne, pero sí que me gustaría recordar que esta supuesta novedad la expresaron con extraordinaria penetración y profundidad muchos autores anteriores a esta sensibilidad posmoderna. Es bien sabido, por ejemplo, el interés que adquiere para Montaigne el cuerpo, la condición "maravillosamente corporal" del ser humano, a partir, sobre todo del tercer libro de los *Essais*. Su importancia no dejará de ser reconocida una y otra vez, así como la invitación a que la escritura del yo se transforme en una escritura del cuerpo. Aquí y allá expresa la dificultad para encontrar una escritura, un modo de expresión que no sea ni el lenguaje médico, ni el teológico, de los que reniega en sus *Essais*. No le sirve la experiencia de otros, sino la suya propia, la de su cuerpo. El otro testimonio que me gustaría traer a colación es el de Nietzsche. Será difícil encontrar un solo asunto de los recordados en este libro en el que no se perciba la sombra enorme del pensador alemán. Su influencia está presente, tanto si se habla de filología, como de hermenéutica, de poesía o de ética. No hay otro modo de seguir pensando, nos dice Nietzsche, más que de manera hermenéutica, pero no a partir de una hermenéutica ontológica. El filósofo dio un giro a esta concepción y propuso una manera de pensar e interpretar que se rigiera *según el hilo conductor del cuerpo*. Hay que partir del cuerpo, de su fuerza asimiladora y apropiadora, de su fuerza digestiva, porque es el centro de las interpretaciones. A lo que más se asemeja el espíritu, dice Nietzsche, es a un estómago ("Aún pensando así, se puede continuar siendo (…) el más riguroso adversario del materialismo", dice en *Genealogía de la moral*). El cuerpo es un centro de sabiduría, el verdadero centro de gravedad desde el que surgen todas las creaciones vitales. Toda esta *hermenéutica genealógica*

---

[188] Pero no sólo debe hablarse de cuerpo y amor, sino también de otras funciones orgánicas, como la respiración. Recuérdese aquel poema de Rilke de los *Sonetos de Orfeo*: "Respirar ¡oh invisible poema! / Intercambio puro e incesante entre nuestro ser / y los espacios del mundo... Balanceo / en que transcurro yo rítmicamente".

nietzscheana conduce a una corporalidad esencial, que ha desplazado a la conciencia como única manera de entender la realidad. Según Jesús Conill, esta forma de pensamiento conecta con una poderosa línea antropológica que evita la metafísica, propone la experiencia y la descripción, y considera los procesos orgánicos como procesos de un continuo interpretar a partir del cuerpo.[189]

Ya he dicho que la escritura del yo y la conciencia del cuerpo es una constante que podría rastrearse hasta la literatura antigua, pero, como no podía ser menos, ha sido redescubierta en los estudios literarios contemporáneos. En esta sorprendente apertura de intereses a los que me vengo refiriendo, no debe extrañar que desde el campo de las humanidades se haya definido el cuerpo como un sistema de signos que envía mensajes que se reciben e interpretan. Todo cuerpo humano transmite una información. En el caso de la enfermedad, los signos se leerán como síntomas y después se interpretarán. En otra dirección, el cuerpo se semiotiza de diferentes maneras en la literatura, la pintura, el teatro o el cine, y se hace necesaria una "interpretación somática de los textos". Nada menos. Gabriel Weisz ha propuesto una extensa investigación partiendo de varias premisas:

> "El cuerpo como texto representa la modalidad en la que la literatura y otros medios de representación introducen el tema de la corporalidad. En otra, el texto como cuerpo ubica a éste como sustancia 'textual' que afecta al lector durante la lectura del texto. En esta relación se construye una red de interacciones que establece una interpenetración entre el mundo del texto y la manera en que el lector es afectado por lo que lee. La sustancia del texto entra en el cuerpo del lector." (1998,13)

Cuando tomamos las premisas de un cuerpo como texto y de un texto como cuerpo, se entra en lo que Weisz llama "la problemática corporal del lector". El lector construye el texto en su cuerpo, lo que implica proyectar imaginariamente los espacios y sensaciones descritos por el autor a su propio universo somático. Se trata de adentrarse en la literatura, pero también en la pintura o la danza, pues todos estos medios de expresión han sido afectados por el cuerpo. En su investigación, Weisz concluye que existen maneras distintas de textualizar el cuerpo y aduce los testimonios corporales que Artaud dejó en su abundante correspondencia, las ideas de Hélène Cixous sobre una escritura hecha con la percepción del cuerpo o las reflexiones de Irigaray sobre la diferencia sexual. En esta línea sobresalen los estudios acerca de *Escrito sobre un cuerpo* de Severo Sarduy, que ha permitido a algunos hablar de *textualidad corporal*. Esta textualidad se traslada a la imagen que Sarduy nos ofrece en "Marmori", donde evoca la transformación de un cuerpo de mujer en una estatua bordada de signos. La dialéctica que Sarduy inscribe en *La toilette de Salomé*, recuerda Weiz, es la de 'Pintura convertida en texto que se con-

---

[189] Conill, J. *El poder de la mentira. Nietzsche y la política de la transvaloración*. Prólogo de Pedro Laín Entralgo, Madrid, 1997.

vierte en pintura'.[190] Es también muy rico en esta línea *El teatro y la peste* de Artaud, donde leemos una historia del cuerpo que tiene más poder que los poderosos porque la enfermedad escribe su propio texto por encima de todos. En el campo de los feminismos literarios se ha argumentado la existencia de una *escritura femenina*, que daría cuerpo a todas aquellas voces postergadas durante siglos, como tendremos ocasión de recordar.

Partiendo de Freud y Lacan, de Alfred Jarry, Antonin Artaud, Apollinaire o Breton y con el sazonamiento de la teoría de la escritura de algunas feministas norteamericanas y francesas, Weisz ha trazado una teoría *biosemiótica* de la literatura. Entre el lector y el texto el punto de unión es el cuerpo:

> "Existe un sistema comunicativo en el cuerpo que sólo nos resulta aparente cuando caemos víctimas de alguna enfermedad. Es un recurso mediante el cual nuestro organismo puede llegar a expresarse y eso demuestra el funcionamiento de un tipo de lenguaje somático. Como también lo hemos expresado en otro momento, se articula un lenguaje asociado a nuestra psique, de manera que hay un texto que reúne a la mente con el cuerpo." (1998, 19)

No escasean en actas de congresos, tomos de homenaje y revistas de la más variada condición, estudios sobre la representación del cuerpo o la 'textualidad corporal' (*sic*) en textos muy variados: la presencia de los cuatro fluidos corporales en tal novela de caballerías, sobre la corporeidad en *Gargantúa*, el erotismo en los *fabliaux* o en el *Corbacho*, y un largo etcétera (Vasvari: 1988, 1998).

9.6.2. Una historia de los marginados

Bajo estas nuevas orientaciones subyace el deseo de reivindicar hechos históricos desatendidos o de prestar atención al individuo (y menos a la gran Historia) y al modo en que interpretan su propio mundo (y a sí mismos). El historiador Carlo Ginzburg ha dado mucho valor a los testimonios individuales, porque para él permiten indagar con mayor precisión en el amplio concepto de 'mentalidad'. Se refiere a las actitudes singulares, que se perciben más fácilmente que las 'mentalidades colectivas', que son más abstractas y desencarnadas, y cuya historia es imposible describir. Es paradigmático en esta dirección su estudio titulado *El queso y los*

---

[190] En esta dirección va también "Arqueología de la piel", la primera parte de *El Cristo de la rue Jacob* (Barcelona, Ediciones del Mall, 1987) dedicada a describir las cicatrices y marcas que la vida ha ido dejando en el cuerpo del narrador. "Recorriendo esas cicatrices, desde la cabeza hasta los pies, esbozo lo que pudiera ser una autobiografía, resumida en una arqueología de la piel. Sólo cuenta en la historia individual lo que ha quedado cifrado en el cuerpo y que por ello mismo sigue hablando, narrando, simulando el evento que lo inscribió" (1987, 8). "Marmori", en *Escrito sobre un cuerpo* [1969] en *Ensayos generales sobre el Barroco*, FCE, México-Buenos Aires, 1987.

gusanos, que indaga en las convicciones religiosas y en la imagen del mundo de Maneche, un molinero del siglo XVI. Ginzburg ponía de manifiesto que existe una conexión entre la gran ciencia, la sabiduría de los privilegiados y el pueblo llano, y llegaba incluso más lejos:

"Es justo preguntarse qué relevancia pueden tener, en general, las ideas y creencias de un individuo de su nivel social considerado aisladamente. En un momento en que hay equipos enteros de investigadores que emprenden ambiciosas empresas de historia _cuantitativa_ de las ideas o de historia religiosa _seriada_, proponer una indagación lineal sobre _un_ molinero puede parecer paradójico y absurdo: casi un retorno al telar manual en la época del telar automático. Es sintomático que la viabilidad de una investigación de este tipo haya sido descartada de antemano por los que sostienen que, como Furet, la reintegración de las clases inferiores en la historia sólo es posible bajo el epígrafe 'del número y del anonimato', a través de la demografía y la sociología, de 'el estudio cuantitativo de la sociedad del pasado'." (1981, 22)

Comienzan a ser abundantes los estudios que se centran en acontecimientos pequeños, desatendidos por las grandes síntesis históricas o por las historias de la literatura centradas en autores de primera fila. Estamos en el reinado de la microhistoria, que reduce la escala de la observación y se centra en un análisis microscópico (G. Levi: 1993). La microhistoria se fija en detalles que antes no han sido observados: desde la imagen del mundo que poseía un molinero o la vida cotidiana de un miniaturista en un monasterio del siglo XI. La microhistoria muestra las peripecias de una sola persona, se interesa por la historia de una humilde aldea, no de un estado o de un imperio, se afana más por los días de alguien anónimo y menos por épocas o centurias:

"No es casual, dice Rüssen, que las más de las contra-imágenes posmodernas estén tomadas de la historia moderna que refleja una situación vital en la Europa justamente anterior al comienzo de la modernización. Pienso en la aldea de Montaillou, en los Pirineos, el destino de Martin Guère y un montón de otros grupos sociales o personas sin importancia, que son fascinantes porque pertenecen a nuestra historia pero son a la vez totalmente diferentes de nosotros." (Rüssen: 1993, 130)

Esta orientación ha tenido algunas consecuencias para los estudios literarios, pues ciertos fenómenos que se consideraban suficientemente descritos y entendidos, han comenzado a revestirse de significados nuevos al cambiarse la escala de observación, como señalaba Lévi (1993, 126) y ha invitado también a dudar de aquel concepto que atribuía al pasado la facultad de crear el presente. Han empezado a tomar cuerpo ciertas ideas anti-genéticas, ajenas al concepto de progreso y en favor del acontecimiento único que no se explica en el devenir. En lugar del proceso ascendente con el que se identificaba la historia, se prima ahora la diferencia; la historia ya no se inscribe en una misma línea ni posee una forma única. Frente a la continuidad priman las discontinuidades, se rechaza la idea de someter el pasado, el presente y el futuro a una única dirección (a este fenómeno se le ha llamado la "desorientación de la historia"). Responsable mayor de este desafío a una manera de entender la historia (y de muchísimas cosas más) es una estrategia de lectura que se conoce con el nombre de *deconstrucción* o *desconstrucción*, de la que me gustaría decir una palabra.

9.7. La Deconstrucción

9.7.1. Las voces de la escritura

La deconstrucción o desconstrucción no goza de la simpatía de los viejos filólogos ni de algunos teóricos de la literatura, que la consideran una degradación del pensamiento crítico o que simplemente la ignoran.[191] Sin embargo, su aceptación en muchas universidades europeas y norteamericanas, y su carácter transdisciplinar, la ha convertido en un punto inexcusable a la hora de hablar de tendencias del pensamiento, de arte o de estudios literarios. Jacques Derrida ha señalado en algún lugar que la estrategia de lectura y la concepción de la escritura que hoy conocemos como deconstrucción está presente desde hace mucho en el campo de la filosofía y de la cultura bajo otros nombres. Sin embargo, su formulación y extraordinaria repercusión está unida a su nombre. Derrida, vinculado al grupo *Tel Quel* en los años sesenta, publicó en 1967 *La voz y el fenómeno*, una introducción al problema del signo en la fenomenología de Husserl, donde comenzó a expresar algunas ideas germinales de la deconstrucción. Desde esta obra, Derrida se ha interesado por el fenómeno de la escritura, la construcción del significado, los mecanismos de la crítica, asuntos todos ellos esenciales del pensamiento posmoderno. Conviene, sin embargo, señalar que sus trabajos no se corresponden exactamente con los de un teórico de la literatura o de un filósofo, es decir, no se enfrenta a los problemas tradicionales de la filosofía con los instrumentos de siempre. Tampoco hablamos de un *scholar*, un profesor universitario que reinterpreta, revisa los estudios de los colegas para aportar una nueva visión de un problema. El pensamiento de Derrida se sitúa en una frontera que confunde a muchos representantes del saber tradicional, debido en parte a su necesaria imprecisión a la hora de fijar el campo de trabajo y,

---

[191] "La deconstrucción, como era de prever, ha sido muchas veces mal representada, despreciada como un juego académico inocuo o denunciada como si se tratase de un arma terrorista, de manera que albergo muy pocas ilusiones acerca de la posibilidad de enfrentarme con estas aberraciones, ya que tal expectativa iría contra el rumbo de mis propias lecturas." Paul de Man (al frente de *Alegorías de la lectura*).

desde luego, debido al carácter de su propuesta.[192] Sus escritos se han desarrollado en la estela de los pensadores europeos más relevantes: Hegel, Husserl, Heiddeger, Freud o Saussure, pero ha bebido también en autores que van de Platón a Rousseau y en numerosos teóricos de la literatura y literatos, de manera que no faltan críticos que consideran a Derrida más un escritor que un pensador. Estamos ante espacio de pensamiento que se instala en los límites de varios saberes, lo que, por otro lado, resulta tan característico de la posmodernidad. No siempre encontraremos una división clara entre crítica y creación, pues las dos modalidades se asientan dentro de la escritura y llega un punto en el que resulta difícil aislar nociones o conceptos y señalar a qué disciplina pertenece cada uno, porque uno de los rasgos de la posmodernidad es invitar a todo género de alianzas entre tendencias.

La deconstrucción supone revisar las teorías del significado y de los modelos de comprensión y volver a pensar el sentido de la escritura, del texto o de la historia. Desconstruir significa: "desestructurar o descomponer, incluso dislocar las estructuras que sostienen la arquitectura conceptual de un determinado sistema o de una secuencia histórica; también desedimentar los estratos de sentidos que ocultan la constitución genética de un proceso significante bajo la objetividad constituida y, en suma, solicitar o inquietar, haciendo temblar su suelo, la herencia - no pensada de la tradición metafísica".[193] Derrida se ha enfrentado a un modelo que sostenía la correspondencia entre la realidad y las palabras habladas, y una relación semejante entre las palabras habladas y las escritas, y, al tiempo, ha discutido que la palabra fuera capaz de captar un referente no lingüístico. En esta relación, la escritura ha sido considerada algo secundario. El pensador francés llama *logocentrista* al modelo derivado del fonocentrismo, que consiste en tomar la palabra (el *logos*) como lo primario, lo esencial, y degradar la escritura en comparación con la oralidad. Para Derrida, la escritura no es un complemento a la palabra hablada, sino un hecho completamente distinto. Posee una economía propia y su ley, si es que la tiene, no se rige por su relación con la realidad. La escritura (y la literatura y la lengua misma) no representa algo que exista fuera de sí misma. Los estudios tradicionales han falseado y enmascarado esta inestabilidad esencial y han obligado a los textos a decir siempre algo concreto, mensurable, pero para Derrida, *lo escrito* no tiene función representativa o referencial.

---

[192] "A partir de Jacques Derrida, el posmodernismo ha tomado prestado el vocabulario y el concepto básico de deconstrucción: la aporía del discurso, la indeterminación del lenguaje, la naturaleza 'fictiva' y 'dúplice' de los signos y símbolos. Desde Michel Foucault se ha adoptado la idea del poder: la estructura del poder inmanente no sólo en el lenguaje –las palabras e ideas que privilegian los grupos hegemónicos en la sociedad– sino en la misma naturaleza del conocimiento, que es en sí mismo instrumento y producto del poder. El efecto combinado de estas doctrinas es impugnar el tradicional discurso racional como logocéntrico, 'falocéntrico', totalizador', 'autoritario'." (Himmelfarb: 1994, 132)

[193] Peñalver, P., Introducción a Derrida, J.: *La deconstrucción en las fronteras de la filosofía. La retirada de la metáfora*, Barcelona 1989, 17.

Conviene decir algo sobre *logocentrismo* y sobre *presencia*, dos conceptos que se repiten una y otra vez en los textos deconstruccionistas. El término *logos*, como es sabido, quiere decir razón, búsqueda del sentido, del fundamento. La fuente esencial del logocentrismo ha sido la palabra hablada (*logos* y *phoné*), de ahí que el pensamiento occidental haya sido logocéntrico, por la supremacía que ostenta en él la palabra como presencia. Según esta concepción, la voz expresa la interioridad del hombre. De acuerdo con ello, los sonidos emitidos por ella son los símbolos de los estados del alma y las palabras escritas los símbolos de las palabras emitidas por la voz. En Occidente ha habido una clara primacía de la palabra hablada frente a la escrita. La palabra es presencia inmediata, transparencia, y permite expresar la unidad elemental entre voz y significado, entre el concepto y el sonido. Pues bien, el análisis de Derrida supone una crítica a esta tradición filosófica occidental basada en la metafísica de la *presencia* (presencia del significado, de la correspondencia unívoca con lo real), que entiende que el significado aparece en la palabra. La metafísica occidental ha preferido siempre el discurso oral a la palabra escrita porque el discurso presupone la *presencia* del sujeto hablante (el *autor*) que será origen unitario del discurso.[194] La idea de que el texto sólo es auténtico cuando expresa la presencia de un sujeto es un ejemplo de esta preferencia de la voz frente a la palabra escrita.[195] Pero privilegiar el habla y considerar la escritura como una representación imperfecta y parasitaria de aquella, ha supuesto dejar al margen aspectos esenciales del funcionamiento del lenguaje. Según Paul de Man, la escasa consideración de las formas escritas de lenguaje y "su degradación a una simple adjunción o suplementariedad de la presencia viva de la palabra hablada" en Occidente, es uno de los espacios de reflexión de Derrida (De Man: 1990, 186).

Las teorías logocéntricas siempre se han construido a partir de la afirmación de verdad como presencia, y esta idea se fundamenta en la superioridad que se atribuye a la voz frente a la escritura. Pero esta construcción intelectual ha ido demasiado lejos en sus pretensiones de verdad, porque superpone a los signos un significado presente, inmediato, cuando la verdadera vida del signo reside en el significado diferido y siempre diferente. Lo oral implica sujetarse a los significados estables,

---

[194] Llevadas las cosas hasta el extremo, la antigua figura del autor, como referencia última y esencial de la obra, pierde su valor. El lenguaje no tiene sujeto. El principio de diferencia implica abandonar la idea de que la estructura es un núcleo sólido y estable bajo las múltiples superficies.

[195] "La *voz* se convierte en una metáfora de verdad y autenticidad, una fuente del habla 'viva' y autopresente, opuesta a las emanaciones secundarias de la escritura inanimada. Al hablar se puede experimentar (al parecer) un vínculo íntimo entre el sonido y el sentido, una comprensión inmediata e interna del significado que da lugar a un entendimiento perfecto y transparente. la escritura, por el contrario, destruye este ideal de autopresencia. Impone despersonalizado y ajeno, entre la elocución y la comprensión. Ocupa un reino público y promiscuo en el que la autoridad se sacrifica a los caprichos y antojos de la 'diseminación' textual. En resumen, la escritura es una amenaza para la creencia tradicional que asocia la verdad con la autopresencia y el lenguaje 'natural' en el que tiene cabida." Norris, C. (1982): *Deconstruction. Theory and Practice*, Londres, Methuen, p. 28.

mientras que la escritura es para el autor francés una metáfora del significado liberado.

Todos los nombres referidos a principios que han designado el sentido del ser como presencia (substancia, esencia), todos los conceptos que implican esta noción han figurado entre los intentos filosóficos de describir aquello que se considera fundamental, y a lo que se ha llamado *centro, base, principio*, etc. En las oposiciones que recuerda Derrida, como alma / cuerpo, literal / metafórico, centro / periferia, etc., el término que se considera superior pertenece al logos. De él dependen las verdades últimas, la de origen en un desarrollo histórico, el paso de la tesis y la antítesis a una síntesis. Su autoridad, en definitiva, estructura todo nuestro pensamiento. Conceptos como "demostrar, revelar o poner en claro", se acogen a la noción de presencia.[196] Así las cosas, esta teoría de la escritura y la representación vuelve a plantear numerosos problemas, como el del acceso siempre huidizo al significado y la interpretación, el signo lingüístico y la noción de texto o la propia constitución del saber. Los signos lingüísticos se refieren sólo a otros signos lingüísticos, de modo que la interpretación plena nunca puede alcanzarse y cualquier intento de interpretar un texto se convertirá inmediatamente en otro que necesitará también su interpretación, y así hasta el infinito. Si no hay signo definido que se convierta él mismo en definidor, si todo *interpretandum* es a su vez *interpretans*, la interpretación (ni definitiva ni no definitiva) no se puede alcanzar. La escritura sólo nos envía a otra escritura y esta a otra, pero nunca a nada exterior a sí misma: no hay referente exterior que la detenga. La práctica de la escritura implica moverse en las palabras, pero sin referentes fijos, determinados. No es que estemos en los antípodas de la filología, del filólogo que indaga en el significado concreto de un término en tal época o el crítico que nos presenta una nueva interpretación del *Cantar de Roldán*. Estamos fuera del tablero, fuera de las reglas con las que mueven las piezas los antiguos estudiosos de la literatura. Derrida señala en *La Escritura y la diferencia* que el pensamiento crítico exige abandonar toda referencia a un centro, porque un centro de significación, de origen o de verdad no sólo es una noción inalcanzable, sino que es responsable de que el pensamiento occidental no haya permitido que emergieran las diferencias, los márgenes, aquello que se anula en el centro. Pero como veremos después, no se trata de cambiar el significado fijo y estable por los márgenes o la periferia. No se trata de sustituir un centro por otro.

Para ejemplificar que el significado es algo siempre diferido, Derrida acuñó el término *Différance*, escrito con *a* para diferenciarlo -por escrito pero no oralmente-

---

[196] "Por una tradición que define el pensamiento occidental en su totalidad: la concepción de toda negatividad (no-ser) como ausencia, de donde se desprende la posibilidad de una apropiación o de una reapropiación del ser (bajo la forma de la verdad, de la autenticidad, de la naturaleza, etc.) como presencia. Esta posición ontológica es a la vez constituyente y constituida por una cierta concepción del lenguaje que favorece el lenguaje oral o la voz contra el leguaje escrito (*écriture*) en términos de presencia y de distancia: la presencia inmediata del 'yo' en mi propia voz, opuesta a la distancia reflexiva que separa este 'yo' de la palabra escrita." (De Man: 1990, 185)

de la palabra francesa *Différence*. La terminación *ance* la convierte en una forma
nueva que significa *diferencia - diferenciador - aplazamiento*. Estamos ante un
retruécano, pues el término quiere decir varias cosas, sin que se pueda elegir ninguna. Encontramos dos acepciones en *différer*: aplazar, diferir, y ser distinto de o
diferenciar. El significado no está nunca presente y se aplaza una y otra vez. Se
construye mediante el proceso interminable de aludir a los otros significados ausentes que, en apariencia, dan sentido al anterior y así sucesivamente, pero no hay
un punto final a este aplazamiento y, por lo tanto, no hay un significado trascendental que sirva de fundamento a toda la cadena.[197] El juego de diferencias, viene a
decir Derrida, evita que haya un solo elemento presente en algún momento, y que
se refiera sólo a sí mismo. Sea en el discurso hablado o escrito, ningún elemento
puede funcionar como signo sin remitirse a otro que nunca puede estar presente por
sí mismo. Ninguno puede estar nunca sólo presente o sólo ausente. Siempre hay
diferencias y huellas de huellas. Es imposible darle a *différance* una situación permanente y estable, no es posible darle un nombre, una identidad fija. El significado
es siempre algo diferido y diferente.

Derrida llama metafísico a todo aquel pensamiento o discurso que se fundamenta en un principio básico sobre el que se construye una jerarquía de significados. Estos principios inatacables se definen partiendo de lo que excluyen y se han
organizado en Occidente a partir de oposiciones binarias, que resultan centrales
para algunos estructuralistas. Greimas, por ejemplo, había argumentado en su semántica estructural que el significado se produce mediante oposiciones binarias. En
una oposición, cada término obtiene su valor mediante su relación estructural con el
otro. *Fuera* carece de sentido sin su opuesto *dentro* y viceversa. El postestructuralismo significa, entre otras cosas, liberar al estructuralismo de la metafísica en que
estaba prisionero. Las oposiciones escritura / habla, sonido o realidad física / sentido o realidad psíquica, exterior / interior, significante / significado, implican la
existencia de un sentido anterior. Pero no se trata solamente de un problema conceptual, sino que tiene también sus repercusiones políticas y, de hecho, las corrientes feministas e indigenistas de los estudios literarios han deconstruido el discurso
de la crítica occidental a partir de la propuesta derridiana. Si una sociedad –y un
canon y unas técnicas de análisis literarios– está dominada por la ideología masculina, el hombre se convierte en el principio fundamental y la mujer en lo opuesto o
lo excluido. A las ideologías, resume Eagleton, les convienen los límites claros
entre lo aceptable y lo que no lo es, entre el yo y el no-yo, razón y locura, superficie
y profundidad, etc. Para Eagleton, *deconstrucción* es el nombre que se da a la operación crítica por la cual se pueden socavar esas oposiciones. Esa es la estrategia de

---

[197] Acerca de los significados de esta palabra véase "La différance" en *Marges de la philosophie*
(1972), Paris, pp. 1-29. El término *Différance*, viene a decir Derrida, supone un movimiento que no se
puede concebir a partir de la oposición *presencia / ausencia*. *Differance* es el juego sistemático de
diferencias, de huellas de diferencias.

lectura que propone Derrida: deconstruir, socavar la simulación de significados estables, porque no son más que un espejismo que proviene del 'logocentrismo', es decir, del intento de eliminar el vaivén de los signos y anclarlos en significados fijos bajo principios inventados como los de verdad u objetividad.[198] En cualquier caso, todo se articula en el terreno del lenguaje y de la razón: no podemos escapar a ella, ni podemos engañarla con un caballo de Troya: lo único que podemos hacer es deconstruirla.

Frente a la idea de que un sistema se organiza en función de las diferencias, Derrida sostiene la imposibilidad de que un signo (una unidad de significado y un significante) pueda producirse de manera plena en un presente. Si los significados se oponen unos a otros de manera que cada uno de ellos no es más que un nudo de relaciones diferenciales con respecto de otros, es evidente que en ese sistema no existe un centro, con lo que el lenguaje se convierte en la suma de relaciones discontinuas y diferenciales, entre significante y significado, entre los signos y los contenidos: en suma, en un cúmulo de diferencias diseminadas. Un significado remite a otro y nunca está presente en un solo signo. Leer un texto es un proceso fluctuante y no es posible encontrar el significado ni encerrarlo en un diccionario. El lenguaje es menos estable de lo que los estructuralistas consideraban, y esto supone también una crítica a ciertas ideas tradicionales sobre el significado, pues los signos no reflejan experiencias interiores u objetos del mundo real. El significado no puede producirse dentro del terreno acotado y estático de las oposiciones binarias. Ya he dicho que, para Derrida, aquello que se designa como significado ("un momento de presencia"), debe siempre descansar en otro momento anterior, con lo que pierde su estatuto privilegiado de punto de origen. El objetivo de la deconstrucción no es aclarar los textos en el sentido tradicional, es decir, captar un contenido o tema unitario; la deconstrucción es una estrategia que investiga el funcionamiento de las oposiciones (Derrida dice las "oposiciones metafísicas") tal y como se desarrollan en la organización de los argumentos y los modos en que las figuras y las relaciones textuales producen su lógica. De las dos interpretaciones de la interpretación, dice Derrida, una sueña con descifrar una verdad o busca un origen que escape "al juego y al orden del signo"; la segunda ya no se orienta al origen, sino que confirma el juego e intenta ir más allá de ese "sueño humanista" que

---

[198] "Lo clásico es (...) la creencia o la certeza en la posibilidad de distinciones nítidas: lo interior y lo exterior, el significante y el significado, lo material y lo formal, la sexualidad 'infantil' y la sexualidad 'adulta', lo sensible y lo inteligible, y también, la escritura filosófica y la escritura literaria. Signo de nuestra época es, como puede ver cualquiera, una general inquietud en ese campo, una inseguridad de las dualidades, y de las fronteras. Pero deconstruir esas distinciones, o más bien trabajar en complicidad con un proceso general cuasi-anónimo de desconstrucción en curso, nada tiene que ver con la simple borradura de aquellas, o con el abandono a un desorden o a una caoticidad frívolamente reafirmada." (Peñalver, P.: "Resistencia de la diferencia de la filosofía" en *Literatura y filosofía en la crisis de los géneros*, Fundación Juan March, Cuaderno del Seminario Público 4, 1999, 93).

va en busca de la presencia plena, del fundamento tranquilizador, del origen y el fin de los vaivenes de la escritura.

La deconstrucción implica una gama de posibles estrategias, desde la investigación de jerarquías filosóficas hasta las conexiones que van estableciéndose con los significantes. En ningún caso es la aplicación de lecciones filosóficas a estudios literarios, sino una investigación de la lógica textual. Para Jonathan Culler, esta estrategia de lectura:

"Persiste no como conjunto unívoco de instrucciones, sino como una serie de diferencias que se pueden trazar sobre varios ejes, tales como el grado en que el trabajo analizado se considera una unidad, el papel asignado a previas lecturas del texto, el interés en conseguir relaciones entre los significantes, y la fuente de las categorías lingüísticas empleadas en el análisis." (Culler: 1984, 200)

La deconstrucción ha cuestionado la inclinación a usar nociones de unidad y coherencia temática, porque impiden pensar la naturaleza del lenguaje. Cerrarse a las ambigüedades, a la inestabilidad de significados, es negar uno de los rasgos de su misma esencia. Así las cosas, no es extraño que uno de los objetivos de las lecturas deconstruccionistas sea la crítica, y surja en el momento en el que se pone en duda la confianza en el proceso crítico o crítico-teórico, es decir, en el acto de decisión, la "posibilidad final de lo decible".[199] El juego del significado es el resultado de lo que Derrida llama 'el juego del mundo', en el que el texto global siempre ofrece nuevas correlaciones y contextos. Apelar a un contexto histórico para desentrañar el significado es un subterfugio ingenuo, pues no puede haber determinación de textos por los contextos. A este último llegamos por elaboraciones verbales, es ilimitado y no puede determinarse de manera fija y concreta. En *Éperons*, Derrida se ha esforzado por demostrar que de un mismo texto se pueden deducir muchos contextos. Aunque lo consideremos dentro de uno determinado, no por ello fijaremos el fluido continuo de significados, pues siempre es posible considerarlo dentro de otros. Esta posibilidad es ilimitada e inherente a cualquier muestra de lenguaje. Objetivar un contexto fijo y estable es una actividad ilusoria. Siempre existirá entre el contexto pasado y el presente una discontinuidad. Otras corrientes críticas creen que es posible recuperar el aspecto estético de una obra literaria y considerar las circunstancias políticas e ideológicas en las que la obra se produjo. Para la decons-

---

[199]"Se trata de un acto de entendimiento que no puede ser observado, prescrito o verificado de ninguna manera. Un texto literario no es un acontecimiento fenoménico al que se pueda otorgar alguna forma de existencia positiva, ni como hecho de naturaleza ni como acto mental. No lleva a ninguna percepción trascendental, intuición o conocimiento, sino que solicita un entendimiento que tiene que seguir siendo inmanente porque plantea el problema de su inteligibilidad en sus propios términos. Esta área de inmanencia 'forma' parte de todo discurso crítico. La crítica es una metáfora del acto de leer, y este acto es en sí inagotable." (De Man: 1990, 177)

trucción esto supone una demarcación entre lo externo y lo interno, un simple problema de lenguaje que no se traduce en diferencias reales.

Tampoco la historia sale mejor parada de la propuesta deconstruccionista. Las aproximaciones que atienden a los cambios en el pensamiento y a las creencias correspondientes de los períodos históricos para *controlar* el significado de obras literarias y excluir significados que sean históricamente inadecuados, no ofrecen una confianza mayor a la estrategia deconstructiva. La estrategia historicista es seductora, dice Derrida, porque ofrece un principio de inteligibilidad que parece asegurar el acceso a la literatura del pasado y asocia la progresión temporal con el avance del entendimiento. Pero la historia no es una autoridad privilegiada, sino una parte de lo que Derrida llama el *texte général* o texto global sin fronteras.

9.7.2. Ni exterior ni interior

En páginas anteriores he recordado la noción de estructura, un sistema de dependencias internas, de implicaciones que unos elementos mantienen con los demás. Se trata de un concepto central en la teoría literaria del siglo XX que está presente luego, con todas las variaciones exigibles, en numerosos campos y disciplinas. El concepto sigue vigente en la lingüística del texto (a través de nociones de coherencia o cohesión). Hablar de estructura supone considerar que en la obra literaria existe una noción de totalidad, de unidad. La deconstrucción no considera esta noción, tal y como expone Asensi (1990), porque parte, justamente, de una toma de distancia respecto de estos tres conceptos esenciales, a saber, totalidad, sentido y centro.

La semiótica y el estructuralismo organizan las obras literarias o fílmicas en estratos, lo que implica hablar de niveles, de segmentos más o menos alejados de un centro, o, si se prefiere, hablar de un interior y un exterior de las obras literarias. Si en el caso de la pintura el marco está entre el interior y el exterior, el paratexto y el metatexto hacen una función parecida entre el interior del texto y lo radicalmente exterior. Derrida ha deconstruido en su obra 'Parergon' (1978) los límites, las fronteras, los espacios de estas construcciones. ¿Dónde empiezan, dónde acaban, dónde está el lugar de estas textualidades? Para Derrida, esa construcción de fronteras no significa ni totalmente exterior ni totalmente interior, ni esencia ni accidente.[200]

---

[200] "Hoy es cada día más difícil trazar una sólida línea de demarcación entre el interior y el exterior de una obra de arte; a veces es incluso imposible distinguir forma y fondo. El contexto en sí mismo ha sido 'textualizado': Georges Bataille y Maurice Blanchot definen el arte moderno como algo que está 'fuera de la obra'; Hans Robert Jauss lo traslada hacia fuera, hacia su recepción; Gerard Genette se ocupa de los procedimientos editoriales por los cuales un texto viene a separarse de su autor (...) Jacques Derrida insiste en los márgenes, en los marcos, en el *parergon*, el 'hors-livre, que su traductor

Estas preguntas entran en conflicto con una orientación fundamental de la teoría literaria: diferenciar la obra poética del lenguaje que habla de ella. Esta antigua estabilidad ha sido también deconstruida. El lenguaje primero o primario (la obra literaria) y el lenguaje segundo (el metalenguaje) comparten rasgos que pertenecen a las dos formas de expresión. Ambos pertenecen al mismo campo de textualidad, de modo que difícilmente podrá considerarse la crítica como descripción del texto literario. Entre otras razones, porque no hay texto, sólo textualidad. En la deconstrucción, el concepto de texto nada tiene que ver con un *corpus* de escritura acabado, encerrado en un libro, sino con una trama de huellas que se refieren siempre a algo distinto a ellas mismas. Todo ello supone que nunca se llega al significado último y esencial de una obra literaria: el significado del texto se desplaza una y otra vez y la lectura se convierte en un continuo errar. Toda interpretación, señala De Man, es insuficiente, pero no en los términos científicos de adecuación / inadecuación, sino porque no existe una lectura plena, completa, debido al carácter mismo de los textos. Esta estrategia de lectura ha invitado a dudar de todos los factores a los que la tradición ha asignado el papel de centro estructural, significado trascendental, tema de un texto, noción de contexto, metalenguaje, etc. La práctica deconstructiva no puede pretender apropiarse del contenido de una obra. El análisis nunca llega hasta una unidad y se detiene en ella, al encontrar allí el centro del significado. Este centro es un espejismo, una pseudo cristalización del significado que pretende traer la *plena presencia* del texto, reducir su libre juego, su circulación inacabable por todos los contextos.

De todo lo dicho se desprende que antiguas nociones como la de texto o la de escritura reciben una drástica reformulación. La escritura no envía hacia ningún exterior de ella misma, no envía a ningún elemento externo que la represente ni tampoco se refiere a ninguna realidad exterior, pues no remite más que a sí misma y nos traslada indefinida y sistemáticamente a otra escritura, a otra *diseminación*. La escritura supone un desplazamiento interminable del significado. La cadena de significaciones que gira alrededor de un término, no tiene que ver con las intenciones de un *autor*, pues lo que establece las relaciones es solamente el juego del lenguaje. Estamos ante un mundo de signos que no tiene verdad, ni origen, sino solamente una interpretación activa.

La deconstrucción ha alcanzado una posición dominante en el complejo y abigarrado postestructuralismo y ha colonizado muchos departamentos de estudios literarios en EEUU y en muchas universidades europeas y latinoamericanas. La estrategia deconstruccionista ha tenido una repercusión extraordinaria. Ha dejado su huella en las reflexiones sobre la teoría literaria y en la crítica concreta de textos, y ha afectado también a la creación. No estamos ante un simple pensar académico o antiacadémico: su huella ha ido mucho más lejos.

---

convierte en *outwork*. Uno entra en la literatura abandonándola. No existe punto de encuentro fiable; es imposible decir dónde empieza y dónde termina." (Hollier, ed.: 1989, xxv)

Ya he recordado que para la deconstrucción el pensamiento occidental (o logo-céntrico) se estructura conforme a la denominación metafísica de la presencia. La metafísica aspira a sistematizar la totalidad, y en ese proceso ha excluido o "repri-mido" las diferencias y ha creado jerarquías que, a partir de los años setenta, se sienten como imposiciones intolerables. La deconstrucción ha desenmascarado el carácter artificial del proceso mediante el que se ha colonizado semántica e ideoló-gicamente la realidad. Para Merquior, el creciente diluvio de textos deconstruccio-nistas llenos de fulminaciones contra el 'logocentrismo occidental' en todas sus formas, constituye una prueba patente de que uno de sus propósitos era atacar el *ethos* racionalista crítico de la tradición de la Ilustración (Merquior: 1989, 349).

Por lo demás, la estrategia deconstruccionista ha provocado un debate que re-cuerda a veces las viejas disputas entre críticos o filólogos que discutían sobre la mayor adecuación a la realidad de una teoría u otra. La diferencia esencial es que éstos discutían desde un punto de vista común: la idea de verdad. Los representan-tes de una u otra teoría sostenían que la suya se ajustaba más a la realidad que la otra. Un filólogo puede discutir con otro la puntuación que ofrece de un texto y estar en desacuerdo con la descripción del estado de la lengua que ofrece un ma-nuscrito. Quienes así debaten parten de una idea de verdad o de aproximación a ella. La discusión es ahora distinta. Ninguna estrategia deconstruccionista considera que puede encerrarse una idea de verdad en ningún texto, y este extremo es consi-derado por algunos como un ataque a la razón. Los teóricos de la literatura partida-rios de un *estudio científico* consideran que la deconstrucción es una recaída en el irracionalismo y han alertado sobre su *palabrería vacía*, que llevará a la tumba toda la tradición de los estudios literarios. Esta idea se repite una y otra vez.[201]

Esta sencilla enunciación de alguno de los conceptos de la deconstrucción pue-de llevarnos a pensar si debemos considerarla un método más de crítica que alinea-remos junto a la estilística, el formalismo o la lingüística del texto. ¿Es *aplicable* – de nuevo la *aplicación*– este discurso a la teoría literaria? El problema de la delimi-tación y relación entre crítica literaria y deconstrucción no es fácil y es uno de los lugares de pensamiento a que nos ha llevado la propuesta de Derrida. No podemos

---

[201] Como tantos movimientos de crítica del siglo XX, la deconstrucción tiene una clara tendencia textualista. Para Ong, críticos como Greimas, Barthes, Sollers o Derrida derivan claramente de la tradi-ción husserliana y se han dedicado al estudio de textos que surgen después de la imprenta, y sobre todo, textos románticos. Se trata de una especialización muy significativa, porque esta época: "Se reconoce como señalamiento de un nuevo estado de conciencia, asociado con la interiorización definitiva de lo impreso y la atrofia de la antigua tradición retórica (...) De igual manera, la teoría marxista semiótica y literaria relacionada con el estructuralismo y el textualismo, según es representada, por ejemplo, por Pierre Macherey (1978), consiste en ejemplos detallados de la novela del siglo XIX (...)" (Ong: 1993, 161).

definir la deconstrucción con unos rasgos fijos y estables, que puedan enumerarse y explicarse para concluir que sus características son a, b y c.[202] Para Asensi:

> "(...) La teoría literaria debe tener presente la deconstrucción, pero no como una variedad más de crítica ni tampoco como algo 'sin aplicación' en su ámbito. Una teoría literaria que no ignore la deconstrucción (...) acude a un tipo de práctica discursiva que (...) mueve la literatura lejos de todo aquello que pretende hipotecarla, controlarla o hacerla de supuestas 'verdades externas'." (Asensi: 1990, 78) [203]

Es posible que una de las razones que ha ayudado a la enorme difusión de la deconstrucción haya sido el escepticismo, cuando no el hartazgo, ante los excesos de una crítica académica cada vez más científica y segura de sus resultados, y que su carácter "epigonal y comentarista", como decía Eugenio Trías (1990), se haya avenido muy bien a esta época nuestra tan poco inventiva.[204] Como algunas tendencias o corrientes, la deconstrucción tiene también algo de moda. Derrida ofrece una 'herramienta' *ad usum delphini* en la que se han filtrado discursos filosóficos mucho más sólidos y complejos (pero no abstrusos, como es el caso del propio Derrida y de una legión temible de *derridianos*). Me refiero a Heidegger, sin el que no se entiende la obra de Derrida, y desde luego a Deleuze, Foucault o Lévi-Strauss.

No me parece que el pensamiento de Derrida esté a la altura de los autores citados.[205] Cuando nos familiarizamos con la estrategia deconstructiva tenemos a veces la sensación de que la literatura se convierte en una sucesión de textos autónomos, sin contacto posible con la realidad exterior, que no pueden valorarse y que no tienen conexión con el mundo ni con los individuos. ¿Cuál es la razón de deconstruir los textos? se preguntaba Vargas Llosa, "¿para que esos laboriosos esfuerzos de erudición, de arqueología retórica esas arduas genealogías lingüísticas, aproximando o alejando un texto de otro hasta constituir esas artificiosas decons-

---

[202] Hay que convenir, por lo demás, que al igual que sucede con el estructuralismo o el feminismo, tampoco hay una deconstrucción, sino varias. Paul de Man, Hillis, Miller, Derrida o Hélène Cixous practican una escritura y entienden la lectura a partir de la estrategia deconstructiva, pero en ningún caso pueden reducirse a una misma concepción.

[203] Deseo dejar constancia de la dependencia que tienen las páginas que siguen con el estudio del profesor Asensi (1990), excepcionalmente útil para comprender el alcance de la deconstrucción. La selección de trabajos (Derrida, Paul de Man, Hillis Miller) y su traducción es cuidadísima.

[204] Trías, E. "La resaca del pensamiento débil" en *Una cultura portátil*, ed. Rafael Conte, Madrid, Temas de Hoy, 1990, 201-26.

[205] No opina lo mismo una verdadera legión de críticos. Para De Man: "(...) ha sido necesario el rigor y la integridad intelectual de un filósofo cuya preocupación principal no es la de analizar los textos literarios, para devolver su dignidad de cuestiones filosóficas a las complejidades de la lectura" y considera que: "(...) la obra misma de Derrida es uno de los lugares donde se decide la posibilidad futura de la crítica literaria" (De Man: 1990, 181).

trucciones? (...) Hay una incongruencia absoluta entre una tarea crítica que comienza por proclamar la ineptitud esencial de la literatura para influir sobre la vida (o para ser influida por ella) y para transmitir verdades de cualquier índole asociables a la problemática humana y que, luego, se vuelca tan afanosamente a desmenuzar – y a menudo con alardes intelectuales de inaguantable pretensión– esos monumentos de palabras inútiles" (1994, 13).

9.8. De la oralidad al ciberespacio

9.8.1. Un estudiante a la tarea

Charles B. Faulhaber es un experto en la aplicación de las nuevas tecnologías a la filología. Para él, el uso y extraordinario aprovechamiento de la informática por un público académico sin conocimientos técnicos –es decir, que no necesita del concurso de un ingeniero informático para que el ordenador ejecute las órdenes– es un hecho característico de nuestro tiempo. En uno de sus trabajos ha descrito muy acertadamente una escena que pinta a un estudiante en el momento de concebir y realizar un trabajo para la clase. Me permito parafrasear la escena porque viene de molde para comenzar este apartado.[206]

Un estudiante ha escogido una asignatura panorámica sobre literatura española moderna. En las primeras sesiones de clase, su profesora le ha advertido de la existencia en Internet de transcripciones informatizadas de los textos que van a explicarse en el curso, de manera que no tiene dificultad para encontrar ediciones de las obras.[207] Además de una bibliografía básica y unas herramientas de búsqueda, nuestro estudiante trabaja con un programa de tratamiento de textos, dispone de la versión en CD-ROM del *Diccionario de la Real Academia Española* y disfruta de la ayuda del *Archivo gramatical de la lengua española*, la versión informatizada del fichero del gran Salvador Fernández Ramírez, que le ofrece miles de ejemplos de usos sintácticos y léxicos de la lengua española. Nuestro alumno ha escogido como tema de trabajo un estudio del lenguaje de los personajes de *La casa de Bernarda Alba*, en comparación con el lenguaje de los personajes de otras obras contemporáneas. Conoce a fondo el *TACT* (*Textual Analysis Computing Tools*), gracias al cual ha descubierto algunas correlaciones de interés en el lenguaje de los personajes lorquianos, pero quiere indagar en algunas posibles relaciones entre el autor

---

[206] El profesor Faulhaber me ha permitido utilizar algunos de sus artículos inéditos para documentar este libro. Agradezco su generosidad.

[207] Junto a las antiguas bibliografías, los estudiantes y profesores necesitan consultar las ediciones electrónicas de textos. En el caso de la literatura medieval puede verse *Literatura románica en Internet. Los textos*, Madrid, Castalia, 2002, del profesor José Manuel Lucía, que es una útil guía de direcciones para localizar en Internet portales donde pueden leerse textos románicos.

granadino y el teatro de la época. El estudiante ha guardado los resultados de varios análisis y piensa reproducirlos en un corpus más grande, el de todas las piezas dramáticas representadas en Madrid desde 1925 hasta el comienzo de la guerra civil española en 1936. Para ello dispone de la base de datos que elaboraron Dru Dougherty y Vilches de Frutos. Nuestro estudiante ha tenido acceso a ella gracias al catálogo colectivo *RLIN* (*Research Library Information Network*). Los textos pueden verse igualmente en el *Corpus de Referencia del Español Actual* de la RAE. El *TACT* presentará el resultado de su análisis en muy poco tiempo. Cotejará estos datos con su análisis de la lengua de Lorca y constatará que su texto es extraordinariamente personal y que se diferencia de las obras de teatro de sus contemporáneos. El estudiante hace un esquema de su trabajo, presenta su hipótesis, la metodología que ha seguido y resume los resultados a los que llega. No cita textos en su monografía, porque establece un vínculo hipertextual para que la profesora que lea su estudio acuda a la obra completa, de manera que los pasajes no aparecen fuera de contexto. Cuando acabe su ensayo, el alumno lo enviará por correo electrónico.

La descripción de Faulhaber podría ampliarse a alumnos de lingüística, de gramática, a lexicógrafos y a un largo etcétera. A través de amplios corpus de lengua hablada o escrita y de material literario, se ha facilitado el estudio de las diversas lenguas y variedades lingüísticas, se ha promovido la confección de diccionarios y se han planteado nuevas posibilidades para la comparación literaria. Pero en la descripción se apuntan, además, muchas inquietudes e intereses que he visto expresados en multitud de trabajos. Hay, en efecto, una serie de temas recurrentes que suelen aflorar en artículos y libros dedicados a las posibilidades que ofrecen las nuevas tecnologías para los estudios literarios. Una es la capacidad para manejar una masa de información mediante un teclado. Esto ha permitido elaborar organizadas bases de datos y corpus lingüísticos y literarios que han servido para reunir a expertos de muy diferentes materias entre las que, desde luego, no ha estado ausente la filología. La selección y el tratamiento de textos, la confección y diseño de procedimientos estadísticos y analíticos, la digitalización de manuscritos y de imágenes han sido los primeros pasos para unos objetivos que se anuncian prometedores.

Al tiempo que se perciben los resultados de la aplicación de la informática a los estudios literarios y se realizan investigaciones que sin los programas pertinentes no podrían llevarse a cabo, se aprecia la urgencia de reflexionar sobre cómo la informática (la nueva diosa) está transformando no ya el acceso al conocimiento, sino la propia idea que tenemos de éste. Las nuevas tecnologías han afectado a todas las áreas de estudio que he venido mencionando en estas páginas: la teoría literaria, la lingüística, la crítica textual. Junto al desarrollo y aplicación de las nuevas tecnologías, y la reflexión sobre el significado de su impacto, se alinea la reflexión sobre el futuro. Algunos teóricos (y algunos visionarios) se han planteado qué va a ser del libro, de los estudios literarios, cómo se transformarán las universidades, el saber. Estas inquietudes han bastado para invitar a la escritura de incontables libros y artículos, muchos de los cuales sólo se pueden leer en Internet. Me gustaría presentar, aunque sea de manera sumaria e incompleta, algunos de los hechos, de las realidades palpables –aunque sean virtuales–, y también algunas ideas muy extendidas que aunque parece que afectan de lejos a los estudios litera- rios, han influido en ellos y los han potenciado hasta extremos impensables. No es fácil reflexionar en estos momentos de aceleración, de vértigo. La reflexión requie- re cierta distancia y requiere tiempo, y es tal la velocidad de los cambios, que tiem- po es lo que nos falta.

Nuestro siglo, decía Luis Díez del Corral, ha producido tales cambios de direc- ción histórica que bien puede hablarse de cambio de ritmo histórico, de un giro de los tiempos. Coincidiendo con el final de siglo y de milenio, con las transformacio- nes políticas, económicas, culturales y tecnológicas, han sido muchos los intelec- tuales que han descrito y teorizado sobre nuestro tiempo y el que se avecina, que ha sido bautizado como la *Era de la información* (Castells: 1999). La revolución ape- nas está empezando y no se presenta ya como la lejana revolución industrial, con imágenes aplastantes de laminadoras o coladas de acero, sino como los *bits* de un flujo de información que corre por circuitos en forma de impulsos electrónicos. Lo que define este nuevo período es la unión, la alianza de la información con las nuevas tecnologías, que permiten transformar y combinar cualquier clase de infor- mación y enviarla de forma inmediata a cualquier lugar del mundo. El modo tan sencillo para acceder a las masas de datos almacenados, la facilidad para procesar- los y difundirlos parece que harán posible un nuevo tipo de saber.

9.8.2. Oralidad y escritura

Entre los siglos XV y XVII, la civilización europea fue poco a poco transfor- mándose en una civilización escrita. Este proceso significó que quien deseaba dejar constancia de algo, recurría a la escritura con una frecuencia cada vez mayor. Ha- blo de escritura, pero no de imprenta. Civilización escrita no debe confundirse con imprenta y menos aún debe afirmarse que la imprenta acabó con las prácticas ma- nuscritas. Ningún historiador de la Edad Moderna admitiría esta afirmación. Sin embargo y durante muchos años, el interés exclusivo de una parte significativa de la filología y de la crítica por el libro, por el texto impreso, ha provocado un desa- juste importante en la investigación.[208] La historia de la civilización escrita no de-

---

[208] Para Antonio Castillo, esta situación tiene mucho que ver con dos factores de índole historiográ- fica: "La escasa o nula atención que el tema ha suscitado entre los historiadores de la Época Contempo- ránea, sumado al olvido perpetrado por buena parte de los estudios literarios, lingüísticos o antropológi- cos (...) y la errónea definición de la disciplina paleográfica, que, al ser etiquetada de manera exclusiva y excluyente como el análisis de las escrituras manuscritas anteriores a la aparición de la imprenta, ha dejado fuera de su campo de mira un vasto universo de testimonios y prácticas" (Castillo Gómez: 2001, 20).

bería haberse concebido como una historia de los libros, sean manuscritos o impresos. Una visión más amplia de la escritura nos demostrará que se escribieron y leyeron pasquines y pliegos, se escribieron diarios, cartas, se intercambiaron pequeños escritos privados... Todo este universo escrito (y leído) ha pasado inadvertido durante años para la gran Historia y las lagunas que tenemos sobre el conocimiento de la extensión social de estas prácticas de escribir son enormes. Pero es evidente que la génesis y desarrollo de una *civilización legible* en la que la escritura se hizo familiar a todos, aún a los no alfabetizados, no podrá ni siquiera imaginarse sin el continente de literatura impresa y manuscrita, que no es la historia exclusiva del libro.[209] Todavía más. Hay un punto en el que literatura escrita, literatura leída y oralidad acaban convergiendo y la investigación de esta confluencia es un fructífero lugar común de los estudios literarios en los que, inevitablemente, habrán de colaborar (y colaborar no es la publicación de monografías separadas en volúmenes colecticios) historiadores, antropólogos, expertos en las culturas escritas (y no sólo el libro) y en la oralidad. Los investigadores que representan esta línea de investigación han señalado desde hace tiempo la postergación que ha sufrido este continente, en el que lo literario está también comprendido. No ha faltado la protesta de quienes consideran motivo de escándalo que junto a investigaciones sobre Sor Juana Inés de la Cruz, Corneille o T. S. Eliot se alineen los estudios de cartas de soldados, diarios de emigrantes, relatos orales recogidos en el centro de África o romances de ciegos. Sea como fuere, los estudios literarios han comenzado a interesarse no sólo por los grandes autores o por los inventarios de las bibliotecas de los nobles, sino también por expresiones escritas postergadas. En este punto debe recordarse el auge experimentado por los estudios consagrados a la oralidad.

El profesor Walter Ong [1982] ha recordado en un libro muy influyente el carácter oral de la literatura y el redescubrimiento de la oralidad por parte del mundo de la crítica y la erudición. Para Ong es incontestable que la expresión oral ha existido sin ninguna escritura que la acompañase, aunque sea dudoso que haya existido escritura sin oralidad. No obstante, los estudios literarios la han evitado hasta no hace muchos años. Las creaciones orales han sido consideradas simples variantes de las producciones escritas o bien una literatura muy primitiva, escasamente elaborada. La deformación es todavía más grave, porque se llegó a considerar que "las formas artísticas orales en el fondo sólo eran textos, salvo en el hecho de que no estaban asentadas por escrito," (Ong: 1993, 19), lo que supone un gravísimo desconocimiento de la oralidad. Hace ya muchos años que los lectores de libros estamos tan acostumbrados a leer, que nos resulta imposible concebir "un universo oral de comunicación" (son palabras de Ong), salvo si lo entendemos como una variante de la escritura. Las formas orales se han considerado, además, como algo desmañado e

---

[209] En esta línea son memorables los estudios de Chartier, R. (1995a y 1995b) y en la bibliografía española deben destacarse los trabajos de Fernando J. Bouza Álvarez (1992) y los del profesor Antonio Castillo (2001, 2002). Quede aquí constancia de mi deuda con sus estudios.

indigno de un estudio serio.[210] Estas dos consideraciones significan una ignorancia absoluta de las formas orales y una incapacidad sobresaliente para distinguir dónde está lo literario.

Ong ha insistido en que no ha sido la lingüística sino los estudios literarios los que han puesto de relieve el contraste entre modos orales y escritos de pensamiento. En esta tarea ocupan un lugar de honor los estudios de Milman Parry sobre el texto de la *Ilíada* y la *Odisea*. Parry defendió en su tesis doctoral que casi cualquier aspecto característico de estas obras procede de la economía de los métodos orales de composición. Por más que luego haya sido matizado, este descubrimiento ha tenido una repercusión extraordinaria en los estudios literarios.[211] Albert B. Lord amplió y completó la obra de Parry mediante el análisis de relatos orales de cantores serbo-croatas. A partir de estos trabajos seminales, el interés por esta literatura ha sido extraordinario. Conviene recordar, en cualquier caso, que el estudio de la expresión literaria oral ha sido cultivado por la vieja filología y que en este terreno ocupan un lugar destacadísimo los trabajos de Menéndez Pidal (a quien cita incluso Cerquiglini en su *Éloge de la variante*), cuyos *Estudios sobre el Romancero* van ganando en lozanía según pasa el tiempo.

Por lo demás, es indiscutible que la imprenta no acabó con la cultura cultura oral y manuscrita y con la práctica de la copia y de la lectura en comunidad. Permítaseme en este punto una comparación con los tiempos actuales. Está muy extendida la opinión de que los medios informáticos van a sustituir al libro impreso de la misma manera que la imprenta sustituyó al manuscrito y a la cultura oral. La primera parte de la frase entra en el terreno de la futurología, mientras que la segunda es falsa. Poco queda en la historiografía especializada de las tópicas ideas sobre lo que supuso la imprenta, pero al ser un lugar común muy extendido conser-

---

[210] Cualquier recolector de romances sabe de la densidad semántica de los poemas cantados y la conciencia de los cantores del valor simbólico de los motivos y temas que ponen en juego en sus recreaciones. Esta afirmación, decía el profesor Catalán, "podría ser negada por cuantos siguen creyendo que el arte popular se caracteriza por una elemental sencillez, por una naturalidad que excluye meditados artificios" (1997, 206). En varios lugares ha propuesto Catalán "rescatar el romancero de una crítica que cierra los oídos al poema canción y que sólo considera poetas a los pedantes de otros tiempos (cuya poesía habrá ganado, quizá, interés con el paso de los siglos, pero no, desde luego, calidad)" (Catalán: 1984, 5).

[211] "El mensaje fundamental acerca de la oralidad y sus implicaciones para las estructuras poéticas y la estética ha resultado revolucionario para los buenos estudios homéricos y también para otros, desde la antropología hasta la historia literaria" (Ong: 1993, 34-35). Pero no sólo se han ocupado de lo oral las disciplinas aisladas. Son muchos los estudiosos que abordan las relaciones de la literatura oral con la escrita desde una perspectiva comparatista (contrastando épocas literarias y tradiciones geográficas diferentes) y pluridisciplinar (utilizando también los métodos de la antropología o la historia de las religiones). Recordaré como ejemplo *Las dos sirenas y otros estudios de literatura tradicional* (Barcelona, Seix Barral, 1995) de José Manuel Pedrosa así como sus trabajos sobre la poesía tradicional que se extienden desde la literatura de la Liébana a la de Madagascar.

va todavía una parte de su predicamento. Como señala acertadamente Fernando Bouza:

"No sé si la telemática constituye una auténtica revolución, pero lo que es seguro es que los efectos radicales de la irrupción de la imprenta en el siglo XV han sufrido una importante relativización. De un lado, la historiografía actual ha empezado por desmontar el mito fundacional, forjado por los ilustrados, de que la modernización venía a ser sinónimo de escriturización y que, en consecuencia, el progreso de los pueblos se podía seguir trazando la historia de su alfabetización, en la que, claro está, el uso de la tipografía habría sido crucial. La creciente atención que se ha prestado a la oralidad como una forma consumada de transmisión de conocimientos y creación de memoria personal y comunitaria en las sociedades ágrafas, o entre los no letrados en sociedades alfabetizadas, es un buen ejemplo de ello." (Bouza: 2002, 94)

Es posible que algunos intérpretes de la cultura puedan explicar el feliz encuentro entre el redescubrimiento de la oralidad y los nuevos soportes. En el largo proceso informático de edición, los textos orales vuelven a vivir, como lo han hecho durante siglos, en variantes. La enorme capacidad de almacenamiento y las posibilidades que ofrecen los ordenadores han abierto nuevas posibilidades de estudio de la oralidad. De todo ello vamos a hablar ahora.

9.8.3. Una nueva textualidad: del codex al ciberespacio

Las situaciones en las que se produce la comunicación –en nuestro caso la literatura– han variado, y hoy podemos acceder a textos literarios de manera instantánea y en cualquier circunstancia. La necesidad de explicar este cambio, y los que trae aparejados, ha llevado a algunos estudiosos a buscar comparaciones con el pasado, de ahí que se haya replanteado la comunicación y transmisión de obras orales frente a las posibilidades de la escritura y la invención de la imprenta, para explicar las diferencias y las semejanzas con la situación actual. En las sociedades orales, los mensajes lingüísticos se recibían siempre en el mismo lugar y tiempo en que se emitían, al compartir emisores y receptores una situación idéntica y un universo de significación semejante. La invención de la escritura tuvo consecuencias extraordinarias en la concepción del saber y ha tenido repercusiones únicas en la historia de la cultura. La escritura abrió un nuevo espacio de comunicación porque gracias a ella era posible recibir mensajes producidos por autores que escribían a miles de kilómetros o que habían muerto hacía siglos, o partían de presupuestos culturales y sociales muy distintos. Emisores y receptores no tenían que compartir la misma situación. Al no resultar sencillo entender un mensaje separado de su contexto de producción, se desarrollaron la interpretación, la traducción y todo un conjunto de disciplinas y útiles (gramáticas, diccionarios) agavilladas en torno a la filología. Durante siglos el autor, característico de las culturas escritas, era la fuente de autoridad, mientras que el intérprete se limitaba a actualizar o modular aquel saber que venía de una fuente lejana. Parece que en la nueva universalidad de lo inmediato, el pasado (el autor, la historia) va perdiendo valor porque se impone el presente y el significado no necesita actualizarse. Debe ser el mismo aquí y allá, hoy y ayer. Esta universalidad, dice Pierre Levy, es indisociable de "una pretensión de clausura semántica", pero es indiscutible que este esfuerzo totalizador se enfrenta a la pluralidad abierta de los contextos que atraviesan los mensajes, a la diversidad de comunidades que los ponen en circulación (Levy, P.: 1998, 19).

Quizá sea la radical necesidad de comprender cuanto acontece y de atisbar su alcance, lo que lleva a muchos a presentarnos el futuro como si hubiesen vivido en él. Si seguimos a estos visionarios, parece que vivimos en un momento histórico en que los medios sobre los que se funda la palabra cambian de naturaleza y extienden su alcance hasta extremos nunca vistos desde la invención de los tipos móviles de imprenta (O'Donnell: 2000, 22). La invención del códice supuso, frente al rollo, un avance extraordinario para la organización del saber. La invención de la página, la facilidad para encontrar contenidos y confeccionar índices, la nueva relación que se establecía entre la obra y el autor posibilitaban, a su vez, una relación inédita entre el lector y los textos. El libro se convirtió en una profunda metáfora del saber unitario y universal. Por su parte, la imprenta es un instrumento favoreció la transmisión del conocimiento y del poder, pues las palabras del autor se perpetúan en el volumen y no permiten la apertura a enmiendas y correcciones (así lo creen algunos). La informática nos habría presentado un modelo de texto cercano al de la transmisión escrita anterior a la imprenta. En realidad, desde la invención del códice hasta nuestros días el libro no ha cambiado mucho, y es ahora cuando parece que empiezan a producirse transformaciones.

La textualidad electrónica está teniendo consecuencias importantes en varios ámbitos. Algunos estudiosos del libro y las formas de comunicación se preguntan si aquella reemplazará al libro tradicional, si estamos en vísperas de un cambio comparable a la aparición del códice, que transformará nuestra manera de buscar y comprender la información, nuestra manera de leer y de concebir el entendimiento. He escuchado en distintos foros que en los próximos años coexistirían la escritura manuscrita, los impresos y la textualidad electrónica, pero más tarde o más temprano se acabará imponiendo la última. No comparto esta opinión. Me parece indiscutible que determinada clase de textos, como las bibliografías consagradas a un tema amplio, se acabarán presentando sólo en soporte digital, ya que permite una permanente actualización. Sin embargo, me parece difícil que los relatos acaben leyéndose en una pantalla. La textualidad electrónica y los impresos van a coexistir y, sin duda se acercan cambios importantes, pero no doy crédito a los apocalípticos que profetizan el final de la galaxia Gutemberg.

No perciben lo mismo los teóricos del hipertexto, pues para ellos el libro, el objeto de tapa dura o blanda que contiene un mensaje cerrado e inmodificable, incapaz de comunicarse con otros textos, de acceder, por sus limitaciones, a otros contenidos que los incluidos en él, es un objeto en vías de extinción. No estoy de acuerdo ni con esta idea de libro ni con la muerte anunciada. Permítaseme recordar que, desde siempre, leer un libro no es sólo leer ese libro. Una de las más hondas potencias del hombre es la capacidad de relación, la memoria activa, y el lector pone siempre en marcha un mecanismo que le hace trascender el ejemplar físico que está leyendo. Ni ante una pantalla de ordenador ni ante un volumen encuadernado leemos sólo lo que tenemos delante. Releemos libros que leímos antes y quizá estemos intuyendo libros que leeremos en el futuro. Esta capacidad va mucho más allá de las navegaciones cibernéticas. Otra cosa es que reconozcamos que la textualidad electrónica facilita trabajos que son muy difíciles o imposibles con los viejos libros, porque abren posibilidades inéditas. Las formas tradicionales de demostrar la validez de un análisis van cambiando desde el momento en que el autor puede desarrollar su argumentación según una lógica que, para Chartier,

> "no es necesariamente lineal y deductiva, sino abierta, expansiva y relacional, y en que el mismo lector puede también consultar los documentos (archivos, imágenes, palabras, música) que constituyen los objetos o los instrumentos de la investigación." (Chartier: 2001, 76)

Es verdad que estos cambios no se producirán, como nada en la historia, de manera súbita y radical, pero no es imposible que modifiquen algo nuestros hábitos de lectura. La correspondencia, la relación entre el autor y los lectores que se convierten en coautores –no potenciales, sino reales– de un texto que nunca termina, que nunca ha terminado porque se amplía con infinitos enlaces, con infinitos comentarios sobre la obra que se incorporan a la red, varía la vieja relación que todos los escritores han buscado pero que siempre se ha visto dificultada o impedida por las limitaciones de la edición impresa. Pero los cambios, con ser trascendentes, no se limitan solamente a la relación entre autor y lector. Según Chartier, la revolución del texto electrónico es al mismo tiempo una revolución de la técnica de producción y de reproducción de textos y del soporte de la escritura y de las prácticas de lectura, y esto transforma nuestra relación con la cultura escrita, porque la representación electrónica modifica el proceso de construcción de sentido, modifica el concepto de contexto, sustituye la contigüidad física de los textos copiados en un mismo libro por la distribución móvil en las colecciones digitalizadas y redefine la materialidad de las obras al deshacer el vínculo que une el texto y el objeto que lo contiene. El texto electrónico ofrece además, al lector, el dominio sobre la composición, el montaje y la apariencia de los textos que desea leer. Chartier decía que lo que el lector lee ahora en la pantalla no deja de recordar a lo que leían los lectores de la antigüedad, sólo que ahora dispone de múltiples enlaces y se establece una nueva relación con el texto. El lector puede escribir en el libro mismo y "en la biblioteca sin muros del escrito electrónico" (2001, 81).

Pero todavía hay consecuencias más profundas. He enunciado más arriba que quizá no deba hablarse ya exactamente de libro, de objeto y contenido cerrados, sino de texto, y en este punto, como ha sugerido Landow, se dan la mano las reflexiones teóricas de los postestructuralistas sobre el texto –Barthes, Derrida–, con las modernas teorías del hipertexto electrónico. La textualidad de la que habla Derrida, nos obliga a entender la noción de texto como algo que no acaba en los márgenes de una página, sino que se convierte, como diría el escritor francés, en una red diferencial, un tejido de huellas que se refieren una y otra vez a algo distinto, a otras huellas.

En la cultura impresa, un tipo de objeto se asocia a una clase específica de texto y de usos. La materialidad de los soportes es la que establece el orden del discurso: carta, periódico, revista, libro, etc. Esto no sucede en la textualidad digital, donde todos los textos se leen en un mismo soporte (la pantalla del ordenador) y según la forma en que el lector decide. Chartier lo ha explicado magistralmente:

> "Se crea así un *continuum* que ya no diferencia los distintos géneros o repertorios textuales, que se hacen similares en apariencia y equivalentes en autoridad. De ahí procede la inquietud de nuestro tiempo, enfrentado a la desaparición de los viejos criterios que permitían distinguir, clasificar, jerarquizar los discursos. Lo que no deja de tener sus efectos en la definición misma de 'libro' tal como nosotros lo entendemos, a la vez un objeto específico diferente de otros soportes de lo escrito, y una obra cuya coherencia y carácter completo es el resultado de una intención intelectual o estética. La técnica digital altera este modo de identificar el libro desde el momento en que hace los textos móviles, maleables, abiertos, y confiere formas casi idénticas a todos ellos." (Chartier: 2001, 78)

Estamos ante la posibilidad de que una textualidad libre, sin fronteras, provoque cambios sustanciales a la hora de delimitar dónde empieza un autor o un libro y donde acaba –si es que acaba–. A la hora de navegar por el hipertexto, un internauta empieza por el texto de *Ulysses* de Joyce, para detenerse en un personaje que le lleva a personajes de otras obras, que le conducen a cierta palabra, a la bibliografía sobre esa palabra: al final, tras este recorrido por no se sabe qué espacio, es difícil saber qué ha construido el lector, cómo se llama, cómo se clasifica su trabajo. Es posible que haya que redefinir las categorías intelectuales y los dispositivos técnicos que permiten percibir y diseñar ciertos textos electrónicos como 'libros' o como artículos. Para Chartier, se trata de reconstituir un orden en la textualidad electrónica que permita distinguir y clasificar los discursos según géneros y usos, y según su grado de cientificidad y autoridad. Se trata, también, de reaccionar contra quienes vierten a la red toda clase de textos, sin adecuarlos a la nueva modalidad de transmisión, sin someterlos a ninguna clase de edición o corrección; de ahí la necesidad del editor electrónico, que además de conocer a fondo las posibilidades de sus medios, debe conocer, también, algunas de las claves de la edición de textos (incluso de la preparación de textos para la imprenta), es decir, de filología.

El ciberespacio, el lugar virtual formado por el conjunto de las redes electrónicas de comunicación, ese continuo entrelazamiento de diálogos, noticias y voces, como si todos los textos de los hombres se desplegaran al instante y convergieran en el presente, parece que ha tenido consecuencias importantes para entender de otra manera diferente unos conceptos acrisolados por la tradición y que se daban como moneda corriente en los estudios literarios. El ciberespacio, dice Lévy, propone una pragmática de la comunicación distinta a la que se estableció con la escritura y nos conduce a una situación en la que la interconexión y el dinamismo en tiempo real de las memorias *on line* hacen compartir de nuevo el mismo contexto, "el mismo inmenso hipertexto viviente a quienes participan en la comunicación" (Lévy: 1998, 23).

"Hipertexto" es un término acuñado por Theodor H. Nelson que se refiere al conjunto de texto y de contenidos multimedia y que propone una lectura no secuencial, es decir, que no está creada para ser leída empezando por el principio y acabando por el final, sino que utiliza enlaces para conectarse con otros textos. En el hipertexto, palabras o frases se asocian con información de otros documentos, con lo que se salvan las limitaciones impuestas por el texto impreso. La información que ofrece el hipertexto se almacena en forma de códigos electrónicos, no de marcas físicas sobre una superficie física. Con la escritura y la imprenta, la tecnología creaba y luego propagaba unos registros verbales estáticos y permanentes. El hipertexto nos proporciona textos electrónicos, no físicos, y este paso de la tinta al código electrónico ofrece unas posibilidades excepcionales.

9.8.4. Internet

A finales de la Segunda Guerra Mundial Vannevar Bush escribió un ensayo que ha tenido justa fama. Como ha destacado José Antonio Millán (2001), no deja de ser sintomático que tras semejante catástrofe, un científico se plantease cómo volver a pensar y cómo acceder a la información en un mundo destruido. Ya en 1935 Ortega y Gasset llamaba la atención sobre las enormes dificultades para organizar la gran cantidad de libros editados y consideraba trascendental la misión del bibliotecario (en *O.C.*, V, pp. 207-34). Vannevar Bush, que no conocía el ensayo de Ortega y que partía de presupuestos completamente distintos, estaba preocupado por el escaso eco que tenían las ideas de los investigadores, que se perdían en un mare mágnum de investigaciones intrascendentes. Bush se sentía inquieto ante la enorme cantidad de publicaciones:

"Hay una enorme montaña de investigaciones científicas que no para de crecer, pero, paradójicamente, cada vez está más claro que hoy en día nos estamos quedando atrás debido a nuestra creciente especialización. El investigador se encuentra abrumado por los descubrimientos y las conclusiones de miles de compañeros, hasta el punto de no disponer de tiempo para aprehender, y mucho menos de recordar, sus diferentes conclusiones a medida que van viendo la luz. Sin embargo, podemos afirmar también que la especialización resulta cada vez más necesaria para el progreso y que, como consecuencia, el esfuerzo de construir puentes entre las distintas disciplinas resulta cada vez más superficial." (Vannevar Bush: 2001, 21 [1945])

Bush apuntaba en la dirección de lo que luego fue Internet, es decir, el conjunto de ordenadores o servidores conectados a una red de redes mundial. Todavía no sabemos muy bien qué supone la *World Wide Web*. Se trata de un lugar virtual en el que cualquiera -aunque como precisa José Antonio Millán, sobre todo cualquier varón occidental de clase media o superior- puede publicar cualquier cosa sobre cualquier tema y, al hilo de lo que decimos ahora, consultar cualquier información. La red es un objeto nuevo que coincide parcialmente con otros del pasado, como las viejas bibliotecas, los archivos, los zocos o las sentinas, "pero *no* es ninguno de estos" (Millán: 2001, 9). Lo cierto es que la red podrá ser, entre otras cosas, una biblioteca, un fondo de información que ha superado todas las predicciones y necesidades que expresaba Vannevar Bush. Las posibilidades que ofrecen los medios electrónicos han dejado obsoletos, por su infinita mayor capacidad y por su bajo costo, los viejos catálogos de fichas, hasta el punto que: "sería irresponsable para una biblioteca importante, mantener un catálogo tradicional de fichas" (O'Donnell: 2000, 73). Los potentes buscadores, la extraordinaria capacidad para almacenar datos, las enormes posibilidades de indagar en toda clase de catálogos, han eliminado la paciente búsqueda en los ficheros. Para este profesor de estudios clásicos, Internet ha llegado a ser ya un tipo de biblioteca alternativa, pero no tiene del todo las cualidades que hacían valiosas a las buenas bibliotecas tradicionales. Al no haber filtro se incluye lo que se desea, pero nunca se sabe qué es lo que falta. Como dice Millán: "Si la web es una gigantesca biblioteca desordenada y atroz, habrá que disponer bibliotecarios que ordenen el acceso a sus estantes" (2001, 8).

9.8.5. El editor electrónico

La revolución de la tecnología, la crisis económica y el florecimiento de movimientos culturales y sociales coincidieron a finales de los años sesenta, y afectaron a la sociedad en su conjunto. La interacción de estos procesos creó un nuevo modelo que Castells (1998) denomina "la sociedad red, la economía informacional

/ global y la cultura de la virtualidad real".[212] La revolución de la tecnología ha convertido a la información en el cimiento material de la nueva sociedad, ha permitido la creación de nuevos códigos culturales y favorecido la de procesos de reestructuración económica. Esta constelación de cambios ha afectado también, como no podía ser menos, a los estudios literarios. La simple enumeración de las posibilidades que ha abierto la informática llenaría muchas páginas de este libro. Baste decir que hoy no sería posible disponer de concordancias, de bases de datos, análisis apoyados en frecuencias y un largo etcétera, sin el concurso de los ordenadores. Sin embargo, no todos los que se dedican a los estudios literarios han admitido de buena gana que se conviertan en instrumento esencial (cuando no guía) de su trabajo. Muchos contemplan con temor los triunfantes términos informáticos y no pocos consideran que parecen creados para técnicos o ingenieros, pero que nada tienen que ver con el estudio de la literatura. No se han despreciado las ventajas de los procesadores de texto y las posibilidades de la edición y autoedición, pero muchos sienten prevención ante estas nuevas prácticas. Considero, sin embargo, que los filólogos tienen mucho que decir acerca de las nuevas posibilidades de edición, pueden aclarar el alcance de los términos y conceptos que se han impuesto y perfeccionar sus aplicaciones.

Durante mucho tiempo ha existido prevención, cuando no temor, a que los ordenadores hicieran el trabajo del humanista mejor que él mismo y que lo acabaran sustituyendo. María Morrás apreciaba una fractura entre dos universos filológicos: uno que ella llama filología 'artesanal', caracterizado por aquellos editores de textos que sólo usan el ordenador en las últimas fases de preparación del texto, y otro que sería el de la filología 'informática', representado por aquellos que trabajan desde el principio con el concurso de la tecnología, y que –al menos algunos– han llegado a proclamar el fin de las ediciones críticas. No falta la inevitable postura ecléctica, que propone la síntesis entre el sistema artesanal y el informático. Esta tercera vía siempre está presente en los estudios literarios de cualquier especie, orientación y época, y no suele conducir a nada medianamente creativo.

Personalmente, no creo que los cambios que han traído consigo los avances informáticos vayan a provocar el seísmo anunciado por los gurús de la inteligencia artificial, ni creo que vaya a producirse ninguna ruptura epistemológica, tal y como anuncian los visionarios de la nueva etapa hipertextual. Suscribo la opinión de María Morrás, que es una filóloga experta en las antiguas y las nuevas maneras de editar:

"En una comunidad académica como la filológica, en la que el conocimiento se edifica sobre los cimientos de lo anterior y la historia de la disciplina es objeto de aprecio, el

---

[212] "La revolución de la tecnología, la reestructuración de la economía y la crítica de la cultura convergieron hacia una redefinición histórica de las relaciones de producción, poder y experiencia sobre las que se basan las sociedades." (1998, 119)

tono visionario y apocalíptico que caracteriza buena parte de los trabajos que versan sobre la aplicación de la informática a los estudios textuales es uno de los motivos que
explica que muchos estudiosos vacilen entre la incredulidad y el horror ante las transformaciones que anuncian." (Morrás: 1999, 199)

Frente a todos aquellos que ven a la filología anclada en los saberes del siglo
XIX, cabe decir que los filólogos tienen mucho que decir ante la edición electrónica de textos. En definitiva, serán ellos quienes mejor podrán determinar qué procedimientos deben automatizarse o qué tipo de ediciones pueden realizarse en el
entorno del hipertexto. Todavía no se ha profundizado en las implicaciones metodológicas que se derivan de la relación entre informática y crítica textual, pero ya
sbemos que la incidencia ha sido muy importante:

"La aplicación de la informática a los estudios filológicos recorre caminos paralelos a
ciertos cambios metodológicos y teóricos que están teniendo lugar en la crítica textual.
En el plano de la filología, editores y teóricos de la edición han imaginado posibilidades
que sólo pueden adquirir realidad mediante el uso de medios electrónicos y, a su vez, la
informática ha llevado a cuestionarse de un modo renovado las características de una
edición crítica y las maneras de abordar su estudio. El fenómeno afecta a las dos corrientes principales que dominan hoy el pensamiento teórico en la edición filológica."
(Morrás: 1999, 191)

Los medios electrónicos están brindando herramientas de trabajo de enorme
valor a los filólogos interesados en la edición de textos. La parte mecánica de cotejo de variantes tiene un aliado en la informática, que puede realizar este trabajo
con mayor fiabilidad que el hombre, pero resulta también útil en otros terrenos. La
aspiración de ver publicados todos los testimonios de los que consta la transmisión
de una obra literaria podrá verse satisfecha. Se trata de una tarea ingente que exige
un desembolso económico que ninguna entidad podía sufragar y que hoy no parece
asequible. El formato hipertextual permite, además, el acceso a una multiplicidad
de textos que las ediciones impresas no podían ofrecer. No es extraño que los partidarios de abolir las ediciones críticas y evitar las sangrías de 'Monsieur Procuste
philologue' vieran en el hipertexto la encarnación informática de sus posturas teóricas. Una vez que se descubría el medio para presentar múltiples textos de una misma obra, la edición crítica parecía innecesaria. Sin embargo, y como ha señalado
Morrás, la realidad que se está imponiendo en los proyectos es bien diferente y, una
vez más, los visionarios de la informática tienen que dejar paso a lo que se puede y
se debe hacer, y no a las fantasmagorías, que también las hay, de la tecnología. No
faltan las opiniones de quienes consideran que la informática revolucionará incluso
la lectura, y que no se leerán obras de manera seguida o continua, sino que navega-
remos por los originales con unas velas muy distintas de las que nos permitían leer
sólo un original. Mientras estos agoreros se tranquilizan, conviene seguir pensando

que aquí y ahora seguimos necesitando textos que puedan leerse, y que siempre hará falta la intervención de un editor que ofrezca a los lectores un texto. Hace falta un criterio de edición, y los filólogos que conocen el oficio tienen mucho que aportar. Por lo demás, es indiscutible que el formato electrónico ha abierto nuevas posibilidades a la edición crítica, a la que acompaña con numerosos materiales que la complementan, como reproducciones facsímilares y transcripción completa de todos los testimonios de la obra en cuestión (programas de concordancia, diccionario, imágenes, música, etc.). El ideal sería integrar todos esos elementos en un conjunto de textos y programas conectados entre sí, porque nos hallaríamos ante una auténtica biblioteca portátil, formado por una constelación de materiales. (Morrás: 1999, 194)

9.8.6. Las aulas virtuales

Pero la aparición e invasión de las nuevas tecnologías no sólo afectan al trabajo de edición, sino que ofrece posibilidades insospechadas a la docencia y ha permitido que materias de las que se ocupaba la vieja filología, como el provenzal o el catalán medieval, subsistan. Faulhaber señala que la enseñanza de lenguas antiguas y medievales está en peligro de desaparecer de los estudios, entre otras razones porque el número de alumnos interesados en estas materias ha descendido de manera alarmante. Las nuevas tecnologías permiten impartir seminarios por Internet sobre el occitano o sobre Cicerón, y permite que se beneficien estudiantes de todo el mundo. Las ventajas son para todos.

Durante siglos, la universidad ha sido un mundo en miniatura que ofrecía la totalidad del conocimiento en un determinado lugar. Cada disciplina estaba representada por un catedrático, que era la suprema autoridad local en su materia. Esta concepción se ha perdido hace ya años, pero la estructura de nuestras instituciones de estudios superiores todavía refleja ese origen.[213] No dudo que el antiguo modelo, el de las clases presenciales que he vivido y en el las que he aprendido tantas cosas, puede tener algún futuro y ser útil. Perdurará si quedan estudiantes; el problema es que muchos profesores universitarios empiezan a no tener alumnos, y sin ellos, es difícil la clase presencial. La torpe y pesada administración universitaria, la vieja organización tan compartimentada y subdividida en especialidades y subespecialidades choca frontalmente con el *campus* virtual que nos ofrece el ciberespacio. Lo decía con toda claridad O'Donnell:

---

[213] "Si continuamos dedicándonos sólo a quienes llegan hasta nosotros y sólo a quienes se matriculan en nuestras asignaturas de créditos durante cuatro años, es razonable esperar que se encuentren otros caminos para tomar parte de nuestro negocio tradicional. Debemos usar nuestra imaginación para transformarnos y conseguir una mayor presencia virtual en la sociedad." (O'Donnell: 2000, 170)

"Nuestras disciplinas tradicionales nadan pesadamente bajo el agua, mientras nuestros campus son amplios y suelen estar divididos físicamente entre el espacio humanístico y el espacio científico. Un campus virtual no necesita respetar esas divisiones y puede hacer más fácil recorrer las distancias. (...) El ciberespacio ofrece una versión más flexible de la realidad institucional donde podríamos encontrar una manera de convertir ese trabajo en algo fundamental. Esa flexibilidad nos permite imaginar una realidad institucional en donde no haya que compartir el edificio como ocurre con muchos de nuestros campus existentes. Los departamentos tienen alineaciones disciplinarias útiles, pero no son la única manera de concebir las relaciones intelectuales de una facultad. Los decanos y rectores hablan pesarosamente de hacer las barreras departamentales menos impermeables y encontrar una organización más flexible, pero rara vez se aventuran muy lejos. El ciberespacio es el lugar donde gente cuyos despachos están a varios bloques de distancia puede decidirse a establecer nuevos vínculos en una universidad virtual paralela, experimentando con la viabilidad intelectual y pedagógica de nuevas afiliaciones (...)." (2000, 147)

El profesor Terceiro (1998) señalaba con toda la razón que la enseñanza no ha cambiado demasiado a lo largo de los siglos. Pero es innegable que la antigua relación del alumno con el profesor no será la misma si se realiza con medios virtuales y no en un aula. El material docente habrá de ser repensado y redefinido. Los futurólogos nos dicen que la escuela y la universidad pasarán a ser aulas virtuales en las que el educando se beneficiará de la libertad que el uso de los ordenadores ofrece a sus usuarios. Se aprenderá dónde y cuándo se desee. La Web y el *software* ofrecen un nuevo arsenal de herramientas que han empezado a dar sus primeros pasos.

9.8.7. Del vaporware al apocalipsis

Esta somera descripción del impacto de la informática en nuestros estudios sería aún más incompleta, si no recordara algunas de las críticas y de los temores que ha suscitado. Para algunos la tecnología ha reavivado sueños adormecidos del hombre occidental. Hay cierta fascinación fáustica en la perpetua carrera que permite crear máquinas cada vez más perfectas y capaces. Parece que tras este vértigo se esconde la promesa de que por el camino de las tecnologías del conocimiento pronto seremos omniscientes. Los ordenadores nos van a resolver casi todo, y, desde luego, van a resolver los problemas de la edición de textos. Los grandes fabricantes de ordenadores no cesan de deslumbrarnos con nuevas máquinas y no dejan de incitar a renovar los ordenadores (que siempre se quedan anticuados ante lo que se llama "última generación").[214] La propaganda anuncia que la informática

---

[214] "Al fondo mitológico de la era digital se le añaden unas estrategias de mercado que se apoyan en el progreso continuo, en esa clase de progreso que se supone tan obvio que no merece la pena detenerse

nos va a cambiar el mundo y va a permitir toda suerte de mejoras (incluso para la vieja filología) y sus cantos mantienen ilusionados a algunos críticos y filólogos. Se nos ha dicho que la autopista de la información estará completa muy pronto, que el mundo entero estará conectado y que esto cambiará *todo*. Es posible que sea así y que la próxima generación de occidentales vea un mundo nuevo, pero también es verdad que toda esta futurología cansa. Faulhaber (1991) era partidario de establecer una distinción tajante entre lo que existe hoy o que existirá a corto plazo y lo que queda como una meta. A partir de las palabras *hardware* y *software* se ha creado en inglés el término *vaporware*, es decir, esa mezcla entre ciencia ficción y productos que se anuncian y no aparecen, ese futuro que permitirá leer en pantallas de mayor nitidez que la mejor impresión en papel, y permitirá acceder en todas partes del mundo, a todos los textos y manuscritos de todas las obras literarias que, a su vez, estarán conectadas entre sí por enlaces, y que permitirá acceder a toda la bibliografía sobre una palabra, un tema, un personaje, la ascensión de los clíticos, la creación de una gramática definitiva...

No faltan en este abigarrado panorama de principios de milenio ciertas voces apocalípticas que ven en los ordenadores un peligro para la conservación del humanismo. Para algunos, mientras el ordenador, la gran máquina posmoderna, ha permanecido en el ámbito de la industria, los computadores parece que no han inquietado a los usuarios. Las cosas cambian cuando entran en el campo de la cultura y la creación, cuando comienzan a funcionar como prótesis no de nuestro cuerpo, sino de nuestra mente. En ese momento se produce un rechazo, una reacción a la tecnología como amenaza (Pérez Jiménez: 1998, 129) Algún gurú de la inteligencia artificial ha dicho que las máquinas nos suplantarán en un futuro próximo. Este terror a ser sustituidos por el computador se ha expresado muchas veces ya en estudios literarios.[215] González de Quirós (1998) decía atinadamente que casi

---

en evaluaciones para estar seguros de que vamos bien. Se trata, pues, de consumir al ritmo que las necesidades de la mitología tecnológica y del marketing nos requiera, con plena independencia de que puedan existir o no razones para ello" (González de Quirós: 1998, 153). "La actual devoción por la tecnología no es sino una forma de reanimar nuestra fe en el futuro. (...) La necesidad de novedad permanente para mantener el pálpito de las sociedades contemporáneas, que de otra forma languidecen en su propia decepción, ha convertido la tecnología en forma de vida" (Pérez Jiménez: 1998, 126).

[215] Véase lo que escribe Sola-Solé al frente de su meritoria edición de los *Sonetos fechos 'al itálico modo'* del Marqués de Santillana, a la que él llama "edición crítica, analítico-cuantitativa": "El presente estudio ha sido concebido como un intento de aplicar las nuevas técnicas de ordenación y cómputo a la literatura y, en particular, a la edición de textos. (...) No cabe duda que a algunos les sonará este intento a pura aberración humanística. Les parecerá una renuncia de los valores del espíritu en las garras de la fría máquina y del número impersonal. Dirán que es un abandono del humanismo y de la creación literaria a la malévola intrusión de los modernos ordenadores, con su mecánica rígida e implacable. Pero es indiscutible que, bien a pesar nuestro, no podemos ponernos de espaldas a una nueva técnica (...) No se crea, sin embargo, que la nueva técnica sea la panacea de los futuros estudios literarios y de edición de textos. Las máquinas tienen su lógica; pero el impulso inicial para poder aplicarla sólo del hombre viene y de lo

ninguna de las profecías optimistas o pesimistas sobre el desarrollo tecnológico se ha cumplido, pese a lo cual seguimos creyendo que es nuestra obligación actuar de modo coherente con el futuro que nos imaginan.

Por lo demás, el ordenador, Internet y los medios telemáticos que vengan a continuación, representan muy bien el mundo cambiante, instantáneo en el que vivimos. El fácil acceso a masas de información, la aparición del libro electrónico, las bases de datos, han sido relacionadas con la percepción de que la cultura libresca que hemos conocido está llegando a su fin. Si la imprenta satisfizo la idea de un saber humanístico presidido por la idea de universalidad de la verdad, parece que los nuevos tiempos, la nueva concepción de la ciencia, del texto, de la comunicación, son perfectamente acordes con la aparición y primeros desarrollos de la informática. Lo señalaba agudamente Diego Catalán:

> "La nueva técnica de almacenaje y reproducción siempre abierta a correcciones propia de los ordenadores electrónicos parece la adecuada a unos tiempos en que sólo interesa de forma provisional el estado actual de los conocimientos, ya que se prevé la necesidad de actualizarlos mañana." (Catalán: 1997, 197)

Otras voces toman una coloratura claramente apocalíptica. Para Steiner, la invasión de la informática va a tener consecuencias muy negativas en los estudios humanísticos. Los cambios serán drásticos y afectarán de manera irreversible a viejas maneras de comunicación sobre las que se edificó el humanismo:

> "La 'revolución electrónica' no respetará ninguna faceta del lenguaje, de la comunicación, de la memorización y el análisis de información (...). Esta revolución supera con mucho en su capacidad intrínseca de transformación y en sus consecuencias la del que supuso el perfeccionamiento de la imprenta. Los nuevos mundos del Web y del ciberespacio, del reconocimiento vocal mecanizado y de la realidad virtual –un Golem que se despierta lentamente a posibles pesadillas– afectarán de todas las maneras posibles al estatuto y la evolución semióticos del hombre." (Steiner: 1999, 157)

9.8.8. Una nueva imagen del mundo: los medios de comunicación

En el curso de estas páginas he recordado que la Historia, entendida como clave para comprender desde el sentido de las palabras y las obras literarias hasta el curso de la humanidad, ha sido puesta en entredicho. La gran Historia, que era clave para entenderlo todo, ha pasado a convertirse para algunos en un relato de poder utilizado ideológicamente para sojuzgar a los más débiles. Pero la imposibi-

---

que el hombre meta en sus fauces devoradoras (...)." Sola-Solé, J.M., ed., *Los sonetos 'al italico modo' del Marqués de Santillana. (Edición crítica, analítico cuantitativa)*, Barcelona, Puvill, s.a. 7-8.

lidad de entender la Historia como un curso unitario (y este es uno de los rasgos que permite pensar el final de la modernidad: existe una multitud de historias y no *La Historia* como entidad panabarcadora), no sólo surge de la crisis del pensamiento occidental, sino también por otras razones. Las nuevas tecnologías han tenido algo que ver en esta nueva valoración. Los medios de comunicación nos han presentado en pie de igualdad diferentes culturas y modos de organizar el mundo, que no responden a los modelos occidentales y a los valores de los "grandes relatos".

El profesor Castells recordaba cómo a lo largo de la historia, las culturas se han creado por personas que compartían espacio y tiempo, y de acuerdo con unas condiciones determinadas por las relaciones de producción y de poder. Estas configuraciones espacio - temporales han sido decisivas para el significado de cada cultura y para su evolución diferencial. A partir del momento en que se instaura lo que él llama "paradigma informacional", ha surgido una nueva cultura que ha sustituido la vieja noción de lugar por el "espacio de los flujos" y la vieja noción de tiempo ha sido aniquilada por el "tiempo atemporal" o por *la cultura de la virtualidad real*.[216] La tecnología, dice Castells, ha comprimido el tiempo en unos pocos instantes aleatorios, con lo cual la sociedad ha perdido el sentido de secuencia y la historia se ha *deshistorizado*. Los valores dominantes de la sociedad han comenzado a organizarse en una nueva simultaneidad. Es posible que estos valores se construyan sin referencia al pasado, es decir, en el espacio atemporal de las redes informáticas y los medios de comunicación electrónicos, donde las expresiones son instantáneas:

> "Todas las expresiones de todos los tiempos y de todos los espacios se mezclan en el mismo hipertexto, reordenado de forma constante y comunicado en todo momento y lugar, dependiendo de los intereses de los emisores y del humor de los receptores. Esta virtualidad es nuestra realidad, porque es dentro de la estructura de nuestros sistemas simbólicos atemporales y sin lugar donde construimos las categorías y evocamos las imágenes que determinan la conducta, inducen la política, nutren los sueños y alimentan las pesadillas (...)" (Castells: 1999, 402)

Para Vattimo y otros pensadores de la posmodernidad, los medios se han convertido en componentes de una explosión y multiplicación generalizada de visiones del mundo. Gracias a ellos, minorías de todo tipo han dejado oír su voz y han conseguido un espacio al que no tenían acceso antes. Esta multiplicación vertiginosa de la comunicación constituye un efecto evidente del poder de los medios, y del trán-

---

[216] "Por virtualidad real entiendo un sistema en el que la propia realidad (es decir, la existencia material / simbólica de la gente) está plenamente inmersa en un escenario de imágenes virtuales, en un mundo de representación (...) La base material que explica por qué la virtualidad real es capaz de apoderarse de la imaginación y los sistemas de representación de la gente es su existencia en el espacio de los flujos y el tiempo atemporal." (Castells: 1999, 402)

sito a la posmodernidad. La consecuencia es que Occidente vive una pluralización que parece irrefrenable y que hace difícil concebir el mundo y la historia a partir de puntos de vista unitarios (Vattimo: 1990, 80). Frente a la vieja racionalidad central de la historia, el mundo de la comunicación generalizada estalla en una multiplicidad de minorías antes silenciadas por la idea de que había una única forma verdadera de organizar el mundo. A primera vista, los grandes medios de comunicación cumplirían el viejo sueño de los ilustrados, porque la cultura puede llegar a todas partes. En teoría, nunca ha habido tantas facilidades para la educación. Pero la sociedad conformada por los nuevos medios no es más instruida en el sentido que daban a este término los filósofos ilustrados. No creo que nadie sostenga que el ciudadano occidental sea un ignorante o que carezca de información. En Europa, recuerda Finkielkraut, el patrimonio espiritual de la Humanidad está íntegramente disponible en libros de bolsillo, CD-Rom o Internet. Ya no existe obstáculo material para la difusión de las Luces. Sin embargo, en el momento en el que la técnica permite un acceso universal a los saberes, "la lógica del consumo destruye la cultura. La palabra persiste pero vaciada de cualquier idea de formación, de apertura al mundo y de cuidado del alma" (Finkielkraut: 1987, 128). Steiner ha recordado en alguno de sus ensayos cómo la presentación periodística crea una "temporalidad de una instantaneidad igualadora. Todas las cosas tienen más o menos la misma importancia; todas son sólo diarias" (Steiner: 1991, 41). Para Vattimo la realidad que construimos es el resultado del entrecruzamiento y multiplicación de imágenes, interpretaciones y reconstrucciones que compiten entre sí, sin una coordinación central.

Sociólogos, economistas, comunicólogos, filósofos e intelectuales de toda especie se han aplicado a intentar explicar la nueva sociedad que está surgiendo en Occidente. Los estudios literarios son una parte muy pequeña de sus preocupaciones, pero es indudable que también se han visto afectados por la revolución informática que parece que ya está actuando en nuestra manera de comprender el mundo, las lenguas y la literatura. La reflexión todavía está empezando.

10.

LA POLITIZACIÓN DE LOS ESTUDIOS LITERARIOS

10.1. Filología y política

Hace unos años formé parte de una comisión encargada de juzgar el *currículum vitae* de los aspirantes a una plaza de profesor. Recuerdo que uno de los miembros solía comentar en voz alta la documentación que presentaban los candidatos. En más de una ocasión repitió que *tal* aspirante hacía "filología de derechas". Cuando terminamos de revisar los expedientes, pedí al colega que me explicase el significado de esa expresión, y él lanzó una soflama, que luego he escuchado más veces, acerca de planteamientos obsoletos, reaccionarios y no científicos del estudio de la literatura. Para él, la discusión acerca del estado de la lengua que nos presenta un manuscrito, las consideraciones sobre la puntuación de un texto o la investigación acerca de las fuentes que manejaba tal autor, era una práctica anticuada que representaba un pensamiento de derechas. Frente a tanta obsolescencia opuso un estudio científico, moderno y actual de la literatura. Yo siempre he pensado, por el contrario, que resulta formativo que un estudiante universitario de literatura conozca las técnicas de la vieja filología. Es un aprendizaje que conviene completar cuando se es joven, porque no es frecuente que una vez que alguien se familiariza con las modernas técnicas de análisis se forme después en la práctica de la filología. Sin embargo, es corriente que los filólogos ya formados se interesen por la semiótica o la pragmática (pienso en Cesare Segre).

No he olvidado la expresión "filología de derechas", filología reaccionaria y anticuada, porque, como he dicho, la he escuchado después varias veces. Confieso que me parece una expresión poco afortunada, porque presupone que hay "filología de izquierdas" y, supongo, que también de centro e incluso una filología de la tercera vía. De mayor enjundia me parece la reflexión acerca de las conexiones evidentes que mantiene todo trabajo intelectual con la sociedad en la que surge. La filología no es un arte que se hace desde el espacio, sino una actividad profundamente humana e incardinada en su época.

Nuestra disciplina se instaló, desde sus orígenes, en el centro de la mentalidad europea. Filología, literaturas nacionales, tradición y estudio del pasado a través de los textos, son nociones casi hermanas. Con semejante planteamiento era imposible que en el seno de la filología no bulleran puntos de vista dispares, pero la cierto es que la unidad tardó mucho en romperse. Para el maestro Aurelio Roncaglia habría sido un error que la filología restringiera y desmembrara su campo, porque debía ofrecer una visión unitaria de todo el mundo europeo occidental y recordaba que fueron dos autores alemanes (Curtius y Auerbach) quienes enfatizaron esta vocación de la filología románica. El desarrollo de las literaturas nacionales no representó la fractura de la unidad que representaban la lengua y la literatura latinas sino que dio al territorio que llamamos Romania una cohesión diferente. La épica feudal y el *roman* arturiano, dice Roncaglia, han perdurado en los nuevos mitos cinematográficos:

"Estaríamos tentados de decir, invirtiendo las tesis de los románticos, que la filología ha descubierto no los orígenes populares de las literaturas nacionales, sino los orígenes literarios del pueblo europeo, entendido como unidad de espíritu que trasciende no sólo la aldea y la parroquia, sino también la región y la nación. Y, en realidad, bien puede decirse que, después de la unificación religiosa promovida por la Iglesia de Roma, el pueblo europeo ha recibido una segunda unificación ético-sentimental por obra de la literatura irradiada del medioevo de los países románicos, una 'unificación laica', no ligada a presupuestos confesionales o políticos, y por ello ha podido resistir a las guerras de religión y de nacionalidad. Pero si 'orígenes románicos' significa propiamente 'orígenes europeos', ¿por qué entonces la filología románica no debería extenderse, como es lógico, a filología europea?" (Roncaglia: 1956, 100).

La filología era una disciplina central en el contexto europeo, pero no todos han valorado de la misma manera su papel en la construcción de la imagen y del papel de Europa. Espero que el lector disculpe otra larga cita de otro maestro, Yacov Malkiel, en la que recuerda que no en todos los países se entendió de igual manera la dimensión de los estudios filológicos:

"Existe, al parecer de varios observadores, un lazo peligrosamente íntimo entre los métodos, modalidades y (por así decirlo) "estilos" de la investigación científica y el actual prestigio de ciertas culturas nacionales que han producido o fomentado tales actividades. Así, después de una centuria de esplendor intelectual y artístico sin par, Alemania, en dos ocasiones sucesivas, decepcionó gravemente la conciencia del mundo occidental. No presumo decidir aquí la espinosa cuestión de si el subsiguiente rechazo de la cultura alemana en varios países fue igualmente justificado en 1914 y en 1933. Pero, si se me permite aducir un ejemplo concreto, es un hecho demostrable y no mera opinión que en la América de 1917 el repudio arbitrario y violento de todos los valores culturales alemanes, sin excluir siquiera la música de sus grandes compositores del siglo XVIII, produjo un alud que terminó por sepultar los tiernos brotes de la filología románica, caprichosamente asociada con el imperialismo guillermino. De resultas presenciamos, allende el Atlántico, la paradoja de que la nueva filología y lingüística románicas, que ya comenzó a prorrumpir en las revistas y no tardará en cristalizar en libros, nada tiene que ver con el mundo de Pietsch, Lang y Ford. Así, estando relativamente libre de modelos centro-europeos, pudo adquirir la dosis de espontaneidad y atrevimiento imprescindibles en la búsqueda de caminos nuevos." (1964, 122)

He aquí expresado con total claridad uno de los argumentos que aparecerán en las siguientes páginas: el rechazo de la filología porque representa una forma de pensamiento relacionada con Europa. Europa ya no significa el ideal de sociedad avanzada, refinamiento intelectual, progreso social y avances científicos, sino la imposición de un modo de conocimiento, es decir, de una forma de poder. Foucault ha mostrado los engranajes según los cuales el saber y su transmisión mantienen una estrecha relación con el poder. La filología, como veremos enseguida, ha sido considerada como una forma de "imperialismo colonizador". Habrá que tratar esto más despacio, pero podemos avanzar ya que la filología ha dejado de ser el centro en los estudios literarios por razones epistemológicas (ha sido sustituida por otras formas de aproximación a los textos y a la cultura), pero también por razones políticas (ha sido considerada como una forma de "imperialismo cultural"). El gran Erich Auerbach consideraba en 1969 que la gran filología de Vossler, Curtius, Bezzola o Menéndez Pidal (herederos de Vico y de Herder) tocaba a su fin.[217] Pero el destino de la filología no ha sido muy distinto para el estructuralismo y todo cuanto viniera de Europa. El estructuralismo comenzó siendo una "actitud teórico-metodológica", pero enseguida provocó reacciones por las implicaciones ideológicas que despertaba, como las de Henri Lefebvre y la revista *Esprit*. El estructuralismo era, según Sartre, le *dernier barrage* que la burguesía iba a levantar contra Marx. Jean Danielou veía en el estructuralismo una repetición del espíritu científico, que ponía en peligro los valores de la tradición humanista y negaba los valores del espíritu.

Y es que ni la literatura, la filología o la teoría han sido inmunes a la crítica ideológica. Pero este hecho no es privativo del siglo XX, porque el pensamiento y su difusión nunca han sido una actividad neutra en la historia. Permítaseme recordar, como simple botón de muestra, que la aparición de la imprenta –que es un hecho importantísimo en la tradición occidental, porque permitió una difusión sin precedentes de textos de todas clases– inquietó a los gobernantes y a los censores de la moralidad. Uno de los géneros literarios más beneficiados de su desarrollo fueron las novelas de caballería, que no resultaron precisamente del agrado de algunos moralistas. No todo el teatro invitaba a las buenas costumbres ni ofrecía una imagen conveniente del decoro, y podría extenderme recordando la persecución del

---

[217] "La civilización europea está cerca del límite de su existencia." (Auerbach: 1969, 10)

erasmismo, las traducciones de textos bíblicos y un inacabable etcétera. El sentido
de la codificación de leyes literarias, la instauración de censores y del *Index libro-*
rum prohibitorum son episodios bien conocidos por los historiadores. Tampoco la
crítica y la teoría literarias han salido muy bien paradas. Recuérdese el violento
final de la reflexión formalista. Como decía Todorov: "La literatura y la crítica no
encuentran, con toda evidencia, un fin en sí mismas: de otro modo, el Estado no se
hubiera molestado en reglamentarlas" (1991, 33).

10.2. *Imperialismo da filologia*

La gran filóloga portuguesa Elsa Gonçalves ha narrado la impresión que le
produjo leer ciertas consideraciones acerca del "imperialismo de la filología" y de
su carácter dogmático. Gonçalves estaba preparando *a bagagem mental* para un
próximo *encontro* con colegas brasileños y hojeó algunas actas de congresos anteriores de ese foro. Su sorpresa fue grande cuando leyó la presentación del coordi-
nador de una mesa redonda titulada: "Aspectos ideológicos da prática e do ensino
da filologia", donde encontró algunas frases que la sobresaltaron: "É (...) raro que
filólogos militantes falem do que fazem ou ensinam sem, de uma forma ou de ou-
tra, introduzir o habitual encômio à filologia" (*Apud* Gonçalves: 1995, 36).

La profesora Gonçalves se calmó pensando que ella no pertenecía a esa casta
de filólogos militantes y justificando que su trabajo se limitaba a exponer algunas
conclusiones derivadas de un quehacer circunscrito a una parte de la literatura medieval portuguesa. Pero la inquietud venía de lejos, porque no era el primer testimonio de esta clase que conocía:

> "Recordo ter lido algo semelhante (o tom era, porém, muito mais polémico - diria mes-
> mo demolidor) numa tese de doutoramento intitulada *Sátira Galego-Portuguesa: Tex-*
> *tos, Contextos, Metatextos*, onde surgem expressões do tipo 'imperialismo [da filolo-
> gia]', 'dogmática filológica' e onde se fala da '*filologia que conta textos*' ou que se
> preocupa com a 'compreensão miudinha do texto, em que son sentidos de todas as pa-
> lavras, uma por uma consideradas, fariam as vezes de fatos, sendo a compreensao glo-
> bal o resultado de uma generalização alcançada a partir deles.'" (Gonçalves: 1995, 36)

El testimonio que acabo de aducir no es el primero que acusaba a la filología
de *imperialismo* y de *carácter dogmático*. Hay infinidad de ensayos en los que
subyace la protesta contra el hecho de que la filología haya sido durante muchos
años el único modo de estudiar la literatura. Gramática, crítica textual e historia de
la literatura han sido, durante años, la expresión de los estudios literarios desde las
escuelas primarias a los departamentos universitarios en muchos países del mundo.
Las ideas que escandalizaron a Gonçalves provienen, a mi juicio, de transformaciones capitales en los estudios literarios: me refiero a su politización, al énfasis que se

ha puesto en el componente ideológico que la acompaña y nutre, y al tiempo, al rechazo a un modo europeo, occidental, de estudiar la literatura. Se trata de un proceso muy complejo, que no puede explicarse apelando solamente a razones centradas en los estudios literarios, sino que depende de los cambios que ha experimentado la sociedad en su conjunto.

10.3. La hora de Europa: cultura y dominio

El proyecto que nace con la Ilustración descansa en el optimismo del progreso, en el sentido seguro de la historia. Los descubrimientos geográficos, las grandes creaciones de los filósofos y los primeros éxitos científico-técnicos hicieron que la razón se sintiera liberada de antiguos lastres y despertara una confianza extraordinaria en sus capacidades. Uno de los libros que mejor expresan la confianza en la razón, es *Was ist Auklärung* (*¿Qué es la Ilustración?*) de Kant. La razón se presenta aquí como una facultad liberadora de la condición humana, como una fuerza capaz de transformar lo real. Este optimismo permitió a Occidente un recorrido lleno de luces y sombras. La Ilustración consideraba la historia del hombre como un proceso tras el cual se alcanzaría el *hombre ideal*, expresión que encontraremos en textos canónicos como *La educación del género humano* de Lessing (1780). Los filósofos de la Ilustración formularon una comprensión del mundo inspirada en unas leyes universales y una idea del progreso moral, que el siglo XX se encargó de demoler. La gran cultura europea que floreció en el siglo XIX intentó colonizar el mundo en nombre de la razón (o de su razón) para fundamentar el orden social. La ciencia, el progreso técnico y el refinamiento de costumbres se convirtieron en un modelo de civilización, en un logro universal. Armados con esta certidumbre, los europeos emprendieron a finales del siglo XIX su obra de colonización. Se trataba de hacer ingresar a los pueblos menos evolucionados en la órbita de su universo.

Para Hegel, la superioridad de Europa era clara, tal y como escribe en las *Lecciones sobre la Filosofía de la Historia Universal*; el mundo ya había sido explorado suficientemente y lo que todavía no habían dominado es que no merecía la pena o no estaba destinado a ser colonizado. A partir de Hegel, la historia universal quedaba articulada y esencialmente subordinada por el destino concreto de Europa. En los días del filósofo alemán, la preeminencia de Europa consistía, nada menos, que en haber dado realidad histórica al reinado de la razón. No de un modo muy distinto, decía Augusto Comte que la atención del historiador debía concentrarse en la evolución histórica de las élites o las vanguardias de la humanidad, que estaban representadas por los pueblos de la Europa occidental. Europa había alcanzado tal cumbre, que las historias de los distintos pueblos de la tierra se rendían a sus pies.[218]

El siglo XIX fue sin duda el siglo de la cultura europea. La *modernidad, Occidente*, o lo que es lo mismo, *Europa*, se sintió a sí misma como modelo de cultura y de civilización y sus *valores* se expandieron sin cesar. Es posible que la racionalización creciente de la modernidad, objetivada en la especialización científica y la diferenciación técnica (en palabras de Weber) fueran un motor esencial en todo este proceso, lo que es cierto es que "el proyecto Europa", ha sido siempre más expansivo que cualquier otro. Los europeos, dice Férénc Féher, no sólo creyeron que su cultura era superior a las otras, sino que la cultura europea era, en sí misma, medida de la verdad a la que no todos los pueblos habían llegado todavía (1988,11).

La cultura occidental se desarrolló a partir de la idea de que su legado era lo mejor que se había dicho y pensado a lo largo de la historia, mientras que las creaciones de otras razas y países tenían un carácter inferior. Por más que Oriente deslumbrara a algunos pensadores y escritores europeos, nunca existió un sentimiento de paridad. Aunque los antropólogos se han cansado de decir que en ningún caso puede demostrarse la superioridad de una cultura sobre otra, lo cierto es que la cultura europea ha sido dominante, y al imponerse e inculcar sus valores, ha traído consigo el desarraigo de muchas maneras de practicar costumbres y creencias, de sentir y practicar el arte. Este doble proceso se ha producido en distintos ámbitos, pero, según se ha denunciado numerosas veces, ha sido fundamentalmente en la escuela donde más se ha desarrollado.

El credo en una progresión que parecía ser ilimitada es característico de los europeos en un momento de su historia. Durante este tiempo se llevó a cabo el proyecto de modernidad. Pero las grandes promesas del siglo XVIII, el progreso del conocimiento, la poderosa tecnología, encerraban riesgos que fueron denunciados. Es muy sintomático que el siglo XX empiece con la narrativa de la decadencia de Occidente, como recordaba Agnes Heller. Al margen de las interpretaciones históricas cargadas de sentido profético, las experiencias europeas de las dos grandes guerras agudizaron la crisis y sacaron a la superficie problemas que habían estado latentes.

---

[218] La idea de que Europa es el gran centro creador de ideas y de progreso está en la base de algunos filólogos europeos. María Rosa Lida de Malkiel creyó ver esta noción en *LEEML*: "Curtius aspira a superar la fragmentación de la historia cultural en nacionalidades y períodos, pero la ganancia no es grande: la barrera, aunque algo más holgada, persiste en principio, pues se rechaza para el presente y el futuro, no ya el arte viejo del Asia y el nuevo de América, sino también la literatura europea que no cae dentro del perímetro de la Europa occidental caprichosamente recordado por Curtius; (...) 'extra Occidens nulla salus', viene a concluir Curtius con medieval dogmatismo" (1975, 300).

10.4. La mala conciencia europea. Nuevos caminos

Al acabar la Segunda Guerra Mundial se quiso constituir un organismo mundial (la futura UNESCO), que congregó en Londres a pensadores e intelectuales cuyo objetivo era, según Torres Bodet, abordar en la historia humana una era distinta de la que acababa de terminar (*Apud* Finkielkraut: 1987, 55). Al calor de aquella reunión se encargaron una serie de trabajos dirigidos a iluminar los nuevos caminos que debían abrirse en el terreno político y el cultural. Entre estos intelectuales figuraba Claude Lévi-Strauss. He mencionado ya en capítulos anteriores su decisiva aportación a los estudios antropológicos y literarios, pero me interesa recordar ahora otra vertiente de su pensamiento. Su prestigio en el campo de la cultura y sus aportaciones científicas no deben hacernos perder de vista sus críticas a la noción de progreso, al concepto de etnocentrismo, y el tono moral que se adivina en su desacuerdo con la todopoderosa Historia. En páginas anteriores he recordado el desencuentro de los estructuralistas con el concepto de historia y la exclusión de su planteamiento metodológico. Interesa destacar ahora el rechazo a la imagen histórica del progreso a partir de los valores occidentales como si fueran universalmente válidos.[219] Lévi-Strauss ha criticado a las sociedades modernas occidentales que saquean la naturaleza, explotan al hombre e "interiorizan la historia y la convierten en la fuerza motriz de su desarrollo". El rechazo del etnocentrismo por parte de Lévi-Strauss es anterior al choque con el marxismo y el existencialismo de Sartre y se remonta a los años cincuenta.

El asunto es que el antropólogo francés contestó a la invitación con un trabajo titulado "Race et histoire" (escrito en 1951), en el que alertaba sobre algunos de los errores que había cometido la civilización occidental y que, a su juicio, debían ser corregidos. Lévi-Strauss destacaba los demonios que encerraba la noción de *Raza*, a la que había que desposeer de cualquier valor sustantivo que permitiera valorar a nadie en ninguna escala.[220] Lévi-Strauss señalaba que las múltiples formas que ha

---

[219] "Yo no pretendo recusar la noción de progreso, ni poner en duda la importancia de las interpretaciones dinámicas. Pero no me parece que la pretensión de realizar solidariamente el estudio de los procesos y las estructuras proceda, al menos en antropología, de una filosofía ingenua (...); las estructuras sólo aparecen a la observación practicada desde fuera, y, en contrapartida, ésta no puede captar los procesos que se refieren a la manera particular en la que una temporalidad es vivida por el sujeto. Lo que equivale a decir que sólo existe proceso para el individuo implicado en su propio devenir histórico o, más exactamente, en el del grupo al que pertenece." (Lévi-Strauss: 1964, 44)

[220] *Race et histoire* es la contribución de Lévi-Strauss a la propuesta de la UNESCO. Muchos años después, el antropólogo francés escribió *Race et culture*. Ambas suponen un profundo alegato contra la supuesta superioridad de unas razas sobre otras y una crítica muy dura contra la actitud de Occidente: "La civilización occidental ha establecido sus soldados, sus factorías, sus plantaciones y sus misioneros en el mundo entero; ha intervenido directa o indirectamente en la vida de las poblaciones de color; ha cambiado de arriba a abajo su modo tradicional de existencia, bien imponiendo el suyo o instaurando condiciones que engendrarían el hundimiento de los cuadros existentes sin reemplazarlos por otra cosa. Los pueblos sojuzgados o desorganizados no podían más que aceptar las soluciones de reemplazo que se

tomado la humanidad en el tiempo y en el espacio no pueden ser clasificadas en un orden de perfección creciente, no son etapas de un desarrollo exclusivo que parten del mismo punto y convergen hacia el mismo objetivo. La meditación de Lévi-Strauss sobre las sociedades no europeas se resuelve en una crítica de las instituciones occidentales y esta reflexión culmina en la última parte de *Tristes tropiques*. Situar las comunidades en una escala de valores, de suerte que alguna se convierta en luz y faro que imponga su ruta a los demás, es científicamente inverificable y moralmente peligroso. Los antropólogos descubrieron la complejidad de las tradiciones de las culturas llamadas primitivas y demostraron la falsedad de tantos tópicos sin validez intelectual alguna. Del conjunto de significados de una cultura no pueden deducirse principios universales.[221] Si de lo que se trataba era de abrir un nuevo capítulo de la historia humana, Lévi-Strauss recordaba que la era de la que se intentaba salir estaba tan marcada por la guerra como por la colonización: la advertencia valía lo mismo para los delirios nazis de la pureza de las razas como para la megalomanía del progreso. Querer extender a los demás nuestra propia cultura es una forma de imponerse a otros. Finkielkraut ha resumido las consecuencias de esta nueva manera de vernos los europeos: el rey está desnudo y nosotros, europeos de la segunda mitad del siglo XX, no somos *la civilización* sino una cultura más, una variedad de lo humano, fugitiva y perecedera (Finkielkraut: 1987).

Este autor ha destacado (y comentado con ironía) el sentido que posee un documento que entregó el Colegio de Francia al presidente de la República francesa en 1985. Se trata de *Propositions sur l'enseignement de l'avenir* en el que se señalan los diez principios que debía suscribir una escuela moderna. El primero de ellos es la unidad de la ciencia y la pluralidad de las culturas:

"Una enseñanza armoniosa debe poder conciliar el universalismo inherente al pensamiento científico y el relativismo que enseñan las ciencias humanas atentas al pluralismo de los modos de vida, los saberes, y las sensibilidades culturales." (Finkielkraut: 1987, 100)

---

les ofrecía, o si no estaban dispuestos, esperar a unirse lo suficiente para estar en condiciones de combatirles en el mismo terreno" (1993, 77). "La historia de las civilizaciones muestra que, a través de los siglos, cada una pudo brillar con un resplandor particular. Pero no fue necesariamente en la línea de un desarrollo único y siempre orientado en el mismo sentido. Después de algunos años, Occidente se abre a la evidencia de que sus inmensas conquistas en ciertos dominios arrastraron pesadas contrapartidas; hasta tal punto que llega a preguntarse si los valores a los cuales ha debido renunciar para asegurarse el goce de otros no hubieran merecido ser más respetados" (1993, 115-16). *Race et histoire* se publicó en París en 1952 y después en el capítulo XVIII de *Anthropologie structurale deux*, Paris, Plon, 1973. Ambas pueden leerse en castellano en una traducción de 1993.

[221] Lévi-Strauss propone en alguno de sus libros "rechazar la equivalencia entre la noción de historia y la de humanidad, que pretenden imponernos con el objetivo no confesado de hacer de la historicidad el último refugio de un humanismo trascendental". *La Pensée sauvage*, Paris, Plon, 1962, 347.

Se trata de una opinión muy extendida. Las ciencias humanas, resume el ensayista francés, demuestran la peculiaridad de nuestro sistema simbólico. La cultura de prestigio, la alta cultura, ha pasado a entenderse como la expresión fragmentada de un ámbito más vasto que incluye el alimento, el vestido, el trabajo, los juegos, es decir, todos los hábitos aprendidos por el hombre como miembro de una sociedad. Una y otra vez escuchamos que "todo es cultura".[222] La identidad europea ya no constituye una misión ni un motivo de orgullo sino un sistema de vida y de pensamiento modestamente alineado al mismo nivel que los demás. La enseñanza del futuro, leemos en *Propositions*, quiere romper con la visión etnocéntrica de la Humanidad que ha convertido a Europa en el origen de los descubrimientos *verdaderamente* importantes y cuna de los grandes progresos.

Las múltiples voces étnicas surgidas con el final del colonialismo, el auge de los medios de comunicación, el fracaso de la razón y los cambios en la interpretación de la cultura han creado para el filósofo Gianni Vattimo una situación 'irreversiblemente pluralista'. Se trata de una transformación inapelable, de la que no hay vuelta atrás. El centro de la geografía se ha quebrantado de forma irrecuperable. Como dice Steiner:

"La imagen de la cultura occidental concebida como evidentemente superior, como encarnando casi la suma total de la fuerza intelectual y moral es o bien un absurdo teñido racialmente o bien una pieza de museo." (Steiner: 1992, 88)

La frase de Steiner resume de manera precisa una opinión muy extendida: la demonización de cualquier manifestación cultural europea. El argumento es que tal músico o tal intelectual europeo es interesante, pero las culturas marginadas también tienen, a su estilo, autores tan interesantes y, sobre todo, diferentes. Partiendo de esta idea se han producido descalificaciones absurdas. Por lo demás, no deja de ser revelador que el grueso de las críticas que se han realizado al proceder europeo procede de pensadores europeos. Desarrollo esta idea en un artículo que aparecerá en los próximos meses (Rubio Tovar: 2005).

10.5 La descentralización de los estudios literarios

"¿Cómo transformarse si se sigue empleando el lenguaje que ya utilizaba Platón? La esencia del problema no ha cambiado; quiero decir que el ti-

---

[222] La expresión es desafortunada y ha llevado a confundir el esfuerzo y la constancia que exige pintar un cuadro o componer música con testimonios triviales que merecen todo el respeto del mundo, pero que nada tienen que ver con la creación.

po de problema que suscitó la reflexión en la Atenas del siglo V antes de Cristo sigue siendo el mismo básicamente, porque nuestras estructuras lógicas no se han modificado. La cuestión es ésta: ¿Se puede hacer otra cosa, llegar a otra cosa? Más allá de la lógica, más allá de las categorías kantianas, más allá de todo el aparato intelectual de Occidente (...) ¿es posible un avance? ¿Llegaríamos a tocar un fondo más auténtico? Por supuesto, no lo sé. Pero creo que sí." Julio Cortázar, en Luis Harss, *Los nuestros*, Buenos Aires, Editorial Sudamericana, 1977, p. 228.

10.5.1. Discurso del saber, discurso del poder

Respeto profundamente el afán didáctico de muchos colegas que desean presentar de manera sencilla el nacimiento y desarrollo de las nuevas tendencias de análisis en los estudios literarios y comprendo sus tribulaciones a la hora de exponer cuanto ha sucedido en las últimas tres décadas. Hoy ya no parece viable dedicar uno, dos o tres capítulos a cada tendencia, como si fueran universos separados y no parece posible actualizar el libro añadiendo horizontalmente un nuevo capítulo con el último método aparecido. Creo que uno de los rasgos que define a las nuevas orientaciones es la dificultad para establecer fronteras claras entre ellas. Los estudios poscoloniales, la teoría literaria feminista, los enfoques lacanianos, los estudios culturales (*cultural studies*), el neohistoricismo o algunas orientaciones semióticas y pragmáticas no son una cosa y lo mismo, pero comparten contenidos y sus orientaciones se solapan a menudo. Un crítico poscolonial fundamentará su pensamiento en Derrida, en algunos autores marxistas, en Lyotard y Foucault; algunos críticos que se mueven en el ámbito de los *cultural studies* se inspiran en Gramsci, la semiótica y Clifford Geertz, un crítico feminista puede que parta de Lacan y Derrida, etcétera. Lo que quiero decir es que las síntesis, los cruces entre diferentes orientaciones, son el fundamento del quehacer de numerosos teóricos y de las orientaciones que acabo de enumerar.[223]

---

[223] "En el dominio de la crítica literaria, decía Aguiar e Silva, han confluido ya bajo el signo de la integración o del conflicto, dispares lenguajes y metalenguajes oriundos de múltiples cuadrantes y animados por antagónicos designios. Sociólogos y lingüistas, antropólogos y psicólogos se han ocupado con frecuencia de problemas literarios, transfiriendo a tal campo de estudios, en mayor o menor medida, métodos y terminología de sus disciplinas; muchos críticos literarios, atraídos por la boga de los contactos interdisciplinares o deseosos de hallar un apoyo que juzgan sólido para sus estudios, recurren igualmente a los procesos de análisis y al léxico característicos de otras disciplinas científicas. Tal confluencia de métodos, procedimientos y terminologías puede ser interpretada positivamente, como signo de la amplia –pudiéramos decir universal– semanticidad de la literatura; pero, considerada en otra perspectiva, puede ser legítimamente juzgada como perniciosa, por transformar los estudios literarios en una especie de tierra de nadie donde, so capa de exigencias y principios científicos, tienen libre curso varias formas de aventurerismo intelectual." (Aguiar e Silva: 1986, 460)

Si volvemos al capítulo primero, al planteamiento inicial de este ensayo, el lector recordará que me he ido refiriendo a la lenta disolución, superación y reformulación de algunos de los intereses de la filología. Pero para presentar una descripción aproximada de los cambios en los estudios literarios, no basta con recordar aquel referente, porque han surgido preocupaciones nuevas que no estaban en el primer horizonte. Hoy no resulta extraño que en los departamentos de lenguas modernas –muchos son ya de estudios culturales– se presenten trabajos o se ofrezcan disciplinas en las que la literatura no se estudia como antaño.[224] En los viejos y ya irreconocibles departamentos de filología, es fácil que se estudie la literatura en Internet, el cuerpo humano como texto o los *graffiti* antibritánicos en las vallas de Irlanda del Norte. Para muchos filólogos formados en las creencias de la *vieja diosa*, todos estos asuntos son puro disparate y motivo de grandísimo escándalo.[225] Uno puede alarmarse, indignarse, ironizar y puede, sobre todo, no estar de acuerdo con que los estudios literarios transiten estas veredas, pero es indudable que han empezado a hacerlo.

Desde luego, no es mi intención poner orden en este universo magmático y en perpetua expansión que ha desbordado aquellas antiguas preocupaciones de la filología y de los primeros estudios literarios. No creo que se deba poner orden y, en cualquier caso, no tengo capacidad para organizar tantos y tan variados saberes. Reconozco, de partida, que la presentación de contenidos que esbozo puede hacerse de otra manera. Mi única intención es mostrar como la variedad de problemas surgidos, el cruce de tendencias, e ideas han convertido los estudios literarios en un sorprendente campo de trabajo.

El lector que me haya seguido hasta aquí se habrá preguntado quizás las razones por las que aparecen consideraciones como las precedentes en este libro. El debate sobre la posmodernidad no parece que deba incluirse en un ensayo que reflexiona sobre los cambios en los estudios literarios. A mí me parece pertinente que se recuerde, porque las cuestiones no estrictamente literarias de las que se han ocupado los teóricos posmodernos, se han vuelto profundamente literarias. Desde mi punto de vista era esencial describir algunos rasgos de la sociedad y la cultura de mediados del siglo XX, porque el estudioso de la literatura escribe y piensa en un mundo que le condiciona. Sea en el campo de la teoría literaria, de la lingüística

---

[224] En la mayor parte de las universidades europeas, los antiguos estudios de filología enfocados a estudiar una o varias culturas que se expresan en un solo idioma, han sido sustituidos por los *cultural studies* y *european studies*, "que recogen el cruce precisamente no sólo entre diferentes lenguas y culturas sino entre diferentes disciplinas." (Morales Ladrón: 1999, 127)

[225] Aurelio Roncaglia ha tronado contra el antihistoricismo vigente: "Las nuevas generaciones se sienten atraídas por los análisis descriptivos: fenomenológicos y tipológicos, estructural-semióticos y psico-sociológicos. No faltan otros francamente antihistoricistas sumergidos en una atmósfera a la que llamaré de 'Último tango': cuando no interesa saber de dónde viene, a qué meta se dirige, cuáles son las motivaciones que animan al individuo-autor o al texto, sino experimentar su disponibilidad a cualquier ejercicio divertido, aunque sea esquemático" (Roncaglia: 1992, 11).

aplicada, de la informática o de la crítica textual, los hechos que nos ha tocado vivir desde los años sesenta hasta finales de siglo han influido marcadamente en cada una de estas disciplinas.

E. Coutinho ha explicado, y es sólo una pequeña muestra, el cambio de rumbo experimentado por la literatura comparada en Brasil y su análisis es paradigmático. Para este autor, la transformación más significativa tuvo lugar cuando esta disciplina dejó de ser un discurso cohesionado y unánime, con una fuerte tendencia universalizante, y se convirtió en un saber plural y descentrado, y consciente de las diferencias que identifican cada corpus literario implicado en la comparación. Coutinho señala cómo los comparatistas, que procedían en su mayoría del contexto euro - norteamericano, extendieron a otras literaturas los parámetros establecidos a partir de reflexiones nacidas del canon literario europeo.[226] La postura universalizante empezó a ser contestada, lo que aproximó cada vez más el comparatismo a cuestiones de identidad nacional y cultural. La crisis del progreso y la conciencia del fracaso del humanismo han traído consigo una crítica radical del discurso de la modernidad, que ha pasado a entenderse como una ideología, una forma de dominio de las naciones europeas sobre el resto del mundo. La crisis del colonialismo y del imperialismo y el desarrollo de los medios de comunicación nos han permitido conocer todo tipo de culturas y subculturas y ponerlas en pie de igualdad unas con otras. Vattimo considera este hecho fundamental, pues para él Occidente vive una pluralización irrefrenable que torna imposible concebir el mundo y la historia según puntos de vista unitarios (Vattimo: 1990). La historia o el progreso como discursos vertebradores han acabado un ciclo y la consecuencia ha sido la multiplicación de puntos de vista y el salto a primer plano de todas las minorías étnicas, sexuales y religiosas que habían sido silenciadas. Con ello termina la Historia, que será sustituida por incontables historias. Lo ha explicado claramente F. Féher:

> "En cierto momento llegó la hora de que los europeos se vieran obligados a cuestionarse el proyecto Europa en conjunto, cuando tuvieron que sacar a la luz la falsa pretensión de universalidad inherente en el 'particular europeo'. La campaña contra la etnocentricidad ha sido una importante campaña para la posmodernidad." (Féher: 1988, 11)

La síntesis entre antiguas disciplinas, la consideración de las literaturas postergadas, en definitiva, el nacimiento de nuevas sensibilidades, ha dejado una huella importante en los estudios literarios. La estrategia expositiva me invita a presentarlas divididas, pero, en realidad, no son compartimentos estancos. Creo que se ha producido una descentralización de la teoría literaria que ha provocado la coexistencia de una verdadera marea de tendencias que se alían unas con otras. El interés

---

[226] "Y por europeo, dice este autor, entiéndase el canon constituido básicamente por obras literarias de las potencias económicas del oeste del continente. El resultado inevitable fue la sobrevaloración de un sistema determinado y la identificación de este sistema con lo universal." (1997, 51)

de sus investigaciones no es divergente, pero el punto de vista desde el que se abordan no es único. Es el caso, por ejemplo, del concepto de *texto*, que ha sido definido por disciplinas diferentes y no debe entenderse desde un único punto de vista. La lingüística, la semiótica, la desconstrucción o la informática se ocupan de él. La síntesis entre aspectos de tendencias está a la orden del día.[227]

La literatura ya no es motivo de estudio de una única disciplina. De la literatura escrita por mujeres se preocupan la deconstrucción, el psicoanálisis, la teoría literaria feminista (que tiene que ver con las anteriores), los teóricos de la cultura poscolonial, etcétera. Los estudios sobre la *Queer theory* coinciden en el mismo departamento universitario con estudios sobre *The Beatles*, la aplicación de Bajtín a la narrativa de Rabelais o el concepto de cuerpo en Foucault. Estamos ante una constelación de temas e intereses que nada tienen que ver con la propuesta de estudios que ofrecía la vieja diosa. Por lo demás, la teoría literaria se ha vuelto autosuficiente y no necesita a veces de los textos para elaborar su propio discurso.

10.5.2. Entre disciplinas: el caso de Foucault

Estas orientaciones a que me vengo refiriendo han producido un cambio en la relación de la crítica con su antiguo objeto de estudio, han desarrollado nuevas formas ensayísticas que disuelven la línea divisoria entre las disciplinas académicas, incluso entre formas creativas y críticas, y han hecho emerger nuevos proyectos. ¿Cómo hay que considerar la obra de Foucault: en el campo de la filosofía, de la historia, de la teoría social, la ciencia política? Algunos críticos le exigieron títulos (¿es usted historiador, sociólogo?) por aventurarse en el terreno del conocimiento con la insolencia (y la dificultad) de *Les mots et les choses*. Al pensador francés le interesaba menos la *epistemología* (la perfección o el avance del conocimiento) que la *arqueología del saber* en el sentido que él le da. El *arqueólogo* indaga en ciertas condiciones históricas de las maneras (y el sentido) del conocimiento, lo que le permite estudiar relaciones perdidas o enterradas (o ninguneadas por el poder).

Entre 1926 y 1930 nacieron Foucault, Chomsky, Kolakowski, Kuhn, Habermas y Derrida. Ninguno de ellos ha sido, *sensu stricto*, un historiador ni teórico de la literatura, pero su pensamiento o el de sus discípulos (o las inevitables *aplicaciones*) sí ha afectado al contenido y a la concepción misma de los estudios literarios.

---

[227] "Hoy, a finales de los años noventa, son ya bien conocidos internacionalmente los vínculos que existen entre la Teoría de los Polisistemas, iniciada por Even-Zohar, la Semiótica de la Cultura de Lotman, los estudios sobre el *campo* literario de P. Bourdieu, la Teoría Empírica de S. Schmidt y la noción de *sistema* de N. Luhmann. De Tel Aviv a Tartu, pasando por París o Siegen, sus planteamientos teóricos han ido atravesando fronteras y creando importantes foros internacionales de discusión, a los que actualmente se están incorporando países como China y Taiwan." (Iglesias Santos: 1999, 9)

Es verdad que Foucault ha sido en alguna ocasión crítico de obras literarias, pero el grueso de su obra no está en esos trabajos esporádicos. Deleuze consideraba a Foucault el conquistador de una *terra incognita* en la que "una forma literaria, una proposición científica, una frase cotidiana o un absurdo esquizofrénico, son igualmente enunciados, a pesar de la ausencia de una medida común a todos".[228]

En la estela de Nietzsche (como casi cualquier pensador del siglo XX), Foucault ha reflexionado sobre el poder de quienes escriben y conciben los textos históricos, ha propuesto una concepción novedosa del valor oculto del saber y de su relación con las formas de poder y ha presentado algunas categorías (como las de *arqueología* o *discurso*) que han afectado a las humanidades. De particular interés para este ensayo es la noción de *discurso*, que no debe entenderse solamente como un conjunto de signos referido a una serie de representaciones. El discurso designa más bien el pensamiento como práctica social.[229] Foucault ha señalado la relación que une el poder -la capacidad que tienen algunas personas e instituciones para dirigir lo que otras deben hacer o creer- con las formas que toma el saber: la ciencia, la historia, la filosofía. El individuo no puede ir más allá del conocimiento que proponen los poderes sociales vigentes. El saber y la ciencia no son actividades neutras; el canon de obras establecidas no es un conjunto eterno que está más allá del tiempo, sino que es fruto de las ideas reinantes que, como decía Bertolt Brecht, coinciden con las ideas de los que reinan. El discurso del saber y su transmisión mantienen una clara relación con el poder. En toda sociedad, dice Foucault, la producción del discurso se selecciona y organiza según unos procedimientos que comprenden controles externos, reglas internas y la regulación del acceso al saber. Los controles prohíben y rechazan ciertas expresiones (no se debe hablar de todo y cualquiera no debe hablar de cualquier cosa: no se consiente que el discurso del loco circule como el del cuerdo) y oponen lo verdadero a lo falso. Si nos situamos en el interior de un discurso, la separación entre uno y otro no parece arbitraria o violenta. Pero si nos situamos en otra escala, dice Foucault, si nos planteamos la cuestión de saber cuál ha sido y cuál es, a través de nuestros discursos, la voluntad de verdad o cuál es el tipo de separación que rige nuestra voluntad de saber, entonces se dibuja, "un sistema de exclusión". La voluntad de verdad se apoya en soportes institucionales como la pedagogía o las sociedades de sabios y también en la forma en que se aplica ese saber. Las prohibiciones no tienen la misma forma, ni intervienen de la misma manera en el discurso literario y en el de la psiquiatría o en el del derecho. Pero siempre existe un tipo de control, para que sea posible el saber y su organización. No se darán por buenos estudios que destaquen el sentido de ciertas obras literarias, pues el saber oficial las interpreta de una manera y no tolera que saberes no autorizados o convenientes se divulguen en la cátedra. Las discipli-

---

[228] Deleuze, *Un Nouvel archiviste*, Paris, Fata Morgana, pp. 44-45.

[229] "Es necesario concebir el discurso," dice Foucault, "como una violencia que hacemos a las cosas, en todo caso como una práctica que les imponemos" (1987, 44).

nas reconocen proposiciones verdaderas y falsas, y señalan las condiciones para que puedan o no inscribirse en su ámbito. Junto al discurso como forma de poder y de control de los saberes, Foucault se ocupó del concepto de autor, sobre el que se ha construido el mito de la unidad de conciencia. El autor literario se ha convertido en un principio de agrupación del discurso, en unidad y origen de sus significaciones, en foco de coherencia. A los relatos se les exige que digan de dónde proceden y al autor se le pide que revele el sentido oculto que lo recorre.[230]

Me interesa destacar en definitiva (al hilo de la singular obra del pensador francés) cómo en los últimos treinta años los nuevos estudios literarios han invadido múltiples territorios. Esta expansión se ha producido en dos direcciones. Por un lado se han ido incorporando discursos de disciplinas que se consideraban ajenos no ya a la filología, sino a la crítica. Muchos investigadores que proceden de otras disciplinas y tendencias que nunca formaron parte de los viejos *currícula* académicos (psicoanálisis, feminismo), se han incorporado al análisis de la literatura. El movimiento se ha producido también en la otra dirección, porque críticos formados en el campo de los estudios literarios acuden a la psicología o a la filosofía para aprovechar sus armas y bagajes en sus trabajos. Con ello se han enriquecido los enfoques interdisciplinarios, los análisis de la cultura, del discurso o de la historia. Lo nuevo, explica Graciela Reyes, es que se descubren en la literatura:

> "Lógicas de expresión y convenciones discursivas que se consideran claves para comprender una serie de fenómenos culturales que no pertenecen al dominio de lo literario. En lugar de buscar en lo literario lo no literario (en el poema el conflicto psicológico del autor o en una novela histórica los hechos históricos), ahora se busca lo literario en lo que no es literario, o que, por lo menos, no es institucionalmente literario: los textos históricos, la actividad lingüística del paciente que se psicoanaliza, e incluso construcciones significativas no puramente lingüísticas, como sistemas de relaciones sociales, estructuras míticas, etc." (Reyes: 1989, 11)

La teoría, la crítica, aquel discurso necesario del que hablé en un capítulo anterior, ha abandonado los márgenes y se ha convertido en centro y guía esencial de los estudios en muchos departamentos universitarios. Desde la idea de texto plural de Barthes y sus incursiones en campos como la moda o los medios de comunicación, hasta la deconstrucción de las jerarquías, el logocentrismo, "la literatura ha ido perdiendo progresivamente su *status* tradicional para asimilarse a escritos considerados no-literarios" (Galván: 2000, 28). Se analiza a Derrida, Lacan o a Cixous como antes a Cervantes, Dante o Virgilio y a veces, si se lee a algunos autores, es

---

[230] "Se podría también considerar de qué manera la crítica y la historia literaria han constituido al personaje del autor y la figura de la obra, utilizando, modificando y desplazando los métodos de exégesis religiosa, de la crítica bíblica, de la hagiografía de las 'vidas' históricas o legendarias, de la autobiografía y de la memorias." (Foucault: 1987, 53)

como aplicación o como estrategia de lectura. Pero la literatura no siempre es objeto de atención prioritaria. Las relaciones jerárquicas y de privilegio no sólo se han deconstruido, sino que se han sustituido. Los teóricos citados son responsables del vuelco anticanónico que se ha producido en este campo:

> "La sustitución se ha producido con respecto a los *grandes maestros de la literatura universal* (blancos y muertos todos ellos), por escritores vivos pertenecientes a grupos étnicos, sexuales... minoritarios. En muchos centros superiores de Estados Unidos, por ejemplo, no se estudia ya a Homero o Virgilio, sino a un escritor chicano, afroamericano, asiático - americano, etc., afín al medio social en el que se inserta la universidad correspondiente." (Galván: 2000, 38)

10.5.3. El debate sobre el canon

Hasta no hace muchos años, la nómina de autores y obras que debían estudiarse estaba clara y era común, no ya para Occidente, sino para la mayor parte de los países en los que se cultivaban los estudios literarios. A ese conjunto de obras que expresaban adecuadamente (*id est*, con profundidad, estilo adecuado, perfecta construcción, etc.) los temas esenciales de la civilización (la civilización europea, que ha sido durante mucho tiempo la civilización por excelencia) se le ha llamado *canon* o *canon occidental*. En realidad, no debería hablarse de canon como de una lista eterna y estable, porque el canon también tiene historia (es decir, experimenta cambios), y en su seno ha habido ampliaciones, supresiones y revisiones continuas. Sin embargo, es innegable que han existido autores y obras cuya autoridad e influencia a lo largo de los años, cuya consideración como modelo y ejemplo digno de imitarse, ha sido indiscutible. La última discrepancia no ha sido una simple revisión de la nómina, sino una intensa sacudida que es necesario explicar acudiendo a varias razones.

El actual debate sobre tan grave materia sólo puede entenderse, en primer lugar, en el amplio contexto de la crisis de los sentidos tradicionales de la teoría y de la crítica, los cambios de sus modelos epistemológicos y la revisión de las categorías centrales de autor y texto. Para Pozuelo Yvancos, la discusión sobre el canon debe comprenderse partiendo de la base de que la teoría literaria ya no se mueve en aquel circuito de la comunicación formado por emisor, signo y receptor, puesto que:

> "lo que ha sometido a crisis es el circuito mismo, y no porque no se reconozca un emisor, un signo y un receptor, sino porque lo que ha sometido a desplazamiento del centro de su interés es la relación entre el circuito semiótico y los sujetos que lo estudian. La pregunta ya no es sobre el sentido o los sentidos de la obra literaria, en la dinámica de sus estratos comunicacionales, sino el lugar mismo de la teoría y cuáles son los papeles

históricos y sociológicos de los ejecutantes de la propia teoría. La pregunta dominante hoy en el panorama de la teoría literaria es ¿qué intervención tienen los sujetos (individuales pero sobre todo colectivos) en la construcción de una teoría? Por consiguiente: la teoría misma como nueva obra. La obra literaria se ve de ese modo como un intercambio y una dialéctica no sólo entre quienes la leen y los sentidos de esa lectura, sino entre los que la trabajan y la administran, guiando y operando en los procesos de selección tanto del corpus de textos como de sus interpretaciones plausible. De este cambio es un signo muy sintomático la centralidad y recuperación actual de una cuestión como la del canon." (Pozuelo: 2000, 20)

En el debate contemporáneo sobre el canon deben tenerse además en cuenta razones políticas e ideológicas. En la última o penúltima reformulación han ocupado un lugar destacado el multiculturalismo y el poscolonialismo (y algún estudioso incluye también las revueltas estudiantiles de los años sesenta). Los ataques al canon tradicional significan mucho más que una discusión sobre la pertinencia de que ciertos autores u obras aparezcan o no entre las más importantes, sino que supone también un ataque a las instituciones que lo sustentan, a la ideología que las inspira. El debate ha sido muy intenso y se han producido acusaciones y descalificaciones que van más allá de la cortesía académica. Uno de los mayores defensores del canon occidental ha sido el profesor norteamericano Harold Bloom.

Bloom llama "Escuela del resentimiento" a la generación que ha propuesto la revisión del canon. Esta escuela es para él un compendio de desdenes: desprecio hacia la Universidad, el estado, la religión y también, al conjunto de obras literarias que la tradición ha transmitido como más representativas y profundas.[231] Esta tendencia es una hidra de seis cabezas: feminismo, marxismo, neohistoricismo, lacanianos, deconstruccionistas y semiólogos. Estas seis grandes corrientes han confluido y a menudo se han solapado en los terrenos de la teoría, la crítica y también en la creación literaria. Como consecuencia de ello, resumía Fernando Galván:

"Los valores ideológicos que cada uno de estos movimientos representa se han constituido en marca distintiva de una nueva forma de enfrentarse a la literatura y a la tradición literaria. Para cualquier individuo que se sienta simpatizante de alguno de estos movimientos, la Literatura ya no puede seguir siendo lo que era. Un lector o lectora feminista no puede seguir leyendo a Shakespeare, a Homero o a Dante de la misma manera que lo hicieron sus padres, sus profesores y maestros." (Galván: 2000, 25)

---

[231] Las consecuencias de los estudios nacidos de estas tendencias son apocalípticas para Bloom. El crítico norteamericano ha arremetido, por ejemplo, contra los *cultural studies*, a los que considera responsables de la degradación de los estudios de literatura. Los departamentos de inglés, sentenciaba acabarán convirtiéndose en departamentos de estudios culturales donde los tebeos de Batman, los parques temáticos mormones, la televisión y el rock and roll reemplazarán a Chaucer, Shakespeare, Milton, Wordsworth y Wallace Stevens.

El estudiante colombiano, australiano o canadiense que se iniciaba en los estudios literarios, aceptaba sin rechistar las obras indicadas en el programa. Hoy día no es infrecuente que las sesiones de clase comiencen discutiendo las obras que se proponían antaño, al tiempo que se justifican las razones por las que se cambian y se estudian otras. La idea más extendida es que el canon impuesto por la metrópoli, por las fuerzas que representan ciertos intereses, debe ser discutido y, en su caso, depuesto. La discusión se centra en lo que se ha llamado el "control institucional de la interpretación". En algunos ámbitos se ha producido un desplazamiento de la teoría literaria hacia esferas político-institucionales. Ya no es prioritario escoger un método, un arsenal metodológico para analizar un objeto, sino que se debate sobre el punto de vista ideológico desde el que definirlo. La discusión ha alcanzado proporciones enormes y está salpicado de acusaciones a las imposiciones de Occidente: ¿Debe escogerse la *Retórica* de Aristóteles para explicar tales obras mejicanas o colombianas de finales del siglo XX? ¿Conviene seguir las pautas occidentales del paradigma estructuralista para aclarar el sentido de la literatura brasileña o argelina? Cualquiera de ambas propuestas tiene que ver con métodos europeos, y no debe aplicarse a una realidad que no se deja explicar como la europea. No es verdad, se arguye, que haya una racionalidad universal que pueda aplicarse a cualquier objeto del planeta. Ni la metodología ni la selección de textos son inocentes.

Estamos en el ámbito del multiculturalismo. Son numerosas las voces de intelectuales que reclaman que las producciones artísticas de etnias o colectivos marginados sean tratadas en pie de igualdad con aquellas que se les han impuesto desde hace siglos. Estas reivindicaciones han dejado su huella en los departamentos universitarios que fueron de humanidades. Una muestra de los profundos cambios que han sufrido los principios y los métodos de los estudios literarios en Norteamérica desde 1980 aparece señalado en el Informe Bernheimer, titulado *Comparative Literature in the Age of Multiculturalism* (1995). Su trabajo permite ver la fractura que se ha producido con los informes anteriores (H. Levin (1965) y R. Greene (1975)). Para Bernheimer el problema del canon es crucial en el nuevo horizonte del conocimiento, porque el multiculturalismo revisa esta noción a partir de la demanda ética que exige el reconocimiento de la marginación cultural de numerosos colectivos. El canon debería recoger obras representativas de todo el mundo y no de una civilización. La literatura comparada debería replantearse la noción y formación del canon y elaborar un nuevo marco para abordar el estudio de literaturas no contempladas tradicionalmente.

10.5.4. El canon occidental

Son ya muchos los trabajos dedicados al conflicto entre el multiculturalismo y la cultura liberal americana. Las denuncias de Allan Bloom contra la quiebra del aprecio a la tradición, la pérdida del sentido humanista, la crisis de la autoridad en la educación, la defensa de los *grandes autores* y las críticas de Harold Bloom a la *hidra* de la deconstrucción, el multiculturalismo y los feminismos, les han valido ser tildados de reaccionarios. A Allan Bloom se le ha relacionado con la reforma conservadora de la era Reagan.[232]

El debate sobre el canon ha trascendido la discusión en los departamentos universitarios y ha calado en la sociedad. La repercusión del libro de H. Bloom (*El canon occidental*) muestra una preocupación generalizada en Occidente. Me refiero a la queja, repetida hasta el hartazgo, acerca de la llamativa falta de conocimientos básicos de estudiantes, a quienes se especializa en asuntos diminutos, mientras falta el conocimiento de obras básicas.[233] La investigación se va atomizando cada vez más y parece que se sitúa en segundo plano el conocimiento de obras centrales. El asunto es tan grave que amenaza, según algunos, los 'valores de la civilización occidental'. El libro de Bloom ha sido reseñado en periódicos y revistas de todo el mundo y ha suscitado debates televisivos, hasta el punto de que se ha convertido en un *best seller*, raro acontecimiento cuando se trata de un libro para especialistas. Me parece destacable que si hace pocos años los autores del canon (Homero, Dante, Shakespeare, Cervantes, etc.) se enseñaban en todas las aulas del mundo, ahora no sólo apenas se explican, sino que la interpretación política y social de su imposición se ha convertido en asignatura.

Bloom defiende la primacía de la Estética y de la construcción artística del escritor frente a la ideología. Su argumentación se fundamenta más en un ataque contra las *escuelas del resentimiento* que en la formulación de argumentaciones positivas, afirmativas. Le mueve más la defensa que otra cosa. Para él, un criterio configurador del canon es el de la originalidad, la novedad:

> "Con la mayoría de esos veintiséis escritores he intentado enfrentarme directamente a su grandeza: preguntar qué convierte al autor y las obras en canónicos. La respuesta, en

---

[232] Contra los partidarios de suprimir o ignorar el canon ha tronado también Steiner: "Es evidente que el florecimiento de una subcultura y de una semicultura en la educación masiva, en los medios masivos de comunicación, cuestiona el concepto de canon cultural (...) Lo que es antiguo o exige atención es poco leído; cada día que pasa, sabemos menos cosas de memoria. Pero a pesar de que hayan sido graves los atentados del populismo y de la tecnocracia a la coherencia cultural, la envergadura y la profundidad del fenómeno son difíciles de calibrar. Los progresos innegables de la barbarie que amenaza con trivializar nuestras escuelas, que degrada y vulgariza el discurso de nuestra política, que abarata la palabra del hombre, son tan estridentes, que vuelven prácticamente intangibles las corrientes más profundas" (Steiner: 1989, 539-40).

[233] Entre los representantes de la vieja escuela no es infrecuente la queja ante el desconocimiento de obras fundamentales. Uitti era muy duro con la tesis de Julia Kristeva dirigida por Barthes: "Me he encontrado recientemente con doctores de importantes universidades, que aunque se han especializado claramente en francés medieval, no han leído la *Vida de San Alexis*, y menos aún los *Juramentos de Estrasburgo*, pero que están totalmente familiarizados con Greimas y *Tel Quel*. (…) Es el caso precisamente de *Le Petit Jehan de Saintré*, dirigida por Barthes, y realizada con una asombrosa ignorancia de la narrativa canónica medieval francesa." (Uitti: 1982, 4-5)

casi todos los casos, ha resultado ser la extrañeza, una forma de originalidad que, o bien no puede ser asimilada, o bien nos asimila de tal modo que dejamos de verla como extraña." (Bloom: 1995, 13)

Debería tenerse en cuenta, sin embargo, que aquellos que justifican el estudio de determinadas obras como ejemplo de un saber incuestionable y eterno olvidan que el canon es fruto de una convención, de un momento histórico, y se ha creado en un tiempo y lugar concretos. Este argumento, contrario a establecer un canon universal, se ha repetido en numerosas ocasiones. Los textos seleccionados y el principio que rige la selección han cambiado de acuerdo con los tiempos, de ahí que resulte anacrónico definir un canon, tal y como pretende Bloom, en términos exclusivamente literarios.[234] Debe ponerse en primer término el ámbito de la cultura como fenómeno complejo donde intervienen diferentes códigos y no limitarlo al gusto o el interés de unos críticos, porque limita las posibilidades de su comprensión como fenómeno social y semiótico, y porque esta actitud no hace sino redundar en el tradicional aislamiento, en la incomunicabilidad de los estudios literarios con el contexto de otras ciencias. Tiene razón Pozuelo cuando escribe que la literatura sobrepasa su dimensión estética y tiene un sentido ético y político:

"Abjurar de él, como Harold Bloom pretende hacer, atribuyéndose, a sí mismo el papel de paladín de la Estética y al campo que él elige ocupar el atributo de *Estético*, frente a todos los demás que son sospechosamente políticos, no tiene mayor sentido que una patética elegía por un canon configurado a imagen y semejanza del *scholar* tradicional de Yale." (Pozuelo: 2000, 74)

Pareciera como si Cervantes, Flaubert o Shakespeare, tal y como se les convoca, actuaran como depositarios de un bien cultural uniforme frente al mare mágnum caótico de literaturas emergentes ajenas al canon. En este punto las perspectivas son variadas. Algunos sostienen que el canon literario es una institución política que emana directamente del poder, otros proponen un canon ampliado, otros consideran que la discusión sobre el canon es un problema muy lejano que no les afecta para nada. No faltan aquellos que sostienen que defender hoy un canon feminista o de literatura afroamericana como alternativa al canon eurocéntrico es una llamativa incongruencia, porque supone caer en los mismos errores de la "mentalidad canónica". Construir ese canon a partir de las nociones de autor sería contradictorio con

---

[234] "Las sanciones del canon, decía José Carlos Mainer, son legitimidades que se alcanzan por un esfuerzo historiable. Siempre ha sucedido así con todos los nombres propios que pueblan ese precipitado de elecciones, rechazos y rescates que conocemos como los renglones de la historia de la literatura (un concepto que por su naturaleza dominantemente escolar pertenece, de hoz y coz, al mundo de las instituciones literarias)." (Mainer: 1998, 273)

la crisis del sujeto y de la identidad nacional, dos nociones que hoy están en entredicho.

A pesar de todas estas críticas, algunas de las cuales están muy bien fundadas, creo que es difícil concebir la existencia de una cultura sin cánones, sin instrumentos de selección.[235] Incluso considerar que todo canon debe ser eliminado es una forma de autoritarismo. Las culturas se dotan de los medios para perpetuarse más allá del individuo y la tradición literaria es una forma de cohesión social como otra cualquiera. Esta consideración permite ir mucho más allá de la confección de una lista con los autores capitales en la tradición eurocéntrica, asiática o las dos juntas. "Los cien autores capitales de la humanidad elegidos por los más prestigiosos catedráticos y críticos del mundo" es un sugestivo título para un suplemento cultural, pero poco más. La discusión sobre el canon va mucho más allá del debate sobre si falta un poeta o sobran dos, sobre si se amplía de una manera o se reduce o destruye, y sobre si representa todos o casi todos los valores que debería representar. Conviene más bien reflexionar sobre las razones por las que existe un canon, qué significa el canon en una sociedad y por qué es necesaria su presencia.[236] En esta línea, me parecen mucho más interesantes los análisis de Lotman-Uspenski (1979) sobre el carácter histórico de cualquier canon, o el estudio de los procesos por los que se *canonizan* las obras, porque van más allá que la digresión sobre los valores universales que encierra cualquier texto. Pozuelo recordaba que la experiencia en el estudio de la filología eslava en la que se formó Lotman, las dificultades para seleccionar, para escoger textos en un ambiente multilingüístico le llevó a él y a la escuela de Tartu, a entender la cultura no como la simple suma sino como un mecanismo que crea un conjunto de textos:

"Por lo general la cultura puede representarse como un conjunto de textos, pero desde el punto de vista del investigador es más exacto hablar de la cultura como mecanismo que crea un conjunto de textos y hablar de los textos como realización de la cultura. Puede considerarse una connotación esencial de la caracterización tipológica de la cultura la manera en que ella misma se define. Si es propio de ciertas culturas el representarse

---

[235] Merece la pena recordar las palabras de Susan Sontag al frente de una de las reediciones (1996) de *Contra la interpretación*: "Estaba –estoy– a favor de una cultura plural, polimorfa. Entonces ¿ninguna jerarquía? Ciertamente, hay una jerarquía. Si debo elegir entre *The Doors* y Dostoievski, entonces –naturalmente– elegiré Dostoievski. Pero ¿tengo que elegir?" (1996, 14).

[236] A pesar de las discrepancias ideológicas, tanto Curtius como Lukács (y cito unidos dos grandes estudiosos que parten de planteamientos muy diferentes) se adhieren al credo clásico de la obra canónica como encarnación estética de una esencia universal. El canon de Curtius (el de las obras maestras de la tradición occidental neo-latina), difiere por completo del de Lukács, que es el del realismo decimonónico que culmina en Balzac. Para Jauss, esta clase de discrepancia no tenía mayor interés. Lo interesante es la *concepción canónica* misma, en la que se supone que la obra trasciende la historia porque abarca en sí misma la totalidad de sus tensiones políticas y sociales.

como un conjunto de *textos* regulados (...), otras culturas se modelizan como un sistema de *reglas* que determinan la creación de los textos." (1979, 77)

En definitiva, las polémicas sobre el canon son discusiones sobre qué enseñar, qué textos seleccionar y qué valores transmitir. La idea del principio estético como valor universal que está por encima de la historia y de las ideologías se ha quebrado y vivimos inmersos en un debate acerca de qué enseñar y cómo hacerlo. La reflexión implica una discusión epistemológica e ideológica sobre los principios que rigen la construcción de una historia, el proceso de *canonización* y la elaboración de antologías. Personalmente, creo percibir que en el pulso entre las nociones de genealogía u origen histórico en el que nace una obra literaria y la idea de esencia o de valor del arte más allá de las circunstancias, se está dando más valor a la primera. No faltan críticos que denuncian una confusión entre ambas nociones (genealogía y fundamento) y que lamentan que la politización excesiva de los estudios literarios esté impidiendo apreciar en las obras literarias valores que no son solamente ideológicos e históricos. *El Quijote* se ha interpretado de múltiples maneras, pero sigue leyéndose, sigue vivo. Cada época de la historia lo entiende de una manera y ninguna es la definitiva, señal de que debe llevar algo que trasciende las interpretaciones y los días.

10.5.5. Multiculturalismo

A lo largo del siglo XX se ha ido produciendo la independencia de las antiguas colonias del Imperio británico que, al separarse de la metrópoli, buscaron su propia identidad política y cultural. El resurgimiento o el rescate de la literatura nacional es una de las consecuencias de este hecho. Muchas de estas antiguas colonias disfrutaban de lenguas propias en las que se había escrito una literatura de mayor o menor calidad, pero dada la variedad de dialectos, ha sido a veces el inglés –el instrumento empleado por los colonizadores–, la lengua que ayudó a dar cohesión e identidad propia a las nuevas naciones, de suerte que se escribe mucha literatura pakistaní o nigeriana en lengua inglesa. Una de las consecuencias de este fenómeno es que ya no se habla del inglés como de una lengua única, sino de *Englishes*, para aludir a esa lengua diversa, que adopta diversos acentos, vocabularios e incluso giros sintácticos en los distintos lugares del globo en que se habla y escribe (Galván: 2000).

Este fenómeno de la diversidad y del multiculturalismo ha afectado a la antigua metrópoli. Escoceses, galeses e irlandeses reclamaron su condición de "no ingleses", lo que invitó al uso de *Britain* y del adjetivo *british* para designar a una realidad multicultural y plurinacional, que, sin embargo, tampoco ha sido aceptado por quienes reivindican su identidad escocesa. El *British Council* acuñó entonces expresiones como *British Studies*, al igual que en los países correspondientes se ha hablado de *American Studies*, de *Canadian Studies* o *Irish Studies*. Bajo estas expresiones se esconde un hecho de mayor calado:

"Muchas de las historias literarias que se han escrito en los últimos años hacen de la denominación una de las cuestiones preliminares de mayor importancia, de modo que la reciente historia literaria de la editorial Routledge (1997) se titula *The Routledge History of literature in English: Britain and Ireland* y no *Historia de la literatura inglesa*." (Galván: 2000, 23)

Han surgido entonces dos denominaciones: *Literature in English: Britain and Ireland* o *British and Irish Literature* para referirse a la literatura del Reino Unido y menudean estudios que abordan la nueva condición que ha adquirido la literatura antes llamada inglesa, insistiendo en el carácter multicultural y plurinacional de la ficción británica. La revisión de la historia literaria a partir de perspectivas anti-canónicas y anti-logocéntricas ha exigido recuperar los textos condenados a los *márgenes* por los grupos dominantes del *centro*. Para los neohistoricistas, por ejemplo, la novela sentimental del siglo XIX norteamericano habla mucho más de la sociedad y la cultura del país que la literatura de Melville o Hawthorne. Lo mismo puede decirse de las literaturas de grupos étnicos minoritarios y de las literaturas poscoloniales que hace cuatrocientos años no existían. Esta revisión ha rescatado muchos testimonios del pasado, ha impulsado una literatura prácticamente desconocida hasta entonces y ha ayudado a que surgiera una pléyade de autores. Toni Morrison, Alice Walker o Richard Wright son estudiados en cualquier programa tanto dentro como fuera de los EEUU, poque han entrado en el canon o forman un canon alternativo al tradicional.

De acuerdo con las tendencias posmodernas que he enunciado antes, críticos europeos y norteamericanos orientaron sus preocupaciones hacia grupos minoritarios, mientras que en otras partes del mundo se exigía enfocar las cuestiones literarias a partir del propio *locus* en que se situaba el investigador. Las consecuencias fueron muy importantes, pues trajeron consigo una politización de las teorías literarias y del quehacer del estudioso de la literatura. La preocupación por la historiografía o la crítica es muy intensa en los contextos mencionados y ha pasado a asociarse directamente a la praxis política cotidiana. Existe, incluso, un proyecto que propone retraducir los textos traducidos en la metrópoli, cuya expresión no responde a la lengua que se habla en las viejas colonias (Guhl: en prensa).

Poco a poco se ha revocado no ya la autoridad y jerarquía del canon occidental, sino también la metodología crítica que venía aparejada. El principio que avala estos cambios es que todas las culturas tienen sus obras maestras y todas deben recibir el mismo trato y valorarse de idéntica manera. He llegado a leer que las razones que sitúan los grandes textos occidentales por encima de los elaborados en otras culturas obedecen a motivos políticos. El etnocentrismo, decía Finkielkraut, es la gran víctima porque en el fondo se considera una "arbitrariedad cultural" que

se arroga el monopolio de la legitimidad, disminuye el valor de las formas autóctonas de pensar y las expulsa a las tinieblas del salvajismo o primitivismo. La propuesta ha sido a menudo no ya ampliar el canon, sino sustituirlo y favorecer el
estudio de las literaturas marginadas. Pero la solución no es tan fácil y no debería
pasar por sustituir unas literaturas por otras, porque entonces se cometería el mismo
error y se volvería de nuevo a un *centro*, cosa que parece que debe evitarse a toda
costa.

La ampliación o sustitución del canon y la propuesta de otras metodologías y
de nuevos temas para el análisis, ha tenido algunas consecuencias en los viejos
estudios humanísticos. Frente a las cuestiones universales, se alza la discusión
sobre nuevos problemas, como las relaciones entre una tradición local y otra im-
portada, las implicaciones políticas de una influencia cultural, la necesidad de revisar los períodos historiográficos o la elección de obras literarias autóctonas. Todo
ello ha dejado una huella muy profunda en los estudios universitarios, pero también
en los de la enseñanza secundaria.[237] Las consecuencias, en efecto, son de enorme
calado y se refieren a varios ámbitos. Coutinho lo explica con enorme claridad, de
manera que reproduzco sus palabras:

"Esta descentralización acaecida en el ámbito de los estudios comparatistas, ahora mucho más orientados hacia cuestiones contextualizadas, amplió en gran medida el carácter internacional e interdisciplinar de la literatura comparada, que pasó a englobar una
compleja red de relaciones culturales. La obra o la serie literarias no podían ya ser
abordadas desde una óptica exclusivamente estética; como productos culturales, había
que tener en cuenta sus relaciones con los demás campos del saber. Por otra parte, elementos que hasta entonces habían servido de referencias seguras en los estudios comparatistas, como los conceptos de nación y de idioma, cayeron hechos trizas, mientras que
sufría un duro golpe la tradicional dicotomía entre literaturas nacionales y literatura
comparada. La perspectiva lineal del historicismo dejó paso a una visión múltiple y
mutable, capaz de dar cuenta de las diferencias específicas, de las formas disyuntivas de
representación que significan un pueblo, una nación, una cultura, y los conjuntos o se-

---

[237] Para el profesor Perkins el interés en estudiar la literatura de grupos étnicos marginados responde
a patrones decimonónicos, de manera que no deja de resultar paradójico que se vuelva a organizaciones
del conocimiento que han sido muy combatidas, como la historia tradicional de la literatura, para verter
en sus moldes preocupaciones sociales muy actuales: "Destaco que las historias literarias de regiones,
clases sociales, mujeres, grupos étnicos y otras tienen las mismas funciones que las historias literarias
del siglo XIX, y no hacen sino dar por sentado que se posee una tradición literaria y que las obras son
valiosas. Así pues, en la pugna de la política cultural, confieren importancia al grupo. Crean un sentido
de continuidad entre miembros del pasado, y del presente y al describir un pasado compartido, refuerzan
el sentido de comunidad con el presente, y definen la identidad del grupo de una cierta manera, en
oposición a otras definiciones de este concepto debatido. Para los miembros del grupo, esta definición
tiene una importancia extraordinaria, ya que afecta el modo en que una persona se ve a sí misma y es
contemplada por los otros" (Perkins: 1992, 181).

ries literarios pasaron a tener que ser vistos desde una óptica plural, que considerase tales aspectos. Categorías como la literatura chicana, la literatura afroamericana o la literatura femenina empezaron a integrarse en el orden del día de los estudios comparatistas, mientras que bloques como la literatura oriental, la africana o la latinoamericana, instituidos por los centros hegemónicos se revelaron como construcciones frágiles, y adquirieron un aspecto nuevo, vacilante, lo mismo que la visión que los había creado." (Coutinho: 1997, 52)

La politización de las teorías literarias, el abandono de los patrones occidentales para analizar textos y la pérdida de autoridad del canon han sido fenómenos paralelos. La deconstrucción tuvo mucho que ver con que a finales de los años setenta, los modelos de origen europeo entraron en crisis. Conceptos centrales de la filología y la crítica tan consolidados como influencia, autoría y originalidad fueron puestos en solfa, lo que ha dejado una huella en varios marcos teóricos, como el comparatismo. En este campo se operaba partiendo de un sistema jerárquico, según el cual, un texto fuente o primario (que proviene de la literatura europea o norteamericana) estaba rodeado de un aura de superioridad, mientras que el otro término del proceso era relegado a un nivel secundario. Las consecuencias de este colonialismo cultural han sido bien estudiadas: el llamado segundo texto o texto secundario, que antes era deudor del primero, ha recibido ahora un nuevo valor. La relación entre ambos ha dejado de ser unidireccional y ha adquirido un sentido de reciprocidad: el segundo texto es ahora responsable de la revitalización del primero.

En Brasil y tantos otros países, el canon se había constituido atendiendo a criterios que reproducían la visión europea, primero la portuguesa y luego la francesa. Estos criterios han sido reexaminados y la revisión ha provocado que se incluyan registros y textos que habían quedado en el margen. Por su parte, el desafío planteado por críticos como Edward Said o Homi Bhabha ha tenido una enorme repercusión en algunos países de África o América latina, y ha abierto las vías para reivindicar tradiciones locales. Una de las consecuencias de toda esta actividad ha afectado a los estudios literarios. Hoy se reconoce en muchos departamentos universitarios que no se pueden transferir los modelos de análisis de una cultura a otra. La misma idea de 'literatura nacional', basada en el medio académico europeo, en los conceptos de unidad y homogeneidad, explica Coutinho, no puede ser aplicada a la realidad híbrida de países como Brasil.

En definitiva, el concepto de "gran literatura" se deconstruye, se cuestiona la idea de 'nación' como categoría de los estudios literarios (historias nacionales de la literatura, imposición del canon de un país en otros, etc.) y se denuncia la idea de un falso progreso. Algunos estudiosos se han lamentado de la pérdida de estos viejos valores europeos, pero el proceso es irreversible y se derivan de él consecuencias importantes, porque ha abierto perspectivas nuevas de análisis y ha traído consigo el resurgimiento de géneros postergados. Si la dominación ejercida por unos grupos sobre otros se ha caracterizado por un tipo de discurso asociado al canon tradicional, se trata ahora de volver a la literatura postergada como elemento de subversión del canon y fomentar su estudio para ayudar a demoler los órdenes políticos en que se sustenta. La recuperación de las literaturas marginadas supone un desafio al canon establecido porque en los países que fueron colonizados se desarrolla una tendencia que reivindica la tradición ignorada o no considerada en Occidente.[238]

10.5.6. De la nación a la diáspora

Si hoy resulta difícil que se escriban historias de la literatura nacional con la misma orientación y las mismas categorías que en los años cincuenta es debido, entre otras razones, a que se han producido cambios políticos de relieve. La idea de que los países son o deben ser unidades de población étnica y culturalmente homogéneas, no sirve ya para dar cuenta de nuevas realidades y problemas surgidos a partir de la Segunda Guerra Mundial. Los vastos estados de antaño nos han hecho perder de vista las diversidades étnicas, políticas y culurales. La tensión entre los llamados 'Estados nacionales' y la presencia en sus límites de grupos diferenciados es un problema creciente que se ha convertido en los Balcanes, en África Central o en Hispanoamérica en algo más que en un problema de filosofía política.

Los contactos entre las diferentes etnias y culturas, y los procesos culturales y sociales que nacen al ponerse en contacto varían de un período y de un país a otro. Existen ya estudios que proponen una metodología para estudiar la literatura de minorías étnicas y culturales que están dentro de las propias sociedades metropolitanas, bien porque han emigrado de las antiguas colonias a las viejas metrópolis o bien porque se trata de minorías raciales que viven desde hace siglos donde han sido oprimidas. Como dice Grüner, los problemas se multiplican cuando se trata de explicar la imagen del mundo y de la vida que expresa

> "un autor negro o chicano de Nueva York, de un autor pakistaní o jamaikano en Londres, de un autor marroquí o etíope en París, un autor turco en Berlín, a lo cual podría agregarse que fuera mujer, judía y homosexual, esa extraordinaria complejidad de cruces entre distintas y a veces contradictorias situaciones 'poscoloniales', no deja para el crítico -si es que quiere ser verdaderamente *crítico* y no simplificar en exceso su lectura- otro remedio que retornar al análisis cuidadoso de las estrategias de la producción literaria en ese autor, de las singularidades irreductibles del estilo, vale decir,: para po-

---

[238] Entre los numerosos trabajos pendientes de la crítica, no sobra recordar en este contexto la opinión de Fokkema: "Tenemos que estudiar qué tipo de textos fueron aceptados como literarios por parte de los lectores de culturas completamente ajenas a la nuestra. Debemos examinar, pues, las vías de valoración de los textos y la reconstrucción de su sistema de valores, evitando que nuestros propio sistemas interfieran con ellos" (Fokkema: 1972, 22).

nernos nuevamente adornianos, de las *particularidades* que determinan su autonomía específica respecto de la totalidad 'poscolonial'." (Grüner: 1998, 62)

Los *cultural studies* –a los que luego me referiré– han retomado, a partir de las nuevas realidades sociales, la necesidad de explicar la identidad del individuo que está fuera de los grupos dominantes no sólo por su raza, sino teniendo en cuenta otros elementos como la clase, el género o la religión. En esta línea han aparecido estudios sobre la nueva diáspora: la literatura de inmigrantes y refugiados latinoamericanos en Estados Unidos y en Europa, los exiliados de los países balcánicos, centroeuropeos y asiáticos, etc. El fundamento de esta teoría, explica el profesor Julio Cañero, está en el conflicto entre los inmigrantes y los poderes de los países de acogida, el recuerdo del viejo hogar y la urgencia de crear uno nuevo, y el conflicto entre las viejas identidades locales y las nuevas identidades globales. Estas tensiones:

"Crean un 'espacio diaspórico' donde las fronteras de inclusión y exclusión, de pertenencia y de 'otredad', de 'nosotros' y de 'ellos' son contestadas. Empero, como categoría conceptual, el 'espacio diaspórico' no está exclusivamente habitado por los inmigrantes, sino también por aquellos que quedaron detrás y que también son 'construidos' y 'representados' como lo son sus inmigrantes. El 'espacio diaspórico' es, ante todo, el lugar donde el inmigrante desplazado y el 'indígena' que se queda son igualados en su representación, proceso que no es local sino universal." (Cañero: 2001, 67)

El análisis de la imagen que nos formamos del *otro* (el tema fundamental de la *representación*), el estudio de lo marginal o periférico (todo lo excluido del *centro*) se ha convertido en tema de reflexión. A través de la representación del *otro* (lo que no soy yo y que comprende diferencias étnicas y culturales) las ideas abstractas reciben forma concreta. La idea o signo de *indio* aparece connotado en algunas literaturas coloniales como la de persona cobarde en quien no se debe confiar. Las culturas no occidentales son el *otro*, pero dentro de la propia cultura occidental (enfatizan los nuevos estudiosos), mujeres, homosexuales o inmigrantes son también vistos de la misma manera.

10.5.7. Estudios coloniales y poscoloniales

La politización de las teorías sobre la literatura ha colaborado de manera decisiva a desbancar a la vieja filología de los planes académicos y a convertirla en una manera más, pero no la exclusiva, de estudiar los textos literarios. Por otro lado, a principios de los años ochenta surgieron en departamentos de lenguas (las viejas filologías modernas) de universidades inglesas y norteamericanas nuevos campos de investigación que han desafiado los cánones tradicionales. Se han inspirado en el marxismo de Althusser, la genealogía de Foucault, la deconstrucción de Derrida, es decir, en metodologías que ignoran los límites de las antiguas disciplinas. Uno de los objetivos de los estudios poscoloniales ha sido mostrar los vínculos entre las humanidades europeas (no universales sino europeas) y ciertas prácticas sociopolíticas.[239] En esta línea se inscriben varios teóricos muy distintos entre sí, pero que comparten algunas orientaciones comunes (Said, Bhabha, Spivak, Ashcroft, Chakrabarty). Estamos ante la postura militante de unos críticos que invitan a no seguir (cuando no a subvertir) los cánones del pensamiento occidental. Esta tendencia se ha centrado de manera especial en los procesos de colonización (militar, cultural, social) y posterior descolonización, y de la influencia que ambos han tenido en la literatura.

Pero el responsable de la difusión del interés por esta clase de estudios ha sido sin duda Edward Said, autor de *Orientalism* [1978] (1990), un libro excepcional, de enorme repercusión en la historia de los estudios literarios de finales de siglo. Me interesa destacar que se publicó treinta años después de que apareciera *Literatura Europea y Edad Media Latina* de E. R. Curtius. La intención, el contenido y la metodología de ambas obras son completamente distintos. Sin embargo, en ambas se trata (entre otras muchas cosas) de filología, de las competencias que cada uno le atribuye y de lo que ha aportado a Occidente. Las diferencias entre los dos autores son abismales y sirven para ilustrar los cambios que ha experimentado su valoración en los últimos treinta años. El pensamiento occidental, dice Said, es el creador de una tradición de pensamiento, de un discurso (sigue aquí la terminología foucaultiana) al que él llama *Orientalismo*, a través del cual la cultura europea ha dirigido y manipulado Oriente desde el punto de vista político, militar, ideológico y científico (1990, 21). La cultura de Occidente es una de las bases ideológicas de la expansión colonial.

El Orientalismo abarca campos de trabajo muy diferentes: las tierras y los textos bíblicos, los países del Mediterráneo Oriental, India, un conjunto inmenso de textos, un cuerpo de profesores y un abigarrado conjunto de sabidurías. A la luz de este principio, Said estudia incontables documentos y monumentos literarios, desde algunos cantos de la *Commedia* de Dante, libros de viajeros, el Oriente imaginario, textos románticos de toda especie, hasta analizar discursos de parlamentarios británicos. El Orientalismo es un ejemplo de cómo la cultura se convierte en un instrumento de la dominación política. La idea que subyace a esta práctica es la convicción de que Occidente es superior a todos los pueblos y culturas. No estamos ante una simple disciplina que se apoye pasivamente en la erudición, ni tampoco una larga serie de estudios que versen sobre Oriente, sino ante una *conciencia geopolí-*

---

[239] "Podríamos caracterizar a las teorías poscoloniales como un intento por re-escribir, desde una perspectiva no europea, la genealogía de los saberes humanísticos de la modernidad, completando de este modo el proyecto, todavía eurocéntrico, iniciado por los maestros de la sospecha que inspiraron la crítica de Althusser, Foucault y Derrida." (Castro-Gómez et *alii*: 1999, 10)

tica que inspira numerosas acciones y estudios. Oriente, dice el profesor palestino, es una entidad que se enseña, se investiga y se administra, y de la que se opina de acuerdo con unos patrones muy claros.[240]

El capítulo primero de este extraordinario libro comienza recordando el discurso que pronunció Arthur James Balfour ante la Cámara de los Comunes acerca de: "Los problemas a los que tenemos que enfrentarnos en Egipto". Sus palabras resumen muy bien la actitud que a juicio de Said había tomado la vieja Europa frente a Oriente:

"Las naciones occidentales desde el momento en que aparecen en la historia dan testimonio de su capacidad de autogobierno (...) Pueden ustedes revisar la historia completa de los orientales, de las regiones que de una manera general denominamos Este y nunca encontrarán rastros de autogobierno. Todas sus grandes épocas (que realmente fueron grandiosas) surgieron bajo el despotismo, bajo un gobierno absoluto (...) pero nunca, en ninguna de las revoluciones que han cambiado su destino y su fortuna, habrán ustedes visto que alguna de estas naciones haya establecido por sus propios medios lo que nosotros, desde un punto de vista occidental, llamamos autogobierno. Esta es la realidad: no es una cuestión de superioridad o inferioridad (...)" (1990, 55)

Y continuaba:

"¿Es beneficioso para estas grandes naciones (admito su grandiosidad) que este gobierno absoluto lo ejerzamos nosotros? Creo que sí. Creo que la experiencia demuestra que con este gobierno ellos han conseguido el mejor gobierno de todos los que han tenido a lo largo de la historia del mundo; lo cual no es sólo un beneficio para ellos, sino que, indudablemente, lo es para todo el Occidente civilizado. Estamos en Egipto, no simplemente por el bien de los egipcios, aunque estemos allí por su bien; estamos allí también por el bien de toda Europa." (*Apud* Said: 1990, 55)

Estas palabras de Balfour son sólo una mínima muestra del amplio *discurso* que estudia el profesor palestino, pero expresan muy bien la idea que inspira su investigación. La tesis de Said es que durante los siglos XIX y XX Occidente consideró que Oriente era una civilización imperfecta y que para mejorarla y dominarla era menester conocerla a fondo. Oriente se examinaba en un aula o ante un tribunal, y el Orientalismo se convertía en una ciencia sobre Oriente que juzgaba los asuntos para analizarlos y gobernarlos. En este potente entramado se agavillan varias disciplinas entre las que no ocupa un lugar menor la filología. El pensamiento que inspi-

---

[240] El orientalismo es "una escuela de interpretación cuyo material es Oriente, sus civilizaciones, sus pueblos y sus regiones. Sus descubrimientos objetivos -la obra de numerosos eruditos consagrados que editaron y tradujeron textos, codificaron gramáticas, escribieron diccionarios, reconstruyeron épocas pasadas y produjeron un saber verificable en un sentido positivista (...)" (Said: 1990: 245).

ra las líneas básicas de *Orientalismo* procede, entre otros autores, de Gramsci y de Foucault, de ahí que no extrañe que, para Said, ni la filología ni otras disciplinas humanísticas traten solamente de asuntos estéticos o espirituales alejados del mundo. Los estudios literarios no han mantenido su pureza centrándose en la inmanencia de los textos. Tiene más prestigio estudiar el conflicto entre los personajes de la *Commédie humaine* que analizar la influencia de teorías monárquicas reaccionarias en el texto, porque parece que los estudios literarios deben centrarse en asuntos más trascendentes y menos ideológicos[241]. Para Said, sin embargo, la aparentemente inocua filología estuvo involucrada en la construcción del pensamiento orientalista y prestó su amplia gama de saberes a aquel poderoso discurso. No es verdad que saber sobre Rilke o sobre Dante tenga escasa incidencia en la vida política, mientras que dominar los fundamentos del socialismo libertario o de la *perestroika* sí que la tenga. En todas las fases de la historia los estudios humanísticos han repercutido siempre en el mundo del que surgían. Incluso en momentos en los que parece que su huella es inexistente, las humanidades han servido para sostener el prestigio de un pensamiento y de una manera de gobernar. No se ha inventado un método que sirva para aislar al erudito de las circunstancias de su vida, de sus compromisos (conscientes o inconscientes) con una clase, con un conjunto de creencias o con una posición social (Said: 1990, 29). Los estudios literarios no son inocentes.[242] Desde las últimas décadas del siglo XVIII y durante al menos un siglo y medio, Gran Bretaña y Francia estudiaron a fondo el mundo oriental y se aprovecharon de su dominio para fundamentar el discurso eurocentrista, que tanto ayudó a acumular poder.

Los descubrimientos filológicos realizados en la gramática comparada por Franz Bopp, Jakob Grimm y otros fueron posibles, entre otras razones, tras el estudio de unos manuscritos trasladados de Oriente a París y Londres. Casi sin excepción, dice Said, los orientalistas empezaron su carrera como filólogos. En la genealogía intelectual del orientalismo y en la construcción de su discurso, Said sitúa a grandes sabios europeos decimonónicos: Gobineau, Renan, Humboldt, Steinthal, Burnouf, Weil, Dozy o Schlegel. En *Über die Sprache und Weisheit der Indier* de Schlegel (1808), ve el profesor palestino el origen de algunas opiniones racistas:

---

[241] Quizá por eso, dice Said: "La interpretación social de la literatura no ha ido paralela a los enormes avances técnicos del análisis textual detallado" (Said: 1990, 33).

[242] "¿Qué tipo de energías intelectuales, estéticas y culturales participaron en la elaboración de una tradición imperialista como la orientalista? ¿Cómo la filología, la lexicografía, la historia, la biología, las teorías políticas y económicas, la narrativa y la poesía lírica se pusieron al servicio de una visión del mundo tan imperialista como la orientalista?" (1990, 35) "(...) La filología se convirtió en una disciplina capaz de dirigir movimientos políticos, de administrar colonias y de hacer declaraciones casi apocalípticas, presentando la difícil misión civilizadora del hombre blanco; esta metamorfosis actuó dentro de una cultura que se pretendía liberal, preocupada por unos criterios que presumían de catolicidad, pluralidad y apertura mental." (1990, 301)

"En gran medida, el racismo contenido en las críticas de Schlegel sobre los semitas y los demás orientales 'inferiores' fue muy corriente en la cultura europea. Pero nunca, excepto quizá más tarde en el siglo XIX entre los antropólogos darwinistas y los frenólogos, había sido la base de una materia científica como fue el caso de la lingüística comparada o la filología. La lengua y la raza parecían intrínsecamente aliadas, y el 'buen' Oriente se situaba invariablemente en un período clásico, en algún lugar de la India de hacía tiempo, mientras que el 'mal' Oriente se relegaba al Asia de hoy, a algunas partes del norte de África y al Islam dondequiera que estuviera presente." (Said: 1990, 129)

En un punto medio entre el F. A. Wolf de 1777 y el Federico Nietzsche de 1875 destaca la figura de Renan. Su importancia es capital para la argumentación de *Orientalismo*, porque gracias a él se adaptó de manera definitiva el orientalismo a la filología y ambas disciplinas a la cultura intelectual de su época, y esto ayudó a perpetuar las estructuras del discurso del poder y a hacerlas más visibles. Renan procede de la segunda generación del orientalismo y su objetivo fue asentar su discurso oficial, "sistematizar, establecer y administrar sus intuiciones intelectuales" (Said: 1990, 165), y representa muy claramente una clase de praxis cultural a la que Foucault llamó el *archivo* de su tiempo.

En este proceso de cimentar con unas bases filológicas el orientalismo ocupa un lugar central *L'avenir de la science* (escrita en 1848 pero no publicada hasta 1890). Renan representa para Said un modelo de cómo la filología y la ideología estaban comprometidas. El autor francés consideraba que el liberalismo, el racionalismo y la crítica eran las bases del espíritu moderno y los filólogos quienes mejor encarnaban y representaban estas características. La filología comparativa era para él el símbolo de la superioridad moderna y europea.[243] Desde el siglo XV, escribía el gran erudito, las mentes de los filólogos fueron las que más impulsaron el avance de la humanidad, porque la filología permitía una visión completa de la vida: "La philologie est la *science exacte* des choses de l'esprit. Elle est aux sciences de l'humanité ce que la physique et la chimie sont à la science philosophique des corps" (1925, 149).

La parte central de *L'avenir de la science* está consagrada a definir la filología. Said considera que esta postura de Renan es paradójica, porque por un lado considera que la filología es una ciencia de toda la humanidad, sin embargo, como filólogo, se muestra lleno de prejuicios hacia los semitas orientales y propone una división de las razas en superiores e inferiores. El caso del erudito francés no es

---

[243] "No temo exagerar al decir que la filología, vinculada inseparablemente a la crítica, es uno de los elementos esenciales del espíritu moderno, que sin la filología, el mundo moderno no sería el que es, que la filología constituye la gran diferencia entre la Edad Media y los tiempos modernos. (...) La filología constituye también una de las excelencias que los modernos pueden con razón reivindicar frente los antiguos." (Renan: 1925, 138 y 141).

único. Said recorre en las páginas de *Orientalismo* multitud de textos y doctrinas que permitieron la articulación de un discurso que él considera "imperialista" y que determinó la imagen que Europa se formó de Oriente. La historia de la filología, aliada con el discurso orientalista y con la construcción de un poder político y económico que tanto influyó en los siglos XIX y XX, está muy lejos de las historias de la filología que exponen razonadamente los avances internos de la disciplina.

Al salirse de una reflexión convencional, las opiniones que ha suscitado la obra del profesor palestino no han sido siempre favorables. Al margen de que se esté o no de acuerdo con las tesis que desarrolla, *Orientalismo* ha ejercido una influencia enorme. Said no es el primero ni el único que ha planteado y demostrado el carácter político de los estudios literarios, pero la enorme autoridad de su libro ha llevado a muchos a interpretar la disciplina de la que me vengo ocupando como una imposición europea, como una muestra más de un saber centralizado que había que desenmascarar y anular. Desde mi punto de vista, la obra de Said ha abierto perspectivas muy importantes a los historiadores de la filología y de los estudios literarios, y ha potenciado el estudio de las humanidades como discurso político. La influencia de *Orientalismo* ha sido extraordinaria en nuestro campo y ha favorecido la politización y el renovado interés del comparatismo por las literaturas no occidentales.

En algunos departamentos de literatura comparada de universidades asiáticas y de algunos países africanos se han creado modelos alternativos a los planteamientos heredados de la metrópolis. Los estudios poscoloniales han señalado la necesidad de analizar obras escritas por autores que proceden de grupos étnicos no hegemónicos, escritas tanto en lenguas coloniales como autóctonas. Cabe plantearse, por supuesto, quiénes han escrito estas literaturas, si se trata de autores colonizados previamente o de autores que nacen de culturas autóctonas que no han sido "contaminadas" por el eurocentrismo. Ante esta dificultad se ha ido abriendo paso un nuevo punto de vista:

"Una teoría del mestizaje, o del *hibridismo*, que sugiere que el mundo que procede de los procesos de expansión colonial es un mundo global en el sentido de que la aculturación, la inmigración y el nacimiento de comunidades mestizas afecta tanto a excolonias como a las antiguas metrópolis. Tal y como apunta Said: ¿cómo podría pensarse en separar lo propio y lo impropio de Occidente, o lo puramente occidental de lo que no lo es? A su juicio, todas las culturas asimilan más elementos extranjeros de los que excluyen." (Vega y Carbonell: 1998, 141)

La opinión más extendida es que los modelos occidentales no son válidos para practicar el comparatismo en las antiguas colonias, pero no hace falta ir a los departamentos de estudios literarios de Australia o Asia para reconocer que la moderna literatura comparada ha señalado hace mucho la necesidad de renovar el comparatismo europeo o, mejor dicho, de enfocar correctamente el estudio de las literaturas europeas, tal y como ha explicado con su habitual poderío Claudio Guillén (1998). Para él, Europa ha sido siempre conquistadora y dominadora de sí misma. Desde Julio César a Carlomagno y desde Carlos V a Napoleón, el proyecto de hegemonía europea ha vuelto a surgir una y otra vez. Como decía Ortega, el imperio romano no ha desaparecido nunca del mundo occidental. Hemos tendido a ver el conjunto del continente ignorando lo pequeño, las múltiples teselas que configuran el viejo mapa. Conviene recordar los errores de las visiones demasiado generales y tener también en cuenta la íntima diversidad pluricultural, plurinacional, plurirregional y pluriurbana del continente (Guillén: 1998, 379). Las regiones multilingües son muy características de Europa, sobre todo en sus zonas centrales y orientales:

> "El conglomerado cambiante de tierras yuxtapuestas europeas, de piezas sin soldar, no se percibe bien sino mediante una pluralidad de perspectivas y de definiciones tan variadas como incómodamente adecuadas: estados, naciones, países, autonomías, provincias, comunidades, nacionalidades, territorios, regiones, cantones, comarcas, jurisdicciones, términos, municipios, pagos, pueblos, aldeas, caseríos, lugares (...)." (Guillén: 1988, 382)

Resulta poco convincente simplificar creencias y lenguas de los pueblos que habitaron en el imperio austrohúngaro, eliminar sus diferencias y riquezas, y fundirlas en un epígrafe: "La literatura del imperio austrohúngaro". Este título esconde un universo magmático. ¿Qué significa, qué supone decir que Kafka fue un escritor checo? Significa muy poco, porque es una simplificación que desatiende a su condición de judío-checo-alemán, sin la que es imposible comprender su tiempo y su literatura.

El pasado de Europa es una historia entre los intentos de unidad y la diversidad y para Guillén no debe reducirse a ninguna 'zona' el universo de sucesos literarios europeos:

> "El hecho característico de Europa es que ciertas naciones, especialmente del Centroeste, como la checa, la húngara y la rumana, no han pertenecido incontestablemente a un solo grupo y hasta han participado de más de un área. Es evidente que estos conjuntos no coinciden con zona literaria o artística alguna." (Guillén: 1998, 400)

Si pensamos en Canadá habremos de reconocer que nos encontramos ante una comunidad multilingüe que cuenta con dos lenguas principales, pero que produce literaturas en las lenguas de los inmigrantes como alemán, noruego, yiddish, etc.

10.6. El universo de los *Cultural studies*

10.6.1. Toda la cultura

El profesor Charles Bernheimer (1993) se encargó de trazar un panorama sobre el estado de la literatura comparada en la década de los años noventa. Se trata de un informe apasionante en el que señala muchas de las incertidumbres que se intuyen en los cambios de los estudios literarios. La literatura comparada se había ocupado, a su juicio, de tantas cosas, que empezaba a resultar difícil describir el objeto de estudio:

> "Estas formas de contextualizar la literatura en los campos dilatados del discurso, la cultura, la ideología, la raza y el género son tan distintos de los viejos modelos del estudio literario según autores, naciones, períodos y géneros, que el término 'literatura' puede dejar de ser apropiado para describir nuestro objeto de estudio." (1993, 42)

La cita es oportuna antes de exponer de manera muy sucinta algunos de los intereses que se enmarcan en los *cultural studies*, verdadero universo que no deja de sorprender a quien cultiva la filología. Vayamos por partes.

He señalado la dificultad para presentar de manera independiente las modernas tendencias de los estudios literarios, así como la necesidad de enumerarlas en plural: hay estructuralismos, feminismos, etc. En el caso que me ocupa, la dificultad para definir los estudios culturales es, precisamente, uno de los elementos que mejor caracteriza este conjunto proteico e inabarcable (cada país, cada etapa los entiende de una manera), y en cuanto a la imposibilidad de definir la tendencia solamente en singular, el propio sintagma "Estudios culturales" (*Cultural Studies*) ofrece ya un plural conveniente.

Los estudios culturales no tienen un área de intereses claramente definida y este es uno de los rasgos por los que se oponen a disciplinas convencionales, construidas en función de unas áreas de conocimiento precisas, que abordan problemas a partir de una metodología concreta. La palabra "estudios" habla ya de diversidad, pero el adjetivo "culturales" se refiere, prácticamente a casi cualquier cosa. En su obra *Keywords* dice Williams que en la lengua inglesa el término cultura es uno de los más cargados de significado. Para quienes practican la alquimia de esta clase de trabajos, cultura es una constelación inabarcable, sin límites, que incluye género y sexualidad, identidad y nación, literatura colonial y poscolonial, raza y etnia, cultura popular y sus variadas audiencias, ciencia y ecología, instituciones culturales, discurso y textualidad, historia, la cultura global en la época posmoderna, y un largo etcétera. No en vano decía Clifford Geertz que cultura es el conjunto de historias que nos contamos a nosotros mismos sobre nosotros mismos.[244]

La denominación *Cultural Studies* proviene del *Centre for Contemporary Cultural Studies* (CCCS) fundado en la Universidad de Birgmingham en 1964. En 1972 apareció el primer número de los *Working Papers in Cultural Studies* con la intención de definir esta clase de trabajos y proponer los estudios culturales en el mapa intelectual. Los ensayos de Richard Hoggart (1918), Raymond Williams (1921-1988), E. P. Thompson (1924-1993) o Stuart Hall (1932) se consideran textos fundacionales de los *Cultural studies*. Me refiero sobre todo a *Culture and society* (1958) y *The long revolution* (1961) en los que se teoriza sobre las relaciones entre cultura y sociedad y una serie de volúmenes de varios autores entre los que ocupan lugar especial *Resistance Through Rituals: Youth Subcultures in Post-War Britain* (1976) o *Policing the Crisis: Mugging, the State, and Law and Order* (1978). Numerosos cursos, conferencias y seminarios se unen a unas publicaciones periódicas como *Cultural Studies*, *New formations* o *Screen*.

Pero para entender la génesis en Birmingham, no hay más remedio que tomar las cosas desde el principio, y recordar al menos dos hechos relevantes. Por un lado, el proceso de 'americanización' de la cultura popular británica que provocó que una amplísima audiencia tuviera acceso a unos productos culturales comunes y, en segundo lugar, el desarrollo del marxismo en Inglaterra después de la Segunda Guerra Mundial y las críticas relaciones que mantuvieron los intelectuales de izquierda con la ortodoxia comunista. El punto de inflexión que provocó un cambio en la ideología fue la brutal represión de los tanques soviéticos en Budapest en noviembre de 1956, aunque este hecho no supusiera un abandono radical de las ideas de izquierdas, como ha señalado Alan Sinfield (1989). En 1957 Thompson y Saville comenzaron a editar *New Reasoner* y en 1960, la antigua *Universities and Left Review* que había nacido en Oxford en 1957, se transformó en *New Left Review*. En esta nueva dirección crítica con el marxismo es esencial la aparición de *Culture and society* (1958) de Raymond Williams, cuyas ideas tuvieron una influencia enorme.[245] Para él, en los orígenes de los estudios culturales aparece el

---

[244] S. Hall escribía que cultura era: "The actual, grounded terrain of practices, representations, languages and customs of any specific historical society" ("Gramsci's relevance for the study of race and ethnicity", *Journal of Communication Inquiry*, 1986, 10 (2), p. 26).

[245] Para Williams, la cultura no se expresa solamente en las grandes obras de la tradición, sino en el amplio contexto que las rodea: desde las tiras cómicas al cine. No está de más recordar que este autor comenzó siendo un crítico literario y que en los orígenes de los *Cultural studies*, los estudiosos de la corriente mencionan siempre las ideas de Matthew Arnold y, desde luego, de F. R. Leavis. También es cierto que el pensamiento de estos autores fue desbordado enseguida con obras como *The Uses of Literacy* (1957) de Richard Hoggart. Es verdad que los textos del canon son superiores a los que ofrece la cultura de masas, pero el movimiento de la cultura, su vida auténtica, sostienen teóricos de esta tendencia, no puede expresarse solamente en términos estéticos. La cultura elitista y la de masas expresan su

debate sobre el papel de la cultura y de la educación en Gran Bretaña (la Gran Bretaña del imperio colonial) después de la guerra, y entre sus primeros intereses cabe recordar la convicción de que la cultura no es una operación neutra, sino que implica la lucha en la que están envueltos grupos y clases sociales para conseguir un predominio cultural, lo que significa también un predominio político, es decir, poder.[246]

Los estudios culturales son una compleja síntesis entre marxismo, semiótica y diferentes tendencias de tradiciones sociológicas, etnográficas y antropológicas, de ahí que no deba extrañarnos que en la nómina de sus fundadores se cite a pensadores de orígenes, tendencias y países muy variados, desde Roland Barthes a sociólogos británicos o jamaicanos. En efecto, para entender el enorme desarrollo de los *Cultural studies* y de su implantación en todos los continentes, no debe olvidarse la incorporación de autores de las antiguas colonias del imperio británico, que aportaron nuevas puntos de vista a las posiciones de la izquierda tradicional. Estas líneas de pensamiento a que me refiero comenzaron inspirando a los investigadores de Birmingham y ello les condujo a definir una amplísima teoría de la cultura, en la que cabían asuntos por los que no se había interesado antes ningún departamento universitario. Un renovado interés por Gramsci (y en particular por el concepto de hegemonía), la influencia de Foucault y los análisis del discurso cultural como forma de poder, y la huella indiscutible de Althusser, les llevó a abrir el compás de sus intereses. El feminismo marcó también el desarrollo del grupo y le obligó a repensar asuntos como la noción de género o de deseo (*Women's Studies Group*, 1987). Los estudios sobre razas, etnias, el *gender criticism* o la literatura poscolonial, han impulsado estudios en nuevas áreas, sin olvidar cuestiones más convencionales, como la relación entre la cultura popular y la política, que es una preocupación constante.[247] Viejos temas de la literatura occidental se combinan con otros nuevos, lo que permite unos desarrollos sorprendentes, tanto en el terreno de la creación como en el de la crítica. En la literatura multicultural británica es corriente

---

poder legitimando sus prácticas culturales y expresando sus ideas y valores acerca del arte. La lucha por la cultura quiere decir la guerra por la legitimidad y el dominio.

[246] La relación entre el poder y la cultura es una de las preocupaciones constantes en los estudios culturales, a decir de Nelson, y si hay algo que comparten muchos trabajos sería: "a commitment to examining cultural practices from the point of view of their intrincation with, and within relation of power" (Grossberg, Nelson, Treichler: 1992, 2).

[247] Para dar una idea de la enorme variedad de temas tratados, de la cantidad de enfoques posibles (tomados de disciplinas que van desde la sociología, la teoría de la comunicación, la antropología, la economía o la teoría literaria) y del diferente desarrollo que han tomado las preocupaciones que se engloban en los *cultural studies*, cabe citar los intereses que presenta un volumen de estudios de Stuart Hall, preparado por Kuan-Hsing Chen y D. Morley. Se trata de *Critical Dialogues in cultural studies* (1996) en el que aborda para empezar dos relaciones capitales y vastísimas: *Marxism and cultural studies* y *Postmodernism and cultural studies*, para pasar después a *Critical postmodernism and postcolonial theory, cultural imperialism* y finalizar con *Diasporic questions: race, ethnicity and identity*.

que viejos mitos occidentales hayan sido recreados y reescritos por autores de las antiguas colonias.

No resulta, pues, simplificador, afirmar que los estudios culturales han brotado de los esfuerzos para entender los procesos de transformación de la cultura en la sociedad después de la guerra: el desarrollo de los medios de comunicación, el fin del colonialismo, la economía global o el resurgir de los nacionalismos. Estas condiciones históricas de carácter tan general se han manifestado de manera diferente en cada país, como tendremos ocasión de recordar. A finales de la década de los 70 los estudios culturales emigraron a los EEUU, Canadá, Australia, algunos países europeos y asiáticos (como la India, donde se han desarrollado de manera notable), adquirieron en cada nación sus propias características y, como era previsible, se diversificaron profundamente. A veces han sido acusados de ser excesivamente anglocentristas, de tomar la cultura popular británica como prototipo para el resto del mundo, de mantener una idea del arte eurocéntrica, próxima a la visión tradicional colonial. En algunos países hispanoamericanos han tomado una dimensión política y se han comprometido con los discursos llamados periféricos. En otros, sin embargo, han perdido parte de su orientación política y se han orientado más a otra clase de análisis.

Cuando los *cultural studies* comenzaron a desarrollarse en los EEUU, las humanidades estaban sufriendo una época de declive y de transformación. Nuevos intereses invitaban a un compromiso más activo con la política y promovían un examen de las representaciones de las formas culturales, y esta nueva orientación se volcó en el estudio de los medios de comunicación de masas y de su papel en la creación de formas culturales populares. Se deduce de todo ello que no resultó difícil que la estructura académica los acogiera. Su institucionalización les ayudó a convertirse en una rama de estudios asentada, con una metodología y un metalenguaje –que provenía sobre todo de la semiótica y de la teoría literaria– y frente a la tradición de Birmingham (que no situaba los *cutural studies* en ninguna disciplina) se convirtieron en una especialidad académica. La ausencia de una tradición de izquierdas aisló los estudios culturales de la senda abierta por sus homólogos británicos. La relación entre el poder y la política, la formación intelectual y la clase social, la acción política y las artes, que son preocupaciones de primer orden en la formación de los estudios culturales británicos, no siempre han ocupado un lugar de privilegio en los EEUU. La caída del muro de Berlín en 1989, el descrédito del comunismo, y el enorme impacto del pensamiento posmoderno (pienso sobre todo en Lyotard y *La condición posmoderna*, 1979), hicieron el resto para que no se siguiera la orientación marxista.[248]

---

[248] El desarrollo de los Estudios culturales es enorme en los EEUU y existen muchísimos foros e instituciones académicas que los han difundido –desde los medios de comunicación a las universidades–, pero como dice Nelson, muchos investigadores ignoran el origen de los planteamientos que les sirve de guía, la relación con disciplinas tradicionales (Nelson *et alii*: 1993, 1). Según Smithson, los

No es objetivo de estas páginas explicar los proteicos desarrollos de los estudios culturales en Gran Bretaña, Canadá, la India (es particularmente activo el 'Centre for the Study of Developing Societies' de Delhi) o en otros países europeos, pero sí me interesa recordar las dificultades que plantea presentar los estudios culturales como una disciplina. El lector comprenderá la imposibilidad y el absurdo que supondría intentar reducir esta constelación de métodos, conceptos y orientaciones a una unidad (asunto este que algunos de los que practican los *cultural studies* pretenden evitar con todas sus fuerzas). Pero también se comprenderá el esfuerzo que han realizado numerosos estudiosos al intentar explicar el contenido y las orientaciones de estos estudios a los profanos. Se entiende la aseveración de Nelson, Grossberg & *alii*:

> "British cultural theory is not, and never was, a homogenous body of work; it has always been characterized by disagreements, often contentious ones, by divergencies of direction and concern, by conflict among theoretical commitments and political agendas. (...) No one paradigm can be taken, metonymically, as the exemplar of British cultural studies." (1992, 10)

No es, pues, posible ponerse de acuerdo en una definición universal, única y esencial, válida para todos los contextos y los países desde 1970 hasta nuestros días. Para Nelson, el tiempo trae nuevos hechos y problemas, que varían el sentido y el contenido de los estudios literarios. Esta clase de enfoque debe estar siempre abierto a los fenómenos que se están produciendo en el presente. El carácter panabarcador de los estudios culturales, la variedad de asuntos de los que se ocupan y las múltiples áreas de conocimiento a las que acuden es un rasgo definitorio, pero también uno de los elementos que más extraña y sorprende a algunos estudiosos europeos, que necesitan un marco teórico mucho más estable. La relación entre el objeto analizado, el método que se aplica y el legado intelectual que permite esa clase de estudios se interpreta como una condición *sine qua non* en la práctica intelectual. No estoy acusando quienes practican los *cultural studies* de una sistemática falta de metodología. Lo que quiero decir es que uno de los elementos que define a esta clase de trabajo es su oposición a las disciplinas tradicionales, acusadas de rígidas y de incapaces de dar cuenta de los nuevos problemas sociales y políticos y de su expresión estética. La antigua y venerable filología, la historia de la literatura al estilo de Lanson, la gramática normativa, etcétera, se consideran disciplinas que responden a un planteamiento metodológico que no puede explicar la nueva situación cultural del mundo. Ya he señalado cómo en los años ochenta surgieron en las universidades inglesas y norteamericanas (de manera particular en

---

profesores estadounienses de estudios culturales admiten que están trabajando con cánones múltiples, siempre ampliados y que sus estudiantes son cada vez más conscientes de la variada herencia étnica sobre la que se formaron los Estados Unidos (1994, 2).

los departamentos de lenguas) unos campos de investigación que desafiaron la autoridad de los cánones tradicionales. En la base de estas estrategias críticas aparecen unas metodologías que rompieron los límites entre las disciplinas y que se difundieron vertiginosamente entre las humanidades y las ciencias sociales:

> "De lo que se trataba era de exponer los vínculos ocultos entre el conocimiento científico, particularmente el de las llamadas 'ciencias humanas' y una serie de prácticas sociopolíticas a través de las cuales determinadas personas (mujeres, homosexuales, emigrantes, negros, miembros de la clase trabajadora, etc.) son sometidas a un disciplinamiento mental y corporal que les obliga a integrarse en una sociedad orientada cada vez más por las necesidades expansivas del capital. En el caso específico de los estudios poscoloniales, la crítica se dirigía hacia la complicidad entre las ciencias sociales y las humanidades con el proyecto de legitimación ideológica del colonialismo europeo en ultramar." (Castro-Gómez et *al*: 1999, 9)

10.6.2. Ni disciplina ni antidisciplina

Los estudios culturales surgieron, en parte, como resultado de la insatisfacción respecto de otras disciplinas, no sólo por sus contenidos sino por sus muchas limitaciones y por la incapacidad metodológica para abordar el estudio de nuevas situaciones planteadas por la cultura.[249]

Es significativo que ya en 1969 Richard Hoggart subrayara que los estudios culturales no eran una disciplina consagrada. No podía recomendarse la consulta de una bibliografía básica para escribir un estudio dentro de este "nuevo" campo de trabajo. Era un camino que se empezaba a recorrer, de ahí que se guiaran del saber de diferentes campos para sus estudios. Nelson *et alii* puntualizaban que tomaban su sustancia de los "major bodies of theory of the last several decades, from Marxism and feminism to psychanalysis, poststructuralism and postmodernism" (Nelson *et alii*: 1992, 2). Tampoco se inspiraron en una metodología única y exclusiva, de ahí que se haya llegado a escribir que "Its methodology, ambiguous from the beginning, could best be seen as a bricolage. Its choice of practice, that is, is pragmatic, strategic, and self-reflective" (*Ibídem*).[250] La elección de un método u otro

---

[249] "A diferencia del humanismo tradicional [en el caso de los estudios culturales] se rechaza la ecuación exclusiva de la cultura y alta cultura y se argumenta que toda forma de producción cultural necesita ser estudiada en relación con otras prácticas culturales, así como con las estructuras sociales e históricas." (Nelson et *alii*: 1992, 4)

[250] Los testimonios que señalan la dificultad o la imposibilidad de definir los objetivos y la metodología de los *cultural studies* son incontables y han llegado a constituir un lugar común, un *topos* digno de ser estudiado. Miller señalaba que los estudios culturales: "ocupan un espacio un poco anómalo en el campo de las prácticas institucionales, del que difícilmente puede decirse que tenga unos objetivos, una metodología o situación institucional común" (Miller: 1994, 10).

depende de las preguntas que se formula un investigador. La metodología depende del texto que se estudie, del contexto en que se sitúe, de ahí que no deba consierarse un planteamiento único y permanente.[251]

Los estudios culturales toman prestada su metodología de cualquier rama de las ciencias sociales y de las humanidades: Antropología, sociología, ciencia política, teoría literaria o filosofía. Así las cosas, los cruces interdisciplinarios y el uso de metodologías de diferentes ramas del saber son continuos, y hacen difícil entender los estudios como una disciplina a la vieja usanza, que afronta una serie de problemas ya fijados de antemano con una única metodología.

No han faltado teóricos que se han referido a los estudios culturales como a una especie de *interdisciplina*. El esfuerzo interdisciplinario es inevitable, porque las disciplinas específicas *reprimen*, decía Jameson, rasgos fundamentales del objeto de estudio que deberían compartir. La *interdisciplinariedad* o *transdisciplinariedad* (o, incluso, la falta de carácter orgánico) de los estudios culturales impiden otorgarles una definición única. En esta falta de definición radica, para el profesor Julio Cañero, una de sus virtudes:

> "Su ventaja radica, no obstante, en esta falta de homogeneidad, al permitir una libre circulación de pensamiento que es aprovechada por aquellos investigadores que quieren romper con los márgenes de las disciplinas tradicionales y dirigir sus esfuerzos hacia nuevos movimientos políticos, prácticas intelectuales y modelos de investigación." (Cañero: 2001, 34)

10.7. La escritura de mujeres

Historiadores e intelectuales de diferente cuño sostienen que un deficiente desarrollo de la modernidad es responsable de haber silenciado la cultura y la literatura de los marginados de la Historia. El feminismo, los estudios poscoloniales y otros *ismos* recientes la han culpado de mantener una organización social basada en un sistema que potencia unos términos y anula otros (¿hay alguno que no lo haga?), de suerte que se han penalizado muchas expresiones culturales y sociales. Estos movimientos han emprendido una verdadera cruzada contra la imagen negativa del Otro y su condena al silencio. En su obra *Where is she*, Hélène Cixous presenta el 'pensamiento binario machista' y enumera unas oposiciones (actividad / pasividad,

---

[251] En el campo de los estudios culturales no existen garantías acerca de qué preguntas importantes deben formularse o cómo responderlas, por eso, no debe privilegiarse ninguna metodología o ser empleada temporalmente con total seguridad y confianza, sin embargo, ninguna puede ser eliminada inmediatamente. Análisis textual, semiótica, deconstrucción, etnografía, entrevistas, psicoanálisis, rizomática, análisis de contenido (…) – todo puede ofrecer contenidos importantes y conocimiento" (Nelson et *al*: 1992, 2).

sol / luna, cultura / naturaleza, padre / madre, cabeza / corazón, etc.) en las que el lado femenino se considera siempre el polo negativo. Ya he recordado que para la deconstrucción, el pensamiento literario occidental ha estado siempre atrapado en esta interminable serie de oposiciones binarias. Según Cixous, y una parte de la corriente feminista, para que uno de los términos signifique, el otro debe ser minusvalorado (o destruido). La pareja nunca quedará intacta. El proyecto de Cixous consiste en deconstruir esta ideología logocéntrica y derribar los esquemas binarios. La idea de escritura, de textualidad, que nace de la deconstrucción reconoce la libre combinación de significantes y permite una salida para la prisión del lenguaje. La escritura femenina está orientada en el sentido de la diferencia y rompe las limitaciones de la oposición binaria. Así las cosas, feminismo, posmodernismo, deconstrucción y otros *ismos* modernos se han esforzado para que los márgenes no se entiendan más de la manera que les impuso el *centro*, y descubrieron en la periferia un ámbito de innovación artística y de creatividad. Según Pérez Gil:

> "La ética por la que se rige la literatura de la periferia es la de la aceptación y celebración de la multiplicidad, unida al rechazo de la noción de Centro. (...) El margen es el territorio de la diferencia, el espacio en torno al Centro -y al margen de él- donde rigen las leyes de la heterogeneidad, de la inestabilidad, de la imaginación, de la parodia, de la propia búsqueda ontológica, de la inversión y de la subversión que hacen posible otro orden de cosas." (Pérez Gil: 2000, 45)

La alianza del feminismo con la deconstrucción ha permitido precisamente una crítica de la dicotomía centro / margen, pues la deconstrucción defiende la validez de los términos ausentes (marginales) que el *pensamiento binario* ha silenciado. Los estudios realizados partiendo de estos presupuestos son ya legión y se han extendido, sobre todo, a la literatura moderna y contemporánea, aunque haya propuestas de lectura para la literatura medieval y del renacimiento. No debemos olvidar, además, que el llamado *gender criticism* no es solamente un modelo académico, sino que supone también una práctica de la escritura. A menudo, la frontera entre el texto crítico y el de creación (insisto en que esto es un rasgo posmoderno) se confunde.

Los estudios sobre la literatura actual de mujeres se refieren al el proceso de subversión del *centro* y el reconocimiento de los márgenes, ya sea mediante la ruptura estética o la crítica ideológica. Las autoras profanan las bases sobre las que se articula el pensamiento tradicional (logocéntrico), pues incluyen toda suerte de personajes marginales que habían sido silenciados en el ámbito cultural y cuestionan la noción de un "centro lingüístico, psíquico, temporal y espacial homogéneo". En más de una ocasión me he sorprendido al comprobar cómo se insiste en considerar que ciertos temas y estructuras narrativas son novedosos, cuando, en realidad, responden a modelos añejos que se remontan a la antigua literatura europea.

Owens (1983) inscribe el enorme desarrollo de la escritura de mujeres en la órbita de la sensibilidad posmoderna. Y posmodernidad quiere decir aquí crisis de la autoridad conferida a la cultura de Europa Occidental y sus instituciones. El feminismo reivindica uno de los muchos discursos reprimidos o marginados y supone una crítica de los discursos dominantes del varón en la modernidad. Los sistemas de representación de Occidente sólo han admitido una visión, la del *sujeto esencial* masculino (Owens 1983: 95 y ss.). La ciencia está llena de modelos, metáforas y métodos masculinos, que bien podrían ser sustituidos por otros femeninos o, quizá mejor, "interaccionar con ellos", como escribió en algún lugar Evelyn Fox-Keller.

Sea como fuere, es indiscutible que uno de los acontecimientos más destacados de las últimas décadas es la emergencia en casi todas las áreas de la actividad cultural, de una práctica específicamente feminista.[252] La voz de la mujer toma carta de naturaleza y la trascendencia de este fenómeno es capital para Agnes Heller:

"Los movimientos feministas (...) han cambiado por completo la cultura moderna. El feminismo fue, y ha seguido siendo, la mayor y más decisiva revolución *social* de la modernidad. A diferencia de una revolución política, una revolución social no estalla: tiene lugar. Además, una revolución social es siempre una revolución cultural. (...) La revolución feminista no es sólo una contribución a este enorme cambio, sino la más importante." (1989, 246)

---

[252] "Lo que aparece ahora en el discurso occidental bajo el rótulo de 'post-modernismo' no es tanto una nueva época cuanto una crisis de la conciencia histórica. Una sociedad orientada al futuro necesita de imágenes del futuro, de utopías que la orienten. (...) Los movimientos sociales modernos son fenómenos prometedores, pero con la excepción del feminismo no han elaborado imágenes utópicas idóneas." (Ferenc Feher & Agnes Héller: 1986, 128).

11.

ANTIGUAS DISCIPLINAS Y NUEVAS SÍNTESIS

11.1. Hermenéutica y filología

> "La mayor parte del tiempo y de la energía se ha empleado en el intento de comprensión del texto, volviendo continuamente sobre cada paso, y en su constitución, valorando lo más rectamente posible entre las variantes y conjeturas que ya existían, o escogiendo de nuevo. Hay muchas cosas en el curso de esta tarea que no he podido aclarar ni restablecer como hubiese querido, y habré sobrevolado sobre muchas sin resolver los problemas y dificultades. Aunque posyéramos el texto genuino de las *Argonáuticas*, su interpretación plantearía numerosos problemas difíciles y no pocos irresolubles."
>
> (Fränkel: 1983, 8)

El nacimiento y desarrollo de la filología a finales del siglo XVIII y principios del XIX, está relacionada con una discusión filosófica en torno al entendimiento humano. La concepción de la filología en la obra de Wolf y de F. Ast, y después en Schleiermacher y en Boeckh, supone, entre otras cosas, una concepción del arte y la ciencia de interpretar. En cualquier esquema que se trace de los orígenes de la filología, la hermenéutica deberá estar presente, porque la *vieja diosa* nació como una teoría de la comprensión, de la interpretación. Sin embargo, al ser la filología una disciplina mucho más práctica que teórica, al ser siempre el texto el que impone la clase de trabajo que ha de hacerse, no pareció imprescindible explicitar una teoría de la interpretación., según recordaba Szondi.[253]

La filología se ha ocupado de dos vertientes de los textos. Por un lado rescatar y fijar el patrimonio literario y por otro su interpretación. Siempre ha habido una

---

[253] Hermenéutica y filología conviven en el tiempo, dice M. Werner, "sin que estas dos dimensiones fundadoras de la actividad intelectual hayan sido jerarquizadas entre sí de forma clara" (1990, 17).

hermenéutica primaria y fundamental que sólo se ha propuesto averiguar lo que el texto dice. Este es el trabajo que desarrollan los filólogos, tal y como explicaba Antonio Alatorre:

> "Para mí, si se trata de un soneto de Garcilaso de la Vega, lo importante es entenderlo, y entenderlo no así como así, sino en su *ser* mismo, en su todo y en sus partes, con su sustancia y su ornamento, su mensaje y su estructura; entenderlo como lo entendían los contemporáneos de Garcilaso, y aún Garcilaso mismo. Esa tarea supone, naturalmente, una actitud que bien puede llamarse 'pensamiento crítico' (hablar de 'teoría', y no digamos de 'doctrina', o de 'metodología', sería exceso retórico), pero ese 'pensamiento' está, por decir así, al servicio del sentimiento, pues el soneto *se siente* más que se piensa. La crítica en abstracto, la crítica como 'discurso' puro y cerrado en sí mismo, no es para mí. Lo que a mí me gusta es la crítica práctica, la crítica en el acto de agarrar, por ejemplo, *ese* soneto de Garcilaso, sobre todo cuando el acto crítico se apoya en (o sencillamente se complementa con) la visión histórica." (Alatorre: 1993, 12)

Esta hermenéutica esencial, primaria, que consiste en entender la obra literaria y apoyarse en la historia (toda obra tiene siempre una fecha), en otros textos, para comprender un verso o un párrafo y pretender llegar hasta la *intentio autoris*, ha sido desde siempre una de las actividades esenciales del filólogo. La reflexión sobre el acto de entender y comprender, sobre el modo en que se crea el significado, es una tarea en la que literatura, filosofía e historia se necesitan.

El taller del filólogo ha sido casi siempre un lugar silencioso, poco dado a la bulla. Su tarea es lenta, poco brillante y exige muchas horas. El estudio y la edición de un texto requieren larga dedicación, porque son muchas las tareas que se implican y superponen. Al tiempo que se analiza la lengua y se reflexiona sobre la tradición textual en la que se inserta una obra, se imponen otras actividades imprescindibles, como la puntuación o la comprensión precisa de las palabras. Puntuar, comprender, interpretar, son tareas que no pueden separarse. El filólogo ofrecerá un texto legible, si está en su mano, y si no es capaz, lo presentará mostrando las dificultades que no ha podido resolver.

Comprender e interpretar. La hermenéutica moderna no invita a considerar ambas operaciones como independientes. La comprensión es siempre interpretación.[254] Este concepto es muy antiguo y está cargado de un universo de significados. Desde la clásica *interpretatio* hasta la *koiné* hermenéutica contemporánea, la

---

[254] Con el sentido común que le caracteriza, el maestro Starobinski relacionaba las dos tareas y expresaba con claridad uno de los fundamentos que ha prevalecido en la investigación de obras literarias hasta no hace mucho: "Es evidente que sin el trabajo positivo del editor crítico, el intérprete se perdería al fundamentar a menudo sus conjeturas a partir de errores de lectura. De la misma manera es cierto que, sin una parte interpretativa (implícita, sin duda), la actividad de restitución sería en sí misma imposible" (Starobisnki: 1977, 145).

noción ha recorrido tal camino que bastaría para explicar uno de los modos de concebir los estudios literarios en Occidente. La hermenéutica, como teoría de la comprensión y exégesis de textos, no es una práctica reciente. Ya en la antigua Atenas era conocido el trabajo de aclarar el sentido literal de las epopeyas homéricas porque su lengua resultaba difícil de comprender. La faena hermenéutica aclaraba los malentendidos que se producían debido al envejecimiento de las palabras. El hermeneuta era el intérprete que, gracias a sus conocimientos lingüísticos, era capaz de reemplazar un término antiguo por otro que fuera bien conocido por el lector contemporáneo. Este afán por aclarar el *sentido literal* pretendía acomodar en el presente un texto antiguo. Pero desde los orígenes mismos de la hermenéutica, este deseo de explicar el *sentido literal* tuvo otra intención a la que se ha llamado *sentido alegórico*. Ahora se trataba de descubrir en cada pasaje un sentido que, sin excluir al literal, se le añadía. Es el caso, por ejemplo, de la interpretación del Antiguo y el Nuevo Testamento tal y como se practicó en la Edad Media. Puede recordarse al hilo de ello la noción capital de *figura*, explicada por Auerbach, tan importante para entender el sentido de algunos personajes en la *Commedia* de Dante. Tanto la interpretación gramatical como la alegórica tenían como fin hacer comprensible aquello que el paso del tiempo había vuelto ininteligible. Pero estos dos procedimientos de búsqueda y aclaración de significado presentan alguna diferencia. Mientras que la interpretación literal buscaba el sentido que un término tuvo en el pasado, la alegórica se inspiraba en el signo que había envejecido para encontrar en él un significado nuevo, "engendrado por el universo intelectual de quien comenta y no por el del texto" (Szondi: 1974, 292).

Los dos tipos de interpretación entraron en conflicto muchas veces en el largo período que comprende desde los santos padres hasta la Reforma. Los excesos del alegorismo fueron duramente criticados en la Edad Moderna y la compleja teoría de los múltiples sentidos prácticamente desapareció, de suerte que los estudios que habían convertido la teoría de la explicación en una colección de reglas cayeron en desuso. La hermenéutica no volvió a erigirse en un poderoso principio hasta la obra de Schleiermacher (principios del siglo XIX). A partir de ese momento, el auge de la interpretación ha sido de tal magnitud, que no será fácil encontrar a un teórico de la literatura o a un filósofo importante que no esté vinculado a cualquiera de los últimos desarrollos de la hermenéutica. Vattimo ha llamado *koiné hermenéutica* a ese idioma común de la cultura que obliga a arreglar cuentas con la interpretación, y que ha afectado a todo género de actividades.

Cuando Schleiermacher (1768-1834) comenzó a esbozar su obra (tan dispersa en notas y apuntes), la hermenéutica se entendía como una técnica de interpretación que se aplicaba a distintos campos, desde el teológico y el jurídico hasta el filológico. En el apogeo del idealismo alemán, y en particular, a partir de la obra de este autor, la hermenéutica abandonó su papel de disciplina auxiliar y experimentó un desarrollo que, como dice Gadamer, "la convirtió en fundamento para todo el negocio de las ciencias del espíritu" (Gadamer: 1996, 218), y se transformó en una teoría general de la exégesis.[255] Los trabajos de Schleiermacher obligaron a repensar la faena de interpretar los textos e invitaron a leerlos a la luz de su propio significado, de aquel que le otorga el momento en que se escribe. Un siglo después de Schleiermacher, Dilthey veía en su obra una refundación de la hermenéutica.

Schleiermacher pronunció en la Academia de las ciencias de Prusia dos importantes conferencias sobre la noción de hermenéutica (1829). Sus estudios exegéticos del Nuevo Testamento le habían llevado a concluir que la interpretación que practicaban los teólogos profesionales no pasaba de ser una colección de reglas cuyos principios no habían sido jamás establecidos, de ahí que propusiera unos fundamentos sólidos para una teoría general de la interpretación. Para Schleiermacher, si sus predecesores no habían llegado a fijar unos principios generales, era debido a que partían siempre de problemas específicos de su objeto y no se habían preocupado más que de reglas que guiaran la interpretación de los textos que tenían delante y no de una teoría general. Sostenía, además, que comprender e interpretar no eran acciones que afectaran solamente a los textos, sino también a actos de comunicación mucho más sencillos. Para él la hermenéutica como teoría general de la interpretación se emancipaba de la teología, la filología y la jurisprudencia, de las que era una simple disciplina ancilar, y poseía un rango muy superior.

Schleiermacher exponía en sus *Aforismos* (1805) cómo se oponía la hermenéutica tradicional a la teoría general de la interpretación que deseaba fundar:

> "En matière de compréhension, deux maximes opposées. 1. Je comprends tout jusqu'à ce que je me heurte à une contradiction ou à un non sens. 2. Je ne comprends rien dont je ne saisisse la nécessité et que je ne puisse construire. Comprendre d'après cette dernière maxime est une tâche infinie." [256]

Según la doctrina tradicional, la hermenéutica actuaba cada vez que un pasaje no se comprendía de manera inmediata o contradecía una verdad establecida. Comprender consistiría en resolver esa dificultad. Por el contrario, Schleiermacher defendía la idea de que la hermenéutica entraba en acción no solamente cuando la comprensión tropezaba con dificultades, sino en todo momento. En un escrito de 1819 volvía a oponer las dos clases de hermenéutica:

---

[255] Szondi no sólo interpreta la obra de Schleiermacher como un jalón imprescindible en el desarrollo de la hermenéutica, sino que contempla en ella muchas de las ideas desarrolladas después en otros campos. El auge enorme de lo formal en el estudio de la literatura del siglo XX y el escaso interés que ha suscitado el estudio sistemático de la hermenéutica –en los estudios literarios– no ha permitido ver la novedad de los planteamientos de la obra.: "Las ideas presentadas como novedades más de un siglo después de Schleiermacher por los formalistas rusos, el *New Criticism* y la crítica estilística de la Escuela de Zurich estaban ampliamente presentes en su obra" (Szondi: 1975, 311).

[256] Todas las citas de Scheleiermacher provienen de Schleiermacher, F.D.E.: *Hermeneutique. Pour une logique du discours individuel*, Traduit de l'allemand par Christian Berner, CERF/PUL 1987.

"La pratique plus laxiste dans l'art du principe que la compréhension se fait spontanément; et elle énonce le but sous une forme négative [en disant:] 'Il faut éviter la compréhension erronée. (...) La pratique plus rigoureuse [dans l'art] part du fait que la compréhension erronée se présente spontanément et que la compréhension doit être voulue et recherchée point par point." (1987,122) [257]

Las consecuencias de los planteamientos de Schleiermacher han sido enormes en varios campos. El positivismo no parecía necesitar una teoría que explicase el procedimiento por el que los hechos se ajustaban y se hacían entender, porque mantenía una fe ciega en que hablaban por sí mismos. A partir de Schleiermacher, sin embargo, la hermenéutica comienza a entenderse como el arte de evitar los malentendidos. Si es posible reconstruir la producción mental del autor, si es posible la simpatía entre él y el intérprete, podemos evitar las interpretaciones erróneas. Como dice Gadamer, se trataba de una hermenéutica de la reconstrucción.

El esfuerzo del pensador alemán llevó a situar la hermenéutica en un horizonte que ésta no había conocido antes. Para él las obras de arte tenían su significado allí donde tuvieron su origen, y en cuanto se desarraigaron de su contexto fueron perdiendo su sentido. Intentar comprenderlo supone una especie de reconstrucción de sus orígenes. Las obras de arte no son intemporales, sino que pertenecen a un mundo y su significado sólo puede comprenderse a partir de él. Este es el presupuesto tácito de toda su hermenéutica. Lo resumía magistralmente Gadamer:

"El saber histórico abre el camino que permite suplir lo perdido y reconstruir la tradición, pues nos devuelve lo ocasional y originario. El esfuerzo hermenéutico se orienta hacia la recuperación del 'punto de conexión' con el espíritu del artista, que es el que hará enteramente comprensible el significado de una obra de arte; en esto procede igual que frente a todas las demás clases de textos, intentando reproducir lo que fue la producción original de su autor." (Gadamer: 1996, 220)

Así las cosas, sólo la reconstrucción del 'mundo' que estaba en la intención del artista creador puede hacer comprensible el verdadero significado de los textos y sólo aquella la protege frente a malentendidos y falsas actualizaciones. Al ser la suya una hermenéutica de reconstrucción, se alcanza un punto en el que el intér-

---

[257] Interesa destacar también la íntima conexión que se percibe entre el acto de interpretar y el trabajo del gramático. La *Hermenéutica* de 1819 exponía de manera sistemática su teoría de la interpretación gramatical mediante dos reglas que están en la base del trabajo hermenéutico desde sus orígenes:"Premier canon : tout ce qui, dans un discours donné, demande à être précisé ne doit être determiné de façon plus précise ne peut l'être qu'à partir de l'aire linguistique commune à l'auteur et à son public originel. (...) Deuxième canon : dans un passage donné, le sens de chaque mot,, doit être determiné à partir de son insertion dans son contexte" (pp. 127 y 134). Para Szondi, estas dos reglas sirven para fijar los límites del contexto, del conjunto a partir del cual debe determinarse el sentido de la palabra.

prete puede comprender la obra mejor que su propio autor, al abarcarla desde una totalidad que ilumina con mayor perspectiva y profundidad su sentido. Este aspecto de la hermenéutica de Schleiermacher se ha mantenido hasta principios del siglo XX y se apoya en la idea de que es posible resolver el problema de la distancia en el tiempo entre un texto y nosotros. Dilthey, siguiendo a Schleiermacher, introdujo la expresión 'círculo hermenéutico' (relación en la que la parte y el todo se iluminan), en contraste con el ideal de 'raciocinio lógico'.[258]

Como veremos enseguida, la falta de una teoría que aclarara el modo de conocer de la filología y de abordar la intepretación, ha sido criticada desde distintos puntos de vista. Si la tarea de la filología es la perfecta comprensión de un texto, señalaba Peter Szondi, cabe preguntarse por qué la filología no ha desarrollado una doctrina como la que preconizaba Schleiermacher: "En ningún texto de germanística, se familiariza al estudiante con las cuestiones básicas de la comprensión de textos" (Szondi: 1992, 14).

11.2. De Nietzsche a Gadamer

No creo que deba deslegitimarse el saber filológico por el hecho de que no exista una elaborada teoría del modo de proceder ante un texto, pero sí cabe decir que no deberían haber faltado en los planes de estudio y en la formación de los filólogos unas gotas de hermenéutica filosófica. Una sombra de reflexión sobre un trabajo que se ha centrado a veces en el bosque de las variantes textuales y no ha tenido en cuenta lo que los filósofos consideraban, habría evitado mucha erudición innecesaria. Esta denuncia se produce en un contexto en el que la interpretación se ha convertido en un tema estelar en las ciencias humanas. Desde la obra de Nietzsche este concepto ha desafiado a todos los saberes establecidos. A partir del filósofo alemán, la radicalidad de la hermenéutica ha afectado a postulados estéticos, éticos y ontológicos. La interpretación ha desafiado incluso a la objetividad del positivismo, porque también la realidad se entiende como resultado de aquella. No es un recurso complementario del conocimiento sino que constituye la estructura originaria de 'ser-en-el-mundo.' La realidad, los hechos que la constituyen, son inseparables de la interpretación porque sólo a través de ella algo se convierte en hecho. La afirmación de que no hay hechos ni acciones morales sino su interpretación, ha abierto el camino por donde comenzó a transitar la hermenéutica contemporánea.

Quien más ha ahondado en la excepcional tradición que nace de la obra de Nietzsche y de Heidegger y quien más fértiles caminos ha abierto a los teóricos de

---

[258] Dilthey escribía: "La totalidad de una obra tiene que ser comprendida partiendo de las palabras y de sus combinaciones y, sin embargo, la comprensión plena del detalle presupone ya la comprensión del conjunto" (*El mundo histórico*, FCE, México, 1944, 335).

la literatura y a los filólogos (a aquellos que han escuchado) ha sido H. G. Gadamer. La hermenéutica gadameriana no es una reflexión que se circunscriba a algunas actividades del conocimiento, sino que se refiere a la totalidad de la existencia. Gadamer ha hablado de "experiencia hermenéutica", de una totalidad que afecta a nuestro modo de entender y acceder a la realidad y, por tanto a la historia, el arte, los textos, los edificios. Para Gadamer no hay comprensión que no esté orientada por una idea previa, por los pre-juicios (el *prae-judicium* latino), que no son errores o arbitrariedades sino anticipo de nuestra apertura al mundo, la orientación previa de toda nuestra experiencia. Este *prae-judicium* no nos pertenece sólo a nosotros como individuos, sino a la tradición histórica a la que pertenecemos. Nos comprendemos solamente en el seno de una tradición, por eso, la comprensión tiene una estructura circular ya que supone interrelación entre intérprete y tradición. El esfuerzo hermenéutico se inicia a partir de una máxima esencial: "Comprender el todo desde lo individual y lo individual desde el todo. Es una regla que procede de la antigua retórica y que la hermenéutica moderna ha trasladado del arte de hablar al arte de comprender. Aquí como allá subyace una relación circular" (Gadamer: 1996, 360). Para que el círculo hermenéutico sea posible es necesaria una anticipación de sentido que guíe la comprensión y esa anticipación viene determinada por la comunidad que nos une a la tradición.

11.3. Pensar dentro de la historia

La gran ciencia histórica asentada en el suelo de la Ilustración y el Romanticismo ha sido trascendente para el desarrollo de los estudios literarios. Por muy importantes que fueran las transformaciones del pensamiento occidental al latinizarse los conceptos griegos y adaptarse después a las emergentes lenguas románicas, la génesis de la conciencia histórica en los últimos siglos representa una ruptura más drástica todavía. Gadamer ha recordado que desde la formación de cánones de la literatura antigua realizados por los filólogos alejandrinos, el proceso de conservación de los clásicos se convirtió en una tradición cultural viva que convirtió los textos en modelo y patrón, y en calidad de tales los transmitió. Este proceso se alteró de manera definitiva con el desarrollo del historicismo. Para Gadamer:

> "Sólo el desarrollo de la conciencia histórica pudo transformar esta unidad viva de la literatura universal, extrayéndola de la inmediatez de su pretensión normativa de unidad e integrándola en el planteamiento histórico de la historia de la literatura." (1996, 214)

La historia no nos pertenece, somos nosotros quienes le pertenecemos. La pregunta que se formula Gadamer es si existen dos horizontes distintos, aquel en el que vive el que interpreta y comprende, y el horizonte histórico al que pretende desplazarse: "¿Es una descripción correcta y suficiente del arte de la comprensión histórica la de que hay que aprender a desplazarse a horizontes ajenos?"(1985, 344). Este horizonte no se gana desplazándonos a una determinada situación histórica. La comprensión tiene lugar en mi situación y en el horizonte que la define:

> "el horizonte del presente está en un proceso de constante formación (...) Parte de esta prueba es el encuentro con el pasado y la comprensión de la tradición de la que nosotros mismos procedemos. El horizonte del presente no se forma, pues, al margen del pasado. Ni existe un horizonte del presente en sí mismo ni hay horizontes históricos que hubiera que ganar. Comprender es siempre el proceso de fusión de estos presuntos 'horizontes para sí mismos'." (1996: 376-77) [259]

Según Schleiermacher, el saber histórico permitía suplir lo perdido y devolvernos el sentido de la obra. El esfuerzo hermenéutico podía recuperar el espíritu del artista y comprender el significado de una obra. Gadamer introdujo un giro en esta concepción, porque, según él, la reconstrucción de las condiciones originales es una empresa irrealizable.[260] Lo reconstruido no puede ser el sentido primero, porque un hacer hermenéutico para el que la comprensión significase una duplicación de aquel momento, no sería más que participar en un sentido ya periclitado. La interpretación de las obras literarias es en cierto modo una recreación, pero no se puede guiar –como señalaba Schleiermacher–, por un acto creador precedente, "sino por la figura de la obra ya creada, que cada cual debe representar del modo como él encuentra en ellas algún sentido" (Gadamer: 1996, 165). La hermenéutica decimonónica trabajaba convencida de poder borrar su propia posición histórica y trasladarse a una época del pasado. No tuvo en cuenta la condición, el carácter histórico de toda interpretación, mientras que la contemporánea se ha caracterizado por la conciencia de su propia historicidad. Como dice Szondi:

> "Los problemas relacionados con la historicidad de la comprensión, la consideración de la posición histórica en el proceso de comprensión, el papel de la distancia histórica, la historia de los efectos, se han convertido en el centro de interés de la hermenéutica filosófica más reciente desde Dilthey y, especialmente, en Gadamer. Cualquier intento de trazar los contornos de la hermenéutica literaria contemporánea, por tanto, ha de revisar

---

[259] Esta idea de la fusión de horizontes es importante en la hermenéutica gadameriana y ha sido retomada y elaborada después por Jauss. Para Gadamer la idea de la fusión de horizontes está relacionada de manera directa con el acto de interpretar: "Si el intérprete supera el elemento extraño de un texto y ayuda así al lector en la comprensión de éste, su retirada no significa desaparición en sentido negativo, sino su entrada en la comunicación, resolviendo así la tensión entre el horizonte del texto y el horizonte del lector: lo que he denominado fusión de horizontes. Los horizontes separados como puntos de vista diferentes se funden en uno" (Gadamer: 1997, 102).

[260] Para él habría que preguntarse: "Si lo que se obtiene por ese camino es realmente lo mismo que buscamos cuando buscamos el *significado* de la obra de arte, si la comprensión se determina correctamente cuando se la considera (...) como la reproducción de la producción original" (1985: 220).

la hermenéutica filológica transmitida también bajo este punto de vista." (Szondi: 1997, 64)

La metodología que edificó no tuvo en cuenta los condicionamientos que limitan nuestra inteligencia y comprensión del pasado. Todo pensamiento, explica Emilio Lledó (1997), vive en el cauce del lenguaje tanto cuanto límite como cuanto posibilidad, y está bañado en ese plasma lingüístico del que no se puede escapar. No hay un lugar fuera del lenguaje desde donde pudiéramos mirarlo, por eso, para Gadamer, no es posible agotar el sentido que pudiera tener un texto; es un proceso infinito. Esta historicidad radical del acto de comprender al que me vengo refiriendo ha afectado también a la interpretación literal y a la alegórica que he recordado páginas atrás, pues ambas dependen de manera estrecha del momento en que se practican:

"La intención de revelar el sentido histórico se transforma con los cambios en la propia concepción de la historia. No puede ser la misma para la filología después del surgimiento de la conciencia histórica en la segunda mitad del siglo XVIII y de su implantación positivista en el siglo XIX, que la de Atenas, Alejandría o la de Florencia del Humanismo. Lo que Gadamer denomina en *Warheit und Methode* las aporías del historicismo ha hecho dudar de la base misma de la interpretación gramatical histórica. Una vez puesta en entredicho la posibilidad de llegar a conocer realmente cómo fue el pasado, entonces no es menos dudoso que podemos estar capacitados para la revelación del sentido original. Esta sacudida de la filología tradicional que es de carácter histórico y segura de su independencia frente a su propia posición en la historia, caracteriza la hermenéutica de nuestro tiempo, aunque ignorada por los representantes de aquella filología, para los cuales, como mucho, sería otro aliciente para sentirse aún más reforzados en sus convicciones." (Szondi: 1997, 72)

Esta concepción del acto de interpretar supone una crítica a todas aquellas metodologías que han aspirado a conocer el mensaje objetivo y eterno de una obra literaria o han creído en un método de crítica infalible. La hermenéutica contemporánea se caracteriza por la conciencia de su propia historicidad mientras que la hermenéutica de cuño romántico (y la filología a la que se caracteriza como tradicional o historicista) trabaja con el convencimiento de poder borrar su posición en el tiempo y de trasladarse a otra época. En las *Geisteswissenschaften*, el interés investigador que se vuelve hacia el pasado está siempre motivado por el presente y sus intereses.[261] Para explicar los jalones (el proceso) por los que se construye el

---

[261] "Sólo en la motivación del planteamiento llegan a constituirse el tema y el objeto de la investigación. La investigación histórica está soportada por el movimiento histórico en que se encuentra la vida misma, y no puede ser comprendida teleológicamente desde el objeto hacia el que se orienta la investigación." (Gadamer: 1996, 353)

arte de la comprensión, Gadamer ha recordado la autocrítica realizada en el campo de la filología clásica a partir de la primera guerra mundial. Fueron los propios filólogos los que reconocieron que su disciplina no estaba más allá del tiempo sino que dependía del presente.[262]

El maestro alemán considera ingenua la propuesta historicista según la cual la distancia temporal puede superarse para alcanzar una comprensión plena del texto. No podemos desplazarnos al espíritu de la época, pensar o recuperar sus conceptos mientras ponemos entre paréntesis los propios y avanzamos así en el sentido de una objetividad histórica. La ingenuidad del historicismo consiste en que olvida su propia historicidad, cegado por la confianza en la metodología de su procedimiento. La apelación a los hechos no puede pasar por alto las condiciones bajo las que se conocen. Esta aguda conciencia vital y ontológica de no poder traspasar la frontera de los horizontes, del tiempo en que se vive, no supone ningún escepticismo o pesimismo como se ha dicho alguna vez. Se trata es de reconocer la distancia en el tiempo como una posibilidad positiva y productiva del comprender.

La reflexión sobre la creación del significado (y sobre los significados no dichos) son algunas dedicaciones del pensamiento de Gadamer. En esta tarea de pensar junto a filólogos, filósofos e historiadores, el maestro alemán ha superado con creces los planteamientos de la hermenéutica romántica. Comprender no significa desplazarse al interior del otro y lograr una participación inmediata con él, no es ponerse en el lugar del otro y reproducir sus vivencias.[263] Comprender no es un proceso acumulativo, no es saber más en virtud de conceptos más claros, ni llegar a un punto definitivo, una especie de núcleo irreductible que no puede traspasarse. El significado permanente de algo no se reconoce cuando pasa a formar parte de un proceso que ya ha terminado, cuando está lo suficientemente 'muerto' como para que sólo interese como producto arqueológico. Este supuesto punto de llegada es imposible y en ningún caso agota el problema hermenéutico:

> "El verdadero sentido contenido en un texto o en una obra de arte no se agota al llegar a un determinado punto final, sino que es un proceso infinito. No es que se vayan descartando fuentes de error y se eviten nuevas distorsiones del verdadero sentido, sino que constantemente aparecen nuevas fuentes de comprensión que hacen patentes relaciones insospechadas." (1996, 368)

---

[262] "Esto es muy claro en la filología clásica en el momento en que ella misma empieza a llamarse ciencia de la antigüedad, en Wilamovitz, por ejemplo. Es una sección de la investigación histórica que trata sobre todo de lengua y literatura. El filólogo es historiador porque intenta ganar a sus fuentes literarias una dimensión histórica propia. Para él comprender quiere decir integrar un determinado texto en el contexto de la historia de la lengua, de la forma literaria, del estilo, etc., y finalmente, en el todo del nexo vital histórico." (1996, 410)

[263] "El problema hermenéutico no es, pues, un problema de correcto dominio de una lengua, sino del correcto acuerdo sobre el asunto, que tiene lugar en el medio del lenguaje." (1996, 463)

Estamos ante dos de los conceptos capitales de la hermenéutica contemporánea y de los estudios literarios en general. Uno es el concepto de texto, el otro el de interpretación. En algún lugar dice Gadamer que la noción de texto es mucho más que el título de un campo de investigación y la exégesis mucho más que la búsqueda de significados. Ambos conceptos, decía el maestro, han modificado radicalmente durante el siglo XX su rango en nuestros esquemas mentales y en nuestra concepción del mundo. Por lo demás, es evidente que el hermeneuta no contempla el texto desde la perspectiva de la gramática y la lingüística. El texto no es un producto final al que apunta el análisis con la idea de explicar los mecanismos mediante los que se articula, no es un objeto dado, sino una fase en la realización de un proceso de entendimiento, es un producto intermedio:

> "La estrecha correlación entre texto e interpretación resulta evidente teniendo en cuenta que ni siquiera un texto tradicional es siempre una realidad dada previamente a la interpretación. Es frecuente que sea la interpretación la que conduzca a la creación crítica del texto." (1996, 90)

La tarea hermenéutica es consustancial al trabajo de edición e interpretación de un texto tal y como la realiza un filólogo, y la reflexión sobre el acto y la faena interpretativa no deberían serle ajenas. La hermenéutica contemporánea es una permanente invitación a los cultivadores de las humanidades salgan de su antiguo cauce y se encuentren en un marco de reflexión mucho más amplio.

11.4. El caudal del *imaginario*

"La hermenéutica contemporánea, decía con toda razón José Manuel Cuesta Abad, es una Torre de Babel donde todos se entienden, pero cada cual, y por razones no siempre justificadas, prefiere hablar su propio dialecto" (Cuesta Abad: 1991, 95). Hoy resulta difícil deslindar en algunos autores lo que proviene del estructuralismo y la semiótica o de la filosofía. Paul Ricoeur ha articulado los contenidos de Husserl, Heidegger y Gadamer con el psicoanálisis freudiano y la lingüística moderna europea. No es este un fenómeno único, sino un rasgo que caracteriza nuestra época. No hay un saber aislado, sino una tendencia a aprovechar las aportaciones de otros campos de trabajo y crear espacios comunes de reflexión. Cada vez que un nuevo tema entra en el terreno de las humanidades se convierte en objeto de diferentes disciplinas. No es que la interdisciplinariedad sea buscada, es que estamos ante un hecho característico de la investigación. La teoría literaria, el pensamiento de Wittgenstein y las aportaciones de la pragmática lingüística pueden ir de la mano. Hay un vasto campo de trabajo común y no es posible deslindar disciplinas. El estudio de la literatura no es tarea ya de una única clase de investigadores, de un solo departamento universitario, sino de toda una constelación de tendencias.

Al margen de la hermenéutica de Heidegger y Gadamer, de la de Apel y Habermas y de la muy particular *antihermenéutica* deconstructiva, comenzó a desarrollarse a finales de los años sesenta una tendencia asociada a los estudios antropológicos y a la mitocrítica que se conoce -entre otros nombres-, como *Antropología del imaginario*. El concepto de *imaginario*, al igual que ha sucedido con *paradigma, estructura* o *sistema*, ha asentado sus reales en las humanidades hasta saturarse de acepciones. Asociados a la noción de *imaginario* y a la de *mentalidad* (que no son exactamente lo mismo, pero que a veces se entremezclan y confunden) aparecen algunos de los nombres más importantes de la crítica francesa del último tercio de siglo: G. Durand, J. Le Goff y G. Duby entre otros. El análisis de las estructuras simbólicas del imaginario interesa de manera singular a las expresiones estéticas, de suerte que una parte de los estudios literarios ha comenzado a considerar esta hermenéutica de símbolos para interpretar elementos míticos y fantásticos.

En el prólogo a la sexta edición francesa de su muy influyente *Estructuras antropológicas de lo imaginario* [1979], Durand denunciaba la obsolescencia de los neopositivistas y el metalenguaje estéril de los movimientos estructuralistas para proclamar la trascendencia de los estudios sobre el imaginario que él había preconizado.[264] Para Durand, que se sitúa en la poderosa estela que va de Jung a Bachelard (a los que él lee críticamente y corrige aquí y allá) nadie ha explicado hasta ahora el "poder fundamental de los símbolos que es el de unirse, más allá de las contradicciones naturales, de los elementos inconciliables, de los tabicamientos sociales y las segregaciones de los períodos de la historia. Parece entonces que hay que buscar las categorías motivantes de los símbolos en los comportamientos elementales del psiquismo humano." (1981, 33)

Lo imaginario es para él el conjunto de imágenes y de relaciones de imágenes que constituyen el capital pensado del hombre, y constituye el espacio fundamental donde se sitúan todos los procedimientos del pensamiento humano. Lo imaginario, lejos de ser la 'loca de la casa' a la que la reduce psicología clásica, es el camino para analizar el significado, la presencia de unos símbolos en torno a los que se articula cuanto ha producido el hombre. Durand ha creado una compleja hermenéutica del símbolo como método de análisis de las estructuras fantásticas e imaginarias de la cultura. El investigador francés propone que nos situemos en lo que él llama *trayecto antropológico*: "El incesante intercambio que existe en el nivel de lo imaginario entre las pulsiones subjetivas y asimiladoras y las intimaciones objeti-

---

[264] "Los viejos neopositivisitas unidimensionales y totalitarios pierden, algo más cada día, los despojos de su prestigio (...) Por lo que se refiere al estructuralismo formal, se ha encerrado para siempre en el gueto de un lenguaje estéril, preciosista y, a menudo, ridículo" (Durand: 1981,14). El profesor García Berrio se hacía eco de estas denuncias: "Durand tiene sobrada razón en denunciar (...) la insuficiencia de los análisis lingüísticos, apostando como alternativa sobre las capacidades de una 'lectura 'simbólica' para determinar la compleja significación de los textos mito-poéticos" (García Berrio: 1989, 331).

vas que emanan del medio cósmico y social" (1981, 35). Dime cuál es tu infinito, decía el maestro Bachelard, y sabré el sentido de tu universo. Lo propio del poder imaginario es lanzar puentes de ida y vuelta entre los imperativos del sujeto y las intimidades que provienen del mundo físico y cultural. Desde este presupuesto se entrega Durand a estudiar el funcionamiento del imaginario humano, al tiempo que rechaza la metodología de los estructuralistas y defiende el valor dinámico y creador del poderoso *imaginario*.

A raíz de los principios de Durand se han emprendido investigaciones muy notables, algunas más acertadas que otras. En la base de muchos trabajos nacidos de esta orientación late la seguridad de que el hombre se expresa mejor por símbolos que por conceptos, y que el universo que el ser humano habita no es sólo físico, sino también imaginario. El lenguaje no siempre es capaz de describir las cosas, sino que ha de apelar a otros modos analógicos de designación. De acuerdo con esto no es posible acceder a la raíz del hombre si no se intenta, al menos, acceder a manifestaciones simbólicas y míticas. Los estudios literarios que se han consagrado al análisis de aquellos símbolos e imágenes que apelan a más radicales experiencias son muy numerosos. Historiadores de las religiones, antropólogos, filósofos y críticos como Mircea Eliade, M. Dufrenne, G. Bachelard, G. Durand, J. Burgos, García Berrio, etc., han venido a destacar la importancia de imágenes y aspiraciones del ser humano que no deben confundirse con los signos y señales de ningún conocimiento pragmático-semiótico. En esta línea, me siguen pareciendo muy sugestivos los estudios de Bachelard, que han esclarecido como pocos el poder de significación de las imágenes literarias. La imaginación es la potencia mayor de que dispone el hombre y toma su materia de alguno de los elementos esenciales de la naturaleza (agua, aire, tierra y fuego).

El problema que aqueja al término *imaginario* es que no siempre se ha utilizado con el mismo sentido. Es frecuente que se establezcan distingos y se propongan variaciones en la terminología, pero no siempre conducen a una mayor claridad. No debe olvidarse que el término es también moneda corriente entre historiadores de las mentalidades o críticos de arte que se interesan desde hace lustros por las representaciones del imaginario. Le Goff (1985) ha señalado que el término *imaginaire* se ha confundido con lo que designan términos vecinos. Por un lado *representación*, vocablo muy general que engloba "toute traduction mentale d'une réalité extérieure perçue" (1985, I). El imaginario forma parte del campo de la representación, pero ocupa "la partie de la traduction non reproductrice, non simplement transposée en image de l'esprit, mais créatrice, poétique, au sens étymologique" (*Ibídem*). El imaginario desborda el territorio de la representación. Para evocar una catedral imaginaria hay que acudir al arte (recuérdese la "Catedral sumergida" de los *Preludios* de Debussy). Tampoco coinciden exactamente lo imaginario con lo simbólico y lo ideológico. Cuando los clérigos medievales expresaban la estructura de la sociedad terrestre con la imagen de dos poderes, el temporal y el espiritual, el poder regio y el pontificio, estaban imponiendo una imagen que permitía separar clérigos de laicos y establecer una jerarquía entre ellos. Los sistemas ideológicos, los conceptos organizadores de la sociedad que crean las estructuras de poder no son exactamente sistemas imaginarios, aunque a veces la frontera sea difícil de trazar. Al evocar Jean de Meun la edad de oro y el nacimiento del poder político, ¿a qué se está refiriendo exactamente?, ¿a construcción imaginaria o de poder político? (Le Goff: 1985, 3) La más humilde de las manifestaciones históricas, desde algunos elementos de los manuscritos, como la presencia de rúbricas, ilustraciones o tipos de escritura, expresan una representación, una concepción de la cultura, de la administración, del poder.

Ahora bien, los dominios por excelencia del imaginario son las artes y la literatura, que han conservado para cada época histórica, como ninguna otra área del saber, un caudal de imágenes y de representaciones que se corresponden con profundas aspiraciones y sentimientos de la especie humana. Antonio Blanch proponía rechazar en *El hombre imaginario* (1996) aquellas interpretaciones exclusivamente científicas o ideológicas de la literatura porque traicionan unas realidades que de por sí son irreductibles al sistema lógico.[265] Cuando habla de una antropología literaria no se refiere a una antropología del individuo, ni el hombre abstracto de los filósofos, sino "el hombre imaginario, el hombre simbólico, configurado por el esfuerzo constante y universal de los artistas" (1996, 12). A juzgar por la propuesta de su apasionante libro, creo que estamos ante una vía fecundísima de estudio. Ni la vida de un hombre ni la de una etapa de la historia se explican sólo por las relaciones entre los seres de carne y hueso, sino también por los fantasmas en que estos seres se convierten para romper las barreras que los frustran. Una novela encarna la subjetividad de una época y por eso, aunque no ofrezca los mismos documentos que la historia, "nos comunica unas verdades huidizas y evanescentes que escapan siempre a los descriptores científicos de la realidad" (Vargas Llosa: 2002, 25).

El profesor García Berrio consideraba que ilustrar el *sistema de transferencias* y de conexiones comunicativas "entre los testimonios lingüísticos del *esquema textual* y las actuaciones míticas y dinámicas del *espesor fantástico* del texto" (García Berrio: 1989, 331), es una tarea urgente de la crítica y ha propuesto hablar de *formas conceptuales de la imaginación* a aquellos fenómenos fantásticos vinculados al espacio sociológico de la expresividad para diferenciarlos de las *estructuras antropológicas de la imaginación*, "que son fenómenos que subyacen, regularmente inadvertidos o incluso subconscientes, en el establecimiento del sentimiento estético del valor y del alcance poético" (1989, 357). Partiendo de estos presupuestos ha explicado el universo imaginario de Jorge Guillén y de Claudio Rodríguez. Pero el análisis del *imaginario* no es patrimonio exclusivo de los estudios literarios. Varias disciplinas comparten un interés parecido, y esta confluencia no

---

[265] "¿Por qué necesita el espíritu humano proyectarse en esos entes de ficción? ¿No podía el hombre haber vivido sin tales desdoblamientos, más o menos ilustres artísticamente, pero siempre incorpóreos y sin sustancia tangible?" (Blanch: 1996, 77)

siempre ha supuesto claridad, pero es característica de nuestra hora la necesidad de compartir espacios de trabajo, intereses comunes. El concepto de *Imaginario* plantea el punto en el que se entrecruzan la historia y la ficción. No remite únicamente al discurso, sino también a la iconografía, a los ceremoniales y ritos cívicos, a los símbolos de las instituciones, al urbanismo y las fiestas populares.

No es extraño entonces que al estudiar las imágenes los historiadores hayan apelado a disciplinas de las que no solían servirse. Los estudios de iconología (Émile Mâle, Panofsky y Schapiro) han ayudado a entender las imágenes, a relacionarlas con textos, con la ideología, con el mundo (de nuevo la semiótica) y no ha sido menor la contribución de otras ramas del saber. Lo expresaba claramente el gran historiador francés:

> "(...) Sabemos cada vez mejor con la ayuda del psicoanálisis, la sociología, la antropología y la reflexión sobre los medios de comunicación que la vida del hombre y de las sociedades está tan ligada a imágenes como a realidades más palpables. Estas imágenes no se encarnan en la producción iconográfica y artística, sino que se extienden al universo de las imágenes mentales (…) Las [imágenes] que interesan al historiador son las imágenes colectivas agitadas por las vicisitudes de la historia, aquellas que se forman, cambian, se transforman. Se expresan a través de palabras, de temas. Las tradiciones nos las dejan, se toman prestadas de una civilización a otra, circulan en el mundo diacrónico de las clases y las sociedades humanas." (1985, VI)

Así las cosas, el imaginario se considera como un fenómeno colectivo, histórico. Una historia sin el imaginario sería una historia mutilada. Todas las grandes imágenes de la Edad Media, la del hombre como microcosmos, el espejo, la iglesia como cuerpo místico, las representaciones simbólicas de la jerarquía social, los vestidos, la imagen de la muerte y la danza macabra, la organización política (objetos simbólicos del poder, heráldica, ceremonias de investidura y entradas regias), etc., son un gran corpus que hace reaparecer en signos exteriores ideas más o menos sofisticadas según la condición social y el nivel cultural de los hombres en el Occidente medieval. Pero podríamos trazar el mismo museo imaginario de otros siglos.

En ocasiones, historia del *imaginario* e historia de las mentalidades parecen confundirse y esto ha provocado más de un conflicto interpretativo. Desde luego, el campo de las mentalidades no es el del pensamiento sistemático, como bien recordaba el maestro José Luis Romero:

> "La mentalidad es algo así como el motor de las actitudes. De manera poco racional a veces, inconsciente o subconscientemente, un grupo social o una colectividad, se planta de una cierta manera ante la muerte, el matrimonio, la riqueza, la pobreza, el amor, el trabajo... Hay en el grupo social un sistema de actitudes, de predisposiciones que no son racionales, aunque quizá lo fueron alguna vez, pero que tienen una enorme fuerza por-

que son tradicionales. Precisamente a medida que pierden racionalidad, a medida que se hace menos claro el origen de la norma, de la disposición, del juicio de valor, las actitudes se hacen más robustas, pues se va reemplazando el sistema original de motivaciones por otro irracional (...) El análisis histórico consiste precisamente en estudiar cuál es la relación, compleja y dialéctica, entre la estructura real y la ideológica, o sea entre las cosas, lo que hay, lo que pasa, y la imagen que el individuo se hace de ellas y el proyecto que imagina a partir de la imagen." [266]

El descubrimiento de un universo de imágenes y sentimientos que no siempre se verbalizan, ha ofrecido posibilidades extraordinarias de análisis como demuestran los estudios de Jean Claude Schmitt o de Le Goff. El profesor Javier Huerta recomendaba al finalizar el recorrido histórico por la teoría de los géneros que no se ignorase la perspectiva antropológica o etnológica, porque impediría aproximarse a los orígenes del hecho literario. Esta exploración de los orígenes (preocupación filológica donde las haya) ha sido particularmente fructífera en el caso de los géneros como el dramático.[267] Ahora bien, no todo ha sido claridad ni aportación novedosa. El término imaginario es de difícil aprehensión, y está relacionado con otras acepciones, de suerte que se ha prestado a algunas confusiones por un uso poco prudente, según han denunciado algunos historiadores. Valgan estas palabras de Fontana para acabar este apartado:

"(...) Por las muchas aberturas que deja la indefinición conceptual se pueden introducir en el campo -y no hay duda de que lo han hecho- toda clase de embaucadores. Y, lo que es peor, podemos estar ofreciendo a las jóvenes generaciones de historiadores que se inician en la investigación una cobertura puramente nominal -tanto más atractiva por la libertad que ofrece- para una práctica carente de rigor, que puede producir un enorme volumen de literatura insustancial." (Fontana: 1992, 111-12)

11.5. Nuevas y antiguas síntesis: Semiótica, retórica, pragmática

11.5.1. La ciencia de los signos

La idea de una ciencia de los signos (semiótica, semiología) fue concebida de manera independiente y casi al mismo tiempo en las dos orillas del Atlántico y se

---

[266] Romero, J.L. (1987): *Estudios de la mentalidad burguesa*, Buenos Aires, Alianza, pp. 17 y 51.

[267] En los textos dramáticos, "hay que tener en cuenta formas no verbalizadas o no literarias, secularmente menospreciadas por los historiadores por 'esa especie de orgullo de la Filología clásica tradicional, que no quería descender a explicar la cultura de los pueblos clásicos a partir de otros reputados como salvajes" (Rodríguez Adrados, F. (1972): *Fiesta, comedia, tragedia. Sobre los orígenes griegos del teatro*, Barcelona, Planeta). Es en este campo –el de lo antropológico imaginario– donde la crítica de los géneros puede rendir un gran servicio a la historia de la literatura" (Huerta Calvo: 1992, 140).

ha convertido en uno de los modos de análisis de las obras literarias (urge decir que no sólo de las obras literarias) más influyentes e importantes del siglo XX. La formulación de una teoría de los signos puede percibirse ya, aunque de manera vaga, en el *Cours* de Saussure, pero han tenido mucha mayor importancia las excepcionales obras de Ch. S. Peirce, de Morris o de Buyssens. En *Fundamentos de la teoría de los signos* (Morris: 1938) encontraremos el concepto de *semiosis* (proceso por el que *algo* funciona como signo) y la manera de discernir los signos, así como la división de la semiótica en tres ramas: sintaxis, semántica y pragmática. Morris intentó sistematizar una concepción teórica capaz de desarrollar una disciplina que ofreciese a las ciencias humanas una noción, la de *signo*, con un poder y unas capacidades semejantes a las de átomo para la física o la célula para los biólogos.

La semiótica no es un método más de análisis literario, pues cubre un arco mucho más amplio de relaciones y procesos significantes. La diversidad extraordinaria de formas de significación hace que sea necesario definir una metodología para cada caso, y que todavía hoy algunos consideran que es una disciplina en construcción. Junto a la semiótica especulativa existe otra a la que podemos llamar operativa, que se ha aplicado a múltiples dominios y que plantea nuevos problemas metodológicos. La variedad es enorme y continua la expansión a nuevas áreas. La semiótica se ha consagrado al estudio de la música, el *comic*, el cine, las enfermedades, la planificación urbana, y a temas como el narcisismo, el romancero tradicional, la moda o la pasión de Cristo. Pero ha estimulado, además, nuevos desarrollos y alianzas entre tendencias. Las combinaciones entre semiótica y lingüística, semiótica y hermenéutica, semiótica e informática e, incluso entre semiótica y marxismo, ha dado pie a la creación de los metalenguajes y jergas correspondientes. En el terreno de los estudios literarios, estructuralismo y semiótica no son dos continentes separados y podrían englobarse en una disciplina que las incluyera.

Asusta mencionar el concepto *semiótica* y tener después que definirlo, apresar su génesis y desarrollo, las inmensas riquezas (y a veces no pocas confusiones terminológicas) que se arraciman alrededor. Semiótica significa gramática de signos (desde los que nutren *El Decamerón* a los que organizan el museo *Guggenheim*), pero designa también una poderosa disciplina que describe el funcionamiento otros factores implicados en el proceso de comunicación.[268] La semiótica observa en el texto una construcción funcional de signos entre los que existen relaciones a diferentes niveles. Esta apertura a las variadas formas de comunicación es consustancial a la misma raíz de la semiótica: relacionar los signos internos de las obras de arte, de la música o de la literatura con el universo cultural, social en el

---

[268] Sin embargo, no existe acuerdo de definir los contenidos y la metodología de tan poderoso método: "La sémiotique, doit sûrement être une des rares régions du savoir dans lesquelles ceux qui la pratiquent n'ont même pas réuni à parvenir à un consensus en ce qui concerne la définition de leur discipline" (Sebeok, en Helbo: 1970, B1).

que nacen.[269] Y esta apertura ha permitido desarrollos muy recientes, que la convierten en una de las disciplinas más pujantes de cuantas se han gestado y desarrollado en el siglo XX.[270]

Para los semiólogos, el universo está atravesado por signos (si es que no está compuesto exclusivamente de signos, como decía Peirce) de ahí que su análisis se haya extendido a todas las parcelas del conocimiento. En la obra de la escuela de Praga –Roman Jakobson, Jan Mukarovsky, Félix Vodika, etc.– el concepto de estructuralismo se funde prácticamente con el de semiótica.[271] El estructuralismo es un método adecuado para sistematizar las observaciones hechas sobre los textos, pero las aplicaciones más rígidas y estrictas acabaron considerando cada uno de ellos como algo absoluto incapaz de relacionarse con otros. La perspectiva semiológica permite plantear de otra manera los estudios literarios y ampliar las posibilidades de análisis del texto tal y como señala García Berrio:

> "En su búsqueda de significados globales de los objetos y relaciones, los semiólogos han cultivado acertadamente el instinto de no trocear primariamente el fenómeno, de no reducirlo a alguno o a cada uno de sus componentes, como en cambio los lingüistas han practicado por tradición gramatical y olvido retórico." (García Berrio: 1981 b, 10)

El valor estético de una obra literaria se basa en una compleja y amplia transparencia o apertura hacia el mundo. Un texto se nos presenta como la expresión del universo en el que nació, de suerte que las relaciones que se pueden diferenciar en su interior se repiten también fuera de él. Se trata, y son palabras de Starobinski, de poner en evidencia un *logos* común a todas las manifestaciones sincrónicas de una

---

[269] "Sin una orientación semiológica el teórico del arte sucumbirá siempre al intento de considerar la obra de arte como una construcción formal o incluso como reflejo inmediato de disposiciones psíquicas o fisiológicas del autor, o de la realidad expresada distintamente por la obra (...) Únicamente la perspectiva semiológica permite reconocer al teórico la existencia autónoma y la dinámica fundamental de la estructura artística, así como comprender el desarrollo del arte como movimiento inmanente, que se encuentra permanentemente en una relación dialéctica con la evolución de los demás campos de la cultura", escribía Mukarovsky en 1936 (1971, 35).

[270] "La semiótica ya no es más la ciencia sólo de los signos, sino la ciencia general de sistemas significantes, y retórica y hermenéutica no son más que los nombres particulares que han recibido ciertas partes de esta ciencia general." (Kibédi-Varga: 1988, 218)

[271] Tanto Peirce como Morris utilizaron el término *semiotics*, que debió de crearse por analogía con *pragmatics*, *syntactics* o *semantics*. Aunque en algunos casos *semiótica* y *semiología* se consideran intercambiables (el libro de Barthes *Élements de sémiologie* fue traducido por *Elements of semiology*), algunos autores establecen diferencias claras entre ambos conceptos: unos dan a *semiología* un carácter más universal, una especie de ciencia de los signos y le otorgan una dimensión europea, mientras que dan a *semiótica* un carácter más restrictivo y lo vinculan al universo anglosajón. Sin embargo, la diferencia entre ambas nociones ha dado lugar a frecuentes diatribas. Se intentó resolver la duplicidad terminológica en 1969 al adoptar un comité internacional el nombre de semiótica para la ciencia de los signos y crearse la *International Association for Semiotic Studies*.

cultura y una sociedad determinadas (1974). Los fundamentos semiológicos de una obra, la relación inevitable con el mundo, son condición indispensable para su comprensión, de ahí que se reduzca cuando se base en códigos que se han extinguido o que sean propios de otra cultura.

Es muy posible que la propuesta de Saussure, las aportaciones imprescindibles de Peirce y de Morris, las de Jakobson o de Hjelmslev no habrían continuado su curso y que la semiótica no se hubiese convertido en el influyente modelo que es hoy, sin la teoría de la información y la antropología cultural, que han enfatizado los aspectos comunicativos de cada acción cultural.[272] En la génesis misma de la semiótica estaba escrita su apertura a otras disciplinas. Si toda comunicación humana se realiza a través de signos, lingüísticos o no, era inevitable que la teoría de la información impulsara la reelaboración de la ciencia semiótica. Sea como fuere, su influencia desde la antigua formulación de Saussure hasta los últimos libros de Umberto Eco, pasando por las contribuciones magistrales de Lotman y Segre, ha dado pie a incontables estudios. Es cierto que las aportaciones han sido desiguales pero, en cualquier caso, su enorme influencia ha supuesto una modificación radical de las ciencias humanas, desde la antropología a la lingüística, desde la teoría de la información a la teoría de la literatura.

La semiótica estudia los fenómenos culturales como sistemas de signos y, por tanto, como fenómenos de comunicación, tal y como ha estudiado Eco en su extraordinaria obra semiótica. Esta perspectiva ha permitido relacionar y ordenar unos objetivos de investigación que antes podrían parecer más o menos próximos, pero no relacionados. Ya en las tesis del Círculo lingüístico de Praga (1929) se afirmaba que cualquier aspecto de la obra de arte y de sus relaciones con el mundo exterior podía discutirse en términos de signo y significación, y que la estética era parte de la ciencia de los signos. Las diferentes artes son susceptibles de comparación, porque los problemas de cualquier estilo histórico traspasan el marco de una sola expresión artística.[273] En esta dirección resulta esencial la concepción de Mukarovsky, que definió el arte como hecho semiótico e integró la teoría de la literatura en el marco más amplio de una teoría de la comunicación. Las artes trabajaban para él a partir de materiales que tenían el carácter de signo. Éste no debe identificarse ni

---

[272] "Parece fructífero y necesario establecer un punto de vista común a un gran número de disciplinas, desde la literatura, el arte, la música y la historia en general hasta la lógica y las matemáticas, de modo que desde él se concentren esas ciencias en un planteamiento de los problemas definido lingüísticamente. Cada una de ellas podrá contribuir en su medida a la ciencia general de la semiótica investigando hasta qué punto y de qué manera pueden someterse sus objetos a un análisis que esté de acuerdo con las exigencias de la teoría lingüística" (Hjelmslev: *Prolegómenos a una teoría del lenguaje*, Madrid, Gredos, [1943] 1974, 153).

[273] Cuando se habla de metáfora surrealista, decía Jakobson, no es posible olvidar las pinturas de Max Ernst o un perro andaluz de Buñuel: "Muchos rasgos poéticos forman parte no sólo de la ciencia del lenguaje, sino también de toda la teoría de los signos; es decir, de la semiótica general" (Jakobson, 1974, 126).

con el estado de conciencia individual de su autor ni con la *cosa*, es decir, con aquello que representa la obra en el mundo de los sentidos. Una obra de arte no debe reducirse a su materialidad, pues esta sufre una transformación completa en su aspecto y estructura interna cuando se cambia en el tiempo y en el espacio. La fertilidad de sus planteamientos ha permitido desarrollos excepcionales en los estudios literarios.

11.5.2. Avatares de la retórica: desde el ágora al manual

He escuchado decir a algunos colegas que Ortega y Gasset fue un gran escritor, pero que hoy resulta retórico, y que la brillantez de sus expresiones lastra el desarrollo de su pensamiento. El calificativo de retórico es a menudo peyorativo y parece que hereda la extendida –y falsa– idea de que la retórica es sinónimo de catálogo de figuras literarias. Yo no comparto ni la primera afirmación ni la segunda.

Ortega sí fue un escritor retórico, pero no en la dirección apuntada, sino en la vieja dirección que señalaron los griegos, desde Gorgias a Aristóteles, y esto requiere una pequeña digresión histórica. La retórica es una disciplina que ha estado siempre presente en los estudios literarios y que, en muchos períodos de la historia ha servido a otras materias.[274] Tal y como se concibió en Grecia, la retórica tenía una dimensión social y lingüística que fue reduciendo poco a poco su contenido y sus tareas hasta convertirse en una taxonomía de figuras, clasificadas una y otra vez con destino académico. En la *Retórica a Herennio* (siglo I a. C.) se entiende ya la retórica como un sistema cerrado en el que se han reunido todos los procedimientos para embellecer el estilo. Este es un momento crucial de su historia, pues al perderse su trascendencia política, de ágora, al dejar de ser una disciplina que tiene en cuenta los procedimientos de argumentación y construcción del discurso, así como el tipo de receptor al que se dirige el elaborado mensaje, la retórica pasó a refugiarse en los libros de escuela y se destinó: "al servicio de sistemas de enseñanza detallados y cerrados y aprendida a base de abundantes ejercicios prácticos escolares y dirigida por muy claros objetivos educacionales" (López Eire: 1997, 26).

El carácter de "artesana de la persuasión" con el que había nacido se fue difuminando hasta convertirse en una asignatura que se codeaba con otras materias. Las retóricas medievales tampoco dieron una imagen acertada de aquel poderoso arte que nació integrado en un sistema social, y que aspiraba a convertirse en pieza clave de la educación que comprendía la formación ética, la pedagogía, la literatura, la educación cívica y la conciencia política y social. Por más que resurgiera en

---

[274] Durante muchísimos años, la retórica parece que quedó apartada de los estudios literarios, pero como dice Garrido Gallardo, "se hizo más sutil, utilizó el argumento 'ex silentio', no se atrevió a proclamar su nombre, pero estuvo siempre presente hasta en las obras de historiadores, filósofos y científicos como el actual análisis del discurso ha demostrado hasta la saciedad" (Garrido Gallardo: 1994, 188).

distintos períodos o sirviera de guía durante siglos para la articulación de discursos y piezas de oratoria, la retórica ha sido considerada a menudo como una disciplina de escasa entidad, ocupada en menesteres que nada tenían que ver con análisis profundos y con metodologías científicas. En el *Gorgias* platónico, *episteme* significa el método que aspira a un saber racional y universalmente válido, que se rige por el criterio verdad / error, mientras que *doxa* carece de este poder epistemológico. Los modos discursivos y estéticos de los que se ocupa la retórica serían simples elementos accidentales que no afectarían a la profundidad del contenido porque no tendrían función cognitiva. La retórica sólo vendría a tener una misión ancilar para otras disciplinas.

No es de extrañar entonces que, la filosofía y la ciencia (a partir sobre todo de la modernidad), no fueran aliadas de la retórica. Como es bien sabido, Pierre de la Ramée (*Petrus Ramus*) (1515 - 1572), se encargó de restringir la influencia de la retórica al territorio del estilo (*elocutio*) y la despojó de la invención (*inventio*) y la disposición (*dispositio*) de los argumentos, que entraron en el dominio de la lógica. Con esta operación se falseaba el sentido de la vieja disciplina, porque relegaba la elaboración del discurso para determinado auditorio con el concurso de ciertas técnicas. En otras palabras: se privaba a la retórica de su verdadero objetivo, que era la argumentación destinada a convencer. (Recuérdese que una parte de la *Retórica* de Aristóteles estaba dedicada a la argumentación). Las consecuencias son bien conocidas: al ser entendida como *elocutio* se convirtió en objeto de clasificaciones de figuras y fundamentó una de las bases de lo que nosotros conoceríamos por estilística. Desde el siglo XVII fue considerada ajena a los intereses científicos y tanto cartesianos como empiristas la consideraron un simple procedimiento para charlatanes, un arte de la palabra mediante el que no se podía acceder al conocimiento.

11.5.3. La rehabilitación de la retórica y la pragmática

La Neorretórica ha resurgido al menos tres veces en el siglo XX, pero siempre con horizontes, propósitos y resultados muy diferentes. Las responsables de estos tres renacimientos han sido la filosofía, la lingüística y un vasto movimiento panabarcador que conocemos como Retórica General. La recuperación y nueva valoración de la retórica no es, desde luego, fruto de una moda pasajera. La retórica no es un simple método de crítica más o menos articulado. Puede decirse que, en general, los períodos de *refundación* y de *expansión* de la retórica han estado siempre precedidos por un renovado interés de la filosofía por la lengua y por su papel dentro de una teoría del conocimiento (Pozuelo Yvancos: 1988, 182). Ya a mediados del siglo XIX aparecen señales que nos hacen pensar en un resurgir de la disciplina en su antiguo sentido. Baste recordar los vínculos que establecieron Humboldt o Steinthal entre lengua y psicología o la noción de *innere Sprachform*, la forma interior del lenguaje que orientaba la atención del investigador hacia la influencia de la lengua en el pensamiento. La lengua no podía entenderse como un simple medio de comunicación.

Tras los ataques del romanticismo y las críticas de Croce, la retórica comenzó a resurgir en el primer tercio del siglo XX. La herencia diltheana de la *Geistwissenschaft*, la hermenéutica y la crítica fenomenológica tienen algo que ver con este renacimiento. La noción de *Erlebnis* propició la creación de un discurso diferente al de la ciencia y destinado a un conocimiento de otra índole. Es el lenguaje del *bon sens* de Bergson o la *razón vital* de Ortega. Cuando la ciencia no ocupa todas las actividades racionales del hombre, parece que el viejo discurso que no busca verdades universales (*episteme*), aquel que se refiere al viejo arte de convencer, de mover al asentimiento (la *doxa* que resulta destruida del *Gorgias* platónico), acaba por resurgir. La convicción, muy arraigada en el siglo XX, de que la filosofía o la crítica son esencialmente una forma de lenguaje y el desarrollo extraordinario de la pragmática, ayudan también a explicar la revaluación del viejo discurso retórico. La lógica de tradición aristotélica redujo el potencial del razonamiento al del silogismo, modalidad que sólo puede usarse si de ciencia (es decir, de un lenguaje perfecto) hablamos. Pero hay muchos aspectos de la vida que no pueden regirse por esta clase de razonamiento. La razón de ser de la *Retórica* se justifica como medio para descubrir las lagunas del método silogístico, que no puede cubrir toda clase de razonamientos.

Por otro lado, la demostración perfecta presupone no sólo una ciencia perfecta, sino también una determinada clase de auditorio. Aristóteles, que había adquirido una enorme experiencia en el ágora, sabía que no todos los interlocutores son iguales ni de formación semejante. Así las cosas, la rehabilitación de la retórica (con toda la riqueza que proponía el Estagirita) y el reconocimiento de la limitada eficacia de las lógicas formales es un hecho constatable en los primeros decenios de nuestro siglo.

Es posible que la retórica y la poética clásicas presenten lagunas y defectos muy notables en su organización y objetivos, pero como dice cargado de razón el profesor López Eire:

> "no han incurrido en el fatal defecto de centrarse única y exclusivamente en el texto considerándolo autónomo y dando carpetazo de una vez para siempre a los factores con él asociados, al orador o autor, al oyente o lector y a la relación del texto con su contexto y con la sociedad y con el mundo, que, aunque sean ignorados siguen estando allí, existiendo realmente y ejerciendo su influencia sobre el texto." (López Eire: 1997, 63)

En los últimos años ha vuelto a aparecer en los estudios literarios la tríada de factores que señalaba Aristóteles en su *Retórica* (1358 a 37): el que habla, aquello de lo que habla y el auditorio al que se dirige. Vale decir también, que modernamente se ha reconocido y valorado el carácter pragmático que le dio el filósofo.

Según la pragmática, un emisor crea un texto con una clara intención y adaptado siempre a un determinado receptor mediante un acto de habla, con lo que pretende influir en la voluntad de acción de quien escucha. La retórica proponía estudiar cómo se dice de determinada manera algo al oyente de acuerdo con una situación lingüística y extralingüística. El estudio de los tropos no debería realizarse sin conocer el objeto que se perseguía con el discurso ni la clase de auditorio al que iba a dirigirse. Las figuras no existen en ningún limbo lingüístico y no ejercen función alguna antes de su empleo. Téngase además en cuenta que en la emisión de un discurso existen factores paraverbales o no verbales que alteran el acto de habla, como la entonación, el tono de voz, los silencios, el gesto o la postura. La retórica clásica no olvidó estos factores.

11.5.4. Modernos desarrollos de la retórica: el caso de Chaïm Perelman

La renovación de las disciplinas humanísticas no siempre se produce en su interior, sino en otros ámbitos y perspectivas que cruzan los antiguos contenidos y les otorgan un nuevo sentido. Ese es el caso de la *nueva retórica* que nace de los trabajos de Chaïm Perelman. Sus planteamientos obedecen a una profunda reflexión que incumbe al derecho, a la lógica, a la filosofía, al viejo arte de argumentar. Al estudiar el problema de la justicia y de su aplicación, Perelman mostró que la lógica no era el único camino que mostraba cómo se fundamentaban e impartían normas jurídicas. El asunto nos interesa de manera capital, porque las disciplinas humanísticas no se prestan siempre a ser formalizadas, lo que no significa que haya que dejar su discurso (ni el de la ética o el derecho) fuera de la razón.

Para Perelman, los lógicos y los teóricos del conocimiento habían descuidado desde hacía siglos el estudio de los medios de prueba utilizados para obtener la adhesión del interlocutor, del auditorio. El campo de la argumentación ha sido siempre el de lo verosímil, lo probable, territorios que se escapan a la certeza del cálculo. Perelman rompe con la idea de que el razonamiento (me refiero a la noción cartesiana) es la única lógica posible o verdadera. El cálculo y la deducción lógica confieren a la investigación el prestigio de una ciencia exacta, pero el razonamiento *more geometrico* que se propone como modelo único no puede aplicarse al plano de las opiniones más o menos verosímiles. Parecía que más allá de la eficacia del cálculo, de la experiencia y de la deducción lógica queda sólo una tierra abandonada a lo irracional. Pero los principios de un razonar correcto están en la base de muchas actividades del pensamiento. No vivimos solamente de deducir conclusiones lógicas.

En el momento en el que se priva a la retórica de su particular manera de presentar el discurso (en el que caben las deducciones) y se deja el arte de inventar o presentar argumentos en manos de la lógica, se produce una mutilación gravísima. Otro desajuste no menor fue convertir la lógica en reina absoluta del razonamiento analítico. Esta reducción llevó a Perelman a exponer su teoría de la argumentación, que él llamaba "nueva retórica":

> "Si es innegable que la lógica formal es en sí misma una disciplina que se presta, como las matemáticas, a la operación y el cálculo, es también indiscutible que también razonamos incluso cuando no calculamos –en debates privados o públicos, al dar argumentos a favor o en contra de una tesis, al aceptar o rechazar una crítica. En todos esos casos, no demostramos como lo hacemos en matemáticas, sin embargo argumentamos. Si entendemos la lógica como un estudio del acto de razonar en todas sus formas, es natural que la teoría de la demostración desarrollada como forma lógica, vaya acompañada por una teoría de la argumentación similar al razonamiento dialéctico aristotélico, que busca, a través de la argumentación, la aceptación o negación, la aceptación o el rechazo de la tesis que se vaya a a debatir." (Perelman: 1982, 4)

Para Perelman, el destinatario es tan importante para la teoría de la argumentación como el autor y su discurso, porque la argumentación se desarrolla en función de un auditorio. En este punto coincide con la retórica greco-latina. El campo inmenso de la *elocutio* recibe así un sentido nuevo. Ahora se trata de estudiar cómo el uso de alguna figura determinada se exige por las necesidades de la argumentación. Las figuras, los tropos, que fueron relegados durante años a simple adorno, a expresión feliz que otorgaba belleza a la expresión, comenzaron a entenderse por su intención argumentativa. La aparición de una figura puede relacionarse con un giro en el razonamiento, un cambio de perspectiva o una nueva situación creada en el discurso. Perelman está en los antípodas de aceptar la identificación entre retórica y *elocutio* y es contrario a separar las estructuras de la argumentación de las figuras de estilo. Un análisis retórico debería mostrar la interacción de tropos y figuras con el desarrollo y construcción de los argumentos, con el proceso de crear significado.

Aristóteles dice muy claramente que en el discurso retórico debían tenerse en cuenta tres elementos: el que habla, la materia de la que habla y el auditorio al que se dirige. Traducido a términos del siglo XX diremos que un emisor crea un texto con una clara intención y adaptado siempre a un determinado contexto, mediante un acto de habla con el que desea influir en la acción del receptor. Es decir, la retórica estudia el lenguaje humano desde la perspectiva de los actos de habla mediante los que el hombre influye sobre los demás. Estamos ante una perspectiva claramente pragmática (López Eire: 2000, 123).

La retórica, en efecto, propone desde antiguo actividades que hoy consideramos pragmáticas: los oficios del orador (informar, conmover, deleitar, conmover), las operaciones mediante las que creamos discursos y el estudio de sus significados según el auditorio, y las situaciones en las que se producen. La pragmática explica hechos lingüísticos teniendo en cuenta factores extralingüísticos y estudia fenómenos como las alusiones e implicaciones que se comunican mediante el lenguaje.

11.5.5. Retórica elocutiva: nuevos y viejos planteamientos

La primera de las consecuencias que pueden extraerse de cuanto llevamos dicho es la continua presencia del pensamiento aristotélico en asuntos de crítica y teoría literarias. El verdadero Aristóteles vuelve al pensamiento (si es que se fue alguna vez) cuando se atiende a la marcha dialéctica de los problemas que plantea, a la pregunta de donde brotan las respuestas, y no a la reductora exposición de sus doctrinas. La simplificación de su pensamiento en los manuales es una losa encima de su curiosidad, su capacidad de pensar y construir discursos. En segundo lugar, me parece que el retorno a la *Retórica* indica muy bien el perpetuo debate que sostienen las humanidades con el pasado y el presente. Hoy resultaría absurdo proponer a un astrónomo o a un biólogo que abandonara su instrumental, sus potentes equipos y sus ordenadores, y regresara a los modelos teóricos y a la observación tal y como se hacía durante el Renacimiento. En humanidades, sin embargo, existen propuestas que no siempre se quedan antiguas. Nadie estudiará la órbita de los planetas con un telescopio de 1700, pero todavía es viable analizar el discurso literario a partir de las propuestas aristotélicas en la *Poética* y la *Retórica*. En la filología, el debate con el Brocense o Humboldt, con las ediciones de Bédier o los libros de Spitzer aún no ha finalizado.

Es verdad que la retórica elocutiva se ha considerado una disciplina obsoleta y estéril, y que se ha olvidado que era una invitación tanto a la creación de textos como a su análisis. Pero no se debe cortar todo el paño por el mismo patrón. Una cosa son los manualillos de retórica que copian unos de otros, y otra muy distinta son los monumentos de Lausberg (1949 y 1960) o de Dockhorn (1968), obras de consulta obligada para cualquier investigador, sea de la formación o tendencia que se quiera.

El trabajo de Jakobson de 1958 renovó el interés por figuras y tropos y está en la base de la Retórica General del Grupo µ. Barthes propuso también resucitar el término retórica y en la misma senda deben recordarse los brillantes trabajos de Genette, que propuso una nueva retórica dentro del universo de la lingüística, la gran disciplina que monopolizó durante décadas el estudio de la literatura. Una de las mayores contribuciones de cierta orientación estructural a la teoría retórica pasa por los trabajos de los investigadores de Lieja, que aceptaron la equivalencia entre retórica y elocución como punto de partida y asumieron la tarea de extender el estudio de la literatura al más amplio del discurso. La atención hacia los "estilemas intencionales de expresividad" es un instrumento importante como elemento persuasivo de un discurso retórico. El orador no sólo ha de conocer lo que ha de decir sino también cómo ha de hacerlo. El Estagirita señaló ya el valor operativo de las figuras y a partir de su obra se comenzó a hablar de las "virtudes del estilo". La *Rhétorique Générale* del Grupo µ atiende al *lógos*-palabra y se ha dedicado a estudiar los tropos para establecer los principios básicos por los que todas las figuras del lenguaje y del pensamiento se crean y pueden ser descritas.

No debe olvidarse que el desarrollo de la *Nouvelle Rhétorique* de Perelman no es la única vía por la que se ha desarrollado la retórica en el siglo XX. En esta línea debe tenerse en cuenta la propuesta de García Berrio para la construcción de una *Retórica General como ciencia de la expresividad*. El profesor español propone la colaboración entre la retórica y las modernas disciplinas del discurso, con el fin de constituir una *Retórica* apta para valorar los recursos de expresividad literaria. Se trataría de integrarlas en un discurso único, ciertamente complejo, pues entrarían en su seno componentes de la hermenéutica, la retórica clásica, la lingüística. Esta colaboración entre tan poderosas disciplinas tendría consecuencias muy positivas para el futuro de los estudios literarios porque:

> "Tendería a reorganizar definitivamente los estudios sobre el texto literario; restaurando el viejo tronco doctrinal de la Retórica clásica con las aportaciones puntuales de la Poética y Lingüística actuales. Tal opción la consideramos como la vía de una *Retórica general viable*." (García Berrio: 1989, 144)

11.5.6. La recuperación de la retórica: algunas conclusiones

Considero que nos enfrentamos ante un hecho importante: el interés de varias disciplinas por un mismo campo de estudio, y la imposibilidad actual de plantear investigaciones sin contar con conocimientos vecinos. Este fenómeno no es fruto de ninguna unión artificial sino de una tendencia que caracteriza una parte de la teoría literaria contemporánea. No se trata de yuxtaponer disciplinas, sino de reconocer su mutua interdependencia a la hora de explicar obras literarias.

En el redescubrimiento de la dimensión pública del discurso retórico (es decir, su interés por influir en la opinión y las acciones) han colaborado una serie de disciplinas que están relacionadas con la argumentación y la comunicación verbales en todos sus aspectos y propósitos, desde la semiótica, la hermenéutica y las ciencias jurídicas hasta la sociología, la política y la pedagogía, pasando, naturalmente, por la lingüística y los estudios literarios. Como dice López Eire, que ha servido de guía en estas páginas:

> "La lingüística del texto y la pragmática y además la semiótica se reencuentran en la retórica tradicional (en la que el discurso es un acto de comunicación que resulta en un acto de habla), porque, por poner un ejemplo, la operación retórica de la disposición (*dispositio*) es, en efecto, en sí misma todo un proceso de *semiosis* (o de confección de un texto o discurso significativamente completo) en el que confluyen operaciones que son objeto cada una de ellas respectivamente de la semántica, la sintaxis y, por tanto, la lingüística del texto y la pragmática." (2000, 178)

Me gustaría recordar, finalmente, la importancia que supone destacar la relación entre el escritor o el orador y el auditorio, y el papel del género y las implicaciones ideológicas del discurso que pretende persuadir. El objetivo de quien habla o escribe es, como ha destacado Perelman, invitar a adherirse a unas premisas: "The aim of argumentation is not, like demonstration, to prove the truth of the conclusion from premises, but to transfer to the conclusion *the adherence* accorded to the premises" (Perelman: 1982, 21).

Las condiciones establecidas entre el hablante y su público determinan la naturaleza de la comunicación y son esenciales para que un acto retórico se cumpla. La enunciación de esta idea tan sencilla no da cuenta de la profundidad de los estudios que ha suscitado. Por lo demás, no podía faltar un punto de vista ideológico que animara la reivindicación de una retórica que va más allá de la disciplina organizada y complaciente que nos han presentado. Una retórica que trabaja con unas premisas axiológicas fijas, incapaz de aclarar las estrategias de discursos específicos, acaba convirtiéndose en una disciplina al servicio del poder. La retórica no es sólo la producción de un lenguaje destinado a la expresión, sino que tiene una clara función persuasiva en la que el *ethos* del hablante y la recepción de la audiencia son de capital importancia. La disciplina que destaca los efectos del discurso en el público, tiene mucho que ver con la recepción.

El análisis retórico muestra la interacción de los tropos y figuras con los argumentos, explica cómo crean significado y reflejan una específica postura ideológica, analiza la pertinencia de rasgos lingüísticos y su relevancia en pasajes donde surgen contradicciones o ambigüedades, y revela dónde se detectan tensiones entre las figuras y las propuestas conceptuales. En esta línea, me parecen admirables los análisis que ha realizado Mermall (1994) sobre las claves retóricas para la comprensión de Ortega o el que ha escrito Gabriel-Steehman (2000) acerca del recurso etimológico en la obra del filósofo.

Acabo esta nota que he dedicado a la recuperación de la retórica tal y como la empecé, recordando la obra de Ortega y Gasset. La declaración del compromiso retórico del filósofo español está grabada en el *Archivo de la palabra*:

"He aceptado la circunstancia de mi nación y de mi tiempo. España padecía y padece un *déficit* de orden intelectual (...) Era preciso enseñarla a enfrentarse con la realidad y transmutar este en pensamiento, con la menor pérdida posible. Se trata, pues, de algo más amplio que la ciencia. La ciencia es sólo una manifestación entre muchas de la capacidad humana para reaccionar intelectualmente ante lo real.

Ahora bien, este ensayo de aprendizaje intelectual había que hacerlo allí donde estaba el español: en la charla amistosa, en el periódico, en la conferencia. Era preciso atraerle hacia la exactitud de la idea con la gracia del giro. En España para persuadir es menester antes seducir."

Considerar a Ortega un escritor *retórico*, porque cargaba su prosa de tropos es una opinión repetida. A mí me parece que atiende solamente a un aspecto de su estilo. Es de mayor interés estudiar su obra en función del auditorio y de los lectores. No sobraría volver a pensar las razones por las que el pensador se expresó mediante artículos o ensayos breves y no escribió largos tratados sistemáticos. Me parece también más productivo investigar las razones por las que acude a etimologías y analogías, y cómo y en qué momentos de sus textos introduce tropos o figuras literarias para argumentar o dar un giro a su planteamiento. Ortega se inventó una prosa, porque a sus espaldas, la producción filosófica y ensayística no era apta para lo que él quería expresar.

Creo, en definitiva, que los antiguos y nuevos desarrollos de la Retórica han abierto campos para la investigación en los estudios literarios. Siempre nos quedará Aristóteles.

11.5.7. Del texto aislado a la cultura como texto: la obra de Lotman

No creo que nadie discuta la pertinencia de incluir los estudios de Iuri M. Lotman (1922-1993) en este breve apartado que he dedicado a la semiótica. Conviene aclarar, sin embargo, que no estamos ante un intelectual que haya aplicado con mayor o menor inteligencia algunas nociones de este campo a la literatura o las artes plásticas, sino ante un investigador que otorgó a la semiótica una dimensión excepcional por su amplitud de miras. Lotman no ha sido, además, autor de un solo libro –y menos de un método "infalible" de esos que enarbolan algunos que se llaman teóricos– sino de varios trabajos que muestran una curiosidad y una capacidad de pensar y evolucionar extraordinarias. El texto artístico, llegó a escribir, no tiene una solución única, como la tienen un enigma o una multiplicación. Nunca terminamos de indagar unas relaciones, y una y otra vez comprobamos que la relectura de novelas o la escucha atenta de piezas musicales nos descubren aspectos nuevos y nos permiten establecer nuevas relaciones.

Desde que publicó su primer trabajo en 1949 hasta los póstumos *Cercare la strada* e *Il gironto delle muse,* Lotman escribió obras fundamentales, que son de lectura obligada para los estudiantes de humanidades, desde la *Estructura del texto artístico* hasta el conjunto de artículos recogidos bajo el título de *La semiosfera.* La semiótica de Lotman es un universo amplio y poco académico, que ha merecido el apelativo de "semiótica heterodoxa".

Tras *La estructura del texto artístico,* donde condensó toda su sabiduría estructuralista y formalista, Lotman salió del espacio estricto del texto y recuperó objetivos de la escuela de Tartu (mitología, arte, cine) y del teórico Tinianov, que pedía analizar la serie literaria junto a otras. Los trabajos que le llevaron a formular la noción de *semiosfera* revelan numerosas inquietudes. Una y otra vez acudió a diferentes parcelas de la cultura (física, matemáticas, biología, antropología o cine) para explicar cómo se relaciona el texto con el universo que lo rodea.

Para Lotman, el significado de un texto se construye cuando se relaciona con otros sistemas de significados más amplios, otros códigos culturales y sociales. Comprender un texto no significa sólo entender su composición, sus relaciones internas, sino también las relaciones extratextuales y las que surgen de confrontar unas con otras. La cultura no es para él un depósito de ideas y de textos ya hechos, sino el mecanismo vivo de la conciencia colectiva. La semiótica de la cultura, tal y como la concibe, se propone estudiar las leyes de la vida de este universo intelectual – artístico como conjunto complejo y vivo. A la hora de explicar el modo en que las obras literarias crean significado y se relacionan y organizan, no debería acudirse a una explicación exclusiva, porque la literatura permite múltiples ordenaciones, aunque cada una de ellas organice sólo un aspecto, una esfera.[275] Las nociones de alto / bajo, o de literatura elevada / literatura de masas, son siempre órdenes que se refieren a una sola parcela. La literatura es un poderoso sistema de signos y un mecanismo que lo organiza. En su escalón más alto segrega los *metatextos*, es decir, un grupo de textos de un nivel más abstracto que los demás. Son normas, reglas, tratados teóricos y artículos críticos que "devuelven la literatura a sí misma, pero ya en una forma actualizada, construida y valorada" (1996, 168).

La relación entre el arte y la realidad, el modo en que se crea el significado y la concepción de la cultura como totalidad donde se expresan las distintas manifestaciones de la actividad humana, le llevaron a la formulación del concepto de "semiosfera". Para Lotman, ningún sistema de signos –desde una ciudad a la historia de la literatura– puede reducirse a una suma de elementos simples. Tomados por separado, ningún sistema semiótico tiene capacidad de explicar nada por sí mismo. Sólo actúa cuando está sumergido en un *continuum* semiótico ocupado por formaciones de distintos tipos que se hallan en diversos niveles de organización. A este *continuum*, por analogía con el concepto de biosfera creado por el biólogo Vernadski, lo llamó Lotman semiosfera. Sólo dentro de este espacio resultan posibles los procesos comunicativos y la producción de nueva información. La semiosfera permite el mecanismo que crea significados. Si sumamos actos particulares, no obtendremos el universo semiótico, la esfera que hace posible los actos de semiosis, pues es necesaria una interacción:

"el conjunto de las formaciones semióticas precede al lenguaje aislado particular y es una condición de la existencia de este último. Sin semiosfera el lenguaje no sólo no

---

[275] Para el maestro estonio, todo texto ostenta una condición de 'no homogéneo': "Hasta en un corte rigurosamente sincrónico la heterogeneidad de los lenguajes de la cultura forma un complejo multivocalismo. La propagación de la idea de que, habiendo dicho 'época del clasicismo' o 'época del romanticismo', hemos definido la unidad de un período cultural o por lo menos su tendencia dominante, no es más que una ilusión generada por el lenguaje de descripción adoptado" (Lotman: 1996, 145).

funciona, sino que tampoco existe. Las diferentes subestructuras de la semiosfera están vinculadas en una interacción y no pueden funcionar sin apoyarse unas en otras." (1996, 35).

Pero Lotman no consagró solamente sus esfuerzos a la teoría de la cultura y la literatura, sino que se interesó por textos concretos. Sus análisis de obras de Pushkin, Gógol o de Dante suponen un cambio de perspectiva respecto de las opiniones tradicionales. Es particularmente relevante, desde mi punto de vista, su explicación del episodio de Ulises en el infierno de la *Commedia* (Rubio Tovar: 1998). Toda su arquitectura simbólica se organiza a partir del eje alto / bajo, que permite explicar el peregrinar de los personajes hacia la luz, hacia la verdad, al tiempo que aclara el ascenso moral del personaje Dante frente al naufragio de Ulises.

No resulta sencillo explicar cómo surge una obra tan sólida y variada como la de Lotman. Entre sus profesores figuran Eikenbaum, Tomaševskÿ, Propp, pero hereda también el pensamiento de Bajtín y la tradición lingüística que proviene de Trubetzkoi y Jakobson. Añádase a todo ello el carácter fronterizo de la ciudad de Tartu, en la que Lotman ejerció su magisterio. Vivir en varias lenguas, varias tradiciones de pensamiento y conocer varias literaturas es un estímulo intelectual de primer orden. El talante intelectual de Lotman le llevó, además, a buscar en disciplinas no humanísticas la explicación a sus inquietudes. Todos estos factores ayudan a entender el carácter tan renovador de su pensamiento. En la ciudad de Tartu se agavillaron teóricos de diferentes disciplinas que crearon, en torno al maestro, un aluvión de estudios que han transformado los estudios humanísticos. La solidez y riqueza de su obra culmina, como he recordado, con dos textos publicados póstumamente. *Il girotondo delle muse* presenta, desde el título, la danza de la belleza, única y múltiple, que no permite ser analizada por separado.

La obra literaria es un mundo regido por su propia legalidad, pero no resulta difícil reconocer que cualquier texto es un mundo dentro de otro más amplio, y que impone su presencia no sólo al costado de otros textos literarios, sino también al lado de otras realidades y de otras instituciones que no son, precisamente, de esencia literaria. Podremos renunciar a buscar la ley de la obra fuera de ella pero no es fácil ignorar todo aquello que, explícita o implícitamente, la relaciona con un universo exterior. La semiótica ha demostrado que un estudio de sistemas significativos no puede quedarse en el análisis de los signos y sus relaciones entre ellos, sino que debe abrirse a las relaciones entre el signo y su significado, entre los signos y sus usuarios, es decir, debe abrirse a una relación que se conoce como pragmática. Todavía más. En las últimas décadas se ha producido un desarrollo de tres disciplinas centrales de las ciencias humanas: junto a la semiótica se alinean la retórica y la hermenéutica. Una restrictiva lectura de los primeros textos de la retórica la convirtió, como ya he recordado, en un catálogo de figuras incapaz de analizar las obras literarias. Pero la voluntad de convencer no se limita a la palabra, sino a segmentos más amplios del discurso. Existe además una retórica de la imagen en sus múltiples vertientes: desde la pintura, el cine o el cómic. La hermenéutica, por su parte, ha experimentado un desarrollo tan importante, que limita ya con las estrategias del discurso y no se refiere solamente a la exégesis de algunos textos.[276]

11.5.8. Pragmática, retórica, semiótica

No deben extrañar los intentos de determinar una parte de la retórica y de la hermenéutica en el interior de una semiótica general. La convergencia de todas estas disciplinas en un campo común de intereses muestra dos tendencias muy características de los estudios literarios en los últimos años. Una es la interdisciplinariedad, la colaboración necesaria entre disciplinas próximas, la otra es el pluralismo. El inmanentismo de las escuelas formalistas y estructuralistas, la enorme seguridad y convicción de algunos teóricos de practicar la única ciencia literaria posible, o los excesos a la hora de explicar la literatura a partir de sistemas abarcadores como el marxismo o el psicoanálisis, no tardaron en entrar en crisis. Los vientos cambiaron de rumbo, como señala Darío Villanueva (1994, 12), y la posmodernidad ha invitado a una actitud no excluyente. En los estudios literarios de ciertos países se ha instalado un pluralismo crítico que huye de un procedimiento exclusivo para explicar lo literario. Estamos en el universo de la "proliferación" (Feyerabend), de la necesidad de partir de varios modelos; para Wayne Booth (1979), nos movemos en el ámbito del pluralismo. En el número doce de la revista *Critical Inquiry*, dedicado íntegramente a esta tendencia, apareció un artículo del propio Booth titulado "Pluralism in Classroom" (1986). Su ensayo es interesante porque plantea no ya qué debe explicarse en una clase (recuérdese el debate sobre el canon) sino desde qué perspectiva debe abordarse el análisis, la presentación de los materiales que se hayan escogido. No hace muchos años, esta pregunta sería ociosa, pero actualmente, dada la proliferación de métodos y actitudes ante lo literario, no carece de sentido. Por otra parte, a los docentes no nos viene mal que alguien nos interrogue de vez en cuando sobre el método que seguimos en el aula, cómo programamos la asignatura, qué pretendemos que sepan los estudiantes, cómo enseñamos a investigar.[277]

---

[276] "En una dirección coincidente hay que reseñar la notable apertura de la Semiótica literaria a consideraciones contextuales, propiciada por el acusado desarrollo que en su paradigma metodológico viene experimentando últimamente la Pragmática, por la que el discurso semiótico se pone en relación con el que lo ha producido y sus destinatarios, con las coordenadas de espacio y tiempo que los condicionan, con otras series literarias o artísticas en general o con la propia historia y la evolución social (...)." (Villanueva: 1994, 14)

[277] Booth proponía evitar visiones exclusivas (y exclusivistas) de un problema:"Procuro no explicar de manera sistemática la teoría pluralista –al menos, no hasta que los estudiantes hayan avanzado considerablemente–. En su lugar, utilizo un procedimiento que puede llamarse 'adding monism', y construir una pluralidad de perspectivas (al menos dos, pero ninguna más), con la esperanza de que los estudiantes

Para Ihab Hassan, el pluralismo se inscribe claramente en la órbita del posmodernismo. De entre los rasgos que propone para definirlo me interesa destacar la "indeterminación", que significa para él el conjunto de ambigüedades, rupturas, desplazamientos de intereses que afectan tanto a la sociedad como al saber. En esta tendencia incluye numerosas ofertas de críticos contemporáneos.[278] De la mano de la indeterminación se ha producido el auge de lo fragmentario, que está en los antípodas de cualquier visión unitaria que eliminara diferencias y frente a la autoridad de las obras canónicas y de los relatos legitimadores que se convirtieron en el fundamento del pensar en Occidente. Esta *decanonization* ha traído consigo la deconstrucción de los lenguajes de poder, así como la subversión, la rebelión de los discursos periféricos frente al centro político y social (algo he dicho unas páginas más atrás). Es esencial en esta dirección la "*Hybridization* or the mutant replication of genres" (1986, 506), que ha permitido el desarrollo de géneros no académicos que van desde la parodia, la deformación o superación de estudios que se tenían por canónicos. Desde esta perspectiva, la imagen o la réplica son tan válidas como el modelo (e incluye aquí el borgiano *Quixote* de Pierre Menard). Las consecuencias han sido enormes para el estudio literario porque han permitido la creación

> "de un concepto diferente de tradición, un concepto en el que la continuidad y la discontinuidad, la alta y la baja cultura se mezclan no para imitar, sino para extender el pasado en el presente. En este presente plural, todos los estilos están disponibles de manera dialéctica en una interacción contínua (…)." (1986, 506)

Sea del origen que sea, esta clase de pluralismo ha sido acogida tanto en Europa como en los Estados Unidos. No debe entenderse como una especie de *semiosis* infinita, un vaivén de métodos de crítica que ampara una especie de "todo vale", todo puede decirse porque, en el fondo, todo está permitido porque todo da igual. La premisa del pluralismo es de otra índole.

Darío Villanueva (1994) proponía unos estudios literarios convertidos en un área interdisciplinar que pudiera trasladarse a la docencia y a la investigación y que rechazara el narcisismo de tanta teoría autosuficiente y las jergas metalingüísticas de las que ya he dicho una palabra. El compromiso postestructuralista comprende para el profesor español tres tareas. La primera es aceptar que entre las disciplinas que comprenden los estudios literarios (Teoría, crítica, historia literaria y literatura comparada) existe una dependencia total, hasta el extremo de que ninguna puede

---

descubran por sí mismos una necesidad radical de sustituir su relativismo intuitivo o monismo dogmático por el pluralismo" (1986, 472-73).

[278] "Mikhail Bakhtin's dialogic imagination, Roland Barthes' *textes scriptibles*, Wolfgang Iser's literary *Unbestimmtheiten*, Harold Bloom's misprisions, Paul de Man's allegorical readings, Stanley Fish's affectice stylistics, Norman Holland's transactive analysis, and David Bleich's subjetive criticism (...) Indeterminacies pervade our actions, ideas, interpretations; they constitute our world." (Hassan: 1986, 504)

alcanzar un desarrollo cabal sin el concurso de las otras. La segunda aconseja armonizar los diferentes métodos de crítica y la claridad expositiva y precisión en el empleo del metalenguaje. La tercera a que nos invita el paradigma postestructuralista, dice Villanueva, es desarrollar las perspectivas que abordan el estudio de las obras de arte verbal entendidas como procesos comunicativos. Estas tres tareas hablan a las claras de una interdisciplinariedad necesaria.

11.5.9. Del neotradicionalismo al neoindividualismo: las antiguas construcciones y las nuevas síntesis

Ya he dicho que la pluralidad de ofertas teóricas y las síntesis entre ellas es un rasgo muy característico de estos tiempos. Las antiguas construcciones de los maestros que tanto abarcaban (Menéndez Pidal, Bédier, Castro) y unificaban, han dejado paso a la pluralidad y el eclecticismo. Las teorías únicas y excluyentes se han sustituido por una permisividad que alienta la fusión, la mezcla de tendencias. A veces, las construcciones críticas son casi a la carta: se mantienen tales puntos de vista de un entramado teórico, pero se eliminan ciertos aspectos, se conserva tal dogma, pero se relativizan cuestiones conexas. La posmodernidad no tiene por objeto ni la destrucción de las formas modernas ni el resurgimiento del pasado, sino la coexistencia pacífica, a veces demasiado blanda, de ideas y estilos. Se pone en marcha, decía Lipovetsky, una cultura personalizada hecha a medida.

Esta pluralidad ha promovido el desarrollo de estudios que eran impensables hace años. Todos los que nos hemos ocupado en alguna ocasión de la épica medieval románica hemos tenido que vérnoslas con el problema de los orígenes, uno de las cuestiones capitales de la antigua filología, asunto al que ya me referí en las páginas iniciales de este libro. No hay más que abrir el capítulo primero de *La Chanson de Roland et la tradition épique des Francs* para comprobar que todavía en 1960 Menéndez Pidal consideraba que había una teoría más próxima a la verdad y más adecuada para la explicación de los hechos que otras. Un planteamiento como el del maestro español parece fruto de épocas pasadas. Hoy se ha impuesto la idea de que ninguna de las teorías que presentaba don Ramón (ni siquiera la que él defendía) es capaz de explicar el origen de todos de los cantares. Por otro lado, los investigadores han planteado nuevos problemas con la ayuda de disciplinas que no siempre han estado relacionadas con la filología. Andrea Fassò, por ejemplo, ha completado la teoría neotradicionalista de Menéndez Pidal, tal y como se formuló en *La Chanson de Roland*..., con los nuevos descubrimientos y las teorías de Dumézil: "Io mi riconosco in una prospettiva neo-tradizionalista modificata dall'ipotesi di Grisward".[279] Ian Michael escribía: "Me inclino más a la posición crítica de

---

[279] Fassò, A., ed.: *La canzone di Guglielmo*, Torino, Pratiche Editrice 1995, 80.

los individualistas que a la de los neotradicionalistas, pero cabe preguntar si sería posible hacer una síntesis de las dos teorías opuestas" (1992, 78).

Podrá quizá apuntarse que ninguna teoría ni tampoco una síntesis de todas ellas serán capaces de explicar todos los cantares de gesta. Las posturas personales (tan diversas como estudiosos hay) parecen triunfar sobre la teoría en torno a la que se agavillan muchos investigadores, y no resulta fácil encontrar a filólogos que se adscriban, sin fisuras, a una única hipótesis de trabajo. Pero el resumen y presentación de las teorías sobre la épica (o sobre otros géneros) y la reflexión sobre su vigencia e interés son constantes y continúan apareciendo en algunos trabajos. Colin Smith, uno de los estudiosos más avezados del *Cantar de Mío Cid*, escribió en los últimos años de su vida una importante reseña en la que revisaba los últimos estudios consagrados a la épica española –sin olvidar algunos dedicados a la épica francesa– y percibía cierta aproximación de posturas, antaño enfrentadas, al tiempo que señalaba la tendencia al eclecticismo.[280] Algunos neotradicionalistas habían cedido y aceptado puntos de vista cercanos al individualismo, los extraordinarios estudios de Duggan habían demostrado que existía un puente entre orillas que parecían muy lejanas, y el propio Colin Smith había matizado, cuando no retirado, algunas de las aseveraciones más extremas de su estudio *The making of the CMC*. La actitud que muestra en su reseña está en la línea de los trabajos que se están haciendo en esta hora. No pretende formular una hipótesis nueva y panabarcadora de nada, pasa revista a la última bibliografía sobre el tema que le ocupa y lo hace guiado por un espíritu que si no es exactamente ecléctico, al menos sí es conciliador. El esfuerzo que han hecho tanto neotradicionalistas como individualistas para reconocer las aportaciones de otras teorías constituye el fondo en el que se inspiró el gran medievalista. Todo su trabajo parece estar inspirado en el sentido de unas palabras de Samuel G. Armistead: "I would like to propose the abolition of both '-isms' –traditionalism and individualism– and their replacement by a healthy eclecticism, in a spirit of cordial international collaboration" (1994, 634).

11.5.10. *Replantear viejas tareas: el estudio de la traducción*

No hace mucho que los colegiales europeos estudiábamos latín durante varios cursos. Si elegíamos la opción del viejo bachillerato de letras, además de latín, debíamos estudiar griego. Una de las dedicaciones fundamentales de aquellas asignaturas era la traducción escrita de obras de autores escogidos. El ejercicio tenía menor entidad (al menos cuando yo estudié) en las lenguas modernas, porque se había puesto en boga la enseñanza de estructuras (en mis tiempos de estudiante se

---

[280] Smith, C. "Toward a reconciliation of ideas about medieval spanish epic", *The Modern Language Review*, (1994) 89. Smith cita repetidas veces el artículo reseña de Francisco Marcos Marín "Historia y epopeya, setenta y dos años de una vida centenaria", (*Ínsula* 553 (enero 1993), 1-2 y 27-28), pues es una muestra del esfuerzo por aproximar ideas encontradas.

empezaban a publicarse libros que se llamaban *Structural English* o *Living English*) y la enseñanza empezaba a dirigirse al dominio de la lengua hablada o a redactar, antes que a traducir literatura.

A mi juicio, la experiencia de traducir latín o griego era muy formativa. Aunque el objetivo era demostrar conocimiento de las lenguas, en el trayecto aparecían enseñanzas valiosas. Aparte de leer en su propia lengua a Cicerón, a Virgilio o a Homero (ahora sé que, sin duda, fue lo mejor de todo), se aprendía sintaxis (que hoy está desfasada), historia e instituciones de los pueblos romano y griego, mucho vocabulario que explicaba el de nuestra lengua, y podía comprenderse la perfección con la que se construían oraciones complejas en las que nada sobraba. Cada uno es fruto de su propia experiencia, pero me parece que fue una actividad interesante y lamento que en los estudios actuales se haya eliminado prácticamente la traducción (comprensión e interpretación) de lenguas tan ricas y tan perfectas. Todavía se escucha de labios de algunas personas (incluso en la universidad) la pregunta de para qué sirve traducir latín o griego en el siglo XXI. Sorprende que alguien busque la respuesta a semejante pregunta. Traducir latín y griego y leer las obras de los viejos autores no sirve para nada. ¿De qué nos vale saber las virtudes de la amistad según las expresa Cicerón o el valor de la brevedad de la vida según Séneca? ¿A dónde nos conduce conocer el sentido del viaje en *La Odisea* o la definición de amor en las obras de Ovidio? ¿Cuánto dinero nos reporta conocer la historia de Dido y Eneas en las palabras de Virgilio? Este saber no se puede cuantificar en ningún *currículum*, aunque para algunos nos resulte difícil entender la vida sin Séneca y la cultura occidental sin Virgilio.

La preocupación por la traducción no es nueva y basta hojear los libros que explican su particular naturaleza, para comprobar cómo existe desde la antigüedad una preocupación constante sobre tan grave asunto. Cuando se repasan estos estudios, sorprende comprobar cómo a pesar de la ingente cantidad de traducciones y de los millones de páginas traducidas, el acto de traducir sigue guardando parte de su misterio. Las reflexiones no se han producido de una manera orgánica ni sistemática, sino más bien dispersa, expresadas en observaciones sueltas de filósofos, filólogos, traductores célebres u ocasionales. No ha existido un tratado como la *Poética* de Aristóteles sobre esta materia ni tampoco existe una musa de la traducción. Cierta inercia ha provocado la repetición de las mismas ideas y los mismos argumentos. Las metáforas se repiten una y otra vez.[281]

---

[281] "La historia de la teoría de la traducción tal vez sea, como pedía Borges para la historia universal, la historia de unas cuantas metáforas" (López García, D., ed.: *Teorías de la Traducción*, Universidad de Castilla-La Mancha, Escuela de Traductores de Toledo, 1996, 20). Mientras que las definiciones conceptuales de la traducción son escasas y repetitivas, las definiciones metafóricas son muy abundantes. Las metáforas creadas por Cervantes, Boileau o Montesquieu hasta las de Göthe, Gide o Nabokov (por citar solamente unas cuantas) suelen caracterizarse por la escasa confianza que muestran sobre la posibilidad de traducir.

Las cosas han cambiado en los últimos cincuenta años, porque la traducción se ha convertido en un elemento esencial de la sociedad contemporánea. Según el *Index Translationum* editado por la UNESCO, entre 1948 y 1977, el número total de traducciones aumentó un 600%, y entre 1977 y nuestros días la cifra ha alcanzado cantidades astronómicas. En ese período –y valga este botón como ejemplo–, casi un tercio de la producción editorial francesa era literatura traducida. Si se suman los textos traducidos en Europa en los últimos años, se comprobará que ocupan casi más espacio que las obras originales. La traducción es una actividad omnipresente en los medios de comunicación, el cine, la literatura, los libros científicos o jurídicos. Esta omnipresencia es testimonio de una sociedad en la que se multiplican las relaciones internacionales de todo signo y condición.

El aumento de publicaciones sobre el tema de la traducción prueba hasta qué punto se ha tomado conciencia de que su estudio es capital para afinar nuestra comprensión de fenómenos lingüísticos, y para comprender qué ha supuesto traducir para la transmisión de la cultura y la información. A partir de la Segunda Guerra Mundial comenzó a desarrollarse una amplia reflexión que hoy se conoce como *traductología*, y que proviene de horizontes muy diversos. Razones comerciales y políticas han impulsado avances sorprendentes en la enseñanza de la traducción. Pero también es cierto que las disciplinas que se vienen preocupando por el lenguaje no tardaron en despertar y hacerse cargo de los muchos factores que aparecen implicados en tan difícil tarea. Como sucede con tantos asuntos, la traducción tampoco es tema exclusivo de una disciplina. Hoy proliferan departamentos universitarios, revistas especializadas, toda clase de cursos y de clases magistrales destinadas a formar traductores y a estudiar un fenómeno tan complejo. Verter el contenido de una lengua a otra no tiene nada que ver con los viejos trabajos escolares que recordé al principio.

La concepción y la práctica de la traducción se han replanteado y reinterpretado a partir de las más modernas teorías y constituye un nuevo *paradigma* (¡cómo no!). Los estudios literarios han cambiado tanto en los últimos años y se ocupan de asuntos tan distintos a los tradicionales, que ya no es que se opongan a ellos, sino que son de naturaleza distinta. He recordado varias veces que a partir de los años setenta, la teoría literaria y la lingüística invadieron muchas competencias y mostraron nuevas posibilidades en los departamentos de estudios literarios, en particular en el campo de la literatura comparada. Las aportaciones de la crítica, las tendencias filosóficas y los cambios sociales han condicionado los antiguos desarrollos de la literatura comparada y de casi cualquier aproximación a lo literario. En su propuesta de 1993 Susan Bassnett indicaba que el futuro de la literatura comparada se dirigiría a los estudios sobre la traducción y la orientación poscolonial y, desde luego, a la revisión del concepto de canon.

Algunas tendencias teóricas nos dicen que la literatura ya no es un conjunto de textos sino un conjunto de procesos institucionales e históricos, con lo que el campo de investigación se ha abierto hasta extremos impensables. Esto ha supuesto muchísimas cosas, entre otras, el desinterés hacia los viejos textos considerados literarios y la aparición en escena de nuevos que antes jamás habrían sido incluidos en asignatura alguna. En esta línea me interesa destacar la fuerza extraordinaria que han cobrado los estudios sobre la traducción.

Quisiera recordar, aunque sin la profundidad que se merece, el interés que ha suscitado en los últimos años la teoría de los polisistemas.[282] Según este marco conceptual, el fenómeno literario no forma un único sistema, sino una vasta red de relaciones que funcionan como estructuras múltiples, cambiantes y heterogéneas. Dentro del polisistema se producen movimientos entre los distintos estratos que lo forman, entre el centro y la periferia. El término en cuestión persigue evitar el carácter estático de sistema y enfatizar un carácter más dinámico. Sin entrar ahora en mayores detalles, Even-Zohar y sus continuadores consideran que en esta vasta red de sistemas que forman la literatura, el centro estaría constituido por aquellas expresiones "canonizadas" u oficiales, mientras que la periferia la formarían los textos y normas literarias que han sido desplazados o rechazados por los círculos dominantes de la cultura y que se consideran de menor peso (desde la literatura para niños, la literatura de consumo, la literatura traducida, la literatura oral, etc.). Los cambios que se producen dentro del sistema o polisistema se llaman transferencias. Cualquier hecho literario, como el descubrimiento de un autor gracias a una traducción, el éxito de tal clase de literatura o de tal escritor y sus imitadores, puede suponer que se desplace de la periferia al centro. Pero los fenómenos literarios se desplazan también de un sistema a otro. A este movimiento intrasistémico se le llama *transferencia* (proviene de *transfer*) y el estudio sobre cómo, por qué y cuándo se producen estas transferencias es uno de los cometidos más importantes de la teoría de los polisistemas. Junto a aquellas se habla también de *interferencias*, es decir, de las relaciones entre sistemas diferentes. Las interrelaciones que estructuran un polisistema son muy complejas, y de carácter jerárquico. Hay una serie de términos que designan estas oposiciones y subordinaciones: céntrico-periférico, bajo-alto, primario-secundario, canónico-no canónico, etcétera.

Menciono esta teoría de los polisistemas, porque junto a los estudios poscoloniales y los modernos desarrollos de la literatura comparada que he mencionado más arriba, son tres de las tendencias que han abordado los estudios sobre las tra-

---

[282] No estamos ante una teoría cerrada, ante un modelo rígido que no permita más que una clase de resultados, sino ante una serie de hipótesis orientadas a una investigación descriptiva que pueda funcionar en un contexto muy amplio y tener en cuenta todos los fenómenos literarios. Para Iglesias Santos, esta es una de las mayores novedades: "Esta postulada interacción entre la investigación histórico - descriptiva y la teórica ha sido con frecuencia obviada (...) en la tradición humanística, que suele aceptar un objeto de estudio preconfigurado e inamovible, que se aborda desde una posición preestablecida siempre a priori. (...) Una investigación que se pretende sistémica pone en cuestión el modelo estático de acercamiento a los fenómenos literarios, que en la perspectiva tradicional se ven reducidos a una serie de textos canónicos y a un repertorio canonizado y legitimado en una determinada situación histórica" (Iglesias Santos: 1999, 16).

ducciones. Me estoy refiriendo siempre al campo literario, no al lingüístico, porque los estudios de traducción e interpretación han cobrado un carácter eminentemente lingüístico y han acaparado el estudio de la materia. Los trabajos encaminados a escribir una historia de la traducción, a reflexionar sobre su papel en algunas sociedades y en algunos períodos de la historia es uno de los grandes trabajos pendientes, y no dudo de que estudiosos bien pertrechados por los modernos conceptos de la literatura comparada y de la teoría de los polisistemas podrán abordar esta tarea. La mies es mucha.

Las traducciones se han incorporado rara vez a la relación histórica de una manera coherente y pocas veces conseguimos hacernos una idea aproximada de cuál es la función de la literatura traducida para el conjunto de una literatura en un momento dado. Even - Zohar ha planteado en el marco de la teoría de los polisistemas estos y otros interrogantes con el fin de investigar si existe una red de relaciones culturales y verbales entre los textos traducidos que sea semejante a la que hemos propuesto para la literatura original. Hay momentos en los que la literatura traducida ocupa un lugar central en el polisistema literario y participa en su configuración de manera destacada, pero esta consideración no es, ni mucho menos, constante ni universal. Cuando la literatura traducida ocupa una posición periférica se comporta de forma distinta a cuando ocupa un lugar central. Even Zohar ofrece un ejemplo:

> "En el polisistema literario hebreo de entre las dos guerras mundiales, la literatura traducida del ruso asumió una incontestable posición central, mientras que las obras traducidas del inglés, alemán, polaco y otras lenguas ocuparon una posición claramente periférica. Más aún, puesto que las normas de traducción más importantes e innovadoras fueron producidas por las traducciones del ruso, las otras literaturas traducidas se ajustaron a sus modelos y normas." (Even Zohar: 1999, 229)

Las conclusiones que se derivan de la teoría de los polisistemas tendrán sus consecuencias para trazar una historia de la traducción. En cualquier caso, esta clase de trabajo no podrá escribirse partiendo de los conceptos al uso en las historias de la literatura. Me he ocupado de las peculiaridades de la traducción en la Edad Media y he vislumbrado algunas de sus dificultades (Rubio Tovar: 1997). Los textos se traducen en distintos períodos de la larguísima etapa, se traducen de originales distintos, se traducen de textos a los que se ha incorporado un comentario o una nutrida serie de glosas, las traducciones no siempre proceden de las lenguas en que se concibieron las obras, a veces se corrigen versiones de épocas pasadas y no es impensable que en un lapso de cincuenta años encontremos hasta tres traducciones diferentes de una misma obra. Unos autores que se descubren a través de la traducción y que se glosan e interpretan una y otra vez, se convierten en escritores de referencia en una etapa, mientras que otros se postergan. Esta consagración o desprecio es de enorme interés en las series literarias, porque incide en el contenido y en la forma de las obras en vulgar que imitan a los textos traducidos. Sistematizar esta clase de cambios puede tener interés para una posible historia de la traducción. Por lo demás, bien es sabido que las obras que hoy consideramos literarias mañana no se entienden así. Si se quiere dar cuenta de este movimiento, de este ir y venir del pasado al presente, no podremos entender los períodos históricos y sus distintas etapas como sucesiones monolíticas, simples compartimentos estancos presididos férreamente por unas características dominantes que sólo admiten vagos epígrafes como "otras orientaciones de la literatura" u "otras tendencias". No siempre se ha reconocido que las traducciones forman parte esencial de los sistemas literarios, ni que su estudio es tan importante como el de las llamadas *obras originales* (Rubio Tovar. 2005b). Pero hoy resulta difícil entender los estudios literarios sin tener en cuenta el movimiento perpetuo que traslada unas obras literarias de unas lenguas a otras. La traducción es una categoría que no se deja atrapar con conceptos como el de influencia o préstamo y el estudio de su historia requiere todavía un esfuerzo enorme.

12.

TRES CALAS EN EL AUTOR, EL TEXTO Y EL LECTOR, Y UNA NOTA A PIE DE PÁGINA SOBRE LOS GÉNEROS

12.1. El autor

Durante muchos años, el estudio de la obra literaria comenzaba por el autor. Antes de presentar la obra, los géneros literarios en los que se expresaba o el modo en que se transmitía, los manuales dedicaban varias páginas a exponer los avatares de una biografía. El autor ha sido una categoría fundamental de la investigación literaria, porque agavilla varias nociones capitales. Nos dice que una obra literaria pertenece a una nación y a un tiempo, puede ayudar a conocer su significado último (aunque esto se ha puesto en tela de juicio) y darle carta de autenticidad. En la inmensa mayoría de las historias de la literatura escritas en los siglos XIX y XX aparecen al frente de capítulos y epígrafes nombres de autores. Goethe, don Juan Manuel o Racine parecen llenar una época y un tipo de literatura. El nombre nos abre el camino para conocer la adscripción ideológica de quien escribe, su formación y lecturas, su perfil psicológico, la relación con otros autores e instituciones, y un largo etcétera.

El concepto de *Autor* ha recibido críticas y descatalogaciones desde todos los frentes de los estudios literarios. Unas se inscriben en la crisis global del sujeto y la muerte de cuanto significa representación simbólica de la autoridad. Otras se centran en la vana ilusión de que conocer la vida y sus más íntimas manifestaciones nos llevan a reconstruir la *intentio operis* (el autor no es el texto que leemos) y no faltan aseveraciones que proclaman que el autor desconoce la última razón de lo que escribe. Pero también los escritores -Mallarmé, Valéry, Virginia Woolf, etc.– han reivindicado la independencia de la obra literaria frente a los excesos de la crítica biográfica, que ha investigado cada detalle de la vida de un escritor para proyectarlo después en una obra concreta, como si fuera posible descubrir una red invisible, unos vínculos, que sólo percibe el crítico, entre la vida y la obra.[283]

La mayor parte de los métodos de crítica a que me he referido ha eliminado el autor de sus intereses. Es posible que haya sido una reacción que pretendía sanear los estudios literarios de las adherencias pseudopsicológicas, liberar el texto de interpretaciones preestablecidas, y que el crítico se sintiera libre para estudiar la construcción, la gramática de las obras. Para Tynianov, el autor no pasa de ser un elemento más en la correlación que se da en el interior de un texto. W. K. Wimsatt y M. Beardsley sostenían que establecer una relación de causalidad entre la psicología del autor y la obra literaria era un paso muy incierto y sostenían que:

> "El significado de las palabras es la historia de las palabras, y la biografía de un autor, el uso que hacía de las palabras y las asociaciones que las palabras tenían para él son parte de la historia de las palabras y de su significado." (*Apud* López García: 1993, 131)

Numerosas tendencias del análisis literario se han encargado de afirmar una y otra vez, que el 'funcionamiento' de un texto es independiente de aquello que se entiende por 'autor del escrito'. El caso más extremo de reivindicación del texto y del lector frente al autor ha corrido a cargo del siempre brillante Roland Barthes. La creación literaria es para él un espacio en el que las voces y los puntos de vista destruyen toda identidad. Tras la experiencia del creador, sólo queda la escritura:

> "En el momento en el que se *narra* un hecho, éste deja de actuar directamente sobre la realidad de forma intransitiva, es decir, se sitúa finalmente fuera de cualquier función que no sea la práctica del símbolo mismo. Surge esta desconexión, la voz pierde su origen, el autor entra dentro de su propia muerte, la escritura comienza." (1991, 228)

Para el maestro francés, dotar de autor a un texto es imponerle un significado definitivo o "cerrar la escritura", pero el autor, por el hecho de serlo, no goza de un poder particular de la interpretación de sus escritos. Una vez que el texto está en manos de sus lectores, su opinión es una entre otras. Si su opinión es interesante, lo será por su agudeza, pero no por ser quien crea el texto, porque las obras literarias no se explican tras escuchar su voz o conocer sus intenciones. La voz se pierde en el acto de la escritura y en vez del autor nace el *scripteur*, que borra las huellas del autor-persona, elimina el significado último y abre la escritura a la pluralidad. Para Barthes la muerte del autor supone el nacimiento del lector.

---

[283] Sin embargo, la categoría de autor se redescubre una y otra vez y no deja de suscitar reflexiones desde campos diferentes: el psicoanálisis, los *cultural studies* o el feminismo. Pueden consultarse por su interés, López, D.: *Ensayo sobre el autor*, Madrid, Júcar, 1993; Sirvent, A., Bueno, J., Caporale, S., eds. (1996), *Autor y texto: fragmentos de una presencia*, Barcelona, PPU.

Hace ya años que numerosas tendencias del análisis literario han proclamado que el 'funcionamiento' del texto, el estudio de su gramática y su construcción, es independiente de aquello que entendemos como 'autor del escrito'. Si partimos de que el autor es una función más del texto y de que su intención está tan mezclada con él que no podemos conocerla, entonces no merece la pena hacerse mayores consideraciones. Sin embargo, la noción de autoría (y de todas esas nociones conexas como anonimia, heteronimia, apócrifos, etc.) sigue viva. Es verdad que el autor no es ya aquel ente biografiable que tantísimos trabajos ha merecido, pero su figura se redescubre cada poco tiempo y cobra nuevas resonancias.

Quienes proclamaron la soberanía del texto y pretendieron purgar el análisis literario de los elementos espúreos se sorprenderían al ver el auge que ha tomado lo biográfico en las últimas décadas del siglo XX. No se puede prescindir tan fácilmente de la noción de autor, que resuena en casi cualquier actividad humana. Al otro lado de las intertextualidades y las voces, ciertos responsables políticos, jueces y algunas autoridades religiosas sostienen que el ente llamado autor es responsable de los actos provocados por la lectura de un libro. La vigilancia sobre las consecuencias sociales del arte ha sido una ocupación habitual de quienes ostentan el poder. La inquisición sabía bien quién era el autor Fray Luis de León, la Gestapo no estaba desorientada con Walter Benjamin, y Stalin aprendió cómo acabar con ciertos disidentes. Se trataba de silenciar a los autores.

El lector corriente, aquel para quien se escriben las obras, lee una novela para enterarse de la historia que se narra, de las ideas de cierto escritor. El nombre del autor le sirve para situar la obra en unas coordenadas históricas y geográficas y tiene una función identificadora que no por ser elemental es despreciable: Juan Rulfo no es Alejo Carpentier y Rilke no es Emilia Pardo Bazán. Ahora bien, el nombre de un autor no siempre despide claridad. Es inevitable preguntarse si nuestra comprensión e interpretación de la literatura varía cuando conozco a su autor, si se produce algún cambio sustancial en la interpretación al conocer quién pudo escribir *El Lazarillo* o las grandes obras, necesariamente anónimas, medievales. ¿Sabría algo sustancial y nuevo de *La Odisea* si conociera a fondo la biografía del autor? Cuando se lee a Chrétien de Troyes, se transparenta su formación académica, su sólido conocimiento de la retórica y la dialéctica. Sin embargo, apenas sabemos un par de datos de su vida. De otros autores disponemos de numerosas referencias biográficas. ¿Variaría mucho mi comprensión de sus obras si no dispusiera de este caudal de conocimientos? ¿Cómo emplear el espacio creado entre la biografía, y su uso y reinvención por parte del autor? Pienso en Lope de Vega, en Petrarca, en la relación entre vida y literatura, tan fértil, tan profunda y tan difícil de estudiar.

Frente a las críticas contra los excesos del biografismo y frente a quienes sostienen que el autor ya no es aquel personaje cuya opinión y cuyo periplo vital condicionan el texto, cabe recordar la importancia que tiene el nombre del creador en la historia de la música. En este terreno, el autor es una categoría cargada de significado. No faltan trabajos que plantean el estudio de vastos períodos musicales –el barroco o posromanticismo sinfónico– o formas –la sonata, la cantata–, como si fueran macrotextos musicales. Estas investigaciones están en consonancia con ciertos planteamientos de los estudios literarios. La épica medieval francesa, la obra de Bécquer o de Jaufré Rudel está cargada de alusiones y referencias explícitas a los textos de otros autores. La propuesta armónica de Wagner se escucha en Bruckner y en ciertas obras de Schönberg, la forma sinfónica de Haydn se escucha en cientos de obras, y la sinfonía beethoveniana llega hasta Mahler. Más que hablar de músicos concretos, parecería más convincente hablar de un vasto tejido sonoro que presenta desarrollos musicales y armónicos dentro de unos límites estables y reconocibles. La música se alimenta a sí misma continuamente. Pienso en los temas reelaborados una y otra vez en las variaciones, en las orquestaciones románticas de obras de Bach o en compositores que se nutren una y otra vez de su propia música. Sin embargo, sigue primando la idea de que es el autor quien hace la síntesis de tendencias y fuentes diversas, y que sin su aportación personal –y hay que diferenciar las voces de los ecos–, la música no sería más que un *continuum* sin relieves. Estas consideraciones no siempre se han tenido en cuenta en el caso de los autores literarios.

12.2. El universo de Bajtín

A medida que pensaba y escribía este ensayo, me he preguntado a menudo cuándo y en qué momento recordar el pensamiento de Bajtín. Escribo Bajtín, pero basta con echar un vistazo a algunos de los cientos de libros dedicados a su obra para comprobar que Bajtín es también Bakhtin, Bajtine, Bachtin y Baktine. Esta polinomasia me recuerda un artículo que escribió el gran Spitzer sobre la inestabilidad lingüística de los nombres en *Don Quijote*. La alusión me parece oportuna porque la obra de Bajtín, nacida al calor de muchísimas obras literarias, ayuda a explicar y entender el entramado de voces, la polifonía que encierra la obra cervantina. Es también adecuada porque la variedad de temas que tocó el maestro ruso y los muchos caminos que nutren el suyo –el marxismo, la lingüística, la teoría literaria, la obra de Freud, etc.– son tan amplios y variados, que no es disparatado pensar en varios autores.

Traigo a colación a Bajtín en unas páginas dedicadas al problema del autor. No es un tema menor en el conjunto de su obra, pues se interesó por él desde los años veinte, y una y otra vez volvió a esta cuestión hasta el final de su vida. Pero de igual modo que aparece ahora su nombre, podría haberlo hecho al mencionar el concepto de texto, el marxismo y la teoría literaria o al hablar de los formalistas. Su crítica al formalismo muestra no ya las carencias de este movimiento sino también la andadura que iba a seguir después el conjunto de la crítica. Para Bajtín, el formalismo descuidaba elementos esenciales de la creación verbal, como la relación de la literatura con el mundo, y mostraba un vuelo muy corto al no entender la forma literaria como la opción que hace un individuo entre los elementos que le ofrece el lenguaje. Pero el maestro ruso también podría aparecer por su contribución excepcional para explicar la poética de la novela, por sus trabajos sobre Rabelais y la cultura carnavalesca, por su formulación del *cronotopo*, que ha iluminado tantos caminos. Son muchas las obras literarias que contemplamos a partir de las interpretaciones que hizo Bajtín de ellas. El papel de este pensador en los estudios literarios rebasa, con mucho, los límites de sus libros y arroja luz a todo el paisaje del formalismo, el marxismo, la noción de texto y la intertextualidad, la pragmática y el vasto fenómeno de la posmodernidad de la que se ha hecho a Bajtín precursor.[284]

Para entender la riqueza de su concepto de autor es necesario recordar antes la idea capital de *dialogía* que inspira y recorre todo su pensamiento. Nuestras palabras, dice Bajtín, las tomamos de la boca de los demás, nuestras palabras *son* siempre 'en una parte de los demás'. Por ello, nuestros discursos interiores o nuestros pensamientos son inevitablemente diálogos. El diálogo no es una propuesta o una concesión, sino una necesidad. La dialogía no es exactamente una categoría literaria, porque para Bajtín la vida es dialógica hasta el punto de que:

> "Yo me conozco y llego a ser yo mismo sólo al manifestarme para el otro, a través del otro y con la ayuda del otro. Los actos más importantes que constituyen la autoconciencia se determinan por la relación a la otra conciencia (al tú). La ruptura, el aislamiento, la cerrazón en sí mismo como la causa principal de la pérdida de sí mismo. (...) Ser significa comunicarse... Ser significa para ser para otro y a través del otro ser para sí mismo. El hombre no dispone de un territorio soberano interno sino que está, todo él y siempre, sobre la frontera, mirando al fondo de sí mismo el hombre encuentra los ojos del otro o ve con los ojos del otro." (1961, 327-28)

En la literatura no pueden concebirse enunciados puros, unívocos, porque no es concebible una palabra en la que no se perciba una voz ajena. Para Bajtín, el autor es siempre un 'dramaturgo' en el sentido de que cualquier discurso aparece en su obra distribuido entre las voces ajenas. Cualquier voz creadora sólo puede ser segunda voz dentro del discurso. Partiendo de este presupuesto no será extraño

---

[284] Según Ihab Hassan, en el término *carnavalization* se resumen los rasgos de *"indeterminacy, fragmentation, decanonization, selflessness, irony, hybridization* (...) *Carnavilzation* further means 'polyphony', the centrifugal power of language, the 'gay relativity' of things, perspectivism and performance (...) Indeed, what Bakhtin calls novel or carnival –that is, antisystem– might stand for postmodernism itself, or at least for its ludic and subversive elements which promise renewal" (Hassan: 1986, 507). Tatiana Bubnova proponía algunas claves para explicar las razones de la influencia "anacrónica" del pensamiento de Bajtín y la entrada en tromba de numerosos conceptos en los estudios literarios hasta la creación de lo que ella llama una "industria bajtiniana". Bubnova, T. (1997-98): "Introducción" a *Homenaje a Bajtín. Acta poética*, nº 18 / 19, UNAM, pp. 7-15.

pensar que Bajtín critique el establecimiento de relaciones simples y unidireccio-
nales entre el autor y la obra, entre un universo y otro. Al contemplar un cuadro,
dice Bajtín, siempre percibimos al autor, pero nunca lo vemos de la misma manera
como vemos las imágenes que ha plasmado en el lienzo. Lo percibimos, dice Bajtín,

> "Como un principio representante abstracto (el sujeto representador), y no como una
> imagen representada (visible). También en un autorretrato no vemos, desde luego, al
> autor que lo ejecuta, sino apenas una representación del artista. Estrictamente hablando,
> la imagen del autor es *contradictio in adjecto*. La supuesta imagen del autor, a pesar de
> ser imagen especial, diferente de las demás imágenes de una obra, es siempre una *ima-*
> *gen* que tiene un autor que la había creado." (1982, 300)

Bajtín no niega que el autor como persona real y el autor como escritor guar-
den relación, pero la profundidad de esta relación, "nunca puede llegar a ser una de
las imágenes de la obra misma. El autor-persona real está presente en la obra como
totalidad, pero nunca puede formar parte de la obra" (*Ibídem*). En la estética de
Bajtín, el autor permanece en la frontera del mundo que ha creado como su creador
activo, es decir, que mantiene un estatus difícil de precisar, entre la presencia y la
ausencia. El autor no tiene nada que decirnos acerca de su proceso creativo, porque
está íntegramente en el proceso creado, y lo único que le queda, dice Bajtín, es
señalarnos su obra. Cuando el artista comienza a hablar de su trabajo desde fuera de
su obra ya hecha, sustituye su actitud creadora por una diferente y nos transmite la
impresión que producen en él los personajes como imágenes artísticas.

12.3. Del Autor al Texto

Para terminar esta breve nota sobre el autor, quisiera recordar dos opiniones
que nos permitirán plantear algunas reflexiones del capítulo siguiente. La primera
es una de esas brillantes opiniones de Barthes. Para el maestro francés, la intervención del autor se desvanece tras el texto. Atribuir un autor a un texto es como imponerle "un seguro de arma de fuego", darle un único significado y, por tanto, "cerrar la escritura". Hallado el autor, el texto se *explica* y el crítico ha vencido. Como
institución, el autor está muerto y su persona civil, biográfica, ha desaparecido, y
una vez que nos libramos de tan "pesada carga" nos queda el texto. Barthes insiste
en diferentes lugares que un texto no está hecho de líneas de palabras de las que se
desprenda un único significado (una especie de mensaje único del Autor-Dios),
sino un espacio de múltiples dimensiones, donde se unen y se repelen escrituras
variadas, ninguna de las cuales es del todo original. El texto, dice Barthes, es un
tejido de citas que provienen de mil lugares diferentes.

Muerta aquella figura omnipresente y todopoderosa que indicaba cómo debía interpretarse un texto, nace el lector, que es quien crea el sentido y, sobre todo, nace el texto. El planteamiento de Barthes abrió en su momento muchas puertas y propuso posibilidades de análisis novedosos. Otra cosa es el trabajo de algunos críticos que, sin la inteligencia de Barthes, han seguido las sendas del maestro y han propuesto dejar cualquier interpretación -si es que de interpretación puede hablarse- en manos del lector. El postestructuralismo, la instalación del texto en el centro de todas las cavilaciones estaba ya presentido –y a veces formulado– por este crítico. Sin embargo, no todos los barthianos y postestructuralistas de diferente signo tienen la inteligencia de Barthes y algunos han escrito trabajos disparatados, porque invitan a una especie de "todo vale" que, desde mi punto de vista, es tan autoritario y regresivo como los viejos dogmas del positivismo y las imposiciones de la crítica más vulgar.[285]

La otra dirección que me interesa destacar es la que ha mostrado Mijail Bajtín en sus estudios. El principio dialógico, que fundamenta la teoría literaria del maestro ruso, nos hace concebir el texto como un perpetuo cruce de voces. El texto es siempre *de* alguien *para* alguien. Fuera del texto, la comunicación no es imaginable, porque el entramado de signos que lo constituye pierde su sentido y las frases caen en el vacío. El desarrollo del concepto de dialogismo, de polifonía, de intertextualidad –a pesar de la gran cantidad de reelaboraciones y de interpretaciones del concepto– ha sido un verdadero fermento en los estudios literarios.

---

[285] La postura de Barthes choca con el trabajo antiguo de la filología, la vieja diosa de los textos, que se ocupaba del rescate y a la fijación de los textos literarios y, por otro, de su interpretación. La filología pretende averiguar lo que el texto dice, y nada más que lo que dice. Algunos filólogos han protestado vehementemente contra aquellos estudios literarios que se han desentendido de esta vieja y modesta hermenéutica filológica: "Hoy pululan doctrinas interpretativas que hacen recaer la responsabilidad del significado en el lector, y que descartan por imposible la averiguación no sólo de la *intentio autoris*, esto es, de lo que el autor quiso decir en su obra, sino también de la intentio operis, y niegan que sea posible el acceso al significado de la obra misma, si es que alguno tiene fuera de la intención de quien la lee. Se desentienden así del empeño que el filólogo puso siempre en introducirse en la época del texto, en su entorno literario e histórico, y hasta en la mente del poeta, narrador o dramaturgo, para descubrir sus designios artísticos y la significación de su escritura. Y sustituyen ese esfuerzo por interpretaciones personales, por lecturas individuales, que desplacentan la obra de su matriz temporal y la traen a la más rabiosa actualidad, o, lo que es lo mismo, a un libre y, muchas veces, inconsciente albedrío. No cabe negar licitud a esa actividad (...) pero debe coexistir subordinadamente con una Filología reconstructiva, empeñada en recuperar el pasado como tal pasado, atenta a la letra y a la circunstancia del escritor, cuyas obras son algo más que pretextos para ensayar cabriolas" (Lázaro Carreter: 1987, 47).

12.4. El texto: Del antiguo tejido a la textualidad moderna

12.4.1. Texto en la antigüedad: tejido

Hasta no hace mucho tiempo, los estudios literarios se apoyaban en cimientos que parecían sólidos.[286] Sus objetivos y su metodología estaban claros y perfectamente asentados en el terreno conceptual y en el sistema universitario. Tal autor, de nombre conocido o desconocido (la anonimia, los autores apócrifos o la tradición oral eran accidentes perfectamente asimilables a un origen llamado *autor*), nacido en una fecha segura o aproximada, había escrito unas obras que se inscribían en unos géneros literarios perfectamente delimitados y cultivados de manera particular en la época en la que escribía. El autor y su obra formaban parte de un movimiento (tendencia, escuela, generación) que acusaba claramente la influencia de los avatares políticos y sociales de tal período histórico. Eruditos filólogos y comparatistas habían descubierto las fuentes extranjeras o nacionales en las que bebía el autor y habían explicado cómo y por qué había recibido esas influencias. El predominio de algunas figuras literarias permitiría identificar e individualizar los rasgos de su estilo y diferenciarlo o relacionarlo con otros autores. En todo este proceso se consideraba capital contar con un texto depurado, libre de todas las erratas, añadidos o falsificaciones producidas por la transmisión, y que estuviera lo más cerca posible de aquello que salió de la pluma o de la voz del autor.

Un terremoto ha sacudido los cimientos del edificio y ninguno de los elementos que lo componían parece haber quedado indemne. Algunas de estas nociones han sido retomadas y reformuladas por las tendencias de crítica que vengo mencionando y ya no significan lo mismo que querían decir antaño. Pero es evidente que transformados o no, los antiguos conceptos siguen estando presentes en el pensamiento de teóricos y críticos, aunque ya no formen parte de aquella vieja unidad y deban usarse con precaución.

Me interesa fijarme de manera especial en el *texto*. Este concepto atraviesa varias disciplinas y se ha convertido en uno de los lugares de pensamiento más importantes del siglo XX. La palabra *texto* aparece en estudios de orientaciones tan diversas (sucede algo parecido con estructura, paradigma, ciencia, etc.), que es necesario conocer la filiación intelectual del estudioso de turno para saber en qué aguas navegamos.

Los cambios experimentados por esta noción definen la evolución de los estudios literarios, pues recorren todo su camino, de manera que ha llegado a convertirse en un agujero negro que contiene en su interior tal cantidad de materia y de acepciones, que es capaz de atraer cualquier nueva interpretación que se acerque a su campo de fuerza. Basta con mencionar algunos de los lugares de pensamiento e

---

[286] He publicado con anterioridad algunas páginas que siguen en mi artículo: "Renuevos de la filología" (2002).

investigación del siglo XX para comprender la vastedad de la empresa. El trayecto se inicia en la antigua noción de texto del positivismo filológico y llega al hipertexto, pasa por la muerte del texto y el nacimiento de la textualidad, y alcanza a la cultura entendida como texto. Texto son las masas de palabras, párrafos y oraciones que relacionan los vínculos del ordenador y texto es un edificio o el relato del sueño que se construye en un relato. Texto son los *graffiti*, la vida cotidiana, un campo de fútbol, el cuerpo, las pinturas de Altamira y, de paso, una obra literaria.[287]

Textus es participio pasado del verbo *texere*, que significa entrelazar, trenzar. Segre (1985, 367) dice que *texto* debe entenderse como "una metáfora que ve la totalidad lingüística del discurso como un tejido". *Texto* no es ajeno a tejedor, a tela, y la idea de que es un entramado tejido recorre toda la literatura occidental. Un lector atento de obras medievales observa inmediatamente la polifonía de voces y textos que se entremezclan. Un ejemplo clarísimo es la obra historiográfica de Alfonso X, el minucioso trabajo de taracea mediante el que se articulan crónicas latinas traducidas, glosas exegéticas y voces épicas que llegan a darse cita en un mismo folio. Pero el fenómeno no afecta a un sólo género. Hay un episodio de *Cligés* de Chrétien de Troyes, que ilustra mediante una hermosa metáfora, cómo el trabajo de traspasar un texto de un *roman* a otro era una tarea en la que se sabía que se estaban manejando varios hilos. En su tarea de alcanzar una bella *conjointure*, el escritor francés desea incorporar un segmento de una obra en la propia, crear un texto a través de la lectura de otro. Soredamor, que pertenece al séquito de Ginebra, ha tejido una camisa fina de tela blanca (vv. 1139 y ss.) y ha utilizado en las costuras hilos de oro entre los que ha entreverado algunos cabellos dorados y espera encontrar al caballero que los diferencie. La camisa tejida (el texto) permite la comparación con la escritura de una página. Chrétien maneja dos clases de hilo y de su maestría depende la posibilidad de crear una forma perfecta. Naturalmente, algunos signos prestados cambian de valor cuando se incorporan al nuevo universo. Conocidas son las consideraciones que a la hora de hablar de *Cligés* hablan de un nuevo Tristán, pues la leyenda se transparenta, como si de un *palimpsesto* se tratara, bajo la escritura del maestro francés. Podrían recordarse infinidad de ejemplos

---

[287] El cuerpo entendido como texto es una idea repetida en la crítica: "¿Qué es el cuerpo amante en Literatura? Es un concierto de innúmeras voces, es un mosaico moviente de signos, de señales, de síntomas. La piel, las manos, los ojos, la cara, no dejan de expresar, los gestos no dejan de significar, los vestidos no dejan de simbolizar, y los propios silencios no dejan de hablar. Todos los estados del corazón, todas sus emociones, todas sus transformaciones (dudas, celos, felicidad, desesperación, ternura...), todas sus graduaciones, todo debe marcarse sobre el cuerpo, exponerse en él, porque es la pantalla necesaria en la que todo se proyecta, porque es el único punto posible de encuentro y de articulación por el que pueden pasar el hilo del relato o las metáforas del poema. Es su medio permanente y el sintetizador obligado. El relato en su contrapunto es siempre la historia de esos lenguajes proliferantes. Llamemos *lírico* a ese cuerpo saturado de signos que, por todas sus modificaciones, sus movimientos, sus expresiones, señala, proclama, disimula las figuras y las intensidades según las cuales el texto pone en escena el estado y las relaciones amorosas." (Hénaff: 1980, 23)

de la misma clase. Recuérdese, además, que siempre ha habido conceptos para explicar la clase de relación entre un texto y otro (parodia, alusión, paráfrasis, amplificaciones y abreviaciones, etcétera). Todavía en 1611 escribía Covarrubias que si se hablaba de *texto* era "por ir texido y continuado".

12.4.2. Una nota sobre el texto y la lingüística moderna

Pero entre aquella antigua sabiduría de componer *estorias* al modo alfonsí y las modernas concepciones sobre el texto media un cambio epistemológico muy importante. Una cosa fue la práctica de escritura que se servía de un procedimiento (algunos lo identifican con la moderna intertextualidad) y otra cosa es la noción de texto en el siglo XX.

El interés por el estudio del texto (*enunciado*, *discurso* son a veces y según escuelas, términos sinónimos) como unidad lingüística semejante a la frase es antigua y deberíamos remontarnos, en Occidente, a la vieja retórica para trazar la historia de este planteamiento. Pero debemos seguir trenzando el hilo de los cambios en el siglo XX y ello nos obliga a reconocer que a mediados de los años sesenta, los trabajos sobre el texto de algunas escuelas lingüísticas mostraron unas novedosas líneas de investigación. Es indiscutible la raíz lingüística de las nuevas aproximaciones, pero no debe olvidarse que algunas de ellas provienen del campo de los estudios literarios. Recuérdese la sólida formación retórica de Teun van Dijk o S. J. Schmidt, y el marcado interés de la escuela de Praga por las obras literarias. Quienes han practicado la estilística se han preocupado del texto como conjunto, recordaba el profesor Bernárdez (1982, 22), pues el análisis de la frase o del verso son insuficientes para la clase de estudio que practican.[288] De estudios textuales podrían considerarse los importantes trabajos de Propp sobre el cuento o la *Gramática del Decamerón* de Todorov (1969). Pero es incontestable el carácter lingüístico que ha permitido el desarrollo de las ciencias del texto. Ya he recordado cómo la moderna Poética centró su interés en torno al concepto de *literariedad*, es decir, es estudio de las propiedades verbales y lingüísticas que convierten los textos en literarios. Se trataba de una reacción contra el viejo historicismo, contra el siempre vituperado impresionismo y contra los excesos de las interpretaciones simbólicas de la obra literaria.

---

[288] La lingüística se ha visto superada por disciplinas afines al no tener en cuenta otras estructuras que no fueran la oración, los actos de habla o los contextos socioculturales: "Este cuadro ha cambiado, desde luego, en las últimas décadas, a favor de interdisciplinas, entre las que figuran la pragmática, la sociolingüística, el análisis conversacional y del discurso y la semiótica, entre otras, que han dejado orientaciones formales y abstractas de la gramática oracional cada vez más aisladas de otras aproximaciones al uso del lenguaje. Tras el primer interés por las *structures of text*, encontramos por ello una creciente atención hacia los procesos o estrategias de su contexto cognitivo y social (…)" (Van Dijk: 1985, 5).

Las primeras propuestas estructuralistas se movieron sobre todo en los dominios de la frase, pero el texto fue afirmándose progresivamente como unidad del análisis lingüístico, al tiempo que se insistía en las determinaciones contextuales. Si el estudio de la palabra se consagraba a fenómenos en el nivel de la oración, el de la frase consideraba aspectos que iban más allá de ella, como señalaba ya Z. Harris en su *Structural Linguistics* (1960). Según el profesor Bernárdez hay cuatro razones que permiten explicar su desarrollo de la lingüística del texto: dar un fundamento lingüístico a disciplinas que trabajaban con textos completos; explicar, recurriendo a la noción de *texto coherente*, una serie de fenómenos que no podían entenderse estudiando solamente frases aisladas; integrar datos semánticos y pragmáticos junto a los gramaticales, y la necesidad de realizar estudios generales integradores frente al atomismo de otras investigaciones lingüísticas. Esta ampliación del campo de estudio abierto por la lingüística del texto se inscribe, "en la pérdida de límites definidos entre las disciplinas que, desde distintos puntos de vista, estudian un mismo objeto" (Bernárdez: 1982, 30).

La propuesta de Van Dijk en *Some Aspects...* (1972) esbozaba un proyecto de pragmática literaria como complemento a una gramática centrada sólo en los textos. Se trata de un hecho decisivo que ha marcado la evolución de los estudios literarios, porque la propia evolución de la teoría lingüística ha venido a deshacer aquella perturbadora dicotomía entre el estudio inmanente y no inmanente de las obras literarias.[289] El descubrimiento y la rigurosa formulación de que la comunicación oral y escrita se realiza por estructuras más amplias que la frase, y los posteriores trabajos sobre la noción de *texto*, han dejado su huella en los estudios literarios. De las poéticas textuales nos han quedado planteamientos novedosos, desde la reflexión acerca de qué es o qué puede considerarse texto y cuáles son los rasgos, los elementos que deben estar presentes. De este quehacer, del que participan las lingüísticas del texto, la semiótica, la teoría de la comunicación y otras disciplinas nos han quedado nociones muy importantes, como la de *coherencia* y la de *cohesión*.

Frente a la oración, el texto no tiene una extensión que pueda determinarse de antemano. Texto puede ser una palabra, el verso de un soneto o el *Romancero* pan hispánico. Su delimitación depende de la intención comunicativa, de lo que se pretenda comunicar como conjunto de unidades lingüísticas. El texto es un enunciado, cualquiera que sea su brevedad y su estructura, una organización de signos entre los que existen conexiones precisas, que no son sólo semánticas. Pero no siempre una serie casual de frases puede que constituya un texto, y no siempre las lingüísticas del texto y la semiótica o la pragmática se preocupan por expresiones

---

[289] "La descripción adecuada de las propias estructuras textuales ha hecho ver que la lectura, la convención histórico - normativa, o la investigación sociológica del hecho literario no podían marginarse, entre otras cosas porque tales fenómenos no son 'extrínsecos´a la lengua literaria" (Pozuelo Yvancos: 1988, 64).

estrictamente lingüísticas.[290] Van Dijk ha señalado la necesidad de incluir en su campo de trabajo textos que no posean estas características. Una estructura narrativa puede expresarse y explicarse mediante dibujos (Van Dijk: 1983, 18).

He mencionado la semiótica y la pragmática, y podría traer a colación diferentes teorías de la comunicación para concluir que aunque la ciencia del texto tenga sus orígenes en la lingüística, su desarrollo ha sido interdisciplinario. Me parece muy característico de nuestros tiempos que a la hora de proponer una noción de texto, sea necesario acudir a varias disciplinas. El texto por el que se afana (o afanaba) el filólogo ha dejado de ser una preocupación exclusiva porque, para las modernas tendencias, la literatura es sólo una manifestación más de la comunicación y no la más importante. Las disciplinas que he mencionado no se han centrado en el estudio de obras literarias, sino en otras muchas manifestaciones: las conversaciones cotidianas, los anuncios publicitarios, las instrucciones de uso que acompañan a cualquier aparato, libros de texto, reglamentos, etcétera. En alguna de las formulaciones de la ciencia del texto se vino a señalar "la enorme limitación" impuesta por los marcos tradicionales a los estudios literarios. Muchas de las características de la literatura coinciden con otra clase de textos, como los relatos de la vida cotidiana, los diarios (Lejeune: 1990) o la publicidad y parece que no debía haberse desvinculado de los rasgos que les unía a ellos. En definitiva, se ha venido a considerar que las estructuras y funciones 'literarias' sólo pueden describirse apropiadamente cuando se toman como base los conocimientos de las características más generales de los textos y su uso.

Para Van Dijk, las aportaciones de *interdisciplinas* como la pragmática, la sociolingüística y otras que conectan el estudio del lenguaje y el discurso con las ciencias sociales, han sido muy importantes para plantear de una manera más rica los estudios literarios. Este autor ha dado mucha importancia a la aparición y desarrollo de los conceptos de *recepción* y de *horizonte de expectativas en los estudios literarios,* porque a su juicio permiten el desarrollo interdisciplinario de una teoría del discurso y de la literatura:

> "Los usos actuales de la literatura o del discurso en su contexto socio – cultural han de explicitarse en términos de modelos precisos de comunicación textual, de situaciones sociales y de estrategias interrelacionada de los participantes en tales situaciones. Para esta comprensión del contexto de lenguaje y de discurso, serán necesarias rigurosas descripciones etnográficas en diferentes culturas, tal como han propuesto algunos antropólogos de la llamada 'tradición de la etnografía del habla' (…) De igual modo, nociones como el 'horizonte de expectativas' propuesto por Schutz, y utilizado así mismo

---

[290] Como señalaba Segre: "Es fácil verificar no sólo que una serie casual de frases no constituye un texto, sino que incluso una serie de frases unidas por el contenido no tiene un sentido (y no hace un texto) si no se formulan del modo exigido por lo que se puede llamar la 'competencia textual'" (Segre: 1985, 372).

en los estudios fenomenológicos o hermenéuticos de la literatura, ha encontrado su camino en vatrias ramas de la microsociología, tales como la etnometodología (…)" (Van Dijk: 1985, 6)

Se trataría de investigar el conocimiento que poseen los sujetos de un entorno de las diversas situaciones sociales y de las reglas "of mundane everyday interactions" (1985, 6). Estas investigaciones sólo pueden realizarse en el ámbito de la interdisciplinariedad. Los estudios realizados en el campo de la inteligencia artificial y de la psicología sobre la memoria, la representación o las estrategias de inter-pretación deberían extenderse a los géneros literarios o la producción de textos.[291]

Para Van Dijk, el papel de la literatura (y, desde luego, de los estudios literarios) es relativamente modesto en el contexto de la comunicación. El haber prestado, por ejemplo, poca atención a los textos periodísticos que se desprecian o se leen como simples testimonios de fondo o como contexto cultural de *los textos literarios* ha sido para él un error gravísimo.[292] En las humanidades debería ser imprescindible una formación en la ciencia del texto:

"La ampliación del campo de investigación del concepto de texto literario al concepto general de texto significa, a la vez, la superación del abismo que media entre los estudios literarios y la *lingüística* y entre los estudios de literatura general y la *lingüística general*." (Van Dijk, 1983, 17)

Las lingüísticas del texto condujeron a los estudios literarios a nuevos rumbos y orientaron investigaciones y trabajos impensables en los años cincuenta, pero se desentendieron de otras dimensiones de la literatura. Los poemas o las novelas no son sólo textos que han producido desórdenes formales en el cuerpo lingüístico. Si solamente se entienden bajo esta perspectiva, dejan de considerarse tantas razones

---

[291] "Also in these various approaches to the cognitive and sociocultural contexts of literature and discourse, distinctions between literary and non-literary texts do not seem very relevant. Similar principles and processes are at work , and the specific 'status' of literature will be, so to speak, an authomatic by-product of a full-scale analysis of the socio-cultural and institutional analysis of various discourse types in our society (and other societies). We have at present many suggestions from psychology, sociology or interdisciplinary approaches to discourse analysis, about how such a contextualization of the study of literature may take place." (Van Dijk: 1985, 7)

[292] "Más allá de la estupidez científica de la tradición que se ha centrado en el análisis dominante y exclusivo de los textos literarios, se han producido graves inconvenientes sociales, al haber arrancado la lengua viva y diferentes tipos de textos de la enseñanza" (Van Dijk, 1978, 16). El estudio de la literatura no es un universo cerrado: "Incluso desde esta perspectiva del estudio del contexto cultural y cognitivo de la literatura y el discurso, no parece muy relevante hacer una distinción entre textos literarios y no literarios. Ya se están poniendo en práctica principios y procesos similares, y el estatus específico de la literatura se convertirá, por decirlo de alguna manera, en un subproducto inmediato del análisis global de los análisis socioculturales e institucionales de los diversos tipos de discurso de nuestra sociedad" (1999, 18).

por las que la literatura existe y la andadura crítica acaba desencarnándose de la vida, aunque (tal y como se insiste) gane en consistencia y en su "carácter científico". De todo ello hablo más adelante.

12.4.3. La Intertextualidad

"En una disciplina dada en un momento dado – y particularmente en esos saberes *'flous'* hechos de tradiciones conflictivas, como son los estudios literarios y textuales, circula cierto número de conceptos (o, más modestamente, de instrumentos nocionales) seductores y dinámicos, reelaborados constantemente por sucesivos investigadores. El éxito de estos términos se percibe a menudo como indicio de una especie de necesidad momentánea, que se corresponde con un 'impulso colectivo' del saber (...)" (Angenot: 1983, 121)

El afán por crear neologismos caracteriza a la teoría literaria en los años setenta y ochenta, pero la empresa no siempre ha sido rigurosa. Los investigadores se han esmerado por describir algunos fenómenos no contemplados antes e inventar un término para sus hallazgos. Si el fenómeno era nuevo, la invención del término estaba justificada. Pero su profusión no siempre ha sido feliz y a veces ha sembrado la confusión. De entre todos ha tenido una importancia extraordinaria el de *intertextualidad*. Se trata de un concepto que nos ha permitido entender mejor los modos de relación entre los textos y su jerarquía, pero su uso y aplicación también han acabado convirtiéndose en pura rutina. Con la *intertextualidad* ha sucedido lo mismo que con términos como paradigma o estructura. Si hace treinta años podía descubrirse la estructura en cualquier objeto de estudio, del mismo modo todo texto coexiste hoy con otros y queda inscrito en un vasto intertexto.

Las palabras de Angenot resumen la impresión que se forma quien pretende ofrecer una imagen de los estudios literarios contemporáneos. Hay una serie de términos (estructura, paradigma, texto, poder, cuerpo, etc.) que aparecen una y otra vez en trabajos de cualquier orientación o escuela y que no siempre significan lo mismo. Estamos ante un hecho que merece un estudio no sólo epistemológico, sino, como señala Angenot, de sociología de la vida intelectual. Uno de esos 'útiles nocionales' que hizo fortuna a finales de los años sesenta es el de intertextualidad. Su definición y delimitación plantean problemas, porque el concepto, tan rico y tan preñado de posibilidades, ha servido de tema de reflexión a teóricos de diversas tendencias. Si se leen las páginas en las que Julia Kristeva (1969) acuñó el concepto y se compara su concepción con las *intertextualidades* que se han desarrollado después, veremos que media un abismo. Los modelos de Genette o de Riffaterre, por ejemplo, no son homologables con los de Kristeva. Unos hablan de *intersemioticidad*, otros de *intercontextualidad*, algún teórico se refiere a *interauctorialidad*, etcétera. El término, además, se ha contaminado con otros muchos que están cercanos desde el punto de vista metodológico (genotexto / fenotexto, metatexto, intratexto, hipotexto..., por no hablar de contexto).

La invención del término *intertextualidad* suele asociarse a Julia Kristeva, autora de artículos muy influyentes aparecidos entre 1966 y 1967 en *Tel Quel* y *Critique* y retomados en *Sémêiotiké* y después en *El texto en la novela* y en el prefacio al libro de Bajtín sobre Dostoievsky. Han pasado casi cuarenta años de aquellos primeros escritos (a los que habría que añadir las precisiones –y confusiones terminológicas– de algunos trabajos de Barthes y de *Tel Quel*) y hoy el concepto es moneda corriente. Pero conviene recordar el contexto en el que nace y su importancia. Como ha señalado Mai (1991), la noción de intetextualidad respondía a la necesidad de plantear de una manera diferente el estudio de la literatura en una época que estaba dominada por la hermenéutica tradicional y el positivismo, grandes líneas de pensamiento para las que el significado existe con independencia de aquellos que lo producen. El concepto contribuía también a reorientar la teoría literaria hacia otros intereses, como el papel del lector, que constituye una de las más estimulantes innovaciones teóricas en los años setenta.

El grupo *Tel Quel* destacó las contradicciones que supuestamente daban consistencia y unidad a la crítica tradicional y atacó las nociones de unidad y significado cerrado de los textos, que era uno de los pilares sobre los que se sostenía. En el ámbito de esta ruptura (postestructuralista y posmodernista) nació la intertextualidad de Kristeva. El término no surgió de una pieza, sino que su significado se fue definiendo y redefiniendo una y otra vez por *Tel Quel*, y después, a partir del descubrimiento en Occidente de algunos teóricos del este de Europa. La noción más extendida de intertextualidad es aquella según la cual un texto no recibe su sentido más que en relación con aquellos con los que dialoga, en interferencia con ellos (un texto supone la absorción y transformación de otro o, como dice Genette: "la presencia efectiva de un texto en otro"), y esto no concierne sólo a los pasajes en los que piensa el autor al escribir, sino también a los que recuerda el lector cuando lee. Intertextualidad es el fenómeno que se refiere al lugar en el que se cruzan y ordenan enunciados que provienen de otros discursos, pero también a una concepción de la escritura que supone la preexistencia de otros textos, según propone Genette en su importantísimo libro *Palimpsestos*. La intertextualidad orienta la lectura de las obras literarias en una nueva dirección, pues considera que ninguna lectura es lineal. Para algunos teóricos, lo veremos después, estamos en las fronteras del hipertexto.

La riqueza del concepto y su aplicación a diferentes áreas del conocimiento ha provocado fenómenos de mucho interés en nuestros estudios y ha invitado a replantear antiguas nociones. Intertextualidad no es sinónimo de estudio de fuentes, pero en algún caso la actividad de los modernos teóricos y la tarea de los filólogos coincide. Como es sabido, una de las grandes aportaciones de la *vieja diosa* consistió en rastrear aquellas obras literarias que servían de fuente a otra. Ha sido un trabajo esencial, que todavía hoy resulta útil, y que responde muy bien a una manera de concebir la investigación. El viejo estudio de fuentes, fruto del antiguo concepto de la erudición, ha permitido poner delante de los investigadores un material extraordinario y explicar muchos elementos de las obras literarias. También es verdad que, aplicado de manera mecánica, ha acabado produciendo centones deslavazados de datos que no ayudan a explicar nada. De los límites y de la imposibilidad de llegar lejos en el acto de amontonar erudición han escrito autores muy competentes, sabios filólogos y críticos como Pedro Salinas o Cesare Segre.[293]

Asimilar los trabajos de *Quellenforschung* al concepto de intertextualidad es un desacierto, porque sus tareas responden a maneras muy diferentes de enfocar la investigación. Pero Angenot recordaba acertadamente que la riqueza de este concepto ha permitido curiosas recreaciones, como la que consiste en "faire du neuf avec du vieux" (Angenot: 1983, 125). Claudio Guillén ha recordado los enormes avances que supone la intertextualidad frente a las antiguas nociones de fuentes e influencias:

> "El beneficio para los comparatistas es considerable. Al hablar de intertexto, no hay la menor duda de que queremos denotar algo que aparece en la obra, que está en ella, no un largo proceso genético en que interesaba ante todo un tránsito, un crecimiento, relegando a un segundo plano lo mismo el origen que el resultado. (...) El concepto de influencia tendía a individualizar la obra literaria, pero sin eficacia alguna. La idea de intertexto rinde homenaje a la sociabilidad de la escritura literaria, cuya individualidad se cifra hasta cierto punto en el cruce particular de escrituras previas." (1985, 313) [294]

La propia Kristeva reaccionó ante aquellos críticos que se apropiaron de la noción de *intertextualidad* para rebautizar las viejas investigaciones de búsqueda de fuentes y proponía el término de *transposición*, que vendría a significar el paso de

---

[293] "Hoy puede plantearse mejor el problema de las fuentes. Sabemos distinguir entre los materiales culturales, *res nullius*, y su renovación en una obra de arte, entre los arquetipos, o los esquemas recurrentes y su realización en la estructura funcional de una obra, entre códigos culturales y valores poéticos." Segre, C.: *Fuori del mondo. I modelli nella follia e nelle immagini dell'aldilà*, Torino, Einaudi, 1990 p. 34. Tampoco tenía Pedro Salinas una opinión muy elevada sobre quienes solamente se interesan por las fuentes: "No quiero referirme a las famosas *influencias*, a los igualmente famosos *precursores*, ni mucho menos a las *fuentes*, adormideras de tantas labores críticas bienintencionadas y que durante muchos años han suplantado el objetivo verdadero del estudio de la literatura." Salinas, P.: *Jorge Manrique o tradición y originalidad*, Barcelona, Seix Barral, 1974, 103.

[294] Claudio Guillén se refiere en varios lugares a la importancia de la intertextualidad en el comparatismo y ha propuesto diferencias esclarecedoras del antiguo concepto de fuente en el que se confundían lo biográfico y lo textual: "Mi propuesta consistió en insistir en una distinción básica entre la influencia como suceso biográfico, genético, vivido, como algo que le sucede *al escritor* durante la fase de formación o incubación o creación de una obra literaria, y viene a unirse a experiencias no sólo literarias, y la presencia en el texto de reminiscencias, asociaciones, paralelismos o parecidos, que pertenecen al vocabulario más amplio del autor y pueden *o no* revelar algo como un importante o significativo influjo de obras y escritores anteriores" (Guillén: 1989, 116).

un sistema significante a otro. Esta propuesta indica su interés en mantener los motivos que la llevaron a crear el neologismo, pues no se trataba sólo de poner en circulación un término para llamar de otra forma a los estudios tradicionales de búsqueda de fuentes e influencias. Tal como sucede con tantas disciplinas dedicadas a los estudios humanísticos, el concepto de intertextualidad se ha extendido a otros campos, como el cine, la pintura o los medios audiovisuales, según señalaba Desiderio Navarro:

> "Las diversas pero estrechas relaciones del fenómeno de la intertextualidad con tendencias y problemas teóricos de la máxima actualidad, como el posmodernismo, el postestructuralismo, el desconstruccionismo, la cultura carnavalesca, la metaficción o el interculturalismo, pero también la intensa intertextualidad de mucha literatura y arte de nuestro fin de siglo, han sobredeterminado la popularidad del tema y se ven abordados por una considerable bibliografía." (Navarro: 1997, VII-IX)

Sea como fuere, *Intertextualidad*, *Intertextualité* o *Intertextuality* campan por sus respetos en los estudios literarios. Se trata de un término que suena bien a casi todos los oídos, pero no todos los investigadores parten de un marco teórico que permita un uso riguroso y verdaderamente operativo del concepto. Para Angenot, el término varía de manera sustantiva según la línea de investigación (de acuerdo con la idea de texto: desde la poética genética, a la estética de la recepción, desde la hermenéutica al estructuralismo). Mientras que para unos ocupa un lugar central, para otros desempeña un papel periférico. Pero estas variaciones a la hora de entenderlo no le privan de tener una función y de haber cumplido un papel en la crítica literaria.

La noción de intertextualidad no sólo ha servido como instrumento metodológico, sino que ha estimulado algunos debates. La idea de *texte comme dispositif intertextuel* sirvió a Kristeva para la crítica del *Sujeto* fundador, propietario, dueño y señor del logos, el *Autor* de la obra, y vino a proclamar, en definitiva, la muerte del sujeto (en varios lugares de la telqueliana *Théorie d'ensemble* se certifica el óbito). Los definidores de la intertextualidad criticaron también la idea de *Texto* concebido como una entidad autónoma, portador de un sentido inmanente de acuerdo con una totalidad. La idea de *intertexto*, en cambio, invitaba a no entender los textos como mónadas cerradas. Esta idea ayudó a que convergieran investigaciones dispersas, que encontraron un cauce común. Por otro lado, el concepto de intertextualidad se convirtió en una noción que abría la reflexión a la deconstrucción y a los teóricos del hipertexto.

12.4.4. De la deconstrucción al hipertexto

La dificultad de separar disciplinas es tarea difícil para quien se plantea presentar los cambios sufridos por los estudios literarios a partir de los años sesenta. En algún lugar de este ensayo he señalado que éste es uno de los rasgos que mejor definen los tiempos que vivimos. No es extraño que formulaciones deconstructivas coincidan con propuestas teóricas de campos ajenos (aparentemente ajenos) como son los estudios consagrados al hipertexto.

Como ya he recordado, el debate sobre la noción de texto es uno de los más intensos en las modernas tendencias de la crítica. Según la estrategia de la deconstrucción, el texto no puede ser aprehendido como globalidad, porque la escritura "circula en un movimiento incesante de remisión que convierte la totalidad en parte de una totalidad que siempre está presente" (Asensi: 1990, 63).[295] El sentido de un texto nunca puede estar presente en él, porque no hay un significado concreto, fijo y estable. A pesar de la sobrecarga de sentidos y de formas, dice Derrida en *La escritura y la diferencia*, el texto está continuamente rozando el silencio porque su significado está siempre pendiente. Ni la escritura ni el texto pueden representar una verdad exterior a ellos mismos. No existe un origen para ese tejido sin centro al que podamos remitirnos como punto de partida o referencia para interpretar los signos. La idea de estructura como algo subyacente y fijo va contra una idea de escritura que vive de su libre y esencial fluir. La deconstrucción está en los antípodas de entender el texto como algo delimitado, presente. Por el contrario, el texto deconstructivo es plural, heterogéneo; no es un fragmento de escritura acabado que pueda encerrarse en los márgenes de un libro, porque ya no debe hablarse de libro, sino de redes de palabras, de una trama de huellas que siempre se refieren a algo distinto de ellas mismas. Es más: no hay texto sino textualidad.

Propuestas como la anterior –y otras de parecida índole– parece que no están concebidas para ser aprovechadas por el discurso académico, pero han servido de estímulo a numerosas reflexiones perfectamente asimilables por un discurso más convencional. Algo he recordado al referirme a la posmodernidad, pero no puede faltar su referencia al hablar del ordenador.

---

[295] La idea de estructura como sistema de dependencias internas y la concepción de la obra literaria como algo orgánico y cerrado ha experimentado una crisis importante al rechazarse la idea de inmanencia y la total autonomía del texto. La idea de estructura supone que la obra literaria es una totalidad de sentido centrada. Como dice el profesor Asensi, la deconstrucción parte de una toma de distancia de los conceptos de totalidad, de sentido y de centro porque son ellos los que sirven de fundamento a la posibilidad de aprehender el texto en su globalidad (Asensi: 1990, 62).

12.4.5. El hipertexto y la máquina posmoderna

Una de las grandes líneas de fuerza que mueven la argumentación del profesor George P. Landow sobre el hipertexto se expresa en el título de su libro más ambicioso: *Hipertexto. La convergencia de la teoría crítica contemporánea y la tecnología*. Bajo teoría crítica contemporánea engloba Landow algunas ideas de Barthes y Derrida y bajo tecnología una línea de trabajo inspirada en la informática (y se remonta hasta los trabajos pioneros de Vannevar Bush), que ha creado un poderoso instrumento conocido como "hipertexto". Al hilo de sus argumentaciones, Landow recurre continuamente a obras literarias (*Ulysses* de Joyce), pero también a filósofos (Deleuze o Lyotard). La convergencia de teoría literaria e hipertexto no es casual, pues: "Los pensadores de ambos campos nos guían, en medio de los importantes cambios que están ocurriendo, hasta el *episteme* contemporáneo" (1995, 13).

Según Landow, es posible encontrar ya en los académicos artículos de humanidades o en las ediciones anotadas de textos clásicos un precedente de las posibilidades, llevadas luego al extremo, que ofrece el hipertexto. Cuando leemos una obra anotada saltamos del cuerpo a las notas a pie de página y de estas, una y otra vez, volvemos al texto. Es posible que las notas reproduzcan textos y paralelismos con otras obras, y es también posible que, dada la abundancia de notas, sea difícil leer el texto principal (y, para algunos, inútil diferenciar cuál de los dos lo es). No es extraño que en las notas se reproduzcan, incluso, pasajes completos de otras obras. El lector (paciente) subirá y bajará de un texto a otro. Para Landow, este tipo de lectura constituye la experiencia básica y el punto de partida del hipertexto.

Landow veía presentida en *S/Z* de Barthes una noción que coincide con la de hipertexto. Se refería a la noción de secuencia compuesta de bloques de palabras o de imágenes unidas mediante recorridos que se insertan en una textualidad o cadena textual abierta e inacabada.[296] Landow aduce una y otra vez ideas de Barthes o Derrida para mostrar la convergencia entre las posibilidades del hipertexto y la concepción de texto que surge con el postestructuralismo y la filosofía posmoderna. El ordenador es una especie de laboratorio en el que algunos teóricos de la literatura pueden poner a prueba sus conceptos y sacar conclusiones sobre la naturaleza del *texto abierto*. John Hillis Miller subrayaba cómo los ordenadores personales y *Glas* de Derrida, habían surgido prácticamente al mismo tiempo y dejado obsoleto el modelo de libro lineal al sustituirlo por un hipertexto multilineal, que era para él el modo de expresión característico de nuestra cultura. La nueva teoría literaria y su

---

[296] "En este texto ideal, abundan las redes (*réseaux*) que actúan entre sí sin que ninguna pueda imponerse a las demás; este texto es una galaxia de significantes y no una estructura de significados; no tiene principio, pero sí diversas vías de acceso, sin que ninguna de ellas pueda calificarse de principal; los códigos que moviliza se extienden *hasta donde alcance la vista*; son indeterminables...; los sistemas de significados pueden imponerse a este texto absolutamente plural, pero su número nunca está limitado, ya que está basado en la infinidad del lenguaje." (*Apud* Landow: 1995, 15)

puesta en práctica por la revolución digital eran testimonios del cambio inevitable que se estaba produciendo. Las tendencias que proclaman que todo texto está en otro, que es improcedente distinguir entre lo externo y lo interno, que no es posible pensar en un centro del significado, encuentran su expresión electrónica en el hipertexto.[297]

El conjunto de vínculos que crea el ordenador permite una escritura y una lectura que no son lineales. El texto se bifurca, se abre a otros y permite que sea el lector quien elija el itinerario entre los bloques conectados entre sí. El lector ha de moverse por una red y desplazar una y otra vez el centro, sin ningún eje que organice nada, pues no hay centro imaginable o posible. La red establecida no tiene arriba ni abajo y el lector puede desplazarse siguiendo diferentes rutas. Así las cosas, el texto deja de ser una recopilación acabada de escritos, un contenido encerrado en un libro, en los márgenes estrictos de un folio, y se convierte en un tejido virtual de huellas que remite a otras. El hipertexto fragmenta la antigua concepción de texto unitario y permanente, suprime la linealidad de lo impreso y acaba con lo que algunos consideran "antiguas rigideces del libro".

Todavía no sabemos lo que supondrá el hipertexto. Al redefinir los límites, comienzos y finales del texto, se está replanteando también la vieja noción de autor, que convertía la obra literaria en algo cerrado, completo, con un sentido definido y establecido para siempre.[298] El hipertexto obligará a repensar la idea de unidad, los márgenes, el marco, las fronteras con las referencias externas (los contextos) y ha creado un fragmento abierto en el que nada permanece fuera. Ha cambiado también nuestra noción de libro, concepto que ya no es suficiente para explicar la nueva realidad ante la que nos encontramos.[299]

En los últimos años, merced a las disciplinas que he mencionado más arriba, la obra literaria ha dejado de entenderse como un todo estético con un origen y un *telos*, y ha pasado a entenderse como un espacio abierto, de acuerdo con la concep-

---

[297] "Los nexos hipertextuales colocan el texto actual en el centro de un universo textual y, de este modo, crean un nuevo tipo de jerarquía, en la que el poder del centro domina la infinita periferia. Pero como en el hipertexto este centro es siempre pasajero, virtual y cambiante – o, dicho de otro modo, aparece con la mera lectura de un pasaje en particular- nunca tiraniza los otros aspectos de la red como ocurre con el texto impreso." (Landow: 1995, 88)

[298] En este punto, la tecnología va también de la mano de los teóricos que han rechazado el sujeto como fundamento del saber humano. Si falta la noción de centro, si el texto se hace autónomo, no hace falta apelar a ningún autor o sujeto como origen. Estamos en el reino de los textos y de sus relaciones.

[299] "En nuestra cultura, la palabra *libro* puede designar tres entidades muy distintas: el objeto en sí, el texto y la manifestación de una tecnología dada. Llamar 'libro electrónico' a la máquina con la que leemos el hipertexto induciría a error, ya que esta máquina con la que se lee (...) no constituye en sí un libro, es decir, un texto: no coincide ni con el texto virtual ni con su encarnación física" (Landow: 1995, 59). Me ocupo en otro lugar de los nuevos valores que se han dado a la noción de texto en algunos trabajos alemanes. Es el caso de la *Hörspielphilologie* o la *Filmphilologie* según los estudios de Klaus Kanzog (*Einführung in die Editionsphilologie der neuren deutschen Literatur*, Berlin, 1991) (Rubio Tovar: 2005).

ción de 'texto posmoderno'. Durante siglos el término estuvo reservado para libros que gozaban de la autoridad que les daba la tradición. Pero ya no hablamos de escritura encerrada en los márgenes de un libro. Texto es todo discurso que se interpreta, y no es necesariamente reproducción exacta y fiel de nada anterior. Hoy hablamos de un enunciado oral o escrito, de extensión variable. Textos son los discursos políticos, los anuncios, los chistes, una conversación entre amigos o la lista de la compra. Ninguna disciplina monopoliza ya el estudio de la literatura. En las últimas décadas, la idea de texto ha sido investigada por la pragmática, la sociolingüística, la semiótica, la psicolingüística y lingüísticas de toda especie. Las consecuencias de todo ello la señalaban con claridad los profesores Guzmán y Tejada:

> "La relevancia que desde los años sesenta se ha hecho recaer sobre la noción de texto implica buen número de consecuencias inmediatas; entre otras, la reconsideración de la definición y clasificación de los géneros tradicionales (que han dejado de ser ya inventarios formalistas de rasgos externos y han pasado a verse como parte de las posibilidades comunicativas de una cultura), la ampliación de los estudios a una gama de textos hasta ahora desatendidos, la elaboración de poderosos modelos analíticos para explicar el discurso a todos los niveles y la definición del texto en su co(n)texto." (Guzmán y Tejada: 2000, 33)

La literatura ya no se estudia, ni se interpreta sólo como una obra de arte, como mensaje de una verdad eterna. Los textos se entienden como objetos culturales, como sistemas que dependen de la cultura en que son leídos y escritos.

12.5. El lector

12.5.1. Los poderes del lector

El profesor Peter Russel ha estudiado con enorme erudición y perspicacia algunos cambios que ha experimentado la interpretación del *Quijote*. Frente a las lecturas trascendentes de la novela que nacen del Romanticismo alemán, nos ha recordado que en el siglo XVII la novela se leyó *as a funny book*, como libro destinado a hacer reír. Parece indiscutible que el público inglés de aquella época no interpretó la novela de la misma manera que lo hizo el público alemán del siglo XIX o el mejicano del siglo XXI. Nada tiene que ver el *Don Quixotte* que musicó Purcell, con la composición de Richard Strauss. Cada uno es heredero de una tradición interpretativa. Según Russel, Cervantes nunca reconocería los significados que otorgan los lectores modernos a su *Don Quijote*, pero ya se sabe, dice el hispanista inglés, que "se ha de conceder, por lo menos en principio, que las obras literarias pueden conseguir una vida independiente que sus autores no pudieron presagiar" (Russel: 1978, 436-37).

Se conservan testimonios que nos llevan a pensar que, en efecto, Cervantes buscaba hacer reír con su novela. Sabemos también que después se apreciaron otras dimensiones, que el pasar del tiempo propició nuevas lecturas de *Don Quijote*, hasta el punto de que Sismondi escribió en 1813 que *Don Quijote* era el libro más triste que se había escrito nunca. Para llegar a este extremo, dice Russel, había que hacer tanta violencia a la idea original de la novela que o se acababa hablando de una obra diferente a la original o se acababa diciendo que Cervantes fue un escritor romántico. Estas opiniones sobre la novela responden a opiniones de lectores. Los lectores y sus opiniones cambian.

En la época de la imprenta, el trabajo de un escritor concluye cuando entrega su obra a la editorial o quizá cuando hace la última revisión antes de poner el punto y final. La tarea de los lectores, en cambio, no termina ni puede terminar nunca, porque hay tareas que duran siglos. El descubrimiento del lector y la reflexión sobre las propiedades y poderes de la lectura, la idea de que es él quien crea los textos y los reconoce o no como literarios, y la convicción de las lecturas y los lectores son fenómenos históricos, tan imprescindibles como el emisor o el mensaje para entender la literatura, son algunas ideas que definen una parte esencial de los estudios literarios en el siglo XX. Los trabajos sobre cómo se crea el significado en el acto de leer, cómo se leía antaño y cómo se lee hoy, qué papel tiene el público en el éxito o fracaso de las obras literarias es un fenómeno de una envergadura extraordinaria sobre la que han reflexionado teóricos de la literatura, filólogos, filósofos e historiadores. Como es lógico, la reflexión se ha extendido también a los períodos anteriores a la lectura (en el que la tarea de los oyentes y recreadores era diferente a la de los lectores individuales) y vuelve a aparecer hoy al vaticinarse que el hipertexto cambiará nuestra manera de leer.

Me interesa destacar que el descubrimiento del papel del lector no es privativo de los estudios literarios desde mediados del siglo XX. Sin ir más lejos, Lanson intuyó ya la importancia del público y del lector para entender de una manera cabal las obras literarias. Pero sí es novedoso hacer recaer en los lectores un papel esencial como activo de la comunicación literaria y lo es también la reflexión sobre el acto de leer, sobre los mecanismos de la lectura y la creación de significado. Sobre este aspecto se han escrito páginas muy relevantes en los últimos años. En esta nueva valoración ha intervenido, como siempre, la teoría de la literatura, pero también el trabajo de historiadores y filólogos.[300] El profesor Bouza ha señalado con sólidos argumentos que tienen mucho que ver con la historia y la filología, cómo la

---

[300] Antes de hablar de la gran contribución de semiólogos, teóricos de la literatura e historiadores para desarrollar el papel del lector, debe recordarse el testimonio de *Si una noche de invierno un viajero* de Italo Calvino. No encontraremos en ningún estudio una manera más clara de comprender los poderes del lector.

actual historia del libro ha reducido la figura del autor, que antaño se consideraba omnipotente, y ha reconocido cada vez más el papel de impresores y de lectores. La crítica del siglo XIX concibió al autor de los siglos XVI y XVII como una individualidad genial que presentaba sus obras a un público que las recibía de forma sumisa. Los lectores no pasaban de ser meros sujetos pasivos. Pero hoy las cosas no nos parecen así. El lector no se limitaba a intentar comprender las ideas de un autor determinado o a descubrir la clave de su narración como se hubiera esperado en el siglo XIX. La lectura les reservaba un papel mucho más activo y les convertía en co-autores de lo que leían.[301] Conviene recordar esta clase de investigaciones que vienen desarrollándose desde hace tiempo de la mano de historiadores y filólogos de la vieja escuela. Los estudios sobre la imprenta y los manuscritos y su difusión están renovando la interpretación del papel del lector en el circuito comunicativo. Desde los años sesenta, y a partir de distintas disciplinas, el receptor se ha convertido en una parte constitutiva de las propuestas de investigación literaria y la recepción (otro término omnipresente en nuestros estudios) se ha convertido en un elemento central para determinar el carácter literario de una obra.

12.5.2. Las teorías de la recepción: el lector, los lectores

Lanson recordó que la lectura libre y personal era siempre el primer acceso para un futuro historiador de la literatura. La depuración de elementos subjetivos debería venir después, con el estudio detenido de los textos. Sin embargo, los críticos de Lanson han señalado que en el fondo de sus estudios latía una profunda desconfianza hacia la lectura. Este extremo justifica que rodeara el texto de elementos biográficos del autor, de sesudos estudios del contexto histórico, de fuentes e influencias. El texto está cercado, sitiado por fechas, atribuciones, variantes y fuentes, por referencias a corrientes morales, intelectuales y políticas. Es obligado documentarlo cuanto sea posible para evitar interpretaciones erróneas y para ello, el lector debe dejarse llevar por cuanto el erudito le ofrece. Esta desconfianza estaba ya en Taine y en Sainte-Beuve, pero el principal acusado de asfixiar la iniciativa del lector ha sido Lanson. Péguy y otros críticos no se han cansado de afirmar que la poderosa formación erudita era incapaz, no ya atrapar los textos, sino de rozarlos.

Al hablar de la muerte del autor, Barthes saludaba el nacimiento del lector, el gran olvidado de las teorías clásicas. En una conferencia de 1975 ("Sur la lecture"),

---

[301] Pedro Cátedra (2001) ha ilustrado muy bien cómo los filólogos, los estudiosos de la lectura y la materialidad del libro permiten entender por qué se desarrollan ciertos géneros y qué papel cumple la imprenta en su formación. Son excelentes los volúmenes de los congresos celebrados sobre *El Libro Antiguo Español* (publicados entre 1988 y 2002) que han dirigido María Luisa López Vidriero y Pedro Cátedra.

el maestro francés proponía tratar al lector como un personaje, hacer de él un personaje del texto:

> "La lecture est de droit infinie, en ôtant un cran d'arrêt du sens, en mettant la lecture en roue libre (ce qui est sa vocation structurelle), le lecteur est pris dans un renversement dialectique: finalement il ne décode pas, il surcode, il ne déchiffre pas, il produit, il entasse des langages, il se laisse infinement et inlassablement traverser par eux: il est cette traversée." (1984, 46)

Barthes asociaba el enorme poder del lector con la muerte del autor. Destronado de su antigua supremacía por los poderes del lenguaje y la pluralidad de voces de la escritura, el autor cede su preeminencia al lector por su capacidad única de mantener unidas en un mismo campo todas las señales de que se compone lo escrito. A pesar de ello, Barthes no creía posible esperar el surgimiento de una ciencia o una semiótica de la lectura. El tiempo se encargó de demostrar que estaba equivocado. En *Temps et récit* (III) Ricoeur destacaba la importancia estratégica del lector y la posibilidad de una teoría de la lectura construida a partir de la poética, la retórica, la fenomenología, la recepción y la semiótica. Por su parte, y partiendo de la fenomenología y de los fructíferos principios de Ingarden, Wolfgang Iser ha desarrollado una teoría sobre el acto de leer que se enmarca dentro de una teoría general de la recepción. Al igual que Ingarden, Iser entiende que un texto está constituido por elementos no desarrollados que debe actualizar el lector. Ingarden habla de *indeterminaciones* como de unos vacíos que deben ser ocupados para una actualización adecuada. La actividad del lector consistiría en completar lo que estaba sugerido en el texto. Iser ha profundizado en esta idea. Entre aquellos elementos que he recordado hay vacíos que garantizan al lector un margen de análisis suplementario. Los vacíos le permiten convertir la lectura en algo suyo: el texto no formula por sí mismo su sentido. El texto sólo se constituye como tal en un acto de lectura y es el lector quien poco a poco va relacionando partes, valorando las perspectivas que se abren con cada nuevo personaje o con digresiones del narrador. El lector llena los espacios en blanco, completa alusiones, responde a preguntas, se niega o consiente en ser persuadido, escucha a los dos interlocutores de un diálogo, explora significaciones, dialoga él mismo, en suma, con el texto. Estos espacios en blanco, que no existen en la misma medida en nuestra habla cotidiana, estimulan al lector a construir una trama en todo aquello que lee, a poner en marcha el proceso entre el texto y él, y a permitir que ensamble los diferentes segmentos.

La interpretación comienza en el mismo acto en el que empezamos la lectura y lógicamente, se va modificando en su transcurso. Ningún texto se descifra una frase detrás de otra. Las frases, los párrafos (y nosotros en este proceso) se interpretan en función de lo que precede y de lo que se espera. Hay una especie de anticipación permanente que se confirma o se niega en el transcurso de la lectura. Si las secuencias posteriores no confirman el sentido que se iba creando, se vuelve a la interpretación desde el principio. La lectura, decía M. Charles, está en el texto, pero no está escrita, está en el futuro ("elle en est l'avenir"). Esta es una de las direcciones más fecundas de la teoría de la lectura, a medio camino entre un análisis de las estrategias de persuasión que están inscritas en lo que leemos, y el análisis del acto de leer. Esto permite ver el texto como una máquina que pide ayuda para ponerse en movimiento (la comparación es de Umberto Eco).

La lectura es una situación que no se produce frente al autor, de ahí que se hable de la asimetría como requisito previo en cualquier acto de lectura. El texto que leemos no es el mismo que lee y, desde luego, que escribe el autor. Lector y autor se encuentran en el texto, pero no son categorías idénticas, ni están en el mismo nivel y la reflexión sobre cómo se relacionan ha dado pie a numerosas investigaciones. Existen estrategias que no tienen por qué aparecer explícitas, unos artificios previstos por el autor para que el texto se actualice según él había previsto. Me refiero, por ejemplo, al lector implícito o interno, aquel a quien se alude mediante señales cuya interpretación exige dominar una práctica, unos conocimientos.[302] Existe también un lector empírico, situado fuera del texto, que no tiene que coincidir con el interno. Este lector empírico es aquel que va creando imágenes durante la lectura. Un lector medieval de fe judía no leyó el libro del *Éxodo* del mismo modo que lo lee un agnóstico europeo del siglo XXI. Las situaciones históricas definen la distancia entre uno y otro. Si el lector implícito es una constante, el lector empírico o externo es una variable que se define en cada situación histórica. Cuanto más se amplía la distancia entre ambos lectores, la lectura, la interpretación del texto se vuelve más difícil. Pero el nexo entre el lector y la obra no es simplemente un efecto textual sino también un sistema de convenciones que condicionan la situación de lectura, como la presencia de tal libro en determinados circuitos culturales, la mayor o menor exigencia de las convenciones estéticas e ideológicas, etcétera.

Así las cosas, el trabajo del lector es indispensable para que el texto se convierta en literario, pues es él quien completa lo que no está presente. Más que cualquier otro discurso, la literatura se apoya en espacios en blanco que postulan la complicidad del lector. He recordado la afirmación de Eco en su *Lector in fabula*: el texto es un mecanismo "haragán", que vive solamente de la "plusvalía" de sentido que introduce el destinatario. Cuando un texto abandona su función didáctica y se construye a partir de otras funciones como la estética, deja al lector la iniciativa de interpretar. Los textos, dice Eco, necesitan que alguien les ayude a ponerse en movimiento.

La fertilidad de estos nuevos planteamientos ha suscitado más de un debate entre quienes consideran que solamente existe un significado correcto y determinado para cada texto (significación que vendría a coincidir con la *intentio operis* a la

---

[302] "El lector implícito no posee una existencia real, pues encarna la totalidad de la preorientación que un texto de ficción ofrece a sus posibles lectores. Consecuentemente el lector implícito no está anclado en un sustrato empírico, sino que se funda en la estructura del texto mismo." (Iser: 1987, 64)

que debería acercarse el intérprete) y aquellos que consideran que el significado es un producto en la mente del lector, en quien recae toda la responsabilidad de la interpretación. Iser ha mantenido una postura intermedia: el lector crea el significado bajo las indicaciones textuales. Pero la tentación de hacer recaer en el lector la responsabilidad única de la interpretación y que sea él quien decida lo que quiere decir un texto ha sido una consecuencia inevitable. Amparándose en un planteamiento tan abierto, se ha impuesto una especie de dictadura, según la cual cualquier cosa que se diga sobre un texto es respetable. Así las cosas, todo puede decirse y de sobra se dice, pero que todo deba decirse es otro cantar. La opinión no es un territorio que deba respetarse si no está fundamentada en algo más que en decir eso tan vago de "esa es su opinión, pero la mía..." que uno ha escuchado tantas veces. No es cierto que según la teoría de los espacios blancos, cualquier opinión pueda admitirse y no es cierto que la *verdad* de un texto esté sólo en lo no dicho o lo reprimido. Para Umberto Eco, un texto es la estrategia que constituye el universo de sus interpretaciones, si no legítimas, legitimables. Pero no hay una semiosis infinita, ilimitada, porque el texto ofrece suficientes caminos que estimulan la cooperación y la colaboración del lector, sin necesidad de que sea éste quien construya desde el vacío el significado.[303]

El pacto de lectura es posible también gracias a que los lectores queremos dialogar con los textos a pesar de haber sido escritos en épocas muy lejanas. Los textos pueden ser recontextualizados, lo que asegura que aunque se han escrito a partir de códigos muy diferentes, pueden seguir leyéndose. Si la lectura exigiera la reproducción de las condiciones de la 'primera' recepción, los textos pasados serían ilegibles. El pacto exige, en cualquier caso, cierta confianza, cierta entrega respecto de la obra que uno se propone leer. Es necesario que el lector acepte convenciones, figuras o procedimientos que no son los habituales y que no tienen que ver con los discursos de la vida cotidiana ni con el mundo en que vive. El pacto varía históricamente.

12.5.3. *La lectura es un hecho social*

Una tendencia mayoritaria de los estudios literarios considera que las obras no tienen un significado y un valor en sí mismas –hablaré luego de las críticas a su supuesto carácter esencial, que atraviesa los siglos como si tal cosa– sino que depende de las lecturas de individuos concretos –autores, editores, críticos y lectores–

---

[303] No puedo exponer aquí la compleja y elaboradísima teoría sobre el texto y la lectura, elaborada a partir de la *Textlinguistik* de Siegfried Schmitt (1973), para quien la relación literaria se establece a partir de una serie de presupuestos: socioeconómicos, socioculturales, biográfico-psíquicos, lingüístico-comunicativos, que definen la competencia del lector en el manejo de las reglas y convenciones presentes en la construcción del texto.

y del valor que les atribuyen. La 'literariedad' o el 'significado' de un texto no existen al margen de las tareas que realizan los lectores. Esta tendencia propone estudiar pragmáticamente los aspectos semánticos y estéticos de las obras, en relación siempre con los agentes que intervienen en el proceso de la acción literaria (productores, mediadores, receptores) y en relación también con los contextos en los que las obras literarias se actualizan.

Si la literatura y la lengua en que se expresa no cambiaran, si las interpretaciones de las obras fueran inmutables y eternas, es posible que la filología y la crítica no fueran necesarias. Si el movimiento y el tiempo fueran siempre constantes, tampoco existiría la física. Pero la transmisión de las obras, los lectores y su idea de la literatura cambian constantemente. Las formas de la relación Emisor - Mensaje - Receptor son diferentes en el curso de la historia y crean sus propios sistemas de producción y reproducción de textos y también su propio público. Lo decían con toda claridad Altamirano y Sarlo:

> "Expresado de manera clásica, podría decirse que los modos de producción literaria producen no sólo textos sino relaciones con los textos, esto es, lecturas y relaciones de lectura. E, inversamente, que un tipo de lectura y de lector, cuando se estabilizan en una sociedad, son parte de las fuerzas que están presentes en la producción de las obras literarias. (...) Si por un lado la producción literaria tiene como objeto no sólo obras, sino también lectores, por el otro, el lector no es sólo un producto, sino también una presencia activa (ideológica, económicamente activa) en el proceso de producción." (Altamirano-Sarlo: 1983, 101-02) [304]

Durante siglos, el destinatario de las obras que hoy consideramos literarias (pienso en el público los cantares de gesta, los romances y baladas, las vidas de santos) sólo escuchaba, aunque la suya no fuera una escucha pasiva. La alfabetización trajo consigo la posibilidad de acceder a otra clase de literatura, a otra manera de percibirla, al tiempo que exigía otras condiciones: ¿Cómo conseguir los libros? ¿Cuánto hay que pagar por ellos? ¿Quién aconseja elegirlos? La rareza del libro hasta el siglo XIX, cuando fue difundido por la industria editorial, imponía un tipo de lectura y, como dicen Altamirano y Sarlo, "una tensión peculiar de placer". La intensidad de la lectura suspendía las necesidades más inmediatas y hacía retroceder a un segundo plano todo lo demás. El placer que surgía del acto de lectura era también un dato social nuevo. Las estrategias textuales se afinaron para burlar las censuras que impedían la publicación de ciertas obras. Otros procesos sociales, como la alfabetización de las mujeres o el auge de las bibliotecas circulantes dejaron también su huella en los textos.

---

[304] Deseo dejar constancia de la enorme huella que tienen estas páginas con el libro *Literatura / Sociedad* de estos profesores.

12.5.4. Las propuestas de H. R. Jauss

En el curso de estas páginas he hablado de la conveniencia de hablar de los movimientos de crítica en plural. No se debe hablar de estructuralismo sino de estructuralismos, no hay una sola semiótica y no debe reducirse el enfoque pragmático a una única escuela. El estudio del lector y de su relación con el texto es también plural en sí mismo. La noción de lector implícito, por ejemplo, ha sido adaptada por otros teóricos: el lector informado de Fish (1975), el archilector de Riffaterre (1975), el lector modelo de Eco, el lector de Erwin Wolf (1971).[305] Quiero decir con ello que ni estas nociones ni estos críticos deben englobarse en una tendencia que no destaque matices o marque las diferencias.

Encuadrar dentro de un mismo movimiento de crítica a Iser y a Jauss invita a la confusión. Es verdad que ambos se han preocupado de la relación entre el texto y el lector, pero Iser proviene de la literatura inglesa, la fenomenología y la narratología. Jauss es un medievalista preocupado por la construcción de una nueva historia literaria, y que ha sido influido de manera particular por la hermenéutica. Sus métodos e intenciones difieren claramente.

Cesare Segre ha destacado cómo después de la Segunda Guerra Mundial las diferencias de perspectiva entre los romanistas del área de la Romania y los del área germánica eran muy acentuadas. En los países que llamaremos románicos (con Italia a la cabeza), se seguía siendo fiel a un proyecto, o al menos a un ideal, de una sólida disciplina que afrontó la unidad del mundo románico medieval con las armas que le ofrecía una concepción unitaria de la historia de la literatura y de la cultura, de la crítica textual y del tipo de análisis filológico de textos. En los países del área germánica se produjo una separación entre estudios literarios y lingüísticos y se ampliaron los límites cronológicos hasta las obras contemporáneas. Era inevitable que unos y otros buscaran sus apoyos metodológicos en fuentes distintas. Hans Robert Jauss se inspiró en Gadamer para la hermenéutica, en Walter Benjamin para la crítica; Erich Köhler ha sido uno de sus compañeros de trabajo y se ha interesado, además, por las aportaciones de Lewis, Adler o Zumthor.

Jauss ha sido portavoz y cabeza visible y pensante de la llamada Escuela de Constanza, un grupo de investigadores unidos por preocupaciones epistemológicas diversas que practicaron un método específico de investigar y enseñar historia de la literatura, disciplina que para Jauss había caído en un enorme descrédito. Su renovación no podría provenir de las investigaciones positivistas ni de la interpretación idealista de las obras literarias, pues consideraba que ambas estaban agotadas, ni podía esperarse tampoco una renovación de los modernos métodos, desde el es-

---

[305] Wolf, E. (1971): "Der Intendierte Leser: Überlegungen und Beispiele zur Einführung eines Literatur- wissenschaftlichen Begriffs", *Poetica*, pp. 141-46. Fish, S. (1975): "Literatur im Leser: Affective Stilistik" en Warning, R., comp., *Rezeptionsästhetik*, Munich, Fink, 196-227. Rifaterre, M. (1975): "Kriterien für die Stilanalyse" en Warning, R., comp., pp. 63-95.

tructuralismo y la semiótica a las teorías sociológicas, pues ninguna de estas tendencias había llegado a constituirse en *paradigma*.

El camino que llevó a elaborar una metodología que renovara el estudio de la literatura desde una perspectiva histórica es una experiencia intelectual singular. Los grupos de trabajo no son infrecuentes en los estudios de teoría y de crítica y en la lingüística, pero no abundan en el campo de la historia literaria y de los estudios estéticos. Grandes maestros como Spitzer, Curtius, Auerbach o Lukács, debido quizá a su manera de entender la investigación y a las circunstancias históricas que les tocó vivir, escribieron su obra desvinculados de cualquier grupo y dedicados a su trabajo personal. En cambio Jauss se sintió parte de un equipo de investigadores con una sólida formación en el campo de la teoría literaria, interesados en la enseñanza, y que propusieron un modelo para repensar la historia de la literatura a partir de una fecunda síntesis entre hermenéutica y poética. Su fuerza, decía Paul de Man, radica en el refinamiento de las reglas que ha establecido para la comprensión histórica de la literatura.

Los textos fundacionales de la estética de la recepción son de finales de los años sesenta y principios de los setenta. Jauss partió de la crisis de la enseñanza de la historia de la literatura en la universidad alemana y propuso su redefinición al tiempo que encaraba las propuestas de dos sistemas predominantes: el estructuralismo y el marxismo. Ya desde sus primeros estudios reflexionó sobre la posibilidad de establecer una relación entre la sucesión de los hechos dentro y fuera de la historia de la literatura, de suerte que incluyera los contactos entre las dos series, sin privar a la literatura de su carácter artístico, y sin reducirla a un mero reflejo de movimientos sociales. Jauss ha destacado que en el triángulo formado por autor, obra y público, éste último no es la parte pasiva, sino una fuerza histórica que también es creadora. La vida de la obra literaria es inconcebible sin el papel activo que desempeña su destinatario. La historia de las recepciones distintas de cada texto nos hará evitar la pregunta por un sentido único y universal, y nos llevará a preguntarnos por qué una obra tiene un determinado sentido para un grupo de lectores. La experiencia muestra que no hay una interpretación única, válida para todas las épocas (con frecuencia para cada época la suya) sino muchas recepciones distintas. La novedad que propone Jauss radica en que para él el significado de una obra literaria se crea en la relación dialógica formada por el texto y el público. El modelo constituido por "El hombre y su obra" falsea la interpretación de los textos, porque ignora al destinatario, verdadero artífice que inserta las obras en el proceso histórico de acogida o rechazo de los valores estéticos. El investigador alemán propuso un giro al centrar su atención en la actividad del sujeto receptor. La literatura, la sociedad y la historia están implicadas en un tipo de relación que se muestra en la lectura. El formalismo y el marxismo se habían concentrado en la producción y el análisis de las obras, y habían ignorado el papel de los lectores, con lo que no podía percibirse la vida histórica de la literatura que sólo se manifiesta cuando la experiencia del lector modifica su visión del mundo y actúa sobre su comportamiento en la sociedad. Jauss veía en el estructuralismo una clara tendencia ahistórica que chocaba frontalmente con su modo de comprender la literatura y no aceptaba que el texto se concibiera como un conjunto lingüístico cerrado respecto del referente y de la realidad, al tiempo que excluía el sujeto. Sin la intervención activa del lector, toda intertextualidad entendida como 'diálogo de los textos entre sí' es una ilusión, una entelequia sin puntos de referencia.

En el proyecto de Jauss resulta capital la noción de horizonte de expectativas, de raíz gadameriana. Las obras literarias, dice Jauss, no se presentan como novedades absolutas en un desierto. Un texto nuevo evoca siempre en el lector otros que ha leído, pero puede modificar la idea que tenía de un género o la manera de enfocar un relato: es decir, puede cambiar el marco en el que se mueven las obras y la representación que se hace el lector de ellas. Los lectores argentinos de hoy no leen a Kafka igual que los lectores alemanes de 1930. Según Jauss debe estudiarse una fase de la evolución literaria por medio de cortes sincrónicos, mediante los que será posible explicar la múltilple presencia de obras heterogéneas en un momento dado. La variedad revela la coexistencia de curvas temporales distintas. En las primeras formulaciones de la teoría, Jauss no había hecho explícita la distinción necesaria entre el horizonte de expectativas literario (aquel que se refiere a la nueva obra) y el sistema de interpretación (el horizonte de expectativas del lector). En una fase posterior consideró que un análisis de la experiencia literaria del lector o de una sociedad de lectores del presente o de tiempos pasados debía comprender estas dos facetas de la relación texto - lector, de ahí que, por ejemplo, sea esencial distinguir entre el código del lector y el del escritor. El horizonte de expectativas del lector no es, desde luego, el mismo que el del escritor, sea un innovador o un sencillo epígono.

El concepto horizonte de expectativas es una noción central en la teoría de Jauss. Su reconstrucción, la descripción del efecto que produjo la obra evitaba la recaída en el fácil psicologismo. Lo que buscaba, en definitiva, era la creación de un marco, un sistema de referencias que pudiera formularse de manera objetiva, como son el conocimiento que tuviera el público de obras anteriores de este género, los elementos formales y temáticos que la obra literaria sigue o desborda. Jauss desdobló la noción de horizonte de expectativas y propuso, por un lado, el horizonte literario que se refiere a los textos y por otro, el horizonte que se refiere a la experiencia del lector. Ambos horizontes se relacionan en la lectura. La reconstrucción del sistema de expectativas del pasado ayuda a recordar las preguntas a las que respondió el texto y entender cómo el lector comprendía la obra. Según esta investigación, el significado no es algo atemporal ni eterno, sino resultado de un proceso gradual que no se cierra nunca, de una interpretación continua que de una manera siempre nueva actualiza el potencial semántico cuando cambian la sociedad, la cultura, las formas de vida. Jauss insistió en que no debía olvidarse que la interpretación es un fenómeno histórico. No es cierto que el sentido 'verdadero y eterno' de un poema aparezca ante su intérprete 'fuera de la historia', sin todas las interpretaciones de sus precedentes. La creencia de que el sentido nace solamente al enfrentarse con el texto escamotea y oculta la conciencia histórica que está entrelazada en la tradición del entendimiento.

Ningún significado único y eterno está para siempre en el texto. Un lector compara una obra que lee por primera vez con otras leídas antes. Luego vendrán otros lectores y luego otros, y se irá formando una tradición de receptores. De la historia de las recepciones se pasa a la historia de la literatura. La recepción permite la comprensión del sentido y la forma literaria por la variedad histórica de sus interpretaciones. Las teorías de la recepción insisten en el carácter no esencial de la obra literaria y se refieren a un texto que espera cada vez una concretización diferente de los lectores. El arte se define por su experiencia histórica y su función social, con lo que el público recobra sus viejos derechos.[306]

Cada nueva manera de entender el arte y la literatura ha ido dejando conceptos esenciales que han cristalizado en el lenguaje que utilizamos profesores, críticos y estudiantes. *Estructura, coherencia, cohesión, deconstruir, paradigma*, etcétera, son términos que aparecen en cualquier monografía. El término *recepción* se ha extendido más allá de o imaginable. Sospecho que su uso no siempre está de acuerdo con la formulación de Jauss, pero las denominadas teorías o estéticas de la recepción ocupan un lugar incuestionable en los movimientos de crítica del siglo XX.[307]

Es posible que los estudios sobre la recepción no constituyan un paradigma, pero es evidente que nos han hecho pensar sobre el papel del lector y nos ha mostrado los enormes poderes de la lectura. Iser afirma en algún lugar que la experiencia de leer es placentera sólo cuando es activa y creadora, cuando participamos en el juego imaginativo del autor. Las influyentes teorías actuales sobre la lectura han

---

[306] Perkins decía que, en el fondo, Jauss intentaba representar el pasado de la manera más cercana a cómo fue, es decir, que creía en la posibilidad de acceder al contexto en el que surgieron las obras. La acusación es perogrullesca porque, en efecto, lo que el investigador alemán quería era eso precisamente. Pero del libro de Perkins se deduce que el esfuerzo de los historiadores no alcanza nunca la objetividad deseada y que el intento de Jauss no es tan diferente al de los historiadores más tradicionales: "En vez de agrupar autores y textos, el historiador de la recepción pretende clasificar los lectores y sus horizontes. Y en vez de narrar la sucesión cronológica de los textos, querría narrar la sucesión de horizontes. Pero la historia literaria de la recepción se enfrenta a una complicación estructural posterior. Los textos nuevos se están produciendo continuamente, pero estos mismos textos se *reciben*, una y otra vez a través del tiempo" (Perkins: 1992, 25). "El esfuerzo para deducir el horizonte de expectativas de la obra literaria es tan personal, subjetivo y tan determinado por el tiempo y el espacio como cuaquier otra interpretación" (Perkins: 1992, 26).

[307] "En el positivismo se ha postulado la historicidad del objeto (los textos) (...) y se ha esperado que la historicidad del investigador quede completamente sumergida por su 'objetividad'. En las reacciones que siguieron al *geisteswissenschaftliche Methode* y al método intrínseco, el objeto se consideró primariamente como una entidad constante ahistórica a la que correspondía un investigador constante ahistórico. Desde la perspectiva de la teoría de la recepción, los hechos se reinstauran dentro de su historicidad y se reconoce la historicidad del investigador (...)." (Ibsch-Fokkema: 1984, 166)

desplazado el centro de interés desde la actividad creativa del autor o de las propiedades artísticas del texto, al trabajo creativo del lector. Mediante este desplazamiento, recuerda Graciela Reyes, han arrojado luz "sobre las razones por las cuales la literatura nos es indispensable" (1989, 14).

12.6. Una nota a pie de página sobre los géneros

El debate sobre los géneros ha sido muy profundo en el siglo XX y no puedo resumir (ni siquiera enumerar) en estas páginas la variedad de planteamientos y problemas que ha suscitado. Pero sí quiero recordar el desarrollo de un nuevo ejercicio de crítica y de escritura que supera la distinción entre crítica y creación y que desborda los límites entre los géneros tradicionales.

La idea de que los géneros son un conjunto de normas que no deben transgredirse y que permiten agrupar entre sí las obras literarias de manera inmutable ha quedado postergada. El descrédito de estas nociones comenzó a formularse en los orígenes mismos de la literatura moderna y está también presente en los estudios literarios. Lessing veía ya en el hibridismo la fórmula propia de la nueva literatura que se enriquecía gracias a la amalgama de los géneros. Friedrich Schlegel o Jean Paul Richter denunciaron el error que suponía considerarlos compartimentos estancos. A partir de las vanguardias, la noción de género tradicional ha sido una de las categorías más vapuleadas. El asunto va mucho más allá de que exista o no acuerdo con un planteamiento o una clasificación, porque como señalaba García Berrio, la voluntad artística de hibridar y transgredir las estructuras tradicionales de género puede extenderse a la totalidad de principios comunicativos y de estructuras simbólicas constitutivas del arte literario que llamamos tradicional (García Berrio: 1992, 13).

La creación, la teoría y la crítica literarias han propuesto una renovación radical del concepto de género, pero la filosofía se ha encargado de plantear un nuevo espacio de pensamiento que ha sacudido también los cimientos de la concepción tradicional. Las férreas diferencias y distinciones entre los géneros dejaron de ser válidas cuando las condiciones culturales y lingüísticas que las hicieron posibles sufrieron una transformación profunda. La relación entre los saberes y su expresión perdió el fundamento que la había sostenido y derivó hacia nuevas formas no contempladas en los géneros tradicionales, con lo que dio lugar, "a una nueva escritura bien ajena a las preceptivas que la tradición había instituido" (Jarauta: 1999, 51). Esta dificultad por clasificar algunas expresiones en el pensamiento o el arte está en la base de la literatura moderna. Ya en 1922 Ezra Pound dudaba de que *Bouvard et Pécuchet* fuera una novela y *Ulysses* no podía ser leída ni entendida como tal por sus primeros lectores (entre los que estuvieron Eliot y Curtius, que comprendieron el alcance enorme del texto de Joyce.) Lo que quiero decir es que partiendo de la experiencia de algunos creadores, del pensamiento de Nietzsche, de Heidegger y de la estela que ellos abrieron, nace un nuevo concepto de escritura que ha desdibuja-do las viejas y sólidas fronteras entre los géneros literarios.[308]

---

[308] "Una mirada a la literatura del siglo XX nos permite afirmar cómo de Proust a Joyce, de Musil a Broch, o desde Rilke a T.S. Eliot, la literatura se ha constituido en una experiencia del límite entre lo pensable y lo decible, entre la serie infinita de los acontecimientos y la narración que los sustenta. Blanchot se sitúa en la ya amplia y fecunda reflexión que, partiendo de la crítica de Nietzsche al len-guaje, se desplaza hacia problemáticas nuevas y que en su conjunto definen un pensamiento de la escri-tura. De Mallarmé a Paul Celan, o desde Blanchot a Foucault, Deleuze o Derrida discurre una de las experiencias intelectuales más rigurosas que sitúa el problema de la escritura en el centro mismo de toda reflexión desde la que volver a pensar la relación entre filosofía y literatura." (Jarauta: 1999, 60)

13.

RENUEVOS DE LA FILOLOGÍA

13.1. Del *avant texte* al *paratexte*

1. Algunos colegas ironizan sobre los estudios que indagan en los cuadernos de apuntes, los manuscritos que recogen las etapas previas a la redacción definitiva de un texto que irá luego a la imprenta. Sostienen que si un autor decide publicar un libro en el que trabaja durante años y ese volumen es el que se difunde, el que reseñan los críticos y aparece después en las historias de la literatura, ¿para qué indagar en las enmiendas y tachaduras, si eso son tan sólo los andamios que sirvieron para la fábrica? ¿Por qué hacer el camino de vuelta y discutir si tachaba con lápiz rojo o eliminaba tales y cuales pasajes? La vida de un escritor es su obra y no las pesquisas de los eruditos en los borradores.

Es verdad que un celo excesivo ha sacado a veces a la luz apuntes de interés muy escaso, que no traducen ninguna reflexión importante, pero no me parece serio despreciar sin más los estudios sobre las fases previas a la redacción definitiva de una obra. Paul Valéry (1937) se quejaba ante el *Collège de France* del desinterés por investigar el duelo del espíritu con el lenguaje en el lugar donde se manifestaba, allí donde crecía el cuerpo ignoto de la escritura a golpes de alma y de la mano del escritor. Lo que venía a proponer, en definitiva, era una indagación sobre el desarrollo del texto durante el tiempo de la escritura, sobre la batalla del escritor con el lenguaje. Louis Hay (2002) decía que los manuscritos mostraban una extraordinaria lección de literatura, porque dejaban entrever la lucha con el ritmo de las frases, la colocación de las palabras, el modo como se ajusta el texto a una obra que pretende ser fija, estable. Estamos en el terreno del *avant texte*.

La crítica genética ha experimentado un crecimiento extraordinario en los últimos años, pero sus fundamentos no hunden sus raíces sólo en el siglo XX. La concepción de la obra como movimiento, como acto de creación, está ya muy presente en la estética del romanticismo alemán (en alguna obra de Novalis). La reflexión continuó por variados caminos en la *Biographia Literaria* de Coleridge, en los *Problèmes de la poésie* de Gottfried Benn (1951), en algún trabajo de T.S. Eliot. En

Francia la reflexión teórica sobre la escritura ha tomado un auge excepcional.[309] El término *avant texte* fue propuesto en 1972 por J. Bellemin-Noël y gozó enseguida de una rápida difusión.[310]

La crítica genética se ocupa del conjunto de documentos que concurren en la elaboración del texto y del proceso de creación. El interés por la génesis de las obras literarias no ha sido siempre igual en la historia de la crítica, ni ha buscado siempre los mismos objetivos. En unos casos porque no se conserva documento alguno y en otros porque no se consideraba interesante ni concebible que debiera conservarse nada que no fuera la obra definitiva del autor. Una parte de la investigación se ha interesado en estudiar los procedimientos mediante los que avanza la creación, y ha indagado en una poética de la escritura. Otros investigadores se han detenido en verificar los elementos estilísticos y estructurales que aparecen en los borradores y los ha comparado con el texto ya editado. El descubrimiento, el auge del autor, aquello a lo que Bénichou llamaba *le sacre de l'écrivain*, que se desarrolla en el siglo XIX, ha contribuido a valorar el conjunto de escritos que quedan detrás (o a la par) del texto publicado.[311] Se conservan borradores y notas de autores anteriores al siglo XIX, pero es a partir de este siglo cuando los manuscritos han llegado a considerarse lo suficientemente interesantes (por el autor y por su entorno) como para ser conservados. Hay algunos ejemplos en la literatura europea del siglo XIX, como los de Galdós o Flaubert. El caso de Flaubert y de *Madame Bovary* es paradigmático. A partir de la redacción de esta novela, el autor francés guardó la mayor parte de sus páginas autógrafas: notas, apuntes, redacciones sucesivas, copias en limpio, etc. En su abultada *Correspondance* da noticia, aquí y allá, de lo que supusieron para él la conservación de sus manuscritos. Flaubert convirtió su trabajo de escritor en íntima sustancia de su vida, de ahí que se interesara en que sus manuscritos perduraran. En una carta dirigida a Louise Colet (3 de abril de 1852) decía que de la misma manera que un salvaje quería ser enterrado con su

---

[309] "Reunía la gran corriente de pensamiento sobre el acto de escribir que había atravesado el siglo desde Valéry a Aragon y depositado en las bibliotecas las huellas del trabajo de los escritores. Encontraba así para su reflexión un objeto completamente nuevo y encontraba para su inspiración la literatura misma. Todo ello (y también la renovación de los útiles conceptuales y técnicos de la época) le confirió una fuerza que la llevó más allá de las circunstancias de su propia génesis para inscribirse de manera permanente en el campo de la crítica." (Hay: 2002, 39)

[310] Bellemin-Noël, J.: *Le Texte et l'Avant Texte*, Larousse, 1972 y *Essais de critique génétique*, 1979 Flammarion. Además del sugestivo estudio de Hay (2002) ya citado merecen recordarse Biasi, P.-M. de *La génétique des textes*, Nathan, 2000. En la revista *Texte* (Toronto nº 7) se ha publicado una extensa relación de títulos consagrada a los estudios de genética textual.

[311] Bénichou, P., (1981) [1973]: *La coronación del escritor. 1750-1830. Ensayo sobre el advenimiento de un poder espiritual laico en la Francia moderna*, Méjico, FCE. (*Le Sacre de l'écrivain 1750-1830. Essai sur l'avènement dún pouvoir spirituel laïque dans la France Moderne*, Paris, Livrairie José Corti, 1973).

caballo, él debería descansar junto a sus manuscritos, pues ellos le habían ayudado a atravesar la extensa llanura.

En una carta del 15 de abril del mismo año comunica a su interlocutora que le mostraría, por curiosidad, el manuscrito completo para que comprendiera la complicada mecánica que le llevaba a redactar una frase. La crítica genética hunde sus raíces en el interés por la escritura concebida como origen de los textos (se habla de *poética de la escritura*) y alguna de sus orientaciones se ha deslizado hacia terrenos que resultan extraordinariamente modernos. Un ejemplo ilustre y apasionante para la reflexión sobre el modo en que nace y se desarrolla un texto es el de los *Pensamientos* de Pascal, tal y como se nos conserva en sus autógrafos y borradores. El propósito de su empresa era una obra argumentada, organizada, aunque este extremo nunca se cumpliera. La mayoría de los lectores se acercan a la obra con la idea de que esas máximas, tal y como las lee en el libro, son las que Pascal dio por buenas y definitivas. La lectura del pensador francés es lo suficientemente rica como para que ningún experto venga a amargarle a nadie la lectura con disquisiciones eruditas, pero sabemos que la historia de la concepción y escritura de los *Pensamientos*, de sus copias y ediciones fue muy compeja y que no llegó a tomar la forma que hoy encontramos. Neefs la caracterizaba diciendo que era "une aventure pour la réflexion sur les relations qu'une écriture peut entretenir avec sa lisilité future" (Neefs: 1990, 25).

Desde los años setenta la crítica genética se concibe como una investigación en los talleres de la escritura, y como reflexión sobre la dimensión compleja de la textualidad en movimiento. He recordado páginas atrás que en los últimos años se ha producido un interés por el fragmento, por lo inacabado. En el manuscrito se conservan esos gestos de escritura. Se ha desarrollado también un interés creciente por las fases de creación de un texto, por su fábrica, las variables jerarquías de las clases de escritos. El interés hacia los cuadernos de apuntes o los diarios (sea de autores consagrados o de seres anónimos) no ha hecho más que aumentar en los últimos años, de suerte que se han editado los apuntes de Zola o Flaubert, pero también de autores menos consagrados. La estética de lo fragmentario y el estudio de la virtualidad de las obras encuentran un campo abonado en estos vastos corpus manuscritos.

Por lo demás, la crítica genética permite investigar cómo se preocupa el escritor por los manuscritos, cuál es el proceso por el que unos borradores se convierten en libro, cómo se transforman las obras al ser copiadas una y otra vez. El acto de copia no es un ejercicio pasivo, sino profundamente creativo. El conocimiento de cómo se preocupan los escritores por sus manuscritos ha dejado huella en la historia reciente de la edición de textos, que nos muestra el interés cada vez mayor por publicar esbozos de las obras, pasajes preparatorios, los *avant textes*, mediante los que se acompaña la obra que se edita. En el caso de la literatura francesa debe recordarse la edición de *Bouvard et Pécuchet* de Claudine Gothot-Mersch en Gallimard, la edición de *À la recherche du temps perdu* dirigida por Jean Milly en GF-

Flammarion. Neefs decía que la dimensión genética de la obra proustiana es esencial a su creación y está presente en la fábula de la obra, en la materialidad del texto.

2. Muchos estudiantes y no pocos colegas consideran que el objeto de los estudios literarios es el texto que tienen delante. Es una actitud razonable y lógica. Si pensamos en los lectores corrientes y anónimos, los verdaderamente imprescindibles para que la literatura exista, nos vendrán a la mente muchas razones para confirmar que lo esencial de la literatura es el libro que puede leerse en un transporte público, en una butaca o tranquilamente recostado. Bajo esta opinión subyace a veces la idea de que aquella obra que termina un escritor aparece fielmente reflejada en el volumen que ha sido imprimido. Se admite que puede haber erratas o que se hayan deslizado algunos errores, pero no parecen tan importantes como para entregarse a su estudio. Desgraciadamente, no se trata sólo de un problema de saltos de línea o de alguna omisión. Cuando leemos un texto literario, tenemos tendencia a olvidar todas las etapas intermedias y las vicisitudes que ha conocido antes de la forma definitiva que llega a nuestras manos. Se piensa, por el contrario, que de la obra original al texto impreso no hay un salto cualitativo esencial. Disiento de esta opinión y no comparto las ironías que lanzan algunos colegas hacia los estudios sobre la relación entre la imprenta y la literatura.

Se ha dicho que el libro es un objeto que nace del encuentro entre la creación y las artes gráficas. Este encuentro, que es imprescindible, no es siempre feliz, porque el paso del original del autor por la imprenta es un paso impuro. Todos aquellos que se han interesado por la edición de textos saben que entre el manuscrito que entrega un autor y lo que leemos, puede mediar un abismo. En su investigación ha tenido mucho que ver la antigua bibliografía, consagrada a la materialidad del libro, y los avatares que sufre un original desde que la recogía el impresor hasta que llegaba a las manos del autor.[312] Algunos lectores pensarán que estoy muy influido por mi condición de profesor de literatura medieval y es posible que tengan algo de razón, pero he tenido que explicar muchas otras materias no relacionadas con el medioevo, y más tarde o más temprano me he encontrado con el problema que mencionaba más arriba: el paso del original a la imprenta. El conocimiento de la confección de los libros resulta muchas veces esencial para entender las obras literarias, porque ignorar las peripecias del texto en el taller del impresor puede provocar errores de interpretación muy graves. He leído algunos trabajos desafortunados

---

[312] "La bibliografía es el estudio de los libros en cuanto objetos tangibles. Examina los materiales que los componen y la forma en que esos materiales han sido reunidos." Gregg, W.W. (1933): "The foundation of Bibliography in literary criticism illustrated in a study of the text of *King Lear*", *Neophilologus*, XVII, pp. 241-62 (Cita en p. 243). Es excelente el estudio de Sonia Garza Merino (2000): "La cuenta del original" en *Imprenta y crítica textual en el siglo de oro*, Centro para la Edición de los clásicos Españoles, Valladolid, pp. 65-95, y debe leerse también el de Emilio Torné (2001): "La mirada del tipógrafo: el libro entendido como una máquina de lectura", *Litterae. Cuadernos de Cultura Escrita*, 1.

en los que un colega pretendía demostrar la influencia de un inquisidor para probar la desaparición de unas páginas de cierta obra. Un humilde bibliógrafo, muy poco dotado para el vuelo interpretativo, demostró en una corta réplica que la pérdida de esos folios era un error de imprenta y que se conservaban dos ediciones de la misma tirada en la que los componedores del libro habían subsanado el error y repuesto los pliegos en el sitio que les correspondía.

Pero mi intención no es reivindicar la importancia de la vieja bibliografía, porque es un saber que se sostiene por sí mismo. La bibliografía se encargó del estudio de los libros como objetos materiales y de la transmisión de documentos literarios y no literarios, así como del proceso de producción y reproducción de determinados textos. Difícilmente puede uno moverse por el estudio del libro antiguo español sin investigaciones como las de Jaime Moll o José Simón Díaz. Creo que quienes estudian el sentido de la lectura y la interpretación de las obras literarias impresas desde el siglo XVI (en el país, la lengua y el continente que sea), deberán servirse, inevitablemente, de los conocimientos que les ofrece la bibliografía.

Pero la antigua disciplina se ha enriquecido y ha tomado nuevos rumbos. La bibliografía material (la *physical bibliography* que recibió un extraordinario impulso en Inglaterra entre ambas guerras mundiales) es hoy guía esencial de numerosos estudios, como recordaba Chartier.[313] En la historia del libro, los progresos de la metodología cuantitativa han traído consigo nuevas perspectivas. El impreso puede abordarse como mercancía pero también como signo cultural, soporte de un sentido transmitido por la imagen o el texto. La bibliografía material ha arrojado nueva luz sobre todos aquellos elementos del libro que interesaban a los bibliófilos y bibliógrafos: "El rodeo por la erudición técnica no es sólo cuestión de especialista, sea coleccionista, librero o bibliotecario, sino fuente de conocimientos nuevos en cuanto a la edición y a la circulación de los productos de cultura" (Chartier y Roche: 1980, 120).

Por otro lado, el interés por la materialidad de los libros, por las tasas, licencias, privilegios, impresores y libreros es una antigua dedicación de la bibliografía y de los filólogos, y ha recibido una dimensión nueva recientemente. En las últimas décadas toda esa zona de preliminares que encabeza los textos (manuscritos o impresos, sean de origen oficial o eclesiástico) así como esa constelación de signos tipográficos o iconográficos, censuras, dedicatorias y prólogos ha recibido, gracias a las modernas tendencias de crítica, un nuevo valor. Esta zona intermedia entre "le texte et le hors-texte" que fue llamado en sus orígenes *perigrafía*, ha pasado a llamarse *paratexte* tras los estudios de Genette. Me refiero a la constelación formada

---

[313] "La bibliografía material proporciona al historiador de la literatura la única guía verdaderamente segura de una edición de textos clásicos. Por lo demás, como complemento de las investigaciones de archivos, algún día proyectará luz sobre la circulación de los contrahechos y libros prohibidos." (Chartier: 1974, 139)

por título y subtítulo, ilustraciones y signos de toda clase en las portadas, sonetos laudatorios, notas marginales, ilustraciones, etc.

La información que nos suministran todos estos elementos paratextuales no son solamente datos para bibliófilos y bibliógrafos (datos que en sí eran muy valiosos), sino que permiten más valoraciones e interpretaciones. Insisto en que el campo no era nuevo, pero los planteamientos de Genette han despertado nuevas preguntas en este terreno:

> "La aproximación es nueva en la medida en la que los paratextos, si no el prólogo, rara vez han sido comprendidos como discurso literario (entre ficción y realidad) que disfruta de un estatus particular. Edmond Cros ha planteado a propósito del paratexto preguntas que abren el camino para encarar unos problemas que no han sido abordados hasta ahora: 'El paratexto: ¿confunde o, por el contrario, pone de relieve los contornos estructurales del texto? ¿Participa de la operación de lectura, de la recepción del texto o del proceso de recepción?" (Cayuela: 1996, 8)

En esta línea se han escrito trabajos excepcionales que muestran la enorme riqueza de datos que suministra un estudio minucioso de la información contenida en esos aledaños del texto estudiado. En su investigación sobre el paratexto en el Siglo de Oro encuentra Cayuela datos valiosísimos para valorar la relación entre género literario e imprenta, asunto sobre el que han reflexionado algunos investigadores.[314] La estudiosa francesa ha mostrado en qué medida la interpretación de un texto debe tener necesariamente en cuenta las circunstancias de la publicación, las exigencias de diversas instituciones y el horizonte de expectativas de los lectores, porque todos estos elementos aparecen mencionados en el paratexto. Todos ellos contribuyen a la constitución del sentido puesto que son señales, instrucciones, consignas para descodificar las obras. Los censores eran también lectores, y su opinión dice mucho sobre el *horizonte de expectativas* del público. Hemos interrogado al paratexto, dice Cayuela, para arrojar luz en el proceso de transmisión, producción y recepción de los textos en el siglo XVII. No es extraño que el *paratexte*, ese "lieu privilégié de la relation pragmatique entre l'oeuvre et son lecteur" haya despertado el interés de teóricos de la literatura.

---

[314] "Si hemos elegido interesarnos precisamente por el paratexto de la prosa novelesca, es porque existe una relación estrecha, sobre la que algunos autores ya han reflexionado, entre este género literario y la imprenta" (Cayuela: 1996, 10). Además de los estudios de J. Moll, que viene explicándonos desde hace mucho la importancia de los estudios sobre el libro en la interpretación de la literatura ((1979): "¿Por qué escribió Lope *La Dorotea*? Contribución de la historia del libro a la historia literaria", *1616*, II, pp. 7-11), otros investigadores más jóvenes han seguido la misma orientación. Es el caso de V. Infantes ("La prosa de ficción renacentista: entre los géneros literarios y el *género editorial*", *Journal of Hispanic Philology*, (1989) 13, pp. 115-24) y J. M. Lucía (*Imprenta y Libros de caballerías*, Madrid, Ollero & Ramos, 2000), que plantean un estudio del género libro de caballerías como género editorial.

Por lo demás, debe destacarse que una historiadora del libro y filóloga haya llegado a conclusiones parecidas a las de algunos teóricos. Uno de los capítulos de su estudio se titula *Le texte imprimé ou l'effacement de l'auteur*. El autor desaparece del horizonte de la obra, pero no por las mismas razones que esgrimía Barthes. No es que se haya perdido la voz del autor para enjuiciar su creación, ni que su voz sea una más con el texto, sino que la obra se transforma en manos del editor y del librero. No estamos en el campo de la teoría literaria sino en el de la materialidad más positiva. La obra se le escapa al escritor desde el momento en el que pone el punto y final, antes incluso de que llegue el público. Los materiales, los útiles y los agentes de la realización del libro son elementos que alejan el texto de aquel que los engendró. No es impensable por ello que una obra que se escribe a partir de las orientaciones de un género literario, cambie de naturaleza al trasladarse a la imprenta. No parece que el *Libro del Caballero Zifar* pueda adscribirse tranquilamente al género de las caballerías, sin embargo, al imprimirse en el siglo XVI, el aspecto externo que recibió tras pasar por la imprenta, favoreció que su recepción se hiciera como un volumen más de los libros al estilo de los *Amadises* o los *Palmerines*. Se trata de la distinción esencial entre el género de creación y el de recepción, asunto sobre el que ha escrito páginas extraordinarias Jean Marie Schaeffer.[315]

Las autorizaciones, tasas y prólogos, que permiten e invitan a la lectura del libro ofrecen un material valiosísimo para comprender aspectos de la teoría y la historia literaria. Es bien sabido, por ejemplo el camino que tuvo que recorrer la ficción hasta instalarse en la imprenta y gozar de la aprobación de críticos, censores y moralistas. Pues bien, a través de los múltiples elementos que aparecen en el paratexto se comprueba cómo se justificó el género para ser aceptado por el público. Como dice Cayuela, si la novela moderna nace y se desarrolla sin contar con una poética explícita, existe toda una teoría justificadora que se puede leer en los prólogos.

No puedo resumir en tan breve espacio la valiosa información que nos ofrecen los títulos de las obras ni los prólogos ni las licencias, pero sí me gustaría destacar

---

[315] "De même que la signification d'un énoncé, bien qu'intentionelle, ne dépend pas *uniquement* de l'intention du lecteur, mais aussi de sa situation comunicationelle (et de ses relations avec le récepteur), la généricité d'un texte, bien qu'étant le résultat de choix intentionels, ne dépend pas seulement de ces choix, mais aussi de la situation contextuelle dans laquelle l'oeuvre voit le jour ou dans laquelle elle est réactualisée. L'auteur propose, le public dispose: la règle vaut aussi pour les déterminations génériques". Sin embargo, a medida que se aleja cronológicamente o culturalmente del contexto en el que nace la obra las diferencias entre el género de creación y el de recepción o lectorial aumentan: "La généricité auctoriale reste liée au contexte d'origine, puisque c'est une constante, alors que la généricité lectoriale est une variable qui s'enrichit (ou s'appauvrit) de tout contexte inédit" (Schaeffer: 1989, 154). "On peut supposer que, au moment de la genèse du texte, généricité auctoriale et généricité lectoriale se superposent plus ou moins, ne serait- ce que parce que l'auteur est aussi un lecteur, et qu'il n'existe pas d'inventions génériques *ex nihilo*, mais seulement des réaménagements, amalgames ou extensions à partir d'horizons *déjà* disponibles" (Schaeffer: 1989, 153).

un hecho. Para un estudio sobre el paratexto como el de Anne Cayuela se requiere una exhaustiva y erudita información acerca de libreros, tasas, prólogos. Los datos nos aportan información importante sobre la relación entre el librero y el autor, la difusión de los libros, el modo en que actuaban los censores, el horizonte de expectativas de quines leen, la transformación de los géneros literarios a través de la imprenta, la relación pragmática entre la obra y el lector... Las investigaciones han de ser obligatoriamente interdisciplinares. Cayuela cita en su extraordinario libro a Jaime Moll y a Genette, a Maurice Molho y a Foucault. Este me parece que es uno de los signos de la era presente en el campo de los estudios literarios: la colaboración entre disciplinas. Por lo demás, no deja de ser curioso que mientras más se anuncia la desaparición del libro, más prosperan los trabajos que se escriben sobre él.

13.2. Saberes antiguos y necesarios

"Acontecimientos como la Segunda Guerra Mundial, las últimas etapas de la descolonización, los desplazamientos masivos de población, la revolución del 68 y la revisión o ruptura del concepto de autoridad han provocado el replanteamiento de las humanidades y de la filología en particular. A todo ello habría que añadir el espíritu pragmático y la revolución tecnológica con sus aplicaciones informáticas." (Guzmán-Tejada: 2000, 30)

Estas ideas de los profesores Guzmán y Tejada pueden glosarse y ampliarse cuanto se desee, pero su claridad y concisión invita a reproducirlas literalmente. El mundo ha cambiado, ha cambiado el papel de las humanidades, la sociedad, las universidades. Como consecuencia de estas transformaciones, el viejo modelo de los estudios literarios ha sufrido un verdadero terremoto. Es verdad que la filología no ocupa ya ningún punto central o privilegiado a la hora de orientar los estudios literarios, pero ninguna disciplina ocupa ya el centro de nada.

Las transformaciones que vengo mencionando han convertido a la filología en una disciplina entre otras. Los saberes que integraban el núcleo de la *vieja diosa* son independientes de aquel proyecto y ya no aparecen unidos sirviendo a un mismo fin. Hoy se ha perdido una manera de entender la investigación y de abordar una clase de estudios, de suerte que ya no son concebibles una serie de investigaciones, porque la epistemología con la que se planteaban ha sido superada. Un científico nos diría que los instrumentos de observación astronómicos del siglo XIX permitían obtener algunos datos que hoy no tienen más que un valor arqueológico gracias a los satélites y los ordenadores. Algunos estudiosos nos dirán que las veteranas investigaciones filológicas tuvieron sentido en su momento, pero que ya nadie estudia la literatura partiendo de las ideas de Gaston Paris o Menéndez Pidal, del mismo modo que nadie escruta el cielo con las viejas lentes. La metodología filológica se considera superada en el campo de los estudios literarios. Niego la mayor.

En algunas páginas de este ensayo he sostenido que los estudios literarios no son una ciencia. Los científicos superan y convierten en obsoletos principios y métodos, pero quien se dedica a los estudios literarios puede servirse de la *Retórica* de Aristóteles o de la *Estética* de Hegel, que no son pensadores agotados salvo para los esclerotizados resúmenes de los manuales. En el campo de las humanidades ha de volverse una y otra vez a lo ya dicho o a lo mal comprendido; una y otra vez volvemos a interpretar a Virginia Woolf y a Dante. El diálogo con Frappier o con María Rosa Lida está lejos de haberse agotado.

El arrinconamiento de la filología era inevitable y no tiene ya vuelta de hoja. No volverá a ocupar un lugar de privilegio como el que ocupó cuando le correspondía hacerlo pero esto no significa que sea solamente cosa del pasado. En algunas universidades europeas sigue vigente un estudio filológico de la lengua y la literatura, al tiempo que se renuevan antiguos planteamientos como ya he mostrado. Conviene recordar, además, que no todas las consecuencias del abandono de la filología han sido positivas. Son muchas las investigaciones que no podrán llevarse a cabo con otras metodologías y se quedarán en la cuneta trabajos pendientes. Pienso en el estudio de la transmisión de textos como los que realizó Branca para el *Decamerón* o Diego Catalán para las obras historiográficas medievales o para la literatura oral, pienso en los trabajos de fijar textos como los realizados por Blecua en el caso del *Libro de Buen Amor*, Antonio Carreira con la obra de Góngora o Cesare Segre y la *Chanson de Roland*, pienso en el papel relevante que deben cumplir los filólogos a la hora de concebir una historia de la imprenta y en el trabajo de la edición electrónica.[316]

No creo, por lo demás, que los viejos estudios filológicos deban darse por muertos, aunque hayan desaparecido de casi todas las universidades y se consideren una forma decimonónica (e imperialista) de abordar los estudios literarios. La filología ha sido capaz de renovarse, de aliarse con nuevas disciplinas, y de aportar un conocimiento muy sólido a los nuevos saberes. No ocupa ni ocupará el centro de nada, pero desperdiciar su experiencia supondrá una pérdida grave. La filología puede aportar una experiencia y un oficio de muchos años a la hora de editar un texto y, con todas las depuraciones y *aggiornamenti* necesarios, aportar alguna cordura a ciertos excesos que se han cometido en el terreno de la crítica, cuando se

---

[316] "Sólo un saber que abarque el variado conjunto de disciplinas que tradicionalmente formaban parte de la 'Filología' hará posible comprender los varios niveles de organización de los relatos historiográficos y descubrir la red de relaciones paradigmáticas que se manifiestan en la sintagmática de cada texto." (Catalán: 1982, 45)

ha interpretado la literatura *a neurona libre*, como decía Augusto Monterroso en alguna entrevista.[317]

Por lo demás, la filología representó para algunos maestros una actitud ante el estudio que implicaba casi una ética de conducta. Comprendo que, a estas alturas, no resulta fácil asumir las palabras de Roncaglia que reproduzco a continuación, pero no está de más recordarlas en estos tiempos en los que se ha perdido el sentido que dieron a su oficio los viejos maestros:

> "Fidelidad a la tradición de los maestros más estrictos, austeridad profesional ajena a exhibicionismos y oportunismos, rigurosa familiaridad con las fuentes, amplia experiencia con los textos, atención al carácter concreto de la filología material, experiencia con los más exigentes procedimientos reconstructivos e interpretativos, preparación lingüística y sentido histórico, interés por la cultura sin prejuicios, pero reacio a las modas engañosas y efímeras, independencia absoluta de cualquier grupo de presión que tienda a instrumentalizar la cultura." (1992, 18)

De todo ello hablaremos ahora brevemente.

13.3. Renuevos de la filología: nuevos campos de reflexión

Los cambios experimentados en los estudios literarios se han traducido en el terreno administrativo e institucional en los nuevos planes de estudio. Estos cambios tienen una trascendencia enorme, porque han transformado asignaturas, han creado nuevas y suprimido otras muchas. Los saberes se traducen en una selva de *troncales*, *obligatorias*, *optativas* y *libres configuraciones*. La nueva terminología refleja una transformación que va mucho más allá de las palabras. Una parte de la materia de la vieja filología se ha reorientado para adaptarla a las nuevas realidades cultura-

---

[317] "El interés de los últimos veinte años no se debe sólo a la curiosidad del erudito y bibliógrafo, ni tampoco a la siempre viva cervantofilia. El proceso de renovación de los estudios literarios iniciados entonces, merced a los estructuralismos y otros formalismos y a variedades de la crítica, como la sociológica, empezó a forzar un escoramiento hacia la teoría, en desprestigio de la historia. No sé si ya se puede hablar de coronación del proceso. (Quizá la tímida vuelta al historicismo literario y a la *filología* que empieza a notarse en el panorama internacional de los estudios literarios y, más en concreto, allá donde había sido institucionalmente silenciado, obliterado o, sencillamente, despreciado, aporte un ingrediente de sensatez a los estudios literarios y la docencia universitaria). Pero, en todo caso, esos cambios de los años sesenta y setenta espolearon la necesidad de revisar ciertas ideas de acarreo y la busca no sólo de nuevos métodos, sino también de nuevos objetos susceptibles de ser examinados desde la nueva perspectiva". Cátedra, P.: "La publicación de libros de caballerías a principios del siglo XVI", prólogo al libro de Javier Guijarro, *El 'Floriseo' de Fernando Bernal*, Editora Regional de Extremadura, 1999, 13.

les y técnicas y se ha adecuado a las ofertas del mercado. El resto de la materia ya no se imparte.[318]

Los profesores Guzmán y Tejada son particularmente optimistas a la hora de contemplar la renovación de los estudios filológicos. Se agradece una actitud constructiva ante los cambios que se han producido y ante la posibilidad de aprovechar los viejos saberes y de incardinarlos con los nuevos planteamientos. Se agradece porque lo que predomina entre los colegas es un discurso pesimista, fundamentado en la creciente ignorancia de los alumnos, en el desprestigio de las viejas humanidades y en la dificultad para que los estudiantes de filología encuentren un trabajo acorde con su preparación. En general, el planteamiento pesimista tiene más predicamento y prestigio que la actitud constructiva. El argumento de los profesores citados se inspira en que a pesar de que el término filología haya quedado asociado a los estudios más tradicionales, y a pesar de la independencia y del enorme desarrollo de la lingüística y de la teoría, se asiste hoy a un "reencuentro de tradiciones sumamente fértil y alentador," (Guzmán y Tejada: 2000, 20-21), se aprecia una "confluencia neofilológica" y una nueva interdisciplinariedad a la que han contribuido áreas que se desgajaron hace mucho del viejo tronco común, como la psicología o la antropología, que están ayudando a renovar los fundamentos de la disciplina:

"La actual filología se caracteriza por sostener una investigación de naturaleza interdisciplinar. Han surgido así otras disciplinas, como la neurolingüística o los estudios culturales, cuyos ámbitos se expanden hasta solaparse con los de sus vecinas. Esta interdisciplinariedad se ha visto sumamente favorecida por el desarrollo de ciencias como la neurología, la antropología, la biología o la historia" (Guzmán y Tejada, 2000, 31).

Los campos de reflexión de la filología no están agotados y, como ya dije unas páginas más atrás, los nuevos medios informáticos van a necesitar del concurso de los filólogos.[319] El trabajo de edición deberá hacerse siempre a partir de un criterio,

---

[318] "Las titulaciones de áreas o campos afines resultan razonablemente permeables entre sí, lo cual facilita al estudiante la posibilidad de reorientar su currículum académico cuando lo considere necesario." (Guzmán y Tejada: 2000, 45)

[319] Guzmán y Tejada plantean unas preguntas cuya respuesta exigirá el concurso de la filología: "¿En qué medida interviene el cerebro humano en la configuración de las gramáticas? ¿Y la cultura? ¿Y el contacto histórico? ¿En qué se relacionan la lengua y la percepción visual? ¿Cómo y por qué surge el lenguaje? ¿Cómo interviene nuestra capacidad de orientación espacial en la categorización del mundo? ¿Qué papel desempeña la metáfora en la gramática? Y en el terreno de las aplicaciones prácticas: ¿Cómo diseñar un programa de aprendizaje de lengua extranjera para emigrantes? ¿Qué es una base de datos terminológica? ¿Cómo se elabora y redacta un diccionario? ¿Cómo llegar a que los ordenadores generen sus propias oraciones correctas en una lengua dada? ¿Cómo conseguir que estos aparatos traduzcan con cierta naturalidad y la necesaria fiabilidad? ¿Qué necesidades lingüísticas tienen determinados grupos

y la filología puede aportar una extraordinaria experiencia y un cúmulo de conocimientos en esta línea. Pero la comunicación entre viejos y nuevos saberes debe ir en ambas direcciones. Es evidente que la informática debe introducirse en los planes de estudios de filología junto a la paleografía o la historia de la lengua. Queda mucha tarea por hacer y desde luego, no creo que consista solamente en incorporar dos asignaturas troncales del campo de la informática en los *curricula* de las facultades de letras, ni dos asignaturas de literatura en carreras de ciencias. En cualquier caso, y antes de hipotéticas colaboraciones, convendría empezar sentando unos cimientos sólidos. Existen pocas universidades que tengan prevista una formación que ayude a los estudiantes de filología, de historia, de humanidades en general, a que sobrepasen los umbrales de usuarios (procesadores de textos, bases de datos) y a que aprendan, no ya los fundamentos de la informática, sino ni siquiera a entender los conceptos que se manejan en la ingente bibliografía sobre la materia. De esta forma, denunciaba María Morrás:

> "Se perpetúa la ya tradicional repugnancia e incapacidad de quienes ejercen las letras hacia los asuntos científicos y técnicos, y cuando llega el momento inevitable para muchos editores de ir más allá del empleo de un procesador de textos, las dificultades se ven tan grandes, la inversión de tiempo tan enorme, que una gran parte desiste antes de intentar enfrentarse a las dificultades prefiriendo seguir la senda lenta, pero segura, de las técnicas manuales." (Morrás: 1999,197)

13.4. Para volver a la historia.

13.4.1. Los moldes de la ficción

El profesor Perkins recuerda en un brillante ensayo dos modelos de presentar los hechos históricos, por un lado la historia narrativa y por otro la posmoderna o enciclopédica.[320] Tanto la narrativa, que es la forma predominante en el siglo XIX, como la que él llama enciclopédica, muestran unas carencias y unas virtudes:

> "La historia literaria enciclopédica pierde deliberadamente la coherencia, y la [historia] narrativa no puede exponer su argumento con la complejidad necesaria. No puede mostrar la simultaneidad de las diferentes duraciones, los niveles de realidad, las secuencias

---

sociales o profesionales específicos? ¿Qué ayuda puede prestar el lingüista a personas con disfunciones del habla o de otra índole?" (Guzmán y Tejada: 2000, 17-18)

[320] "La [historia] narrativa es una manera de combinar sucesos, mientras que la forma enciclopédica es una manera de disponer ensayos (...) Los ensayos pueden incluir forma narrativa al lado de la exposición y el argumento de tipo lógico. La narrativa tradicional relaciona y unifica; la enciclopédica puede ser comprensiva, precisamente porque no lo es." (Perkins: 1992, 53)

de acontecimientos y los múltiples puntos de vista. Esto es cierto, al menos, respecto de la narrativa dentro de de la historia, la cual contrasta necesariamente con la narrativa de ficción. Quizá sea aún mas grave el hecho de que la forma en la que escribimos no puede diferir en gran medida de la forma en que pensamos. Quien practica la historia narrativa está comprometido no sólo en su libro sino también en su conciencia, con la concepción de causalidad, continuidad, coherencia y teleología en los hechos, y debe contener cualquier percepción que no encaje en la construcción de su trama." (Perkins: 1992, 20)

Como ejemplo de cuán lejos puede llegar la "deconstruction of traditional literary history" (1992, 57), recuerda *A New History of French Literature,* coordinada por Denis Hollier (Harvard University Press, London, 1989). Hollier explica que la historia que dirige no está concebida como un simple inventario de autores y títulos sino partiendo "from a wide array of contemporary critical perspectives". Cada capítulo del volumen está precedido por una fecha y un epígrafe que siguen, aparentemente, un orden cronológico.[321] Sin embargo, el resultado no tiene que ver con las historias convencionales. Un profesor acostumbrado a explicar literatura de manera más tradicional se verá en apuros a la hora de utilizar esta *New History* en la clase y lo mismo les sucederá a sus estudiantes. La deconstrucción del concepto de autor es radical. Aunque aparezca algún nombre propio encabezando un epígrafe (1180? Marie de France: pero el ejemplo es intencionado, porque de esta escritora apenas sí sabemos que se llamaba María y que era de Francia) no encontraremos un solo apartado que presente a escritores de manera particular y los convierta en eje de la exposición. Ninguno de los capítulos se concibe como la presentación exhaustiva de un autor y una obra. Escritores como Rousseau o Proust aparecen en distintos capítulos y se relacionan con asuntos profundamente dispares. De igual modo se deconstruye la noción de período.[322] Los temas escogidos y la organización de los capítulos desmantelan deliberadamente el concepto de etapa o movimiento literario y aunque no es difícil intuirlos, resultan heterogéneos y discontinuos. Se yuxtaponen asuntos que afectan a duraciones diferentes y no se busca la cohesión de las tramas con que los historiadores decimonónicos construían sus obras. Basta con enumerar los títulos de los ensayos para comprobar que nada tie-

---

[321] Hollier recordaba los hechos que son considerados característicamente literarios: la publicación de una obra original, de una traducción, la primera representación de una obra o la muerte de un escritor, pero añadía que: "algunos hechos son literarios solamente de acuerdo con sus repercusiones, y muchas de ellas están muy lejos de sus orígenes en el tiempo o en el espacio. La yuxtaposición de estos sucesos está pensada para producir un efecto de heterogeneidad y desbaratar el orden tradicional de la mayoría de las historias de la literatura" (Hollier: 1989, xix).

[322] "El concepto de período ha sufrido una desintegración semejante a la del autor. En vez de seguir la periodización convencional por siglos, hemos favorecido a menudo, y cuándo ha sido posible, intervalos de tiempo más breves y nos hemos centrado en momentos cruciales, coincidencias, reapariciones, resurgimientos." (1989, 20)

nen que ver con un relato tradicional: "1704, Sunset years; 1707? *Fêtes galantes*; 1721 Others; 1725, The politics of Epistolary Art; 1727, Portrait of the Philosopher as a Tramp;" etc.

Un lector nunca llega a tener claro por qué razón ocupan Proust, Cocteau o Chrétien de Troyes un lugar en la historia de la literatura. Perkins decía con razón que un libro de esta clase está escrito para especialistas en historia de la literatura, pero que no deja de ser un complemento a obras como la *Histoire de la littérature française* [1895] de Lanson u obras del mismo estilo y señalaba, con toda razón, que para que "historias" como la de Hollier se escriban debe existir antes una "positive construction of literary history", para que pueda practicarse lectura deconstructiva alguna (Perkins: 1992, 58).

Me parece interesante destacar que después del diluvio teórico y la deconstrucción del viejo *canon*, se sigan escribiendo historias de la literatura. Si existen los textos, si se producen en diferentes épocas y si queremos entenderlos, tenemos que apelar a alguna clase de orden. A pesar de todas las críticas vertidas, la necesidad de organizar y explicar nos lleva a la historia. José Carlos Mainer lo explicaba con muy claras palabras:

> "A pesar de la caducidad de los manuales, algunos seguimos creyendo que la historia de la literatura es el horizonte natural de los estudios sobre las letras: el espacio potencial donde las obras se producen, donde dialogan entre sí y desde el que nos entregan -hasta donde quepa esperarlo- sus sentidos. Quizá sucede que la historia de la literatura no es concebible como un libro concreto, sino como un trabajo abierto: no ha de ser un credo, sino una hipótesis (...) Una historia no es enumeración y recuento, sino relato: el principio de causalidad e incluso el riguroso orden cronológico no han de regir en ella, al menos según las convenciones habituales." (Mainer: 1999, 13)

En este ensayo he recogido algunas críticas que se han vertido contra la historia de la literatura y contra la historia en general. Podemos resumir aquellos argumentos –que también resultan discutibles–, diciendo que la historia viene a ser un relato que pretende reconstruir el pasado tal y como fue, pero cuyas clasificaciones y distingos son una invención que no se corresponde con la realidad. La mezcla en los textos de alusiones a la literatura y la economía son perfectamente arbitrarias y no es extraño que argumentos de novelas, cambios de gobierno y estadísticas de población aparezcan mezclados. *El Quijote* aparece en una historia de los moriscos, de la metanovela, como ejemplo de utopía y contrautopía. Para algún teórico posmoderno, la historia es una construcción literaria que utiliza las mismas técnicas que la ficción. Estas críticas no hacen sino recordar una de las características del relato histórico y no suponen ninguna novedad. Los llamados historiadores tradicionales han hecho de la necesidad virtud y, por muy rigurosos que fueran, se han visto siempre obligados a imaginar para interpretar su complejo campo de trabajo. La historia tiene algo de imaginación creadora, aunque se encuentre constreñida por los límites del conocimiento, porque la mera erudición documental no es capaz de hacernos comprender el pasado. Luis Díez del Corral, que no fue precisamente un autor posmoderno, dejó escrito que:

"Las grandes obras de los más eximios historiadores persisten por la capacidad de imaginación interpretativa que tuvieron. Poco importa que la mayor parte de las páginas del libro de Jakob Burckhardt sobre la cultura del Renacimiento en Italia hayan sido corregidas y superadas por investigaciones posteriores a lo largo de más de un siglo; la obra se mantiene en pie, no tanto por los valiosos materiales que el autor extrajo de archivos, como por los moldes de ficción imaginativa que les dieron forma (...)" (1997, 14)

La literatura no es ciencia, es literatura, e invade los ámbitos del ser humano que le corresponden. La poesía de Antonio Machado aparecerá en la historia de la literatura modernista española, en una monografía sobre la España de preguerra o en un tratado sobre la palabra en el tiempo. No es extraño que a veces sea pariente de la historia, otras veces sinónimo exclusivo de arte y otras veces no se sepa muy bien lo que es. No es extraño, por tanto, que aparezca en series distintas, como tampoco me parece un defecto que quienes la historian se vean obligados a seleccionar hechos, a escoger unos autores y unas obras. Me gustaría entonces presentar algunos renuevos de la historia de la literatura que han salido de la pluma de filólogos.

Después de las descalificaciones políticas, las críticas desde muchos puntos de vista, la pérdida de cualquier centro desde el que sugerir (no ya imponer) nada que vaya más allá de una línea en un plan de estudios, superviviente en alguna venerable revista, desbordada por los nuevos métodos de estudio y atacada, en fin, en todos los flancos, la historia de la literatura parecía destinada a desaparecer. Pero no ha sido así. La fundación en los Estados Unidos de *New Literary History*, el libro excepcional de Gérard Delfau y Anne Roche (*Histoire, Littérature*), que tanto he aprovechado en este ensayo, la continua reflexión de teóricos de toda especie, para negar o sugerir nuevos planteamientos, los estudios de Moissan, Perkins, Guillén, Mainer, etc., muestran que la preocupación sobre cómo retomar la historia literaria nunca ha estado tan viva. Si existe la literatura, y entendemos que es algo más que una colección de obras aisladas, pues existen vínculos entre ellas, y si existe algo más que una ristra de libros dispuestos sin orden alguno en una biblioteca, el problema de la historia se acaba planteando más tarde o más temprano. La literatura se desarrolla en el tiempo y confiere a los textos cierto espesor temporal del que sólo una disciplina como la historia es capaz de dar cuenta. No se adivina un proyecto común en los escritos de quienes se interesan por una vuelta a la historia, ni disponemos de una idea que pudiera vertebrar iniciativas e ideas y propusiera una renovación de la historia de la literatura. En cualquier caso, si existiese, se plantearía hoy en términos completamente distintos a los que estableció Lanson a principios de siglo. Hoy no existe, como en tiempos de la síntesis lansoniana, un acuerdo amplio sobre qué clase de historia queremos. Hay numerosas propuestas, muchas de ellas divergentes, sobre "cómo plantear a la literatura la pregunta por su historia" (Melançon: 1982, 24).

El interés por la historia no es, desde luego, un regreso a Lanson. Después de la escuela de *Annales*, de los modelos construidos a partir de la larga duración o de la combinación de las tres duraciones, del encuentro entre la historia y la estructura, después de las transformaciones radicales que ha producido la teoría literaria no parece posible un retorno a prácticas anteriores. La nueva historia literaria no englobará todo el campo de los estudios literarios, tal y como sucedía en el viejo modelo, pero como dice Melançon, "une théorie de la littérature qui ignorerait l'histoire se condamnerait à la stérilité" (1982, 24).

13.4.2. *Para una* comunidad literaria medieval

Los intentos de remozar la vieja historia de la literatura y de dotarla de un utillaje metodológico moderno que la permitiera superar la sucesión en la que se mezclan autores, fechas, géneros, rasgos estilísticos y se acumulan sin orden toda clase de informaciones para relacionar textos y acontecer históricos, ha sido propuesta desde ámbitos distintos y por autores diferentes. Es sorprendente que mientras lingüistas y teóricos han consagrado su esfuerzo a cuestiones de crítica y fundamentación de una ciencia de la literatura, han seguido aceptándose, sin crítica alguna, las configuraciones históricas convencionales, como si se tratara de hechos inamovibles (Guillén: 1985).

Las propuestas de renovación de la historia de la literatura provienen de varios campos y me parece interesante recordar aquí algunos. Basta echar un vistazo a los índices de la prestigiosa *New Literary History* para comprobar la riqueza de nuevas propuestas. En los artículos publicados se señalan problemas que se habían tratado de manera incompleta o no se habían tratado nunca, al tiempo que se proponen modelos o se dialoga con otras disciplinas. Me gustaría recordar algunos caminos que se han abierto desde el campo de la filología y de la literatura comparada.

Los viejos filólogos no siempre han alertado contra la esclerotización de los antiguos moldes, pero también los ha habido muy veteranos que han llamado la atención sobre la necesidad de una renovación a fondo. Se me permitirá recordar en primer lugar la propuesta del maestro Germán Orduna, una de las personalidades más activas en favor de una renovación de la crítica textual y autor de sólidas ediciones y de valiosos estudios de ecdótica. En algunos de sus últimos trabajos, Orduna se detuvo en la necesidad de remozar la historia de la literatura. El profesor argentino recordaba que los enormes avances en el campo de la crítica textual habían permitido superar la metodología filológica positivista de principios del siglo XX. Pero tanto ellos como las aportaciones de la teoría no afectaron a la metodología de los historiadores de la literatura. Los avances, si acaso, se habían hecho dentro de un saber constreñido a algunos autores y obras, pero siempre dentro de una periodización convencional y con una idea muy limitada de los géneros. Orduna lo lamentaba en el caso particular de las historias de la literatura medieval, desde la muy benemérita de Bouterwerk hasta las más recientes, pues para él se habían aplicado a: "la periodización y exposición de la historia de la literatura de la Edad Media española, principios metodológicos que surgen de una consideración positivista y lógica que predominó en los estudios históricos hasta la primera mitad del siglo XX y que perduran, aunque matizados por intentos parciales de renovación metodológica, que no logran superar la estructura de la separación en siglos y la división en géneros literarios." (Orduna: 1997, 1115)

Esta aplicación parcial y concreta a unos pocos temas y autores no ha invitado a repensar la historia literaria de este período de acuerdo con las nuevas tendencias de la investigación. Orduna echaba en falta que no se hubiesen aprovechado las aportaciones de disciplinas que han entendido la comunidad literaria como un proceso mucho más rico que desborda los estrechos cauces de las viejas historias. Los estudios del último medio siglo no permiten entender la obra literaria como un 'producto' cerrado, sino como un acto de comunicación que los lectores recrean. Este nuevo planteamiento invita a: "Crear, estructural y conceptualmente, el entramado necesario para que se traduzca la multiplicidad de enfoques en una síntesis que se adapte a su marco tempo-espacial" (1997: 1115).

Orduna proponía repensar el edificio de la antigua historia de la literatura medieval a la luz de las nuevas aportaciones. Su planteamiento obligaría a que se permitieran coordinar y sintetizar los avances hermenéuticos con las categorías de intertextualidad y de interdiscursividad y sumar a todo ello los conceptos de "comunidad literaria medieval" y de "comunidad oral", pues permiten entender la literatura medieval como un espacio y un período en el que conviven e interactúan los *litterati*, pero también una comunidad oral que permitirá explicar los cambios que llevaron a la creación de una literatura en vulgar a la que se aproximaba la vieja historia de la literatura de manera muy esquemática y pobre.[323]

Para Orduna hay comunidades textuales, como la que nació en torno a la sede catedralicia toledana, que estimularon la creación de obras literarias. A la luz de estas comunidades convendría también reinterpretar el concepto de *Mester de clerecía*, al que habría que sacar de las reducciones a las que lo han sometido las historias de la literatura convencionales y entenderlo como fruto de una comunidad textual muy activa. En esta línea, Orduna proponía una nueva estructura de la historia literaria de la Edad Media española que superara la vieja periodización. No se trata de superar por superar, sino de dar cuenta de la riqueza de los textos, de su

---

[323] "De la aplicación del concepto de 'comunidad textual' a la historia literaria surge una nueva perspectiva estructuradora de la producción literaria medieval que hoy conocemos y consiste en el reconocimiento de centros o focos culturales de los que proceden tanto los textos que conservamos como otros en que se dan las marcas de recepción y reescritura." (Orduna: 1997, 1116)

formación y recepción, y de proponer otros centros, otros modos de organizar y entender las obras literarias, a partir, por ejemplo, de la comunidad oral de la épica tradicional, el foco cultural palentino, los monasterios como centros de formación literaria, las cortes castellanas de Fernando III y Alfonso X, la escuela catedralicia de Toledo o los cenáculos castellanos del siglo XV.[324] Orduna (1996) no se limitó a elucubrar (tarea que, dada la finura del maestro argentino, habría sido de agradecer), sino que mostró la pujanza de un universo literario nacido en torno a la escuela catedralicia de Toledo.

Quisiera recordar, finalmente, la importante *Historia de la prosa medieval castellana* de Fernando Gómez Redondo (1999, 2000 y 2002) que propone construir un nuevo modelo de historiografía literaria, en el que no se renuncia a la diacronía como eje de ordenación principal, pero en el que prevalecen otras categorías o principios de análisis. Es una historia del discurso prosístico, que se preocupa por vincular los productos textuales –mejor que "obras"– a los grupos de recepción que los requirieron y que pueden provocar su transformación o recreación; es, por ello, más una 'historia de los textos' que una 'historia de la literatura' en el sentido de los grandes catálogos o colecciones de los escritores y sus creaciones. En su estudio se entiende la obra literaria como portadora de un código sígnico, en el que se descubren las líneas que configuran el pensamiento de una colectividad; de esta manera, antes que de autores se habla de *contextos* de producción y recepción literarias, que cuando sufren modificaciones –por problemas históricos, por cambios dinásticos– impulsan nuevas perspectivas de creación textual; por ello, los textos son también productos ideológicos, detrás de los cuales se afirman pautas de configuración genérica. Con estos criterios se procede a un análisis exhaustivo no sólo de los textos canónicos de la prosa medieval castellana, sino de cualquiera de las concreciones textuales de ese pensamiento ideológico: libros de leyes, tratados religiosos, crónicas –en todas sus derivaciones posibles–, colecciones de cuentos, tratados científicos y médicos, libros de viajes, tratados de caballerías, el amplio espectro de la ficción medieval, desde los primeros años del s. XIII hasta la segunda década del s. XVI, con las muestras de la ficción sentimental.

---

[324] Los estudiosos de la literatura oral han llamado la atención sobre las graves lagunas de la historia que no reconoce las tradiciones orales: "La historia literaria en general todavía procede con poca conciencia, si acaso la tiene, de las polaridades entre oralidad y conocimiento de la escritura pese a su importancia para el desarrollo de los géneros, la trama, la caracterización, las relaciones entre escritor y lector y la relación entre la literatura y las estructuras sociales, intelectuales y psíquicas." (Ong: 1993 , 153)

13.4.3. Para una poética diacrónica

Lázaro Carreter (1990) ha señalado cómo a medida que se han ido negando las posibilidades de la historia de la literatura, se han reforzado las de una poética diacrónica que adoptara la perspectiva de una historia de las formas. Para Lázaro, el problema se plantea en el terreno de la historia de la lengua literaria, que presenta rasgos distintos a los de la lengua estándar. La lengua literaria sufre dos cifrados: uno el del sistema de la lengua natural que le corresponde y otro, el puramente estético, ligado a la época, al género, y que los escritores comparten en mayor o menor medida. El problema consiste en saber si podemos imaginar un sistema dotado de sus propias reglas, que permite cifrar los textos literarios y es común para los escritores de un determinado momento, y plantear si existe autonomía para esta clase de código. Otro de los objetivos de la Poética diacrónica es el estudio de las relaciones entre la literatura y su lenguaje:

> "uno de sus objetos observables es el lenguaje cambiante de las obras artísticas, en cuanto constitutivo y característico de ellas: sólo de ellas, y no de otras formas de comunicación oral o escrita. Requiere hipótesis y métodos que no salgan de un ámbito estrictamente literario, en donde funcionan los códigos de época, género, grupo o autor (...)" (Lázaro Carreter: 1990, 80)

La poética diacrónica no tendrá en cuenta explicaciones sociológicas o psicológicas para aclarar, por ejemplo, la evolución de un género, sino que se ceñirá a un ámbito estrictamente literario. Las preferencias lingüísticas que aparecen por razones extratextuales tienen sentido cuando el investigador comprueba que se han convertido en un rasgo formal que se repite y se integra en la estructura de un conjunto de textos. Las explicaciones que no necesitan salirse de la serie literaria para aclarar un fenómeno (desde la presencia del paralelismo como elemento vertebrador, a la construcción metafórica predominante en tal obra) tienen más probabilidad de ser acertadas que las inspiradas en supuestos al margen de lo literario, desde la sociología al psicoanálisis.

Como es sabido, los formalistas rusos criticaron la historia tradicional de la literatura y propusieron un estudio de la evolución de los procedimientos verbales, temáticos y constructivos. Por su parte, los cultivadores de la estilística señalaron que en la obra literaria no podía existir devenir: podría existir una historia de la cultura literaria, pero no de los objetos artísticos. Dámaso Alonso ironizaba sobre las Historias de la Literatura y las consideraba bellas necrópolis que ofrecían datos curiosos sobre los cuñados de los primos de los grandes escritores, pero que no informaban de la obra literaria. Las fechas, los ejemplos, no pasaban de ser para él exterioridades de interés para la historia de la cultura, pero inútiles para explicar la razón interna de una obra de arte.[325] Ni la estilística, ni el *New criticism* ni la *Nouvelle critique* se movieron, en el ámbito de la historia. Pero la preocupación por la evolución de la formas literarias, la indagación sobre la manera en la que cambian los géneros y desaparecen o se reinventan, en definitiva, la conciencia de que el tiempo pasa también para los textos, es una cuestión que siempre termina por plantearse. Críticos que han sido muy contrarios a las historias de la literatura (pienso en estudiosos tan distintos como Dámaso Alonso o Genette) han acabado por sugerir algunas propuestas de investigación que tuvieran en cuenta la diacronía. Ni siquiera formalistas y estructuralistas dejaron de sentir la relación entre historia y literatura como problema.

Por su parte, la atractiva consideración de Eliot de un tiempo simultáneo para todos los textos literarios y de un diálogo constante entre ellos, ha dado pie a trabajos muy fértiles. No entenderemos de la misma manera a Kafka si hemos leído antes a Borges (de suerte que algunos hablan de la influencia de Borges en Kafka o de García Lorca en Góngora). Ahora bien, este extremo no implica reconocer que las obras literarias se han publicado en una fecha y en un lugar. Los historiadores partidarios de seguir el modesto hilo cronológico, han advertido de los peligros de esta clase de consideraciones. Un estudiante de literatura comparada puede dejarse arrastrar por los encantos de una simultaneidad ideal desde Homero a Thomas Mann y comenzar a navegar en una entelequia de maravillas, que puede acabar encallando en el más puro dislate. Para Ibsch-Fokkema, el problema es cómo puede construirse ese vasto universo de una literatura simultánea y única. Es verdad que las obras literarias son monumentos que soportan el embate de las modas y los tiempos, pero también son documentos que han nacido de una tensión histórica concreta, en un momento exacto de la historia de la literatura, y han vivido con ella sus propias vicisitudes antes de ascender a su cielo (Lázaro: 1990).

Los autores toman partido en un momento histórico por los temas, las formas que les ofrece la tradición y esa zona es la que resulta historiable, como dice Lázaro, y el historiador debe de dirigir sus esfuerzos a analizar los procedimientos que son artificio, que son deliberados.[326] Hay que estudiar los momentos en los que el

---

[325] Esta queja aparece una y otra vez entre teóricos del siglo XX: "Para ser buenos historiadores de la literatura, debemos recordar que lo que normalmente llamamos historia literaria tiene muy poco o nada que ver con con la literatura y lo que llamamos interpretación literaria (…) es, de hecho, historia literaria" (De Man: 1983, 165). Barthes escribió en "Histoire ou littérature" que la obra literaria era un núcleo irreductible, que no podía disolverse ni unirse a la masa de acontecimientos, de las mentalidades colectivas. Por esa razón consideraba que nunca tendríamos una historia de la literatura, sino como mucho, una historia de los escritores.

[326] "Si un objeto cualquiera, para ser historiable, necesita tener como propiedades fundamentales la permanencia y la variación, la literatura las reúne bien claramente. (...) ¿Y qué es lo que permanece? Para mí no cabe duda: la decisión de los escritores de reiterar los procedimientos recibidos, o de romper con ellos. (...) Basta con observar cualquier sincronía: es siempre el escenario de una dura batalla de

haz de rasgos distintivo que sirvió de modelo a unos escritores, se desgasta y cambia. Así las cosas, el objeto de una Poética diacrónica es todo aquello que manifestándose lingüísticamente, contribuye a la organización artística de los textos.

13.4.4. Estructura e historia: la noción de sistema

Un breve ensayo de Roman Jakobson y Yuri Tinianov (1928) sentó las bases que han permitido la colaboración entre la ahistórica estructura y el desarrollo temporal. En la estela de estos maestros debe reconocerse la influyente formulación de la noción de *sistema* debida a Claudio Guillén en su libro *Literature as system* (1971). Un sistema existe cuando ninguno de los elementos simples que lo componen puede ser comprendido de manera aislada, sin tener en cuenta el conjunto. Por otro lado, nada es menos histórico que aislar los componentes de un vasto tejido y estudiarlos como si no tuvieran relación con otros elementos coetáneos. Descubrir un sistema exige estudiar una fase de la evolución literaria por medio de cortes sincrónicos:

> "articulando en estructuras equivalentes o jerarquizadas la multiplicidad heterogénea de obras simultáneas; y descubrir así en la literatura de un momento de la historia, un sistema totalizador. El que este sistema (mejor polisistema, en vista de su heterogeneidad precísamente) se abra en el momento del corte sincrónico a una variedad de obras, que pueden ser actuales o inactuales, prematuras o atrasadas, se debe a que el corte revela la coexistencia de curvas temporales distintas." (Guillén: 1985, 400)

A la hora de estudiar un sistema literario hay que tener en cuenta obras contemporáneas y obras pretéritas. En cualquier corte sincrónico que hagamos en el *continuum* coincidirán ciclos temporales cortos, medios y largos, traducciones y obras originales, obras del pasado una y otra vez recuperadas, y obras que respondan a inquietudes presentes. Si pensamos en las razones que llevaron a Chrétien de Troyes a cultivar el *roman* habrá que tener en cuenta distintos elementos interrelacionados. Por un lado, los autores pretéritos traducidos (no olvidemos al traductor de Ovidio, según leemos en el prólogo a *Cligés*), la influencia de las obras contemporáneas (Tristán y la poderosa materia de Bretaña), el género histórico (la forma métrica de los historiadores sirvió de guía a los primeros *romanciers* y no debe olvidarse que historiadores, poetas y novelistas coincidieron en más de una corte) el universo de trovadores y *trouvères* que le suministró los temas (el código amoroso de aproximación y conquista de la amada, los efectos de Amor y las consecuencias en los enamorados) y los géneros o subgéneros trovadorescos construidos a partir

---

autores para introducirse o permanecer en él. La instalación de un joven escritor de talento implica una toma de posesión." (1990, 86)

del debate poético. Todos afectaron no ya al desarrollo de la obra de Chrétien, sino de todos los *romans*. La conclusión que sacamos es que no es una concepción estática de la obra literaria la que nos permitirá entender el nacimiento de géneros tan proteicos y ricos como el *roman*.

El modo en que se relacionan e integran todos estos componentes permite pensar en un sistema. Los sistemas nos ayudan a entender (y al tiempo construir, pues la historia es siempre construcción) las luchas, las refutaciones, las elecciones y las alternativas de escritores, el público que leía y escuchaba. Los sistemas no son algo cerrado o estático, sino un conjunto de interrelaciones dinámicas. Altamirano y Sarlo (1983) entienden el sistema como un espacio productivo, y no sólo como un depósito de obras o motivos, porque los sistemas, al surgir, absorben y transustancian elementos de la más variada procedencia. Regula Rohland de Langbehn (1999) ha explicado cómo la novela sentimental española nació utilizando una cantidad inusual de elementos previamente utilizados en otros géneros literarios preexistentes.[327]

13.4.5. La renovación del comparatismo

La filología no ocupa ya un lugar determinante en el saber y va desapareciendo o ha desaparecido de los planes de estudio de las universidades. Aunque he señalado páginas atrás que los filólogos tienen cosas que decir en el campo de la edición de textos o en la historia de la imprenta y de la lectura, es necesario reconocer que no vendría mal una renovación profunda en algún terreno esencial de la filología. Uno de ellos es el territorio del comparatismo. En España y en Hispanoamérica, escribía Yakov Malkiel, no se debería hablar de su fracaso, porque para él era dudoso que hubiera existido alguna vez de forma organizada, y consideraba los casos de **Rufino José Cuervo**, **Menéndez Pidal** o **Leite de Vasconcelos**, como actitudes individuales independientes de su medio intelectual.[328]

---

[327] Rohland de Langbehn, R.: *La unidad genérica de la novela sentimental española de los siglos XV y XVI*, Papers of the Medieval Hispanic Research Seminar 17, Londres, 1999.

[328] "Sólo en los últimos años, a raíz de ciertas reformas radicales de la enseñanza secundaria y universitaria en España, el estudio de los idiomas modernos extranjeros –alguno que otro de procedencia latina y de cariz románico– ha alcanzado su merecida importancia. Ojalá el comparatismo románico, método por cuya adopción no me canso de abogar, saque provecho de ese trastrueque de normas y valores." (Malkiel: 1992, 212) La filología románica siempre ha sido comparada. Lo decía el maestro Jean Frappier con su lucidez y claridad habituales: "La filología románica, se entiende, no sabría separar las lenguas románicas unas de otras. Cada una de ellas, con la literatura de la que ella es la expresión, no es más que un elemento en un conjunto homogéneo. Del mismo modo, en una cátedra de filología en la que se enseñan varias lenguas y literaturas desde los siglos XI o XII hasta el XIX o el XX, un romanista alemán, por ejemplo, se interesa normalmente por cuestiones de literatura comparada donde la Edad Media puede recibir su justo lugar. En verdad, los medievalistas (y otros también) han hecho

Pero no me refiero ahora al campo del comparatismo entre lenguas románicas, al movimiento histórico-comparatista que está en el núcleo de la vieja filología. Me refiero al moderno comparatismo, en el que se han realizado esfuerzos extraordinarios, y basta con echar un vistazo a los magnos libros de Claudio Guillén o a los volúmenes de Bassnett o de Bernheimer, para comprobar cómo los comparatistas se han puesto en la vanguardia de los estudios literarios. Los viejos esquemas han sido superados y los modernos suponen un desafío de enormes posibilidades. La historia de la literatura comparada, dice Guillén, ha destacado la importancia del desmoronamiento de una Literatura única y unificada, inspirada en un solo mundo poético, basada en los modelos que brindaba una tradición singular, "una cultura única o unificada, unas creencias integradoras y las enseñanzas de una Poética multisecular y casi absoluta" (Guillén: 1985, 33). Una vez que ese carácter se pierde, surgen nuevas posibilidades de estudio que estaban ocultas y que los modelos tradicionales son incapaces de abordar. Lo que infunde vida y carácter propios a la literatura comparada es un conjunto de asuntos con los que solamente ella puede y quiere encararse.

El carácter unitario de la literatura nacional es insostenible como también lo es reducir la literatura a una tradición única. La literatura no se rinde a la angosta mirada del crítico monoteórico. Las historias universales de la literatura, decía con gracia Claudio Guillén, es posible que sean de la literatura, pero son poco universales. ¿Es universal la colección de clásicos de *La Pléiade*? ¿Y todas esas historias que se llaman universales, esas encuestas de suplemento cultural sobre los diez autores más leídos, o los mejores autores del siglo XIX? Lo galocéntrico, lo que algunos llaman eurocéntrico (contra lo que ha tronado Étiemble) no pasan de ser cuatro literaturas europeas y no representan nada universal.[329] Así las cosas, el filólogo limitado a su propia lengua tiene poco futuro en el universo que pintaba Claudio Guillén:

"El filólogo que se limita a familiarizarse con lo escrito en su lengua natal, por motivos profesionales o personales, poca o ninguna semejanza guarda con un Virgilio, un Quevedo, un Goethe, un Vjaceslav Ivanov, un A.G. Matos, un Joyce, un Ezra Pound, un

---

comparatismo sin saberlo. ¿No es el método comparativo una especie de clave universal?" ("Littérature médiévale et littérature comparé" en *Géneralités*, vol. 1, *GRLMA*, Heidelberg, Carl Winter, 1972, 139).

[329] "No limitadas a compartimentos nacionales estancos, las literaturas pueden ser accesibles a futuros lectores de un número creciente de países. Se acentúa la universalidad del fenómeno literario" (Guillén: 1985, 57). Carlo Pelegrini y Vittorio Santoli, los editores de la *Rivista di letterature moderne* fundada en 1946, presentaban en el primer número una idea muy distinta: "Hemos querido titular nuestra *Rivista di letterature moderne* por afán de claridad (...), convencidos como estamos de que existe una sola literatura, la mundial, que se expresa necesariamente en diferentes lenguas y en modos diversos, pero que no por ello deja de ser fundamentalmente una... Europa es un concepto cultural, una mentalidad, un *ethos*, ciertas formas artísticas..."

Mihály Babbits, un Mandelstam, un Carles Riba, un Saint-John Perse o un Czeslaw Milosz." (Guillén: 1985, 18) [330]

13.5. Editar un texto

A veces me sorprende comprobar cómo los avances extraordinarios en la concepción de *texto* no hayan aportado demasiadas cosas al viejo arte de editar. Se me dirá que la desconfianza ante los procedimientos decimonónicos de los filólogos aplicados *manu militari* a textos que no nacieron para ser editados y mucho menos para la imprenta, ha sido ya de por sí una carga de profundidad que ha puesto en duda el arte y la ciencia de editar. La vieja filología ha cometido excesos en este terreno, pero no se puede cortar toda su sabiduría por el mismo patrón, ni echar por la borda el conocimiento acumulado durante años, como si todo lo que nos han aportado los filólogos fuera un saber desfasado o inútil. Ya he recordado que siempre que se edita un texto se hace con algún criterio, y en este terreno puede seguir aprendiéndose de la vieja filología (Pérez Priego: 2001).

Escribir la palabra "texto" a principios del siglo XXI produce cierta sensación de vértigo. Este concepto poliédrico atraviesa varias disciplinas y se ha convertido en uno de los lugares de pensamiento más importantes en los estudios lingüísticos y literarios, sean de la vertiente que sean. "Texto" aparece en estudios de orientaciones tan diversas, que es necesario conocer la filiación intelectual del investigador de turno para saber en qué aguas navegamos. Casi cada una de las disciplinas que se han interesado por el estudio del lenguaje y los estudios literarios (la lingüística, la pragmática, la semiótica, la hermenéutica, la teoría de la comunicación, los *cultural studies*, etc.) han abordado la definición, la idea de texto.

Así las cosas, algunas de las nociones capitales de los estudios literarios –el texto, la historia, el autor, la relación entre sociedad y literatura– que estaban antes articulados en el seno de la filología pertenecen hoy al ámbito de numerosas disciplinas. Filosofía, lingüística, semiótica, pragmática, teoría de la comunicación y las síntesis entre estas y otras disciplinas, se preocupan desde hace décadas por el alcance de la noción de texto. Permítaseme recordar, modestamente, que también la filología ha aportado algo a esta reflexión.

---

[330] "La tasca de l'historiador de la cultura és rastrejar la mà invisible que actua, afaiçonant el present i també el futur. I ho ha de fer en tots el terrenys on trascendeix aquella modalitat, a través de la llengua pròpia o de la manllevada. I llavors ja no serà la història d'una literatura, en una sola llengua, sinó la història literària d'un poble, en diverses llengües, la que respondrà a les seves interrogacions." (Rubió Balaguer, J.: *La cultura catalana del Renaixement a la Decadència*, Barcelona, ed. 62, 1964, 17).

13.6. La filología y el texto

La filología ha dejado de cumplir desde hace ya muchos años el papel central que desempeñaba en los estudios literarios. En la mayor parte de las universidades apenas ocupa –si es que lo hace– una línea en los planes de estudio y se considera que los conceptos que la animaron son fruto de un planteamiento anticuado; sin embargo, he venido señalando que la aportación de la filología a los modernos campos de estudio está lejos de haberse agotado. He hablado del campo de la edición, de la informática, de algún planteamiento novedoso en favor de una nueva historia literaria. Me referiré ahora a la definición de *texto*, porque, como ya he dicho, los filólogos tienen algo que decir sobre él. Las páginas que siguen están dedicadas a recordar algunas de las reflexiones que han nacido de la empresa dirigida por Diego Catalán para editar el Romancero pan-hispánico, que constituye, a mi juicio, una de las aportaciones más novedosas al debate sobre la idea de texto oral, sobre la edición de textos cuya génesis y transmisión no está condicionada por la imprenta.

En un capítulo anterior he recordado las tribulaciones de Gilliéron a la hora de estudiar las variantes de "La claire fontaine" y la desaprobación de su maestro Gaston Paris por transitar veredas tan complejas. En el hermoso trabajo de Gilliéron y en las críticas que se recogen en él, se expresan claramente algunas de las tribulaciones sufridas por los estudiosos de la poesía tradicional: el parecido, al tiempo evidente y desconcertante, entre las versiones conservadas, la imposibilidad de hacerlas provenir de un original perdido y la enorme dificultad de dar cuenta de todas las variantes. Entre este estudio de Gilliéron (y podían rastrearse otros en la misma línea) y los recientes trabajos de Diego Catalán, los filólogos no han dejado de reflexionar sobre esta poesía irreductible a un *Urtext,* siempre viva en la memoria de los cantores, y una y otra vez modificada y recreada en la recitación.

Como es sabido, una de las fuentes esenciales para el estudio de la balada pan - hispánica son los textos transmitidos por la tradición oral, a los que hay que añadir los textos publicados y los inéditos guardados en archivos y bibliotecas públicas y privadas. Los estudios de algunos filólogos, entre los que Menéndez Pidal ocupa un lugar de honor, mostraron que el romancero seguía existiendo transmitido oralmente en todos los lugares de habla española, portuguesa, catalana y sefardí. El romancero nos proporciona un extraordinario campo de observación sobre cómo se conserva, transmite y actualiza "un saber 'textualizado' que no se guarda en bibliotecas" (Catalán: 1997, 211).

Cualquier investigador de la literatura de transmisión oral se ha preguntado qué texto debe editar cuando se conservan varios centenares de versiones y no sólo en una lengua. Según el ya lejano punto de vista historicista, el trabajo arqueológico y restaurador era el que debía primar en el trabajo de edición. A pesar de las muchas críticas que se han vertido, seguimos siendo deudores de este viejo positivismo que hizo posible el trabajo de recuperación y transcripción de una vastísima literatura oral, y seguimos dando vueltas a las concepciones románticas que invitaron a reflexionar sobre cómo se creaba esta poesía colectiva, pero es evidente que aquellas viejas propuestas metodológicas y sus resultados nos resultan hoy claramente insuficientes.

La formación de Menéndez Pidal como filólogo y romanista no le permitió llevar hasta sus últimas consecuencias la noción de tradicionalidad. Aunque había señalado las virtudes creadoras que encerraba la tradición oral, su orientación filológica le imponía, como ha señalado Di Stefano, destacar más la fuerza de la tradición que la de la elaboración, y destacar más los aspectos conservadores que los momentos de innovación en el patrimonio colectivo. Esta concepción afecta a todo cuanto tiene que ver con los textos orales, desde la génesis y transmisión, a su posible edición.

Los estudios de Diego Catalán han hecho cambiar algunas de estas nociones y han demostrado que los textos de tradición oral no deben editarse aplicando los mismos principios que rigen para los textos escritos, pues no sólo resultan ineficaces y no dan cuenta de la riqueza de la oralidad, sino que sacan a la luz unos fragmentos que no se sabe lo que representan. Germán Orduna (1990) señalaba que la crisis del concepto de edición crítica se extendía además a las formas narrativas y líricas en las que transmisión oral y escrita actúan simultáneamente (*exempla*, textos sapienciales, poesía cancioneril, etc.).[331] La edición de estos textos tradicionales ha supuesto un reto mayúsculo para cualquier metodología, para cualquier proyecto que pretendiera editarlos.

El viejo comparatismo centró su interés en la búsqueda de los orígenes y en comparar motivos, pero no alcanzó a plantearse el significado de las estructuras que deseaba comparar. Lo ha explicado Diego Catalán (y disculpe el lector la extensa cita):

"Durante el predominio del historicismo en la crítica, el hecho de que una mayoría de estor romances tuviera correspondencia en otras áreas de la tradición baladística europea permitió aplicar a su examen los métodos de la historia reconstructiva, característicos del comparatismo filológico. Pero el optimismo con que, en sus mejores tiempos, la crítica historicista practicaba la diacronía invertida, remontando hacia atrás la corriente de la historia mediante la determinación de líneas de ascendencia genealógica, se derrumbó por completo al avanzar el siglo XX. Nos dejó únicamente en herencia útiles principios metodológicos, que hoy sólo nos atrevemos a usar con gran prudencia.

La 'nostalgia del prototipo' ha sido modernamente sustituida en la crítica comparatista, por la 'nostalgia del arquetipo' o del 'modelo narrativo'. Hábiles críticos se han esfor-

---

[331] "En cada uno de estos casos, los editores han proclamado poco menos que la imposibilidad de concebir la existencia de un 'original', 'apógrafo' o 'arquetipo', texto ideal fijado en un momento del pasado que actúa como objetivo a lograr, texto a reconstruir" (Orduna: 1990, 26). Algunas de las páginas que reproduzco provienen de mi artículo "Renuevos de la filología".

zado en poner de manifiesto la contextura o entramado, ya meramente narrativo ya ideológico, de los objetos artísticos, invirtiendo el proceso de su creación. La búsqueda de las estructuras narrativas, aislándolas de la historia, permitió a los sincronistas descubrir la existencia de modelos universales acrónicos, de mitos; por su parte los críticos que conceden primacía al desenmascaramiento de las estructuras ideológicas en que los relatos se sustentan (...) Unos y otros, excesivamente satisfechos con sus hallazgos, se conformaron, de ordinario, con descubrir el armazón en que las obras se sustentan, sin preocuparse después de poner de manifiesto el proceso que conduce desde los modelos a las realizaciones concretas, a los objetos artísticos creados. El resultado de esta 'nostalgia del arquetipo' ha sido el institucionalizar como 'texto' la propia construcción crítica, la reescritura realizada por el intérprete, olvidando la función meramente ancilar que esa estructura tiene." (Catalán: 1998, 111-12)

El comparatismo estructuralista que pretendía reconocer y aislar un repertorio limitado de estructuras universales que pudieran aparecer en textos de cualquier época no llegó mucho más lejos, pues se centró en esquemas acrónicos frente a lo temporal, y no fue capaz de apreciar la importancia de las variantes determinadas por el contexto, ni de entender el lugar que ocupan los romances en la serie temporal. Uno de los retos que se derivan de la investigación de Diego Catalán es haber replanteado el enfrentamiento entre las lecturas historicistas y las lecturas estructurales o basadas en la proclamada primacía del análisis sincrónico. ¿Qué clase de textos son las baladas que hoy se cantan? ¿Son poemas del siglo XX, medievales, renacentistas?

Los filólogos consagrados a la edición de textos que proceden de la imprenta no han acabado de entender las consecuencias que se derivan de la tradicionalidad, la propiedad esencial de las baladas. En el transcurso de los años y los trabajos, Menéndez Pidal había observado una peculiaridad en la poesía oral de creación colectiva que afectaba a los romances y a la poesía épica. Estas obras respondían para él a un arte tradicional, distinto al individual y culto, un arte que era anónimo, y no por accidente sino por su esencia misma. Se trata de un tipo de expresión que vivía en variantes y que una colectividad recreaba continuamente. Menéndez Pidal llamó "tradicionalidad" al concepto que afectaba a todos estos textos.[332] La definición pidalina no

---

[332] Para Menéndez Pidal una obra tenía vida tradicional cuando todo el que la transmitía la sentía como propiedad común, no como obra intocable de un autor que exigiera respetuosa fidelidad a su transmisión . El transmisor de esta clase de textos los siente como cosa propia, suya tanto como de los demás, y al copiarlos o recitarlos introduce en ellos los cambios que a su entender son necesarios. "Frente a la generalidad de las obras de arte individual, cuya forma y fondo han sido plasmados en modo definitivo y estable por el autor, las obras de arte tradicional son una excepción: su fondo, su asunto o tema despierta un interés colectivo permanente, mientras su forma, fácil y sencilla, es inestable y cambiante; su fondo, su estructura legendaria o cuentística, emite radiaciones poéticas, preñadas de variantes incitadoras a la refundición" (Menéndez Pidal: *Poesía juglaresca y juglares*, Madrid, Instituto de Estudios Políticos, 1957, 371).

se refería sólo a creaciones orales, sino que interesaba también a géneros escritos y en particular a la historiografía. Así las cosas, el texto de un romance no debe ni puede fijarse siguiendo las pautas que ha seguido la filología con las obras llamadas cultas y que son de origen individual. El fallo del comparatismo reconstructivo consistió en determinar árboles genealógicos que se remontaban a unos proteicos arquetipos según los cuales era posible explicar todos los episodios repartidos entre los descendientes manuscritos, y no se planteó el fenómeno de la tradicionalidad ni sus consecuencias en el campo de la transmisión de textos.

Los problemas que plantea el estudio y edición del Romancero muestran las insuficiencias de la filología positivista. ¿Cómo editar los centenares de versiones de *un romance*? ¿Tiene algún interés el estudio de un *romance* aislado del universo de variantes y de *textos* al que pertenece? Si la filología positivista se vio incapaz de explicar la creación y transmisión de estas obras, tal y como ya apuntaba Gilliéron, la crítica se ha desentendido de las peculiaridades del discurso de las obras de origen tradicional. De ahí la necesidad de replantear:

> "En un metalenguaje atento a las preocupaciones de la crítica de los años 70, la noción pidalina de 'tradicionalidad' y de esta forma recuperar, para lectores desinteresados en la erudición 'filológica' de fines del siglo pasado y la primera mitad de éste, ideas y observaciones de actualidad innegable y de permanente interés". (Catalán: 1978, 247)

13.7. De las versiones a los textos

La poética de los géneros que se transmiten por la voz y se guardan en la memoria de los portadores de cultura oral no deben ser tratados por la crítica de la misma manera que lo son las obras de tradición escrita. Como dice Catalán:

> "Pretender acomodar su estudio a las pautas de una crítica textual que ignore su esencia, sólo podrá llevar al cómodo recurso de negar, seguidamente, su misma existencia. La incomodidad de tener que enfrentarse con la peculiaridad de una literatura no reductible a textos fijos se resuelve (...) por una mayoría de críticos, negando la existencia misma de creaciones orales." (Catalán: 1997, 241)

Todavía más. Los textos que se recogen no son simples restos de creaciones pretéritas, el recuerdo de romances que se cantaban en el siglo XV. El testimonio que podemos escuchar es un fragmento que se ha renovado y transformado una y otra vez, y que forma parte de la cultura viva de quienes los recuerdan. No estamos entonces ante una realidad que pueda comprenderse mediante las nociones de la crítica que se ha centrado en textos escritos. El estudio de los romances según el método histórico nunca entendió que cada versión es en sí misma una estructura abierta, tanto verbal como poética y narrativamente, y que su evolución depende de la adaptación de este sistema abierto al universo lingüístico, estético y ético del grupo humano en que se canta. Esto implica reflexionar no solamente sobre la idea de texto, sobre las versiones que se editan, sino que supone reflexionar también sobre cómo se incluye esta clase de obras en las historias de la literatura. Los romances de tradición oral no pueden encerrarse entre los límites cronológicos que les impone esa clase de discurso. Los modelos tradicionales, explica Diego Catalán, se caracterizan por ser *trans-tempora* (lo que no quiere decir ahistóricos), por perdurar a través de las edades, debido al carácter abierto de sus estructuras y a su capacidad de adaptarse al ambiente en que se crean:

> "La costumbre de leer obras literarias textualmente cerradas no debe impedirnos admitir que, en la literatura 'artesanal', un modelo puede producir un sinfín de poemas - objetos más o menos diferenciados según tipos temporal y espacialmente delimitados (esto es, históricamente condicionados) dependientes de la comprensión de los modelos por la serie de transmisores - recreadores (artesanos) que en el curso del tiempo los han ido utilizando." (Catalán: 1997, 189)

La peculiaridad de los romances invita a reflexionar sobre su nada sencilla localización en la cronología y sobre las enormes dificultades que plantea la edición: ¿qué entendemos por un romance, cómo lo editamos, qué editamos?

El proyecto *DEAPHR (Description, Editing and Analysis of the Pan-Hispanic Romancero as a Model of Open-Structured Narratives)* dirigido por Diego Catalán, además de recoger y salvar el mayor número posible de versiones de romances conservados en la memoria de los cantores, se propuso transformar las versiones recogidas en textos. La tarea no era simple, pues exigía, ante todo, "la definición de 'texto' a la que se pretende llegar" (Catalán: 1989, 50). El trabajo de edición no consiste en copiar una tras la otra todas las versiones conservadas, ni en crear la versión más completa a base de zurcir versos, ni siquiera editar la más antigua. El texto que se edita, aquel al que se llega, no es el fruto de ninguna *recensio*. Para el equipo que trabajó en el *DEAPHR*, el texto que hay que recuperar es el almacenado en la memoria de quien transmite el saber tradicional y no su ocasional manifestación en un acto de exteriorización oral. Entre el acto memorizado y el editado se interpone el acto recolector, acto que si no se adecua al propósito de descubrir el texto archivado en la memoria del portador del saber tradicional, falsea de manera irremediable el objeto que se desea reconstruir (Catalán: 1989, 51). Así las cosas, a la hora de examinar una creación colectiva y abierta, sujeta a reajustes continuos en su expresión y su significado, editar y entender el texto, "tiene que ser, a la vez, comprender lo que en cada manifestación del modelo específico que estudiamos hay de herencia y lo que hay de recreación. No basta extraer del conjunto de esas manifestaciones el esquema sintagmático permanente que en ellas podemos descubrir, ni el sistema de oposiciones paradigmáticas en que se sustenta." (Catalán: 1998, 112)

Los romances de tradición oral no son, como ya he dicho, fragmentos clausurados de 'discurso', sino modelos virtuales, abiertos. En la conciencia de los autores, los cantores de romances, los transmisores de esta clase de literatura, existe una posibilidad de modificación en el significante y en el significado. Se trata, en el primer caso, del derecho a enmendar que se arroga cualquier lector, transmisor o recreador de la obra. Se deja al lector u oyente, en definitiva, que escoja la sentencia que quiera extraer, descubrir bajo el *dezir encubierto*. La 'doble apertura' del significante y del significado acompaña a muchas obras literarias de todos los tiempos y lugares en el curso de su transmisión, sea oral o escrita, y condiciona el modo de reproducirse el modelo. Así las cosas, las variantes de los romances no son un mero accidente sino un rasgo definitorio del discurso *tradicional* que lo diferencia de las obras literarias de carácter individual. La mercantilización de la creación literaria que nace con el desarrollo de la imprenta nos ha impedido comprender los mecanismos que caracterizaban el proceso de transmisión oral y manuscrita que iba de boca en boca o de una copia a otra.

El romance no es, pues, un fragmento cerrado de discurso que pueda sufrir, quizá, algunos cambios en su difusión. El romance es una estructura abierta, un 'programa virtual', sujeto constantemente a transformación, debido a la memorización y re-producción de versiones por los sucesivos transmisores del saber tradicional. El 'modelo' trata de permanecer acomodándose, cambiando. En cuanto al análisis de esta clase de obras, ni la filología ni la historia han llegado a dar con una metodología que permita explicar su articulación, y ha sido necesario salir al encuentro de la narratología moderna (me refiero a los cuatro niveles de análisis narratológico propuestos por C. Segre (1976)) a partir de los formalistas –discurso, intriga, fábula y el nivel *actancial* o *funcional*– y la reformulación de los mismos por parte de Catalán. La peculiar historicidad y diferente valoración que ha de darse a las variantes según el nivel en el que aparecen (fábula, intriga, etc.) son esenciales para entender las dificultades que presenta la edición de estos textos tradicionales, y ayuda a responder a algunas preguntas acerca de su naturaleza, su estructura y su edición. De todo ello diremos algo ahora.

13.8. Fábula, intriga y discurso

Durante años, la filología caracterizó la poesía tradicional destacando sus rasgos verbales. Es indiscutible la precisión de su lenguaje, la sintaxis siempre ajustada al ritmo del verso, la concisión de la frase y el uso de un vocabulario muy preciso. También son evidentes algunos rasgos que provienen de la lengua épica y de la recitación oral. Pero ni el vocabulario, ni la sintaxis, ni el uso de determinadas figuras literarias son rasgos que ayuden a explicar la pervivencia del género, su apertura y variación constantes y las peculiaridades de su transmisión. La dificultad consiste en comprender los mecanismos mediante los cuales los textos heredados se renuevan continuamente, pero también por qué se retienen estructuras heredadas del pasado, y conocer los recursos con que el legado tradicional se actualiza y *re-poetiza* una y otra vez.

El objetivo de la investigación a que me he venido refiriendo ha sido ofrecer un modelo analítico que permita describir la articulación del romancero mostrándola a partir de distintos niveles de organización narratológicos: el del *discurso*, el de la *intriga*, el de la *fábula* y el *modelo funcional o actancial*. El orden causal de los sucesos forma la *fábula*, mientras que la *intriga*, (narración artísticamente organizada) es una representación particularizada (entre las varias posibles) de aquello que significa la fábula y que puede romper con el orden natural cronológico. Es evidente no debe valorarse del mismo modo la aparición de variantes en un nivel u otro, ni deben mezclarse en un hipotético (e imposible) aparato de variantes. En un texto las variantes pueden pertenecer al *discurso* y las invariantes a la *intriga*, pero en otros casos es posible que las variantes pertenezcan al nivel de la *intriga* y la invariante a la *fábula*.

Los trabajos que ha dirigido Diego Catalán suponen, a mi juicio, la renovación de algunos conceptos fundamentales de la filología. Parten, desde luego, de modos de obrar que recuerdan a toda investigación filológica. Por un lado, el trabajo nace tras el contacto directo con una ingente cantidad de material y no es fruto de una aplicación más o menos feliz de una metodología a un grupo muy escogido de textos. También proviene de la filología el interés por editar las obras tras un minucioso análisis previo. Esta tarea anterior a la edición ha traído consigo innovadores puntos de vista acerca de la naturaleza de los textos orales y de sus modos de transmisión en el acto de recitar. En el curso de la investigación ha resultado de enorme utilidad el feliz encuentro de la filología con la narratología para explicar la aparición y el sentido de las variantes según los estratos o niveles en los que se dividen los romances. Los resultados de tantos trabajos suponen una reflexión del mayor interés sobre el arte de la edición, los límites de la crítica textual y, desde luego, sobre el significado y las características de los textos orales. La filología y los estudios literarios en general se han enriquecido.

13.9. Filología y semiótica

El segundo renuevo que deseo presentar es el que ha desarrollado Vittore Branca, uno de los más grandes filólogos italianos del siglo XX. Se trata de otro encuentro necesario entre la erudición, el estudio filológico de los manuscritos y la semiótica.[333] Más adelante glosaré la importancia de la erudición tal y como la

---

[333] No tengo espacio suficiente para comentar, con la extensión que requiere, la idea de que la semiótica es la nueva filología, según razona Umberto Eco en alguno de sus trabajos. He partido de sus ideas para mi artículo "Filología, historia, semiótica y otros lenguajes", que está en prensa.

entendían algunos filólogos, pero me gustaría adelantar algunas ideas. La primera
es que la erudición es indispensable allí donde es necesaria. La segunda es que una
investigación que se llame filológica sólo puede desarrollarse tras un conocimiento
de primera mano del material con el que se trabaja. Viene a cuento esta defensa de
la erudición porque sin ella sería inviable proponer un tipo de análisis desarrollado
en los últimos años, en el que la filología y la semiótica se dan la mano. Sin el
trabajo de recopilación y minucioso estudio de centenares de manuscritos e impresos, del que Vittore Branca (1991) ha dado cuenta, sin la búsqueda en museos,
edificios civiles y religiosos, y una tarea casi policíaca para descubrir, fechar y
catalogar ilustraciones boccaccianas dispersas en esos mundos de Dios, no dispondríamos hoy de la riqueza de los volúmenes que forman *Boccaccio visualizzato*
(1999), que han sido dirigidos y concebidos por el maestro italiano.

El riquísimo proyecto semiótico y filológico que se yergue del *Boccaccio visualizzato* habría sido imposible sin el positivista estudio previo que ha permitido
reunir los materiales. No estoy tan seguro de que en esta extraordinaria empresa el
trabajo de documentación sea solamente un paso previo a la interpretación, y no me
parece que ambas tareas puedan diferenciarse del todo, como dos momentos que
pertenecieran a universos distintos. No se van a buscar ciegamente los materiales y
no es posible encontrar miniaturas, cuadros o frescos como si se fuera a buscar un
objeto perdido. Estamos ante una investigación que nace de una amplia colaboración interdisciplinar entre filólogos, paleógrafos, historiadores de la miniatura,
críticos de arte y de la literatura. Sin esta vasta e intensa colaboración seguiríamos
teniendo una idea vaga e imprecisa de lo que supusieron las ilustraciones de la obra
de Boccaccio, del cambio de mentalidad que reflejan, de la exégesis que ofrecen de
las *novelle*. María Hernández Esteban (2001) recordaba hace poco la extensa serie
de trabajos dedicados al estudio de los manuscritos y las ilustraciones boccaccianas, desde los pioneros estudios de Vandelli y Billanovich hasta la última y excepcional aportación de Branca (1999), y destacaba la faceta del Boccaccio editor e
ilustrador de elementos ornamentales de códices que recogían algunas de sus obras.
La conclusión que se extrae tras el estudio de estos documentos es que no es posible ignorar que los aspectos formales de los manuscritos inciden de manera decisiva en el significado. La preparación de la maqueta de la página, las ilustraciones, la
disposición y el tamaño de las rúbricas y las capitales, no son meras anotaciones
que el filólogo describe y constata como un simple dato que sirve sólo para identificar un manuscrito. Los recientes y eruditos estudios sobre los *Zibaldoni* y la *Mis-
cellanea* han permitido entrar, como recuerda Hernández, en la intimidad del escritorio de Boccaccio, y nos han mostrado que son decisivas las tendencias del
joven copista para valorar su sistema de edición de obras propias. Más de uno abo-
minará de la intromisión de los filólogos en estos cuadernos personales, en estos
libros de anotaciones del maestro de Certaldo. ¿Cuál es el límite que ha de traspasar
un editor, un filólogo, un crítico, al encarar el estudio de un autor (si es que quedan
autores)? La respuesta se obtiene al leer los eruditos artículos sobre las anotaciones

del joven Boccaccio, y uno no puede sino agradecer esta clase de trabajos, que se inscriben en la erudición necesaria, porque ayudan a entender aspectos desatendidos por la crítica.

No ha sido menor la importancia de los estudios sobre los autógrafos de obras propias del certaldense. El interés por la disposición del texto, la alternancia de verso y prosa, el color, las glosas dispuestas según las exigencias del texto, la gradación en el cuerpo de letra, el tamaño de las letras capitulares, mayúsculas, iniciales para producir la inserción, dejan constancia de la enorme preocupación del autor por asuntos gráficos que de ninguna manera pueden apartarse del estudio del significado. Cabe añadir, además, que este procedimiento de destacar letras y rúbricas tiene un alcance teórico de primer orden y nos lleva a pensar en el concepto boccacciano de la inserción de textos, al texto dentro del texto, asunto capital en la poética del maestro de Certaldo, tal y como ha demostrado Hernández Esteban.

A consideraciones parecidas ha llegado la estudiosa española respecto del manuscrito de la Staatsbibliothek de Berlín Hamilton 90. Las rúbricas en rojo, las capitulares, mayúsculas y dibujos-guía de los cuadernillos, no son un detalle estético, un simple adorno para hacer más atractivo el volumen sino un instrumento capital para delimitar las diferentes capas del marco, señalar sus partes y explicitar sus funciones y relaciones. Boccaccio, consciente de la densa estructura de múltiple inserción que había creado, aplicando toda su pericia de editor, lograba activar una fórmula editorial totalmente eficaz para orientar sobre el funcionamiento de esa compleja estructura con un denso mensaje ideológico (Hernández Esteban: 2001).

13.10. Investigaciones filológicas

Parece como si del viejo tronco de la filología hubieran surgido ramas que, de acuerdo con su espíritu, salieran el encuentro de otras disciplinas. En esta línea de colaboración con saberes vecinos que caracterizó a la filología en sus tiempos gloriosos, me parece que la empresa llevada a cabo por Vittore Branca corrobora la antigua tendencia. No sobra recordar que quien ha ofrecido los materiales y ha propuesto estudiar la relación entre textos e imágenes no ha sido un avezado semiólogo sino un experto filólogo formado en los saberes de la vieja escuela. El gran maestro italiano ha examinado durante años centenares de testimonios de *El Decamerón* y sus investigaciones han permitido no sólo entender de manera novedosa aspectos internos de la obra, sino investigar sobre quiénes la leyeron, cómo lo hicieron y por qué alcanzó la celebridad de la que gozó. El estudio minucioso de los textos y sus variantes, de las enmiendas, supresiones y peculiaridades de cada copia ha propuesto una nueva lectura de *El Decamerón* y ha echado por tierra algunas de las interpretaciones (en la línea de la crítica idealista y crociana) que se tenían por canónicas. Branca ha estudiado las anotaciones en los márgenes, las apostillas y acotaciones de los lectores, y su análisis ha permitido entender cómo circuló *El*

Decamerón a través de los agentes de la nueva y emergente sociedad financiera. No fueron profesionales quienes copiaron aquel texto, sino una vasta legión de amanuenses, muchas veces simples comerciantes, quienes lo transcribieron (amplificaron, quitaron y enmendaron) para su propio placer. Los comerciantes rivalizaban para quitarse de las manos aquel libro extraordinario. Los poseedores de los manuscritos pertenecieron casi siempre a los ambientes burgueses y financieros, por lo que no es extraño que en los márgenes de esos códices aparecieran huellas de cuentas de alquileres y préstamos; incluso, indica Branca, se encuentra la información de que esos mismos manuscritos fueron objeto de transacciones comerciales, de empeños y de disputas hereditarias.

Una investigación como la de Branca pone en primer plano los múltiples saberes que debe poseer un filólogo. ¿Cómo podrían distinguirse las diversas redacciones de *El Decamerón* y explicar los testimonios manuscritos sin conocer a fondo la sociedad nueva que los acogía y los hacía suyos, los amanuenses que copiaban la obra, los intereses extraliterarios y los entusiasmos que provocó la primera circulación? En ocasiones puede que el problema textual más complejo, la variante más difícil de calibrar no se resuelva únicamente a partir de los datos que ofrecen los testimonios escritos, considerados en sí mismos, según ha explicado Branca en sus estudios (canónicos en el terreno filológico tal y como aquí se expone) sobre *El Decamerón*. Es necesario estudiar los *usi scrittori* y la acción de organismos particulares que hayan intervenido en la transmisión, ora elementos lingüísticos o estilísticos, inclinaciones de cultura y del gusto, tendencias intelectuales, etc.

La forma en que se copiaron los textos, el modo en que circularon los manuscritos e impresos, su recepción en diferentes ambientes y centros laicos o religiosos, las reacciones debidas a la sensibilidad lingüística determinaron las modificaciones en la transmisión. El filólogo, en definitiva, verifica la *letra* de los textos, la exactitud de la fecha (de composición, de transmisión), y sitúa las obras en un cuadro geográfico, lingüístico y literario. Pero Branca no se ha quedado solamente en esta clase de estudios.

13.11. Miniaturas y glosas

Podría parecer un contrasentido que tras tantos años de investigación filológica *sensu stricto*, tras este laborar minucioso con manuscritos e impresos, Branca dedicara su energía a un proyecto que parece más bien la iniciativa de un semiólogo que de un filólogo. Sin embargo, no debe olvidarse que los tres tomos extraordinarios de *Boccaccio visualizzato. Narrare per parole e per immagini fra Medioevo e Rinascimento* nacen como fruto de una larga dedicación filológica. Ningún texto de ningún autor moderno ha sido ilustrado de una manera tan variada y continua mediante imágenes como la literatura de Boccaccio. Naturalmente, las perspectivas artísticas, los problemas culturales y sociales, el diálogo entre el texto y la imagen, según las épocas y las tendencias culturales, son muy distintos. Repárese en el singular hecho de que en poco más de un siglo, desde finales del *Trecento* a finales del *Quattroccento*, se dibujaran miles de ilustraciones, que han *visualizzato* y narrado textos manuscritos e impresos de las obras de Boccaccio.

Es bien sabido que las miniaturas no son simples ilustraciones destinadas sólo al ornato. Ninguna ilustración es, por su propia naturaleza, una trasposición neutra desde el texto verbal al pictórico. El traslado no es automático y el simple cambio de lenguaje implica ya desviar el centro de gravedad, el centro de atención. No se trataba solamente de ilustrar, de dibujar alguna escena mitológica o bíblica, sino de convertir la propia miniatura en comentario, en glosa o exégesis del texto que se iba leyendo. Esta práctica afecta lo mismo a la tradición bíblica (pienso en las páginas magníficas que ha escrito Meyer Schapiro sobre las ilustraciones del relato del *Éxodo* que pintan a Moisés en oración para obtener el favor de Dios en la batalla) que a la pagana, y basta recordar los extraordinarios trabajos que se han realizado sobre el *Roman de la Rose*.[334] El caso que propone Branca es particularmente interesante, porque para él toda la narrativa de Boccaccio se deja llevar fácilmente a imágenes, es *figurabile*, y Boccaccio no sólo debió de indicar qué clase de ilustraciones eran convenientes para aclarar el sentido de sus novelas, sino que él mismo se convirtió, según parece, en dibujante.

Lo que subyace, en definitiva, a tan extraordinario libro es que no es posible considerar las miniaturas (ni los frescos o dibujos que aparecen en techumbres o lugares insospechados) como algo extraño al texto, sino como parte de él. No estamos ante ilustraciones que hacen más atractiva una página o un códice. En muchos casos, los ilustradores no habían leído los textos que debían decorar y era otra persona la que indicaba el contenido del dibujo, la disposición de las figuras, el significado de lo que debían iluminar. Las miniaturas son glosas, interpretaciones de los textos que forman parte de ellos, como una explicación que se entreverase entre las líneas de un párrafo. Branca señala que para elaborar un estudio como el que ha dirigido ha sido necesario el concurso de filólogos, paleógrafos, historiadores del arte e historiadores de la miniatura. Pero sucede también que para entender el significado de unas ilustraciones de una *novella* del *Decamerón* es necesario conocer muy bien el arte de novelar del certaldense, la tradición pictórica que hace posible trasladar un texto a imágenes, la sintaxis mediante la que se organizan las imágenes, el estilo en que se inspiran. Parece que lo que se impone es una interdisciplinariedad que no debe consistir, desde luego, en yuxtaponer estudios de diferentes materias sobre un mismo asunto.

---

[334] Schapiro, M.: *Words and pictures. On the literal and the symbolic in the illustration of a text*, Hague, Mouton 1973.

14.

LA EDAD DE LA DESMESURA Y
LA MUSA DE LA PACIENCIA

"Así es el mundo, y la vida. Comentarios de comentarios y otra vez más
comentarios."

Unamuno

"Qu'est-ce que un livre qu'on ne lit pas? Quelque chose qui n'est pas
encore écrit."

Maurice Blanchot

14.1. La vieja musa: la paciencia

Si el desinterés hacia los estudios que no tienen un fin práctico y no parecen
influir en la sociedad es una constante (sobre todo en Occidente), tampoco la clase
de vida que se ha impuesto ayuda a la concentración que exigían aquellos trabajos.
Pensadores de muy distinta orientación e intereses han reflexionado sobre las transformaciones del mundo y de la vida desde la Segunda Guerra Mundial hasta la
llegada de las nuevas tecnologías. De todas esas transformaciones querría destacar
los cambios en la percepción del tiempo. La época en la que vivimos, escribía Octavio Paz, se define por la aceleración del tiempo histórico. No es que pasen más
rápidamente los años y los días, sino que parece que suceden más cosas en ellos:
"Pasan más cosas y todas pasan casi al mismo tiempo, no una detrás de otra, sino
simultáneamente" (1987, 23). La aceleración de los cambios ha sido tal, que buena
parte de lo que se produce viene marcado por la consunción. El carácter efímero de
autores, libros y modas, trae consigo una incesante renovación y, al tiempo, un
gigantesco amontonamiento. Apenas hay tiempo para percibir nuevas tendencias,
sino tan sólo el ritmo en el que se desplazan. En medio de este tiempo acelerado, de
este vórtice de publicaciones, difícilmente pueden desarrollarse las ciencias del
espíritu, porque su dimensión, la manera de aproximarse a ellas requiere otro ritmo,

otra manera de concebir la lectura, la investigación. Lo explicaba magistralmente
Emilio Lledó:

> "Precisamente porque están sustentadas en una cadena temporal, al otro lado del tiempo
> de los latidos y del ansia de lo inmediato, acaban por constituir, en su propia temporali-
> dad sin tiempo, en su teórica sucesión sin mudanza, en su presencia paradójicamente
> nutrida de pasado, una serie de constelaciones ideales y, aparentemente, anacrónicas. Su
> anacronismo consiste, sobre todo, en que los saberes de la memoria no urgen y acosan
> en el tiempo de la consunción inmediata, en el suceder de la materia fungible. Por ello
> se quedan, al parecer, situados en una prescindible constelación que, saturada de memo-
> ria, es, sin embargo, pasto fácil del olvido. El espejo de ese universo sin otro aliento que
> el que el hombre y su vida pudiera poner en ellos, acaba por desaparecer si ya nadie se
> acerca a esa contemplación, que precisa otro tiempo más lento y más silencioso que el
> horrísono vendaval sin rostro de los días presentes." (Lledó: 1995, 215)

En estudios de naturaleza e intención muy distintos he ido encontrando una
queja, entremezclada de nostalgia, que lamenta la pérdida de una etapa en que la
vida transcurría más despacio y permitía una concentración mayor para la lectura y
la investigación. Son testimonios de viejos filólogos y críticos –aunque el lamento
se extiende también a investigadores de otros campos– que percibieron las consecuencias que tuvo la aniquilación de la pausada vida investigadora de antaño. Decía
don Pedro Salinas que las gracias antiguas habían sido desalojadas en nuestro tiempo por tres gracias modernas: la prisa, la eficacia y el éxito. Su influjo beneficioso
se había dejado sentir en algunas parcelas del quehacer humano, pero había sido
nefasto para otras. Su influencia malvada ha afectado al tiempo de lectura y de
estudio y a los trabajos que requerían una dedicación sin horas. Salinas decía (¡en
1948!) que había asistido apenadamente: "A los progresos hechos año por año por
el descuido, la negligencia y la desgana en el ejercicio, y en los productos, de casi
todos los quehaceres de la vida. Primor, esmero, escrúpulo, se dan por vencidos, y
se refugian, en lugares como los laboratorios, donde no se les da entrada ni cultivo
por motivo moral o por amor y encanto de la obra misma, sino por razón técnica."
(1967, 139)

   El ensayista español consideraba que vivía en un período de *chapucería*, donde el trabajo que exigía su tiempo ya no se tenía en cuenta y donde primaba, sobre
todo, un concepto numeral de la cultura: haber leído más libros y, sobre todo, haber
publicado más. No sabía don Pedro que estaba en el umbral de un período en el que
la publicación se ha convertido en un hábito compulsivo, en el que la lectura de un
artículo lleva a algunos a escribir otro, en el que lo que cuenta es la fecha de entrega y menos la calidad de lo que se publica. Menéndez Pidal, que pudo construir sus
primeros libros tras muchos años de concentración y estudio, denunciaba al final de

su vida las interpretaciones apresuradas, realizadas sin conocer los datos de primera mano. En uno de sus últimos trabajos recordaba estos males:

"El investigador que corre la recia tormenta de la prisa echa a un lado aspectos esenciales en el problema estudiado y deja a medias la consideración del asunto (...). En las ciencias exactas estos olvidos no son concebibles, pero en las ciencias humanas (...) no sólo son pasaderos sino corrientes, tanto que los juicios aligerados son causa principal del fatigoso tejer y destejer opiniones, con gran pérdida de tiempo en la fijación de algunos jalones seguros para encaminar el pensamiento histórico." (1969, 24)

Créame el lector que podría multiplicar las citas, y no sólo de filólogos como los recordados, sino también de filósofos y científicos, que apuntan en la misma dirección.[335] El cultivo de la filología o de cualquier disciplina rigurosa, tiene algo de oficio antiguo, de saber que se aprende al lado de un maestro, y esta condición exige tiempo. A los enormes "inconvenientes" de una formación de esta clase, debe añadirse el escaso reconocimiento de los logros que se obtienen. Los resultados de las investigaciones filológicas no suelen ser brillantes ni se airean en los medios de comunicación. Estos condicionantes han echado para atrás a muchos alumnos, que deben invertir horas y horas en una tarea que requiere conocer saberes variados y complejos que no parece que tengan repercusión social. El buen filólogo no suele precipitarse en sus conclusiones, que sólo se presentan tras un estudio muy concienzudo. No estamos, en definitiva, ante un saber improvisado ni fácil, sino ante una tarea que necesita paciencia, y los tiempos no invitan a trabajos que no se hagan con plazo.[336]

Pero junto a esta idea de investigación que requería una vida dedicada al estudio, parece que se va perdiendo también el viejo lector, aquella persona que dedicaba una parte importante de su tiempo a leer. Es sintomático que hayan aparecido recientemente apologías de la lectura, invitaciones a vivir en los libros lo que la vida no nos da. Quienes difícilmente entendemos la vida de todos los días –y no digamos el ocio– sin un rato de lectura, sabemos bien lo que supone ser raptados por un libro. En cualquier caso, los lectores corrientes de este siglo estamos ya muy lejos de aquellos lectores de antaño. Somos más despistados, tenemos más cosas que hacer y leemos peor. Lo decía agudamente Italo Calvino:

---

[335] Algo parecido señalaba Edmond Faral en 1950, a la hora de dar cuenta del libro magistral de E.R. Curtius: "El gusto por lo nuevo, el desdén hacia el trabajo paciente del erudito, los consejos de facilidad, que no ama las preparaciones lentas, han perjudicado mucho a los estudios románicos, donde los veteranos tienen dificultades para mantener las tradiciones de rigor que se habían establecido después de 1860."

[336] Karl Uitti lo ha expresado claramente: "Por lo tanto –volviendo a los estudios románicos–, durante los años sesenta los jóvenes hombres de letras tenían muy poco tiempo para conocer a fondo las dificultades de estas disciplins tradicionales; uno podía satisfacer sus ambiciones personales más fácilmente siendo original, incluso menospreciando." (Uitti: 1982, 4)

"¿Dónde encontrar el tiempo y la disponibilidad de la mente para leer los clásicos, excedidos como estamos por el alud de papel impreso de la actualidad? ¿Es posible encontrar una persona que dedique exclusivamente el 'tiempo-lectura' de sus días a leer a Lucrecio, Montaigne, Séneca, Erasmo, Quevedo, Proust.. ? (...) Todo esto sin tener que hacer reseñas de la última reedición, ni publicaciones para unas oposiciones, ni trabajos editoriales con contratos de vencimiento inminente." (Calvino: 1992, 18)

14.2. Del saber acompañado a la didáctica industrial o el auge de lo secundario.

No soy lector de profesión, pero en mi condición de profesor hay, en primer lugar, una persona que lee y que disfruta más con unas obras que con otras. Reconozco que media un abismo entre mis primeras experiencias de lector y las últimas. Sin duda leí mal muchos textos y no me enteré de otros. En alguna ocasión he tenido que luchar con algunas obras y a veces tuve que abandonar la lectura. Lo mismo me ha sucedido con las obras de algunos compositores. Sin embargo, aprender a escuchar y a entender es una experiencia capital. Grandes lectores, brillantes ensayistas y grandes profesores han glosado mucho mejor de lo que yo pudiera hacerlo, la inmensa riqueza que se deriva de las lecturas personales, sin más intermediario que las propias capacidades de uno.

El mayor defensor de la experiencia propia en materias artísticas y, al tiempo, mayor fustigador del exceso de textos secundarios, de textos anotados y guías didácticas que condicionan nuestra experiencia de las llamadas obras primarias ha sido, sin duda, George Steiner, de cuyo pensamiento son deudoras las páginas que siguen. Steiner ha lamentado la pérdida irreparable del contacto directo con la obra literaria, la pérdida de sus profundos efectos y la privación de las muchas y significativas resonancias en nuestro interior. No es que la lectura personal sea insustituible, es que resulta capital en la formación de una persona. Las lecturas, las interpretaciones y los juicios que nos suministran las obras primarias (incluyendo su enorme exigencia) son siempre creativas, y su honda autoridad no puede ser discutida por reseñadores o críticos. La experiencia personal, profunda, de leer o escuchar música nos cambia, y esta transformación no es posible a través del comentario ajeno:

"Cuando leemos de verdad, cuando la experiencia que vivimos resulta ser la del significado, hacemos como si el texto (la pieza musical, la obra de arte) *encarnara* (la noción se basa en lo sacramental) la *presencia real* de un *ser significativo*. Esta presencia real (...) es irreductible a cualquier otra articulación formal, a cualquier deconstrucción o paráfrasis analítica." (Steiner: 1997, 65)

La lectura de un clásico, decía Calvino, debe depararnos siempre cierta sorpresa en relación con la imagen que de él tenemos, de ahí que nunca se recomendará bastante la lectura directa de los textos originales y se invitará a evitar, en lo posible, la bibliografía crítica, los comentarios e interpretaciones. Deseo recordar en este punto sus palabras:

> "La escuela y la universidad deberían servir para hacernos entender que ningún libro que hable de un libro dice más que el libro en cuestión; en cambio hacen todo lo posible para que se crea lo contrario. Por una inversión de valores muy difundida, la introducción, el aparato crítico, la bibliografía hacen las veces de una cortina de humo para esconder lo que el texto tiene que decir y que sólo puede decir si se lo deja hablar sin intermediarios que pretendan saber más que él. Podíamos concluir que: Un clásico es una obra que suscita un incesante polvillo de discursos críticos, pero que la obra se sacude continuamente de encima." (Calvino: 1992, 15-16)

No estoy seguro de que las obras se hayan sacudido siempre ese polvillo de encima. En ocasiones no se trata de un polvillo, sino de toneladas de ladrillos de erudición malsana. Si consideramos que la lectura personal de las obras es una experiencia, digamos, principal o primaria, y que la crítica –estudios, prólogos, notas, etc.– es secundaria, no cabe duda de que hoy predomina lo secundario. No digo que la lectura sea una experiencia inocente, no contaminada de opiniones y lecturas anteriores, no se me oculta que la experiencia de cada lector convertirá cada lectura en algo distinto a lo que quizá el autor quiso decir, y tampoco hablo ahora de si estamos o no en condiciones de agotar todas las interpretaciones que nos ofrece una obra literaria. Me refiero a un hecho trivial de que muchos estudiantes no leen los textos originales sino los prólogos de las ediciones didácticas. Algunos docentes nos hemos visto obligados a incluir en los exámenes preguntas de control de lectura para comprobar que el alumno había leído las obras del programa. Las causas de este abandono, de no haber sabido fomentar la lectura son complejas y en parte somos culpables los profesores.[337]

---

[337] Gustave Lanson alertaba de los peligros de esta actitud al frente de su manual de historia de la literatura francesa: "Por una funesta superstición, de la que ni la ciencia ni los sabios son reponsables, se ha querido imponer la forma científica a la literatura: se ha llegado a no valorar más que el saber positivo. Me disgusta tener que nombrar aquí a Renan como uno de los responsables del error que constato; en l'*Avenir de la science* escribió esta frase (...): 'El estudio de la historia literaria está destinado a reemplazar en gran medida la lectura directa de las obras del espíritu humano'". (Tomo la cita de Delfau-Roche, pp 142-43). Por su parte, Péguy, entre otros muchos escritores, criticó la práctica del comentario de textos, porque para él era un ejercicio concebido para adivinar las intenciones de un escritor. Esta práctica de *traducción* estuvo vigente mucho tiempo en los colegios y en la universidad. Péguy se sentía molesto de tener que explicar lo inexplicable tras leer algún texto magistral que le había dejado profundamente impresionado: "Explicar (...) ¿qué explicar? Se explica lo que no se comprende (...) Y entonces lo que haría falta explicarnos un poco es la explicación". Sus críticas se centran sobre todo en

El enorme auge de lo secundario tiene algo que ver con el desarrollo de la industria didáctica. Las editoriales ofrecen decenas de ediciones de *Don Quijote*, *Beowulf*, o la *Commedia* de Dante. No siempre estamos ante trabajos que ofrezcan un texto mejorado, mejor puntuado, más legible, sino ante reproducciones de ediciones anteriores a las que se acompaña con notas y observaciones de todas clases. La industria fonográfica ofrece docenas de interpretaciones de una misma obra y cierta industria cultural presenta miles de copias de cualquier cuadro. Walter Benjamin señalaba que incluso en las mejores reproducciones técnicas de cualquier obra de arte faltaba algo: su aquí y ahora, su existencia irrepetible. Se refería al *aura*, a aquello que al intentar copiarse se atrofiaba inevitablemente. La multiplicación de reproducciones imponía su presencia masiva en el lugar de aquella presencia irrepetible.[338] El gran pensador palidecería al comprobar hasta qué punto el aura se ha sustituido por las franjas de colores que anuncian los best sellers –como figurines de un concurso de belleza– en las que proclaman sus éxitos de venta.

La abundancia de textos introductorios, prólogos, notas aclaratorias, toda clase de aproximaciones y guías de lectura no siempre ha favorecido el contacto directo con los textos a los que he llamado primarios. Desde el momento en que se desplaza el centro de atención de la obra a los materiales utilizados para explicarla se produce, en palabras de Jenaro Taléns, una mistificación peligrosa e improductiva: "Por una parte se potencia un tipo de discurso que, en un extremo no tan absurdo como pudiera parecer, permitiría escribir una tesis sobre *El Quijote* sin necesidad de tomarse la molestia de leer la novela" (Taléns: 1984, 112).

La lectura guiada, que ayuda a resolver cualquier dificultad, determina la experiencia de miles de estudiantes. Las observaciones que dirigen la lectura pueden arruinar la experiencia personal y es posible que también las intenciones del autor. Las aclaraciones del benemérito editor pueden tener un efecto paradójico y en vez de hacer que el estudiante descubra cosas, acabe viendo por los ojos de otros, que no deja de ser una forma de ceguera. Lo decía claramente José Carlos Mainer: "¿No fuera mejor que los lectores se las vean por sí mismos con la obra que les ha sido destinada, sin que un intermediario interesado subraye unas veces la invisible

---

los comentarios que anulan las diferencias entre los autores : "M. Larroumet se ponía a explicar .y ponía en francés contemporáneo el francés del siglo XVII: traducía el francés de Molière al francés de M. Larroumet (...) y cuando acababa su explicación, cuando había acabado su texto, cuando había constatado que no quedaba nada de Molière, satisfecho al fin de su propia explicación, daba una buena calificación al candidato Tharaud (...) Explicar un texto, es decir, transformar Molière, Corneille, Racine o Vigny en Larroumet..." (Péguy: 1952, 179-80). Al igual que Lanson, Francesco de Sanctis también era partidario de que los estudiantes de los primeros años leyeran textos sin anotaciones y que opinaran libremente sin dejarse influir por los maestros.

[338] "Con los diversos métodos de su reproducción técnica han crecido en grado tan fuerte las posibilidades de exhibición de la obra de arte, que el corrimiento cuantitativo entre sus dos polos se torna, como en los tiempos primitivos, en una modificación cualitativa de su naturaleza."(Benjamin: 1989, 30)

armazón técnica de una retórica u otras veces alumbre aquellos contextos que precísamente la obra ha querido dejar fuera?" (Mainer: 1988, 17).

Para Steiner, el hecho de que los glosarios y las notas ocupen cada vez más espacio en las ediciones es un síntoma de la ignorancia que, según él, avanza a pasos agigantados. El conocimiento necesario para entender (no ya apreciar) la gran literatura se está convirtiendo en conocimiento académico, que impide la *presencia real* de su hondo significado. Cualquier profesor comprueba las dificultades que experimentan los alumnos para entender no ya la lengua antigua o medieval, sino las alusiones de la Biblia o de los clásicos que hace pocos años no merecían ser explicadas. Steiner se mostraba extraordinariamente pesimista sobre el reciente desconocimiento de los estudiantes y para demostrarlo proponía una comparación. Si se examinan una veintena de ediciones de la obra de Shakespeare aparecidas entre 1850 y 1992, se comprobará que tras cada reedición, las notas liminares se van haciendo cada vez más largas y cada vez más elementales, de suerte que se considera necesario en las más recientes advertir en una nota que Afrodita era la diosa pagana del Amor:

"A medida que se multiplican las notas liminares, el texto se hace cada vez más escaso y más lejano; se eclipsa en un océano de comentarios elementales y se ahoga, a otro nivel, en un mar de erudición. La crisis es tal que hay que explicarlo todo, de la A a la Z, pues hoy es imposible leer a los clásicos y los grandes textos sin dar a los estudiantes infantiles ejercicios de escolares, para facilitarles el acceso. Eso implica una temible eventualidad: grandísimos textos quedarán reservados a los afortunados monjes que sepan leerlos y apreciarlos entre sí, en casas de lectura o en seminarios de letrados, como lo que le ocurrió entre el siglo VI y el Renacimiento, cuando sólo los grandes maestros suizos leían a Horacio, Cicerón, Tito Livio o Plauto. Sin duda no sería una catástrofe. Hemos conocido un larguísimo período, desde comienzos del siglo XIX, donde todos se creían capaces de leerlo todo, en la euforia de la facilidad y lo ficticio. Pues bien, no, decididamente no. Nacerán casas de lectura; allí podrá aprenderse a leer algo distinto a un mensaje televisivo o un periódico. Las universidades seguirán difundiendo la cultura científica, pero la suerte de las letras y las humanidades es más dudosa." (Steiner: 1992, 159-160)

Parece evidente que, en el terreno del discurso crítico, el libro engendra el libro, el artículo produce otro artículo, la monografía se alimenta de lo monográfico, los textos secundarios tratan acerca de textos secundarios (un ejemplo muy claro es este libro). El texto primario, dice Steiner, se ha convertido en una fuente remota de una proliferación autónoma dedicada a la exégesis. El comentario no tiene fin, alimenta nuevos comentarios y ha adquirido hoy unas dimensiones proteicas. Según Steiner, las principales energías e intenciones de la profusión académico-periodística en las humanidades han llegado a ser de orden terciario.[339]

Como vemos, el asunto se va haciendo cada vez más complejo y se muestran cada vez más fenómenos encadenados: el desarrollo inmenso de la crítica, el destierro del texto primario y el auge exponencial de la bibliografía.

14.3. Antiguos y modernos géneros didácticos

La masificación de la enseñanza y la importancia concedida a los estudios del lenguaje y de la literatura, las dificultades crecientes de los alumnos para entender una lengua y un modo de expresión que les resulta cada vez más ajeno, son algunas de las razones que ayudan a explicar la importancia que se ha otorgado a la didáctica en el siglo XX. En algún lugar de este ensayo he recordado que uno de los motivos del enorme desarrollo de la teoría literaria se debe a haberse convertido en un saber académico y haberse incorporado a los estudios universitarios. Pero nada es comparable al crecimiento de la didáctica. Y no hablo ahora de la renovación pedagógica (que muchas veces ni es renovación ni es pedagógica, sino la apropiación de viejas ideas decimonónicas actualizadas con una jerga vergonzante) o del desarrollo de nuevas tendencias e ideas en la enseñanza, sino de la industria editorial (del mercado), que se ha convertido en dueña y señora de las publicaciones didácticas.

Al hablar de los *paradigmas* he mencionado la importancia de las revistas como medio para difundir artículos, investigaciones en curso, reseñas críticas que permitían dar cuenta de los avances de una disciplina, del estado de tal cuestión... La abundancia de revistas de antaño no puede compararse con las posibilidades sin límite de que se dispone hoy: revistas especializadas sin cuento, actas de congresos, ediciones de textos, manuales, el soporte electrónico con todas las interactividades del mundo, etcétera. Esta explosión afecta y condiciona, como veremos, el trabajo de los estudiosos de muchas disciplinas. Si los medios y posibilidades de publicar han variado y si se han extendido hasta límites insospechados los intereses que estimulan a un profesor de literatura, no será extraño que hayan variado también los géneros didácticos. Me gustaría recordar el auge de algunos de ellos.

---

[339] "Tenemos textos sobre la posibilidad y la categoría epistemológica de textos secundarios previos. Tuvimos, por ejemplo, a Wordsworth. Luego llegó la avalancha de comentarios sobre Wordsworth. Hoy, la pasión arde en el artículo sobre las posibilidades o imposibilidades semánticas acerca de Wordsworth." (Steiner: 1991, 56)

14.3.1. El artículo

Una de las formas más antiguas y venerables de difusión de la ciencia ha sido desde siempre el artículo, la monografía breve que permitía resumir una investigación, presentar una nota erudita o comentar varios estudios al mismo tiempo. A su lado se erguía el libro cuajado, el estudio extenso que pedía muchos cientos de páginas para expresar su contenido con todo lujo de detalles. El artículo breve se ha acabado imponiendo al libro.

Las revistas especializadas, las actas de congresos, los libros colectivos y colecticios de toda especie exigen a los colaboradores que no rebasen determinado número de páginas y que las notas se ajusten también a una extensión. Esta imposición puede parecer trivial, pero ha condicionado el contenido de las investigaciones y el estilo con que se escriben los trabajos. Si no se pueden redactar más de veinte páginas, la estrategia de la exposición quedará condicionada, se dejará para otro artículo parte del contenido, se reducirá el número de notas y, en definitiva, se ajustará la información a la distancia exigida. Aunque la claridad y brillantez expositivas dependen de las capacidades de cada uno, no cabe duda que el artículo, el *paper*, el fragmento, condicionan, para bien o para mal, la reflexión. No muchos estudiosos se adentran ya en la elaboración de un libro extenso que requiere el conocimiento de una bibliografía que hoy es inabarcable (de ahí que los trabajos de investigación, al menos en las asignaturas de letras, se atomicen cada vez más para evitar la larguísima etapa de ponerse al día). No es extraño que la tesis doctoral sea para muchos investigadores el último y amargo trago antes de pasar al purgatorio menos severo de los artículos. Casi todo se resuelve hoy en trabajos breves: el que recoge nuestra comunicación a un congreso, el que formará parte de unos estudios de homenaje a un querido colega o la colaboración en un libro colectivo.

Insisto en que los artículos dependen de la categoría intelectual de quien los escribe. Las breves páginas escritas por Walter Benjamin sobre la traducción o sobre el arte del narrador valen más que cientos de fárragos de miles de páginas. Su inteligencia y penetración exigían espacios breves. Es difícil imaginar a Nietzsche escribiendo un ensayo de quinientas páginas sobre cualquier asunto. El artículo es una distancia perfecta para algunas mentes brillantes. Pero me refiero ahora al común de los mortales, a aquellos que nos hemos visto condicionados a pensar, a escribir, en función de las páginas que nos exige una colaboración en cualquiera de las convocatorias al uso.

La exigencia del fragmento, de la visión parcial que no aborda totalidades ni explicaciones panabarcadoras, ha condicionado una manera de pensar y de exponer nuestras ideas. No digo que un libro extenso tenga que ser más profundo que un ensayo de pocas páginas. Más valen quintaesencias que fárragos, sentenciaba Gracián, y más valen unas pocas páginas bien pensadas y que resumen, a lo mejor, una investigación de muchos años. Pero sí quiero insistir en que la brevedad se ha impuesto y ha condicionado el contenido y el modo de exponer unas ideas.

14.3.2. "Estos artículos tienen un hilo conductor"

Sin embargo, a pesar de la imposición del artículo, la nostalgia del libro persiste. No hay más que echar un vistazo al índice de algunos volúmenes que se vienen publicando desde hace años tanto en el campo de las humanidades como en el de las ciencias sociales o aplicadas, para comprobar que muchos de ellos no son propiamente libros, es decir, volúmenes más o menos gruesos en los que se desarrollan con detenimiento una o varias ideas fundamentales, sino conjuntos de artículos publicados antes en otros lugares. Es frecuente que como pórtico a estos ensayos encontremos un prólogo que justifique la recopilación de los artículos.[340]

La diversidad que hallamos en este variopinto terreno de las compilaciones es amplísima. Hay editoriales que publican libros compuestos por artículos (de uno o varios autores) destinados a una sola materia: el agujero de ozono, la crisis de la izquierda o Quevedo. Es frecuente que se publique en forma de libro y bajo el nombre de *Homenaje*, un nutrido grupo de artículos de autores varios, destinados a festejar la jubilación de un colega. Las plurales actas de los congresos se recogen también en volúmenes. Agréguese a todo ello las cada vez más frecuentes historias de la literatura, la ciencia o la filosofía, escritas en colaboración. Este tipo de publicaciones ha hecho que tome un relieve singular la figura del compilador o editor, responsable de la coordinación entre los autores y de la homogeneidad, a tantos niveles, de la obra. Me interesan de manera especial aquellos libros que son fruto de la recopilación debida a su autor, y voy a detenerme de manera particular en el prólogo que la presenta.

El prólogo suele ser una pieza corta que pretende servir de justificación y presentación de los ensayos. Estamos ante un género literario que trata un tema muy concreto (la justificación del libro), que está constituido por una serie de rasgos precisos y que ha ofrecido ya alguna obra maestra digna de imitación. La lectura atenta de estas breves introducciones revela la existencia de una serie de lugares comunes que se repiten una y otra vez. El más importante es el que pretende justificar la unidad de los escritos, mostrar la razón última, el factor común que aglutina una colección de artículos. El argumento central puede resumirse así: "A pesar de que estos ensayos han sido escritos en el transcurso de los últimos años, a partir de diferentes enfoques, poseen, sin embargo, una unidad fundamentada en las siguientes razones..."

La justificación de la unidad se proclama mediante expresiones como "hilo conductor que los une", "visión conjunta", "común propósito" o "perspectiva unitaria". No sería difícil ofrecer varios cientos de párrafos para ilustrar estas referencias a la unidad. Por lo demás, los propios autores de estos prólogos han hecho referen-

---

[340] Reproduzco a continuación una parte sustantiva de un artículo publicado en 1991. Dado que mi ensayo trataba sobre la reunión de artículos en un libro, el mío de aquel entonces cumple ahora con su destino y se incorpora también a un volumen más amplio. He suprimido muchas citas.

cia al nombre del género de libro. Unos hablan de *miscelánea*, otros de *silva de varia lección* y otros de *libros colecticios*, como don José Fernández Montesinos: "Los libros colecticios como el presente son infinitamente comprensibles, extensibles; elásticos sobre todo, pues, aun en aquellos en que el autor introduce cierto orden, es claro que la integración de sus componentes se debe al azar o al capricho." (Procede de sus *Ensayos y estudios de literatura española*).

Pero junto a la proclamación de la unidad que vertebra, a veces ocultamente, la compilación y la referencia al tipo de libro que se ha compuesto, aparecen otros muchos lugares comunes, como dejar constancia de si se han revisado o no los ensayos que se reúnen. En este punto, las dos orientaciones son posibles. Desde la que considera que no puede corregirse al autor que se fue, a la que sostiene que el tiempo no ha pasado en balde por los antiguos trabajos y que han debido reescribirse. Las citas serían numerosísimas en ambos sentidos.[341] Es también frecuente el tópico que llama la atención sobre la conveniencia de volver a publicar los ensayos. Aquí los argumentos vuelven a ser comunes: fueron publicados en revistas que son de difícil acceso o ya no se publican, están dispersos, etc. Pueden leerse todos los lugares comunes en este párrafo de Navarro Tomás:

"Varios de los estudios que aquí figuran han aparecido previamente en revistas y publicaciones de homenaje en España, Hispanoamérica y Estados Unidos. Algunos han pasado por detenida reelaboración. Otros son inéditos. La unidad de su propósito y su dispersión bibliográfica ha hecho aconsejable presentarlos reunidos." (*Los poetas en sus versos: desde Jorge Manrique a García Lorca*)

Frente al carácter virtual y todavía poco desarrollado de las revistas publicadas en Internet (poco desarrollado en relación con lo que llegará) y frente a la condición efímera de la revista especializada y su difícil acceso, parece alzarse en la conciencia del autor, el mayor prestigio del libro. Así, para Russel Sebold, la unidad de los trabajos que conforman sus *Ensayos sobre el Romanticismo español*, "los hace quizá merecedores de circular por segunda vez, juntos ya y en forma más permanente".

Dos problemas, cuando menos, tiene que salvar todavía el compilador de sus propios artículos. Por un lado, el orden en que se disponen y, por otro, el título de la compilación. El orden suele establecerse de acuerdo con varios criterios. Como la

---

[341] "Yo, que siempre he confesado mi incapacidad para revisar y poner al día nuevas ediciones de libros antiguos, ¿cómo iba a poder, no simplemente *refundir*, sino, mucho menos, *fundir* un libro con materiales redactados y publicados previamente por separado?" (Aranguren, *Sobre imagen identidad, heterodoxia*). R. Ricard invocaba la provisionalidad de todo ensayo para no proceder a la actualización: "No podemos pasarnos la vida rehaciendo nuestros propios trabajos en un afán de perfección quimérico y esterilizador. Debemos resignarnos a este carácter provisional de nuestras publicaciones, aceptar con generosidad el riesgo de resultar equivocados o de quedar incompletos" (R. Ricard, *Estudios de literatura religiosa española*).

estructura de libro se sobrepone a la de los ensayos sueltos, podría originarse alguna confusión si no se indican, por ejemplo, la fecha y el lugar en el que se publicaron los trabajos, la metodología que se siguió en ellos o las reelaboraciones que han sufrido. Es obligado, entonces, que en los prólogos se indique el criterio que se ha seguido para articular el libro, así como el orden en que se editan los ensayos. Si están dedicados a diferentes etapas históricas suele primar la cronología. En ocasiones se busca un posible orden interno, la trabazón entre los ensayos, de suerte que uno llame al otro y parezca que responden a la estructura de un libro. (A veces se llega a considerar cada uno de los ensayos como capítulos numerados).

En cuanto al título, parece que hay tan sólo dos posibilidades. Desde el modesto y eficaz: *Ensayos sobre..., Estudios acerca de...,* a todos aquellos en los que predomina la imaginación: *Las palabras de la tribu, El rapto de la mente, El nombre de lo oculto,* etc. Una vez que se han expuesto las razones que aconsejan la reunión de los ensayos y se ha demostrado la unidad que entrelaza los artículos, una vez que se ha construido un orden coherente y se ha encontrado un título, parece como si los artículos antes dispersos se hubieran asentado ya definitivamente en un curso estable. Pero hay más posibilidades.

"Existe una unidad entre los ensayos aquí recopilados". Sin duda es así. El asunto es que no sólo subyace una unidad sino que podrían subyacer otras muchas. Los ensayos en cuestión se ensartan en una estructura para la que no fueron concebidos porque su primitivo destino editorial fue una revista especializada o unas actas, y a partir de ahí su andadura en el mundo editorial es incierta y plural. No es infrecuente que un mismo ensayo aparezca en compilaciones diferentes. Pensemos en un artículo titulado: "Los planteamientos teóricos e ideológicos de Menéndez Pidal: sus estudios sobre historiografía". El ensayo aparece en la revista *Z* y al cabo de poco tiempo su autor lo recoge en un libro de ensayos titulado *Literatura e ideología.* Un colega amigo le pide permiso para reproducirlo en un volumen colectivo titulado *La evolución de la crítica literaria.* No sería extraño que apareciese en otro libro: *El discurso historiográfico: desde Herder a Haydn White,* y así sucesivamente. Quiero decir con esto que con los artículos dispersos en centenares de revistas o actas de congresos pueden escribirse miles de estas compilaciones.

¿Por qué se ha producido este auge del artículo, el escrito breve? Las explicaciones que pueden ofrecerse están relacionadas entre sí. Por un lado la dispersión, la diseminación, consecuencia de la muerte del saber concebido como vasta recopilación. Hoy resulta difícil admitir un discurso que ofrezca un conocimiento global de nada. Frente al viejo *speculum,* el pasaje breve se ha convertido en la forma que mejor expresa nuestro desconfiado e incompleto conocimiento del mundo. Añádase a ello que la dispersa actividad profesional y las dificultades que impone la vida cotidiana no facilitan el trabajo pausado. Algo de esto quedó dicho unas páginas más atrás.

Las justificaciones que leemos en los prólogos a que me he venido refiriendo (en las que a veces se transparenta una cierta melancolía por el libro que quizá no pudo escribirse) son el reconocimiento de que muchos investigadores no pueden plantearse su trabajo de la misma manera que hace cincuenta años. Ni la vida ni la idea del saber lo permiten. Quizá porque ni el saber ni la vida se dejan hoy recoger como libro.

14.4. *Secondary Sources*

Permítaseme iniciar este apartado con dos opiniones de autores a quienes glosaré en las páginas que siguen. Uno es Ortega y Gasset, el otro Vannevar Bush. En "Misión del bibliotecario" del filósofo español leemos:

> "Ha llegado a ser un asunto urgentísimo e inexcusable de la humanidad inventar una técnica para habérselas adecuadamente con la acumulación de saber que hoy se posee. Si no encuentra maneras fáciles para dominar esa vegetación exuberante, quedará el hombre ahogado por ella." (*O.C.*, IV: 347-348)

La otra cita proviene de un ensayo de Vannevar Bush [1945]:

> "Hay una enorme montaña de investigaciones científicas que no para de crecer, pero, paradójicamente, cada vez está más claro que hoy en día nos estamos quedando atrás debido a nuestra creciente especialización. El investigador se encuentra abrumado por los descubrimientos y conclusiones de miles de compañeros, hasta el punto de no disponer de tiempo para aprehender, y mucho menos recordar, sus diferentes conclusiones a medida que van viendo la luz." [342]

El testimonio de Ortega es del año 1935, el de Vannevar Bush de 1945. El ensayo de Pedro Salinas que voy a glosar enseguida es de 1948. Estos y otros autores hacían constar la imposibilidad de leer los miles de libros que se publicaban y alguno se inquietaba ante la escasez de medios para clasificar aquella masa ingobernable.

Don Pedro Salinas comenzaba su extraordinario ensayo *Defensa de la lectura* (1948) hablando de monstruos de la naturaleza. Cuando esta diosa se ensaña y ejercita sus poderes creadores, decía don Pedro, empieza por los dinosaurios. Cuando más adelante el hombre se pone a crear, se le va también la mano. Las

---

[342] El autor alertaba sobre lo que había sucedido con las leyes de Mendel y con la inmensa cantidad de naderías que a su juicio se publicaban: "Las leyes de la genética que Mendel formulara se perdieron durante toda una generación debido a que no llegaron a oídas de aquellos científicos capaces de comprenderlas y difundirlas. Y este tipo de catástrofe continúa repitiéndose en nuestros días y entre nosotros: logros verdaderamente significativos se pierden entre el maremágnum de lo carente de interés" (Bush: 2001, 21-22).

primeras civilizaciones inventaron estados enormes y erigieron fábricas poderosas, "como lecciones de exorbitancia", pero el hombre del siglo XX no le va a la zaga y la tierra se ha vuelto a poblar de monstruos. Ahora no son hijos de la naturaleza sino artefactos, criaturas del hombre. En este Olimpo de monstruos hay uno tan grande como el que más: el dios de la cantidad. El ser humano contemporáneo tiende a realizarse en el número, por donde quiera que se le mire. Para Salinas uno de los excesos de este tiempo de lo desmesurado es el exceso de libros:

> "Quizá se tilde de bárbaro a cualquiera que se atreva a insinuar que la superabundancia de libros, sin más, puede ser tan lesiva para la cultura como su escasez. Consuele, en ese caso, el tener por precedente de nuestra barbarie, nada que hace ya un siglo, a Edgar Allan Poe, que escribía, en su *Marginalia*: 'La enorme multiplicación de libros, de todas las ramas del conocimiento, es uno de los mayores males de nuestra época.' Pero es un hecho que la copiosidad creciente de material impreso que solicita a diario nuestra atención y nos hace llamadas a gritos desde los escaparates, coloca al hombre culto moderno en un apuro: ¿cómo entendérselas con esa multiplicidad?" (Salinas: 1967, 121-22)

Salinas se quedaría estupefacto si echara un vistazo (si es que un vistazo puede echarse) a la verdadera masa bibliográfica que se está publicando. Supongo que hay varias razones que ayudan a explicar esta desmesura. Las disciplinas han crecido y aumentado sus campos de trabajo y la especialización ha descubierto campos inéditos. Hoy resulta sencillo escribir artículos con la ayuda de los medios informáticos y no resulta complicado publicarlos. La demanda de libros y ensayos ha sido enorme en los últimos años, porque el número de estudiantes ha crecido extraordinariamente. Sea como fuere, nos encontramos ante tal cantidad de publicaciones que se hace imprescindible, si es que uno quiere gobernar un campo de trabajo, concentrar la investigación en asuntos cada vez más pequeños. Una de las consecuencias de la desmesura y la especialización es que los artículos sólo interesan, si es que interesan, a muy pocos especialistas, y se publican en revistas que solamente leen, si es que las leen, los miembros de la misma tribu. El profesor Josep Fontana alertaba sobre un hecho muy grave al recoger unos datos publicados por X. Domènech en 'El dilema de publicar o morir'.[343] Según el Instituto para la Información Científica de Filadelfia, el 55% de los artículos publicados entre 1981 y 1985 en las revistas científicas más prestigiosas del mundo no ha sido citado ni una sola vez en los cinco años siguientes a su aparición. Según Fontana, en el caso de la historia la proporción supera el 95 % y se pregunta: "¿Durante cuánto tiempo seguirá subven-

---

[343] El artículo de Xavier Domènech apareció en *La Vanguardia*, el sábado 7 de septiembre de 1991 en el suplemento Ciencia y Tecnología, p. 9 y aunque su informe se refiere a la publicación de artículos científicos no citados, las conclusiones pueden aplicarse sin dificultad a las humanidades.

cionando la sociedad esta enorme masa de trabajo irrelevante que no tiene otro objeto que nutrir los *currícula* personales?" (Fontana: 1992, 124).

La misma pregunta que se planteaba Salinas se la formulaba Ortega y Gasset en 1935. Se ha destacado ya muchas veces la inteligencia del maestro español para entender su tiempo y explicar a sus contemporáneos el sentido de los cambios históricos que se estaban produciendo. En uno de esos artículos que Ortega escribía para aclarar sus circunstancias leemos:

"Hay ya demasiados libros. Aun reduciendo sobremanera el número de temas a que cada hombre dedica su atención, la cantidad de libros que necesita ingerir es tan enorme que rebosa los límites de su tiempo y de su capacidad de asimilación. La mera orientación en la bibliografía de un asunto representa hoy para cada autor un esfuerzo considerable, que gasta en pura pérdida. Pero una vez hecho este esfuerzo se encuentra con que no puede leer todo lo que debería leer. Esto le lleva a leer de prisa, a leer mal y, además, le deja con una impresión de impotencia y fracaso, a la postre, de escepticismo hacia su propia obra." (Ortega y Gasset, *O.C.*: V, 227. La cita proviene de 'Misión del bibliotecario').

Se expresa aquí con precisión y lucidez una de las ideas más repetidas en artículos y libros de cualquier disciplina: "La bibliografía es inabarcable". No conozco ningún investigador que no haya escrito o pensado alguna vez algo parecido. Ortega pronunció su *Misión del bibliotecario* en 1935. ¿Qué diría hoy al entrar en una biblioteca, al hojear una bibliografía sobre Heidegger, las proteínas, la gramática generativa o la traducción?

Hace años que la bibliografía ha dejado de ser aquella disciplina ancilar que guiaba los pasos del investigador. El crecimiento exponencial de impresos, la facilidad para almacenar y acceder a la información y la importancia que se le otorga, han cambiado el significado que tenía la antigua disciplina. Los tomos de bibliografía que permanecían vigentes durante años resultan hoy impensables. La rapidez con que se produce y transmite el conocimiento los someten permanentemente a revisión y exigen un medio por el que las materias de estudio aparezcan actualizadas casi de manera inmediata. Las publicaciones incesantes y la facilidad con la que se pueden consultar han dejado desfasados los antiguos volúmenes que tardaban años en elaborarse. Sabemos que se han publicado más libros entre 1945 a 1990 que en los casi quinientos años precedentes. El aumento astronómico de publicaciones hace ya imposible estar informado sin acudir a los medios informáticos, que recogen de manera casi instantánea cualquier nueva aportación. Pero estas iluminaciones virtuales y exhaustivas tampoco nos resuelven todos los problemas, porque ha llegado el momento en el que resulta difícil discernir qué artículo de la bibliografía debe leerse (*par où commencer?*) y cuál no merece la pena: ¿cuáles son los artículos básicos y aquellos que nos hacen perder el tiempo? [344]

En el campo de la filología también se ha expresado la preocupación ante el desmesurado crecimiento bibliográfico. La conciencia de que una misma persona no puede cultivar estudios de lengua y literatura tal y como hicieron los grandes maestros apareció a mediados de siglo de manera paladina, aunque podríamos encontrar testimonios anteriores. Tagliavini reconocía en 1952 que la amplitud de las investigaciones y el crecimiento de la bibliografía y la especialización extrema hacían imposible el dominio de un campo tan vasto como la filología románica. El maestro Aurelio Roncaglia se preguntaba en 1956 si no sería quizá más lógico reconocer que el ideal representado por las ideas de Diez, Gaston Paris o Rajna no era ya alcanzable a aquellas alturas del siglo:

"Por muy íntimos que puedan ser los puntos de contacto entre la historia de la lengua y la historia de la literatura, apenas queda hoy en día algún estudioso que domine completa e igualmente la historia de la lengua y la de la literatura, ni mucho menos la de todas las lenguas y de todas las literaturas románicas... La dura necesidad de la especialización provoca que quienes cultivan hoy la filología románica sean preferentemente lingüistas o preferentemente cultivadores de la literatura comparada con sólidas bases lingüísticas. Este es, desgraciadamente, el daño derivado de la especialización, del perfeccionamiento de los métodos y del enriquecimiento de la bibliografía, y se comprueba también entre los germanistas, los eslavistas, etc." (Roncaglia: 1956, 7)

La bibliografía es un género perfectamente establecido en la nueva didáctica y, si quien la cultiva es un especialista en la materia de que se trate, se convierte en un instrumento imprescindible, aunque esto no haya sido siempre así. Nunca ha habido tantas bibliografías y tantas bibliografías de bibliografías como ahora y, por tanto, nunca ha habido tantas buenas y malas. El grado de sofisticación y preparación ha llegado a tal extremo que sólo un experto es capaz de organizar y presentar un repertorio de títulos. He escuchado quejas de viejos bibliógrafos, indignados ante la continua intromisión de diletantes en su campo. Pero quejas aparte, la bibliografía ha asentado sus reales como una referencia inexcusable para quien vaya a investigar y ha ampliado sus posibilidades hasta extremos impensables hace años. La expresión de la bibliografía ya no consiste sólo en una serie de gruesos volúmenes o de discos informáticos. Entre las nuevas manifestaciones de la didáctica destaca un género muy cultivado al que llamaremos *bibliografía comentada* o *bibliografía*

---

[344] Malkiel ha señalado esta dificultad: "Ciertos temas provocan tantos trabajos semieruditos (en parte francamente pedagógicos) que, si un lingüista de verdadero talento e inspiración científica quisiera abordarlos, debería gastar largos años para coleccionar, analizar y, casi siempre, refutar toda esa producción poco valiosa, llenando sus monografías de polémica pesada y estéril, en vez de un examen directo del problema en cuestión" (Malkiel: 1964, 121).

crítica en el que encontraremos trabajos utilísimos, sin los que es imposible aproximarse a un tema de investigación. La diversidad del arte bibliográfico es inmensa, como inmensas son sus variedades y posibilidades: desde las bibliografías y bibliografías de bibliografías, a las bibliografías parciales recogidas en un trabajo o la ristra de miles de títulos en soporte electrónico. La bibliografía ha llegado a formar parte esencial de obras que se presentan como historia de alguna disciplina.

14.5. La industria de la didáctica

Pedro Salinas comentaba en una carta a Jorge Guillén su convicción de que los poetas debían de tener ante todo lectores y sólo después estudiosos.[345] Esta prevención ha sido expresada de muchas maneras y por muchos escritores en los últimos años. Es verdad que el saber ha sido siempre un saber acompañado. La ayuda del maestro es una de las claves de la pedagogía de todos los tiempos. Pero entre aquella venerable actividad y nuestros tiempos se ha producido un cambio. Me refiero al desmesurado crecimiento de los comentarios, los estudios preliminares, las notas que arropan (o erizan) las obras que leen los estudiantes.

Basta con abrir al azar cualquier obra literaria de las consideradas canónicas en Occidente, o mejor, cualquiera de las obras recomendadas o exigidas por los distintos ministerios de educación de cada país para comprobar cómo se ha impuesto una manera de presentar las obras literarias que ha influido también en su interpretación. Son muy numerosos los libros en los que lo primero que se encuentra es un prólogo o estudio introductorio, a continuación una bibliografía, y después el texto acompañado de la anotación correspondiente. Este esquema básico permite variaciones. El número de apéndices con actividades didácticas, apartados con varias clases de notas (textuales, léxicas, interpretativas, etc.), los cuadros cronológicos, las actividades de taller o las guías de lectura, permiten cubrir una gran variedad de intereses.

Los alegóricos relatos de la *Biblia*, la densa *Commedia* de Dante o la hermética poesía de Emilio Prados, han necesitado y necesitan exégesis e interpretación: necesitan un segundo discurso. Lo necesitan también textos mucho más asequibles, pero últimamente, casi cualquier libro parece que nos pide una introducción y unas notas. Sin duda, la tradición de obras editadas o traducidas acompañadas de prólogos y abundantes notas y comentarios es antigua y, en muchos casos, imprescindible para la tarea del historiador de la literatura, el crítico, el exégeta en cualquiera de sus vertientes. Gracias a las anotaciones de Herrera, sabemos algo acerca de cómo se leía la poesía de Garcilaso en el Siglo de Oro. Pero una cosa son las anota-

---

[345] "Muy bien que cada Garcilaso tenga su Herrera, bienvenido; pero lo que más me importa es que tenga sus lectores, sin anotaciones." (Soria Olmedo, A., ed.: *Correspondencia Pedro Salinas - Jorge Guillén*, Barcelona, Tusquets, 1992, 567)

ciones de Herrera y otra las proporciones que han alcanzado los comentarios y las ediciones anotadas en la actualidad. Se trata de un salto cuantitativo (ya no se debe hablar de abundantes ediciones anotadas, sino de "masa" de ediciones anotadas) y cualitativo, pues estas publicaciones didácticas han alterado la relación entre el lector y las obras literarias. No creo que deba afirmarse sin más que la producción de la crítica y su papel en el terreno de las humanidades y en la sociedad han cambiado.

Este auge espectacular de la didáctica, el afán por preparar colecciones de clásicos y organizar jornadas didácticas ha invadido departamentos universitarios, seminarios de educación secundaria, centros de formación del profesorado y variadas secretarías y subsecretarías. Abundan los directores-coordinadores de equipos que redactan libros didácticos de todas clases y orientaciones. Raro es hoy el investigador que puede disponer de su tiempo solamente para su trabajo. Malkiel veía la necesidad de separar claramente las dos dedicaciones, la investigadora y la didáctica: "Me parece imprescindible que, al lado de carreras netamente pedagógicas, que se dejen encuadrar en el fluctuante sistema de enseñanza secundaria, surjan y queden aprobadas suficientes carreras de investigación pura, controladas por intereses estrictamente científicos" (Malkiel: 1992, 215).

Otra cuestión es el sentido de tanta lectura guiada y tanta introducción al estudio de lo que sea. Adorno denunció que la cultura, bien atada y administrada y concienzudamente calculada, iba muriendo de inanición. Sin riesgo, sin equivocaciones, sin errores, la literatura y los estudios que la sirven caminan plácidamente de la mano y hacen que la realidad y la ficción sean cada vez más aburridas y planas.[346]

14.6. Erudición, información, *escribacidad*

Los procesadores de textos, las bases de datos y las posibilidades que nos ofrece el ordenador brindan a quienes escriben unas facilidades inimaginables hace muy pocos años. Algunos estudiantes se asombran de que los investigadores de principios y mediados de siglo fueran capaces de publicar, sin medios informáticos, gruesos volúmenes llenos de notas. Pero la facilidad de la que disfrutamos se ha convertido en un arma de doble filo: de la facilidad no siempre han surgido la calidad ni el rigor. La fertilidad de algunos *escribidores* contemporáneos no procede siempre de su dedicación a investigar, sino de la obligación de publicar (exigida

---

[346] Late una paradoja bajo el noble deseo de ayudar a entender. Por un lado, sin prólogos y notas, los alumnos (y muchos profesores entre los que me incluyo) son incapaces de superar las dificultades de las obras que deben leerse y explicarse, pero por otro, el despliegue que gira alrededor del texto es de tal calibre, que condiciona la opinión de cualquier lector. No siempre resulta fácil encontrar un punto intermedio que facilite la lectura sin condicionarla en exceso.

por el sistema universitario) y de las posibilidades que ofrecen los procedimientos informáticos. En dos palabras: se escribe demasiado y no todo lo que se publica aporta algo novedoso.

Este *escribidor* compulsivo no es una figura exclusiva de nuestros tiempos, pero prolifera de manera alarmante en estos días. Ya en el siglo XVIII puede ilustrarse perfectamente la diferencia entre dos clases de personas dedicadas al estudio. Álvarez de Miranda (1992) ha demostrado que la alta estima que mereció la erudición entre los ilustrados no impidió una agitada controversia en torno a los trabajos de quienes la practicaban. Algunos confundían la erudición con el simple amontonamiento de conocimientos superficiales y menudos, aunque Mayans advirtiera que la verdadera erudición no consistía en amontonar citas, sino en "escoger las razones más fuertes y las noticias más verídicas y puntuales". Sin embargo, junto a esta idea aparece la del falso erudito, aquel que tiende al fárrago, la pedantería o la pura vacuidad. Fueron, y son, los aburridos *Eruditos a la violeta.*[347]

Es destacable que ya en el siglo XVIII algunos espíritus selectos reaccionaran contra lo que les parecía una avalancha insuperable de letra impresa y se crearan algunos neologismos para designar esta abundante producción libresca. Uno es *escribacidad*, término que según Álvarez de Miranda significa "inmoderada u obsesiva dedicación a escribir". Algunos ilustrados se quedarían perplejos al ver la compulsiva necesidad de publicar que sienten algunos estudiosos de esta época desasosegada.

14.7. Defensa de la erudición contra sus entusiastas

A pesar de que la erudición ha sido cultivada –para bien en muchas ocasiones, pues es un trabajo indispensable– desde los orígenes mismos de la filología, ha recibido severos varapalos en todas las épocas. Ambrose Pierce la definió como "el polvo que cae de las estanterías en los cerebros vacíos" y Borges como una "apa-

---

[347] El profesor George Steiner ha tronado contra los excesos de cierta pedantería universitaria: "Pretendiendo recuperar la respetabilidad de un patrimonio de filología y de crítica textual desaparecida, legiones de universitarios producen una oleada inextinguible de monografías sobre temas cada vez más ínfimos, abstrusos e insignificantes. Las revistas proliferan, desbordando cualquier principio racional de utilidad o rentabilidad. El iceberg sumergido de las notas a pie de página sustenta un punto de significado casi invisible. Hoy en día, esta producción masiva de trivialidades se alimenta de la histérica necesidad de acumular publicaciones, independientemente de cuál sea su calidad, y citas recíprocas, cualesquiera sean las convenciones de corrupción subyacentes, con la única finalidad de reafirmar la posición propia. Inexorablemente, lo que había nacido de la generosidad humana y de una visión tolerante degenera en un grado de especialización y de compartimentación difícil de imaginar por los profanos. Todo conduce a la miniaturización agresiva, a unas vidas totalmente dedicadas a un único período de la historia de la literatura, a un solo movimiento, a un solo autor, e incluso a un único texto, por menor que sea. El pánico se ha apoderado de Bizancio" (Steiner: 1999, 139).

ratosa manera de no pensar". Pueden encontrarse otras consideraciones en las que se mezclan la crítica atinada y la *boutade*. Los excesos eruditos son perniciosos y sus consecuencias son funestas cuando instalan sus reales en la enseñanza. Pero si la acumulación de datos es perniciosa, su falta es todavía más grave. Sin erudición, sin información, sin el deseo de descubrir y saber que despierte nuestro apetito intelectual no es posible género alguno de investigación. Otra cosa es que se premie la interpretación original, lo no dicho hasta ahora, pero la erudición sigue teniendo un lugar imprescindible en el inicio de cualquier estudio. En el trabajo de documentación, de revisión lenta y minuciosa de los datos y los hechos, en el interés por los detalles más pequeños está en la base de la tarea del buen filólogo. Sin embargo, ya en tiempos de Gaston Paris, una poderosa corriente consideraba los trabajos eruditos como una cuerda en el cuello de la imaginación y la espontaneidad. La *turba antierudita*, como decía Fernández Montesinos, no nació en el siglo XX, pero ha sido particularmente intensa a partir de entonces.

Cuando hace unos años comencé a estudiar la biblioteca del marqués de Santillana, hube de vérmelas con buen número de códices y me sirvieron de norte los estudios del hispanista francés Mario Schiff. Consulté en primer lugar un trabajo dedicado a la primera traducción de la *Divina Commedia*, que vio la luz en un volumen titulado *Homenaje a Menéndez Pelayo en el año vigésimo de su profesorado. Estudios de erudición española*, y poco después consulté su monumental tesis sobre los libros del Marqués: *La bibliothèque du Marquis de Santillane*, que es un trabajo de erudición formidable.[348] He conocido después otros estudios sobre bibliotecas, como el extraordinario que dedica Pierre de Nolhac al humanismo petrarquesco, de mayor vuelo quizá, pero me sigue produciendo admiración el estudio de Schiff, que tras cien años continúa siendo obra de consulta obligada para quien se aproxime a los códices de Santillana. Las reseñas a *La bibliothèque...* destacaron desde el primer momento la envergadura del trabajo. Schiff filiaba manuscritos, los describía con enorme rigor y aportaba documentación inédita sobre ellos. Se le achacaba, sin embargo, que su estudio no tuviera la forma definida de libro, sino que a veces se diluyera en la masa de datos aportados. El orden (diría mejor, el índice) que elige para exponer tantísima erudición es la lengua de origen de los autores, criterio que no siempre resulta satisfactorio para las inmensas posibilidades que ofrecía su trabajo: Homero, Platón, Tucídides, Aristóteles, Polibio, Eusebio, San Juan Crisóstomo, *Historia de Praeliis*, Cicerón, Julio César, Salustio, etcétera. Schiff no se propuso escribir una interpretación de la presencia de esos manuscritos (y traducciones y traductores) en la biblioteca del Marqués, sino presentar los datos que había conseguido sobre los códices, pero es indiscutible que nos hacemos una idea de lo que supuso la reunión de aquellas obras en la biblioteca. Si menciono

---

[348] Volumen I, Madrid, Librería General Victoriano Suárez, 1899, 269-307. El estudio se recogió después en *La Bibliothèque du Marquis de Santillane*, Paris, Bibliothèque de l'École des Hautes Études, 1905, 275-303.

este libro de Schiff (su maestro fue Morel-Fatio) es porque a mi juicio es una muestra acabada de lo que se entendía por erudición e investigación a principios de siglo.

La investigación se publicó en 1905, y del mismo año es un ensayo de Miguel de Unamuno sobre la erudición y la crítica. Unamuno nunca tuvo buena relación con los eruditos y con la "casta insaciable" de los filólogos y nunca perdonó a los "cervantistas profesionales" las malas críticas a su excepcional *Vida de don Quijote y Sancho*. La opinión de Unamuno sobre la erudición representa muy bien toda una corriente antierudita que consideraba que el estudio de la literatura estaba ahogándose en un centón de datos inútiles:

> "Me cargan, y mucho, los dantófilos y cervantófilos, y toda casta de apostilladores y monaguillos de genios pasados (...) De su labor suelen salir esos santones de la literatura tan echados a perder, como salen los santos después de haber pasado por el *Año cristiano*." (1966, 1265)

Para Unamuno, la erudición no pasaba de ser "una forma mal disfrazada de pereza espiritual", "otra especie de tresillo", y los eruditos formaban una cofradía, una logia internacional cuyos miembros celebraban una y otra vez sus danzas de la muerte. Para Unamuno, la oficina de eruditos dedicados a Homero no distinguiría a uno nuevo que entrara en su garito cantando: "Un Calderón tiene que haber sido pasado siempre, y si hoy nace otro genio del teatro como él, no adquiere valor alguno hasta que, una vez muerto y enterrado, es pasto su espíritu de los cuervos de la erudición, que viven de los muertos" (1967, 1267).

Al lado de estas comprensibles reacciones ante los excesos a los que había llegado la erudición, deben recordarse las críticas menos virulentas, pero quizá más sólidas, entre las que ocupa un lugar de honor, una vez más, la opinión de Ortega y Gasset. Para Ortega, la erudición tuvo su hora. En los tiempos de Justo Lipsio, Huet o Casaubon, el conocimiento filológico no había encontrado métodos seguros para descubrir la unidad de sentido en las masas torrenciales de hechos:

> "No había otro remedio que dar una cita casual en la memoria de un individuo al mayor cúmulo posible de noticias. Dotándolas así de una unidad externa –la unidad que hoy llamamos 'cajón de sastre'–, podía esperarse que entraran unas con otras en espontáneas asociaciones, de las cuales saliera alguna luz. Esta unidad de los hechos, no en sí mismos, sino en la cabeza de un sujeto, es la erudición. Volver a ella en nuestra edad equivaldría a una regresión de la filología, como si la química tornara a la alquimia o la medicina a la magia. Poco a poco se van haciendo más raros los eruditos, y pronto asistiremos a la desaparición de los últimos mandarines. Ocupa, pues, la erudición el extrarradio de la ciencia, porque se limita a acumular hechos, mientras la filosofía constituye su aspiración céntrica, porque es la pura síntesis." (Ortega y Gasset, *O.C.*: I, 317. La cita proviene de *Meditaciones del Quijote*)

El recuerdo de Ortega tiene su sentido por varias razones. Por un lado, es el testimonio de cómo la erudición se entendía como saber y metodología superados. Por otro, nos va a permitir enfrentarlo directamente con la opinión y la manera de hacer característica de la Escuela de Filología española, representada por Menéndez Pidal y una pléyade de filólogos, entre los que destacó don José Fernández Montesinos, por más que su obra apenas sea recordada hoy. En la Carta-Prólogo de 1958 a los *Ensayos y estudios*, Montesinos reconocía su deuda con Ortega y lamentaba que al filósofo no le habría gustado que su discípulo practicara la crítica como él lo hacía, por ser excesivamente erudita. En las palabras de Montesinos se percibe claramente la tensión entre quienes practicaban el ensayo, como el maestro Ortega, y quienes precisaban de la erudición para realizar su tarea:

> "Amigos míos muy queridos me instan a que me desembarace de notas y citas y me oriente hacia un ensayismo más ligero y gustoso. Y yo no sé hacerlo. Yo, a más de ser también resultante de dos fuerzas -literatura, erudición-, no puedo librarme de la disciplina y el rigor aprendidos, convencido de que no se puede infligir al lector una teoría sin darle la prueba, o por lo menos una tentativa de prueba. Y he aquí cómo, partiendo de Ortega, espíritu libre, ensayista si los hubo, yo me he quedado en la simple erudición." (*Apud* Álvarez de Miranda: 1997, XIX)

La defensa de la erudición que hace Montesinos en algunas de sus obras merece recordarse en estos tiempos en los que el positivismo parece completamente superado. Sin embargo, si por erudición o positivismo se entiende trabajo minucioso, conocimiento primario de las fuentes e interés por los datos concretos, habrá de reconocerse que es una clase de trabajo imprescindible. Pero los eruditos que así trabajan suelen estar mal vistos:

> "Como ningún fanatismo puede ahorrarse de coerciones o extorsiones, la antierudición extremosa tiene también sus anatemas, y así, por el rigor de uno de ellos, el pobre erudito se encuentra expulso de los dominios de las letras, pues no es un género literario lo que cultiva. Se diría que todos aquellos que ponen a punto una bibliografía crítica, o los colectores de la documentación necesaria para plantear un problema, o iluminar la vida de un hombre o el proceso de su creación, pretenden hacerlo arrebatados de un rapto de furor pimpleo, y han de afligirse mucho si se les regatean los lauros a que aspiran. No. La erudición no es un 'género literario'. Tampoco lo es la obstetricia o la castrametación, y son necesarias, cada cual a su modo. Ningún erudito, a menos de ser un majadero, y un mal erudito, por ende, deja de tener conciencia muy clara del carácter ancilar de sus actividades." (*Apud* Álvarez de Miranda: 1997, XVIII)

Montesinos, como tantos filólogos, reivindicó aquí y allá la necesidad de restaurar en lo posible los textos, antes de lanzarse a las interpretaciones. Se supo descendiente de cierto positivismo y fue consciente de esa limitación, aunque, en verdad, la lucidez de su obra trascienda cualquier método en el que queramos encuadrarlo y reducirlo. La erudición que defiende Montesinos, frente a aquellas que atacaban con diferentes argumentos Ortega o Unamuno, es la que resulta imprescindible para fundamentar su trabajo.

Ya he dicho que el taller del filólogo suele ser modesto, poco dado al espectáculo o a la brillantez. La filología no suele avanzar como una arqueología sensacionalista, sino mediante la paciente identificación y elucidación de detalles que muchas veces son pequeños, pero que revelan aspectos esenciales de culturas extintas y ajenas a nuestra manera de entender el mundo. Pero hay otra erudición, dice Montesinos, la erudición bizantina o gratuita:

> "Siempre hay, siempre habrá, una erudición perversa, inútil, perturbadora, quizá más abundante hoy, pues el comercialismo moderno y la feroz competencia en que vivimos, unidos a muy discutibles prácticas universitarias, fomentan una prodigiosa proliferación de trabajos eruditos de muy poco provecho a los estudiosos de la literatura. La turba antierudita está obteniendo un divertido resultado. Por una de esas irresistibles ironías de la historia se ha conseguido que disminuya la producción de libros eruditos indispensables mientras crece y se expande una lujuriante floresta de bizantinismo. Pero Grullo y yo diremos de consuno que la erudición es indispensable allí donde es necesaria" (*Apud* Álvarez de Miranda: 1997, XVI y XVII)

Lo cierto es que la erudición, no siempre la *buena* a la que se refería Mayans, sino más bien la erudición bizantina que denosta Montesinos, ha adquirido nuevos vuelos a finales del siglo XX. Algunos pedantes han vuelto a poner de moda una erudición tan inútil como la que criticaron los intelectuales del siglo XVIII. Quienes nos vemos obligados a consultar una y otra la bibliografía, nos sentimos abrumados ante la proliferación de trabajos en los que se amontonan citas y se disponen notas como torres cuajadas de bibliografía en todas las lenguas.[349] El ordenador permite incorporar siempre a última hora las penúltimas referencias bibliográficas y modificar una y otra vez la escritura. La información se ha convertido en la nueva erudición y la informática es la vía que permite lucir las últimas citas publicadas en Internet o en la revista más recóndita.

---

[349] El objetivo de la erudición no es amontonar, porque el exceso acaba desvirtuando la naturaleza de los textos: "Las excepciones son lícitas, desde luego, pero sólo en cuanto tales, es decir, a título documental y a conciencia, pues, de estar operando una mutación sustancial, convirtiendo la literatura en bibliografía, lingüística, erudición, bibliofilia..., o subordinándola a ellas y encarrilando así el texto por un camino que no es naturalmente el suyo. La causa final de la obra literaria no está en la satisfacción de intereses o curiosidades gremiales" (Rico: 2002, 1154).

14.8. Las notas: "Citaos los unos a los otros"

Decía Peter Szondi que las notas a pie de página eran un atributo esencial del estilo filológico, una garantía de la solidez de cuanto se afirmaba, pero advertía que su uso sistemático encerraba algún peligro. El primero es la tendencia a almacenar en ellas citas que no se hubieran elaborado suficientemente y cuya fuerza demostrativa fuera, por tanto, dudosa. El segundo era sobrevalorar, "lo fáctico frente a lo interpretativo –ya se sabe: lo importante para el filólogo son las palabras, las interpretaciones son siempre subjetivas– lo que hace que se dé a toda cita un carácter probatorio con su mera presencia"(1992, 27). Sin embargo la cita debería justificar previamente su fuerza demostrativa y no convertirse en una vaga apoyatura de lo que se dice en el cuerpo del texto.

Las notas a pie de página son un universo en expansión (el lector las ha padecido en la lectura de este libro) que se ha visto favorecido por las posibilidades que ofrecen los procesadores de textos para incorporarlas. Su abundancia ha hecho cambiar su naturaleza y, a veces, llegan a competir con el texto al que deberían servir de apoyo. En ocasiones el equilibrio se rompe, y el texto parece un comentario a la masa bibliográfica citada. La sobreabundancia de información, la facilidad con la que accedemos a títulos relacionados con el trabajo que escribimos, la imperiosa necesidad de estar al día (que a veces se exhibe a pie de página) son quizá algunas razones que ayuden a explicar la masiva presencia de las notas. En este exceso hay cierta conciencia de insatisfacción, porque a menudo revela la imposibilidad de consultar toda la bibliografía. Son muchos los problemas que la brevedad de los artículos no permite abordar y que, sin embargo, se consideran importantes y relacionados con los argumentos que se esbozan. Entonces se acude al socorrido, *sobre esta cuestión véase*, que el lector habrá visto también en este ensayo.

Las notas se han convertido en un valor sustantivo añadido al texto. Hasta tal punto lo completan que incluso en algunos libros figura un apéndice en el que por orden alfabético constan los términos o nombres propios que han sido comentados en nota y que a un lector que no esté alerta pueden habérsele escapado. En otras ocasiones es posible que las notas estén distribuidas en apéndices: notas de contenido léxico o interpretativo.

15.

LAS HUMANIDADES Y LOS HOMBRES

"As I write, highly civilizad human beings are flying overhead, tryng to kill me. They do not feel any enmity against me as an individual, nor I against them. They are 'only doing their duty', as the saving goes." (Orwell, 1941: *The Lion and the Unicorn, London, Secker and Warburg*, primeras líneas)

"El cráter de la historia, aquella imagen de la biblioteca presa de las llamas y la inmolación de su dueño, prefigura gráficamente las inquisiciones del nacionalsocialismo y la destrucción de una de las culturas más creativas de su tiempo por obra del totalitarismo nazi. Y, también, la responsabilidad que cupo en ello a muchos artistas e intelectuales que fueron cómplices de la enajenación colectiva o incapaces de detectarla y combatirla cuando se estaba gestando. Si la cultura no sirve para prevenir este género de tragedias históricas, ¿cuál es entonces su función?" (Vargas Llosa sobre *Auto de* fe de Elías Canetti: 2002, 169)

El lamento por el escaso interés prestado al estudio de las humanidades se entremezcla con la rotunda opinión que sólo valora los saberes útiles, aquellos que pueden aplicarse de manera inmediata. Existe, además, una sostenida línea de pensamiento que ha criticado los escasos logros de la modernidad y ha puesto en primera línea sus fracasos. La base de su argumento es que el progreso científico y cultural que preconizaba el pensamiento ilustrado no ha traído consigo la mejora del ser humano. Si contemplamos la distancia entre el proyecto –o mejor el sueño– de la razón y el mundo en el que vivimos, nos veremos obligados a reconocer si no el fracaso, sí al menos un logro muy parcial de su objetivo. Más cultura no ha elevado la altura moral de los hombres, aunque cabría preguntarse a dónde habría llegado la barbarie sin los escasos valores que, al parecer, se le han inculcado. Los críticos de la Modernidad sostienen que el proyecto debería ser revisado y desarrollado teniendo en cuenta los errores cometidos. Max Weber llegó a decir que la razón postulada por los filósofos del siglo XVIII se había convertido en una 'jaula de hierro'.

La crisis del proyecto ilustrado es una de las conclusiones que se extraen de los trabajos de la Escuela de Frankfurt. En el prólogo a la *Dialéctica de la Ilustración* (1947) de Adorno y Horkheimer se lee una de sus tesis centrales: "Cuando hace dos años iniciamos el trabajo (...) nos habíamos propuesto nada menos que comprender por qué la humanidad, en lugar de entrar en un estado verdaderamente humano, desembocó en un nuevo género de barbarie".[350] Su análisis destaca que el proyecto ilustrado había provocado una desmesura de la razón. Lo que debía ser guía de emancipación, se convirtió en instrumento de dominio de la naturaleza –cuando no de su ruina– y de explotación de los hombres. Los últimos cincuenta años del siglo XX han consumado para muchos el fin del proyecto universalista de la Ilustración. Los historiadores nos recuerdan que la burguesía de los siglos XVIII y XIX se justificaba demostrando que el orden económico y social creado era una de las cimas de la humanidad. La vivienda de un campesino europeo era "mejor que la de muchos reyes africanos, dueños absolutos de la vida de diez mil salvajes desnudos", para decirlo con palabras de Smith en *La riqueza de las naciones* (*Apud* Fontana: 1992, 130). Sin embargo, el desarrollo económico no ha ido siempre de la mano del desarrollo moral. La conciencia europea, expresada por muchos intelectuales, ha denunciado el fracaso del viejo proyecto, el desastre de una colonización incapaz de ayudar a los pueblos que dominó durante siglos para que organizaran su destino. El estado de postración y miseria de tantos países descolonizados a lo largo del siglo XX no hace sino reflejar las poco afortunadas consecuencias de la expansión colonizadora.

La estabilidad y el dominio europeos no fueron seriamente minados hasta el estallido de la Gran Guerra y las décadas posteriores. La barbarie que se desató en estos años tuvo su origen en el corazón mismo del viejo continente. La catástrofe de la Segunda Guerra Mundial no la provocaron las hordas de Atila ni las de Genghis Kan, sino un país moderno y civilizado. Los asesinatos y torturas de Dachau no impidieron que en Munich se desarrollara el ciclo de música de invierno. George Steiner ha denunciado una y otra vez que un alto nivel de educación y la existencia de una sólida comunidad docta no sirven de obstáculo a la tortura o al asesinato en masa. La maldad y la crueldad coexisten con el desarrollo de una cultura superior, y en demasiadas ocasiones los llamados humanistas han sido insensibles a la brutalidad. No por ser más cultos somos mejores. Si tantos siglos de educación, de tradición humanista, no impidieron un desastre como el de la Segunda Guerra, convendrá plantearse si no se han quedado algunos valores en el camino. Se ha llegado incluso a escribir que la tradición humanista quedaba invalidaba al ser la culta y refinada Alemania responsable de semejante catástrofe. Gran parte de la inteligencia y las instituciones de la civilización europea aceptaron la inhumanidad sin hacer preguntas. Como dice Steiner:

---

[350] Adorno, T.W., & Horkheimer, M. (1970): *Dialéctica del iluminismo*, Buenos Aires, Editorial Sur, p. 7.

"Las bibliotecas, los museos, los teatros, las universidades, los centros de investigación por obra de los cuales se transmiten las humanidades y las ciencias pueden prosperar en las proximidades de los campos de concentración. (...) Conocemos a gente de la burocracia de los torturadores y de las cámaras de gas que cultivaban el conocimiento de Goethe, que sentían amor por Rilke; y aquí no tiene peso la fácil excusa de decir: 'Esos hombres no entendían los poemas que leían o la música que conocían y parecían tocar tan bien.' Sencillamente no hay prueba alguna de que esos hombres sean más obtusos que cualquier otro y menos sensibles al genio humano, a las energías morales de la gran literatura y del arte. Una de las principales obras que tenemos sobre filosofía del lenguaje y sobre la interpretación total de la poesía de Hölderlin fue compuesta casi a la distancia de un tiro de bala de un campo de muerte. La pluma de Heidegger no se detuvo ni su espíritu enmudeció." (Steiner: 1992, 104-05).

En las últimas décadas se ha abandonado el axioma del progreso histórico, y se ha insistido en la escasa capacidad de la cultura para transformar la sociedad. Estos hechos significan para Steiner el fin de unos principios, que fueron considerados intocables durante años. No encontraremos muchos argumentos que defiendan la influencia directa de las humanidades en los asuntos de la *polis*. Puede que a largo plazo (toda educación y formación es a largo plazo), los valores de la discusión fundada en argumentos y el deseo del bien común y la dignidad del hombre afecten a los dirigentes y a los ciudadanos, pero los logros hasta ahora parecen escasos.

Desde que Benda denunciara en 1927 (en *La trahison des clercs*) la pérdida de conceptos morales en los educadores, esta acusación se ha repetido en todos los tonos y con todos los matices. Algunos colegas consideran fuera de lugar y enojoso el debate sobre el sentido de las humanidades y más todavía sobre su papel educador. En nuestra sociedad de principio de siglo, la idea de que las humanidades han de ser la llama espiritual que ilumina los pueblos se considera trasnochada y más propia del siglo XIX que del XXI. No es infrecuente escuchar y leer que la función de la cultura (y menos aún los estudios literarios) no es cambiar este mundo. Filósofos o historiadores son tan responsables como urbanistas o ingenieros de la marcha o la transformación de la sociedad. Los intelectuales, señalaba Finkielkraut, ya no sienten que les concierna la supervivencia de la cultura. Quizá estemos ante una nueva traición de los eruditos. En todo caso, señalaba el pensador francés, "la industria cultural no encuentra resistencia cuando pone un cerco a la cultura y reivindica para sí todo el prestigio de la creación" (1987, 126).

El viejo proyecto de la Modernidad parece dar síntomas de agotamiento. Según Agnes Heller, las naciones han centrado en exceso su atención en preservar el pasado y cultivar las tradiciones:

"Europa se parece a un cadáver cuyo pelo y uñas, riqueza y conocimiento acumulativo siguen aún creciendo, pero el resto está muerto (...) Las naciones europeas centran su atención en preservar el pasado y cultivar las tradiciones. Se reconstruyen edificios antiguos, se remodelan viejos castillos, vuelven a publicarse libros viejos. Los europeos caminan de puntillas como en un museo en sus ciudades porque éstos son museos (...) La cultura, tal como la entienden los europeos, es una forma de vida, y si la buscan en el pasado en medio de una creciente nostalgia, entonces la cultura como algo global está vinculada al pasado. Esto es, sin duda alguna, la admisión de una derrota: la cultura europea ha resultado ser una vida sin cultura en al auténtica interpretación de la propia cultura europea." (Heller: 1989, 293-94) [351]

Ninguna concepción filosófica, ninguna de las ciencias del espíritu ha podido atravesar intacta la experiencia de mediados del siglo XX. Nadie que desempeñara un trabajo antes de 1939, y que sobreviviera al conflicto pudo volver a la tarea como si nada hubiera sucedido. Las humanidades, como la ciencia o cualquier actividad que tuviera que ver con lo humano fueron afectadas por la conflagración. No falta la opinión de quienes sostienen que tras tantos siglos, después del conocimiento de la naturaleza del hombre y de su manera de actuar, no cabe hacerse ilusiones sobre el papel de las humanidades. Su estudio no nos ha hecho más críticos ni más capaces de denunciar la injusticia. Estas críticas, la denuncia moral de algunos pensadores, la aparición de nuevas disciplinas que reorientan los estudios literarios y anulan los valores del viejo canon, el escepticismo acerca del papel que cumplen las humanidades en la sociedad, el desprestigio que han sufrido en general las asignaturas de letras por el escaso rendimiento económico que ofrecen, la inevitable desmotivación de los profesores y la ignorancia absolutamente escandalosa del alumnado, han sido arietes muy potentes contra el cultivo de los *studia humanitatis*.

Es incuestionable que los estudios humanísticos no siempre han estado comprometidos con el hombre y, como decía Schweitzer, no lo han hecho más humano. Cabe decir que tampoco era este su único cometido, y que en algo han colaborado para que el hombre no se degradara completamente. Thomas Mann dedicó unas páginas excelentes para analizar las razones por las que toda aquella formación humanística no impidió catástrofes como genocidios y guerras. Si en sus *Confesiones de un hombre apolítico* (1918) llegó a escribir que la intervención en política hacía a las personas vulgares y estúpidas y que sólo el cultivo de la mente hacía a

---

[351] Fredric Jameson expresa algo parecido: "En cuanto a Europa, más rica y elegante desde el punto de vista cultural, un fascinante museo con un pasado extraordinario, más exactamente el pasado del mismo modernismo, quisiera sugerir que su fracaso al generar sus propias formas de producción cultural de masas es un signo de mal augurio. ¿Es posible que la muerte del modernismo también signifique el fin de cierto tiempo hegemónico de arte y cultura europeos? Yo encuentro que el esfuerzo, estimulado por la Comunidad Económica Europea por evocar una nueva síntesis cultural europea, en donde Milan Kundera juega el papel de T. S. Eliot, es otro síntoma de mal augurio que raya en lo patético. El surgimiento de una gran variedad de culturas populares locales, étnicas y hasta antagónicas en toda Europa es una bienvenida a la posmodernidad, como lo es en todas partes del mundo: pero a su vez es una renuncia al antiguo proyecto hegemónico europeo" (Jameson: 1989, 89).

los hombres libres, quince años después volvió a tomar la pluma para denunciar el error que suponía mirar con desdén la esfera política y considerarla secundaria en comparación con el mundo interior y primar la formación y el perfeccionamiento de la vida individual como supremo valor frente a las banales discusiones de la *polis*... Ya desde Lutero, denunciaba Mann, la *Bildung*, la formación interior, debía primar frente al ordenamiento externo, que no tenía importancia ante las profundidades del alma. Esta concepción alemana del humanismo arraigó en las conciencias desde tiempos de Goethe y Humboldt y tuvo que ver algo en la tolerancia de las clases educadas ante el nazismo.

Es comprensible el escepticismo de quienes siguen escuchando consideraciones sobre la bondad del ser humano, la confianza en la cultura y el progreso tras una experiencia como la vivida en el siglo XX. Para Bullock (1985), sin embargo, este género de razonamientos incurren siempre en el error de tomar una fase particular del desarrollo histórico del humanismo como representación de toda la tradición: "La formación humanística ha fracasado porque permitió el holocausto, los campos de concentración, la bomba de Hiroshima, etc.".

Numerosos intelectuales (desde Erasmo a Benjamin y desde Freud a Steiner) han denunciado los errores y las carencias de las empresas del hombre. La lectura de Séneca, de Cicerón, de Montaigne y de tantos pensadores no ha producido un cambio sustantivo del ser humano. No me cabe duda de que ni el pensamiento ni la literatura transforman la realidad de la misma manera que lo hace una obra hidráulica o unas leyes de aplicación inmediata, pero es que las transformaciones radicales nunca han sido su función. Vargas Llosa ha recordado que la irrealidad y las mentiras de la literatura son un precioso vehículo para el conocimiento del hombre: "Estas verdades no son siempre halagüeñas; a veces el semblante que se delinea en el espejo que las novelas y poemas nos ofrecen de nosotros mismos es el de un monstruo", y ese monstruo "aguarda una ocasión propicia para manifestarse, para imponer su ley de los deseos en libertad, que acabaría con la racionalidad, la convivencia y acaso la existencia. La literatura, no la ciencia, ha sido la primera en bucear las simas del fenómeno humano y descubrir el escalofriante potencial destructivo y autodestructor que lo conforma. Así pues, un mundo sin literatura sería en parte ciego sobre esos fondos terribles donde a menudo yacen las motivaciones de las conductas y los comportamientos inusitados, y, por lo mismo, tan injusto contra el que es distinto" (Vargas Llosa: 2002, 400). Una de las funciones de la literatura es recordar a los hombres que por más firme que parezca el suelo que pisan y más hermosa la ciudad en que viven, hay demonios escondidos que pueden provocar en cualquier momento un cataclismo.

Por lo demás, cabe plantearse, cómo se habría desarrollado la vida sin el afán que los humanistas (pero no sólo los de los siglos XIV y XV) imbuyeron en el corazón del hombre. La tradición humanista no garantiza que los hombres escojan bien, ni que prevean correctamente los resultados o escapen del desastre, pero como dice Bullock, "todavía podemos escoger si encontramos el valor para hacerlo"

(1985, 224). No puede considerarse humanista una concepción determinista de la vida humana. El estudio de las humanidades nos muestra que el futuro no está decidido ni es predecible. En la Italia del siglo XIV, resume Bullock, unos hombres sintieron la necesidad de redescubrir el mundo de la antigüedad y encontraron la confianza para proponer una ética y una forma de vida. Es verdad que no se trata solamente de partir de los grandes logros del pasado, sino de mostrar su manera de iluminar las necesidades actuales, porque esa es la función que desempeñó el humanismo al redescubrir el mundo antiguo y proponerlo como modelo. La búsqueda de valores morales, la crítica ante los abusos del poder de cualquier clase, la reflexión sobre el arte y sobre la literatura, forman parte del legado que nos dejaron los autores que he mencionado más arriba. Dice Bullock que habría perdido la esperanza en la recuperación de los valores humanos si no fuera por la creencia en lo que Hegel llamó la "astucia de la historia", el carácter inevitable de los cambios, al que se adaptan incluso las más pesadas burocracias. La relevancia de la tradición humanista puede que ya no descanse en el valor de lo que ha dejado en nuestras sociedades, sino en la capacidad para elaborar respuestas, para criticar de acuerdo con unos principios y con la siempre desprestigiada razón ante los abusos de poder, vengan de donde vengan. En cualquier caso, si las humanidades siguen encerrándose en las aulas, si no se otorga a su estudio la dimensión pública que reclamaba Thomas Mann, la defensa de las viejas letras seguirá siendo una defensa gremial, de planes de estudio, de creación de plazas fijas para profesores y poco más.

El asunto es mucho más complejo y trasciende las páginas de este modesto ensayo. La crisis de las humanidades no tiene mucho que ver con que se impartan más o menos horas de latín o de literatura, ni tampoco con que se estudien más letras que ciencias. Fernando Savater se refería a un proceso más global, al oscurecimiento del ideal de educación humanista, entendida como una formación integral de la persona y no sólo como su preparación restringida por urgencias laborales.[352] El haber reducido solamente la pérdida del sentido de las humanidades a un problema escolar, ha dejado en manos de los técnicos y pedagogos de los ministerios de educación un problema de mucho más hondo calado y extensión. Las humanidades son tan responsables como los estudios científicos de cualquier hecho que haya sucedido a la humanidad, pero en ningún caso son más responsables. El haber convertido el estudio de los clásicos en la salvación del ser humano, como si las actividades que realizaran los científicos no tuvieran que ver con el hombre, es una simplificación del problema.

---

[352] "Si el latín o el griego se convierten en jeroglíficos atrabiliarios para atrapar a perezosos, si enseñan esas lenguas sabios truculentos que parecen convencidos de que Eurípides escribió sólo para proponer ejemplos de aoristo, si los atisbos de la poesía y el drama del esplendor clásico son reprimidos como ociosas desviaciones a la severa dedicación gramatical, tales estudios no son más humanistas y desde luego pueden resultar menos útiles que la reparación de automóviles." (Savater: 1997, 119)

16.

ELOGIO DE UN SABER INÚTIL

"La obra genial puede ser música, filosofía, pintura o poesía, nunca algo que tenga utilidad o beneficio. Ser inútil y poco beneficioso es una de las características de las obras geniales: es la garantía de su nobleza. Todas las demás obras humanas existen sólo por el mantenimiento o el alivio de nuestra existencia; sólo las que discutimos aquí no lo hacen; sólo existen por sí mismas, y han de considerarse en este sentido la flor o el beneficio neto de la existencia."

Schopenhauer

16.1. El prestigio de lo útil

Pero no han sido las críticas en el sentido de Steiner las únicas que se han formulado contra las humanidades. En el curso de estas páginas he recordado otras razones que, a mi juicio, han influido en el desgaste de los saberes que formaban la vieja filología. En su momento mencioné la omnipresencia del término crisis, aplicado a cualquier organismo que ha salido de la mano del hombre: instituciones, asignaturas, nacionalidades, orquestas, equipos deportivos e, incluso, la universidad. El uso de esta palabra es abusivo a todas luces: todo lo invade y apenas significa. Si la expresión "crisis del estructuralismo" o "crisis de autor", son expresiones que se refieren a saberes muy especializados, la de "crisis de las humanidades", podremos encontrarla como título de un editorial de periódico, como curso de verano o encabezando la entrevista a un político. Crisis de las humanidades significa tantas cosas, y significa también tan poco, que habría que empezar redefiniendo ambos conceptos.

Tradicionalmente, el término humanidades ha englobado los estudios de arte, literatura, filosofía, historia, lo que no deja de ser una arbitrariedad, como si los saberes de biólogos o ingenieros no fueran humanos y hubiera que adscribirlos en no se sabe qué ámbito. Esta discriminación revela un planteamiento confuso, perturbador, que no ha hecho ningún bien a la definición del campo humanístico. La relación (o quizá el distanciamiento) entre humanidades y ciencias habría que situarla, desde luego, en un campo mucho más interesante que aquel que sólo sirve para establecer límites. Pero el universo común que debían compartir se ha perdido hace tanto, que recuperarlo supondría un notable cambio de mentalidad. Hoy sólo parece posible una cultura en la que se alinean por un lado actividades prácticas, que inciden de manera directa en la realidad y hacen avanzar (¿hacia dónde?) a las sociedades (estas actividades son las que gozan de mayor prestigio), y otras a las que se les reconoce interés, pero que no producen cambios inmediatos en la realidad, ni hacen prosperar a las sociedades en el sentido que se da hoy a este término. La separación entre ambas esferas del saber tiene además otra dimensión. Mientras un físico puede disfrutar de un libro de historia o de una novela, un *humanista* no será capaz de entender un teorema físico o de interpretar unos datos astronómicos. Este hecho grave ha tenido consecuencias.

Hasta mediado el siglo XIX, la ciencia no había llegado al grado de especialización que impedía que personas cultas pudiesen comprender la trascendencia de los grandes descubrimientos. Los *Principios de geología* (1830-33) de Lyell o el *Origen de las especies* (1859) de Darwin fueron ampliamente discutidos por un público culto en cuanto fueron publicados. Cuando la ciencia se fue especializando y aplicó sus métodos objetivos a fenómenos que no permitían ambigüedad alguna (en contraste con el objeto de las artes y las humanidades), cuando empezó a desarrollarse una concepción distintiva científica del hombre (era difícil, por ejemplo, reconciliar las ideas de Darwin con las que mantenía la religión o el humanismo clásico), el prestigio de la ciencia creció de manera desmesurada y frente a ella fue difícil mantener el de las humanidades, que tan poco parecían aportar a cierto progreso. Malos tiempos para la lírica. En el siglo XIX y a principios del siglo XX, ser profesor de latín o griego en Oxford o Cambridge tenía un prestigio comparable al del genetista que lucha contra el cáncer en nuestro tiempo. Las cosas han cambiado radicalmente. El filólogo que aclara la relación entre algunos manuscritos, el crítico que reflexiona sobre la huella platónica en Freud o el estudioso que investiga la influencia de conflictos sociales en las novelas de Balzac, no pueden competir (si de prestigio y utilidad práctica hablamos) con un biólogo que estudia los mecanismos de una enfermedad en una célula, el ingeniero que traza los planes de un puente, y, desde luego, con un analista financiero.[353] El futuro parece de las ciencias aplicadas, mientras que las humanidades parecen reducirse a un cultivo más o menos nostálgico del pasado.

---

[353] "Ya no estamos en los exordios románticos del siglo XIX, sino en la desideologizada y computerizada conclusión del siglo XX. (...) En el interior del propio campo humanístico, los equilibrios se han modificado. Los intereses por las investigaciones económico-sociales, susceptibles de aplicaciones políticas, se han vuelto mucho más vivas que la reflexión histórico-filosófica y el gusto por las letras." (Roncaglia: 1992, 9)

Erwin Panofsky reconocía que las humanidades no tenían ningún fin práctico y que estaban volcadas, precisamente y de manera particular, al conocimiento del pasado. En estas dos características residía para el maestro su grandeza. En primer lugar, las humanidades nos sirven para conocer el mundo. La realidad sólo se entiende a partir de una relación estrecha entre la *vita contemplativa*, el conocimiento sin un fin práctico, y la *vita activa*, que entiende el mundo en términos de acción. Sin estas dos dimensiones, ni la vida ni la realidad se comprenden. En cuanto al interés por el pasado, Panofsky ofrecía una razón muy convincente: "Las humanidades no se enfrentan a la misión de detener lo que de otro modo se desvanecería, sino a la de reavivar lo que de otro modo seguiría muerto. En lugar de ocuparse de los fenómenos temporales y de hacer que el tiempo se detenga, penetran en una región donde el tiempo se ha detenido de por sí e intentan reactivarlo. (...) Las humanidades se proponen captar el proceso en cuyo curso se produjeron dichos testimonios y se convirtieron en lo que ahora son" (1995, 37-38).

Las humanidades y, desde luego, el cultivo de la filología, no son rentables a corto ni a medio ni a largo plazo, y no pueden competir con la formación especializada y la preparación técnica que requiere cualquier profesión reconocida en el mercado. Es muy difícil que en estas circunstancias ese viejo mundo de saber que se conservaba como algo aleccionador y modélico mantenga no ya su prestigio, sino cierta presencia (García Gual: 1999, 44). El profesor Germán de Granda lamentaba el triste destino de las disciplinas teóricas sin valor práctico que se incluyen en los currícula universitarios con una sola finalidad: "la de poder formar profesores que, a su vez, las transmitan a alumnos que se convertirán, ellos también, en profesores, en un proceso histórico privado de toda significación y trascendencia en el funcionamiento de la vida colectiva" (Granda: 1977, 60). El estudio de la filología (por más señas, la filología románica) exige a sus cultivadores estar versados en una serie de saberes (lenguas antiguas que ya no se hablan y disciplinas que gozan de escaso prestigio) que requieren muchos años de estudio tras los cuales será difícil encontrar una ocupación en la que uno pueda *aplicar* lo que sabe.

La pérdida de determinados valores en occidente y el auge de otros tienen algo que ver en este proceso. La sociedad exige técnicos en disciplinas que eran impensables hace años y las facultades han tenido que adecuarse a las nuevas necesidades. Pocos se extrañarán de que el mercado se haga dueño de los planes de estudio y exija titulados a su imagen y semejanza. El nuevo planteamiento de la vida profesional invita a una especialización (y a un modo de vida) que está en los antípodas del trabajo de las antiguas disciplinas (entre ellas la filología). Todos hemos perdido con esta reducción. El cultivo obsesivo de un saber meramente orientado al pobre éxito de sus inmediatos y aparentes logros, produce también, como la utilidad, su propia contradicción.[354] Lo denunciaba claramente Carlos García Gual: "Ya

---

[354] "En el momento en que la racionalidad se despega de esa 'antropología integral' en la que el hombre descubre fines y sentidos al otro lado del mero desarrollo material, va surgiendo la sombra de

sólo se pide una enseñanza especializada y una tecnología de extrema actualidad. El papel de la universidad como centro de elevada educación y una ética humanística está en franca quiebra" (García Gual: 1999, 66).

Los ideales humanísticos que inspiraron la creación de las universidades se han transformado y son irreconocibles. Es posible que la antigua manera de entender las humanidades pudiera rescatarse si se replanteara la universidad de manera muy profunda, y fuera posible volver a marcar cierta distancia respecto de las imposiciones externas. También es verdad que no deberían recuperarse sin más antiguos planteamientos por el mero hecho de rescatarlos. Los ideales humanísticos tienen en cada momento histórico el papel que les corresponde y no pasan ahora por su mejor etapa. En cualquier caso, la universidad debería ser algo más que un centro de preparación para futuros empleos o una máquina para dispensar títulos. Como conciencia crítica, decía García Gual, necesita cierta distancia y una perspectiva crítica que no puede nacer del agobio que imponen la rentabilidad y la utilidad a muy corto plazo.

El investigador puro que se entrega sin tiempo a la realización de una tesis doctoral (y no pienso sólo en el humanista: creo que biólogos, matemáticos o astrofísicos se adherirían a esta tesis) es un ejemplar que escasea. La búsqueda de fondos públicos y privados, de becas con que sufragar la investigación pura que sólo interesa a una minoría se ha vuelto frenética. Esta mendicidad contrasta, decía Steiner, con las inigualadas inversiones que Occidente consiente en hacer para exhibir y dar cuerpo a su pasado:

"Se dedican miles y miles de millones a costear museos nuevos, bibliotecas nacionales nuevas o completamente remodeladas (...) La conservación de textos y de obras de arte se beneficia de medidas presupuestarias y técnicas sin precedentes. (...) Nos beneficiamos de una paradoja inédita: la enorme riqueza del archivo y la cada vez más negra miseria del estudio de este patrimonio y de los avances estéticos e intelectuales. (...) Como si la sensibilidad occidental estuviera poseída por alguna premonición fúnebre, por alguna obsesión sombríamente clarividente que la inclina a la recopilación, la catalogación y la conservación del pasado del imaginario humano, el discurso y de la creación formal." (Steiner: 1999, 137)

Las humanidades, la cultura en general, cumplen un papel muy distinto al que desempeñaban cuando surgió la filología.

---

una irracionalidad que no sólo frena la auténtica razón de ser del desarrollo, sino que lo convierte en algo pernicioso para la misma naturaleza bajo cuya bandera pretende justificarse." (Lledó: 1995, 222)

16.2. Un saber no científico

En 1935 Husserl pronunció unas conferencias sobre la crisis del saber humanístico en la Europa que le tocó vivir. Europa significaba para el filósofo una identidad espiritual que iba mucho más allá del ámbito geográfico. A partir de la filosofía griega, se había comprendido el mundo como un universo de preguntas que debían investigarse, y se había enfrentado a ellas desarrollando una clase de conocimiento que acabó por adueñarse de la mayoría de las iniciativas del hombre europeo. Aquella vieja idea del saber, dice Husserl, se concebía como una *ciencia de la totalidad de lo que es*, que acentuó de manera exagerada su universalidad:

> "esta filosofía vino a pretender nada menos que abarcar, de forma rigurosamente científica y en la *unidad de un sistema teórico*, absolutamente todas las cuestiones significativas mediante un método apodícticamente evidente y en un progreso infinito, pero racionalmente ordenado, de la investigación. Un edificio único de verdades definitivas y teóricamente trabadas, creciendo hacia el infinito de generación en generación, tenía, pues, que dar respuesta a todos los problemas imaginables: problemas de hecho y problemas de razón, problemas de la temporalidad y problemas de la eternidad." (Husserl: 1991, 8)

Partiendo de las reflexiones de Husserl, Milan Kundera recordaba que ese gran edificio único de verdades había dejado de lado muchas cuestiones que afectaban directamente al hombre y que deberían haberse tratado. La Edad Moderna no nace sólo con Descartes, sino también con Cervantes, aunque la herencia de éste último haya sido, según Kundera, desprestigiada. La novela se ha encargado de desarrollar todo aquello que la ciencia no consideró. El tiempo, el amor o el sentido de la vida son temas que algo tienen que ver con el ser humano, y no han sido rozados por la poderosa ciencia, mientras que son la materia de la que surgen las novelas de Proust, Tolstoi, Joyce, Kafka o Virgina Wolf. La novela, dice Kundera, entiende el mundo como ambigüedad, afronta no una única verdad absoluta, sino verdades relativas que se contradicen: la literatura busca la sabiduría de lo incierto. Este otro saber, que no se traduce en la cuenta corriente, ni facilita encontrar un puesto de trabajo y que está en baja desde hace muchos años, es también necesario para conocer el mundo.[355] Los conocimientos que permiten la construcción de puentes y ordenadores son mucho más objetivos que la poesía de Claudio Rodríguez o los

---

[355] La idea de que la literatura (o la filosofía o la arqueología) es una distracción a la que no merece dedicar tiempo porque no es un trabajo rentable está muy extendida: "Según esta concepción, la literatura es una actividad prescindible, un entretenimiento, seguramente elevado y útil para el cultivo de la sensibilidad y las maneras, un adorno que pueden permitirse quienes disponen de mucho tiempo para la recreación (...) pero que puede ser sacrificado sin escrúpulos a la hora de establecer una tabla de prioridades en los quehaceres y compromisos indispensables de la lucha por la vida" (Vargas Llosa: 2002, 383).

estudios de Huizinga sobre la Edad Media, pero no por ello son mejores, sino que responden a un saber distinto. Siempre han existido estas dos clases de saber, porque siempre habrá parcelas de la realidad cuyo conocimiento se podrá medir de una manera o de otra. No tiene sentido discutir qué saber es más necesario, porque ambos lo son; pero sí debe denunciarse la prepotencia con que se han comportado, por turnos, los representantes de un saber y de otro, proclamando la mayor sustantividad de su parcela.

En nuestros tiempos es necesario recordar una nueva figura que sobrevuela y controla las actividades de los investigadores puros. Me refiero al gestor, al analista que ha fustigado toda aquella actividad que no es productiva, que no puede someterse a un control económico. Estos gestores-de-cualquier-cosa han acabado por hundir los saberes desinteresados y de escasa utilidad. No se trata de menospreciar a quienes nos han mostrado el camino para organizar centros educativos. Las facultades bien gestionadas funcionan mejor y prestan mejor servicio a estudiantes y profesores que aquellas que no lo están. De lo que se trata es de poner freno al mercado, e investigar aquello que los investigadores proponen y no lo que se impone desde fuera a la universidad o de los centros científicos. Frente a la visión mercantilista de ciertas actividades del hombre, uno no puede sino recordar la orientación que dio Humboldt a la Universidad de Berlín a principios del siglo XIX (otros promotores e ideólogos fueron Fichte, Schelling o Schleiermacher). Estos viejos maestros concibieron una universidad sin planes de estudio reglamentados, que invitaban a la búsqueda de un saber total, más allá de todo pragmatismo. Los tiempos han dado un viraje tan pronunciado, que resulta poco menos que provocador imaginar que alguien pueda dedicarse a un saber del que no se saque algún tipo de rendimiento. Si el estudio del occitano medieval o de las ideas de Copérnico es poco rentable, y si las universidades no pueden consagrar una parte de su presupuesto a estas actividades, tampoco es edificante el maridaje descarado entre el mercado y las carreras universitarias.

Se han esbozado ya demasiados argumentos en favor de un saber según la utilidad que reporta. Frente a los conocimientos útiles de economistas, de informáticos, abogados o ingenieros técnicos, se desvanecen las listas de los grandes libros de poetas o filósofos. ¿Qué son el *Cancionero* de Petrarca, *Ser y tiempo* de Heiddegger o *De la brevedad de la vida* de Séneca frente al artículo en el que se explica cómo se ha podido clonar a un ser vivo, cómo se sintetiza determinada proteína esencial para curar una enfermedad o se halla un compuesto que hace más potentes los ordenadores? Me parece inapropiado proclamar la mayor consistencia de un saber frente al otro. Ambos discursos, el más práctico y el que no es de aplicación inmediata, deben coexistir. Cualquier persona, sea economista, informático o biólogo, necesita de las historias, los relatos y los poemas. Cualquier profesional de cualquier gremio vive experiencias gratas o terribles y puede que encuentre mucha más luz en un verso que en toda la ciencia psiquiátrica. Lo decía muy bien Matthew Arnold:

"En cuanto a lo que es conocimiento útil, el efecto penetrante de un solo verso en la mente acaso produzca más pensamientos y lleva a más claridades -que es lo que el hombre necesita- que el más completo conocer del proceso de la digestión." (*Apud* Salinas: 1967, 160)

Hay muchos aspectos de la vida a los que sólo la literatura tiene acceso.[356] La pregunta podría formularse así: ¿cómo podríamos saber algo de la comunicación entre la realidad y la ficción sin los cuentos de Cortázar o sin *Don Quijote*? ¿Cómo hablaríamos del amor sin la lírica de los trovadores o de Pedro Salinas? ¿Qué sabríamos del terrorífico submundo que nos rodea sin Lovecraft, de la sociedad francesa del siglo XIX sin Balzac? ¿Qué sabríamos de la indefensión e impotencia del individuo aislado, o de las minorías discriminadas y perseguidas, ante los poderes que pueden hacerlos desaparecer, sin que los verdugos tengan siquiera que mostrar las caras, sin la obra de Kafka?

Conviene recordar una vez más que hay determinados temas que no pueden debatirse a la luz de la lógica formal y que no podremos resolver una duda ética tras resolver una operación matemática. Es más que probable que no sean esta clase de razonamientos los que nos lleven a adherirnos a una valoración sobre un hecho histórico o el sentido de una novela. Hay dominios, como las humanidades o la educación moral y artística, en los que la argumentación no puede ser más que retórica, porque los razonamientos lógicos sólo pueden aplicarse a disciplinas formales o a proposiciones cuyo contenido se pueda apuntalar mediante la experiencia. En los estudios de humanidades no se alcanzan demostraciones cartesianas *more geometrico*, a base de conclusiones evidentes como las que se desgajan de los silogismos, pero sí que se puede mostrar mediante la argumentación el carácter razonable o verosímil de una propuesta, tal y como señalaban Perelman-Olbrechts Tyteca en sus estudios (López Eire: 2000). El hecho de que estos saberes no sean científicos no debería provocar su desprecio, porque este desdén va contra muchas manifestaciones de lo humano que sólo se mueven en este terreno.

Hace treinta años que André Leroi-Gourhan (1974) publicó un célebre artículo titulado "Alegato en favor de una disciplina inútil: La ciencia del hombre". El gran antropólogo se lamentaba del escaso interés que prestaban las instituciones del poder al conocimiento integral del ser humano, y criticaba los abusos que se habían cometido en nombre de la concepción económica del ser humano y de un uso irresponsable de los avances técnicos, al tiempo que ponía en tela de juicio los excesos

---

[356] Sokal y Bricmont reconocían la superioridad de la literatura para entender problemas ante los que las ciencias físicas se veían incapaces: "Existen tantos fenómenos, incluso en física, que se comprenden de manera imperfecta, al menos por el momento, que no hay ninguna razón para imitar a las ciencias naturales cuando se desean abordar problemas humanos complejos. Es perfectamente legítimo recurrir a la intuición o a la literatura para obtener algún tipo de comprensión, no científica, de aquellos aspectos de la experiencia humana que escapan -al menos por el momento- a un conocimiento más riguroso" (Sokal: 1999, 207).

mediante los que se sacaba partido de los recursos naturales. No se ha despreciado del todo a las ciencias humanas, decía Leroi-Gourhan, pero su capacidad de incidir en el desarrollo de la humanidad ha sido gravemente restringida, cuando no tergiversada. El interés actual hacia las disciplinas que se ocupan del hombre se corresponde con su valor en relación con un esquema de producción y consumo. Las masas humanas son plataformas socioeconómicas, grupos de equilibrio bioeconómico, en lugar de grupos de personas. No se trata, decía el prehistoriador, de cuestionar el progreso técnico, pero sí de impugnar que se abuse de él para medir con su vara cualquier actividad. Su uso debería destinarse para una administración si no racional, al menos sí razonable del capital humano y natural:

"Es urgente atraer la atención sobre el hecho de que la fracción aparentemente menos utilitaria de las ciencias humanas tiene algo que aportar a la elaboración práctica de un plan de administración coherente del diminuto polvo cósmico que nos sirve de pedestal."

Confesaba el sabio francés que no sabemos para qué puede servir conocer a fondo al aborigen australiano, ni el conocimiento profundo del hombre de Neandertal, pero ante el fracaso de nuestra civilización, cabe preguntarse si no nos faltan los instrumentos necesarios para una comprensión auténtica de la condición humana, y concluía si no habría llegado la hora de cobrar conciencia del hecho de que probablemente dentro de una generación las ciencias humanas más gratuitas sean consideradas como las que hubiera sido más útil desarrollar:

"Entonces pesará sobre nosotros la responsabilidad de haber comprendido demasiado tarde que había que estudiar al hombre ante todo como ser humano, y no prioritariamente como un posible cliente."

16.3. Los saberes perdidos: lo que nos daba la lectura

Se ha denunciado muchas veces que el exceso de teoría ha desplazado no ya el estudio, sino la lectura de las obras literarias. Es muy posible que los movimientos críticos que tanto nos han hecho avanzar en el conocimiento de la literatura, nos hayan llevado a estar más en contacto con la teoría que con las obras, y el exceso teórico es tan poco recomendable como los excesos filológicos de quienes han convertido el análisis de variantes –y nada de lo que hay a su alrededor– en centro de su actividad.

Alguien podrá extrañarse, y quizá molestarse, si digo que echo de menos cierto saber difícilmente cuantificable que proviene de la dedicación a la lectura de textos literarios. Se me dirá que estoy sentando la base de que hay textos primarios y secundarios y de que diferencio la literatura de Dostoïevsky, de Virginia Woolf y de Petrarca de sus exégetas y de la crítica. Efectivamente. Sigo pensando que *Don Quijote*, *La recherche du temps perdu* o *Al faro* sugieren y conmueven mucho más que sus críticos. Llamo primarias a la lírica de Kavafis o de San Juan de la Cruz y distingo muy bien estas obras de su exégesis. Creo también que leer *romans* franceses o conocer de primera mano los cuentos románticos alemanes, proporciona un saber que permite hacerse con argumentos, vocabulario, peculiaridades sintácticas, formas de plantear y desarrollar tramas que no da ningún método, o tendencia crítica que haya habido o pueda haber. Es el saber de los lectores, la mayoría de ellos – afortunadamente– anónimos, que no publican un libro sobre sus opiniones, pero que poseen unos conocimientos que provienen de leer, y les permiten reconocer en un escritor cierto universo de palabras, giros lingüísticos y argumentos.[357] Este no es el saber de quienes ahogan los textos con una erudición extrema, ni de críticos científicos y plúmbeos, que han asfixiado con su aburrimiento novelas, comedias y poemas. No sobra la defensa de un tipo de saber que no proviene de aplicar falsillas a nada, sino de enfrentarse una y otra vez con textos y más textos. La sabiduría que surge de leer a Montaigne, de frecuentar a Saúl Bellow o a César Vallejo, no proviene de métodos de ninguna especie. Leer es haber leído, reconocer en un verso un giro que venía de otro poeta, reconocer un argumento que nos permite relacionarlo con otro, o, sencillamente, sentirse fascinado al descubrir algo que no habíamos leído antes.

En este pulular incesante de métodos, de teorías de la lectura, de debates sobre planes de estudio, parece que algunos se han olvidado de algo esencial para la existencia de los estudios literarios: la importancia de leer. No hablo del descubrimiento del lector como lugar de pensamiento para la crítica, sino del viejo saber que nos daba la lectura. En los últimos años se han escrito profundos ensayos sobre la experiencia de la lectura en la vida. Pienso en autores como Vargas Llosa, Italo Calvino, Muñoz Molina o Jacqueline de Romilly. No se debería leer solamente para hacer una tesis doctoral o para escribir un artículo especializado. Si olvidamos, además, que la literatura es una forma de conocimiento, de comprensión de la realidad, todo el desarrollo de los estudios que vengo mencionando será una pirueta en el vacío. Maurice Blanchot insistía sobre el hecho de que entre la cultura que tiende a la unificación y la universalización de un discurso racional, y la literatura, que es pregonera de la negación y de la incompatibilidad, la crítica solía coger habitualmente, y culpablemente, el partido de la cultura. Así, decía Blanchot, son traicionadas las grandes obras rebeldes, y exorcizadas por el comentario y la glosa, convertidas en aceptables e incorporadas al patrimonio común. Milan Kundera, por su parte, llamaba la atención sobre lo distintos que son los saberes que nos ofrecen la

---

[357] "Nuestra filología debe saber reencontrar, más allá de la especialización o del cientificismo, la dimensión de la lectura. Una lectura en sentido fuerte como la que han realizado los *connaisseurs* (...) o como la han entendido críticos como Paul de Man, Spitzer, Jauss, o Iser, que ven en el acto de la lectura (...) un primer y esencial momento hermenéutico." (Mancini: 1997, 134)

literatura y los medios de comunicación. Los medios son "agentes de la unificación de la historia planetaria" y distribuyen en el mundo entero las mismas simplificaciones y clichés que pueden ser aceptados por la mayoría, por la humanidad entera. Basta con hojear periódicos norteamericanos o europeos de cualquier tendencia, para comprobar que, como decía Kundera, "todos tienen la misma visión de la vida que se refleja en el mismo orden según el cual se compone su sumario, en las mismas secciones (...) en la misma jerarquía de lo que consideran importante y lo que juzgan insignificante". Éste es para él el estilo de nuestro tiempo y es contrario al espíritu de la novela, que es el espíritu de la complejidad. La novela, la literatura le dice al lector que las cosas son más complicadas de lo que creemos:

> "Esa es la verdad eterna de la novela que cada vez se deja oír menos en el barullo de las respuestas simples y rápidas que preceden a la pregunta y la excluyen. Para el espíritu de nuestro tiempo (...) la vieja sabiduría de Cervantes que nos habla de la dificultad de saber y de la inasible verdad parece molesta e inútil." (Kundera: 1986, 28) [358]

Pero existe además una dimensión mucho más humilde y modesta, que tiene que ver con la vida de cada persona, y que toma una dimensión distinta según seamos lectores o no. Jacqueline de Romilly señalaba que la vida que vamos viviendo está hecha de una serie de recuerdos –vividos o leídos–, que no están presentes, a los que llama "recuerdos olvidados". Cuando se han acumulado durante mucho tiempo, su presencia constituye un tesoro especialmente rico y variado, y se vuelve entonces una segunda naturaleza (1999, 95). Nuestra vida está hecha de recuerdos, de saberes que nada tienen que ver con la erudición y con la ciencia, y que son una mezcla de vivencias y de saberes que nos vienen de relatos escuchados o leídos, que se incorporan a nuestro ser. Paul Ricoeur ha recordado el enorme poder del relato en la formación de la vida de las personas. Los sueños o las experiencias que recordamos toman forma de historia, así como el futuro que proyectamos y el presente que vivimos y nos contamos diariamente. Como cualquier escritor, nos servimos del tiempo, el espacio y el punto de vista. La vida, dice Ricoeur, es un relato en busca de un narrador (Rubio Tovar: 2004).

Los medios de comunicación han divulgado hasta la saciedad los secretos de los océanos, del sistema solar (incluso los secretos de la economía), mediante los cuales tenemos al alcance de la mano infinitud de datos para conocer la tierra, los hombres, el espacio. Pero, como decía Romilly, la experiencia que ha pasado por la

---

[358] "La literatura tendría que enseñarse en la medida que se muestra inasequible a su reducción identificadora universal/local y permite a muchos hombres diferentes seguir sintiéndose así, otros, no el mismo lugar ni en ninguna suerte de *identidad* definida que la literatura viene luego a confirmar. El soporte ideológico que la Literatura puede proporcionar a las Humanidades es enseñar que lo que hay de perenne en los grandes textos obedece a que dicen cosas distintas a hombres diferentes, y no la misma cosa a un hombre único." (Pozuelo Yvancos: 2000, 75)

literatura es más amplia, porque permite acercarnos a muchas más vivencias: todas las experiencias de viajes y viajeros, todas las voces, las del pasado y las del presente, y un mundo mucho más extenso que la realidad. Lo decía con estas palabras:

> "La literatura nos permite ser, a la vez o sucesivamente, el verdugo y su víctima, el rey en palacios subterráneos y el pobre que se muere de hambre, y conocer también todas las emociones de civilizaciones hoy desaparecidas, ser esclavo, practicar sacrificios (...) Nos permite ser hombre o mujer, ser niño o anciano, y de todas estas situaciones nacen, de nuevo, voces que nos hablan en una especie de confidencia universal." (1999,116)

Estos y otros argumentos esgrimidos por lectores para quienes la lectura tanto supone, no van a convencer a nadie a estas alturas, pero sigo considerando que la solidez y la capacidad de relación que nos daba aquel saber no la puede dar ningún método de estudio: ni el comparatismo historicista, ni los llamados métodos de crítica, ni ninguna síntesis posmoderna.

16.4. *Finale*: La filología es la misma de siempre, pero ya no es la misma

Soplan vientos de reformas administrativas y nuevos planes de estudio. El proceso de creación y desarrollo de la Unión Europea está produciendo ya cambios importantes en la organización de las universidades y centros de secundaria, y presumo que van a ser aún mayores. Si se busca, entre otras cosas, crear un marco general que sirva de base a estudiantes de Praga, Barcelona, Berlín o Palermo, habrá que ajustar muy bien los contenidos y actitudes que deben aprender. La reflexión merece la pena, porque nuestros estudiantes están siempre aprendiendo, aunque a veces no se sepa muy bien qué. Hemos creado un sistema educativo que hace continuos diagnósticos de crisis y gasta mucho tiempo en buscar justificaciones. Es un buen momento para pensar qué queremos que aprendan nuestros estudiantes, qué clase de sociedad queremos, qué modelos de persona, de comportamientos deseamos. Me parece que será necesaria una verdadera movilización educativa en la que los maestros, profesores de secundaria y universitarios deberán inevitablemente colaborar, porque no educa solamente una parte del profesorado.

Desde Nietzsche y Ortega y Gasset hasta Cerquiglini y Bourdieu, la filología y los filólogos han sido blanco de numerosas críticas. La filología ocupa hoy un lugar pequeño en el campo de los estudios literarios y su presencia no parece ya molestar a nadie. Hace años que el estudio de la literatura ha tomado un rumbo que favorece todos los planteamientos. He seguido el proceso administrativo por el que las materias que constituían el núcleo de la vieja diosa han ido desapareciendo de universidades de muchos países (pero los resultados de mi análisis quedan para otro libro) y en todos los casos veo razones intelectuales, administrativas e ideológicas. No se pueden separar porque están íntimamente entrelazadas.

En este libro me he referido a los cambios que se han producido en los estudios literarios y he recordado algunas de sus transformaciones. Es evidente que en el marco de los nuevos saberes se han planteado muchos problemas que no podrá resolver la vieja diosa. Pero me gustaría recordar que algunas cuestiones de las que se preocuparon los filólogos no han desaparecido ni se han resuelto, y que una y otra vez se vuelve a ellas. Siempre será necesario contar con el saber de los filólogos, porque siempre será necesario un criterio para editar textos, sea en el soporte que sea, e inevitablemente nos las veremos con la explicación de los cambios en la mentalidad y los estilos literarios. La Historia no ha desaparecido del escenario intelectual. Por otro lado, viejos y nuevos filólogos han contribuido a replantear la vieja y la nueva historia de la literatura y de la lectura. Los estudios de Rodríguez Moñino impulsaron la recuperación de los pliegos sueltos para tener una idea cabal de la historia de la literatura, que se había reducido a la historia de algunos libros y había ignorado otra clase de difusión mucho más poderosa. Los trabajos de filólogos como Pedro Cátedra, María Cruz García de Enterría, los estudios de historiadores de la lectura y de la cultura escrita no necesariamente libresca como Chartier o Botrel, han mostrado que la vieja filología y la historia que reclama datos y rigor, tienen muchísimo que aportar todavía.[359]

Las disciplinas que se han ocupado de la literatura la han convertido en un fenómeno tan complejo que ya no puede estudiarse partiendo de un único punto de vista, pero no sobra reconocer en estos tiempos algunos valores de la vieja filología. Quizá no estuviera de más recuperar cierta unidad de saberes. A su modo, la filología integró en su interior varias disciplinas y permitió un avance indiscutible de los estudios literarios. El proteico y desmesurado pulular de tendencias y posibilidades críticas es un hecho enriquecedor e innegable, pero no siempre ha traído novedades, sino desconcierto, y no siempre ha proporcionado a nuestros estudiantes una formación sólida. La precisión de los buenos filólogos, la conveniencia de estudiar lengua y literatura unidas, la humildad con que se han realizado tantos trabajos esenciales, la necesidad de volver a leer con paciencia y rigor, sin apresuramientos, y no despreciar por sistema las aportaciones de viejos maestros, son actitudes que podrían recuperarse.

He recordado en las páginas iniciales de este libro los muchos saberes que latían y se relacionaban en el seno de la filología y cómo la pérdida de su influencia surgió, entre otras razones, porque algunas disciplinas reclamaron un campo propio y se desarrolló una especialización creciente. Un filólogo que trabajaba en 1930 (y

---

[359] García de Enterría, M. C. (1973): *Sociedad y poesía de cordel en el Barroco*, Madrid, Taurus; Cátedra, P.M. (2002): *Invención, difusión y recepción de la literatura popular impresa (Siglo XVI)*, Junta de Extremadura; Chartier, R. (1995): "Lectures, lecteurs et littératures populaires en Europe à la Rennaissance", en Petrucci, A. & Gimeno Blay, F.M., eds.: *Escribir y leer en Occidente*, Valencia, Publicaciones del Seminario Internacional de Estudios sobre Cultura Escrita José Trenchs Ódena, pp. 145-62; Infantes, V., Lopez, F. y Borrel, J.-F., eds. (2003): *Historia de la edición y de la lectura en España. 1472-1914*, Madrid, Fundación Germán Sánchez Ruipérez.

uno que lo haga en nuestros días), difícilmente podía prescindir de conocimientos históricos y lingüísticos para editar un texto. Paradójicamente, y partiendo de presupuestos muy distintos, hoy se vuelve a pedir la colaboración de distintos saberes para discernir los textos literarios. No se parte de una unidad de disciplinas, sino de la diversidad de saberes, de la pluralidad para asediar y comprender mejor lo que la literatura dice y nos oculta. No me refiero sólo a la síntesis de disciplinas que comparten objetivos y metodología a veces común, sino a la necesidad de acudir a la colaboración entre saberes que a veces han exagerado las diferencias entre ellos. Fokkema ha repetido en varias ocasiones la necesidad de que las observaciones de un investigador literario sobre la experiencia estética o sobre la relación entre escritores y lectores deberían hacerse accesibles a psicólogos y sociólogos, y que debería exponerse, con toda naturalidad, a su crítica. Debería de ser impensable a estas alturas el desprecio a los psicoanalistas o a los sociólogos argumentando que ellos saben de su disciplina pero lo ignoran todo sobre crítica o literatura. Fokkema ha llamado a la necesidad de un entendimiento para evitar que las disciplinas humanísticas se conviertan en coto cerrado de especialistas.[360]

Se trataría también de superar la vieja e improductiva separación de ciencias y letras para que de nuevo se tendieran puentes entre ambos universos. Si científicos, críticos e historiadores (por citar sólo tres áreas de conocimiento) mostraran algún interés en relacionar sus intereses y preocupaciones, es posible que se abriese un futuro de experiencia común para todos, incluida la tradición humanista. Esta colaboración no implicaría, desde luego, sacrificar la independencia ni la validez de una u otra visión.[361] Steiner lo señalaba con muy claras palabras:

"Muchos son los puentes que podrían tenderse entre ciencias y humanidades: *via* la enseñanza de la historia y la filosofía de la ciencia, *via* la presencia constante del álgebra en la música, de la geometría en las artes, *via* las realidades y las alegorías de la cos-

---

[360] "Las observaciones de un investigador literario sobre la estilística, la experiencia estética o las relaciones sociales entre los escritores y los lectores tendrían que ser accesibles a la crítica por parte, respectivamente, de lingüistas, de psicólogos y de sociólogos. Cuando estas observaciones hayan pasado con éxito la crítica procedente de otras disciplinas, entonces podrán servir a los investigadores de estas disciplinas y enriquecer así nuestro conocimiento general del hombre y de la sociedad." (Fokkema: "Cuestiones epistemológicas", en Angenot, Bessière *et alii* (1993, 385).

[361] C.P. Snow consideraba una amenaza la pérdida de una cultura común: "Es peligroso tener dos culturas que no pueden ni quieren comunicarse. En una época en que la ciencia determina en gran parte nuestro destino (...) los científicos proporcionan en una cultura dividida un conocimiento de determinadas potencialidades que es de ellos solos" (1977, 107). Para Susan Sontag, esta clase de planteamientos había sido superado por la realidad del arte, que une en su interior ciencia y humanidades. No debe hablarse ya de un contraste insalvable entre ambas: "Las cosas no son tan simples, ni lo fueron nunca. Una gran obra de arte no es nunca simplemente un vehículo de ideas o sentimientos morales (...) Es un objeto que modifica nuestra conciencia y nuestra sensibilidad y cambia la composición del humus que nutre todas las ideas y los sentimientos. ." (Sontag: 1993, 385). Los trabajos de Snow pueden leerse en Snow, C.P.: *Las dos culturas*, Madrid, Alianza, 1977.

468 LA VIEJA DIOSA. DE LA FILOLOGÍA A LA POSMODERNIDAD

mología tal como se han manifestado de Platón a Dante, de Dante y Kepler hasta Hawking. Sólo la 'incorporación' de un poco de ciencias y de matemáticas elementales en el tejido de las humanidades devolverá a éstas el amor propio, la celebración de la dificultad que hoy les falta." (Steiner: 1999, 145)

En esta colaboración, el filólogo tendrá su cometido y ya no aparecerá, como dice Gilles Roques, como el gran sacerdote que preserva la pureza de los monumentos literarios. La filología retomará su papel de defensora de toda clase de textos -manuscritos, impresos o virtuales- que fueron manipulados ideológicamente o alterados por los cajistas, los copistas o, simplemente, por el tiempo. En este terreno, como en tantos otros que he recordado a lo largo de estas páginas, la experiencia del filólogo es muy valiosa y no debería ignorarse.

A estas alturas, el taller del filólogo no deslumbra a nadie. Su trabajo es humilde, no aparece en los medios de comunicación, y no suele suscitar interés o admiración. En el año de 1967, en medio de la *querelle française de la 'nouvelle critique*, el maestro Marcel Bataillon presentó una *Défense et illustration du sens littéral* en una sesión solemne de la *Modern Humanities Research Association*. Bataillon se proclamaba heredero de una tradición consagrada a depurar y elucidar la letra *des oeuvres perdurables*, al tiempo que mostraba inquietud ante el desprecio de "ciertos heraldos de la nueva crítica".

El enfrentamiento entre quienes se consagran al estudio minucioso y detenido de lo que dicen las palabras y quienes buscan significados más escondidos, no es nueva en la historia de la exégesis. La búsqueda de los cuatro sentidos de las Escrituras se convirtió en una pintoresca mezcla de alegorismo y ultraliteralismo al final de la Edad Media y acabó provocando las reacciones de Erasmo de Rotterdam y Lutero, escandalizados ante la arbitrariedad en la interpretación de muchos pasajes. Erasmo, recuerda Bataillon, contribuyó a renovar la gran tradición de la filología, que se había impuesto como primera tarea la depuración y profundización en el sentido literal de los textos, por más que fuera atacado por algunos y tildado de simple *grammaticus*. Bataillon pensaba que en el momento en el que escribía él (1967), convenía salir de los excesos del alegorismo y regresar a las riquezas que encerraba la letra, el humilde sentido literal. La letra mata y el espíritu vivifica, pero hay momentos en los que hay que volver a la letra para liberar el espíritu:

"Nuestro amor propio y nuestro placer como humanistas nos invita a regresar a la letra tal y como salió de las manos de un autor, a confraternizar en alguna medida con el autor que escribía y el lector para quien escribía" (1967, 31)

Casi nadie compartirá a estas alturas las ideas y la propuesta de Bataillon, pero no sobra recordarla en estos tiempos de soberbia y de fastos informáticos.

La filología se constituyó con la ayuda de varias disciplinas humanísticas y no es extraño que haya vuelto una vez más a ellas o a otras más recientes para renovarse. Puede que la *vieja diosa* haya desaparecido de los planes de estudio, pero no han desaparecido los filólogos y las obras que nos han dejado no permiten que cerremos el debate con ellas. Los grandes libros que escribieron los maestros han persistido por el rigor con que manejaron los datos y su imaginación interpretativa. Poco importa que algunas páginas del libro de Menéndez Pidal sobre la poesía de los juglares hayan sido corregidas o superadas por investigaciones posteriores, que los trabajos de Bataillon sobre el erasmismo, de Lapesa sobre la lengua española hayan perdido actualidad, porque hoy ya no plantean de esa manera los problemas. Pero si aún acudimos a ellas es por los valiosos materiales que extrajeron de archivos, y por los moldes de ficción imaginativa que les dieron forma, como señalaba Díez del Corral. Seguiremos acudiendo a los libros de aquellos maestros para aprender de ellos, discutirlos o negarlos, aunque ya no nos movamos en sus mismas aguas ni compartamos el mismo mundo. Los viejos filólogos nunca mueren.

He comenzado este ensayo esbozando la primera andadura de la filología y de ciertos estudios literarios, y he recordado algunos de los cambios de orientación que se han ido produciendo. Un recorrido así me ha llevado a recordar la influencia del pensamiento y de las transformaciones sociales y políticas en las humanidades. No creo, frente a los pesimistas profesionales, que las disciplinas humanísticas vayan a desaparecer. Considero que la enorme vitalidad de las literaturas (marginadas o canónicas), el interés hacia la teoría literaria, la convergencia de intereses de numerosas disciplinas y las posibilidades que muestran las aplicaciones de los ordenadores son muestra del inmenso campo de trabajo que se ha abierto en las últimas décadas. No creo que las humanidades vayan a desaparecer, pero es posible que haya que presentarlas de otra manera.

Muchos de los antiguos títulos de las antiguas disciplinas, entre ellas la filología, ofrecen poca capacidad de maniobra en el mundo laboral. Los jóvenes licenciados se ven obligados a ampliar estudios y aprender informática, gestión cultural, conservación del patrimonio o a matricularse en másters de toda especie. Esta nueva especialización les llevará a competir con licenciados en periodismo, recursos humanos, sociología, pedagogía y un largo etcétera. El ámbito específico de las letras ha ido haciéndose cada vez más pequeño y muchas de sus funciones la realizan ahora periodistas, antropólogos, psicólogos y representantes de las corrientes que he mencionado en este ensayo. Muchas fuentes satisfacen la enorme demanda que existe de una cultura no siempre sólida, sino más bien trivializada. Aunque los profesores creamos que la educación está en nuestras manos, existen hoy otros medios (no me atrevo a decir "educadores", sino más bien informadores) otros espacios, otros poderes que nos han suplantado. Los educadores profesionales cubrimos una parte muy pequeña de nuestro trabajo. El resto está en manos de los valores que difunden los medios de comunicación. Por lo demás, la demanda de una cultura rigurosa es cada vez más pequeña.

Creo también que debería reflexionarse sobre el papel que cumplen los maestros y profesores de enseñanza secundaria. El desánimo que sufren hoy los docentes de los niveles medios de la enseñanza es un hecho gravísimo. Debería reconocerse que un profesor que explica la teoría de las ideas de Platón, la poesía de San Juan o los cuentos de Rulfo en la enseñanza secundaria hace posible que con los años un investigador estudie el tiempo en la narrativa mejicana, en la mística o en el pensamiento griego. Aunque a algunos les cueste reconocerlo, los cimientos de la crítica y del pensamiento no siempre están en la reflexión de investigadores universitarios, sino en niveles inferiores. Vuelvo a los capítulos iniciales de este libro. La filología, en particular la venerable filología románica, aglutinaba muchos saberes. Algunos de ellos reclamaron un campo de estudio propio y se desgajaron del tronco, al tiempo que surgieron nuevos problemas para los que la *vieja diosa* no tenía respuesta. El auge extraordinario de la teoría literaria, las transformaciones sociales y políticas y los cambios producidos en las universidades han condicionado la metodología y el contenido de los estudios literarios. El desarrollo de la Unión Europea provocará cambios administrativos importantes y es posible que algunas titulaciones de filología se transformen o desaparezcan. Aunque cada país aportará a la orientación general su propio bagaje, hay una tendencia que parece relegar la filología al estudio de culturas antiguas, mientras que la teoría literaria y otras disciplinas se ocuparán de *Les lettres Modernes*. Me gustaría proponer en otro ensayo (que se llamará *Nuevas Humanidades*) algunas ideas generales para reincorporar los saberes de la *vieja diosa* a los planes de estudio y demostrar que todavía va a arrojar mucha luz sobre los textos literarios y no literarios.

BIBLIOGRAFÍA

ABAD, F.: *Diccionario de lingüística de la escual española*, Madrid, Gredos, 1986.

AGUIAR E SILVA, V.M. de (1986): *Teoría de la literatura*, Madrid, Gredos.

ALATORRE, A. (1993): *Ensayos sobre crítica literaria*, México, Lecturas Mexicanas.

ALBALADEJO MAYORDOMO, T. y CHICO RICO, F. (1994): "La teoría de la crítica lingüística y formal" en AULLÓN DE HARO, ed. (1994) pp. 175-293.

ALBÉRÈS, R.M. (1972): *Panorama de las literaturas europeas 1900-1970*, Madrid, Al-Borak [*L'Aventure intellectuelle du XXe siècle. Panorama des Littératures européennes*, Paris, Albin Michel, 1969].

ALONSO, D. (1971): "Berceo y los 'topoi'" en *De los siglos oscuros al de oro*, Madrid, Gredos, pp. 74-85.

ALTAMIRANO, C. y SARLO, B. (1983): *Literatura / Sociedad*, Buenos Aires, Hachette.

ALVAR, A. (1998): "Tipología de los procedimientos intertextuales en la poesía latina antigua", IX Congreso de la SEEC, Madrid, vol. 5°, pp. 1-16.

ÁLVAREZ DE MIRANDA, P. (1992): *Palabras e ideas: el léxico de la ilustración temprana en España (1680-1760)*, Madrid, RAE.

ANGENOT, M. (1983): "'L'intertextualité': enquête sur l'émergence et la diffusion d'un champ notionnel", *Revue des sciences humaines*, 189, pp. 121-135.

ANGENOT, M., BESSIÈRE, J., FOKKEMA, D., KUSHNER, E., eds. (1989): *Teoría literaria*, Barcelona, Siglo XXI [*Théorie littéraire*, Paris, PUF, 1989].

ANTONELLI, R. (1992): "Filologia e modernità", prólogo a CURTIUS, E.R., *Letteratura europea e Medio Evo latino*, Firenza, La Nuova Italia.

ARÓSTEGUI, J. (1995): *La investigación histórica: teoría y método*, Barcelona, Grijalbo-Mondadori.

ASENSI, M., ed. (1990): *Teoría literaria y deconstrucción*, Madrid, Arco Libros.

ASENSIO, E. (1976): *La España imaginada de Américo Castro*, Barcelona, El Albir.

ASHCROFT, B., GRIFFITHS, G., TIFFIN, H., eds. (1995): *The Post-Colonial Studies Reader*, Londres y Nueva York, Routledge.

AUERBACH, E. (1962): *Introduction aux études de philologie romane*, Frankfurt am Main.

—, (1966): *Lenguaje literario y público en la baja latinidad y en la Edad Media*, Barcelona, Seix Barral [*Literatursprache und Publikum in der lateinischen Spätantike und im Mittelalter*, Berna, Francke Verlag, 1958].

AULLÓN DE HARO, P., ed. (1983): *Introducción a la crítica literaria actual*, Madrid, Playor [edición renovada bajo el título de *Teoría de la crítica literaria*, Madrid, Trotta, 1994].

AVALLE, D'ARCO S. (1974*): Formalismo y estructuralismo. La actual crítica literaria italiana*, Madrid, Cátedra.

BADIA, L. (1988): *De Bernat Metge a Joan Roís de Corella*, Barcelona, Quaderns Crema.

BADIA I MARGARIT, A. (2000): "'Romania', 'Romanistas', 'Romanistica'", *Estudis romànics*, XXII, pp. 7-22.

BÄHLER, U. (1995): "Notes sur l'acception du terme de philologie romane chez Gaston Paris", *Vox Romanica*, 54, pp. 23-40.

BAJTÍN, M. (1989): *Teoría y estética de la novela*, Madrid, Taurus [recoge estudios escritos entre 1932 y 1974].

—, (1982): *Estética de la creación verbal*, México, Siglo XXI.

BALDINGER, K. (1988): "Esplendor y miseria de la filología" en *Actas del I Congreso Internacional de Historia de la Lengua española*, Madrid, Arco Libros, vol. I, pp. 19-44.

BARTHES, R. (1971): "Reflexions sur un manuel" en DOUBROVSKY-TODOROV, eds., *L'enseignement de la littérature*, Paris, Plon, pp. 171-177.

—, (1979): *Sur Racine*, Paris, Seuil.

—, (1964): *Essais critiques*, Paris, Seuil [*Ensayos críticos*, Barcelona, Seix Barral, 1973].

—, (1972): *Crítica y verdad*, México, Siglo XXI [*Critique et vérité*, Paris, Seuil, 1966].

—, (1976): *El grado cero de la escritura, seguido de nuevos ensayos críticos*, Buenos Aires, Siglo XXI [*Le degré zéro de l'écriture, suivi de Nouveaux essais critiques*, Paris, Seuil, 1972].

—, (1984): *Essais critiques IV. Le Bruissement de la langue*, Paris, Seuil [incluye "La mort de l'auteur" y "De l'oeuvre au texte"].

BASILE, B., ed. (1982): *Letteratura e filologia*, Bologna, Zanichelli.

BASSNETT, S. (1993): *Comparative Literature: A Critical Introduction*, Oxford, Blackwell.

BATAILLON, M. (1967): *Défense et illustration du sens littéral*. The Presidential Address of the Modern Humanities Research Association, Modern Humanities Research Association.

BÉDIER, J. (1903): *Études critiques,* Paris, Armand Colin.

BÉDIER, J. (1928): "La tradition manuscrite du *Lai de l'ombre*. Reflexions sur l'art d'éditer les anciens textes", *Romania*, 54, pp. 161-196 y 321-356.

BEM, J. y GUYAUX, A., eds. (1995): *Ernst Robert Curtius et l'idée d'Europe*. Actes du Colloque de Mulhouse et Thann des 29, 30 et 31 janvier 1992, Paris, Champion.

BENDA, J. (2000): *La traición de los clérigos*, Madrid, Círculo de Lectores [*La Trahison des clercs*, Paris, B. Grasset, 1927].

BENJAMIN, W. (1989): "La obra de arte en la época de su reproductibilidad técnica" en *Discursos interrumpidos I. Filosofía del arte y de la historia*, Madrid, Taurus, pp. 17 – 60.

—, (1989) [1938]: "Tesis de filosofía de la Historia", en *Discursos interrumpidos I. Filoso-fía del arte y de la historia*, Madrid, Taurus, pp. 177 – 194.

BERSCHIN, W. y ROTHE, A., eds. (1989): *Ernst Robert Curtius. Werk, Wirkung, Zu-·kunftsperspektiven,* Heidelberger Symposion zum Hundertsten Geburtstag, Hg. von Heidelberg.

BENVENISTE, É. (1971): "Observaciones sobre la función del lenguaje en el descubri-miento freudiano" en *Problemas de lingüística general*, Barcelona, Siglo XXI, pp. 75-87 [*Problèmes de linguistique générale*, Paris, Gallimard, 1966]

BERMEJO, D. (1999): "Posmodernidad y cambio de paradigma. Del paradigma de la unidad al paradigma de la pluralidad. Del pensamiento metafísico al pensamiento post-metafísico", *Letras de Deusto*, 82, pp. 33-62.

BERNHEIMER, Ch. (1993): "The Bernheimer Report, 1993. Comparative Literature at the Turn of the Century" en *Comparative Literature in the Age of Multiculturalism*, ed. Charles Bernheimer, Baltimore y Londres, The Johns Hopkins UP, pp. 39-48.

BERNÁRDEZ, E. (1981): "La lingüística del texto: ¿una revolución más en la lingüística?", *RSEL*, 11/1, pp. 175-188.

—, ed. (1982): *Lingüística del texto*, Madrid, Arco Libros.

BHABHA, H. K. (1995): "Cultural Diversity and Cultural Differences" en ASHCROFT et al., pp. 206-219.

BLANCH, A. (1996): *El hombre imaginario. Una antropología literaria*, Madrid, PPC.

BLECUA, A. (1983): *Manual de crítica textual*, Madrid, Castalia.

—, (1991): "Los textos medievales castellanos y sus ediciones", *Romance Philology*, XLV, Nº 1, pp. 73-88.

BLECUA, J.M., CLAVERÍA, G., SÁNCHEZ, C., TORRUELLA, J., eds. (1999): *Filología e informática. Nuevas tecnologías en los estudios filológicos*, Barcelona, UAB.

BLOOM, H. (1995): *El canon occidental*, Barcelona, Anagrama [*The Western Canon. The Books and School of the Ages*, New York, Harcourt Brace & Co., 1994].

BOLIVAR BOTIA, A. (1985): *El estructuralismo: De Lévi-Strauss a Derrida*, Madrid, Cincel.

BOOTH, W. (1979): *Critical Understanding: The Powers and Limits of Pluralism,* The University of Chicago Press.

—, (1986): "Pluralism in the classroom", *Critical Inquiry*, 12, nº 3, pp. 468-479.

BOURDIEU, P. (1988): *La distinción. Criterios y bases sociales del gusto*, Madrid, Taurus [*La distinction*, Paris, Les Éditions de Minuit, 1979].

—, (1995): *Las reglas del arte. Génesis y estructura del campo literario*, Barcelona, Ana-grama [*Les règles de l'art. Genèse et structure du champ littéraire*, Paris, Seuil, 1992].

—, (1997): *Razones prácticas. Sobre la teoría de la acción,* Barcelona, Anagrama [*Raisons pratiques. Sur la théorie de l'action*, Paris, Seuil, 1994].

BOUZA, F. (1992): *Del escribano a la biblioteca: La civilización escrita europea en la Alta Edad Media (siglos XV-XVII)*, Madrid, Síntesis.

—, (2002): "Una imprenta inglesa en el Madrid barroco y otras devociones tipográficas", *Revista de Occidente*, 257, pp. 89-109.

BRADBURY M. y PALMER D., eds. (1974): "Introducción: estado actual de la crítica" en *Crítica contemporánea*, Madrid, Cátedra (*Contemporary criticism*, New York, Edward Arnold Publishers, 1970).

BRANCA, V. (1964): "Crítica, Filología, Historia", *Revista de Occidente*, 14, pp. 185-207.

—, (1991): *Tradizione delle opere di Giovanni Boccaccio. Un secondo elenco di codici*, Roma, Edizioni di Storia e Letteratura.

—, ed. (1999): *Boccaccio visualizzato. Narrare per parole e per immagini fra Medioevo e Rinascimento*, Torino, Einaudi, 3 vols.

BRANCA, V. y STAROBINSKI, J. (1977): *La filologia e la critica letteraria*, Milán, Rizzoli.

BRAUDEL, F. (1968): *La historia y las ciencias sociales*, Madrid, Alianza.

BREA, M. (1989): "La utilidad de los textos románicos plurilingües en la enseñanza de la Filología Románica" en KREMER, D., ed.: *Actes du XVIIIe Congrès International de Linguistique et de Philologie Romanes*, Tübingen, Max Niemeyer, pp. 260-269.

BULLOCK, A. (1989): *La tradición humanista en Occidente*, Madrid, Alianza [*The humanist tradition in the West*, London, Thames & Hudson 1985].

BURKE, P., ed. (1993): *Formas de hacer la historia*, Madrid, Alianza [*New Perspectives on Historical Writing*, London, Polity Press, 1991]

BUSBY, K., ed. (1993): *Towards a synthesis? Essays on the New Philology*, Amsterdam-Atlanta, Rodopi.

BUSH, V. (2001): "Cómo podríamos pensar", *Revista de Occidente*, 239, pp. 5-18 [*As We May Think*, 1945].

CALVINO, I. (1992): *Por qué leer los clásicos*, Madrid, Espasa Calpe.

CALVO SANZ, R. (1993): *Literatura, historia e historia de la literatura: introducción a una teoría de la historia literaria*, Kassel, Reichenberger.

CANO AGUILAR, R. (1991): *Análisis filológico de textos*, Madrid, Taurus.

CAÑERO SERRANO, J. (2001): *Docencia en Historia y Cultura de los Países de habla inglesa en la licenciatura de Filología inglesa*, Universidad de Alcalá.

CARBONELL, N. y TORRAS, M., eds. (1999): *Feminismos literarios*, Madrid, Arco Libros.

CARR, E.H. (1978): *¿Qué es la historia?*, Madrid, Seix Barral [*What is history?*, London, Macmillan, 1961]

CASTAÑARES, W. (1998): "Pensar el futuro", *Revista de Occidente* 206, pp. 5 – 12.

CASTELLS, M. (1999): *La Era de la Información. Economía, sociedad y cultura*, 3 vols. Madrid, Alianza.

CASTILLA DEL PINO, C. (1983): "El psicoanálisis y el universo literario", en AULLÓN DE HARO, ed., pp. 251-345.

CASTILLO GÓMEZ, A. (2001): "Tras la huella escrita de la gente común", *Cultura escrita y clases subalternas: una mirada española*, ed. Antonio Castillo, Bilbao, Sendoa.

—, ed. (2002): *La conquista del alfabeto. Escritura y clases populares*, Gijón, Trea.

—, (2004): "Historia de la cultura escrita: ideas para el debate", *Revista Brasileira de História da Educaçao*, 4 [en prensa].

CASTRO, A (1924): "La crítica filológica de textos", en *Lengua, enseñanza y literatura*, Madrid, V. Suárez, pp. 171-197 [*Boletín de la Institución Libre de Enseñanza* (1916) XL, pp.26 - 31].

—, (1983): *España en su historia. Cristianos, moros y judíos*, Barcelona, Crítica. [1948]

—, (1965): *La realidad histórica de España*, México, Porrúa, 1965, 2ª ed. Renovada.

—, (1973): Sobre *el nombre y el quién de los españoles*, Madrid, Taurus.

CASTRO - GÓMEZ, S., GUARDIOLA RIVERA, O., MILLÁN DE BENAVIDES, C., eds. (1999): *Pensar (en) los intersticios*, Bogotá, Pontificia-Universidad Javeriana.

CATALÁN, D. (1969): "Poesía y novela en la historiografía castellana de los siglos XIII y XIV", *Mélanges offerts a Rita Lejeune*, vol. I, ed. J. Duculot, pp. 423-441.

—, (1974): *Lingüística Iberorrománica. Crítica reconstructiva*, I, Madrid, Gredos.

—, (1978): "Los modos de producción y 'reproducción' del texto literario y la noción de apertura", en *Homenaje a Julio Caro Baroja*, Madrid, CIS.

—, (1982): "El modelo de investigación pidalino cara al futuro", *Actas del primer coloquio hispano alemán Ramón Menéndez Pidal*, a cargo de Wido Hempel y Dietrich Briesemeister, Tübingen, Max Niemeyer Verlag, 1982, pp. 40 - 64. [*¡Alça la voz, pregonero!*, *Homenaje a don Ramón Menéndez Pidal*, Cátedra Seminario Menéndez Pidal, 1979].

—, (1982): "España en su historiografía: De objeto a sujeto de la historia", estudio introductorio a R. Menéndez Pidal, *Los españoles en la historia*, Madrid, Espasa Calpe, pp. 9 – 67.

—, y J.A. Cid, Beatriz Mariscal, Flor Salazar, Ana Valenciano y Sandra Robertson (1984): *CGR. Catálogo General del Romancero*, Seminario Menéndez Pidal, Universidad Complutense de Madrid.

—, (1989): *Romancero e historiografía medieval. Dos campos de investigación del Seminario 'Menéndez Pidal'*, Fundación Ramón Areces, Fundación Menéndez Pidal, Madrid.

—, (1997): *Arte poética del romancero oral. (Parte primera. Los textos abiertos de creación colectiva)*, Madrid, Siglo XXI y Fundación Menéndez Pidal.

—, (1998): *Arte poética del romancero oral. (Parte segunda. Memoria, invención, artificio*, Madrid Siglo XXI y Fundación Menéndez Pidal.

CÁTEDRA, P. (2001): "Lectura, polifonía y género en la *Celestina* y su entorno", en Gonzalo Santonja, ed., *Celestina. La comedia de Calixto y Melibea, locos enamorados*, Madrid, Sociedad Estatal España, Nuevo Milenio, pp. 33 – 58.

—, (1999): "La publicación de libros de caballerías a principios del siglo XVI", prólogo al libro de Javier Guijarro *El 'Floriseo' de Fernando Bernal*, Mérida, Editora Regional de Extremadura.

CÁTEDRA, P. y LÓPEZ VIDRIERO, M. L. (1998): *La imprenta y su impacto en Castilla*, Salamanca.

CERQUIGLINI, B. (1989): *Éloge de la variante. Histoire critique de la philologie*, Paris, Seuil.

CHICHARRO CHAMORRO, A (1994): "La teoría de la crítica sociológica", en AULLÓN DE HARO, ed. (1994), pp. 387- 453.

CLANCIER, A. (1979): *Psicoanálisis, literatura, crítica*, Madrid, Cátedra.

CLARK, K. & HOLQUIST, M. (1984): *Mikhail Bakhtin*, Harvard University Press.

CONTINI, G. (1977): "Filologia", *Enciclopedia del Novecento*, II, Roma (Reimpresión en *Breviario di ecdotica*, Turín. Einaudi, 1990, pp. 3 – 66).

—, (1948): "La critica degli scartafacci", en *La rassegna d'Italia* III, pp. 1155-1160.

COSERIU, E. (1977): *Tradición y novedad en la ciencia del lenguaje. Estudios de historia de la lingüística*, Madrid, Gredos.

COUTINHO, E.F.: (1997): "Cambio de rumbo en la literatura comparada en Brasil", *Revista de Occidente*, 197, pp. 49-52.

CROCE, B: *Estética como ciencia de la expresión y lingüística general. Teoría e historia de la estética*, prólogo de Miguel de Unamuno, Madrid, Francisco Beltrán. [1902]

CUESTA ABAD, J. M. (1991): *Teoría hermenéutica y literatura*, Madrid, Visor.

—, (1997): *Las formas del sentido. Estudios de poética y Hermenéutica*, Publicaciones de la Universidad Autónoma de Madrid.

CULLER, J. (1978): *La poética estructuralista*, Barcelona, Anagrama [*Structuralist poetics*, London, Routledge & Kegan Paul, 1975].

—, (1984): *Sobre la deconstrucción. Teoría y crítica después del estructuralismo*, Madrid, Cátedra [*On deconstruction: Theory and criticism after structuralism*, Ithaca, Cornell University Press, 1982].

CURTIUS, E.R.: (1932): *Deutscher Geist in Gefahr*, Deutsche Verlaganstallt, Stuttgart und Berlin.

—, (1938): "Über die altfranzösische Epik", *ZRPh* LVIII, pp. 233-42.

—, (1948): *Literatura europea y Edad Media latina*, Méjico, FCE.

—, (1949): "Antike Rhetorik und vergleichende Literaturwissenschaft, 1. Die Angst vor der Nacht im Mittellalter", *Comparative Literature*, I, pp. 24-26.

—, (1951): "Gustav Gröber und die romanische Philologie", *ZRPh*, LXVII, pp. 257 - 288 y luego en *Gesammelte Aufsätze zur romanische Philologie*, Francke, Bern und Munich, 1960, pp. 428-455.

CHARTIER, R. Y ROCHE, D. (1980): "El libro. Un cambio de perspectiva"en *Hacer la historia*, ed. Le GOFF y P. NORA, vol. 3 *Nuevos temas*, Barcelona, Laia, 1980, 119 - 140 [*Faire de l'histoire. Nouveaux objets*, Paris, Gallimard, 1974].

CHARTIER, R. (1995a): *Forms and meanings: Texts, Performances and Audiences from Codex to Computer*, Filadelfia, University of Pensilvania Press.

—, (1995b): *Histoires de la lecture. Un bilan de recherches*, Paris, IMEC.

—, (2001): "¿Muerte o transfiguración del lector?", *Revista de Occidente*, 239, pp. 72 - 86.

DELFAU, G. & ROCHE, A. (1977): *Histoire Littérature. Histoire et interprétation du fait littéraire*, Paris, Seuil.

DEMBOWSKI, P. F (1993): "The 'French' Tradition of Textual Philology and Its Relevance to the Editing of Medieval Text", *Modern Philology*, 90, pp. 512 – 532.

— (1994): "Is there a New Textual Philology in Old French? Perennial Problems, Provisional Solutions", en PADEN, ed, (1994) pp. 87 – 112.

—, (1996), reseña a BUSBY, K. (1995), *Romance Philology*, XLIX, pp. 301-305.

DÍEZ DEL CORRAL, L. (1997): *El rapto de Europa*, Madrid, Alianza. [Madrid, Revista de Occidente, 1962]

DIJK, Teun A (1972): *Some aspects of Text Grammar. A Study in Theoretical Linguistics and Poetics*, The Hague/Paris, Mouton.

— (1976): *Pragmatics of Language and Literature*, Amsterdam, Oxford y Nueva York, North Holand - American Elsevier.

— (1987): "La pragmática de la comunicación literaria", en J. A. Mayoral comp. 171-194 [Trad. de "The pragmatics of Literary Communication" 1977].

—(1983): *La ciencia del texto. Un enfoque interdisciplinario*, Paidós, Comunicación [*Tekstwetenschap. Een interdisciplinaire inleiding*, Het Spectrum, 1978].

—, (1983): *Estructuras y funciones del discurso. Una introducción disciplinaria a la lingüística del texto y a los estudios del discurso*, México, Siglo XXI.

—, ed. (1985): *Discourse and literature. New approaches to the analysis of literary genres*, Amsterdam, Philadelphia, John Benjamins Publishing Company.

DOMÍNGUEZ CAPARRÓS, J. (1987): "Literatura y actos de lenguaje", en MAYORAL, J.A., ed., pp. 83 – 121.

—, ed. (1997): *Hermenéutica*, Madrid, Arco Libros.

DOSSE, F. (1992): *Histoire du structuralisme*, Paris, La Decouverte, 2 vols.

DRONKE, P. (1980): "Curtius as medievalist and modernist", *Times Literary Supplement*, 3 de octubre, vol. 79, pp. 1103 - 1106.

— (1981): *La individualidad poética en la Edad Media*, prólogo de F. Rico. Madrid, Alhambra. [*Poetic individuality in the Middle Ages: New Departures in poetry (1000-1150)*, Oxford, The Clarendon Press, 1970]

DUCROT, O. (1966): "Greimas, sémantique structurale", reseña aparecida en *L'Homme*, oct.-dec.

DUCROT & TODOROV, eds. (1976): *Diccionario enciclopédico de las ciencias del lenguaje*, Buenos Aires, siglo XXI [*Dictionnaire enciclopédique du sciences du langage*, 1972].

DURAND, G. (1981): *Las estructuras antropológicas de lo imaginario. Introducción a la arquetipología general*, Madrid, Taurus [*Les structures anthropologiques de l'imaginaire Introduction à l'archétypologie génerale*, París, Bordas 1979].

EAGLETON, T.: (1976) *Marxism and Literary Criticism*, London.

—, (1976): *Criticism and ideology*, London.

—, (1988): *Una introducción a la teoría literaria*, FCE. [*Literary Theory: an introduction*, Cambridge, Blackwell, 1983].

ECO, U. (1977): *Tratado de semiótica general*, Barcelona, Lumen [*Trattato di semiotica generale*, Bompiani, 1975]

—, (1978): *La estructura ausente. Introducción a la semiótica*, Barcelona, Lumen, [*La struttura assente*, Bompiani, 1968] .

—, (1979): *Obra abierta*, Barcelona, Ariel [*Opera aperta*, Bompiani, 1962.]

—, (1992): *Los límites de la interpretación*, Barcelona, Lumen.

EIKENBAUM (1970): "La teoría del método formal", en Todorov (1970), pp. 21 – 54. [1925]

ELIOT, T.S. (1955): *Función de la poesía y función de la crítica*, Barcelona, Seix Barral [*The use of poetry and the use of criticism*, London, Faber and Faber, 1934].

—, (1972): "Tradition and the individual Talent", en *Selected Essays*, London, Faber and Faber.

EMERSON, C. y MORSON, G. (1990): *Mikhail Bakhtin*, Stanford University Press.

ENGELS, J (1953): "Philologie romane - Linguistique - Études littéraires", *Néophilologus*, 37, pp. 14-19.

ERLICH, V. (1974): *El formalismo ruso. Historia, doctrina*. Barcelona, Seix Barral [*Russian Formalism*, Mouton La Haya, 1969].

ESPAGNE, M. & WERNER, M. eds. (1990): *Philologiques*, Éditions de la maison des sciences de l'homme, Paris.

ESPAGNE, M (1990): "La référence allemande dans la fondation d'une philologie française", ESPAGNE & WERNER, eds., *Philologiques*, pp. 135-158.

Estudios culturales. Reflexión sobre el multiculturalismo (1998): Introducción de Eduardo Grüner. Estudios de Fredric Jameson y Slavoj Zizek, Barcelona, Paidós.

EVEN-ZOHAR, I. (1999): "La posición de la literatura traducida en el polisistema literario" en Iglesias Santos (1999), pp. 223-231. ["The position of Translated Literature within the Literary Poysystem", 1990]

FARAL, E. (1950): Reseña crítica a *LEEML, Romania*, 71.

FAULHABER, Ch.B. (1976): "Neo-traditionalism, Formulism, Individualism, and Recent Studies on the Spanish-Epic", *Rph*, 30, pp. 83-101.

—, (1986): "Hispanismo e informática", *Incipit*, 6, pp. 157-184.

—, (1991) "Textual criticism in the 21st century", *Rph*, 45, 1, pp. 123-148.

—, (1999): "La enseñanza del catalán antiguo: Educación a distancia y bibliotecas digitales, cara y cruz de una misma moneda", en BLECUA, J.M. *et alii*, eds., pp. 183-188.

—, "Las bases de datos electrónicas y su empleo en el estudio de la literatura y lengua españolas" [inédito].

—, "Informática y filología española: Observaciones acerca de la coyuntura actual y una descripción de BETA (*Bibliografía Española de Textos Antiguos*)" [inédito].

FAYOLE, R. (1990): "Bilan de Lanson", en BÉHAR, H. & FAYOLE, R., eds., *L'Histoire littéraire aujourd'hui*, Paris, Armand Colin.

FEHER, Ferenc y HELLER, Agnes (1986): "El marxismo como movimiento cultural", *Revista de Occidente* 61, pp. 111 - 129.

—, (1989): *Políticas de la posmodernidad*, Barcelona, Península. [*Postmodern Culture and Politics*, Roma, Eulama, 1988]

FERNAUD, Pedro (1988): "Miseria y esplendor de la Ilustración", *Revista de Occidente*, 88, pp. 113-128.

FERNÁNDEZ - RAÑADA, A. (2002): "La ciencia en la cultura", *Revista de Occidente*, 248, pp. 5 – 28.

FERNÁNDEZ DEL RIESGO, M. (1994): "La Posmodernidad y la crisis de los valores religiosos", en Vattimo y otros (1994), pp. 77-101.

FERNÁNDEZ MONTESINOS, J. (1997): *Entre Renacimiento y Barroco. Cuatro escritos inéditos*, ed. ÁLVAREZ DE MIRANDA, P., Granada, Cátedra Federico García Lorca de la Universidad de Granada, Fundación Federico García Lorca, Editorial Comares.

FERRATER MORA, J. (1981): "Estética y crítica. Un problema de demarcación", *Revista de Occidente* IV, pp. 48 – 61.

FINKIELKRAUT A., (1987): *La derrota del pensamiento*, Barcelona, Anagrama (*La défaite de la pensée*, Gallimard, Paris, 1987).

FLEISCHMAN, S. (1990): "Philologie, Linguistics, and the Discours of the Medieval Text", *Speculum* 65, 1, pp. 19 – 37.

FLORESCU, V. (1971): *La retorica nel suo sviluppo storico*, Bologna, Il Mulino.

FOKKEMA, D. (1989): "Cuestiones epistemológicas", en *Teoría literaria*, eds. Angenot, M., Bessière, J., Fokkema, Kushner, E., Siglo XXI eds., pp. 376 – 407.

FOKKEMA, D. & IBSCH, E: (1984): *Teorías de la literatura del siglo XX*, Madrid, Cátedra [*Theories of literature in the Twentieth Century. Structuralism, Marxism, Aesthetics of Reception, Semiotics*, C. Hurst Publishers, 1977].

FONTANA, J. (1992): *La Historia después del fin de la historia*, Barcelona, Crítica.

FORMISANO, L (1979): "Alle origini del lachmannismo romanzo. Gustav Gröber e la redazione occitanica del *Fierabras*", *Annali della Scuola Normale Superiore di Pisa*, IX, pp. 247-302.

FOSTER, H. ed., (1985): *La Posmodernidad*, selección y prólogo de Hal Foster, Barcelona, Kairós (*The anti - Aesthetic: essays on postmodern culture*, Bay Press, 1983).

FOUCAULT, M. (1968): *Las palabras y las cosas. Una arqueología de las ciencias humanas*, Madrid, Siglo XXI [*Les mots et les choses, une archéologie des sciences humaines*, Paris, Gallimard, 1966]

—, (1969) : "Qu'est-ce qu'un auteur?", *Bulletin de la société française de bibliographie*, LXIV, pp. 73 – 104.

—, (1987): *El orden del discurso*, Barcelona, Tusquets [*L'ordre du discours*, Paris, Gallimard, 1979]

FRÄNKEL H. (1983): *Testo critico e critica del testo*, Firenze, Le Monnier.

FRAPPIER, J. (1971) : "Le Graal et ses feux divergentes", *Romance Philology*, XXIV, pp. 74-89.

FREUD, S., (1968): *Obras Completas*, Madrid, Biblioteca Nueva.

FOWLER, R. (1974): "La estructura de la crítica y el lenguaje de la poesía: crítica lingüística", en BRADBURY y PALMER, eds., pp. 209-236.

FRYE, N. (1957): *Anatomy of criticism*, Princeton, Princeton Universituy Press.

GABILONDO, Á (1998), introducción a GADAMER (1998).

GABRIEL-STHEEMAN, L. (2000): *Función retórica del recurso etimológico en la obra de José Ortega y Gasset*, La Coruña, Toxosoutos.

GADAMER, H.G (1996): *Verdad y Método. Fundamentos de una hermenéutica filosófica*, Salamanca, Sígueme (*Warheit und Methode*, Tübingen, 2ª ed. 1960).

—, (1996): *Estética y Hermenéutica*, Introducción de Ángel Gabilondo, Madrid, Tecnos.

—, (1997): "Texto e interpretación", en DOMÍNGUEZ CAPARRÓS, ed., pp. 77 - 114. [*Text und Interpretation. Deutsch - französische Debatte*, München, 1984, pp. 24 – 55].

GALLAS, Helga (1973), *Teoría marxista de la literatura*, Madrid, Siglo XXI editores. [*Marxistische Literaturtheorie,* Berlin, Hermann Luchterhand Verlag, 1971]

GALVÁN, F. (1997): "Intertextualidad o subversión domesticada: Aportaciones de Kristeva, Jenny, Mai y Plett", en *Intertextuality / Intertextualidad*, eds. Mercedes Bengoechea y Ricardo Sola, Universidad de Alcalá, pp. 35-77.

—, ed. (2000): *Márgenes y centros en la literatura británica actual*, Universidad de Alcalá.

—, (2000): "La narrativa británica de finales del siglo XX: cuestiones históricas y críticas", en F. Galván, ed., pp. 15 – 44.

GARCÍA BERRIO, A. (1978-1980)*: La formación de la teoría literaria moderna* I, *La tópica horaciana* Madrid, CUPSA, *La formación de la teoría literaria moderna II*, Murcia, Universidad.

—, (1979): Lingüística, literaridad / poeticidad" (Gramática, Pragmática, Texto), *1616. Anuario de la Sociedad Española de Literatura General y Comparada*, 2, pp.125-170.

—, (1981): "La Poética lingüística y el análisis literario de textos", *Tránsito*, h-i, pp. 1-11.

—, (1983): "Más allá de los 'ismos': Sobre la imprescindible globalidad crítica", en AULLÓN DE HARO, ed., pp. 347 – 388.

—, (1984): "Retórica como ciencia de la expresividad (Presupuestos para una Retórica General)" en *Estudios de Lingüística* 2, pp. 7-59.

—, (1989): *Teoría de la literatura (La construcción del significado poético)*, Madrid, Cátedra.

—, (1992): "Problemática general de la teoría de los géneros literarios", en HUERTA CALVO, y GARCÍA BERRIO, A., *Los géneros literarios: sistema e historia*, Madrid, Cátedra.

GARCÍA GUAL, C. (1999): *Sobre el descrédito de la literatura y otros avisos humanísticos*, Barcelona, Península.

GARRIDO GALLARDO, M.A. (1994): *La Musa de la retórica. Problemas y métodos de la ciencia de la literatura*, Madrid, CSIC.

GARZA MERINO. S. (2000): "La cuenta del original", en *Imprenta y crítica textual en el siglo de oro*, editados por Sonia Garza y Pablo Andrés bajo la dirección de Francisco Rico, Valladolid, Centro para la Edición de los Clásicos Españoles, pp. 65 – 95.

GAUGER, H.; OESTERREICHER, W.; WINDISCH, W.*: Einleitung in die romanische sprachwissenschaft*, Darmastatt, 1981.

GELLEY, A. (1966): "Ernst Robert Curtius: topology and critical Method", *Modern Language* Notes 81, pp. 579-594.

GENETTE, G. (1966) : *Figures*, Paris, Seuil.

—, (1969) : *Figures II,* Paris, Seuil.

—, (1972) : "Poétique et histoire", en *Figures III*, Paris, Seuil.

—, (1989): *Palimpsestos. La literatura en segundo grado* (*Palimpsestes. La littérature au second degré*, Paris, Seuil, 1982).

GILLIÉRON, J. (1883): "La claire fontaine. Chanson populaire française. Examen critique des diverses versions", *Romania*, pp. 307 - 331.

GINZBURG, C. (1981): *El queso y los gusanos. El cosmos según un molinero del siglo XVI*, Barcelona, Muchnik editores [*Il formaggio e i vermi,* Turín, Einaudi, 1976]

GOLDMANN, L. (1952), *Sciences humaines et philosophie*, PUF.

—, (1956) : *Le Dieu caché*, París, Gallimard

—, (1970) : *Marxisme et sciences humaines*, Paris, Gallimard

—, (1971) : *La création culturelle dans la société moderne*, Gonthier - Denoël

—, (1975): *Para una sociología de la novela*, Madrid, Ayuso, [*Pour une sociologie du roman*, Gallimard, 1964]

GÓMEZ REDONDO, F. (1996): *La crítica literaria del siglo XX*, Madrid, Edad.

— (1999, 2000 y 2002): *Historia de la prosa medieval castellana*, Madrid, Cátedra.

GONÇALVES, E. (1995): "Tradiçao manuscrita e ediçao de textos: experièncias ecdóticas no campo da lírica galego - portuguesa", *Actas do I Encontro Internacional de Estudos Medievais*, USP / UNICAMP/ UNESP, 4-5-6 Julho /95, pp. 36 – 51.

GONZÁLEZ QUIRÓS, J.L. (1998): "Anatomía de una fascinación", *Revista de Occidente*, 206, pp- 144 – 156.

GÖTTNER, H. (1981) : "Méthodologie des théories de la littérature", *Apud* KIBEDI VARGA, ed., pp. 15 – 27.

GRANDA, G. de (1977): "Sobre la actual problemática de la lingüística románica y de su enseñanza universitaria", *Thesaurus*, XXXII, pp. 1 – 43.

GREENE, T. (1995): "The Greene Report, 1975. A Report on Standards". *Comparative Literature in the Age of Multiculturalism*. Ed. De Charles Bernheimer. Baltimore y Londres: The John Hopkins UP, pp. 28 - 38.

GREGG, W.W. (1927): *The Calculus of Variants. An Essay on Textual Criticism*, Oxford, Clarendon Press.

GREIMAS, A.J. (1971): *Semántica estructural*, Madrid, Gredos [*Sémantique structurale*, Paris, Larousse, 1966].

—, (1982): *Semiótica. Diccionario razonado de la Teoría del Lenguaje*, Madrid, Gredos (*Sémiotique. Dictionnaire raisoné de la théorie du langage,* Hachette, 1979).

GRÖBER, G. (1904 – 1906) *Grundriss der romanischen Philologie*, unter Mitwirkung von G. Baist (y otros), herausgegeben von Gustav Gröber, Strassburg, Karl J. Trübner.

GROSSBERG, L., NELSON, C., TREICHLER, P. (1991): *Cultural Studies*, New York, London, Routledge.

GRÜNER, E. (1998): "El retorno de la teoría crítica de la cultura: una introducción alegórica a Jameson y Zizek", en JAMESON y ZIZEK, eds., *Estudios culturales*, pp. 11 – 68.

GRUPO μ (1987): *Retórica General*, Barcelona, Paidós [*Rhétorique générale*, París, Larousse, 1970].

GUILLÉN, C. (1971): *Literature as system: Essays toward the Theory of Literary History*, Princeton, Princeton University Press.

—, (1985): *Entre lo uno y lo diverso: Introducción a la literatura comparada*, Barcelona, Crítica.

—, (1989): *Teorías de la historia literaria. Ensayos de Teoría*, Madrid, Espasa Calpe.

—, (1998): *Múltiples moradas*: *Ensayo de literatura comparada*, Barcelona, Tusquets.

GUMBRECHT, H.U., (1984) "Un souffle d'Allemagne ayant passé, Friedrich Diez, Gaston Paris und die Genese der Nationalphilologien", *Lili. Zeitschrift für Literaturwissenschaft und Linguistik*, 14 nº 53 – 54, pp. 37 - 58.

GUHL, Mercedes (en prensa): "La re-traducción de un texto canónico: consideraciones sobre la vigencia de una traducción y la incorporación de un texto a una cultura foránea".

GUZMÁN GUERRA, A. & TEJADA CALLER, P. (2000): *¿Cómo estudiar filología?*, Madrid, Alianza editorial.

HABERMAS, J. (1989): *El discurso filosófico de la modernidad*, Madrid, Taurus [*Der Philosophische Diskurs der Moderne*, 1985].

—, (1985): "La modernidad, un proyecto incompleto", en Foster, ed., pp. 19-36.

HASSAN, I. (1986): "Pluralism in Postmodern Perspective", *Critical Inquiry* 12, nº3, pp. 503 - 520.

HERNÁNDEZ SANDOICA, E. (1995): *Los cuestiones de la Historia. Cuestiones de historiografía y método*, Madrid, Síntesis.

HALLYN, F. (1979): *Paradigmes dans les études littéraires*, Gent.

HAWKES, T. (1977): *Structuralism & Semiotics*, Londres, Routledge.

HAY, L. (2002): *La littérature des écrivains. Questions de critique génétique*, Librairie José Corti, Paris.

HELBO, A., ed. (1979): *Le champ sémiologique*, Bruselas, Complexe.

HELLER, A. (1989): "Europa, ¿un epílogo?", en FEHER, F. y HELLER, A., pp. 284 - 299.

—, (1989): "Existencialismo, alienación, posmodernismo: los nuevos movimientos culturales como vehículos de cambio en la configuración de la vida cotidiana", en, FÉHER – HELLER (1989), pp. 232-247.

HENDRIX, H, KLOEK, J., LEVIE, S., VAN PEER, W. eds., (1984): *The search for a new Alphabet. Literary Studies in a changing world in honour of Douwe Fokkema*, John Benjamins Publishing Company, Philadelphia.

HÉNNAF, M.: *Sade: la invención del cuerpo libertino*, Barcelona, Destino, 1980.

HERNÁNDEZ ESTEBAN, M. (2001): "Boccaccio editor y su 'edición' del marco del Decamerón", *Cuadernos de filología Italiana. La recepción de Boccaccio en España*, pp. 69 – 91.

— (2002): *El texto en el texto. Estudios sobre géneros literarios*, Málaga, Universidad de Málaga.

HERNÁNDEZ SANDOICA, E. (1995): *Los caminos de la historia. Cuestiones de historiografía y método*, Madrid, Síntesis.

HIMMELFARB, G. (1994): *On looking into the Abyss. Untimely Thoughts on Culture and Society,* New York, Vintage Books.

HOEGES, D. (1994): *Kontroverse am Abgrund: Ernst Robert Curtius und Karl Mannheim. Intellektuelle und 'freischwebende Intelligenz' in der Weimarer Republik,* Frankfurt am Main, Fischer.

HOLLIER, D. ed. (1989): *A New History of French Literature*, Harvard University Press, London.

HUERTA CALVO, J. (1992): "Resumen histórico de la teoría de los géneros", en HUERTA CALVO, J. y GARCÍA BERRIO, A., *Los géneros literarios: sistema e historia*, Madrid, Cátedra.

HUMMEL, P. (2000): *Histoire de l'histoire de la philologie. Étude d'un genre épistémologique et bibliographique*, Droz, Genève.

HUSSERL, E.: (1991): *La crisis de las ciencias europeas y la fenomenología transcendental*, Madrid, Crítica.

IGLESIAS SANTOS, M. (1994): "El sistema literario: teoría empírica y teoría de los polisistemas", en VILLANUEVA, D. ed., pp. 309 – 356.

—, ed. (1999): *Teoría de los polisistemas,* Madrid, Arco Libros.

ISER, W. (1987) *El acto de leer*, Madrid, Taurus [*Der Akt des Lesens. Theorie ästhetischer Wirkung*, Wilhelm Fink Verlag, Munich, 1976].

ISER, W. (1994): "Twenty - Five Years *New Literary History*, *New Literary History*, 25 / 4.

IORDAN, I. (1967): *Lingüística románica. Evolución-corrientes-métodos*, reelaboración parcial y notas de Manuel Alvar, Madrid, Alcalá.

JACQUEMARD DE GEMEAUX, Ch. (1995) : "Curtius et Karl Mannheim, l'homme de lettres et le sociologue", en *Ernst Robert Curtius et l'idée d'Europe*. Actes du Colloque de Mulhouse et Thann des 29, 30 et 31 janvier 1992, organisé par Jeanne Bem et André Guyaux, Paris, Champion, pp. 231-237.

JAKOBSON, R. & TINIANOV, J. (1970): "Problemas de los estudios literarios y lingüísticos", en TODOROV (1970), pp. 103 - 105.

—, (1974): "Lingüística y poética", en Sebeok, Th., ed. *Estilo del lenguaje*, Madrid, Cátedra, 1974, pp. 123 – 173. [Véase Sebeok: *Style in language*]

—, (1962): *Selected Writings*, Houton, Gravenhage.

—, (1967): "Dos aspectos del lenguaje y dos tipos de trastornos afásicos" en Jakobson - Halle, *Fundamentos del lenguaje*, II, Madrid, Ayuso, ["Deux aspects du langage et deux types d'aphasies" en *Essais de linguistique générale,* Paris, Minuit, 1963]

—, (1973): "La structure grammaticale du poème de Bertolt Brecht 'Wir sind sie'", en *Questions de poétique*, Paris, Seuil, pp. 444-462.

JAMESON, F. (1971): *Marxism and form: Twentieth-Century Dialectical Theories of Literature.* Princeton, N.J., Princeton University Press.

—, (1981): *The political Unconscious*, Ithaca, Cornell University Press.

—, (1980): *La cárcel del lenguaje. Perspectiva crítica del estructuralismo y del formalismo ruso*, Barcelona, Ariel. [*The prison House of Language. A critical account of Structuralism and Russian Formalism*, Princeton, Princeton University Press, 1972]

—, (1989): "Apuntes sobre la globalización como problema filosófico", en Castro Gomez et *alii*, eds., pp. 75 – 98.

— y Zizek, S., introducción de E. Grüner: (1998): *Estudios culturales. Reflexiones sobre el multiculturalismo*, Barcelona, Paidós.

JARAUTA, J.M. (1999): "Reflexiones transversales sobre filosofía y literatura (seguido de diez tesis) en *Literatura y filosofía en la crisis de los géneros*, Cuaderno del Seminario público de la Fundación Juan March, pp. 49 – 66.

JAUSS, H. R. (1976): "La historia de la literatura como provocación de la ciencia literaria", Barcelona, Península, pp. 133 – 211 ["Literaturgeschichte als Provokation der Literaturwissenschaft", en *Literaturgeschichte als Provokation*, Suhrkamp Verlag, Frankfurt am Main, 1970]

—, (1986): *Experiencia estética y hermenéutica literaria. Ensayos en el campo de la experiencia estética*, Madrid, Taurus [*Äestetische Ehrfahrung und literarische Hermeneutik*, Muncih, Fink, pp. 9 – 47, 1977]

—, (1987a): "Cambio de paradigma en la ciencia literaria", en RALL, ed., (1987), pp. 59 -71 ["Paradigmawechsel in der Literaturwissenschaft", *Linguistische Berichte*, 3, pp. 44 – 56, 1969].

—, (1987b): "Expérience historique et fiction", en GADOFFRE, G. ed., *Certitudes et incertitudes de l'histoire*, Paris, PUF, pp. 117-132.

JÖCKEL, S. (1986): "Un philologue français à la recherche de l'histoire: lecture actuelle de Gustave Lanson", *Actes de XVIIIe Congrès International de Linguistique et de Philologie Romanes*, VII, pp. 252 – 259.

KELLER, A. Von (1980): "Inauguralrede über die Aufgabe der modernen Philologie", [1842] en Janota, J. (ed.), *Eine Wissenschaft etabliert sich 1810 -1870. Wissenschaftgeschichte del Germanistik III*, Tübingen, Niemeyer.

KIBÉDI VARGA, A., ed. (1981): *Théorie de la littérature*, Paris, Picard.

KOERNER, E.F. Konrad (1996): "Problemas persistentes de la historiografía lingüística", *Analecta Malacitana*, XIX, 1, pp. 41-66.

—, (1972): "Towards a Historiography of Linguistics: 19th and 20th Century Paradigms", *Anthropological Linguistics*, 14, 7, pp. 255-280.

—, (1978): *Towards a Historiography of Linguistics: Selected Essays*, Foreward by R.H. Robins, Amsterdam, John Benjamin.

—, (1997): "Linguistics vs Philology: self definition of a field or rethorical stance?" *Language Sciences*, 19, 2, pp. 167 - 175.

—, (1978): *Toward a Historiography of Linguistics: Selected Essays*, Amsterdam, John Hopkins

KRISTEVA, J. (1969): *Semeiotiké. Recherches pour une sémanalyse*, Paris, Seuil.

KUHN, T.S., (1971): *La estructura de las revoluciones científicas*, México, FCE [*The structure of Scientific Revolutions*, University of Chicago Press, 1962]

KUNDERA, M (1987): *El arte de la novela*, Barcelona, Tusquets.

KUSHNER, E (1989): "Articulación histórica de la literatura", en ANGENOT *et al.*, eds., pp. 125-144.

LAMBERT, J. (1995): "Translation, Systems and Research: The Contribution of Polysystem Studies to Translation Studies", en *TTR: Traduction, Terminologie, Rédaction*, 7, 1, pp. 105 – 52.

LANDER, E. (1999): "Eurocentrismo y colonialismo en el pensamiento social" en Castro-Gómez et al., eds., pp. 45 – 53.

LANDOW, George P. (1995): *Hipertexto. La convergencia de la teoría crítica contemporánea y la tecnología*, Barcelona, Paidós [*Hipertext. The convergence of contemporary critical theory and technology*, The Johns Hopkins University Press, 1992.]

LANSON, G. (1904): "L'Histoire littéraire et la sociologie", conference à l'École des hautes études sociales, 29 janvier 1904, en *Revue de Métaphysique et de Morale*, XII.

—, (1909) : *Lettres philosophiques de Voltaire*, édition critique, Hachette, 2 vols.

—, (1909 – 1910) : "L'esprit scientifique et la méthode de l'histoire littéraire", *Revue de l'Université de Bruxelles*, déc. – jan.

—, (1910): "La méthode de l'histoire littéraire", *Revue du mois*, 10 oct, pp. 385 - 413

—, (1965): *Essais de méthode de critique et d'histoire littéraire*, H. Peyre ed. Paris, Hachette.

LAPESA, R. (1988): "La huella de Américo Castro en los estudios de lingüística española", en *The Impact of His Thought. Essays to Mark the Centenary of His Birth,* edited by Ronald E. Surtz, Jaime Ferrán, Daniel F. Testa, Madison, pp. 97 - 113.

LÁZARO CARRETER, F. (1976): *Estudios de Poética (La obra en sí)*, Madrid, Taurus.

—, (1980): "Leo Spitzer (1887-1960) o el honor de la filología", en Leo Spitzer, *Estilo y Estructura en la literatura española*, Barcelona, Crítica, pp. 7 – 27.

—, (1980): *Estudios de Lingüística*, Barcelona, Crítica.

—, (1987): *Contestación al discurso de ingreso de Francisco Rico ante la Real Academia Española de la lengua*, Madrid.

—, (1990): *De Poética y Poéticas*, Madrid, Cátedra.

LE GOFF, J. (1985): *L'imaginaire médiévale*, Paris, Gallimard.

LE GOFF, J. Y NAQUET, V. (1975): "Lévi-Strauss en Brocéliande. Esquisse pour une analyse d'un *roman* courtois", en *Claude Lévi - Strauss. Textes de et sur Claude Lévi-Strauss réunis par Raymond Bellour et Catherine Clément*, Paris, Gallimard, pp. 265-319.

— y NORA, P., eds., (1978): *Hacer la historia*, Barcelona, Laia [*Faire de l'histoire. Nouveaux problèmes*, Paris, Gallimard, 1974]

LEJEUNE, Ph. (1990): *La pratique du journal personnel. Enquête*, Cahiers du Sémiotique Textuelle, 17, Université Paris X – Nanterre.

LEROI-GOURHAN, A. (1974): "Alegato a favor de una disciplina inútil", *Le Monde*, 27 de marzo de 1974.

LEUPIN, A. (1989): *Barbarolexis: Medieval Writing and Sexuality*, Cambridge - London, Harvard Univ. Press.

LEVI, G. (1993): "Sobre microhistoria" en BURKE, P., ed., *Formas de hacer historia*, Madrid, Alianza, pp. 119 – 143.

LEVI, P. (1998): "Sobre la cibercultura", *Revista de Occidente*, 206, pp. 13 – 31.

LÉVI-STRAUSS, C (1970): *Tristes Trópicos*, Buenos Aires, Eudeba. [*Tristes tropiques*, Paris, Plon, 1955.]

—, (1968): "Hommage aux sciences de l'homme" en *Social Science Information sur les Sciences Sociales* VII, 2.

—, (1968) : *Antropología estructural*, Buenos Aires, Eudeba [*Anthropologie structurale*, Paris, Plon, 1958].

—, (1964): *El pensamiento salvaje*, México, FCE [*La pensée sauvage*, Paris, Plon, 1962]

LEVIN, H. (1995): "The Levin Report, 1965. Report on Professional Standards", *Comparative Literature in the Age of Multiculturalism*, Charles Bernheimer, ed., Baltimore & London, The Johns Hopkins UP, pp. 21-27.

LEVIN, S.R. (1977): *Estructuras lingüísticas de la poesía*, Madrid, Cátedra [*Linguistic structures in Poetry*, N.V. Uitgeverij, Mouton, 1962].

LIDA DE MALKIEL, M. R. (1975): "Perduración de la literatura antigua en Occidente" (A propósito de Ernst Robert Curtius, "Europäische Literatur und lateinisches Mittelalter") *Romance Philology*, V, 2-3, pp. 99-131. La reseña volvió a publicarse en *La tradición clásica en España*, Barcelona, Ariel, 1975, pp. 271-338.

LIPOVETSKY, G (1986): *La era del vacío*, Barcelona, Anagrama [*L'ère du vide*, Paris, Gallimard, 1983].

LLEDÓ, E. (1995): *Días y libros*, Ed. Mauricio Jalón, Junta de Castilla y León.

—, (1997): "Literatura y crítica filosófica", en Domínguez Caparrós, 1997, pp. 21 – 57.

LÓPEZ EIRE, A. (1997): *Retórica clásica y teoría literaria moderna,* Madrid, Arco Libros.

—, (2000): *Esencia y objeto de la Retórica.* Ediciones Universidad de Salamanca.

LÓPEZ GARCÍA, A. (1985): "Retórica y lingüística: una fundamentación lingüística del sistema retórico tradicional", en J.M. DÍEZ BORQUE, *Métodos de estudio de la obra literaria,* Madrid, Taurus, pp. 601- 654.

—, (1989): *Fundamentos de lingüística preceptiva*, Madrid, Gredos.

LÓPEZ GARCÍA, D. (1993): *Ensayo sobre el autor*, Madrid, Júcar.

LOTMAN, I. (1988): *Estructura del texto artístico*. Madrid, Istmo.

—, (1996): *La semiosfera*, edición de Desiderio Navarro, Madrid, Cátedra - Frónesis, Universidad de Valencia.

LUCÍA MEGÍAS, J.M. (1999): "Entre la crítica del texto y la lectura coetánea: las dos caras de la cultura del manuscrito en la Edad Media", *La Corónica* 27.2, pp. 189 – 218.

—, (2002): *Literatura románica en Internet. Los textos*, Madrid, Castalia.

—, (2003): "La crítica textual ante el siglo XXI: la primacía del texto" en *Propuestas teórico – metodológicas para el estudio de la literatura hispánica medieval*, en Lilian von der Walde Moheno, ed., México, UNAM.

LUKÁCS, G (1968): *Sociología de la literatura*, Barcelona, Península.

—, (1963): *Estética*, Barcelona, Grijalbo, 1966, 4 vols.

MACHEREY, P. (1967): *Pour une théorie de la production littéraire*, Paris, Maspèro.

MAI, H.P. (1991): "Bypassing Intertextuality. Hermeneutics, Textual Practice, Hypertext" en H.F. PLETT, ed. *Intertextuality*, Berlin & New York, Walter de Gruyter, pp. 30 – 59.

MALKIEL, Y. (1964): "Filología española y lingüística general", *Actas del Primer Congreso Internacional de Hispanistas*, I, pp. 107 - 126.

—, (1972): "The first Quarter - Century (and some antecedents)", *Rph* 26, pp. 13 - 15.

—, (1992): "Los ocho errores graves de que fuimos culpables en el pasado", *Actas del II Congreso Internacional de Historia de la Lengua Española*, I, Madrid, pp. 209 - 220.

MAINER, J.C. (1994): "De Historiografía literaria española: el fundamento liberal", en *Estudios sobre Historia de España. Homenaje a Manuel Tuñón de Lara*, Madrid, Universidad Internacional Menéndez Pelayo, II, pp. 435 – 472.

—, (1998): "Sobre el canon de la literatura española del siglo XX", en E. SULLÁ (ed): *El canon literario*, Madrid, Arco Libros, pp. 271 - 299.

—, (1999): "Un lugar de la memoria", *El País*, 11 de diciembre de 1999.

—, (2000): *Historia, literatura, sociedad (y una coda española)*, Madrid, Biblioteca Nueva (Hay una edición anterior de la primera parte del libro: *Historia, literatura, sociedad*, Madrid, Instituto de España, Espasa Calpe, 1988)

—, (2003): *La filología en el purgatorio. Los estudios literarios en torno a 1950*, Barcelona, Crítica.

MAN, Paul de (1990): *La Resistencia a la teoría*, Madrid, Visor. [*The Resistance to Theory*, Minnesota University Press, 1986].

—, (1990): "Retórica de la ceguera: Derrida, lector de Rousseau", en Asensi ed. (1990), pp. 171 - 216. ("The Rhetoric of Blindness: Jacques Derrida's Reading of Rousseau", en *Blindness and Insight, Essays in the Rhetoric of Contemporary Criticism*, Minneapolis, University of Minnesotta Press, 1983, pp. 102 - 145).

—, (1983): "Literary History and Literary Modernity", en *Blindness & Insight. Essays in the Rhetoric of Contemporary Criticism*, Introduction by Wlad Godzich, London Methuen & Co., Ltd., 142 - 165.

MANCINI, M. (1997): "Filologia romanza e Postmoderno. A la letterature romanze nel medioevo", *V Congresso nazionale della società italiana di Filologia Romanza*, Roma.

MARCOS MARÍN, F. (1994): *Informática y Humanidades*, Madrid, Gredos.

—, (1996): *El comentario filológico con apoyo informático*, Madrid, Síntesis.

MÁRQUEZ VILLANUEVA, F. (1988): "Américo Castro y la historia", en *The Impact of His Thought. Essays to Mark the Centenary of His Birth*, edited by Ronald E. Surtz, Jaime Ferrán, Daniel F. Testa, Madison, pp. 127 – 139.

MARTINEZ BONATI, F. (1972): *La estructura de la obra literaria*, Barcelona, Seix Barral.

MARTÍ SÁNCHEZ, M. (1998): *En torno a la cientificidad de la lingüística*, Publicaciones de la Universidad de Alcalá.

MARTÍNEZ FERNÁNDEZ, Enrique (2000): *La intertextualidad literaria*, Madrid, Cátedra.

MAURO, Tullio di (1971): "Filologia", *Lessico Universale Italiano*, Roma, VII.

MAYORAL, J.A., ed. (1987): *Pragmática de la comunicación literaria*, Madrid, Arco Libros.

MELANÇON, R (1982): "L'histoire littéraire aujourd'hui: perspectives théoriques", *Revue d'histoire littéraire du Québec et du Canada français*", 2, pp. 11 - 24.

MENÉNDEZ PIDAL, R. (1960): *La Chanson de Roland et la tradition épique des Francs*, Deuxième édition, Paris, Picard, 1960. *Avant-propos de l'édition française*. (Hay una versión anterior de la obra: Madrid, Espasa Calpe, 1959)

—, (1953): "Novedad y alcibiadismo", *Alcalá. Revista Universitaria Española*, 25,3. Reeditado en *Non omnis moriar*, Cátedra Seminario Menéndez Pidal, 1969, pp. 21-32.

MERMALL, Th. (1994): "Entre *episteme* y *doxa*: El trasfondo retórico de la razón vital." *Revista Hispánica Moderna* 67, pp. 72 – 85.

MERQUIOR, J.G. (1989): *De Praga a París. Crítica del pensamiento estructuralista y postestructuralista*, FCE, Méjico.

—: (1988) *Foucault o el nihilismo en la cátedra*, Madrid, Cátedra.

MICHAEL, Ian (1992): "Orígenes de la epopeya en España: reflexiones sobre las últimas teorías", *Actas del II Congreso Internacional de la AHLM*, Tomo I, Universidad de Alcalá, pp. 71 – 88.

MIGNOLO, W. (1999): "Globalización, procesos civilizatorios y la reubicación de lenguas y culturas", en Castro - Gómez, eds., pp. 55 – 73.

MILLÁN, J.A. (1998): "La cultura en la comunidad virtual", *Revista de Occidente*, 206, pp. 98 – 109.

—, (1999): "Estaciones filológicas", en BLECUA, J.M. *et alii*, eds. , pp. 143 – 163.

—, (2001): "Para poder pensar. Encuentro, creación y transmisión en la red", *Revista de Occidente*, 239, pp. 5 – 18.

MOISSAN, C. (1990) : *L'Histoire littéraire*, Paris, P.U.F.

MORALES LADRÓN, M. (1999): *Breve introducción a la literatura comparada*, Universidad de Alcalá.

MORALES MOYA, A. (1993): "Posmodernismo e historia", en *New History...*, pp. 139-153.

MORLEY, D. Y CHEN, K. - H. (1996): *Stuart Hall. Critical Dialogues in Cultural Studies*, London, Routledge.

MORRÁS, María (1999): "Informática y crítica textual: Realidades y deseos" en Blecua, JM *et alii*, eds. 189 – 214.

MORRIS, Ch. (1958): *Fundamentos de la teoría de los signos*, UNAM, Méjico. [*Foundations of the theory of signs*, Chicago, The University of Chicago Press, 1938]

MUKAROVSKY, J. (1977): *Escritos de estética y semiótica del arte*, Barcelona, Gustavo Gili.

NEEFS, Jacques (1990): "Critique génétique et histoire littéraire", en Béhar - Fayole (1990), pp. 23 – 30.

New History, Nouvelle Histoire. Hacia una Nueva Historia (1993), ed. José Andrés Gallego, Madrid, Actas, Universidad Complutense.

NIÑO, A. (1988): *Cultura y diplomacia. Los hispanistas franceses y España- 1875-1931*, Madrid CSIC, Casa de Velázquez.

O'DONNELL, J. (2000): *Avatares de la palabra. Del papiro al ciberespacio*, Barcelona, Paidós. [*Avatars of the words: From Papyrus to Cyberspace*, Cambridge, Mass. & London, Harvard University Press, 1998].

ONG, Walter J. (1993): *Oralidad y escritura. Tecnologías de la palabra*, Buenos Aires, FCE (*Orality and Literacy. The Technologizing of the Word*, Londres, Methuen, 1982).

ORDUNA, G. (1990): "La edición crítica", *Incipit*, X, pp. 17 – 43.

—, (1991): "Ecdótica hispánica y el valor estemático de la historia del texto", *Romance Philology*, XLV, 1, pp. 89-101.

—, (1995): "La coexistencia de cultura oral y producción literaria: un nuevo enfoque en el estudio de la literatura española medieval", en *Studia Hispanica Medievalia III. Actas de las IV Jornadas Internacionales de Literatura Española Medieval*, Buenos Aires, Universidad Católica Argentina, pp. 128-136.

—, (1996): "La élite intelectual de la escuela catedralicia de Toledo y la literatura en época de Sancho IV", en *Actas del Congreso Internacional, La literatura en la época de Sancho IV*, Carlos Alvar y José Manuel Lucía, eds., Universidad de Alcalá, pp. 53-62.

—, (1997): "Para una Historia de la literatura medieval española. Consideraciones a fines del siglo XX", en *Actas del VI Congreso Internacional de la* AHLM, pp. 1113 - 1117, Alcalá de Henares, Universidad de Alcalá.

—, (2000) [Póstumo]: *Ecdótica. Problemática de la edición de textos*, Kassel, Reichenberger.

ORTEGA Y GASSET, José (1983): *Obras Completas*, 12 vols., Madrid, Alianza.

OWENS, C (1985): "El discurso de los otros: Las feministas y el posmodernismo", en FOSTER, ed., pp. 93 - 123.

PADEN, W.D., ed. (1994): T*he future of the Middle Ages. Medieval Literature in the 1990s*, University Press of Florida.

—, (1997): "Reflections on 'The Past and Future of Medieval Studies', *Romance Philology* L, nº 3, pp. 308 – 311.

PANOFSKY, E. (1995): "La historia del arte en cuanto disciplina humanística" en *El significado en las artes visuales*, Madrid, Alianza forma, pp. 17 - 43 ["The meaning of the Humanities", en *The meaning of the Humanities*, T.M. Greene, ed., Princeton, Princeton University Press, pp. 89 – 118, 1940].

PARIS, G. (1904): "La *Chanson de Roland* et la nationalité française", en La *poésie du Moyen Age*, Paris, Hachette (recopilación de trabajos entre 1866 y 1884).

PAZ, O. (1993) [1967] *Lévi-Strauss o el nuevo festín de Esopo*, Barcelona, Seix Barral.

—, (1986): *Los hijos del limo*, Barcelona, Seix Barral.

PÉGUY, Ch. (1952): *Par ce demi-clair matin,* Paris, Nrf, Gallimard.

PEIRCE, Ch. S. (1960-1966): *Collected Papers*, 6 vols., Cambridge, Harvard University Press.

PERCIVAL, W. Keith (1976): "The aplicability of Kuhn's paradigm to the history of linguistics", *Language*, 52, pp. 285-294.

PERELMAN, Ch., OLBRECHTS-TYTECA, L. (1989): *Tratado de la argumentación. La Nueva Retórica*, Madrid, Gredos. [*Traité de l'argumentation (La Nouvelle Rhétorique)*, 2 vols. París, PUF, 1958]

—, (1982): *The Realm of Rhetoric*, Notre Dame, University of Notre Dame Press.

PÉREZ ARRANZ, F. (2001): "El uso cotidiano de los libros electrónicos", *Boletín de la Asociación Andaluza de Bibliotecarios*, 65, pp. 9 – 25.

PÉREZ GIL, María del Mar (2000): "En torno al margen, en torno al centro: aproximaciones desde la narrativa femenina actual", en F. Galván, ed., pp. 45 - 70.

PÉREZ JIMÉNEZ, J.C. (1998): "Entre la utopía y la paranoia", *Revista de Occidente*, 206, pp. 126-145.

PÉREZ PRIEGO, M.A. (1997): *La edición de textos*, Madrid, Síntesis.

PICKENS, R.T. (1993): "Symposium on the New Philology", en BUSBY, ed., pp. 81-84.

PERKINS, D. (1992): *Is Literary History Possible?* , Baltimore, The Johns Hopkins UP.

POPPER, K.R. (1973): *La lógica de la investigación científica*, 3ª reimpresión [*Logic der Forschung*, traducida al inglés como *The logic of Scientific Discovery*, Hutchinson, London, 1935]

POSNER, R & GREEN, J.N. (1982): *Trends in Romance Linguistics and Philology*. Volumen 3, *Language and Philology in Romance*, The Hague-Paris-New York, Mouton, pp. 3 – 45.

POZUELO YVANCOS, J.M. (1988): *Teoría del lenguaje literario*, Madrid, Cátedra.

—, (1988): *Del formalismo a la neorretórica*, Madrid, Taurus.

POZUELO YVANCOS, J.M. & ADRADA SÁNCHEZ, R. (2000): *Teoría del canon literario,* Madrid, Cátedra.

PORTOLÉS, J. (1986): *Medio siglo de filología española. Positivismo e idealismo*, Madrid, Cátedra.

PRADO COELHO. E. (1982): *Os universos da Crítica. Paradigmas nos estudos literários*, Lisboa, Ediçoes 70.

PUTZELL - KORAB, S. & DETWEILER, R. (1983): *The Crisis in the Humanities: interdisciplinary Responses,* Studia Humanitatis.

QUENTIN, H. (1926) : *Essais de critique textuelle*, Paris, Picard.

RAIMONDI, E.: (1982): "Techniche della critica letteraria", en Basile, pp. 35 – 42.

RALL, D. (ed) (1987): *En busca del texto. Teoría de la recepción literaria*, Universidad Nacional Autónoma de Méjico, Méjico.

RAMOS-GASCÓN, A. (1989): "Historiología e invención historiográfica: el caso del 98", en REYES, ed., pp. 203-226.

RAVOUX RALLO, E. (1993) : *Méthodes de critique littéraire*, Paris, Armand Colin Lettres modernes.

RENAN, E. (1925): *L'avenir de la science. Pensées de 1848*, Paris, Calmann-Lévy éditeurs.

RENZI, L. (1982): *Introducción a la filología románica*, Madrid, Gredos.

—, (con la collaborazione di G. Salvi) (1987): *Nuova introduzione alla filologia romanza*, Bologna, Il Mulino.

REYES, Graciela, ed. (1989): *Teorías literarias en la actualidad*, Madrid, Ediciones El Arquero.

RICO, F. (1978): *Nebrija frente a los bárbaros*, Universidad de Salamanca

—, (1981): Véase DRONKE, P. (1981)

—, (1993): *El sueño del humanismo*, Madrid, Alianza.

—, (2001): "Lecturas en conflicto: de ecdótica y crítica textual", en *Studia in honorem Germán Orduna*, eds. Leonardo Funes y José Luis Moure, Universidad de Alcalá, pp. 543 – 556.

—, (2002): "Nota preliminar sobre la grafía del texto crítico", en *Pulchre, bene, recte. Estudios en homenaje al profesor Fernando González Ollé*, eds. Carmen Saralegui y Manuel Casado, Ediciones Universidad de Navarra, Pamplona, pp. 1147 – 1159.

RICOEUR, P. (1969) : *Le conflict des interprétations*, Paris, Seuil.

—, (1975): *La metáfora viva*, Madrid, Ediciones Europa, 1980.

—, (1986) : *Du texte à l'action*, Paris Seuil.

—, (1983-1985): *Temps et récit*, I, II, III, Paris Seuil .

—, (1986): "Rhétorique - Poétique-Hermenéutique", en M. MEYER, (ed): *De la métaphysique à la rhétorique*, Bruxelles.

—, (1999): *Historia y narratividad*, introducción de Ángel Gabilondo y Gabriel Aranzueque, Barcelona, Paidós.

RIFFATERRE, M. (1971): *Essais de stylistique structurelle*, París, Flammarion.

—, (1978): *Semiotics of Poetry*, Bloomington, Indiana University Press.

RIGOLOT, F. (1982): "La Renaissance du Texte", *Poétique* 50, pp.183 – 193.

ROHOU, J. (1996): *L'Histoire littéraire. Objets et méthodes*, Paris, Nathan Université.

ROMERO, J. L. (1987): *Estudio de la mentalidad burguesa*, Madrid, Alianza.

ROMERA CASTILLO, J. GARCÍA PAGE, GUTIÉRREZ CARBAJO, eds. (1995): *Bajtín y la literatura*, Madrid, Visor.

ROMILLY, J. de (1999): *El tesoro de los saberes olvidados*, Barcelona, Península (*Le Trésor des savoirs oubliés*, Paris, Editions de Fallois, 1998).

RONCAGLIA, A. (1956): "Prospettive della filologia romanza", *Cultura neolatina*, 16, pp. 95-107.

—, (1992): "Continuità e Rinnovamento", *Cultura Neolatina*. Anno LII, fasc. 1-2, pp. 5 – 19.

—, (1993): "Reflessioni sulla Filologia Romanza", *Atti dell'Accademia dei Lincei. Rendiconti*. Serie IX, vol. IV, fasc. 3, Roma.

ROQUES, G. (1989): "La philologie pour quoi faire?", *Actes de XVIIIe Congrès International de Linguistique et Philologie Romanes*, VII, Tübingen, Max Niemeyer Verlag, pp. 243-251

RORTY, R. (1990): *El giro lingüístico. Dificultades metafilosóficas de la filosofía lingüística*, Barcelona, Paidós – UAB.

RUBIO TOVAR, J. (1990): "Síntoma y justificación del prólogo", *Revista de Occidente*, 108, pp. 97-109.

—, (1997): "Algunas características de las traducciones medievales, *Revista de Literatura medieval*, IX, pp. 197 - 243.

—, (1998a): "Literatura e ideología en *Literatura Europea y Edad Media Latina* de E. R. Curtius (1948-1998): Actes *del VII Congrés de L'Associació Hispànica de Literatura Medieval*, eds. Santiago Fortuño y Tomás Martínez Romero, Castellón de la Plana, pp. 319-333.

—, (1998b): "Viaje e imagen del mundo en la *Divina Commedia*" *Cuadernos del CEMYR*, nº 6, Universidad de La Laguna, pp. 125 – 146.

—, (1999): "Lírica, *roman* y dialéctica en *Li chevaliers au lion* de Chrétien de Troyes", *Estudios Románicos*, vol. II, pp. 195 - 206.

—, (2002): "Renuevos de la filología", *La Corónica*, 30.2 (Spring 2002), pp. 23 – 46.

—, (2004): "Cervantes, Ortega, Ricoeur: la vida como relato", *Actas del XIV Simposio de la Sociedad Española de Literatura General y Comparada. La literatura en la literatura*, Alcalá, CEC, pp. 191-198.

—, (2005a): "La filología, la semiótica y otros lenguajes" (en prensa).

—, (2005b): "el soneto CXVI de Petrarta traucido por Enrique de Villena: ¿original o traducción?", *El 'Canzonere' de Petrarta en Europa: ediciones, comentarios, traducciones y proyección,* Madrid, Universidad Complutense (en prensa).

RUSSEL, P. (1978): "'Don Quijote' y la risa a carcajadas", en *Temas de La Celestina*, Barcelona, Ariel, pp. 407-440. ["Don Quixote as a Funny Book", *Modern Language Review* (1969) 64, pp. 312-36].

RÜSSEN, J. (1993): "La historia, entre modernidad y postmodernidad" en *New History, Nouvelle Histoire, Hacia una Nueva Historia*, dirigido por José Andrés Gallego, Madrid, Universidad Complutense, pp. 119 - 137.

SAID, E. (1990): *Orientalismo*, Madrid, Libertarias / Prodhufi [*Orientalism*, London, Routledge & Kegan Paul, 1978].

—, (1994): *Culture and imperialism,* London, Vintage Books.

SÁNCHEZ-PRIETO BORJA, P. (1998): *Cómo editar los textos medievales. Criterios para su presentación gráfica*, Madrid, Arco/Libros.

SANTIÁÑEZ - TIÓ, N. (1997): "Temporalidad y discurso histórico. Propuesta de una renovación metodológica de la historia de la literatura española moderna", *Hispanic Review*, 65, pp. 267- 290.

SANTIAGO LACUESTA, R.: "Texto como monumento, texto como documento" [en prensa].

SARDAR, Z., VAN LOON, B. (1997): *Introducing Cultural Studies*, New York, Totem Books.

SARTRE, J. P. (1976): *¿Qué es la literatura?*, Buenos Aires, Losada [*Situations II*, París, Gallimard, 1948].

SAVATER, F. (1997): *El valor de educar*, Barcelona, Ariel.

SCHAEFFER, Jean - Marie (1987): *Qu'est-ce qu'un genre littéraire,* Paris, Seuil.

SCHLEIERMACHER, F.D.E. (1987) : *Hermeneutique. Pour une logique du discours individuel*, Paris, CERF/PUL.

SCHMIDT, S.J. (1990): *Fundamentos de la ciencia empírica de la literatura*, Madrid, Taurus [*Grundriss der empirischen Literaturwissenschaft*. Band I *Der gesellschaftliche Handlungsbereich Literatur*, 1980].

SEBEOK, Th., ed. (1974) *Estilo del lenguaje*, Madrid, Cátedra. [*Style in language. Conference on style, 1958*. Cambridge Massachussets, Nueva York, MIT, 1960]

—, (1979): "Le tissu sémiotique", en Helbo, ed. B 1 – 39.

—, (1996): *Signos: una introducción a la semiótica*, Barcelona, Paidós [*Signs. An introduction to semiotics* , Toronto, U. of Toronto Press, 1994]

—, (2001): *Global semiotics*, Bloomington, Indiana University Press.

SEGRE, C. (1974): *Crítica bajo control*, Barcelona, Planeta [*I segni e la critica*, 1970]

—, (1976): *Las estructuras y el tiempo. Narración, poesía, modelos*, Barcelona, Planeta (*Le strutture e il tempo*, Torino Einaudi, 1976)

—, (1985): *Principios de análisis del texto literario*, Barcelona, Crítica.

—, (1993): *Notizie dalla crisi. Dove va la critica letteraria?*, Torino, Einaudi.

SELDEN, R. (1987): *Teoría literaria contemporánea*, Barcelona, Ariel [*A Reader's Guide to Contemporary Literary Theory*, 1985]

SKINNER, Q., ed., (1988) *El retorno de la Gran Teoría en las ciencias humanas*, Madrid, Alianza Universidad, [*The return of Grand Theory in The Human Sciences,* Cambridge University Press, 1985].

SOKAL, A. y BRICMONT, J. (1999): *Imposturas intelectuales*, Barcelona, Paidós [*Impostures Intellectuelles*, Paris, Éditions Odile Jacob, 1997].

SONTAG, Susan (1996) *Contra la Interpretación,* Madrid, Alfaguara [*Against interpretation and other essais*, New York, 1969].

SORIA OLMEDO, A. (1988): *Vanguardismo y crítica literaria en España*, Madrid, Istmo.

SOTELO, I. (1981): "El concepto sociológico de crisis", *Sistema*, 40, pp. 25 – 38.

STAROBINSKI, J. (1970): "Consideraciones sobre el estado actual de la crítica", *Revista de Occidente*, XXX, pp. 1-19.

—, (1974): *La relación crítica*, Taurus, Cuadernos para el diálogo (Trad. Esp. *L'oeil vivant II. La relation critique*, 1970).

—, (1977): "La critica letteraria" junto con *La filologia e la critica letteraria* (con Vittore Branca), Milan, Rizzoli.

—, (1987): "Un desafío a la ciencia literaria", en RALL, D., ed., pp. 211-220.

—, (1980): "La literatura, El texto y el intérprete" en Le Goff y Nora, *Hacer la historia*, Barcelona, Laia, pp. 175 - 189 (*Faire l'histoire*, vol. II, Paris, Gallimard, 1974, vol. II, pp. 168-182).

—, (1998): "Los deberes del crítico", *Revista de Occidente* 210, pp. 1 – 14.

STEINER, G. (1972): *Extraterritorial. Ensayos sobre literatura y la revolución lingüística*, Barcelona, Barral Editores [*Extraterritorial Papers on literature & language revolution*, New York, Atheneum, 1971].

—, (1992): *En el castillo de Barba Azul,* Barcelona, Gedisa [*Bluebard's Castle; some notes towards the re-definition of cultura,* London, Faber, 1971].

—, (1980): *Después de Babel. Aspectos del lenguaje y la traducción,* Méjico, FCE [*After Babel,* New York, Oxford U.P., 1975].

—, (1990): *Lecturas. Discusiones y otros ensayos,* Madrid, Alianza.

—, (1992): *George Steiner en diálogo con Ramin Jahanbegloo,* Madrid, Anaya.

—, (1991): *Presencias reales,* Barcelona, Destino [*Real Presences,* Chicago, University of Chicago Press, 1989].

—, (1997): *Pasión intacta,* Madrid, Siruela [*No passion spent ,* New Haven, Yale University Press, 1996].

—, (1998): *Errata. El examen de una vida,* Madrid, Siruela [*Errata: An examined life,* 1997].

—, (1999): "¿El ocaso de las humanidades?", *Revista de Occidente,* 223, pp. 132 – 158.

—, (2001): *Nostalgia del absoluto,* Madrid, Siruela (*Nostalgia for the Absolute,* Toronto, House of Anansi Press, 1997).

STIERLE, H. (1990) : "Les lieux du commentaire", en MATHIEU-CASTELLANI, G. Y PLAISANCE, M. eds., *Les commentaires et la naissance de la critique littéraire. Actes du colloque international sur le Commentaire,* Paris, mai 1988, Paris, pp. 19 - 29.

STOREY, J. (1997): *What is cultural studies? A reader.* London, New York, Arnold.

STUSSI, A., ed. (1985): *La critica del testo,* Società editrice il Mulino.

SWIGGERS, P. (1989): "Philologie (romane) et linguistique", *Actes du XVIIIe Congrès International de Linguistique et Philologie Romanes,* VII, Tübingen, pp. 231 – 242.

SZONDI, P. (1975) [1970 "L'hermenéutique de Schleiermacher", en *Poésie et poétique de l'idéalisme allemand,* Paris, Les Éditions de Minuit, pp. 291 – 315.

—, (1978): "Acerca del conocimiento filológico", en *Estudios sobre Hölderlin,* Barcelona, Destino, pp. 13 – 42. [*Hölderlin-Studien. Mit einem Traktat über philologischen Erkenntnis,* Frankfurt am Main, Suhrkamp, 1970].

—, (1997): "Introducción a la hermenéutica literaria", en Domínguez Caparrós, ed., pp. 59 – 74. [*Einführung in die literarische Hermeneutik,* Frankfurt a.M., Suhrkamp, pp. 9-26, 1975].

TACCA, O. (1968): *La historia literaria,* Madrid, Gredos.

TAGLIAVINI, C. (1973): *Orígenes de las lenguas neolatinas,* México, FCE [*Le origini delle lingue neolatine. Introduzione alla filologia romanza,* Casa Editrice Prof. Riccardo Patron, Bolonia, 1949].

Tel Quel (1971): *Teoría de conjunto,* Barcelona, Seix Barral [*Théorie d'ensemble,* Paris, Seuil, 1968].

TERCEIRO, José B. (1998): "El texto impreso en la nueva cultura digital", *Revista de Occidente,* 206, pp. 110 – 124.

TALÉNS, J. (1989): "De la publicidad como fuente historiográfica: la generación poética española de 1970", *Revista de Occidente,* 101, pp. 107-127.

—, (1994): "El lugar de la teoría de la literatura en la era del lenguaje electrónico", en *Curso de teoría de la literatura*, Darío Villanueva, ed., Madrid, Taurus Universitaria, pp. 129 – 143.

TALÉNS, J *el alli*.: (1978) *Elementos para una semiótica el texto artístico*, Madrid, Cátedra.

TODOROV. T., ed., (1970): *Teoría de la literatura de los formalistas rusos*, Méjico, siglo xxi [*Théorie de la littérature des formalistes russes*, Paris, Seuil 1965].

—, (1991): *Crítica de la crítica*, Madrid, Paidós [*Critique de la critique. Un roman d'apprentissage*, Paris, Seuil, 1984].

TRUBETZKOY, N. (1933) : "La phonologie actuelle", *Journal de psychologie normale et pathologique*, XXX.

TUBERT, S. (1999): *Malestar en la palabra. El pensamiento crítico de Freud y la Viena de su tiempo*, Madrid, Biblioteca Nueva.

—, (2000): *Sigmund Freud. Fundamentos de psicoanálisis*, Madrid, Edaf.

UHLIG, Karl (1990): "Tradition in Curtius and Eliot", *Comparative Literature*, 42 n°3, pp. 193 - 207.

UITTI, K. (1977): *Teoría literaria y lingüística*, Madrid, Cátedra [*Linguistics and Literary Theory*, Prentice Hall, New Jersey, 1969].

—, (1982): "Introduction" a Posner, R & Green, J.N., eds.: *Trends in Romance Linguistics and Philology*. Volumen 3, *Language and Philology in Romance*, The Hague-Paris-New York, Mouton, pp. 3 – 45.

UITTI, K. (1982): "Introduction", véase R. Posner y J.N. Green (1982).

UNAMUNO, M.: (1967): "Sobre la erudición y la crítica", *Obras Completas*, Madrid, Escelicer, pp. 1264-1278.

URDANIBIA, I. (1994): "Lo narrativo en la posmodernidad", en G. Vattimo y otros, pp. 41-75.

VARGAS LLOSA (1994): "Posmodernismo y frivolidad", *El País*, 27 de marzo de 1994.

—, (2002) *La verdad de las mentiras*, Madrid, Alfaguara.

VÀRVARO, A. (1988) [1968]: *Historia, problemas y métodos de la lingüística románica*, Barcelona, Sirmio.

VASVARI, Louise (1988-89): "Vegetal-Genital Onomastics in the *Libro de Buen Amor*" *RPh*, XLII, pp. 1-29.

—, (1998): *The Heterotextual Body of* 'La morilla d'un bel catar'. London, Papers of the Medieval Hispanic Research Seminar, University of London.

VATTIMO, G. (1986) *El fin de la modernidad. Nihilismo y modernidad en la cultura posmoderna*, Barcelona, Gedisa [*Le fine della modernità,* Torino, 1985].

— , (1990): *La sociedad transparente*, Barcelona, Paidós.

— , (1995): *Más allá de la hermenéutica*, Barcelona, Paidós.

VATTIMO y otros (1994): *En torno a la posmodernidad*, Barcelona, Anthropos.

VEGA, Mª. J. & CARBONELL, N. (1998): *La literatura comparada: principios y métodos*, Madrid, Gredos.

VEYNE, P. (1984): *Cómo se escribe la historia. Foucault revoluciona la historia*, Alianza Universidad, Madrid.

VILLANUEVA, D. (1991): *El Polen de ideas. Teoría, crítica, historia y literatura comparada*, Barcelona, PPU.

—, (1994): *Avances en Teoría de la literatura*, Universidade de Santiago de Compostela.

—, (1994): "Pluralismo crítico y recepción literaria", en VILLANUEVA, ed., pp. 11-34.

VINAVER, E. (1939): "Principles of Textual Emendation" en *Studies in French Language and Medieval Literature presented to Professor M.K. Pope*, Manchester, Manchester University Press, pp. 351-370.

WAHNÓN BENSUSÁN, S. (1991): *Introducción a la historia de las teorías literarias*, Granada, Universidad.

WEINRICH, H. (1978): "Thirty years after Ernst Robert Curtius' Book Europäische Literatur und Lateinisches Mittelalter (1948)" *Romanic Review*, 69, pp. 261-278.

—, (1995) : "La boussole européenne d'Ernst Robert Curtius", en Jeanne Bem et André Guyaux, eds., pp. 307 – 315.

WEISBERGER, J. (1984): "Should Literary Studies Be Unredeable?" en Hendrix *et alii*, eds., pp.296-300.

WEISZ, G. (1998): *Los dioses de la peste. Un estudio sobre literatura y representación*, Méjico, siglo xxi.

WELLEK, R. (1983): "El ocaso de la historia literaria", en *Historia literaria. Problemas y conceptos*, Barcelona, Laia.

—, (1978): "The literary criticism of Ernst Robert Curtius", *A Journal for Descriptive Poetics and Theory of Literature* 3, pp. 25 - 44.

—, [1969-1996]: *Historia de la crítica literaria moderna 1750 - 1950,* Madrid, Gredos [*A History of Modern Criticism: 1750-1950*, 4 vols. New Haven y Londres, Yale University Press 1965, 1977.]

—, (1983): *Historia literaria. Problemas y conceptos*, selección de Sergio Beser, Barcelona, Laia (se recogen estudios entre los años 1940 y 1973).

—, y A. WARREN, (1966): *Teoría literaria*, Madrid, Gredos [traducción española de *Theory of literature*, New York, Harcourt, Brace and World, 1948]

WERNER, M (1990): "A propos de la notion de philologie moderne. Problèmes de définition dans l'espace franco-allemand", en Espagne & Werner, *Philologiques*, pp. 11-21.

—, (1990): "A propos de l'évolution historique des philologies modernes. L'exemple de la philologie romane en Allemagne et en France", en ESPAGNE & WERNER, *Philologiques*, pp. 159 - 186.

WHITE, H. (1973): *Metahistory. The historical Imagination in nineteenth-centuty Europe*, The Johns Hopkins University Press, London & Baltimore.

—, (1985): *Tropics of Discourse. Essays in Cultural Criticism*, London & Baltimore, The Johns Hopkins University Press.

—, (1992): *El contenido de la forma. Narrativa, discurso y representación histórica*. Barcelona, Paidós [*The Content of the Form Narrative discourse and historical representation*, The Johns Hopkins University Press, 1987].

WILLIAMS, R. (1980): *Marxismo y literatura*, Barcelona, Península [*Marxism and literature*, Oxford University Press, 1977].

WILMOTTE, M. (1932) : "Sur la critique des textes" en *Études de Philologie Wallone*, Paris, Droz, pp. 3-38.

YNDURÁIN, D. (1979): *Introducción a la metodología literaria*, Madrid, SGEL.

ZAVALA, I. (1989): "Hacia una poética social: Bajtín hoy" en *La postmodernidad y Mijail Bajtín. Una poética dialógica*, Madrid, Espasa Calpe.

ÍNDICE DE NOMBRES PROPIOS